U0134381

現代知識貴族的精神

現代知識貴族的精神

林毓生思想近作選

紀念五四一百週年

林毓生　著

丘慧芬　編

香港中文大學出版社

《現代知識貴族的精神 —— 林毓生思想近作選》

　　林毓生　著
　　丘慧芬　編

© 香港中文大學 2020

本書版權為香港中文大學所有。除獲香港中文大學
書面允許外，不得在任何地區，以任何方式，任何
文字翻印、仿製或轉載本書文字或圖表。

國際統一書號 (ISBN)：978-988-237-123-1

出版：香港中文大學出版社
　　　香港　新界　沙田 · 香港中文大學
　　　傳真：+852 2603 7355
　　　電郵：cup@cuhk.edu.hk
　　　網址：cup.cuhk.edu.hk

The Essence of Modern Intellectual Aristocracy:
An Anthology of Lin Yu-sheng's Thoughts (in Chinese)
　　By Lin Yu-sheng
　　Edited by Qiu Hui-fen

© The Chinese University of Hong Kong 2020
All Rights Reserved.

ISBN: 978-988-237-123-1

Published by The Chinese University of Hong Kong Press
　　　　The Chinese University of Hong Kong
　　　　Sha Tin, N.T., Hong Kong
　　　　Fax: +852 2603 7355
　　　　Email: cup@cuhk.edu.hk
　　　　Website: cup.cuhk.edu.hk

Printed in Hong Kong

以此書獻給先母

林吳玉英女士（1914–2004）在天之靈

目 錄

附 錄

感謝詞

林毓生口述，宋祖錦代筆

這部《現代知識貴族的精神 —— 林毓生思想近作選》主要是由我的學生丘慧芬教授編輯出版的。慧芬從上世紀八十年代開始一直與我保持聯繫，經常以電話與我討論思想史中有關的各種問題。她對於我在其中的理解有深度的認知。我現在腦力已大不如前，只好請慧芬代勞本書編輯、出版等事，並請其夫婿杜邁可 (Michael Duke) 教授提供電腦技術的協助。他們為此事花去極多寶貴的時間，謹此敬致謝忱。

余英時兄 (與淑平嫂) 以兄弟般的感情，多年來關懷我在思想史領域內的成長。我與他們論學之樂，至所珍惜。此外，飲水思源，我的學術思想與學術人格必需追溯到早年先師殷海光先生的啟蒙，以及我在芝加哥大學社會思想委員會讀書時，哈 (海) 耶克 (Friedrich Hayek) 先生、愛德華‧席爾斯 (Edward Shils) 先生、漢娜‧阿倫特 (Hannah Arendt) 女士、大偉‧葛貴恩 (David Green) 先生與詹姆士‧瑞德斐 (James Redfield) 先生，以及哈佛大學班傑明‧史華慈 (Benjamin Schwartz) 先生的教導。

在我的生涯中，有幸結識已故王元化先生、王焱、嚴搏非、錢永祥、陳忠信等，我們成為多年來無所不談的道義之交。王焱為本書撰寫導讀一文，文筆古樸，涵義深遠，至為感謝。

另外，我特別要感謝在我教研生涯中的兩代學生：Michael Dreeben (現任美國聯邦政府司法部副檢查總長)、Steve Davidson、英年早逝的

Catherine Lynch，以及楊貞德、王遠義、楊芳燕、羅久蓉、施純純等，
惠我教學相長之樂。

　　同時，感謝中華民國在台灣的科技部（原行政院國家科學委員會）、
余範英小姐主持的余紀忠文教基金會與蔣經國國際學術交流基金會的支
持，使本書得以完成。

　　我必須再一次感謝內子宋祖錦女士，以她那高貴的氣質，自結婚以
來照顧我的生活無微不至，並協助我教研生活數十年如一日。

　　最後，本書之所以能順利出版，多謝香港中文大學出版社社長甘琦
女士以及民間出版家嚴搏非先生的支持。

2019年4月2日

編者序：林毓生對建設現代中國政治及
文化秩序的論述與貢獻

　　林毓生先生是研究近現代中國思想史的著名學者。他的英文論著《中國意識的危機》是針對五四時期全盤化反傳統主義進行的一個系統性研究。[1] 此書在1986年出版的中文譯本以及後來出版的日譯與韓譯本，對於東亞地區的日本與南韓，特別是台灣和大陸的學界與文化界，都有極大的影響。[2] 此書中譯雖然未在台灣發表，但作者1980年代以來根據此書用中文發表的論證 (argument) 與論旨 (thesis)，對於中華文明未來發展的方向及其應走的道路所產生的影響也是重大的。舉例而言，迄今任何試圖深入了解五四激進反傳統思想的性質、內容、源起和歷史含意 (historical implications) 的努力，都仍然需要參考這本已經成為「經典著作」的論證與論旨。[3] 我們可以說這本著作不但奠定了作者在西方

1　*The Crisis of Chinese Consciousness: Radical Antitraditionalism in the May Fourth Era* (Madison: University of Wisconsin Press, 1979)；中譯：《中國意識的危機：「五四」時期激烈的反傳統主義》(貴陽：貴州人民出版社，1986、1988)。

2　日譯本譯者為丸山松幸與陳正醍 (東京：研文出版，1989)，韓譯本譯者是李炳柱 (大光文化出版社，1990)。

3　《豆瓣讀書》介紹林毓生專書的中譯本時，寫到此書「已經成為一個經典著作……被認為是一個很經典的對於五四新文化運動的一個詮釋」。參：https://book.douban.com/subject/1905142/。

和東亞近現代思想史領域的重要地位，也可以看做是他早年學術追求與其個人關懷融為一體之後首先完成的一個代表研究。林先生在英文論著出版之後採用中文發表的一系列文章與論著，一方面繼續探究了這部專書中一些未能展開的相關問題，另一方面，也提出了他本人關懷憲政民主在中文世界前途的看法與觀點。這些數十年的論述，代表了作者以學術思想的言說介入公共議題的努力，彰顯的是他自1950年代中期就已經開始自覺的追隨殷海光先生以堅持個人自由與憲政民主是中華民族惟一的出路來做為自己的學思志業。這些論述同時也顯示出作者從1960年開始在芝加哥大學社會思想委員會（Committee on Social Thought）攻讀博士的時期，因為有海耶克先生（或譯哈耶克[Friedrich A. Hayek]，1899–1992）的個別指導，尤其是受到海氏閎富論著當中有關探究西方自由主義如何建基於法治及「自發秩序」的啟發和影響，才能夠對自由主義在中國前途的討論提出以往中文世界從未觸碰到的幾個關鍵議題，並進而給予嚴謹精緻的闡釋，以求理清過去對於建設憲政民主的一些含混看法。

大家都知道，海耶克是二十世紀傑出的政治、經濟思想家與諾貝爾經濟獎的獲獎者。不過，林先生有關憲政民主的討論，不就只是引介或是演繹海耶克在這方面的看法。他著重的是如何使得海氏的理論以及西方其他重要思想家在憲政民主方面的言說能夠在與西方文化截然不同的歷史發展脈絡當中，獲得真切實際的理解與融合。當然，林先生一再強調必需針對中國傳統的優美成分做出定性定位的「創造性轉化」，使得這些質素不但能妥適的轉為建設本土憲政民主的有利資源，同時更能成為重建文化認同的價值基礎。[4]

這本論文集收錄了三十四篇林先生的著作。其中五篇是1980年代發表的文章；「附錄」中的三篇文章，一篇有關「仁」的概念演進與儒家道德自主的討論是1974年出版的英文專作，一篇是紀念史華慈（Benjamin I.

4　下文會提出林毓生對於「創造性轉化」的解說。

Schwartz, 1916–1999）教授於 1999 年 11 月 14 日逝世之後在哈佛大學舉辦追思會上的英文發言，第三篇是林先生早年在芝加哥大學唸書時寫的關於莎士比亞悲劇《奧賽羅》（*Othello*）的習作。除此之外，其餘二十六篇都是 2000 年之後出版的論文。這些論文之中，又有四篇是作者 2017 年 1 月底才完成訂正的新作。這裡有必要將文集編訂的過程以及為何如此編排之緣由做一個說明，同時也將收入文集中的論文論旨做一個大略的摘述。這樣的摘述，或許可以讓讀者較為理解作者對中國自由主義的發展及其為中國傳統所做「創造性轉化」的持續努力為何具有跟時代與社會互動的重大公共意義，從而也可以標示出他的論著在這個思想領域之中獨具一格的原創貢獻。[5]

在 2014 到 2015 年之間，林先生在上海與北京的幾位朋友都建議他將多年來在台灣發表的文稿重新整理並在中國大陸出版。林先生欣然接受之際，也得到北京社科院王焱教授的同意來負責編纂的工作。由於當時林先生的手邊仍然有必需完成的幾篇訪談文稿，也因為在編入文集之前，他認為需要將過去的文稿逐一加以增訂並重新校正，編纂的工作因此就懸擱下來而未能立即展開。

2017 年 2 月，林先生在電話中告訴我他已經大致完成了需要校訂的各項工作，並提到上海友人嚴搏非先生希望他能將文集早日完成的殷切敦促。3 月下旬我再給林先生打電話的時候，他說若無其他的延誤，應該很快就可以將文稿校正完畢。沒有想到的是，到 4 月中旬再去電的時候，林先生的健康出了狀況，而且由於各種複雜的原因，王焱教授那兒這時也無法承接原先應允的編纂工作。電話中，林先生問我是否能接下編輯一事。老師的著作能為更多中國大陸與台灣的讀者閱讀，本來就是有意義的事，更何況在此突發的情況之下，接手編輯自是理所當然、無

5　林先生學術的成就與貢獻，筆者曾有略述，請閱丘慧芬編：《自由主義與人文傳統：林毓生先生七秩壽慶論文集》（台北：允晨文化，2005），〈前言〉，頁 6–8。

所猶豫的。出乎意料的是,林先生的健康狀況在這之後突然急轉直下,到了4月下旬就無法再集中精神思考嚴肅的重要問題了。6月中旬去麥迪遜看望老師的時候,他將刪訂後的一些文稿全數交了給我,與老師進一步溝通之後,他當時就決定文集只需要編為一冊,而且可用「林毓生思想近作選」作為題目。他同時又告知,王焱教授願意撰寫一篇有關他跟隨海耶克及史華慈治學的文章作為「導讀」來放入文集。至於如何選定論文,並且將之編訂成冊之事,就要我負責。

王焱教授的文章是〈敬畏知性的神明:《現代知識貴族的精神——林毓生思想近作選》解讀〉。文章當中,他將林先生數十年學術研究的核心關懷與問題意識定性為:自由民主價值的探索為何會失落在近代中國建構的過程中,並根據其研究之發現提出具體之回答。王焱對於林先生中文版《中國意識的危機》書中論旨與涵義的解說,不但能引導讀者更加理解近現代中國何以會出現這樣一個在世界上獨特的「反傳統主義」的危機現象,也能更加幫助我們了解作者為何堅持傳統是無法用「激烈」的方法去打倒,而是應該對其進行「創造性的轉化」,使得經過如此「轉化」後的「傳統」能成為建設自由憲政的有利資源。王焱精彩的解析,不但說明了林先生的研究於1986年在中國大陸發行中文版之後何以會「多少逆轉了反傳統思潮的流向」,並因此引起「普遍的重視」,也清楚解釋了他何以肯定林先生是一位中文世界中少見的「經歷過純正古典自由主義訓練的學者」。

王焱教授的「導讀」之外,由於過去三十多年一直閱讀林先生的論著,多年來在電話中又不斷和他討論問題並且聆聽他思考問題的心得與看法,我因此決定從林先生交給我的四十多篇論文當中選出三十一篇做為老師「思想近作選」的代表著作。同時,也將上文提到他1974年的英文論文和他在史華慈追思會上的發言,外加他早年所寫討論莎士比亞悲劇的文章都一併放在「附錄」來做為相關論文的參照資源。除開附錄,我也決定按照自己對林先生學術追求與思想關懷的理解,將選出的三十一篇論文分別編入四個範疇,依次定性為:「意識危機的探索與回應」、「自由的基礎與理據」、「學思之路與民主建設」以及「人文傳統的存續與

『創造性轉化』」。整體來看，這四個彼此具有密切關聯的範疇以及其所涵攝的各篇論文，可以說是構成林先生對中國自清末以來尋找現代性出路的一個系統性的論述。現代性的出路，對他而言，顯然不是局限在晚清以來尋求國族「富強」的基本企望，而是希望能在憲政民主建設的自由秩序之下來進行對於傳統與現代之間的創造性接榫及融合。在作者的論述系統之中，我們可以看到他針對這個二十世紀中國最迫切的根本問題提出的研究分析，以及他認為解決現代性問題的可行路徑。下面讓我根據這四個範疇內的論文做一個摘要的說明。

讀過林先生《中國意識的危機》的英文專書或是此書中文譯本的讀者，大概都知道這本專書的一個主題是在指出，五四時期的主流代表思潮雖然是一種全盤化反傳統的激進思想，然而這種思想卻反映出一個弔詭的現象，那就是其本身和傳統「一元整體的思想模式」(holistic mode of thinking)[6] 在思想邏輯的運作上，其實有著密切的相關。作者視為「整體觀」的思想模式，也表現在其傾向「藉思想文化」以解決政治、社會等問題的基本方法，認為只有通過這個方法才能解決當時中國所有的問題。這樣的思想模式，導致當時主要知識份子的代表像陳獨秀和胡適，既要全面反傳統，卻又無法自覺到本身思想受到傳統「一元整體的思想模式」影響以及由此產生的思想矛盾與張力。[7] 雖然林先生指出，不同於胡適和陳獨秀，魯迅在他隱涵未明言的意識層面上已經自覺到此種矛盾，但是，他全盤化反傳統的意識形態是如此之強勢，使得他一樣無法看到可以化解這種矛盾的改革方案。結果，他還是選擇激進的革命做為全面徹底解決中國問題的出路。換言之，魯迅最終還是和胡適與陳獨秀一樣，在思想受到強勢意識形態的裹挾之後，就無法走出林先生所說的

6　見《中國意識的危機》，頁46。

7　胡適本人在論著中說他是改革主義者而非全盤化或整體主義地反傳統。但林先生的論證顯示，這一矛盾現象事實說明了他未從傳統「藉思想文化」以解決問題的一元式思想模式中解脫出來。

深重「意識危機」。他也指出，後來在毛澤東要徹底粉碎傳統的「文化大革命」時期，仍然可以看到這種藉「思想文化」的革命來建立社會主義新社會的激進主張。但是這樣的主張，和傳統「一元整體的思想模式」，從思想的邏輯來看，其實沒有實質性的斷裂。相反，儘管文革的「思想革命」是要摧毀任何被認為與傳統有關的文化思想與風俗習慣，然而反諷的是，這種「整體觀」的思維揭示出的正是傳統「思想模式」對此革命思維持續發生影響的一個具體實例。

因為林先生將這樣的「意識危機」看做是一個歷史的問題，因此主張除了分析造成這個問題的歷史外因，也要追溯產生這個問題的歷史內因，更需要討論內外各種複雜因素為何，並如何會彼此影響且交相互動以致出現這樣深重的「意識危機」。作者不同意的是賴文森 (Joseph Levenson) 對當時這些知識份子激進思想的解釋：即所謂中國知識份子的立場，是在知性的觀點下肯定西方，但在感情上卻依戀中國的過去。因為賴文森只是簡單的將這樣複雜的歷史問題化約為心理的或是情緒的問題，也就是將五四主流知識份子因為認定傳統價值無法抵擋西方現代文明的入侵解釋做是對傳統價值失去信心，因此出現了價值失落後的文化認同問題。林先生反對這種心理分析式的化約性說法。但是他提醒我們，他提出的「意識危機」是要在傳統普遍王權帝制整體的崩潰之後，才有了在「結構」上出現的可能。

然而，在「意識危機」的專書中，由於材料和篇幅的關係，林先生對於歷史內因的追索和闡明，較其對外因的解說其實有更多的著墨，因此也相對的更加精微細緻。此外，因為專書的主旨不在探討五四全面反傳統的激進思潮，與文化大革命的思想模式以及當時出現的個人崇拜現象，究竟是如何發生基本的邏輯關係，所以無法將其與傳統「一元整體思想模式」的邏輯相關性做出較為完整周全的說明。為了使專書的主旨和其內蘊之歷史含意獲得更加完整深入的闡釋，林先生晚近發表了〈二十世紀中國激進化反傳統思潮、中式馬列主義與毛澤東的烏托邦主義〉和〈反思儒家傳統的烏托邦主義〉兩篇論文。讀者在本文集第一個範疇內的這兩篇文章之中可以看到，作者不但對專書中原先有關歷史外因的

部份提供了較前充分的解釋，而且將中國儒家傳統承接「天命」的帝王為什麼會被視為統合人間各種秩序的政治表徵，又為什麼會演變成一種聖人或聖王崇拜的「人的宗教」，做了鞭辟入裡的分析。唸過林先生專書的讀者，也許會發現這兩篇論文確實是他多年研究中國近現代反傳統激進思潮之後提出的一個綜合性的完整詮釋，可以說是他在過去三十多年針對這個激進思潮持續再追索、不斷再審思之後提出的一個整體性的論斷；著重的不但是將這個激進思潮為何、並如何持續成為當代中國的意識危機給予更為周備的分析，而且更針對其因此而導致巨大災難的事實做出了正本清源的系統性闡釋。王焱教授解讀這兩篇文章之時，認為追求「中式烏托邦主義」的災難後果應該成為中華民族「記取」之教訓，明顯是對文章發出了一個沉痛的回應。

除了以上這兩篇論文，第一範疇中有關「魯迅意識」的論文原本是林先生英文專書中的一章。雖然專書早已有了高水平的中譯本，這裡的譯文卻是由林先生的學生劉慧娟翻譯，並且是經過林先生在2017年1月才完成校訂的最新譯稿。新的譯文將原先譯文當中未能完全翻譯的各種幽微細節都逐一譯出，因此代表了比較能夠展現林先生討論魯迅複雜意識的完整譯本。另外關於民初科學主義和胡適的兩篇文章，也都分別將他專書中未能充分涉及的重要議題繼續給予深入的探討。

胡適是林先生研究全盤化反傳統主義的一個主要代表人物。然而，林先生也清楚的指出，胡適本人說過他是主張漸進改革而且是反對激進革命的人。因此，他對胡適激進思想的討論，就不那麼容易讓人掌握他有關胡適「意識危機」的主要論點。為了進一步釐清作者對於胡適無法自覺到他本身思想上的矛盾所形成的「意識危機」，也為了能夠逐步理清胡適（與另外幾位1920年代知識份子）關於科學的一些似是而非的說法，林先生撰寫了〈民初「科學主義」的興起與含意〉與〈心平氣和論胡適〉的論文。這兩篇論文說明了胡適雖然是五四新文化運動時期高舉「民主與科學」的開先倡導者，他對於科學和民主的說法，卻因為停留在口號或是常識的層面，影響了中文世界對於自由主義與科學本質在**思想上**的真實認知與了解。林先生說過，胡適一生除了極短暫的時間因

為受到風氣的影響曾經讚賞過社會主義，他那種「一直堅持自由主義的立場」是不得不使人敬佩的，他更認為胡適在台灣能夠直面蔣家政權並堅持學術自由的行事原則，絕對具有無可取代的重大歷史意義。然而，站在追求知識的立場上，林先生就主張，如果我們要真正了解科學，就應該清楚：科學的基本性質和原理，與一種將科學變質成為一種意識形態的科學主義，是截然不同的。同樣的，如果我們要真正在中文世界發展純正的自由主義，我們也必得在**思想上**認真的去理清過去一些關於自由法治與憲政民主的混淆看法。

正是為了在思想上釐清自由主義的一些基本理念與原則，林先生在1980年代寫了有關自由與權威的兩篇文章，而且在文章發表二十年之後，又撰寫了對於這兩篇論述的反思文字。在此之前，中文世界從未真正嚴肅的討論過「自由」與「權威」是否有密切相關的這個議題。之所以如此，當然和中國傳統中各種僵化的禮法與扭曲的政治現實，在帝制傳統的末期對個人產生不同程度的壓抑束縛都有不可分割的關係。五四時期出現全盤打倒儒家禮教傳統的強勢主流意識形態，顯然可以看做是反抗這種壓抑的最佳實證。由於當時這種打倒傳統的意識形態本來就是以「反權威」式的「解放」來做為界定「自由」的標識，因此根本不可能產生將「自由」看做是與「權威」有正面相關的認知。林先生這三篇論文的重要性正是在他清楚說明了「解放」本身並不代表自由，也根本無法成為建立自由的資源，因為「自由文明的發展需要秩序，而秩序的建立則需要正當的權威」。從這個角度來看，他的這兩篇論文，的確是中文世界最早論證「正當的權威」是發展自由秩序所不可或缺的原創著作。也因為這個對自由的詮釋突破了傳統對自由的理解，這兩篇稍早發表的論文與林先生二十年之後對其反思的文字也才有必要一併被選入這本近作選。唸過美國一位著名學者Stanley Fish最近在《紐約時報》上討論美國社會因為對現有權威的質疑而要求絕對訊息透明、卻不幸成為虛假訊息泛濫源頭的一文之後，我更清楚的看到林先生二十多年前的論文不僅是中文世界內發展自由主義的突破代表作，論文呈現的遠見與前瞻性，對

於了解當今美國具有二百多年歷史的民主政治何以陷入當前的困境，同樣有其深遠的時代相關性。[8]

　　此外，林先生討論〈學術自由的理論基礎及其實際含意〉的論文，更是中文世界內有關此一議題的代表論證。通過論文，讀者可以看到，作者不是從「態度」上將學術自由做為一個應然的價值來加以提倡的。他主要是根據海耶克與博蘭尼（Michael Polanyi, 1891–1976）對「自發秩序」以及此一「秩序」必需奠基於法治的觀點，來論證自由秩序的相對穩定性與有效性；也就是説，希望讓讀者看到：為什麼自由秩序會是一個充滿生機的秩序，也會是最有可能讓人充分發揮創造潛能的有效秩序。與此同時，他也將以賽亞·伯林（Isaiah Berlin）廣為人知的「積極與消極自由」，做出可能是要比伯林本人在討論「積極自由」會落入極權統治的陷阱時都要更加清楚的申論和分析，隨之也引導著我們看到了這兩種自由應該如何在互為必要與充分的條件之下才能成為保障學術自由的根本前提和基礎，並進而再去掌握何以據此發展出來的學術自由才能使得學界更有可能產生真正「一流的學術成果」。

　　正如王焱教授所説，林先生這些論述，毫無疑問的是和他在西方受到的知識培育有深切的相關。讀者在文集的第三部份可以通過作者〈試圖貫通於熱烈與冷靜之間〉的自述，去理解他早年在芝大跟隨海耶克先生以及其他師長唸書治學的經歷。這樣的經歷不但為他提供了不同於一般研究中國近現代思想史路徑的獨特知性訓練，也為他建立了在中文世界試圖發展自由主義的思想基礎與資源。當然，林先生最關心的並不只是超越五四時期對自由主義的浮面了解，而是希望能推動自由主義在中文世界的實質性發展與深層的扎根。此中涉及的是如何在中文世界建設並深化憲政民主的問題。上文已經提到海耶克對他在這一方面的重要影

8　有關要求絕對的訊息透明卻成了虛假訊息泛濫源頭的討論，請閱：Stanley Fish, "Transparency is the Mother of Fake News," Opinion Section, *New York Times* (May 7, 2018)。Stanley Fish 的文章並非以討論「自由與權威」為焦點，但是文章的含意，事實上可在林先生文章的論證中引申而出。

響，在〈自由主義、知識貴族與公民德行〉的論文中，讀者會進一步看到海耶克在林先生發展他本人的知識生命之中，何以會是一個讓人景仰的古典自由主義者，何以林先生又認為海耶克代表的是韋伯（Max Weber）筆下「知識貴族」特有的一個典型，展現出的是一種「在『諸神戰爭』的現代性文化中，始終堅持忠於知性神明而無懼於其他神祇的精神」。也正是這樣的堅持，讓王焱教授對林先生數十年在學術思想上的追求定位做是像他老師那樣的一種「知識貴族」之表徵。

誠然，韋伯的思想對林先生的影響，並不亞於海耶克。讀過林先生《中國意識的危機》專書的人，大概都注意到此書在問題意識的形成過程之中的確受到韋伯「理想／理念型分析」（ideal-typical analysis）方法論的影響。林先生在文集中討論韋伯方法論的文章及訪談都進一步指出，韋伯本人早先對這個方法論提出的是 "generalizing" 或一般性、普遍性的 "ideal type"，亦即林先生所說，是指向一個大概不存在人間現實的「烏托邦」式的「抽象觀念」。但是，韋伯後來又提出了 "individualizing" 或個別具體的 "ideal type"。這樣的「理念／理想型」，著重的是在用某一個別的「觀念」來分析在某個特定時期之內出現的一種獨特的歷史現象。韋伯對這兩個不同但相涉的「理念／理想型」（ideal type）的解說，雖然相當複雜幽微，卻並不完全清楚。因此，林先生在《中國意識的危機》專書出版之後，一直不斷的在深究反思韋伯解說中未能完全表明的曲折含意。在〈韋伯「理想型／理念型分析」〉與〈答客問：林毓生思想與治學的取向和方法〉兩篇文章當中，讀者會看到林先生最近針對韋伯這個「理念型分析」的方法論，提出了較前更為完整深入的闡釋。他強調韋伯本人雖然修正了其早年將 "generalizing"「理念型的分析」視為「烏托邦」的看法，但不能忽略的是，採用這個方法來從事歷史研究，雖然不一定可以確實無誤的「反映歷史真實」，卻也不是一定就不能「反映歷史真實」。關鍵在：必需掌握到這樣的「抽象」或 "generalizing" 觀念，確實可以做為了解「歷史真實」的「思想分析工具」。

林先生的解說，讓我想起有一次和老師討論韋伯的時候，我曾經請問他是否可以將這種 "generalizing" 的「理念型分析」類比做是科學研究中

形成的假設建構。老師當時立即說「是」。從這個角度來看，林先生對
韋伯 "ideal type" 的解說，與博蘭尼討論科學研究中所形成的假設建構，
尤其是關於實證性的研究，其實是非常接近的。據我所知，林先生應該
是最早將博蘭尼的《個人知識》(*Personal Knowledge*) 引介到中文世界的學
者。做為林先生的學生，我也是在跟老師唸書的時候，才知道博蘭尼的
這本著作對於了解知識論與科學假設的形成與性質是何等的關鍵。博蘭
尼在討論科學理論成立與被接受的過程時提到，從假設得出的實證研究
結論，基本上都必需說明其結論會出現或大或小的誤差可能。但是，只
要在論證過程當中，此一假設與其所用的資料事實沒有發生牴觸，而且
誤差也不超過統計學上可以接受的範圍，研究得出的結論就可以成立且
被接受，儘管接受程度的大小，會因研究本身的解釋力度與廣度以及其
持久性而有所不同。需要注意的是，博蘭尼討論的重點更在指出：有些
極端深奧的抽象假設是根本無法通過實證法來證明其正確性的。比方
說，像林先生也引用過的愛因斯坦相對論就是一個最好的例子。因為，
正如博蘭尼告訴我們的，相對論最早提出時已經突破了當時對科學知識
的理解範式，也因為相對論的假設完全無法用當時的實驗工具來證實，
一些只重實證研究的科學家就武斷的否定了其理論之真實性。[9] 然而，
我們現在都知道，相對論的假設與其提出的 "generalizing" 觀念，確切無
疑的是反映了宇宙間的一種真實。

　　至於韋伯 "individualizing" 的「理念型分析」，讀者也會在林先生的文
章中看到他是如何根據韋伯對資本主義與新教倫理所做的實際歷史研
究，重新體會到韋伯已經通過這個研究否定了他本人早先對「理念型」
不存在人間現實的看法。更有趣的是，這個新的體會也讓林先生領悟到
他本人事實上對五四全盤化反傳統主義所做的實際歷史研究，也是在並
不自覺的情況下「反映」了 "individualizing" 的「理念型分析」方法論。然

9　博蘭尼的討論可參閱：Michael Polanyi, *Personal Knowledge* (University of Chicago Press, 1958, 1962), chap. 2, esp. pp. 9–15。

而，在討論方法論的文章之中，林先生更要告訴我們的是：不論是韋伯或是他本人或是任何其他人，如果他們的研究能夠發現某一個獨特重大而又影響深遠的歷史現象，同時又能對此現象提出使人信服的系統性解釋，那最主要的原因不會是因為他們先建立起一套方法論，而是因為他們的研究本來就是建立在一個歷史的真實。也就是說，他們觀察到的獨特歷史現象，本來就已經確實存在於人間，但是採用「理念型分析」的方法論，卻可以在思想的層面上為他們提供一個「指向歷史真實」的工具。

雖然林先生在其論著中展現的思想深度與多層面的複雜性主要是因為受到海耶克先生「知識貴族」式的訓練與陶冶，但也因為他同時又受到了像博蘭尼和韋伯他們在思想上對他發生的潛移默化的影響，所以才能逐漸讓他走出了早年跟隨殷海光先生 (1919–1969) 唸書時的思維視域。用他自己的話說，這個獨特的學思經歷就像是一個「脫胎換骨」的過程。不過，林先生從來沒有忘記引導他在思想和知識上最早認識海耶克與自由主義的啟蒙老師是殷海光先生。很多人都知道，他和殷先生從1961到1969年之間往返的書信，在1984年結集為《殷海光・林毓生書信錄》。出版之後，已經前後分別在大陸和台灣多次重刊發行，影響之深，相當少見。一位大陸學者就直言《書信錄》代表的是「兩代自由主義的知識人，就學術中的重大問題、國家的走向與文化的發展，平等交流、理性切磋的珍貴紀錄」。兩位先生文字間流露出的「真樸懇摯之心」，也被看做是一種「深具文化意蘊的中西方美妙的融合」。[10] 當然，

10　這些引語都是胡曉明教授的評語，刊登在2010年台灣大學出版中心出版《殷海光・林毓生書信錄》一書封皮外部之後頁。此書最早有台北遠流1984年版本與上海遠東1994年版本及1996年再印本，之後亦有吉林出版社2008年版本與中國中央編譯社2016/2017年版本 (感謝嚴搏非先生告知此最新版本)。另請參閱唐小兵教授的重要書評，見其〈殷海光與林毓生：以精神的交流驅散黑暗和寂寞〉，載2016年11月12日《新京報》：https://kknews.cc/culture/omgkvr6.html。

林先生並不諱言殷先生對自由主義及現代科學的認識確有可議之處。但是，讀者在文集所收的下列三篇文章之中——〈論台灣民主發展的形式、實質與前景——為紀念殷海光先生逝世三十三週年而作〉、〈紀念殷海光先生逝世四十五週年：專訪林毓生——兼論法治與民主的基礎建設〉，及〈自由主義、知識貴族與公民德行〉——都可以清楚看到作者的重點是：殷先生在台灣為自由民主努力奮鬥的一生，是以實際的言行去對抗威權的統治，即使知識發展受到當時現實環境的限制，殷先生所爭取的是個人的自由尊嚴與國家憲政民主的發展。最終雖然無法避免個人命運的悲劇性結局，他那種威武不屈，奮力為公義發聲的堅持，毫無疑問的為自由主義在中文世界的發展樹立了一個道德人格的典範。也正是這樣崇高的道德人格，給了林先生至深的感召，進而自覺的追隨老師為自由民主在中文世界的前途開始了自己一生的志業追求。

上文說過，林先生認為要了解自由主義，就必需對其基本的原則和觀念有切實的理解和掌握。他同樣也認為，若要了解自由民主或憲政民主，就必得先要分辨清楚這樣的民主所指為何。他在〈民主的條件〉這篇論文之中，開頭就強調觀念有了差錯，建設民主就會走錯路。因為民主可以因為各種因素而出現不同的類型，也就是說可以變形成為極權式的民主，或變為民粹型的民主而成為反民主式的假「民主」。這兩種反民主的「民主」，與林先生強調建設憲政民主所需要的三個必要條件——「法治、公民社會與公民文化和公民德行」——毫不相干，因為這兩種「民主」基本上不是根本忽視這些民主的必要條件，就是阻擋其發展、甚至是強加壓制的。林先生在文中的分析，將反民主的「民主」性質，從類型的不同給出了關鍵的解說，也將「法治、公民社會與公民文化和公民德行」這三個必要的條件，從觀念上做出了釐清和定性的闡釋。讀者在〈民主散論〉這篇論文，以及林先生為自己編撰《公民社會基本觀念》上下兩冊專書寫的主編序之中，也都會看到與這篇論文相近的論點。除了就觀念和理論的層面去闡明憲政民主的條件，他也根據特殊的實例提出了更為具體的討論。他在〈論台灣民主發展的形式、實質與前景——為紀念殷海光先生逝世三十三週年而作〉的文章當中，就特別

用台灣在1987年解嚴之後發展出的新興民主以及隨之產生的問題做為他辨析論證的一個實例。他的目的在說明不用「法治、公民社會與公民文化和公民德行」做為建設民主的實質基礎，民主的前景是令人擔憂的。

「法治」的觀念，雖然早在五四時期就已經有胡適將之與「人權」一併提出，但是當時的政治環境和之後的歷史發展，都不可能有足夠的條件去深入探究這些觀念，遑論具體的落實。[11] 通過林先生的論文，我們看到「法治」(rule of law) 是「依法主治」之意，其指稱的法律必需具有「普遍」和「抽象」的性質，而且三權分立的機制和基本人權的保障，也必需是討論與建立法治的前提及預設。此處的「法治」與中國傳統中以法律來控制社會和個人的「法制」(rule by law)，有非常明確的區隔。林先生解釋這兩個本質上有根本分歧的概念，在中文世界是相當少見的。當然，他對於公民社會與公民文化和公民德性的定義以及如何進一步對其培育發展的說明，在中文世界也同樣不多見，可以說他的確是繼承了「五四」的追求，但卻實實在在的走出了「五四」的局限，在思想的層面給了「法治」一個純正又確切的奠基說明。

從林先生的討論來看，他認為台灣在1987年解嚴之後雖然有了民主的形式，但是在李登輝和陳水扁的執政時期，特別是李登輝在1988到2000年執政的十二年期間，基本上是將民主政治化約成了用選舉的炒作來擴大執政權力的民粹型民主，以為一旦贏得較為多數的選票，就可以完全自稱代表了所有的「人民」，不但將人民化約成為無需加以分殊並且具有集體意識的一個整體性符號，而且以為如此即可將自己的循私作為都說成是代表「人民」的意志。在這樣的民粹作風之下，所謂的「民主」政治，已經淪為和兩蔣時代那種「私性」的權謀詐詭沒有什麼差別。執政者除了一心擴張個人和其所代表的族群、地域與政黨的權力及私利，完全無法提升政治成為一種應該超越私利並在公共領域中謀求公

11　胡適討論人權與法治的看法，可參閱孫乃修：〈新月派的人權法治自由觀念和吶喊〉，http://biweekly.hrichina.org/article/202。

共福祉的志業，因此也談不上會真正從事民主的基礎建設了。換句話說，林先生秉承殷海光先生一生所強調台灣惟一的出路就是從事民主的基礎建設，也就不可能獲得真正的落實。

林先生同意孟德斯鳩 (Montesquieu, 1689–1755) 所說政治領袖在社會轉型的關鍵時刻是可以建立合理良善的制度的。所以，他認為李登輝在1988年鞏固其政治權力之後，本來的確有機會將台灣建設成為一個具有實質內容的民主社會。然而，李登輝無法超越「私性政治」的格局，和陳水扁執政之後益發民粹的作風，以及由此造成的各種問題，諸如「黑金」的介入政治、第一家庭的貪污、執政者罔顧誠信等，更不用說炒作台獨假議題所引發的國家認同分裂與社會共識的鬆動，都在在傷害到台灣憲政民主的基礎建設，由此造成的影響，事實上是相當負面的。職是之故，我們可以了解，何以林先生會大幅度的修改了他2000年的一篇訪談文字，即〈政治家的條件〉一文。在文章中，作者不但重新將韋伯著名的「責任倫理」與「意圖倫理」給予全面的擴充和解說，也將早先訪談的論點做出更加精微準確的釐清與修訂。在這篇幾乎是重寫的文字當中，林先生首次用了「運作」和「信守」的兩個機制來說明韋伯這兩個政治倫理彼此有著不可化約的二元性格。他同時指出，這樣的二元性格並不意味這兩個政治倫理彼此有所衝突，反而是要強調它們之間具有互補相成的關係。對於政治人物而言，這兩個政治倫理是缺一不可的。從「信守」的機制來看，政治人物正是需要「信守」他們原初以政治為志業的「意圖倫理」才能夠持續他們對於追求公共福祉的熱情，並守住政治理想內蘊的道德原則。然而，從「運作」的機制來看，政治人物在政治過程中卻需要根據「責任倫理」來冷靜務實的處理各種政治問題與挑戰，同時承擔起隨之而來的責任與必要時的協商和妥協。這樣的運作過程在本質上是道德中性的，但卻不是沒有道德底線的權謀交易，更不是通過「意圖倫理」的道德理想口號去動員全民追求某種虛幻烏托邦的政治運動。林先生對這兩個政治倫理修訂之後的解釋，彰顯出他本人更加扣緊了韋伯討論這兩個倫理的深刻意義，也可以讓我們看到他對於李登輝與陳水扁這兩位政治人物原本應該可以在台灣進行民主的基礎建設曾

經有過多麼深厚的期待，雖然這樣的期待在見證其作為之後，只能讓他生出極度沉痛之感。

必需注意的是，林先生非常理解憲政民主只是歷史上所有試驗過的制度當中最不壞的一種。他很清楚西方民主的政黨政治因為受到不同利益團體的掣肘而出現淪為其代言人的弊病，他也批評民主社會從眾傾向所導致的庸俗化以及受到物質消費主義的侵蝕造成的異化現象。林先生當然不是惟一看到這些問題的人。他的老師和友人史華慈先生，在1999年11月中旬去世之前寫的一篇〈中國與當今千禧年主義〉文章之中，對於西方民主社會在新型科技進步下出現的新型消費主義和物質主義，就充分流露出批判性的深重憂慮。在為史先生這篇文章撰寫的〈導言〉內，林先生明確指出：史先生認為這種新型消費主義和物質主義是「太陽底下的一樁新鮮事」。因為這個「新鮮事」和以往的物質消費有本質的差異，相當於一種「千禧年主義」，而且非常有可能成為一種普世現象。這個「主義」的特色，是讓人相信自己可以從「純粹的物質享樂和純粹的個人滿足中」獲得救贖。這樣的新型「救贖」，完全失去了傳統消費物質文化當中仍然還有的一些受到宗教或倫理制約的公共關懷，因此在史先生的筆下被定義做是一種「『物質主義』末世救贖論」（materialistic apocalypticism）。

林先生指出，史華慈臨終前對於這種新型物質主義的深重憂慮，正是因為這種新型物質主義會造成「非人化」的影響（the dehumanizing effects）。他也指出，史華慈的憂慮，與韋伯擔心資本主義的經濟秩序會毀滅人類的精神世界使人類成為他所說的「鐵籠」禁臠非常相近。因為「鐵籠」呈現的，不但會是一個將「工具理性」變成存在的唯一終極目的，而且也會是一個任憑「價值理性」自行荒蕪的極端世俗化世界。也就是說，世界已不再可能具有超越的意義，而且也將永遠「不再令人著迷」。

有趣的是，林先生本人撰寫的〈中國現代性的迷惘〉也對中國現代化的路徑有著同樣深重的憂慮。他的論文揭示，韋伯筆下西方現代性顯示的那種「世界不再令人著迷」的特徵，與中國現代性呈現出的圖像截然不同。林先生強調，中國現代化的追求與傳統帝制秩序全面解體之後產生的深重危機意識和重建秩序的迫切渴求有著不可切割的關係。他論

證的重點在，不論是五四全盤化反傳統的激進思潮，或是「大躍進」與「文化大革命」企圖追求的烏托邦新社會，表現出的都是一種要迫切解決危機的強烈渴求，也都急切的企圖尋找一種可以超越人間資源限制的「無限力量」，希望藉此力量能帶領人們在俗世建立起新的現代秩序。在這樣的歷史情境之下，五四提倡的「科學」，被看做是具有超越性宗教的「無限力量」，「大躍進」和文革時期的毛澤東，也被當做是具有這種「無限力量」並且必需全力加以膜拜的神祇，俗世因為是秩序重建和獲得拯救的場域，所以只會更加「令人著迷」，而絕非是變得「不再令人著迷」。然而，這種極端世俗化的結果，不但沒有解決危機，反而只製造了空前的「破壞與奴役」。當前中國社會出現的權貴資本主義、道德真空與生態污染等重大的問題，就林先生看來，也都和「大躍進」及文革造成的災難緊密相關。這也是他為什麼會和史華慈一樣，對現代文明的走向都有著極為深重的憂慮。

即使有此憂慮，林先生顯然也和他描述的史華慈先生一樣，在面對現代性有可能威脅到我們人文世界的存續時刻，選擇的是去重新整理和評估傳統中的人文資源，希望能將其中優美的質素妥善的轉化為我們精神世界中的價值基礎與意義的源泉。這樣的做法，當然和他數十年來不斷提倡對中國傳統進行「創造性的轉化」是一致相合的，目的也就是要通過這樣的「轉化」來重建人文的傳統。基本上，「創造性的轉化」是一個「理念」，但這個「理念」涉及到一個涵有價值意義與行動「導向」的「開放性的過程」。在這個過程當中，林先生建議我們應該「使用多元的思想模式將一些中國傳統的符號、思想、價值與行為模式加以重組與/或改造（有的重組以後需加以改造，有的只需重組，有的不必重組而需徹底改造），使經過重組與/或改造的符號、思想、價值與行為模式變成有利於變革的資源，同時在變革中得以繼續保持文化的認同」。[12]

12　此處的界定與解說，見於以下幾篇文章：〈什麼是創造性的轉化〉、〈一個導向〉及〈多元的思考〉，均收入林毓生著，朱學勤編：《熱烈與冷靜》（上海文藝出版社，1998），頁25、104、106。

　　必需強調的是，林先生 2016 年 9 月曾經在電話中提醒我說，「創造性的轉化」必需放在發展中國自由主義的前提之下來討論才符合他原先的構想。否則，任何一個被人視為「新」的看法，甚至毛澤東發動的「大躍進」或「文化大革命」，也都可以被説成是對傳統進行「創造性的轉化」，那就完全曲解他的原意了。

　　有了這個提醒的框架，我們才可以進一步討論林先生對〈中國人文的重建〉有什麼具體的建議。值得注意的是，在這篇 1980 年代發表的長文之中，作者説的「人文」重建，事實上是在討論人文工作與教育的重建。這裡牽涉到的一個根本問題就是：由於五四全盤化反傳統的激進思潮，使得林先生看到傳統中一些權威不是已經完全崩潰就是變得非常衰微；換句話説，真正權威的失落，造成了中國人文的內在危機。當然，林先生很清楚從晚清以來，中國已經從西方引進了各種不同的學術權威。不過，一旦他從五四以來對西方科學和民主的推動角度來看，他就看到當時由於急切渴求科學和民主能夠立即在本土產生實效，對於民主與科學背後極其複雜與深厚的歷史背景就沒有形成實際的了解。因此，對民主和科學的推動就容易流於表面或形式的解説而無法掌握其真正的意義。要能獲得改進，他建議從事研究工作的時候，在態度上應該具有一種「歷史感」與「比慢精神」，必須了解文化傳統的基本結構崩潰之後所出現的各種危機，是不可能在幾代人的時間之內可以解決的。人文工作者需要的是能在長期沉潛努力之後，提出具有實質意義的「突破」性研究成果，而不是只著重「量」的貢獻。在觀念上，也應該知道人文工作重視的是「具體的特殊性」，不是像社會學科那樣需要針對某種社會現象建立起一般性的解釋原則或理論。根本的重點在，人文研究與教育都應該肯定人的價值以及生命本身自有的尊嚴和意義。對人的研究，也更加需要有「設身處地」的一種同理心去給予同情的了解，這樣才能把握住個別生命的具體特性和其呈現的特殊意義。林先生特別強調這樣的人文工作非常需要有深厚的思想基礎，而培養思想的深度與廣度的一個關鍵途徑就是長期努力的閱讀重要的經典。因為通過這樣的閱讀，我們可以接觸到偉大的心靈與思想是如何去了解人性中的各種複雜面向，以

及人在面對困境時的掙扎、奮鬥、沉淪與超越。他們對生命的觀察、審視與反思體悟可以說是提供給我們一種具體的思想和行為範式。除此之外，林先生也非常強調在實際生活中接觸這種範式的重要性。毫無疑問，殷海光、海耶克和史華慈三位先生對他不論是在知識上或是道德人格上的啟發、感召和影響，都可以說是他生命中直接接觸到的重要人文範式，也都成了他內心真正的權威資源與意義的表徵。另一方面，林先生通過文字敘寫三位先生對他的感召與影響，更呈現出他本人對傳統文化中「念舊」情誼的欣賞與珍惜。[13]他認為這種「念舊」情誼是中國傳統文化中非常優美的一個特質，可以讓現代文明保有傳統的人情而不至於只活在工具理性掌控的效率世界之中。

除了與師長的情誼，林先生為董永良先生專書寫的序〈六十餘載君子交〉和〈王元化、林毓生對話錄〉這兩篇文章也都表達出朋友之間的真感情。董永良先生是林先生1950年代初在大學時代同宿舍的室友。畢業後，二人各自到了美國並在不同的領域發展。然而六十多年來，他們總是保持君子之交，沒有斷掉老同學的聯繫。這樣穿越時空的「念舊」，應該是林先生認為中國傳統文化當中仍然可以做為現代認同的一種價值因素。事實上，林先生與王元化先生的〈對話錄〉，應該也可以解讀做是將這種價值更進一步的呈現了出來。王元化先生在1980年代初開始閱讀《中國意識的危機》時，由於並未掌握到這本專書的基本論點，因此頗有不甚公允的評語。有趣的是，他非常願意和林先生溝通，而且在聽了林先生的說明之後，也接受並且同意了他對五四全盤化反傳統主義的分析和詮釋。二人從此居然成了難得一見的知交，在上海學界一時還傳為美談。要強調的是，這兩個例子讓我們看到的不僅僅就是一般的「念舊」，更重要的是讓我們看到林先生和二位舊友新知的情誼所呈現出他們那種彼此都有著對公共議題的一份深切關懷。在〈王元化、林毓生

13　有關林先生對「念舊」的討論，見其專書《中國意識的危機》討論魯迅的第5
　　章，特別是最後一節的論證。

對話錄〉之中，我們清楚看到他們討論了韋伯的方法論，堅持個人自由的重要性和自由主義在中國的前途等的重大議題。這樣的交流，顯然繼續了「五四」以來知識份子追求自由民主的傳統，也揭示出這個傳統即使在最黑暗的政治壓抑之下也沒有完全死滅。在這個意義上，我們可以說這或許正是林先生為什麼會認為王元化先生的一生自有其公共意義的原因：因為他的努力與奮鬥，彰顯出他做為中國知識份子是「根據理性所蘊涵的自由與責任[去]探討中國的新生所應走的道路」。王元化先生雖然已經往生，他與林先生的真摯友情卻實實在在已經成為一個具有超越意義的人文範例。

具有超越意義的人文範例當然不是只會出現在個別的知識份子身上。林先生紀念殷海光先生的夫人殷師母夏君璐女士的文章，非常細緻的敘寫了一個女性〈高貴靈魂的一生〉。他的悼念與懷念的文字，描繪出一位看似平凡卻非常不平凡的女性終其一生對殷先生那份堅定不移的永恆愛情，也揭示出這樣的愛情信念如何使殷師母「無畏無懼」的守護著殷先生，又如何「無怨無悔」的照顧著殷先生。這樣的信守，更讓她在殷先生走後，挺著脊梁帶著幼小的女兒去「不卑不亢」的艱苦謀生。對林先生來說，殷師母為愛的永恆信守而奉獻了的一生，是人性中最「高貴」的一種光輝，由此呈現出的那種精神境界，感人至深。

林先生對於具有「高貴靈魂」女性的敬佩，早在他1980年代討論〈黃春明的小說在思想上的意義〉時就已經充分的顯現出來。[14] 黃春明筆下的這位女性雖然是虛構的人物，但是林先生的討論顯示，這樣的人物極有可能是黃春明本人在生活中接觸過的真實農村女性。這位農村出來的女子，即使是在社會的最底層從事娼妓的工作，卻從未放棄能夠改善自己處境的任何機會，也從未因為自己的悲慘際遇就失去幫助受到嫖客

---

14 附錄中討論莎士比亞《奧賽羅》悲劇的論文，顯示林先生很可能認為劇中女主人翁對奧賽羅的真愛，讓她無懼為其所殺也不對其加以詛咒的表現，已經呈現出一種高貴的人格。我們可以說，他對富有「高貴靈魂」女性的敬佩，遠早於1980年代。下文有關林先生對其先母的討論，足為印證之例。

欺凌的另一同伴的正義感。她不向惡劣的命運低頭，也不相信自己的努力不能讓自己獲得一位正常人應有的做人尊嚴。黃春明描述的這位女性對林先生來說，顯然是展現了儒家文化當中那種最可貴的道德自主性，不但使得她自己的生命由此獲得提升，也因此讓生命彰顯出一種超越的人文意義。更重要的是，這樣的女性在林先生個人生命之中也完全不陌生。

有一次我問到林先生他最早接觸到的超越資源從何而來，他立刻就說「是從先母那兒來的」。嚴搏非先生整理林先生〈我研究魯迅的緣起〉紀錄文字，本來是專為林先生的魯迅論文集準備的代序，但是讀者會清楚看到作者母親行事做人的風格。林先生的母親也出身於傳統的一個中國農村。雖然來自農村，也沒有受過多少教育，後來成為大富人家的女主人之後，她卻從來不曾將家中的幫傭當作「下人」，總是一律平等的對待。作者記得照顧他的張媽有一次因為兒子出了事，需要大筆款項才能解決問題，她就毫不猶豫的要林先生的父親立刻給予幫助。林先生覺得母親這樣的大器，的確是有「人饑己饑」的胸懷。他說他的母親總是什麼事該做就去做，完全不須多說。在母親身上，林先生說他可以看到傳統農村有的一種文化底蘊。這樣的文化底蘊，並沒有因為魯迅以及「五四」主流的激進思潮而有什麼太多的改變，當然也根本不會產生要打倒「吃人」傳統的那種意識形態。相反，傳統禮教在他母親那兒反而是她理所當然用來待人接物的一種儀式性的憑藉。我們可以說儒家文化中「仁」與「禮」的關係，在他母親與其生活的農村那兒，基本上是互為表裡，而相輔相成的。[15]

上面提到的這些例子，顯然與林先生主張將傳統中國文化當中具有優美質素的因子在現代進行「創造性轉化」密切相關。但是，如何進行

---

15 有關儒家「仁」與「禮」的關係，林先生有極為精到的詮釋，見本書附錄的論文："The Evolution of the Pre-Confucian Meaning of *Jen* 仁 and the Confucian Concept of Moral Autonomy"。

並深化憲政民主的制度性建設，恐怕才更符合林先生終極的關懷。因為有了這樣的制度性建設才至少有可能使得像殷海光先生與其夫人夏君璐女士曾經遭受到的那種不公不義的現象再也不會發生，使得每個人的基本權利與尊嚴也都能在符合法治的程序範圍內獲得最大程度的保護與改善，進而也才能為人文的重建與發展提供一個穩定有序的自由環境。這正是為什麼林先生會在〈人文與社會研究發展芻議〉的論文當中提出了政府應該建立並資助人文與社會學科「專職研究」的具體制度，而且建議從事人文與社會學科的學子應當在這個制度提供的自由環境當中，努力探索並逐步發展出「獨立、自主與原創性」的研究成果。

　　不容諱言，林先生對於台灣在解嚴之後因為受到「私性政治」的影響而始終未能真正深化憲政民主的建設覺得十分痛惜。他坦言許多「亂象」已經形成「惡性循環」，而且這種情形讓很多人都對「建設性改革的動力從哪裡來」和哪裡又會是「進步的突破點」都產生了極大的疑問。他本人也很清楚這些問題都非常關鍵，卻「難以回答」，因為很多現象「呈現著結構性的困局」。然而，上面已經說到，林先生不認同韋伯那種對現代性最終會把人都囚禁在他那個著名「鐵籠」的「輕蔑性悲觀」心態。因此，他選擇的路，或者更準確的說是他認為台灣應該選擇的路，是在困局之中「苦撐待變」，也就是抱持著一種「不放棄的精神」。當然，更應該要做的，就是要進行「積極思考」並且去「積極籌劃」出可行而有效的改革方案，以便改革機會一旦來臨，即可「付諸實施」。林先生非常清楚台灣不是沒有人才，也不是沒有善意，或是沒有可以形成共識的資源，更何況他非常了解歷史的演變有著許多不是人所能預先意料得到的偶發因素，台灣的前途也絕不是任何決定論可以預知設定的。當然，台灣面臨的各種外部挑戰非常之嚴峻。不過，對林先生來說，如果外部的壓力不是台灣本身能夠控制或消解的，那麼台灣最該做、而且也是最能做的，應該還是在內部首先〈合力建立新的世界圖景〉。這個圖景不但要顯示「合理性」，而且也必須具有「福利性」與「公共性」。為什麼要建立這樣的「新的世界圖景」？在這個問題上，林先生回到了韋伯的立場。也就是說，他相信人的理念建立出的這種「新的世界圖景」，有可能發

揮像韋伯筆下的鐵道轉轍夫那樣，可以「決定各種利益的互動所推動的人類行動在哪條軌道上前進」，進一步改變本來可能會有的劣勢，而轉到圖景所指引的一個新軌道。事實上，這個新軌道或「新圖景」的比喻，就是林先生數十年思想論述中努力探究、不斷討論、並持續提出具體可行路徑的憲政民主。

當然，自由主義在今天的世界似乎因為政黨政治在西方，特別是在美國社會的運作受到財團利益的操弄與各種身份認同政治的炒作，出現了各種危機，因此也受到來自許多威權制度中政治人物或一些菁英的拒斥與批評。台灣社會中甚至也因為有著難以突破外部與內部的各種政治、經濟、教育與文化等等的困局，而出現經濟垮了、民主何用的說法。[16] 對這樣的說法，林先生會怎麼具體的回應，我不知道。但是根據他一再談到建設民主是要有條件的看法，我們當然可以說他不可能將民主放在個人生命與個人自由之上，更何況憲政民主的建設對他來說，從來就為的是要保障個人的基本權利並且使得政治權力能夠獲得妥善安排的一種制度。許多人都知道，中國歷史上一個很根本的問題就在政治權力始終沒有得到合理的限制。一般民眾只要政治領袖能讓他們溫飽，沒有戰亂，沒有苛稅，也就都能接受。有了亂世，也總是企望聖王或是政治強人的出現來一統天下。林先生在這本文集內〈反思儒家傳統的烏托邦主義〉一文中，已經對為什麼追求「聖王之治」是代表一種「人的宗教」提出了極為精到的分析。他不只一次跟我說過，如果世界上真有「聖王」，他第一個就會放棄民主去擁護「聖王政治」。然而我們多半都知

16　台灣鴻海企業董事長郭台銘先生曾經協助2014年3月的太陽花學運和平退場。之後在當年的5月8日他說道：「民主對GDP沒幫助，民主是過程，不是果實，經濟果實才能填飽肚子。」見《中時電子報》2014年5月9日報導：http://www.chinatimes.com/newspapers/20140509000782-260102。《TEEPR亮新聞》刊載郭台銘說的是：「民主不能當飯吃，對GDP也沒幫助。」兩個報導引用的詞語不完全相同，但不影響所要傳達的訊息。見：https://www.teepr.com/750315/angelpan/民主不能當飯吃/。

道，歷史的經驗總是呈現出艾克頓勛爵 (Lord Acton) 名言所説的：「權
力傾向腐化，絕對的權力傾向絕對的腐化。」換句話説，「聖王政治」本
身就是一個從未實現過的虛幻烏托邦，與保障個人權利，或是限制政治
權力毫不相干。另外值得一提的是，林先生過去跟我談到近代史上因為
戰亂與人為造成的大饑荒時，也曾經説到，如果人都已經到了要吃草皮
樹根，甚至彼此相食的程度，那還有什麼文明可談？言下之意顯然也就
是在説：怎麼還可能談什麼民主？按照這樣的理解，我可以肯定的斷
言：林先生從來不是一個把民主當作抽象口號來做理論空談的學者。他
堅持憲政民主，是因為歷史顯示這樣的制度可以使得個人自由獲得起碼
的保障，並且可以根據比較有效的制度途徑來解決權力誤用與濫用的根
本問題。如果文明已經到了需要人吃人的崩毀狀態，那是沒有條件來談
民主的。還應該提到的是，西方憲政民主雖然有很深的危機，他們的社
會事實上已經出現針對他們本身問題的各種反思討論與行動。舉例而
言，早在2010年，就有專文分析多元主義與民粹主義之間的張力關
係，討論到多元主義若走向極端，會對美國自由民主的正常運作造成如
何負面的影響。[17] 對照之下，台灣社會雖然持續要面對不斷出現的各種

17　見：Marc F. Platter, "Populism, Pluralism Democracy," *Journal of Democracy* 21.1
　　(January 2010): 81–92, esp. 84, 89；上引 Stanley Fish 在《紐約時報》的文章亦
　　可做為一個現成的例子。事實上，此文發表之後，《紐約時報》也刊載了
　　有關世界上許多國家民主政治走向敗壞的討論文章，見：Michael Albertus
　　and Victor Menaldo, "Why are So Many Democracies Breaking Down?," Opinion
　　Section, *New York Times* (May 10, 2018), pp. 9, 11；另外，也可看到針對憲政民
　　主，特別是對美國民主的反思專書與雜誌上的論壇討論。例如，2018年1
　　月，美國出版了 Steven Levitsky and Daniel Ziblatt, *How Democracies Die* (民主如
　　何死去) 一書；4月中，*Foreign Affairs* 雜誌也以 "Is Democracy Dying?" (民主在
　　死去嗎？) 為題，邀請不同學者對此發表同意與否的分析，並刊載於網站，
　　見：https://www.foreignaffairs.com/articles/2018-04-16/democracy-dying。也有中
　　文論文提到 *How Democracies Die* 這本書，並同意此書作者所説：惡化的美國
　　民主政治能否有所改變，仍取決於其「人民的選擇」，見王前：〈當我們談論
　　進步時，我們在談論什麼？〉，《思想》，第35期 (2018年5月)，頁152。

外部壓力，但是台灣內部卻似乎因為這幾年在國家認同上的分歧，而越來越無法形成共識，這大概也印證了林先生多次提出台灣最大的挑戰還是來自內部的說法。如果我們接受他的這個說法，那麼我們或許還可以用他的話來說，台灣不是沒有可資珍惜的人才與善意去幫助台灣繼續「苦撐待變」，也不是不能夠提出「積極籌劃」的有效改革方案，問題似乎還是膠著在台灣的政治人物是不是能夠或願意去發揮韋伯的政治「責任倫理」，努力去超越林先生批評的「私性政治」，同時展現大器度，大格局為凝聚社會共識而全力奮鬥。[18] 從林先生數十年一貫的立場來看，也唯有如此，台灣或許才能真正走向他所期待的合力深化具有「合理性」、「福利性」與「公共性」的憲政民主新圖景，並在堅持深化的過程當中等待新契機的出現。

這本文集的完成，首先要感謝林師母宋祖錦女士。林先生健康出了狀況之後，師母除了全力照顧林先生與處理家中內外的一切事務，還需要為老師給我傳發一些原先漏掉的文稿。師母的辛苦與勞累，不言而喻。在此要再致謝忱與敬意。林先生說師母有「高貴的氣質與精神」，應該也是在表達他對師母的敬重之情。其次，也特別感謝蔣經國基金會提供的研究獎助金，使得文集的編訂能夠進展無誤。王焱教授為文集寫下的閎言深論，亦特此誌謝。中央研究院的羅久蓉和楊貞德教授以及上海的嚴搏非先生，為文集內新譯魯迅文稿的註釋提供了校訂與整理，貞德與她的研究助理辛佩青同學更將文集中有所缺漏的幾篇文稿重新打印

18　值得一提的是，當 2018 年 *Foreign Affairs* 雜誌在介紹其 5/6 月一期關於反思民主是否在死去的內容時，其編者 Gideon Rose 的結論和林先生所說相當接近。他說：對今日世界上做為領袖的民主社會而言，最迫切的危險其實是來自內部而非外部。他認為這些社會要改變這種危機，不論就資源、時間或機會來說，都不會是問題，但其唯一的問題就在這些國家沒有政治意願和領導人才。台灣在資源、時間與機會上完全談不上優勢，因此，若接受上面所說台灣民主的最大挑戰也來自內部，那政治領袖的意願和能力顯然就更加關鍵了。

並費心校正，杜邁可（Michael S. Duke）教授也為文集提供了電腦作業的全程技術協助。他們的鼎力支持，功不可沒。當然，沒有香港中文大學出版社甘琦社長、林驍與余敏聰二位編輯提供的專業協助，這本文集也是無法及時完成的。謹此向他們一併致謝。

丘慧芬於溫哥華
2018 年 6 月 11 日初稿
2018 年 7 月 30 日修訂
2018 年 11 月 11 日重校

敬畏知性的神明：《現代知識貴族的精神
——林毓生思想近作選》解讀

> 知識貴族的精神乃是——不是多數人做得到的——在「諸神戰爭」的
> 現代性文化中，始終堅持忠於知性的神明而無懼於其他神祇的精神。
>
> ——林毓生

引　言

　　已經逝去的二十世紀對於中國來說，是一部激蕩的百年史。古老的中國天翻地覆，革命迭起，動亂相續。志士仁人，奔走號呼，流血犧牲，欲構建起一個自立於世界之林的自由憲政的現代國家。1911年的辛亥革命，在帝制中國王綱解紐之後，在亞洲建立起第一個現代共和政體的國家。然而弔詭的是，伴隨著傳統制度與秩序的崩潰，中國人卻依然在坎坷中顛躓前行。作為現代民族國家構成要件的憲政、法治與民主，無論是作為一種制度實踐，還是作為價值觀念與符號，都還遠遠有待於落到實處。林毓生先生為這一問題縈懷不去。他早年從師於殷海光先生，1960年負笈芝加哥大學社會思想委員會，親炙西方大家如海耶克、席爾斯等人的教誨，後又與哈佛大學著名思想史學者史華慈結為師友，成為晚近漢語學界中少有的經歷過純正古典自由主義訓練的學者。他帶著明確的問題意識（problematique），探尋在國人構建現代國家的努力過程中，自由民主價值在近代中國失落的原因。

　　林毓生先生思想史研究的中心主題，看起來是非常簡單的，即「處理 —— 從世界比較思想史的觀點來看 —— 一項獨特的『意締牢結』(ideology)，即五四整體主義的反傳統主義的成因、內容與涵義」(〈答孫隆基〉)。「所謂『意識形態』—— 按照席爾斯的定義 —— 是對人、社會及與人和社會有關的宇宙的認知與道德信念的通盤形態。」這是世界各國思想史上都頗為罕見的一個現象。

　　林毓生先生最先在大陸出版的著作是《中國意識的危機》。這部書寫作於1964–1974年間，1979年先以英文在美國出版，1986年又在中國大陸出版了中譯本。該書主要就是探討上述這一主題的。由於路徑的依賴作用，這一思潮的興起深刻影響到中國近代歷史後來的道路，卻長期未曾得到國人的深入反省。

　　現代社會的社會政治結構、文化結構與傳統社會有著質的不同。在向現代轉型的過程中各國有幸有不幸，但都與傳統社會既存在著斷裂也存在著連續性。即使是世界上第一個邁入近代門檻的英國也是如此，因為不能成功革新的社會也注定不能保守傳統。海耶克曾經指出，「一個成功的自由社會，在很大程度上將永遠是一個與傳統緊密相連並受傳統制約的社會 (tradition-bound society)」。[1] 而中國近代全盤反傳統主義興起的本身，已經表明自身文明的毀壞與失序。這正是「中國意識的危機」的涵義所在。

　　全盤化整體性的反傳統主義思潮的興起，在林毓生看來，這是由於以下三個原因：(1) 西方文化的不斷進入，(2) 宇宙王權的解體導致傳統政治秩序的瓦解，以及 (3) 中國內在的文化傾向。第一個原因是外緣性的，無需多言；第二個原因，主要是由於傳統中國是以政治秩序為中心的，近代中國王綱解紐，不能不導致社會一併失序，從而深陷於意義的危機與秩序的危機。五四諸人並未能分辨傳統的社會規範、政治運作

1　海耶克 (Friedrich A. Hayek) 著，鄧正來譯：《自由秩序原理》，上冊 (北京：三聯書店，1997)，頁71。

與文化符號、價值之間的差異，也未能分辨政治關懷與文化關懷的不同；至於第三條原因，需要略作解釋。

在林毓生看來，也可以說，全盤反傳統主義的病根卻恰恰在於傳統的一個基本特質：「儒家道心與人心合一的觀念蘊含著超越的意義是內涵於人的生命之中。易言之，這超越的意義是人在現世生活中經由努力來發現的，而不是被人的意志與思考所創造。在儒家思想中，人性內涵永恆與超越的天道，所以人跟宇宙永不分離。」[2] 正是這一向內超越的文化路向，導致中國文化人總是處於外在世界與內心的道德提升之間的緊張關係之中，總是向思想文化方面去尋找終極的原因與解決之道。

借助於林毓生的觀察，我們看到近代中國在思想文化方面存在一個頗為弔詭的現象：即一方面是激進的全盤反傳統主義的高揚，另一方面反傳統主義依賴的卻又是那些人們「所未質疑或不想質疑」的傳統。《中國意識的危機》著重揭示這一未加反省層次上的傳統所導致的結果。用林毓生的話說，五四知識份子是「如此地受傳統的影響，以至於他們變成了反傳統主義者」。

傳統文化的核心是一套價值系統，包括一般規則與傳統慣例。作為可欲的自發秩序之基礎的一般性規則本身就是在傳統中生長出來的。《法國大百科全書》1981年版就提到我們所說的傳統「文化是一個社會群體所特有的文明現象的總和」。作為其中心的則是一套價值系統，而文化可以說就是這一價值系統的呈現。傳統是一個社會的文化遺產，是人類過去所創造的種種制度信仰、價值觀念和行為方式等構成的表意象徵，包含著賦予我們目的和意義的生活模式，給我們的生存帶來意義與秩序。當一個古老文化傳統在向近代社會轉型之際，需要的是對文化傳統的「創造性轉化」，以及民主法治的制度建設。易言之，需要的是扳道工，而非全盤毀壞的破壞狂。

2　林毓生：〈魯迅思想的特質及其政治觀的困境〉，載林毓生：《政治秩序與多元社會》（台北：聯經，1989），頁251。

　　在林毓生從學的六十年代，西方學界中文化人類學成為一時顯學，給思想史研究帶來不小的衝擊和影響。林毓生先生的思想史研究，處理的正是精英思想，這往往被視為主張精英論。但是他不受時風影響，依然堅持這一研究路徑。

　　反思近代思想史，其實是一條恰當的途徑，因為對於中國來說，始終處在一條外生型現代化的道路上，因此知識份子在近代中國的巨變中扮演著重要的角色。近代中國承續了前現代的社會結構，前身作為士大夫的知識份子不但起到了導向作用，而且成為了變革的主要力量之一。在林毓生看來，由於現代中國社會的變革運動中是以思想為導向引導政治、經濟的改革，因此作為思想文化精英的思想傾向就格外值得重視。而成為五四時期文化精英份子的魯迅、胡適、陳獨秀等人，儘管他們的具體觀點各不相同，但有一個方面卻非常一致，這就是對於中國傳統價值的徹底否定。這一激進的否定，使得向近代的轉型過程，失去了傳統的符號、價值與信仰作為中介予以支撐，結果讓他們追求的目標南轅北轍，終竟落空。

　　《中國意識的危機》在中國大陸出版之際，正值「文化熱」的興起。這本書的觀點獨闢新徑，多少逆轉了反傳統主義的思潮流向，因此引起了普遍的重視。但是也有論者在與林毓生商榷時認為，海耶克等人在論述傳統的意義與價值時，指稱的是內生性現代化的西方傳統，而不是中土傳統。言外之意，就是海耶克、席爾斯等人所說的傳統都是西方文化傳統，對中國來說未必適用。

　　實際上，即使是西方各國，其通向現代轉型的道路也都各不相同。其前現代的社會文化結構與現代的結構之間，或多或少也都存在著一定程度的斷裂。沒有哪一種文化天生命定能夠通向現代社會，也沒有哪一種文化注定不行。林毓生自己就曾指出，憲政民主之路在西方發展的歷史是多元的，極為複雜而曲折，我們無法用「藉思想文化以解決問題的方法」，論定中國文化不可能實現現代轉型；如果執持那樣的觀點，將陷於文化的本質主義和文化決定論。如果我們仔細尋繹西方各國走過的發展道路就不難發現，憲政民主制度在西方國家出現的早期，其實並非

理論先行的產物，而為實際經驗之後果；當然，其所以能夠獲得後續發展，乃是由於取得了理論上的支持。

作為近代思想人物的嚴復也早就指出：「夫自由一言，真中國歷古聖賢之所深畏，而從未嘗立以為教者也。」[3] 但是儘管中國文化在長時期的演化過程中，並沒有生成與西洋 liberty 一語完全對應的語詞和概念，這並不能證明中國文化中沒有將自由視為一種價值，沒有對自由的渴望與追求。平心尋繹，即便在西方文化中，liberty 這一概念具備現代意義，也經過漫長的歷史演化。中文世界與現代西文 liberty 對譯的「自由」一語，早在中古時期即已出現，演變至今，已經漸趨與西文對等的語義。對於發端於軸心期的幾大文明來説，儘管思考的重心有別，價值的排序有異，但是如果沒有對於自由的起碼的渴望與追求，恐怕大多早就歸於絕滅。[4] 理性的發育、語義的演化是與累積的演化的社會文明同步成長的。因此，那種認為中國文化傳統注定與現代社會的價值相抵觸的這一論辯，其實是不能成立的。

林毓生在論述自由的時候，總是與權威之卡里斯瑪（或譯奇里斯瑪）對舉。卡里斯瑪 (charisma) 是韋伯統治權威的理想類型之一，後經席爾斯拓寬了卡里斯瑪的含義，使之廣泛涉及那些被認為同最神聖的導向與秩序的泉源相接觸的行為、角色、制度、符號與實際物體。卡里斯瑪的權威能夠在人們的內心中構成一套框架，為人們提供博蘭尼所説的支援意識。林毓生主張：「我們對於歷史演變出來的文明需做多元分析，使其成分相互分離，而後加以取捨。」這才是對於傳統的一種正確態度。他的研究為我們展現了這一取徑在中國思想史研究方面所具有的潛力。

3　嚴復：《論世變之亟》(瀋陽：遼寧人民出版社，1994)。

4　編按：王焱教授此處對於渴求自由的觀點較接近「積極自由」，與西方中古經過極端複雜的歷史而逐漸發展出的「消極自由」甚有距離。有關「消極自由」與「積極自由」的分際，請閱本書第二部份〈學術自由的理論基礎及其實際含意〉一文。

二

　　《現代知識貴族的精神 ——林毓生思想近作選》是丘慧芬教授對著者晚近一些文章的精選結集。這其中的一些文章，可以視為作者《中國意識的危機》所探索主題的進一步延伸與深化。

　　近代中國全盤化、整體性反傳統主義的大潮勃興，並未能讓中國直接走向構建現代國家之路理想的實現，反而一度導致了中式烏托邦主義的大流行。這大概是站在五四全盤反傳統主義大潮前面的諸賢所未能預見到的。

　　人的意識世界拒斥虛空。全盤反傳統主義思潮所造成的意識的「真空」（vacuum），結果卻被中式的烏托邦主義所填補。〈反思儒家傳統的烏托邦主義〉與〈二十世紀中國激進化反傳統思潮、中式馬列主義與毛澤東的烏托邦主義〉兩文著重探索這一主題。

　　所謂烏托邦（utopia）來源於兩個希臘詞根，*ou* 是沒有的意思，*topos* 是地方的意思，兩個詞根合在一起，就是子虛烏有的地方，是一個理想國而非一個真實存在的國家。從柏拉圖《理想國》到儒家的《禮記‧禮運篇》，從莫爾的《烏托邦》到康有為的《大同書》，從中到西，從古至今，烏托邦思想都是普遍存在的。其所以被視為烏托邦，其實無非就是指「無法實現的理想」。它們有的並非可欲（desirability），有的並不可行（practicability），有的既不可欲又不可行，因此可統稱之為子虛烏有的幻想。所謂「烏托邦主義」是什麼意思呢？烏托邦主義就是一種絕對的、極端的、不可妥協的理想主義。而所謂「中式烏托邦主義」，則指稱那種在中國語境中產生、帶有中國特點的烏托邦主義。這是一種認為經由大破才能實現大立，經由大毀滅而後才能實現烏托邦理想的浪漫主義。

　　比起世界各大宗教文化，儒家無疑是最具有世俗的現實主義品格的文化，美國漢學家 Herbert Fingarette 所作的孔子傳記，書名就叫做 *Confucius: The Secular as Sacred*。儒家學說與現實世界不即不離，似乎卑卑無甚高論，但是，就是這種世俗取向的儒家也同樣存在烏托邦思想，只不過儒家的烏托邦思想認為，黃金時代不在於未來，而在於杳遠的上古

社會，到了三代以後已經進入了衰世。這是一種退化論的歷史觀，與柏拉圖的理想國可以比較互勘。理念論是柏拉圖哲學的核心。他把不變的理念看作唯一真實的原本，而把變化的事物看作理念的摹本和消極的產物。現實世界反覆摹仿的結果是愈益失真，距離理念世界愈來愈遠。可能也正因此，西方社會的歷史上並未出現過大規模重返理想國的衝動。

在儒家的世俗觀念影響下，烏托邦主義也沒有成為儒家的主流。王莽的復古主義返回黃金時代的失敗嘗試，曾經導致天下大亂。南宋的朱熹則感嘆烏托邦的受挫，主要源於孔子之後未得天理之正：「千五百年之間正坐如此，所以只是架漏牽補過了時日。而堯舜三王孔子周公所傳之道，未嘗一日得行於天地之間也。」[5] 時移世易，黃金時代已經一去不再返了。這約束了儒家烏托邦思想的衝動。早在宋代，歐陽修就已經發現，歷史上只有兩種情況，一種人雖然以儒家理想作標榜，卻根本無意將《周禮》的理想社會規劃付諸社會政治實踐；另一種人是敢冒天下大不韙，依靠國家力量強制將《周禮》交付政治實踐；而後者的結果總是落得天怨人怒，主司其事者均被視為大奸大惡。他研究的結果是，《周禮》是理想之書，是不能落到實處的空想。根據韋伯的看法，儒教中結合著兩種因素：理性的倫理因素與非理性的魔法因素。儒家並沒有徹底驅除自身的巫術和魔法成分，因此，這裡也蘊含著一個潛在的危險。我們看到，作為新儒家代表人物的梁漱溟，曾經在1958年極力謳歌大躍進時期的癲狂運動，這恐怕不是偶然的。

有人認為毛並不是烏托邦主義者，而是信奉政治現實主義的大師，但是這卻解釋不了為什麼曾有千百萬人，包括中共的高級幹部，盲目追隨這一至善論的中式烏托邦主義。

美國社會學家赫伯特·甘斯（Herbert J. Gans）曾經區分兩種文化，即小傳統與大傳統（popular culture and high culture）。中式烏托邦主義的

5　朱熹：〈答陳同甫〉，《朱文公文集》，《四部叢刊初編縮印本》，卷36（台北：商務印書館，1975），頁579。

興起，源於在社會結構上失去了上層階層的制衡，在文化上則肇因於失夫了傳統的制衡。傳統中包含著一個民族累積的經驗成分，當它遭到無情蔑視和掃蕩後，失去了支援意識的理性，也就失去了制衡癲狂意志的力量，從而打開了潘朵拉的盒子。

傳統中國儒家思想的主流雖然都延續了古典儒家強調以百姓福祉為重的民本思想，也特別重視上層精英對庶民移風易俗的教化功能，但是儒家的確是一種道德式的精英主義。因此在儒家看來：「君子之德風，小人之德草，草上之風必偃。」（《論語‧顏淵》）儒家只對上上人說法，只要儒家精英以身示範，那麼風行草偃，必然走向天下大治。此外，儒家雖然也重視基層社會，但是在秦漢帝制建立後的傳統社會中，卻缺乏社會結構上的中介，或許只有儒家士大夫官員在治理地方事務時還勉強可以說是扮演了一個中介的角色。也就是說，當他們願意認真負起推動朝政與教化之職，並為民喉舌以舒緩民困、爭取民利之時，他們就發揮了傳統史書中所說的「循吏」或是「良吏」的功能，成為可以代表地方福祉與中央溝通的管道，因此可說有了中介的作用，儘管這樣的中介並非是社會結構內的一個獨立階層。當然，傳統社會中那些儒家「循吏」或是「良吏」的人數往往不及在地方上魚肉鄉民的眾多酷吏，而且多半官吏即使不是酷吏，也並不一定願意為紓解地方之苦而違逆不當政策。結果是基層社會不但沒有良吏善政，也不可能出現其他中介來為庶民發聲以求善治。因此，與基督教不同，儒家思想就不易真正落實到基層社會。這也是儒家學說在近代逐漸對於下層民眾失去了影響力的重要原因之一。

上層儒家如此，下層社會又如何呢？中國歷史上，每逢王朝末年，鄉村社會下層民眾特別容易被一些類似彌勒信仰的新興宗教裹挾而去。轉型時代，知識份子出於整體性的反傳統主義，結果失去了傳統的與理性的依據，也失去了制衡下層神秘文化衝動的力量，終於被民粹主義裹挾而去。儒家不重視下層，也因此失去了下層民眾。中國鄉村的基層社會實際上是民間神秘文化的淵藪。這其中蘊含著底層社會農民千年烏托邦的夢想，只要機緣來臨，就會像地下奔突的火山熔岩一樣能在驟然間爆發出來。

在1958年的大躍進運動中，這些小傳統中的資源都被調動起來，從《後漢書·張魯傳》的五斗米道到太平天國的均平理想。這種經濟上的中式烏托邦主義是從大躍進運動開始的，但是即使在失敗後造成了大饑荒的慘烈後果，也並沒有銷聲絕響。在文革時期上海的「一月革命」風暴中，又變身為一種政治的烏托邦主義。這就是幻想實現所謂「巴黎公社的原則」，建立「上海人民公社」。實際上，傳統秦漢政制的模式依賴於官僚統治，沒有官僚科層組織，也就根本無法實現有效和穩固的統治，只能是越治越亂。這一政治烏托邦主義，直至1971年九一三事件發生後，才漸次終結。[6]而文革發動者的豪言壯語「從大亂走向大治」，也終成虛話。

在現代中國歷史上，類似大躍進運動這樣的「人禍」，文革運動這樣的「浩劫」，都是在國家暴力的強制下追求「中式烏托邦主義」的結果。通向地獄之路，是用天堂的理想鋪就的。這一教訓應當永遠為我們的民族記取。

三

林毓生研究的近代中國思想人物的一系列個案中，魯迅無疑是一個最有意思的人物。魯迅是近代中國傑出的文學家，也是五四時期文化上的一位代表人物。留日期間，他曾經受學於章太炎。正如侯外廬在《近世中國思想學說史》中曾指出的，章太炎與魯迅都是處於「拆散的時代」、熱衷於否定性的人物。但是在他們身後的遭際，卻是一冷一熱。出於某種強勢政治意識形態的需求，魯迅被政治權力偶像化、絕對化，被人為地推上了嚇人的高度。在文革運動中，他的一些話語甚至被編印成了《魯迅語錄》，近乎亞聖。在這一政治背景下，魯迅研究也一度成為中國學界多少令人感到有些荒誕怪異的「顯學」。他思想的方方面面似乎業經

6　參見嚴搏非：〈幻想的湮滅〉，《思想》，第33期（2017年6月），頁171–209。

無數人探討過、論列過，有關的論文論著稱得上是汗牛充棟，但魯迅的社會政治觀究竟為何，對於這樣一個十分緊要的問題，以往這些研究卻顧左右而言他，偏偏語焉不詳，缺乏切近可信的闡釋分析。林毓生的〈魯迅意識的複雜性〉一文卻能另闢蹊徑，從社會理論的獨特視角出發，以責任倫理釋魯迅，不但獨多真知慧解，而且開放出了更多新的問題。

林毓生稱「魯迅則是一個非凡而繁複的人物，具有一個機智敏銳精微而富有創造力的心靈」，他的解析十分精彩。

林毓生著重探討的是魯迅的兩個意識層次，即顯示的層次和隱示的層次。要了解他意識中論辯的一面，可以就他雜文中公開表達的關注以及從他的創作中所蘊含的思想進行解析；他創作中所蘊含的（極端反傳統）思想，和他明言其論辯中的關注，在類型和結構上是相同的。通過細讀魯迅的文本，林毓生條分縷析，勾稽沉隱，發現了魯迅內心深處反傳統與懷舊之間的張力與衝突，及其在社會政治觀念方面的自相矛盾之處。往昔研讀魯迅的人，對魯迅思想深處這一巨大的張力衝突，顯然沒有給予充分正視。「他在隱示的未明言的意識層次上，能認知一些尚存的傳統道德價值的實質意義。這些道德價值雖然已經離開了它們在過去傳統框架中的碇泊之處，它們卻仍然是魯迅內在的理智與道德關懷所肯定的一部份。」魯迅在明言的顯示層次，他顯然未能超越傳統與現代對立的簡單二分框架。

對於激進的反傳統主義者來說，他們的反傳統，不可能是一個有意義的命題。因為不但我們的價值系統來自傳統，我們的自我意識也是經由傳統塑造出來的，五四人物並不能將自身置於傳統之外，而整體的否定傳統。用海耶克的話說：「我們在『一個系統之內』（within a system）所能說的東西與我們『關於一個系統』（about a system）所能說的東西之間的差異問題。我深信這是一個極為重要的問題。」[7] 那種激進的全盤的反傳統主義，卻恰恰遮蔽了批判者據以批判的立足點其實也是源自於傳

7　海耶克著，李華夏、黃美齡譯：〈系統之內的系統〉，載《海耶克論海耶克》（台北：遠流出版社，1997），頁32。

統。如果借用魯迅自己的話來說，那就是：「抉心自食，本味何能知？」魯迅在這裡，陷入了一個邏輯的死結，無法自圓其說：「一個思想與精神深患重屙的民族，如何能夠認清病症的基本原因是思想與精神呢？既然連認清病症的基本原因都不可能辦到，又如何奢言要鏟除致病的原因呢？幾個知識份子也許已經覺醒；不過，像〈狂人日記〉中的『狂人』那樣，他們的語言只能被其他人當作是瘋話。根本無法溝通，遑論思想革命！」林毓生通過他的細緻解析，為研究魯迅打開了一個新天地。

魯迅畢生走過的是文學之路。他的文章其實就是文學性的文章，而不是用來講道理的；是用以激發血脈感官，而非用來引起理性思考的。許壽裳曾回憶在日本《民報》社聽章太炎講課，章先生問及文學的定義如何，魯迅回答說：「文學和學說不同，學說所以啟人思，文學所以增人感。」古文不長於說理，古代文學傳統特別是唐宋八家傳統並不是說理文的傳統，他們創作的都是美文而非說理文。也正因此，古代的策論文章往往也只是策論而已，只要文章華美，聲調鏗鏘，至於實際上能否有效，並不在文章家考慮的範圍之內。由這一文學走向，進而生成為一種文人政治傳統也不令人意外。所以，魯迅是文學家而非思想家，他的文章是增人感而非啟人思的。

林毓生一方面批判五四文人的激進反傳統主義，另一方面又以詳實細密的分析，指出傳統文化的弊端所在，這是否會導致邏輯矛盾呢？澳洲學者Vanburge曾說過：「海耶克的確鼓吹『敬畏傳統』，但如他所解釋的，這不意味著，『把所有傳統視若神明永遠維持』，不能進行任何批判，而只是表明，對於傳統的某一後果的批判之依據，其實常常只是我們所未曾質疑或不想質疑之傳統的其他產物。」經過林毓生的這樣一番分析，我們看到，魯迅儘管聲言反傳統最激烈，可是卻與古代的儒生們共同分享一元式的思想文化決定論。按照魯迅所勾畫出的路徑，是注定開不出一個現代社會來的。

林毓生則指出：「魯迅自己說，『改革最快的還是火與劍』，而他所主張的個性解放、精神獨立的文學，現在也自言要變成為革命服務的『遵命文學』，成了王元化先生所說的『歷史的諷刺』。」

四

1917年11月上旬的一天，馬克斯・韋伯應邀在慕尼黑發表了以「學術作為一種志業」為題的著名演講。韋伯的這次講演距今已整整一百年了。

當時在歐洲處於後進地位的德國，正處在向現代社會轉型的艱難時期。面臨如此混亂的世局，大學生們熱切期望作為他們思想導師的韋伯，能夠為他們具體指明，應該選擇何種具體的政治立場，然而韋伯卻沒有滿足學生們的熱望。他以學者的坦誠，用近乎冷酷的態度，探討了在一個因理性化而使世界除魅的近代條件下，學術還能否成為人們滿足終極關切的志業的問題。在韋伯看來，這是遠比在歷史的某一瞬間正在進行的世界大戰和德國的政治局勢更為重要的問題。

在希臘哲人看來，學術可以導向真、善、美；在中古的神學家看來，學術可以獲得靈魂的救贖，指出通向神的道路；在信奉實證主義近代的社會科學家看來，學術可以獲得實踐的指南。在中國古人看來，學術是認識天道、成賢成聖的途徑。而在現代背景下，韋伯認為，選擇以學術為志業，也就意味著在文化領域的諸神爭戰中，選擇以知性作為自身的神明，而無懼於其他神祇與偶像。所謂知性，即自發產生概念和思維對象的能力，它來自康德哲學。在康德看來，能夠實現理智直觀的理性，只為上帝所具有。而知性是利用主體提供的先天範疇對感性的雜多進行整理和綜合，從而獲得通則性的認識。儘管學術事業的推進沒有止境，我們憑藉知性永遠也不可能把握住自在之物。然而正是知性，對應著從事人文社會科學研究的認識能力與認識過程。

韋伯在百年前的演講揭示了現代人處境的艱難。它迫使那些以學術作為自己志業的人，必須採取一種英雄式的倫理。學者沒有犧牲理智的權利，他只有在那些看似平實、瑣屑的當下工作中，才能把握到關係人性的一線尊嚴。

韋伯的演講為我們認識林毓生的學術生涯提供了鏡鑒。林毓生先生在他數十年的學術生涯中，服膺韋伯所闡發的學術志業倫理，在中國思想史研究的領域裡耕耘不輟。

中國近代知識份子往往熱衷於革命，追逐各種流行的意識形態，總是幻想來個一攬子的總體性大解決，而不肯作平實瑣細的學術工作，結果學術與政治的種種幻想終至成空。章太炎當年有憾於華夏學術的弊病就曾指出：「故中國之學，其失不在支離，而在汗漫。」[8] 不能不說切中華夏知識人根深蒂固的一個痼疾，而這正需要「知性的神明」才能加以對治。近代中國「三千年未有之變局」，其實也並未真正驚動中土的知識人。在思想史研究領域中，格義附會，所在多有。除了少數思想者如嚴幾道在移譯西方學術概念時，猶如臨深履薄，「一名之立，旬日躊躇」——因為這關係到兩種文化的溝通與比較、融合與吸收——而多數士大夫卻依然對此漫不經心。

以是之故，林毓生先生著力在研究領域中推進嚴謹的學風，他倡導學術工作的「比慢精神」，認為僅僅憑藉文化才子應對不了文化危機。才子與文化明星太多，正是文化危機日益深重的表現。他特別反對那種口吐真言式的口號式理解，因為這種理解並不是真正的理解。提出者往往不了解口號背後觀念的複雜脈絡，時常誤蹈「錯置具體性」的謬誤和形式主義的謬誤。他批評那種對於邏輯與方法論的過度推崇，認為將會導致青蛙之疫，凡此種種，都具有切中今病的治療意義。

林毓生先生1986年首次來北京，我曾專門為他召集了一個學術座談會。第一次見到林先生本人，與我想像中的留洋才子大相徑庭，他樸質而儒雅，說話也是京腔京韻，與我時常接觸的北京文化人並沒有什麼差別。他有一個引人注目的特點，就是在演講中時常出現停頓，那是他在為尋覓與某個英文學術概念相對應的中文語詞而沉思。他講話總是字斟句酌，這與一般海外學人的雄辯滔滔大為不同。這種對於學術的莊嚴虔敬態度，反而令人肅然起敬。

林毓生曾自述，他的工作是「不但要把新的理念引進到中文世界裡來，而且要把產生與論析這些理念的思想方式引進到中文世界裡來。」[9]

8　章太炎：《諸子學略說》(桂林：廣西師範大學出版社，2010)。

9　見林毓生：《中國傳統的創造性轉化》(北京：三聯書店，增訂版，2011)，頁3。

他深知中西語言概念轉換的困難，認為「如果希望用中文表達比較曲折精密處處要加以限定的論式，……行文力求避免俗套與沒有必要的成語，以免讀者產生無關的聯想。」[10] 海通以降，留學歸來的才子，往往將西方習得的隻言片語任意發揮，這些警句往往首尾不具、本末不明，沒有交代這是什麼歷史脈絡下的話語，以便人們了解這些學人的思想方式，更沒有深掘這些思想家所預設的前提。林毓生鄙夷那種口吐真言式的口號式理解，因為這種理解並不是真正的理解，而是撕裂文本的原有脈絡，從中提取一兩句話，加以濃縮、化約。他特別指出，不了解一個特定口號背後觀念的脈絡與複雜性，往往會犯形式主義謬誤。

近代社會理論大師中，馬克斯・韋伯是林毓生最為心儀的人物。韋伯在思想上上承新康德主義西南學派的哲學路徑。該學派著重批判科學實證主義，從方法上為自然科學與歷史—人文研究之間劃界，但是並沒有充分注意到社會科學。韋伯則以此為起點，進一步思考人文—社會研究的邏輯是什麼？方法論原則是什麼？我們可以說，在韋伯身後，人文與社會科學研究都與以往有了質的不同。

作為一種方法論概念，理念型（ideal type）的發明者並非韋伯，而是來自他的友人耶利內克（Georg Jellinek），但韋伯卻對此傾注了大量心力，將其提升為人文—社會科學研究的一個方法論的關鍵概念。韋伯在哲學上遵循康德對於外在現象和本體實在的區分，不認為我們能夠掌握現實的本質（essence），因為這遠遠超出了人類推理的局限性與可能性。在韋伯看來，理念型的主要目的並不能提煉出表象背後的普遍本質，而是我們辨識重要的歷史和文化差異的工具。

晚近林毓生曾寫作了〈韋伯「理想型／理念型分析」的三個定義及其在思想史研究方法上的含意與作用〉，詳細解析理念型作為方法論工具的具體含義。[11] 新康德主義西南學派既然為自然科學與歷史的文化的科

10　同上註，頁3–4。
11　編按：此文已收入本書第三部份。

學劃界，就需要發展出特定的方法論工具。而理念型正是這樣一種工具。由於概念總是指向一般化、抽象化，如何保證在形成歷史概念的同時，使個別化的特性不至於消失？

林毓生仔細尋繹韋伯的理念型，發現韋伯先後對此共有三種定義，它們在思想史的研究方法上具有不同的含義與功用。「理念型」還是「理想型」，看起來只是一個譯名問題，實際上反映了韋伯社會理論的認識論與方法論，必須悉心加以精微辨析：譯為「理念型」，較為強調個別性、特殊性的歷史學方法；譯為「理想型」，則較為強調一般性、普遍性。概念思維是一種抽象，也是知性的特徵之一。法國思想家邁斯特(J. de Maistre) 就說過，他只見過具體的人，從沒有看見過一般的人。怎樣在概念思維中既注重事物的一般性，又盡可能保留事物的具體性與特殊性，是韋伯關注的重心之一。

林毓生區分 generalizing ideal type（普遍化的理想型）與 individualizing（或 particularizing）ideal type（個體化 [或特殊化] 的理念型），認為前者是理想化的、具有烏托邦性質的，是現實中並不存在的。第二種則是可以在歷史中求得驗證的。而第三種，既可以在歷史中取得印證，又是一種理念的建構，是歷史社會學的理念型。韋伯的「理念型」既是對李凱爾特「個別化」歷史方法概念的突破，又更近於建立能將一般化的概念與「個別化」歷史方法結合起來的 ideal type。

林毓生發現，韋伯的後期一再修正了「分析的理想型」是一個烏托邦的看法。而他認為，在某些歷史條件下，這些理念型「能夠在真實中出現，而且它們已經以歷史的重要方式出現過」。

在韋伯看來，歷史學的任務是在個別歷史形成物之間建立起因果的聯繫。在這裡，理念型是揭示各種歷史現象形成過程的聯繫的手段，因此我們可以把它稱之為「形成過程的理念類型」。而社會學不同，構建理想類型，意在「尋求事件的一般原理」。借用理想類型的方法論概念，韋伯緩和了個別化的思維方式與一般化的思維方式之間的對立，使知性思維不至過於脫離具體的特殊性，從而大大縮小了兩者之間的鴻溝。李凱爾特注重「個別化的」歷史記述方法，韋伯又給補充了社會學

的維度。在他看來，理念型雖然追求一般性，但在歷史中也有實際的印證。

在韋伯的眼中，無邊的歷史文化之流滾滾向前，人們的價值觀念也在不斷變化。李凱爾特認為，價值牢牢地扎根於超歷史的現實即先驗的主體之中。韋伯則將這種價值變成了時代的旨趣所在，表示著該時代的一般目標，所以，每個時代都有屬自己的學術，每個時代也都有自己的理念型。「韋伯將社會科學的活動界定為兩種形式中之一，或者是對具有文化影響（他稱之為歷史，儘管也包含當下）的個體行動、結構和人格進行因果分析與解釋；或者是建構概念或類型，並從而發現事物的一般規律（社會學）。這兩種行動被看成是互補的。」[12]

閱讀過林毓生先生著作的人，大概都會發現，他數十年來的思考與著述，始終關注著幾個相互關聯的重大問題。這些問題如他的學生丘慧芬教授總結的：(1) 中國近現代激進主義的起源及其災難性後果的歷史涵義；(2) 支撐憲政民主的政治、法律、社會、思想與文化條件究竟是什麼，以及如何對於中國傳統進行他所提出的「創造性轉化」以獲致這些條件；如果還要補充的話，那就是 (3) 世界理性化進程的未來。

在中國古人看來，學術是認識天道、成賢成聖的途徑。而在現代社會，由於世界的祛魅，上帝與天道隱退，聖賢與先知已死。在這樣一個多神的世界上，我們應當如何看待現代社會中學術職業及其意義呢？

學術工作需要精神信念的支撐，相信生命和宇宙有一個終極的意義，而人生活在這世界上，就是為了體現這一終極意義。這是世界各高級文化所共有的。可是在現代化的衝擊下，精神信念已經消失。選擇以學術為業，也就是選擇自我設限且具有自知之明的有限知性，作為自身的神明。之所以如此，是因為我們所能夠把握的只有知性。美國思想史家休斯曾說：「[韋伯] 是一位冷靜的正義之維護者，勇於和含混之

12　戴維‧比瑟姆 (David Beetham) 著，徐鴻賓、徐京輝、康立偉等譯：《馬克斯‧韋伯與現代政治理論》(長春：吉林出版集團，2015)，頁 275。

思想、偏見以及不公正的行為作戰。終極說起來，構成他的信仰的乃是理智(不論它在歷史上的命運如何)的道德尊嚴。」[13] 現代人的困境在於，世界的祛除魔魅，乃是社會科學發展的前提；但在祛除這一魔魅的同時，又使學術(社會科學)失去了往昔所具有的救贖意義，從而造成了兩個領域之間的高度緊張。我們只有以堅定的意志和信念，持續不斷的知性活動，來化解這種緊張關係。正如狄百瑞所說：「可能沒有任何一個其他的傳統像儒者那樣確然不移地認同於學問。儒家沒有祭司性的、宗教性的或寺院的活動，他們只研求學問，從事文學活動。但對儒者來說，這些活動可能比基督徒、猶太人、回教徒、印度教徒或佛門弟子的活動更具有中心地位。」[14] 我們只有在這個脈絡中去理解人文—社會科學研究在中國文化中的地位和作用。

在撰寫此文之際，筆者得知林毓生先生因為患病，今後已經不能再從事研究著述了。但是從他晚期的作品中，我們仍能感受到追求知識是他一生的終極價值，追求知識的活動賦予他的生命以意義。正是這樣發自內心的知性追尋，把作為一種志業的學術活動提升到具有高貴與尊嚴的生命層次。此之謂知識貴族。

王焱

2018年7月29日

13　休斯(H. Hughes)著，李豐斌譯：《意識與社會》(台北：聯經，1981)，頁341。

14　狄百瑞(William T. de Bary)著，李弘祺譯：《中國的自由傳統》(台北：聯經，2017)，頁66。(本書在1983、2015年由香港中文大學出版社出版。)

一

意識危機的
探索與回應

二十世紀中國激進化反傳統思潮、中式馬列主義與毛澤東的烏托邦主義[1]

一、前言

中國近現代激進化的反傳統思潮是一個波瀾壯闊、聲勢浩大、影響至為深遠的思想和文化運動(「激進化」表示這個運動越來越激烈的過程)。表面上,這個運動好像是——在許多時段——限制在中國知識份子當中,散居在幅員遼闊的中國的一般大眾(除了在「文革」時期「破四舊」運動[2]——破除舊思想、舊文化、舊風俗、舊習慣期間)並不覺得它

1　原載於《新史學》,第6卷,第3期(1995年9月),頁95–154。現為經過數次修訂的文稿,最近一次完成於2013年11月。修訂文稿電腦輸入工作先後由王超然、詹景雯完成,研究資料的蒐集工作歷年來多承楊貞德教授的幫助,謹此一併致謝。

2　近現代中國的反傳統運動本身有其延續,也有其變遷。「文革」當然不僅是五四激烈反傳統運動的延續。毛澤東發動或利用「文革」有其殘酷的政治鬥爭的背後意圖——利用「文革」來毀滅劉少奇,打擊與劉有類似「二心」的其他黨員,以便重建毛由於發動「大躍進」——以至造成數千萬人餓死的浩劫——所喪失的威信。不過,複雜的「文革」歷史成因,不可簡單地化約為只是政治鬥爭。五四反傳統運動所揭櫫的思想、文化—道德革命,深刻地影響了幾代人(包括毛本人)。這也是為什麼毛可以強調(「無產階級的」)文化—道德革命來遂行其政治野心的深層原因。參見拙著 *The Crisis*

的存在。在五四反傳統運動高潮時期，一般大眾之中有些人可能偶爾看到過激進青年搗毀廟宇中的偶像或聽到過抗拒「父母之命」的婚約等事情，激進化反傳統思潮對於他們而言，似乎沒有什麼影響。事實上，由於一般大眾的生活品質是與國家在政治、社會和文化上的重大變遷於無形中密切關聯著的，而從十九世紀末一直到二十世紀八十年代的「文化熱」時期——在那樣長的歷史過程中——中國政治、社會和文化上的重大變遷均受到有時間歇、隨後勃然復起的激進化反傳統思潮的深刻影響；所以，一般大眾也**間接**深受其影響。

如果我們把眼光放寬、放遠，從世界史的觀點來看這個思想與文化運動，其持久性及與眾不同的性格，尤其顯得特別突出。自十九世紀以來，世界上非西方地區——中國、韓國、日本、東南亞各國、印度、巴基斯坦、中東及近東各國（包括伊朗、埃及、土耳其）、非洲、中南美各國——均多少受到西方文明的衝擊。然而，在中國以外的其他非西方地區，其內部佔重要地位的思潮，除了原教旨式保守主義以外，是新傳統主義。西方以外的各國新傳統主義認為它們傳統中的許多觀念和價值，與它們所要或所需接受的那些源自西方的觀念和價值是相容的，甚至是可以相得益彰的。在這些地區之內，反傳統思想偶爾曾零星地出現過，但覆蓋面不大，也不徹底，自然也不會與其他條件匯合成為主流。（「土耳其青年運動」的反傳統思想是相當激烈的，但其成員卻不敢批判伊斯蘭信仰。）另外，拒斥西方觀念和價值的原教旨式保守主義，卻在中東和近東地區相當盛行。中國以外，沒有任何一個非西方國家曾經出現過類似五四式的——激烈到**主張**對自己的傳統整體拒斥的——反傳統

---

of Chinese Consciousness: Radical Antitraditionalism in the May Fourth Era (Madison: University of Wisconsin Press, 1979), pp. 3–6, 156–161（以下簡稱 Crisis）。中文譯本初版，穆善培譯：《中國意識的危機：「五四」時期激烈的反傳統主義》（貴陽：貴州人民出版社，1986）（以下簡稱《危機》）；穆善培譯，蘇國勛、崔之元校的增訂版（1988）則未譯原著頁157上一句關鍵性的話，這一部份其他幾處的譯筆有時相當鬆散，也有刪節之處。

思潮。（不過，「主張」是一回事，是否「能夠」把傳統全部打倒──或完全不受其影響──則是另一回事，詳下文。）

表面上，唯一可以與五四反傳統思潮比照的，是十八世紀以反基督教為其主要訴求之一的法國啟蒙運動。不過，法國啟蒙運動對於基督教及其教會的批判雖然極為激烈，它卻對西方古代的傳統，包括希臘、羅馬的法律、文學、哲學及人文精神不但不反抗，而且還大事提倡；所以 Peter Gay 以「訴諸古代」作為其名著《啟蒙運動的闡釋》（*Enlightenment: An Interpretation* [New York: Norton, 1977]）頭一部份的標題。法國啟蒙運動對於基督教的批判並未溢出它自己的範圍──並未發展成為一個全盤化的反傳統運動。換言之，它對基督教及其教會的攻擊的確很激烈，但其激烈性並未整體主義化。在這方面，法國啟蒙運動與五四新文化運動（有人稱作「中國的啟蒙運動」）是根本不同的。

五四反傳統思潮也以儒教或儒家思想與文化傳統及其制度為其主要的攻擊對象。這個運動的領導人物們（如陳獨秀）有時也對與儒教沒有直接關係的風俗、刑律、文藝等等做過嚴厲的批判；但，總體而言，他們並未針對傳統中儒教以外的成分多廢筆墨。另外，胡適在其學術著作中對孔子、朱熹等保持著相當的敬意。魯迅則對法家的一些成分說過一些正面的話，他在文藝創作的隱示層次上，也曾精緻地表達過，他在思想與文化發生重大變遷之際，對於儒家道德傳統中一些德行的正面意義的理解與同情。[3] 在個人生活層面，我們從俞芳和許羨蘇所發表的回憶中，可以看到他是謙虛的，對親人、友朋懷著溫情，有恆地保持著符合一些儒家德目的人際關係。[4] 在這個層次上，魯迅仍然生活在一個並非孤立、異化的，而仍然是迷人的現世之中。在這個世界中，超越的意義

3　參見 *Crisis*, chap. 6, "The Complex Consciousness of Lu Hsun," pp. 104–151，或《危機》第 6 章，〈魯迅意識的複雜性〉，初版頁 164–244，增訂版頁 177–282。

4　俞芳：《我記憶中的魯迅先生》（杭州：浙江人民出版社，1981）；許羨蘇：〈回憶魯迅先生〉，收入北京魯迅博物館魯迅研究室編：《魯迅研究資料 3》（北京：文物出版社，1979），頁 199–216。

是內涵（immanent）於人的生命之中的。[5] 至於胡適，雖然他一生擺脫不了（超過一般程度的）好名的衝動，[6] 他在做人的態度上，基本上是符合儒家溫柔敦厚的道德傳統的。

根據以上的觀察，我們知道，在這幾位五四新文化運動領導人物們的意識之中，他們與中國傳統成分的關係是複雜的，其中包含不少自覺的與不完全自覺的正面關係。另外，他們攻擊中國傳統的材料顯示著他們的火力，是集中在傳統的儒教或儒家思想與文化傳統及與其有關的制度之上，僅從這方面來看，很難說成他們是在攻擊中國傳統的所有成分，當然也就不能說成他們的反傳統活動是反對傳統的全部或整體。（每個人與自己的傳統都有千絲萬縷的關係，所以，整體的反傳統在事實層面是不可能的。我所指謂的五四激烈的反傳統運動，乃是**整體主義**的反傳統主義，而非**整體的**反傳統主義。）

不過，上述關於五四人物與傳統的複雜關係以及在他們的意識中對於一些傳統成分的肯定或同情的事實，並未阻止五四反傳統運動的激進化。在五四激烈反傳統運動達到最激進的時候，其領導人物們所使用攻擊中國傳統的語言是毫無保留的，對中國傳統複雜、豐富的內容，不作分殊，其攻擊的對象直指中國傳統的整體。例如，魯迅認為，中國傳統所形塑的中國人，過去只會相互殘害，其歷史乃是「吃人」的紀錄；[7] 中國

5　參見拙文：〈魯迅個人主義的性質與含意〉，收入拙著：《中國傳統的創造性轉化》（以下簡稱《轉化》）（北京：三聯書店，增訂版，2011），頁520–534，特別是此文最後一段（頁534）。

6　胡適在哥倫比亞大學作研究生時期的老同學張奚若就已說過胡「好邀眾譽」。《胡適來往書信選》，下冊（北京：中華書局，1979），頁516–517。

7　魯迅：〈狂人日記〉、《阿Q正傳》，收入《魯迅全集》（北京：人民文學出版社，1981），第1卷，頁422–433、487–532。關於〈狂人日記〉與《阿Q正傳》進一步的分析，參見拙文〈魯迅思想的特質及其政治觀的困境〉，《轉化》，增訂版，頁485–519，特別是頁492–493。雖然激烈反傳統運動是五四時期的思想主流，許多激進知識份子都曾熱烈地參與過；魯迅的創作則提供了攻擊傳統的巨大實力。《阿Q正傳》從最初發表到現在，一直被認定是他

的歷史只有兩期：「一，想做奴隸不得的時代；二，暫時做穩了奴隸的時代。」[8] 當時，在激烈反傳統運動的知識份子中間，十分流行胡適倍極推崇的、吳稚輝說的一句話：線裝書（傳統中國文獻）均應丟到茅廁去！[9]

在這個脈絡中，問題的關鍵不在於對他們意識中的矛盾（一方面，主張拋棄中國傳統的整體；而另一方面，卻又肯定不少傳統的成分）加以認識——那個矛盾相當明顯，對其認識相當易得。問題的關鍵在於：

的最佳作品之一，其力量來自作者對於阿Q之具體性格的生動描述。周作人稱其為中國國民性的綜合圖像——這一論斷，魯迅是首肯的。「阿Q的性格呈現著下列的特徵：卑鄙、懦弱、狡猾、自大狂、和不能正視與承擔外界對他的污辱，以至當別人污辱他的時候，他總設法加以解釋，使自己覺得那些污辱不但不是污辱，反而是對自己有利的——所謂『精神上的勝利法』，這個辦法使他覺得自己好歹永遠是勝利者。這些特徵使他在被凌辱時得以殘存，並促使他有時主動地去欺凌比他更弱的弱者。除了上述這些以外，阿Q的性格另外呈現了下述兩個特色：(1) 他缺乏一個內在的自我；(2) 對生命本身缺乏感受——他對生命本身的麻木甚至有時顯示著一種對於生命之毀滅的享樂。阿Q是一個多半根據『自然本能』生活著的動物——這裡所謂的『自然本能』包括他在中國社會中內化了這個社會約定俗成的習慣，以至不加思索的反應方式。他有條件反射的本能，但缺乏自我意識與改變自己的能力。他多半根據『本能』生活著，不能因受到外界對他的刺激而獲得啟發。在這篇故事裡，有時他顯得無知與天真；事實上，他的『無知』與『天真』是他缺乏內在自我的顯著表徵。沒有自我意識，他不能在思想上與道德上有所改進。他的『無知』與他的『精神上的勝利法』既不能把他從終將毀滅的結局中救出來，也不能激起他對施加他身上的各項壓迫，進行——用魯迅值得紀念的名言來說——『絕望的抗戰』（〈兩地書〉）。它們只能使阿Q不去想為什麼他要被置於死地。使人覺得難堪的是，只有死亡本身帶給他一瞬間的自我意識（他被槍斃之前那一瞬間，知道自己是要死了）。」以上引文亦見拙著：《政治秩序與多元社會》（台北：聯經，2001），頁243–244。

8　魯迅：〈燈下漫筆〉，《墳》，見《魯迅全集》，第1卷，頁213。

9　關於胡適有時主張漸進改革的意見為何被他的整體主義的反傳統主義所壓倒的分析，請閱 *Crisis*, chap. 5, "The Pseudoreformism of Hu Shih," pp. 82–103.

為什麼他們在與傳統成分保持不少正面關係的情況下，居然主張中國傳統應該全部打倒？

主要的原因是：在五四反傳統的高潮時期，中國出現了對於傳統整體主義的（totalistic）強勢的意識形態的拒斥。這個激烈到無以復加的攻擊中國傳統整體的態度，正可稱其為整體主義的反傳統主義（totalistic antitraditionalism），或以更口語化的漢語表達，可稱其為全盤化的反傳統主義（兩詞指謂同一現象）。在這個層次上，它有它的「理據」。這些「理據」構成了一個自足系統，可以在自己的軌道上發酵、發展。在五四激進反傳統主義者們的意識中的其他層次上，他們與中國傳統許多成分均有正面的關係，以至於顯然與主張對中國傳統進行整體性的攻擊的立場，發生了重大的矛盾。然而，他們把這個矛盾推到意識中極為偏遠的角落，在這個意識形態運動的白熱階段，其參與者無法顧及這個矛盾了。為什麼他們對自己意識中這樣的矛盾是如此的封閉呢？這需要對於ideology的性質予以說明。筆者過去常合意譯與音譯為一，把「ideology」譯成「意締牢結」。現在則隨中文世界約定俗成的譯法，以「意識形態」表示之。不過，「意識形態」在漢語中使用得相當混雜。我在本文中使用它時，則是根據社會學家席爾斯（Edward Shils）與人類學家紀爾茲（Clifford Geertz）對其精審的界定，有其特定的意思（詳見本文附錄二：意識形態的定義）。紀爾茲正確地指出：當一個社會發生了政治與社會危機，加上文化因迷失方向而出現文化危機的時候，那是最需要意識形態的時候。席爾斯先生則以「封閉的系統性」來界定意識形態的特性。筆者採用之並加以推演來使用於本文之中。意識形態的特性是：（1）它根據自己的前提在其內部發展出來一套自圓其說的「系統性」論述；（2）論述的「系統性」，則依靠著對於可能對它挑戰的「事」與「理」視而不見、聽而不聞。這種封閉性的程度決定意識形態的強勢或弱勢的程度，越封閉的意識形態越強勢。另外，意識形態的強度與它所要對付的危機的嚴重性的程度往往成正比：危機愈嚴重，愈需要意識形態的系統化來對付之。為了要維持其「系統性」於不墜，意識形態便愈需要對其可能的挑戰採取封閉的態度。（極端的民族主義、極端的帝國主義與極端的種族

主義可以達到完全自我封閉的程度。五四式整體主義的反傳統主義，在其最為激烈的時候達到了類似的強度。不過，在其高潮過去以後的時空中，其封閉性與強勢則有所緩和。）

因此，五四式反傳統主義者不覺得需要對於傳統中的每一成分之所以不值得保存的理由都須加以仔細說明，然後才採取整體主義的反傳統主義的立場。他們**自己以為**他們要對傳統整體地摒棄的理由是建立在強大的「理性」論式之上的，所以學究式工作沒有必要。如果他們真要先對傳統中的所有成分加以仔細研究，看是否值得保存，然後再決定對於傳統採取什麼樣立場的話，他們就不可能投入整體主義的反傳統主義（因為這項工作根本是不可能完成的）。五四式整體主義的反傳統主義關於「傳統」與「現代」截然二分、相互排斥的強勢意識形態的立場，從事後客觀、冷靜的觀點來看，顯得機械、急躁、化約主義式的簡單化。然而，與其對於過去加以譴責，不如對於過去進行理解。吾人需要明瞭這個在二十世紀中國佔主流地位的思潮的深層原因、過程（它席捲了當時中國知識界極多的第一流人才[10]）及其深遠的影響。

從理論上來講，人們可以抨擊已察覺出來的傳統中的有害成分，而不必整體地譴責過去。事實上，二十世紀中國全盤化或整體主義的反傳統主義，是一個與眾不同而影響深遠的中國歷史現象。不過，它與西方及別的非西方文化地區中流行的思潮的不同，並不是到了完全獨特外人無法了解的地步，因為它是與「人類普遍共有的關懷有關」。這一極為（而非絕對）特殊的現象，是無法從心理學、政治學、社會學的一般法則或通論性概念來加以解釋。這是一個史學的問題。

10　像傅斯年先生那樣的第一流人才──胡適稱其為人間少有的天才──在北京大學學習期間，正值五四反傳統運動高潮時期，就曾公開為文說，中國的家庭是「萬惡之原」，並說：「這是我幾個月來，讀書、明察、思考的結果。」傅斯年：〈萬惡之原〉，《新潮》，第1卷，第1期（1919年1月）；現收入《傅斯年全集》（台北：聯經，1980），第5冊，頁3–8（全集總頁數：1553–1558）。

＊　＊　＊

中國近現代反傳統思潮，發源於1895年甲午戰敗所帶來的巨大屈辱感與「亡國滅種」的危機感，最初是以攻擊儒教的「三綱」為其主要內容。辛亥革命以後，反傳統思潮則變得越發激烈。主要的原因有三：

（1）辛亥革命後的政治現實使得許多知識份子深感挫折，因此引起了徹底改變現狀的強烈訴求。這許多政治現實成分，包括袁世凱帝制運動與張勳復辟（以及被他們重新炒作的傳統文化符號的展現，所引起的許多知識份子對其產生的深刻厭惡感）、列強帝國主義的侵逼（「二十一條」、「巴黎和會」）等等，[11] 是五四激烈反傳統運動興起的背景心理因素。（但它們不能解釋五四時代要求對於中國傳統整體拒斥的思想本質。從分析的觀點來看，下列兩個原因更為關鍵。）

（2）辛亥革命後天子制度的覆滅不但帶來了早已捉襟見肘的傳統政治秩序徹底的崩潰，而且也導致傳統社會秩序與傳統文化—道德秩序的解體。這個重大、影響深遠的歷史現象的主要原因，乃是由於傳統社會秩序與傳統文化—道德秩序高度（雖然並不完全）統合於（作為「普遍王權」[universal kingship] 的天子制度及其符號為其中心的）傳統政治秩序**之內**（因而變成廣義的傳統政治秩序的一部份）的緣故。因此，天子制度及其符號的覆滅所造成的傳統政治秩序的崩潰也帶來了傳統社會秩序與傳統文化—道德秩序的解體。（作為把這三種「政治、社會、文化—道德」秩序連結在一起的制度與文化成分之一的——主要是為天子制度服務的——科舉，在1905年已遭到廢除，那是這三種秩序大解體的前兆之一。）由於傳統政治、社會、文化—道德三重秩序全面的解體（包括傳統宇宙觀的崩潰，詳下），原來絕大多數傳統中國人視為當然的各項預設（包括朱熹、王陽明等大儒都認為是天經地義的——同時是維繫傳統政治、社會、文化—道德秩序在一起的——三綱），其預設性及其直接或間接為天子制度服務的功能性，變得暴露出來了，所以均有被懷

11　詳見 *Crisis*, chap. 2, pp. 19–25；或《危機》，增訂版，第2章，頁26–34。

疑、被攻擊的可能。因此，全盤化的反傳統主義在**結構上成為可能**。（傳統三重**秩序**[或結構]的大解體，當然並不意味所有傳統成分均已死滅。大解體的後果是：有的成分的確消亡了，另外許多成分則失去纜繫它們的傳統框架。一些成分因為已經喪失了視其為當然的強大理由，只能在中國現代性中徘徊，另外一些成分則被現代中國的各式各樣的意識形態納入、操縱，那些仍要堅持或捍衛一些中國傳統理念與價值的人們，則被迫必須尋找新的為其辯擁的理由。）

　　(3) 天子制度的崩潰使得已經看清其預設的虛妄性的五四反傳統運動的領導人物們，感覺到傳統中國社會秩序、文化─道德秩序與政治秩序的一元式高度統合性。從這個視角出發，在面對這三重秩序大解體的嚴峻危機（因此，必須盡速找到其徹底解決的方案）的時候，在與其他歷史因素──包括並不完全自覺，但卻極力堅持的從傳統中國衍生而來的一元、有機式的思維模式──互動而相互加強以後，他們很容易滑落到意識形態的層次，在這個層次上把中國過去的社會、文化與政治秩序當作一個完全統合的 (fully integrated)、類似有機體的「整體」來看待。既然如此，這個舊秩序必須作為一個「整體」來拒斥。例如，陳獨秀於1916年10月1日在《新青年》上說：「歷代民賊所利用之孔教……孔教與帝制，有不可離散之因緣。」[12] 他與胡適於1918年10月15日在同一期刊上共同答覆讀者的來信時說：「舊文學、舊政治、舊倫理，本是一家眷屬，固不得去此而取彼。」[13] 職是之故，五四時代的反傳統主義者，在他們激烈反傳統意識高漲之時一致認為：投入整體主義的反傳統運動，[14] 乃是中國的新生所必須走的道路。

.

12　陳獨秀：〈駁康有為致總統總理書〉，《獨秀文存》（上海：亞東圖書館，1922），第1卷，頁96、100。

13　《新青年》（東京：汲古書院原版影印，1970–1971），第5卷，第4期（1918年10月），頁433。

14　由於拙著《危機》中文譯本在大陸發行以來，眾多讀者之中（根據貴州人民出版社責任編輯許醫農女士來函告知：初版[1986]與增訂版[1988]兩年

　　然而，他們既要把中國傳統整體地打倒，而事實上卻又不可能做到；在他們的意識之中，自然出現了無法紓解的矛盾，也自然出現了曖昧性。這樣的弔詭或悖論（paradox）呈現著中國近現代歷史中深沉的思想和文化危機的一面。[15]

　　本文試圖從甲午戰敗後，受到政治現實劇烈影響的中國政治和思想變遷及持續的歷史辯證中，考察日趨激進的反傳統思潮的成因與後果。換言之，本文的主要目的是：(1) 說明中國近現代反傳統思潮之激進化

之內合計銷量四萬冊），除了許多已經確切理解書中論證的讀者以外，也有不少讀者對其中的基本論證產生誤解，而這些誤解往往是把書中所謂「整體主義的反傳統主義」當作「整體的反傳統主義」之故（譯筆有時不夠精準，也有一些關係）。所以，筆者不避重覆（主要是為了上述那些對於本書產生誤解的讀者而言），擬再一次在這裡釐清兩者的不同。「整體主義的」(totalistic) 與「整體的」(total)，應作嚴格的區分。「整體主義的」指謂一項意識形態的立場，主張傳統**須要**整體地摒棄。「整體的」則是一個普通形容詞，可以用來形容「能夠」或「已經」做到的事實。整體主義的反傳統主義者事實上不可能把中國傳統整體地打倒，他自己與中國傳統自有千絲萬縷的關係，不可能不受其中某些成分的影響。所以，「整體的」不適合用來形容整體主義的反傳統主義者的意識形態立場。文中，凡是「整體的」出現時，必冠以「須要」、「應該」等限定詞，用以表明「五四」激進份子投入整體主義的立場。

15　對於文化傳統中惡毒或無效的成分，當然應予揚棄；不過，全面而徹底袪除自己文化傳統的影響，無此可能也無此必要。硬要那樣做，如蔚為風氣的話，則會造成各種後遺症。例如，「新儒家」的興起乃是對五四激烈反傳統思潮的直接反響，因此也無法避免五四的限制。參閱余英時：〈錢穆與新儒家〉，載氏著：《猶記風吹水上鱗》（台北：三民書局，1991），頁31–98；楊儒賓：〈人性、歷史契機與社會實踐——從有限的人性論看牟宗三的社會哲學〉，《台灣社會研究季刊》，第1卷，第4期 (1988)，頁139–179；陳忠信：〈新儒家「民主開出論」的檢討——認識論層次的批判〉，《台灣社會研究季刊》，頁101–138；及拙文：〈新儒家在中國推行民主的理論面臨的困境〉，《政治秩序與多元社會》，頁337–349；〈「西體中用」論與「儒學開出民主」說評析〉後半篇，《轉化》，增訂版，頁459–467。

的歷史原因；(2) 政治變遷和思想、文化變遷 (包括西方觀念與價值對於傳統中國思想與文化的衝擊) 以及來自傳統的思維模式對其形成的影響；(3) 它本身在二十世紀所產生的巨大影響——亦即：這個佔主流地位的思想和文化運動主要的歷史後果是什麼？

正文之後另有二個「附錄」：附錄一探討傳統中國的政治秩序與文化—道德秩序為何基本上是一元的，附錄二界定本文使用「意識形態」時的意義。

二、辛亥之前的反傳統思潮

筆者在拙著 *The Crisis of Chinese Consciousness: Radical Antitraditionalism in the May Fourth Era* 第 1 章開首曾說：受到五四全盤化 (或整體主義的) 反傳統運動深切影響的現代中國文化曖昧性的「直接歷史根源，可以追溯到十九世紀與二十世紀之交的中國近現代知識份子的興起的特殊性質」。可是，為了集中討論辛亥後政治現實的結構性劇變所帶動的歷史後果，袁世凱稱帝與張勳復辟所引發的五四激進份子對傳統符號的強烈疏離感，以及儒家傳統一元化思維模式對五四激進知識份子的決定性影響，以至書中並未對甲午戰敗後興起的近現代中國第一代知識份子的思潮與五四激進知識份子的關係詳加說明。上引拙著中的話在首頁出現後，未能繼續展開。多年來，筆者頗感遺憾，覺得應該設法彌補。

事實上，近現代中國知識份子反傳統的激進化過程，在第一代知識份子中間已經開始。從鴉片戰爭到甲午之戰半個多世紀以來，清朝政府持續不斷的挫敗，顯示著傳統中國政治秩序之內，缺乏有生機的資源來有效地反抗列強的侵逼。甲午慘敗使關懷中國前途的知識份子更明確地認識到，中國的制度與文化存有基本的缺陷。日本過去本是向中國學習的東鄰小國，其「明治維新」的起步，還比中國的「自強運動」稍遲。然而，不到三十年的光景，它已變成了現代化的強國，而中國仍然老朽不

前。如此強烈的對比所帶來的震撼，是空前的。因此，梁啟超說，甲午一役「喚起我國四千年之大夢」。[16]

甲午慘敗逼使中國知識份子更急切地探求救國之道。嚴復在1895年3月於天津《直報》發表〈原強〉，開始引進達爾文的演化論與斯賓賽爾的社會達爾文主義。[17] 他在1895至1896年間譯成《天演論》，此書在1898年正式出版之前，已於1896年在旬刊《國聞匯編》連載，並對康梁集團發生重大影響，[18] 出版以後遂即風行全國。

作為對於民族與民族之間競爭的自然法則來看，社會達爾文主義本身並無鼓勵或阻止變革的含意。自然法則所描述的，是自然界的嚴格的、不可更改的規律性。它所指謂的是自然中的事實；決定與事實有關，但通常不能從事實必然地推出。在十九世紀末與二十世紀初的美國，描述社會中人與人競爭關係的社會達爾文主義由於受到了彼處政治、社會與經濟情況的影響而成為保守的意識形態。[19] 即使在中國，一個冷靜、憂鬱、沒有受到民族主義多大影響的人，正可把社會達爾文主

16　丁文江編：《梁任公先生年譜長編初稿》（台北：世界書局，1958），上冊，頁24。

17　〈原強〉最初發表的文本與後來《侯官嚴氏叢刻》所刊的修訂稿，在文字上頗有不同。例如，初本：「達爾文者……垂數十年而著一書，名曰《物類宗衍》。……書所稱述，獨二篇為尤著……其一篇曰〈爭自存〉，其一篇曰〈遺宜種〉。所謂爭自存者，謂民物之於世也，樊然並生，同享天地自然之利。」修訂稿作：「達爾文者……垂數十年，而著一書，曰《物種探原》……其書之二篇為尤著……其一篇曰〈物競〉，又其一曰〈天擇〉。物競者，物爭自存也；天擇者，存其宜種也。意謂民物於世，樊然並生，同食天地自然之利矣。」見王栻編：《嚴復集》（北京：中華書局，1986），第1冊，頁5、15–16。

18　參見James Reeve Pusey, *China and Charles Darwin* (Cambridge, MA: Harvard University Press, 1983), pp. 15, 88–91, 464n26, 470n11；並見丁文江編：《梁任公先生年譜長編初稿》，上冊，頁33。

19　參見Richard Hofstadter, *Social Darwinism in American Thought*, 2nd rev. ed. (Boston: Beacon Press, 1955)。

義變成支持他的悲觀的資源：歐美文明的進展一日千里，吾人已處於望塵莫及的地步，愈往前走，中國愈將落後；中國在「物競天擇」的過程中，既然已明確呈現被淘汰的徵象，求變也將徒勞，「適者生存」，不適者不能生存，所以我們只能坐以待斃。

　　然而，甲午慘敗對於絕大多數熱血沸騰的中國讀書人而言，不但未使他們變得消極，反而使他們覺得「這個世界」更「令人『著迷』」（enchanting）。他們深感亡國滅種已迫在眉睫。在這個時候，中國知識份子的入世使命感是以民族主義的形式而增強。民族主義使得他們的社會達爾文主義變成了要求基本變革的意識形態；而他們的社會達爾文主義則使他們的民族主義變得特別注重找反抗列強侵凌的有效手段當下的功效性。只有如此，才能使中國在緊迫的弱肉強食的國際競爭中，得到適於生存的資源。

　　民族主義與社會達爾文主義在中國歷史脈絡中互動的結果是：找尋盡速而確能帶來效益的富強之路。這種迫不及待的找尋，經常是使用與國富兵強的西方對比的方式進行的。在甲午之前主張「設議院」的改良派中，也曾用中西對比的方式來提出他們的主張；但，現在的中西對比、黑白二分的涵蓋範圍，因民族主義與社會達爾文主義的互動而擴大。

　　中國現代知識份子的興起是隨著民族主義的興起而興起的。從鴉片戰敗到甲午戰敗五十多年之間，不少關懷中國前途的傳統士大夫也在設法反抗帝國主義的侵凌；然而，自強運動所謂「師夷之長技以制夷」的辦法，並未能有效阻擋列強的入侵；十九世紀六十年代初期以馮桂芬為代表，後來漸次增加的少數主張變法的人，已經意識到在制度上不取法西方、只接受以「船堅炮利」為代表的「西藝」的政策是行不通的。這五十年可說是自認中國為世界中心的「文化主義」的逐漸——開始時盡量阻擋，後來擋也擋不住的——解體過程。（所謂「文化主義」，其內在的基本理由是：傳統中國人之所以自認中國是天下之中心、具有至高與永恆的政教規模，乃是由於秉承聖人之教的緣故。聖人之教發自自覺的人性，人性上通天道，所謂「天命之謂性，率性之謂道，修道之謂教」；

所以，中國文化是上承天道而來——分析到最後，乃是根據思想、文化
絕對優越性的前提而建立的。)在這個過程中，文化主義雖在解體，尚
未崩潰，康梁之前主張變法的人的言論多仍帶有文化主義的成分，只是
這些成分呈現強弩之末的徵象了。另一方面，相對於「文化主義」的漸
趨式微，這個時期也可說是(取代「文化主義」的)民族主義的醞釀期。

　　隨著甲午慘敗而興起的民族主義，則是中國現代知識份子意識之中
最大的支配力量之一(當然，也有少數未受太大影響的例外)。在強大
的民族主義籠罩之下，任何可欲的政治、社會、文化與思想的變革，都
必須配合民族主義的目的，都必須符合民族主義的要求。民族主義的優
先性使得可欲的(包括價值觀念的)的變革都變成了達到民族主義目的
的手段。(另外，有些人認為為了保存與發展中華民族，必須保存與發
展固有價值，這種關於保存與發展固有價值乃是為了保存與發展中華民
族的看法，與過去中國人在民族主義未曾興起之前，認為固有價值**本身**
具有內在的價值，所以需要保存與發展的看法，在性質上是完全不同
的。)即使嚴復的「自由主義」，正如史華慈(Benjamin I. Schwartz)先生
在其名著 *In Search of Wealth and Power: Yen Fu and the West* 所顯示，**基本上**
也是功效性的——也是嚴復社會達爾文主義化的民族主義目的的手
段。[20]

　　不過，這種情況並未阻擋在**較低層次**上，一些知識份子(包括嚴復)
對西方文化成分的欣賞與接受是出於價值本身的考慮(通常是以他們欣
賞與接受的西方價值並不妨礙民族主義的大前提，或以為與民族主義並
非不能相容為藉口——這樣做，當然也反映了民族主義興起以後，它
所擁有的強大勢力)。所以，這裡談到的，西方與中國優劣的對比所蘊

20　以上關於中國民族主義的界定，主要是根據 Benjamin I. Schwartz, *In Search of
　　Wealth and Power: Yen Fu and the West* (Cambridge, MA: Harvard University Press,
　　1964), pp. 16–19。另請參閱林同奇：〈誤讀與歧見之間——評黃克武對史
　　華慈嚴復研究的質疑〉，載林同奇著：《人文尋求錄》(北京：新星出版社，
　　2006)，頁 117–133。

涵對於某些西方成分的欣賞與接受，並不是隨時隨地想到那是為了民族主義的目的——為了作為達到民族主義目的的手段——而進行的。

從一個較深的視角來看，這裡所論，為了達到社會達爾文主義化的民族主義的目的而產生的極強功效性的中西對比，只有在傳統宇宙觀已經動搖——對於傳統中國「政」、「教」的正當性與有效性的信仰也因此而動搖（詳下文）——以後，才有可能。（傳統有機式宇宙觀是「文化主義」的基石之一，宇宙觀的動搖是導致「文化主義」的解體的關鍵性原因之一。）當然，剛才所談在低於民族主義的層次上，欣賞與接受某些西方價值後的價值變遷，也因傳統宇宙觀的動搖而有其可能。而從（取代「文化主義」的）民族主義的觀點來看：為了達到它的目的，必須尋找有效手段的功效性；自強運動中汲取「西藝」的政策的功效性是不夠的，正因為那樣的政策受到「文化主義」的限制的緣故。

在傳統宇宙觀已經動搖的情況下，愈是深受社會達爾文主義化的民族主義影響的人，愈喜歡使用這種極強功效性的觀點來進行中西的對比，來衡量中西文明的成效。從這個觀點來看，既然傳統的政治秩序（或結構）無法有效地成為中國富強的根基，它自然失去了可信性（creditability）。與傳統政治秩序密切連結的符號與規範的可信性，也因此受到了極大的威脅。

另外，中國知識份子帶有極強功效性的中西對比，也因他們於潛移默化中受到儒家一元化思維模式的影響而增強。[21] 嚴復於1895年發表的〈論世變之亟〉、〈救亡決論〉即以中西對比的二分法來譴責中國制度與文化的落後。[22] 這種以「不是黑的就是白的」二分法來衡量中西制度與文

21　關於儒家一元化思維模式的種種，請參閱《危機》，第3章。

22　嚴復〈論世變之亟〉：「嘗謂中西事理，其最不同而斷乎不可合者，莫大於中之人好古而忽今，西之人力今以勝古；中之人以一治一亂、一盛一衰為天行人事之自然，西之人以日進無疆，既盛不可復衰，既治不可復亂，為學術政化之極則。」王栻編：《嚴復集》，第1冊，頁1。〈救亡決論〉：「從事西學之後，平心察理，然後知中國從來政教之少是而多非。」《嚴復集》，頁49。

化的價值與功效的方式，已經隱含著極強的反傳統的信息——它事實上是現代中國激進反傳統主義的濫觴。(這樣的對比發展到了極端，自然要認為西方文明全是好的，中國文明全是壞的，自然要變成整體主義的反傳統主義與全盤西化論了。)它的整體主義的含意之所以一時尚未完全展示出來，主要是因為傳統政治與文化秩序雖然已經動搖，但尚未完全解體；而政治與文化傳統的解體是一個時間的過程，當時尚未達到那個過程的終點。當時的知識份子尚在他們的傳統之中，一方面尚視不少約定俗成的傳統成分為當然，另一方面，尚無法(主觀地覺得可以)站在傳統之外，把傳統當作是一個完全陳腐的有機體，所以應該完全拋棄。以上的分析，在很大程度上說明了甲午之後興起的反傳統思潮為什麼一開始就非常激烈，雖然它尚未達到整體主義式抨擊中國傳統的地步。

談到傳統政治秩序與文化秩序逐漸解體的過程，我們必須論及西學的衝擊。十六世紀末至十八世紀初，耶穌會士在華的活動除了在天文、曆算等方面有些貢獻外，對中國傳統文化並未產生根本性的影響。鴉片戰敗後所傳入的西學的過程與含意(後果)則完全不同。最初數十年被盡量阻擋，所以，只局限在「西藝」的層次。後來，日益阽危的國勢，逼著關懷中國前途的人無法不注意到，西方之所以如此強盛，是由於「西藝」的背後有一整套文化與制度支持的緣故，於是引發了設法了解以科學與民主為代表的近代西方文明的過程。這樣的過程的關鍵性後果之一則是：在西方的科學宇宙觀與基督教創世觀的衝擊之下，以陰陽、氣化、五行、四時、天、道、性、命為構成要件的傳統儒家有機式「天人之際」宇宙觀變得動搖了。四川的一位出使隨員宋育仁於1895年所寫的《采風記》中，就明確地感受到了這樣的衝擊的含意：

> 其(指西學)用心尤在破中國守先之言，為以彼教易名教之助，天為無物，地與五星同為地球，俱由吸力相引，則天尊地卑之說為誣，肇造天地之主可信，乾坤不成兩大，陰陽無分貴賤，日月星不為三光，五星不配五行，七曜擬不於倫，上祀誣而無理，六

經皆虛言，聖人為妄作。據此為本，則人身無上下，推之則家無上下，國無上下，從發源處決去天尊地卑，則一切平等，男女均有自主之權，婦不統於夫，子不制於父，族姓無別，人倫無處立根，舉憲天法地，順陰陽，陳五行諸大義，一掃而空。而日食星孛，陰陽五行相沴，垂象修省見微知著諸義，概從刪減，自不待言矣。夫人受中天地，秉受五行，其降曰命，人與天息息相通，天垂象見吉凶，儆人改過遷善，故談天之學，以推天象知人事為考驗，以畏天命修人事為根本，以陰陽消長，五行生勝，建皇極敬五事為作用，如彼學所云，則一部《周易》全無是處，洪範五行，春秋災異，皆成瞽說，中國所謂聖人者，亦無知妄男子耳，學術日微，為異域所劫，學者以耳為心，視為無關要義，從而雷同附和，人欲塞其源，而我為操畚，可不重思之乎？[23]

23　宋育仁：《采風記》(袖海山房石印，1895)，第3卷，頁7b–8a。筆者在講授中國近現代思想史時，多年來特別強調傳統中國宇宙觀的解體在思想變遷上的關鍵性意義。此一解釋乃是取自內在理路的推論，但苦於未曾見到佐證的直接史料。最初看到張灝在所著《烈士精神與批判意識——譚嗣同思想的分析》(台北：聯經，1988)，頁15–16徵引這一段文字的時候，內心甚覺喜悅，至深銘感。不過，張先生的徵引，據他在電話上告知，是根據質學會編印的版本；逕與1895年袖海山房石印本及中央研究院歷史語言研究所傅斯年圖書館藏目錄卡片註「清光緒年間刊本」合校，知張先生的引文頗有異文，質學會刊本未見。據 *The Cambridge History of China*, vol. 11, part 2 (Cambridge, 1980), "Bibliography," pp. 635, 670，《采風記》收在質學會編：《質學叢書初集》(武昌，1897)。傅斯年圖書館所藏史料是王汎森先生代為影印寄來的，對他的協助謹此致謝。文中關於傳統儒家宇宙觀的動搖的分析及下文所論其對傳統政治與文化(包括道德)秩序的正當性的衝擊，均曾參考張先生此書以及他的英文著作：Hao Chang, *Chinese Intellectuals in Crisis: Search for Order and Meaning, 1890–1911* (Berkeley: University of California Press, 1987)；"Intellectual Change and the Reform Movement, 1890–98," J. K. Fairbank and Kwang-ching Liu (eds.), *The Cambridge History of China*, vol. 11, part 2, pp. 274–338。

　　由於中國傳統的政治、文化 (包括道德) 秩序的正當性 (legitimacy) 是建立在有機式「天人之際」的宇宙觀之上，宇宙觀的動搖也帶來了政治、文化 (包括道德) 秩序的正當性的動搖。(有些作者把 legitimacy 譯為「合法性」，那是不準確的。那樣的譯法是將 legitimacy 與 legality 混淆了，因為具有合法性的東西並不一定是正當的。) 既然一位略知西方政制與文化的出使人員都已感受到大家過去深信不疑的宇宙觀的動搖對以禮教為基礎的政治、文化秩序的威脅，那麼，對於直接深入西學的人們而言，他們當然更難相信傳統政治秩序的正當性了。嚴復在 1895 年發表的題作〈闢韓〉的文章，便公開攻擊傳統政治秩序的核心——君主制度與君臣之倫。他的攻擊有別於傳統式根據仁政的理想對君主專制的抗議——他已從那樣的範疇中走出，而是站在類似霍布斯 (Thomas Hobbes, 1588–1679) 的「社會契約論」基礎上，根本不接受傳統儒家政治正當性的前提與解說[24]（雖然，在行文中，他也引述孟子「民為貴，社稷次之，君為輕」那類的話）。

24　嚴復〈闢韓〉：「且韓子亦知君臣之倫之出於不得已乎？有其相欺，有其相奪，有其強梗，有其患害，而民既為是粟米麻絲、作器皿、通貨財與凡相生相養之事矣，今又使操其刑焉以鋤，主其斗斛、權衡焉以信，造為城郭、甲兵焉以守，則其勢不能。於是通功易事，擇其公且賢者，立而為之君。其意固曰：『吾耕矣織矣，工矣賈矣，又使吾自衛其性命財產焉，則廢吾事，何若使子專力於所以為衛者，而吾分其所得於耕織工賈者以食子給子之為利廣而事治乎？』此天下立君之本旨也。是故君也臣也，刑也兵也，皆緣衛民之事而後有也；而民之以有待於衛者，以其有強梗欺奪患害也。有其強梗欺奪患害也者，化未進而民未盡善也。是故君也者，與天下之不善而同存，不與天下之善而對徒也。今使用仁義道德之說，而天下如《韓子》所謂：『以之為己，則順而祥，以之為人，則愛而公，以之為心，則和且平。』夫如是之民，則莫不知其性分之所固有，職分之所當為矣，尚何有於強梗欺奪？尚何有於相為患害？又安用此高高在上者朘我以生，出令令我，責所出而誅我，時而撫我為後，時而虐我為仇也哉？故曰，君臣之倫，蓋出於不得已也。唯其不得已，故不足為道之原。……秦以來之君，正所謂大盜竊國者耳。國誰竊？轉相竊之於民而已。既已竊之矣，又

　　在傳統宇宙觀已經動搖的情況下，對那些深感非變不可，傾向西學但又不能在語文上直接接觸西學的人們而言，嚴復的言論儼然具有權威性。這可從嚴氏在北方發表的〈闢韓〉兩年後仍被在上海出版、由梁啓超主持筆政的《時務報》轉載，以及嚴譯《天演論》在尚未正式發行之前已對康梁集團發生決定性影響，和在發行之後立即風行知識界，看得出來。當然，《天演論》的內容甚合當時知識界的需要，則是更重要的原因。[25]

　　嚴復採用類似霍布斯的「社會契約論」的觀點來攻擊傳統中國政治秩序的正當性，很有深度。不過，把西方的政制當作標準，據以批評中

惴惴然恐其主之或覺而復之也，於是其法與令蝟毛而起，質而論之，其什八九皆所以壞民之才，散民之力，漓民之德者也。斯民也，固斯天下之真主也，必弱而愚之，使其常不覺，常不足以有為，而後吾可以長保所竊而永世。嗟乎！夫誰知患常出於所慮之外也哉！此莊周所以有胠篋之説也。是故西洋之言治者曰：『國者，斯民之公產也；王侯將相者，通國之公僕隸也。』而中國之尊王者曰：『天子富有四海，臣妾億兆。』臣妾者，其文之故訓猶奴虜也。夫如是，則西洋之民，其尊且貴也過於王侯將相；而我中國之民，其卑且賤皆奴產子也。設有戰鬥之事，彼其民為公產公利自為鬥也，而中國則奴為其主鬥耳。夫驅奴虜以鬥貴人，固何所往而不敗？」王栻編：《嚴復集》，第 1 冊，頁 34–36。

　　〈闢韓〉最初是在 1895 年 3 月 13 日至 14 日（光緒二十一年 2 月 17 日至 18 日）發表於天津《直報》上；兩年後，由在上海發行的《時務報》轉載（1897 年 4 月 12 日 [光緒二十三年 3 月 11 日]）。此文震動了湖廣總督張之洞，當他看到《時務報》的轉載時，謂為「洪水猛獸」，授意屠守仁作〈闢韓駁議〉，嚴氏「幾罹不測，嗣鄭孝胥輩為解圍，事始寢」。見王蘧常：《嚴幾道年譜》（上海：商務印書館，1936），頁 30。不過，王譜把《時務報》轉載〈闢韓〉事繫在 1896 年，這與王栻編注有出入。經查《時務報》，知王栻是正確的。屠守仁的〈駁議〉明言是讀到《時務報》所載〈闢韓〉後才寫的，所以張之洞看到的應是《時務報》的轉載，那麼嚴氏「幾罹不測」，便是發生在 1897 年的事了。屠守仁的〈駁議〉，以〈屠梅君侍御與時務報館辨闢韓書〉為題，收在蘇輿編：《翼教叢編》（武昌，1898），第 3 卷，頁 26–29。

25　請參閱 Benjamin I. Schwartz, *In Search of Wealth and Power*。

國的帝制，則不自嚴復始。早在1875年，鄭觀應已在他寫的《易言》（1880年初版）中，開始根據他所了解的西方民主制度來批評中國的君主專制，同時提出君主立憲的要求。（不過，此時他仍無法放棄中國遠古「三代」的聖人之治乃是十全十美的信仰，故說泰西列國「設有上下議院」的事，頗與「三代法度相符」——這樣的附會一方面顯示著「文化主義」仍然在他心中作祟；但另一方面，因「文化主義」已在漸趨解體的過程中，所以已經壓不住他明顯地欽羨西方政制的心情了。對當時不同的人而言，「文化主義」的解體當然有程度的不同。即使到了戊戌年間，一些守舊士大夫的言論，表面上仍反映著「文化主義」在他們身上是根深蒂固似的。然而，這些守舊的言論毫無辦法阻擋「文化主義」繼續解體的趨勢了。）王韜則在1878年左右提倡「君民共主」才是「固結民心，奮揚士氣」的「自強之道」。到了何啟、胡禮垣寫〈曾論書後〉（1887）的時候，他們君主立憲的主張已不再是王韜所主張的日本明治維新式的君主立憲制，而近似英國虛君立憲制了。而且，他們的主張已不止於強調君主立憲是富國強兵的手段，而進一步著重虛君立憲所落實的民主的本身價值，諸如能使社會變得比較公平。[26]（從他們的觀點來看，這種對於民主的本身價值的欣賞，是並不妨礙富國強兵的大前提的。）

這些提倡變法的意見所蘊涵的對帝制的批評，透露了一個強烈的消息：它們皆以西方或日本的政制為規範性座標。到了甲午戰敗後，社會達爾文主義化的民族主義興起之時，這樣以西方的範疇為座標的中西對比，如前所述，變得增強與擴大。在這樣的「思想氣候」之中，嚴復發難的、根本不接受傳統儒家政治正當性的前提與解說，對中國傳統政治秩序的核心（君主制度與君臣之倫）的攻擊，在已經傾向激進的知識份子當中，引起了強烈的反響。

26　以上略論鄭觀應、王韜、何啟、胡禮垣的思想，曾參考汪榮祖：《晚清變法思想論叢》（台北：聯經，1983）；熊月之：《中國近代民主思想史》（上海：人民出版社，1986）有關章節（引文見頁17、115、117，並參見頁141–173）。

《時務報》在光緒二十三年 (1897) 3月11日以筆名轉載〈闢韓〉時，在南京的譚嗣同13天後 (3月24日) 便寫信給在上海主持《時務報》的汪康年說：「《時務報》二十三冊〈闢韓〉一首，好極好極！究係何人所作？自署觀我生室主人，意者其為嚴又陵乎？望示悉。」[27] 此時譚嗣同正在完成他去年開始署稿的《仁學》，他在此書中對帝制的攻擊與嚴復在〈闢韓〉中所說「秦以來之君，正所謂大盜竊國者耳。國誰竊？轉相竊之於民而已」如出一轍。[28] 譚氏說：「二千年來之政，秦政也，皆大盜也；二千年之學，荀學也，皆鄉愿也。惟大盜利用鄉愿；惟鄉愿工媚大盜。二者交相資，而罔不託之於孔。…… 由是二千年來君臣一倫，尤為黑暗否塞，無復人理，沿及今茲，方愈劇矣。」[29] (同年冬月梁啟超在湖南時務學堂講學，於批答諸生箚記時說：「二十四朝其足當孔子王號者無人焉，間有數霸者生於其間，其餘皆民賊也。」[30])

不過，除了與嚴復在反帝制的激烈性及其辭語和以西方的民主為座標上面有所交集之外，譚嚴兩位的反傳統思想取徑是相當不同的 (他們對西方民主的性質的了解也多有不同，雖然都對之非常讚賞)。譚嗣同對於嚴復從人性負面的觀點出發，以類似霍布斯的社會契約論的視野為根據所進行的對傳統政治秩序正當性的攻擊，大概不能完全掌握；因為譚氏的視野，是強調宇宙與人生的正面意義的。

27　蔡尚思、方行編：《譚嗣同全集》(北京：中華書局，增訂版，1981)，下冊，頁499。

28　梁啟超在〈三十自述〉(《飲冰室文集》[台北：中華書局，1960]，第11卷，頁18) 中關於光緒二十三年丁酉的紀事，有這一段話：「時譚復生宦隱金陵，間月至上海相過從，連輿接席。復生著《仁學》，每成一篇，輒相商榷，相與治佛學，復生所以砥礪之者良厚。十月湖南陳中丞寶箴，江督學標聘主湖南時務學堂講席，就之。」《仁學》未署著作年月，但根據這份材料，可知是在1897年完成的。歷來關於譚嗣同的著作都說《仁學》成於1896年。事實上，譚氏開始署稿的時間大概是在1896年，完成的時間應是1897年。

29　《譚嗣同全集》，下冊，頁337。

30　《翼教叢編》，第5卷，頁9a。

　　譚嗣同的思想取向雖然也有一些功效性的考慮，但基本上則是強調融通、奮進、民胞物與的普遍性道德—宗教意識，其中包括儒家、墨家、道家與佛教的成分，以及他所理解的當時西方科學界流行的「以太」(ether) 觀念。[31] 這些揉合在一起的成分，在他所理解的西方文明的衝擊下，突破了傳統的藩籬而轉化成為一個激烈的反禮教的內在動力（譚氏稱之謂「仁學」）。

　　譚嗣同深受張載的動態「天人合一」的本體論與人生觀，以及王夫之「道器致用論」和「氣一元論」的影響。張載的本體論與人生觀強調萬物一體、天下一家。要達到這樣的境界，必先克服人與宇宙及人與人之間的隔閡與蔽塞。人必須以「天德良知」而「大其心」，如此才能消泯塞隔。張載説：「性者，萬物之一源，非有我之得私也。惟大人為能盡其道，是故立必俱立，知必周知，愛必兼愛，成不獨成。彼自蔽塞而不知順吾理者，則亦未之如何矣。」[32] 張載在這裡用墨子兼愛的話來説明他的「仁化」的精神普遍性。

　　傳統儒者認為「三綱」、「五倫」是永恆的「道」的展現。「天不變，道亦不變」；所以，「三綱」、「五倫」是神聖、永不可變的政治與社會規範。譚嗣同則根據他所了解的王夫之的「器道體用論」，一方面從這樣的傳統觀念中解放出來，另一方面則開啟了面對西方的開放態度。譚氏在1895年寫的〈思緯壹短書：報貝元徵〉的書信中曾引述王夫之的話如下：「道者器之道，器者不可謂之道之器也。無其道則無其器，人類能言之。雖然，苟有其器矣，豈患無其道哉？⋯⋯洪荒無揖讓之道，唐虞無弔伐之道，漢唐無今日之道，則今日無他年之道多矣⋯⋯道之可有而無者多矣，故無其器則無其道⋯⋯故道，用也；器，體也，體立而用行，器存而道不亡。」[33] 這樣的「器道體用論」提供給譚嗣同歷史變

31　以下簡論譚嗣同的反傳統思想，除根據譚氏原著外，主要參考張灝：《烈士精神與批判意識——譚嗣同思想的分析》。

32　以上張載的話，均轉引自張灝：《烈士精神與批判意識》，頁92、94。

33　《譚嗣同全集》，頁196–197。

遷的正當性的根據：後來的歷史環境自然產生新的「器」，有了新的「器」便必然需要與其配合的新的「道」的興起。今日中國的歷史環境已然丕變，自然有新的「器」，也自然需要新的「道」。這個新的「道」則是「博大精深」、[34]「大公至正」[35] 的西方民主制度及其原理、原則。譚氏使用了一些當時流行在康梁集團中的「託古改制」的詞語；不過，在其背後卻顯示著是以西方的範疇為座標的。

　　另外，王夫之的「氣一元論」則否定了「天理」與「人欲」之間的鴻溝。王氏說：「隨處見人欲，隨處見天理」；「私欲之中，天理所寓」。縱欲濫情，當然是不可的；不過，人欲之中有其大公，「即天理之至正」。[36] 這樣的理論突破了「天理」與「人欲」的間隔，使生命豐潤、生動起來。

　　綜上所述，譚嗣同所了解的宇宙本體是一個融通、和諧、生機盈然、具有神聖性的宇宙本體。在這個宇宙本體中的人生，應是融通、奮進、公正、博愛，人性中各個成分均可充分開展，具有精神性的人生。這樣的本體論與人生觀，因揉和了下列成分而加強：《莊子·齊物論》的「道通為一」，《墨子》的「兼愛」，大乘佛教「華嚴」與「天台」兩宗所強調的圓融無礙，以及譚氏從「氣一元論」的視野所理解當時西方科學的「以太」觀念（認為作為宇宙不滅本質與吸力的「以太」的基本性格是：銜接與凝聚宇宙中的大大小小的各種各樣的質素）。

　　從這樣的本體論與人生觀的視角去看當時中國政治與社會的現實情況與人與人之間的關係，譚嗣同所看到的是：扞格、壅蔽、萎靡，與無所不在的壓迫。用譚氏自己反覆訴說的話來說，那是一個「黑暗否塞、無復人理」[37] 的重重網羅。[38] 為了重振他所了解的「仁」的精神，他義無反顧地對塑造那樣一個世界之經緯的禮教——三綱，進行徹底而猛烈的

34　同上註，頁202。

35　同上註，頁197。

36　以上王夫之的話，均轉引自張灝：《烈士精神與批判意識》，頁96–97。

37　《譚嗣同全集》，頁337、462。

38　同上註，頁290。原文作「網羅重重」。

攻擊，呼籲國人「衝決網羅！」[39]（「三綱」須全部摧毀。「五倫」之中，只留「朋友」一倫，因為只有「朋友」一倫是維繫在合乎平等原則的友誼之上。兄弟之間如能像朋友然，「兄弟」一倫也可保存──這一倫可以保存的理由是：把它合併到朋友那一倫裡去。）

《仁學》是在譚嗣同被難後數月之內，於1899年1月起，分別在上海出版的《亞東時報》與日本橫濱出版的《清議報》陸續發表。當時中國的讀書人，除了頑鈍不化的以外，可說沒有不被他的慷慨義烈的精神所震撼的。他對以「三綱」為代表的舊禮教的攻擊給中國知識份子帶來了極大的刺激，產生了極大的影響。[40]從這個時候開始，在激進知識份子的圈子中，攻擊「三綱」便蔚為一時的風氣了。[41]（在國史之中，對禮教的反抗，當然不是始於譚嗣同。早在魏晉時代，嵇康、阮籍等人認為「名教」與「自然」不能相容，於是「非湯武而薄周孔」了。《仁學》發表的同一年，在香港的何啟、胡禮垣發表了〈《勸學篇》書後〉，也對「三綱」進行批判，認為三綱「非孔孟之言」、「不通之論」、「化中國為蠻貊」。[42]不過，這些言論的意義與影響是與譚嗣同的反傳統主義不可同日而語的。）

在結束譚嗣同反傳統思想的簡述之前，有一個關鍵性的問題需要解答。前文述及，譚氏的反傳統思想受到張載的「天人合一」本體論的影

39　《譚嗣同全集》，頁290。

40　譚嗣同對於清末民初中國知識份子的影響，從《仁學》發表後不久就大量反映在中文資料中。參見張枬、王忍之編：《辛亥革命前十年間時論選集》（北京：三聯書店，1963）。舉例而言，《仁學》對楊昌濟的影響甚大。楊氏寫道：「後讀其《仁學》，乃知中國三綱之說，嚴責卑幼而薄責尊長，實釀暴虐殘忍之風。」在楊昌濟的學生當中，研讀《仁學》成為一種風氣；毛澤東等在他們的日記和札記中，常引楊昌濟的話說：「譚瀏陽英靈充塞於宇宙之間，不復可以死滅。」見李銳：《三十歲以前的毛澤東》（台北：時報出版，1993），頁104–105、108。

41　例如〈三綱革命〉，原刊《新世紀》，第11期（1907年8月31日），收入張枬、王忍之編：《辛亥革命前十年間時論選集》，第2卷下，頁1015–1021。

42　熊月之：《中國近代民主思想史》，頁166–167。

響很大。既然張載的萬物一體、天下一家的本體論蘊涵著對人的尊嚴與對人間關係的融通的強烈訴求，為何張載對於「三綱」沒有與譚嗣同相同的認識，反而到了譚嗣同身上，張載的觀念才發酵，變成了譚氏反傳統思想的動力之一？如要詳盡答覆這個問題，它的前半部將涉及張載所處的政治與社會背景，本文的範圍無法概括；不過，從「內在理路」的觀點來看，這個問題需從兩方面來解答。

（一）張載的「天人合一」本體論蘊涵著人與天的內在關連。人心上契天道，所以人有道德自主性，亦即人的尊嚴。而且，因為每個人都有上契天道的心，所以彼此自然融通而不扞格。不過，張載在另一方面相信天子制度與家族制度是宇宙秩序的一部份，透過祭祀為神靈所支持，所以是神聖不可侵犯的。「三綱」是天子制度與家庭制度中的「禮」，是宇宙秩序的一部份，也自然是神聖不可侵犯的。換句話說，張載的宇宙觀有兩部份：(1) 具有「內向超越」意義的「天人合一」宇宙本體論；(2) 具有張灝借用 Eric Voegelin 所謂「宇宙神話」(cosmological myth) 意義的「天人相副」。[43] 兩者有其「緊張性」(tension)。但在傳統「天人相副」的宇宙觀未被突破之前，這樣的「緊張性」只能停留在它的「緊張」階段。「天人合一」意義下的人的道德自主性所提供的思想資源終於無法突破這種「緊張」──因此，也終於無法對「天人相副」意義下的「三綱」予以抨擊。

（二）張載的「天人合一」思想在譚嗣同身上之所以能夠發酵，起了推動攻擊禮教的作用，主要原因是：消極方面，在西方科學宇宙觀與基督教創世觀的挑戰下，講究陰陽五行的「天人相副」的宇宙觀已經動搖。

---

43 關於儒家思想中「宇宙神話」的分析，以及以「天人相副」為代表的「宇宙神話」與「天人合一」宇宙本體論之間無法突破的緊張，參見 Hao Chang, "Some Reflections on the Problems of the Axial-Age Breakthrough in Relation to Classical Confucianism," in Paul A. Cohen and Merle Goldman (eds.), *Ideas Across Cultures: Essays on Chinese Thought in Honor of Benjamin I. Schwartz* (Cambridge, MA: Harvard University Press, 1990), pp. 17–31。

對譚嗣同而言，以「三綱」為中心的禮教已經失去了它的正當性與神聖性。在這樣的情況之下，從「天人合一」的觀點來看，「三綱」實是「黑暗否塞，無復人理」的「網羅」，必須「衝決」。（「天人合一」的觀念是建立在觀念論上的本體論，不是必須陰陽五行的支持不可；所以，不必因陰陽五行喪失可信性而動搖。）然而，如果「衝決網羅」以後，沒有新的路可走的話，過去一片黑暗、未來一片茫然的境況很可能把譚嗣同的道德的忿怒導向虛無主義。所以，積極方面的資源極為重要。面對未來，譚氏發現了一條新路、一個新的選項（option），西方的民主制度與文化提供了這個新的選項。那是未來中國的康莊大道。與「無復人理」的中國禮教構成強烈對比的是，對譚嗣同而言，西方的民主不但是一套崇高的理想，而且是當下已經落實的「博大精深」、「大公至正」的政制與人生境界。這不能不使他深感興奮與嘆服。

在譚嗣同的意識之中，面對西方的中華民族主義與面對滿清的漢族主義，當然也佔一定的份量；不過，佔更大優勢的，是他的普遍性道德與宗教訴求。他與嚴復一樣，也是以西方民主制度與文化為其導向未來的範疇座標；不同的是：嚴復基本上是站在社會達爾文主義化的民族主義實效性的考慮來採用這樣的座標，而譚嗣同基本上則是從普遍性宗教與道德訴求來接納這樣的座標。這種根據普遍性宗教與道德訴求所進行的對於西方民主的接納，洋溢著對於西方民主的熱情讚仰與道德想像，卻不易接受「歷史感」的節制——不傾向於仔細了解民主在西方歷史脈絡中的發展以及由此而知其實質與限制，也不傾向於考慮在中國的歷史環境中，如要採納西方的民主制度與文化，將會有哪些困難？以及如何克服那些困難？[44] 譚氏對民主的讚仰與想像，實開許多二十世紀中國知

44　譚嗣同於1898年9月28日（戊戌年八月十三日）慷慨赴義的時候，年僅34歲（如按西方習慣，因還不到34週歲，只能說是33歲）。假若他能安享天年，後來的思想當然可能有所變化。這裡分析的是其思想的歷史含意（historical implications）。不過，思想與精神應做一區分。譚嗣同的精神是令人欽佩的。

識份子從普遍性宗教與道德觀點來理解與接納民主——因此常被各式各樣利用普遍性宗教與道德訴求的假民主所欺所蔽——的先河。

在結束論述五四之前的反傳統主義以前，必須對清末今文學派與古文學派為五四反傳統主義形成的思想背景略作說明。今文學派本是從清代考證學內部演變出來的一個流派。[45] 但，到了康有為身上，則發生了

45　十八世紀中國學術界的主流是樸學。它主要是服膺十七世紀末顧炎武所謂「經學即理學」、「捨經學無理學」之義而發展出來的（顧氏的主張則是對晚明王學極盛而敝之後，學者「束書不觀，游談無根」的反動）。當時的儒者們認為明經可以見道，通經可以致用。對他們而言，六經含有永恆不變的真理（這樣的真理，不但包括意義的原理而且包括實踐的原理），但要真正了解六經卻非易事，尤非明末儒士空談之類的活動所可辦到。只有用樸實的辦法從根本上入手，才有希望能夠了解蘊藏在六經中的古代聖哲的勝義。於是，訓詁、考證及與其有關的學科漸次發展開來。當樸學全盛時，兩位極有成就的大家把「明經見道」必須建立在樸學基礎上的理由，說得至為明晰。戴震說：「經之至者，道也，所以明道者，其詞也，所以成詞者，字也。由字以通其詞，由詞以通其道，必有漸。」《戴震文集》，第9卷，〈與是仲明論學書〉。

又說：「後之論漢儒者，輒曰故訓之學云爾，未與於理精而義明。則試詰以求理義於古經之外乎？若猶存古經中也，則鑿空者得乎？嗚呼！經之至者道也，所以明道者其詞也，所以成詞者未有能外小學文字者也。由文字以通乎語言，由語言以通乎古聖賢之心志，譬之通堂壇之必循其階而不可以躐等。」《戴震文集》，第10卷，〈古經解鉤沉序〉。

同時，錢大昕也說：「六經者，聖人之言。因其言以求其義，則必自詁訓始。謂詁訓之外別有義理，如桑門以不立文字為最上乘者，非吾儒之學也。」《潛研堂文集》，第24卷，〈臧玉琳經義雜記序〉。

以上引文轉引自余英時：《中國思想傳統的現代詮釋》（台北：聯經，1987），頁417–418。當時學者以專精一經為尚，既欲專精一經，當然也就要研究解經的「傳」與解傳的「注」。於是，有莊存與、劉逢祿注冷落了近二千年的《春秋公羊傳》及何休的《注》。在這之前有《十三經注疏》本所收，唐代徐彥為何休《注》所作的《疏》與清代孔廣森（戴震弟子）所作的《公羊通義》。不過，正如梁啟超所說，二書「不明家法，治今文學者不宗之」（梁啟超：《清代學術概論》[上海：商務印書館，1921]，頁121）。這本是清代考

重大的變化並產生了非所預期的、打擊儒學傳統的歷史後果。主觀上，康有為要把今文學派變成變法維新的正當性基礎；一方面，他要使今文學派所解釋的孔子之教變成變革中文化認同的資源；另一方面，他要使今文學派所保持的文化認同變成變法維新的動力。然而，客觀上，康氏「託古改制」的解釋與硬把孔子變成教主的努力，由於其本身穿鑿附會的任意性，反而褻瀆了孔子的地位，並使過去大家視為當然的經典的神聖性庸俗化了。康有為的計劃自有機巧的一面，但其最大的癥結是對於宗教的內在本質的誤解。宗教之所以成為宗教，是由於其本身的神聖或神靈特質使然。[46] 此一特質有不可化約的神秘性與超越性。這種對於神秘性與超越性的信仰，在某一層次或某一脈絡中，可能帶來一種特殊的思想導向與實際行動。這種思想導向與實際行動可能產生未所預期的政治、經濟、社會或文化後果。但，如要故意為了某些政治、經濟、社會或文化的目的而建立「宗教」，那麼，這樣的「宗教」只是工具而已，自然自我取消其為宗教的可能了。換句話說，導致康有為建立孔教的努力注定無效的矛盾是：他把宗教與政治強加混合起來，硬將神聖的意義變成政治實用主義。然而，神聖的意義只能來自神聖的資源。一開始就被設計成為替政治服務的「神聖」，只是政治的工具。工具就是工具，當然不可能神聖了。

　　康有為在1897年刊行的《孔子改制考》中，由於急迫地要建立——以西方民主的政法規模為範式的——變法維新正當性的理論根據，遂不惜把魏源等人仍依傳統循環歷史觀來理解的「三世」說，附會成——在

　　證學的內部發展。但因《公羊傳》有「張三世」(即「據亂世」、「升平世」、「太平世」)、「受命改制」等所謂「微言大義」，後經龔自珍、魏源等人的發揮，漸與經世的關懷匯合。

46　對於宗教本身的特質的解釋，這方面的經典著作之一是 Rudolf Otto, *The Idea of the Holy: An Inquiry into the Non-rational Factor in the Idea of the Divine and Its Relation to the Rational*, 2nd ed., trans. John W. Harvey (London: Oxford University Press, 1950)。

嚴復的社會達爾文主義影響下——直線前進的歷史觀。[47] 康氏更認為六經皆孔子所作。孔子是全知全能的教主，作六經是以依託古人的辦法來表達他的「進步的觀念」。康有為說：

> 堯舜為民主，為太平世，為人道之至，儒者舉以為極者也。……孔子撥亂升平，託文王以行君主之仁政，尤注意太平，託堯舜以行民主之太平。然其惡爭奪而重仁讓，昭有德，發文明，《易》曰：「言不盡意」，其義一也。特施行有序，始於麤糲而後致精華。[48]

在這裡，康氏認為孔子談堯舜之治實際上是藉其指示民主政治的原則，談文王之治是藉其指示君主政治的原則。另外，孔子藉對堯舜之治（「行民主之太平〔世〕」）超過文王之治（「撥亂升平」——由「據亂世」入於「升平世」）的評價，來說明民主政治是勝過君主政治的。至於是否真有堯、舜其人，不可知亦不重要。根據康氏的意見，經典中堯舜之盛德大業，都只是孔子藉以說明民主政治所要達成「太平世」的理想而已。

康有為的「解釋」的主觀意圖，是要把孔子變成倡導（類似十九世紀歐洲文明所推崇的）「進步的觀念」（the idea of progress）的聖人。這樣，凡是聖人之徒，為了達成聖訓，皆需為中國的民主改革而奮鬥。

聖人之教放之四海而皆準，上掩百世、下掩百世。它不但具有永恆的意義，而且具有普遍的意義。然而，正如嚴復從英國回來以後說：「地球，周孔所未嘗夢見；海外，周孔所未嘗經營。」[49] 為什麼未被聖人澤化的西方反而發展出來具有真正進步性的民主了呢？另外，為什麼在十九世紀以前，中國各家各派的儒者從未知道孔子的聖訓之中包括「立憲法、開國會、行三權鼎立之制」呢？孔子之教之所以包括民主，難道

47　關於嚴復對於康有為的影響，參見 Pusey, *China and Charles Darwin*。

48　康有為：《孔子改制考》（台北：商務印書館，1968 [據1920北京版影印]），〈孔子改制法堯舜文王考〉，第12卷，頁1ab。

49　轉引自王汎森：《古史辨運動的興起》（台北：允晨文化，1987），頁166。

不是因為康有為在尚未撰寫《孔子改制考》之前，於1879–1885年間，兩度遊香港並道經天津、上海，搜集西學諸書攻讀之，並親見一些西方政法之優點，因受其影響而發生思想變化——於決心推動變法維新後，為了使他的政治活動具有正當性，而把他所理解的西方民主附會到孔子教義上了麼？[50] 事實上，他藉今文家的語言所「解釋」的孔教，主要是一項政治手段：是為了變法政治服務的。

康有為的託古改制——把孔子說成藉「堯舜之治」來指示民主政治原則——的理論，乃是完全不顧客觀事實，任意穿鑿附會的舉措。主觀上他雖然極端尊孔，但客觀上，他的理論除了顯示「變法維新」無比的急迫性以外，卻是使作為數千年文化傳統中神聖不可侵犯的精神象徵的孔子變成政治的工具了。於是，康氏愈要尊孔，孔子便愈被工具化，孔子的純正性與神聖地位便愈動搖了。

另外，康有為於1891年曾刊佈《新學偽經考》。康氏參考廖平的著作而成此書，謂《周禮》、《逸禮》、《左傳》、《詩經》之《毛傳》皆劉歆所偽作。《新學偽經考》既以諸經中一大部份為劉歆所偽作，而《孔子改制考》復以真經之全部為孔子託古之作，則數千年來中國讀書人根據過去他們所了解的經典內容而共認的經典之所以神聖的理由，根本發生疑

50　早在1937年，錢賓四先生已經指出：「康氏之尊孔，並不以孔子之真相，乃自以所震驚於西俗者尊之，特曰西俗之所有，孔子亦有之而已。是長素尊孔特其貌，其裡則亦如彼《不忍》諸論所譏之無恥媚外而已耳。長素何必奉孔子為教主？以西人有教主故。此梁氏已言之，謂：『有為誤認歐洲之尊景教為治強之本，故恆欲儕孔子於基督，乃雜引讖緯之言以實之』。」見錢穆：《中國近三百年學術史》(台北：商務印書館，1964，第二版 [初版，1937])，頁704。錢先生引述梁啟超的話，見梁啟超：《清代學術概論》，頁130–131。筆者此處所論，則不涉及康氏是否「無恥媚外」的問題，而是探討他那樣完全以西方為座標，用穿鑿附會的辦法來建立「改革主義」正當性的歷史含意。事實上，康氏機械式「改革主義」無法產生源頭活水，倒是未來一元式「全盤西化」的預兆——一旦主觀的改革意願消失了，剩下的就只有西方的價值了。

問。即使對不能苟同康氏學說的人們而言，心中也產生了新的問題。因為他們也無法仍把過去所了解的經典內容視為當然，而必須對之重新研究與解釋。

尤有進者，康氏雖極力推崇孔子，但他說其他先秦諸子也和孔子一樣，其著作也都是「託古改制」之作：老子託黃帝、墨子託大禹、許行託神農。如此，孔子過去獨尊的地位變得相對化：孔子只是諸子之一而已，他的言論無所謂聖人之教了。[51]

在清末的中國學術界，今文學派與古文學派是針鋒相對的兩大門戶，發展到康有為與章太炎身上，卻都無意或有意地參與了打擊儒學傳統的工作。比今文學家康有為間接地破壞儒學傳統的工作更進一步，古文學家章太炎，從1900年起便對儒學進行直接的、挾帶著嘲笑與譏諷的攻擊，所以破壞力極大。經過章氏這樣的攻擊以後，孔子的形象與儒學中的許多信念，至少對許多傾心於章氏言論的人而言，不但失去光環，而且看來簡直變成可恥的了。章太炎對儒學的攻擊，有時是對康有為立孔教之議的直接反應。這是在當時的歷史脈絡中，康氏言論所引發的另一種破壞儒學傳統的後果。而儒學傳統中的兩大派別到了這個時候，竟都消耗其精力於直接或間接摧毀儒學傳統上去；這不但是歷史的一大諷刺，而且——從客觀的角度上看——顯示著儒學傳統框架在其整體崩潰的前夜（框架整體崩潰後，如前所述，並不蘊涵其一切成分都將死滅），[52] 多的是：與侵入的西方文明成分互動後，內在資源的自我毀棄；少的是：面對三千年未有的歷史挑戰，自我更新的內在力量。儒學

51　梁啟超：《清代學術概論》，頁126–132。

52　儒學傳統框架崩潰後，有的傳統質素因為完全找不到自己生存的位置而死滅；但，另外有許多傳統成分，雖然已經失去了過去的纏繫，卻可在新的秩序尚未建立起來的空檔中，游動地或以暫時依附現實的方式生存。這些成分生存在一個很不穩定的環境中，有的自身在變質，有的需要從新界定；另外，有的顯示著一些潛能，可經由「創造性轉化」而變成重建文化傳統的資源。

傳統的式微，在這個時候已經暴露無遺了。（從一個更為深層的視角來看康、章所代表的清末今、古兩大學派之所以自我毀棄儒學傳統的背景因素，主要是由於傳統宇宙觀的崩解所帶來的後果。由「普遍王權」為中心的傳統政治秩序，並不僅僅是人間的政治秩序。正如董仲舒所說：「古之造文者三劃而連其中謂之王。三劃者天地與人也，而連其中者，通其道也。取天地與人之中以為貫而參通之，非王者孰能？」（《春秋繁露卷11》）又說：「王道之三綱，可求於天。」（《春秋繁露卷12》）由於政治秩序的中心──王者──是連結人間與天上的樞紐，他一方面屬於「人」，另一方面則屬於「天」。所以，政治秩序（尤其是它的中心）同時也是神聖的宇宙秩序的一部份；天子所在之「位」，乃是「神聖的空間」（sacred space）。[53] 所以，傳統政治秩序也有其神聖性。宇宙觀的崩解，使得政治秩序的神聖性消失。高度統合於政治秩序之內的社會秩序與文化─道德秩序不可動搖的神聖性，也自然隨之消解。因此，康、章在他們的文化、思想中，於面對現實中各項他們特別關注的問題與挑戰所做的反應，已經喪失了傳統宇宙觀沒有崩潰前，在文化─道德秩序之內的節制，呈現著逞己意為進退的任意性。這也是反傳統思潮從一開始就出現激烈性格的深層原因之一。）

對於章太炎而言，孔子是整理材料、為後世保存文獻的人。他的貢獻只是功能性的。從道德與思想兩方面來看，孔子遺教多有負面的意義。章氏於1900年已決心批孔。[54] 在〈訂孔〉一文（大約於1902年5、6月間撰成）中，章氏於徵引日本學者遠藤隆吉時，在中譯的過程中便逕將遠藤讚譽孔子的話扭曲成為譴責之詞：

53　史華慈 (Benjamin I. Schwartz)：〈中國政治思想的深層結構〉；余英時等著：《中國歷史轉型時期的知識份子》（台北：聯經，1992），頁23–26，特別是頁23。

54　參見王汎森的考證：《章太炎的思想──兼論其對儒學傳統的衝擊》（台北：時報出版，1992），頁177–183。下文略述章太炎對孔子與儒學傳統的攻擊，主要參考此書完成。

遠藤隆吉曰：孔子之出於支那，實支那之禍本也，夫差第韶武，制為邦者四代，非守舊也，處於人表，至嚴高，後生自以瞻望弗及，神葆（案：褒也）其言，革一義若有刑戮，則守舊自此始，故更八十世而無進取者，咎在於孔氏，禍本成，其胙盡矣。[55]

　　章氏在〈諸子學略説〉中，則厚誣孔子提倡中庸之道為「湛心利祿」：「所謂中庸者，是國愿也，有甚於鄉愿者也。孔子譏鄉愿而不譏國愿，其湛心利祿又可知也。」[56] 又指孔子為一陰謀家：「田常弒君，實孔子為之主謀，⋯⋯ 便辭利口，覆邦亂家，特非孔子、子夏為之倡耶？莊子〈胠篋〉云：田成子一旦殺齊君而盜其國，所盜者豈獨一國耶？並舉其聖知之法而盜之。故竊鈎者誅，竊國者為諸侯，諸侯之門，而仁義存焉，此即切齒腐心於孔子之事也。」[57] 另外，則斷定後世趨時風氣乃源自孔子：「吾土孔子，為聖之時，後生染其風烈，雖奮力抵拒者⋯⋯ 而趣時之疾固已淪於骨髓。」[58]

　　以上略舉數端，足可顯示章太炎根本否定孔子的人格，所以他才毫無顧忌地對其施以「人身攻擊」。1908年，章氏在東京為魯迅、周作人、錢玄同、許壽裳等講《説文解字》，於解説之間談到孔子時，有時雜以輕薄之語，[59] 更可反映章氏對孔子的態度了。

　　章太炎除了破壞孔子在讀書人心目中的形象與地位以外，更以經學

55　參見王汎森對於章氏譯文與遠藤隆吉原文的比較，《章太炎的思想》，頁178–180。

56　轉引自王汎森：《章太炎的思想》，頁186。原文見湯志鈞編：《章太炎政論選集》（北京：中華書局，1977），頁290。

57　轉引自《章太炎的思想》，頁187。原文見《章太炎政論選集》，頁298。

58　轉引自《章太炎的思想》，頁187。原文見章太炎：《章氏叢書》（台北：世界書局，1958），頁793。

59　見周作人：《知堂回想錄》（香港：三育書局，1970），頁216；或余英時先生的徵引，見〈五四運動與中國傳統〉，《史學與傳統》（台北：時報出版，1982），頁100。

大師的身份，推翻經學之所以成為經學的理由。自樸學興起以來，中國
儒者認為六經蘊藏著永恆不變的真理（這樣的真理不但包括意義的原
理，而且包括實踐的原理），所以「明經見道」、「通經致用」乃是他們公
認的基設（presuppositions）。但章氏則認為六經只是歷史的材料而已，
內涵並無所謂真理可言。六經的真理性與神聖性，當然在這一論斷之下
自我取消了。章氏更進一步具體說明，作為歷史文獻的六經所記載的古
代真相，遠非經學傳統所標示的那樣完美，易經與詩經中滿載「淫欲博
殺」之事，[60] 堯舜不可能行禪讓，湯、武兩位「聖王」乃是「殺人父兄、虜
人妻子」的強梁。[61] 於是，所謂堯舜、「三代」的黃金時代，只是無稽之
談罷了。

這樣的經學研究愈多一分進展，經學的可信性以及以儒家道德與思
想為中心的文化傳統的可敬性便少了一分。一個愛國者如果對自己的文
化傳統無法產生敬意，他的愛國主義是脆弱的、不穩定的。章太炎並非
沒有意識到他的愛國主義與其詆毀經學之間的矛盾，他說：「或曰，凡
事之使人興慕者，在其可崇可貴。今子為天子居山，宰相用奴諸說，適
足釀嘲而起鄙夷宗國之念……。」[62] 然而，他對這種「自刺謬」的答覆，[63]
得無法正視自己提出的問題，所以是無力的。他只能說：

> 吾曩者嘗言之，以為祖宗手澤，雖至傅拙，其後昆猶寶貴之，若
> 曰盡善則非也。昔顧寧人丁明絕胙，發憤考帝王陵寢，彼蒿里中
> 陳死人，豈有毫末足用於當世，然識其兆域，則使人感慨不忘。[64]

章氏認為即使祖先的行事不值得尊敬，但因為那是「祖宗手澤」的
關係，足可引發我們情緒上的認同。換句話說，他所要強調的是歷史

60　轉引自王汎森：《章太炎的思想》，頁192。
61　同上註。
62　王汎森：《章太炎的思想》，頁197。
63　同上註。
64　同上註。

的獨特性（uniqueness）與排他性（exclusiveness）——別人沒有這樣的祖先，好歹他們是我們的祖先，以為愛國主義的情緒可以從這樣的認識之中引發出來。然而，強調以歷史的獨特性與排他性做為愛國主義的基礎的辦法，是不穩定的，甚至是危險的。若把這樣的獨特性與排他性賦予正面的意義，如德國納粹主義興起之前的思想背景，那麼，愛國主義可能變成挾雜著種族主義的帝國主義。章太炎所強調的歷史獨特性與排他性，則是以負面的意義出之。不過，一個毫無理性的自豪來加以支持的愛國主義是脆弱的、有依賴性的。像章太炎那樣的認識並不保證產生愛國情緒，卻足可導致民族自卑感。民族自卑感會到處流竄，受它影響的心靈很難建立一個關於政治、文化、社會與經濟的正常視野。民族自卑感的可能結果之一是愛國主義的反面：認為有著那樣可恥的傳統的國家是不值得愛護的。事實上，章太炎的革命愛國主義是依賴排滿的種族主義而建立的，所以能夠掀起情緒。這個統合兩種憎恨於一個對象——憎恨滿清入侵中原，加上憎恨滿清無力反抗列強之入侵，以種族主義為基礎的革命愛國主義，在戊戌之後與辛亥之前內憂外患交迫的歷史環境中，革命與改革之爭的脈絡裡，頗得知識界的景從。不過，這種愛國主義多的是情緒的訴求，少的是理性的支持。它顯露了未來的愛國主義不穩定的、強烈地依附左右意識形態並受其奴役的前兆。

綜上所述，辛亥革命之前——亦即，做為統合傳統政治、社會、文化—道德秩序的象徵與制度的「普遍王權」尚未完全崩潰之前，數千年來中國讀書人深信不疑的宇宙觀，在西方文明的衝擊下，已經漸趨解體。建立在這樣宇宙觀之上的政治正當性與傳統的道德觀，自然也就跟著動搖。於是，傳統的文化主義變得式微，民族主義則應運而興。民族主義的優先性使得可欲的事與物都需變成達到民族主義目的的手段，如此當然也就使傳統的政治與文化相對化了（相對於民族主義的衡量與需要而決定取捨）。面對宇宙觀解體的壓力與民族主義的要求所合力構成的歷史性挑戰，近現代中國第一代知識份子所做的各樣回應，形成了五四全盤化（或整體主義的）反傳統主義的背景。從儒家學術傳統內部

來說，以康有為代表的今文學派與章太炎代表的古文學派，彼此雖然針鋒相對，但他們的言論的歷史後果卻有一個重大的共同性：對孔子的聖者形象以及儒學傳統的可信性造成了極大的衝擊與破壞。康有為極力尊孔，但他為了政治的需要而建立孔教的舉措，使得孔子與儒學工具化；因此，客觀的結果是間接地使得孔子的神聖地位與儒學經典的可敬性發生動搖。章太炎毫無顧忌地對孔子的「人身攻擊」，當然強烈地破壞了孔子的形象，而他把六經完全當作是歷史文獻，那樣的解釋更直接取消了經學的地位，使得以儒家道德與思想為中心的文化傳統的可敬性變得沒有根據。

嚴復的社會達爾文主義化的民族主義，急切地要找到確能帶來效益的富強之路。他以實效性對比中西、黑白二分的視角來衡量中西政制與傳統 (看哪一套政制與傳統能夠導致富強)。這樣的視角，除了引發他對傳統帝制及其正當性猛烈的攻擊以外，也對中國傳統文化產生極大的威脅——那樣中西對比的方式，推到極端，便自然變成五四式整體主義的反傳統主義與全盤西化論。譚嗣同滲透著烈士精神的《仁學》，則以普遍性宗教、道德訴求撐起反禮教的大纛。他採用西方的民主做為導向未來的座標，對以「三綱」為代表的禮教所造成的中國傳統政治、文化與社會的壅蔽、萎靡、無所不在的壓迫的激烈譴責，以及他「衝決網羅」以便邁入融通、奮進、公正與博愛的人生的呼籲，帶給中國知識界極大的震撼。

在這樣的思想氣候之中，無論就佔主流地位的學術發展來看，或就當時影響甚大的思潮來看，全盤化 (或整體主義的) 反傳統主義，已經箭在弦上，蓄勢待發。不過，在傳統政治、社會、文化─道德秩序尚未完全解體之前，傳統雖已疲勞與殘破，第一代知識份子仍處於其中；所以，他們的反傳統思想縱然已經非常激烈，但卻未達到全盤化的地步。

換言之，由於他們仍在傳統之中，所以傳統對他們而言，是一個內部具有許多不同、相互衝突成分的混合體。在觀念上，他們尚無法把傳統化約為一個內部成分具有共同特性的整體性 (holistic) 有機體——因此可以變成系統的、一元化反傳統意識形態攻擊的對象。

　　各別而言，嚴復站在注重實效性的民族主義的立場，是一個主張改革主義的人。從斯賓塞爾 (Herbert Spencer) 的社會達爾文主義那裡，他獲得歷史的演化是一緩慢過程的認識，跳躍與冒進只能帶來欲速則不達的惡果。雖然在甲午戰敗後，他在救亡圖存的政論中，用二分法對比中西文化與政治的分析，潛伏著全盤化反傳統主義與全盤西化的傾向，但他自己卻未走向那個邏輯的極端。基本上，社會達爾文主義所提示的戰略觀點，阻止了這一可能。他認為未來之路應是漸進改革。例如，他認為「孝」可以提供一種犧牲與屈己的精神鍛煉，或可轉化為建設現代化國家所需要的服從權威、盡忠職守的精神力量；雖然，他深惡中國家庭制度中的許多缺失，特別是對婦女的壓迫。[65]

　　譚嗣同對以「三綱」為代表的禮教的攻擊，確是激烈到無以復加的地步；但，他的理論根據卻是他所謂的「仁學」。「仁學」則是融合了他所理解的佛教、莊子與西方科學的智慧，於重現生命力的「天人合一」宇宙本體論之內而建立的。譚氏所嚮往的是有生命力的改革主義，所以他說：「吾甚祝孔教之有路德也。」[66]康有為要以尊孔、立孔教的方式建立變法維新的精神動力，當然主觀上不會陷入全盤化反傳統主義（至於客觀上的意義，已如前述）。章太炎對儒學正統攻擊不遺餘力，然而，他同時極力讚揚非正統的思想與文學：莊子、王充、魏晉玄學與文學，以及佛教唯識宗（發源於印度，但已是傳統文化的一部份，雖然不是與主流文化很易親和的部份）等；所以，不能說他是一個全盤化的反傳統主義者。魯迅是五四全盤化反傳統運動的代表人物之一。他的許多觀點，包括他的反傳統主義，都深受章太炎的影響。但在1907年他寫〈文化偏至論〉的時候，仍是一個文化改革主義者，主張「外之既不後於世界之思潮，內之仍弗失固有之血脈，取今復古，別立新宗」。[67]

65　Benjamin I. Schwartz, *In Search of Wealth and Power*, pp. 38–41.

66　《譚嗣同全集》，頁338。

67　《魯迅全集》（北京：人民文學出版社，1982），第1冊，頁56。

　　至於梁啟超，他在1897年任教湖南時務學堂時的言論，雖然相當激烈，不過，其攻擊的對象主要是帝制與禮教。戊戌失敗後，梁氏流亡日本。他於1902–1903年發表〈新民說〉，意欲建立新的、他所理解的公民意識與公民道德，以便使中國人用參與政治的辦法來建立他的民族主義所界定的民族國家。「民主」、「民權」、「自由」等名詞都曾在〈新民說〉中出現；然而，這些也是西方純正自由主義者所使用的名詞，卻是被梁氏以集體主義的觀點加以理解的。從那樣的觀點出發，他不覺得將選擇出來的中西思想成分加以調和，以便建立新的公民意識與公民道德，有何內在的阻力。例如，墨子「交相利」的觀念可以與亞當·斯密經濟學中的「生產性勞動」觀念調和在一起，用以促成「新民」為國家利益做出貢獻。[68] 這樣的調和論，當然不具全盤化反傳統主義的特徵。嚴復(1853–1921)、康有為(1858–1927)、梁啟超(1873–1929)與章太炎(1868–1936)到了五四時代，言論都變得很保守。然而，受他們直接或間接啟動的反傳統思潮卻有激進化的內在動力，並在思想界佔主流地位；因此，他們的言論到了那個時候，在歷史的舞台上變得邊緣化，甚至不相干了。

三、五四全盤化反傳統主義與中式馬列主義及毛澤東烏托邦主義的興起

　　辛亥革命帶來了突破性的歷史變遷。它不是新的政治秩序的起點，而是舊的政治秩序解體過程的終點。辛亥革命後出現的，毫無政治正當性根據、也無從建立政治正當性的軍閥混戰，可為明證。

68　Hao Chang, *Liang Ch'i-ch'ao and Intellectual Transition in China, 1890–1907* (Cambridge, MA: Harvard University Press, 1971), pp. 149–219, esp. pp. 209–211.

　　在本文的脈絡中，辛亥革命的歷史後果是——正如本文第一節中的論證所顯示：從分析與結構的觀點來看，由於傳統社會秩序與文化—道德秩序**基本上**（雖然並不完全）統合於政治秩序之內的緣故，辛亥革命不只造成了傳統政治秩序及其正當性的徹底崩潰，而且也是傳統社會秩序與文化—道德秩序的解體的爆破點，所以傳統文化—道德秩序之內的所有的根本預設均暴露出來了，都不可能再被視為當然——因此，其中所有的成分都有被懷疑與攻擊的可能。這一重大的歷史變遷，使五四全盤化反傳統主義的興起，**在結構上**成為可能。

　　從五四全盤化反傳統主義者的內部來看，他們這一強勢意識形態（參閱附錄二）的興起是許多因素互動的結果，其中包括：深受政治人物操縱傳統符號的刺激而對其產生的強烈的疏離感，以及他們在不完全自覺的情況下，繼承了傳統儒家有機一元論式的思維模式——從儒家傳統最初強調「心」的理知與道德功能及思想力量的優先性，演變成為「藉思想、文化以解決（政治、社會等）問題的途徑」等等。在辛亥革命後的中國政治與社會現實的壓力之下，這種思維模式被推向極端的時候，它變為一種以為思想是一切泉源的整體觀（holistic）的思維模式。[69]（現實中一切負面的東西，當然也就必須追溯到它們的根源——形塑它們的根本思想。）

　　當五四激烈反傳統主義者受到西方文化的衝擊而改變了他們的許多價值與觀念，又因目睹政治和社會的腐敗與落後而使他們對中國傳統的

---

[69]　詳見拙著《危機》。余英時以「中國知識份子的邊緣化」——從自認是世界的文化中心及這樣的自我意識無法（但仍想）堅持下去的後遺症，與中國知識份子在社會上的邊緣化——的觀點，論析「西學源出中國說」的歷史含意，以及中國知識份子的激化過程。余先生的論析與本文有許多匯通之處，讀者可參閱氏著："The Radicalization of China in the Twentieth Century," *Daedalus* (Spring 1993): 125–150；〈中國近代思想史上的激進與保守〉，《猶記風吹水上鱗》（台北：三民書局，1991），頁199–242；〈再論中國現代思想中的激進與保守——答姜義華先生〉，《二十一世紀》，總第10期（1992年4月），頁143–149。

符號和規範產生了強烈的疏離感的時候，他們使用從傳統衍發而來的上述那種思維模式，「發現」他們所厭惡的中國傳統文化中的符號與規範以及傳統社會中的設施，是與傳統中基本思想有一「必然」的有機式因果關係。當然，中國的傳統文化並非無一是處；不過，儒家思想中仁愛之說等等，在五四全盤化反傳統主義者的眼裡，只是世界各種不同文化的公分母（common denominators），不是中國特有的東西。中國特有的東西，源自中國思想的特質。這樣的思想特質，被視為是敗壞而有害；如要革新，就非徹底而全面的抨擊傳統不可。傳統政治、社會與文化的特性，決定於傳統的獨特而根本的思想；因此，以全盤化反傳統運動為主流的思想革命（包括道德革命），遂為五四時代的當務之急。（然而，面對未來，這個強勢意識形態運動卻提不出任何正面的建設方案。對於熱烈參與其中的中國知識份子而言，那卻不是什麼重要的問題——因為他們一致認為清除中國傳統遺留下來的根深蒂固的阻礙，乃是中國新生所必須優先完成的任務。這樣的想法，如本文的分析所顯示，正反映著許多中國傳統成分對其形成的重大影響。另一方面，不能提出任何正面建設方案的意識形態，在面對未來所出現的種種要求的歷史環境下，只能是一個中介站，五四全盤化反傳統運動遂成為許多中國知識份子向「左」移動的前奏，詳下。）

顯然得很，五四全盤化反傳統主義是一種思想決定論的化約主義。它的全盤化系統論式，乃是「藉思想、文化以解決（政治、社會等）問題的途徑」所提供的。換言之，五四全盤化反傳統主義的意識形態化強勢系統性的「動力」，乃是在當時的歷史環境中，從中國佔主流地位的一項思維模式衍發而來。

不過，投入五四全盤化反傳統主義的人們，在同一時期之內其他非意識形態的心思與行為方面，自然有與這一強勢意識形態衝突或矛盾的地方——自然有肯定中國傳統成分的地方。他們在不同時期對他們的強勢意識形態的投入，也自然有程度的不同。然而，這些對於全盤化反傳統主義的事實限定（factual qualifications），事實上並未導使「五四」激烈反傳統主義者停下來，反思他們的強勢意識形態是否正確，是否可取，

是否應該加以修正。因為這個強勢意識形態運動，乃是被極為強大的歷史動力所驅使著的。[70]

　　從這個激進化反傳統運動的觀點來看，對其貢獻最大者，當推魯迅。他的文藝創作與雜文最能具體地說明為什麼中國的傳統必須整體地拋棄。如果中國的「國民性」[71]是像魯迅所寫的那樣，須以阿Q為其代表的話，以及中國的歷史真實當以〈狂人日記〉所說的那樣，乃是「吃人」的紀錄的話，合理的結論只能是：必須先把中國的傳統整體地摧毀，然後才可討論其他的一切。魯迅的激烈的反傳統主義達到了激進化反傳統思潮的極致。

　　然而，以魯迅為代表的整體主義的反傳統主義——這一元式思想決定論——在進展到了它的極限、不能更為激進的時候，自然產生一個內部無法化解的邏輯死結——注定要否定它自己。如此的自我否定，使得思想革命講不下，預示著由政治、軍事革命取代思想革命的未來的歷史軌跡。我所說的邏輯死結是：一個思想與精神深患重疴的民族，如何能夠認清自己的病症的根本原因是思想與精神呢？既然連認清病症的根本

70　如果我們把眼光轉移到二十世紀中國思想界各種式樣的「保守主義」，這些思想與意識形態大都在社會與政治層面上不甚有效，而在思想層面上也顯得無力。這一事實正說明二十世紀中國缺乏可資它們成長的社會、政治與文化的環境，同時也顯示了五四全盤化反傳統主義在不同程度上對它們的影響：許多保守思想與意識形態，在自身缺乏獨立發展的環境下，實際上是對五四激進化反傳統思潮的直接反應。例如，新儒家（熊十力、牟宗三、唐君毅等）的許多主張乃是五四反傳統思潮的直接反響，因此也無法避免「五四」的限制。假若我們從西方保守主義的視角來看二十世紀中國的各式各樣的「保守主義」，它們都談不上是真正的保守主義，因為它們並不主張保持現狀或恢復舊制。所以文中使用「保守主義」這個名詞時，是加引號的。參見余英時：〈錢穆與新儒家〉，《猶記風吹水上鱗》，頁31–98。

71　五四時期，從日本傳來的「國民性」分析，作為分析範疇而言，在方法論上是很有問題的，參閱拙文：〈魯迅個人主義的性質與含意——兼論「國民性」問題〉，頁520–534。

原因都不可能辦到，又如何奢言要剷除致病的原因呢？幾個知識份子也許已經覺醒；不過，像〈狂人日記〉中的「狂人」那樣，他們的語言只能被其他人當作是瘋話，根本無法溝通，遑論思想革命！

　　魯迅帶有一元式思想決定論傾向的論式，無可避免地陷入了邏輯的死結。他自己也變得絕望。這樣的邏輯死結「逼使」魯迅及其眾多的追隨者非自我否定思想革命不可——因此，非另找出路不可。這樣的自我否定，事實上已經蘊涵在魯迅所指謂的「思想革命」的內在邏輯之內了。因此，以改造國民性為主流思潮的思想革命，在自我否定中變成了在仍然求好、求變的心情下，投入政治、軍事革命的動力！魯迅自己說，「改革最快的還是火與劍」，而他所主張的個性解放、精神獨立的文學，現在也自言要變成為革命服務的「遵命文學」，成了王元化先生所說的「歷史的諷刺」。[72]

＊　　＊　　＊

　　五四激進化反傳統思潮的巨大影響，也可從二十世紀中國激進主義發展的歷史的其他方面顯示出來。從1920年代中期，中國知識界的中心漸次向「左」移動，中式馬列主義漸次贏得許多知識份子的認同。這一歷史變遷的複雜原因之全面論述，[73] 不是本文所要承擔的任務。不過，應該指出的是：五四全盤化反傳統思潮的風行與持續，實是許多中國知識份子接受中式馬列主義的重要心理與邏輯背景因素之一。

　　當許多五四激進化反傳統人士決心要把傳統全部打倒並發起一個全盤化或整體主義的反傳統運動的時候，面對未來，他們的思想出現了意識形態的「真空」（vacuum）。雖然，面對過去，他們的頭腦充滿了強勢的意識形態；但，他們堅持的全盤化反傳統主義是負面的，無法提供正面的政治性行動方案。民族主義只能提供政治性行動的意願，它本身無

72　王元化：《沉思與反思》（上海：上海辭書出版社，2007），頁34。

73　包括1927年以後左右政治兩極化以及日本侵華後，知識份子必須決定支持一個國內的政治勢力以謀求民族的生存，以及其他政治、社會、經濟、文化、思想、國際關係等等因素。

法指導如何行動。自由主義者所提出的民主憲政、漸進改革等訴求，預設著最低限度的政治、文化與社會秩序。這些先決條件在當時都不存在，所以客觀上變得不甚相干。至於科學主義，[74] 它本身也無法提供政治性行動方案；不過，它很快變成了迎接馬列主義的背景因素之一。這樣內在的「空虛」是難以忍受的，因為那意味著對未來完全不知所措，而採取確定的系統性政治導向與新的系統性思想，卻是五四激進化反傳統主義者重建中華的基本訴求。換言之，當五四人物堅持要把傳統全部打倒的時候，他們在心理上正急迫地尋求能夠對未來提供確定的系統性政治導向與新的系統性思想的意識形態，以便填補內在的空虛與焦慮。

這樣的「真空」的**邏輯**意義則是：「真空」是整體性的（否則不是「真空」）。它不是只需填滿一部份便可完事，「真空」有吞吸整體性填補的需要。職是之故，五四全盤化反傳統主義的心理與邏輯後果則是：堅持這樣意識形態的人，在心情上與思辨的邏輯上，不容易接受自身帶有未扣牢部份（loose ends）的思想，而容易被自我聲稱對未來能夠提供確定的系統性政治導向與新的系統性思想的強勢左翼意識形態所吸引。那樣的強勢意識形態，對這些在緊迫環境中無暇對其做審慎研究的人而言，顯得特別具有指導行動、導向未來的系統性，以及能夠應付（或解決）一切難題的整體性。（事實上，任何強勢意識形態本身都有許多內在的矛盾與不能自圓其說的地方。它的內在問題通常比無法完全扣牢的常識更為嚴重。然而，由於強勢意識形態是封閉系統，對外界的不同或與其衝突的意見採拒斥態度，所以它能夠堅持它的「系統性」與「整體性」；

74　參閱 Lin Yu-sheng, "The Origins and Implications of Modern Chinese Scientism in Early Republican China: A Case Study—The Debate on 'Science vs. Metaphysics in 1923'",《中華民國初期歷史研討會論文集》（台北：中研院近代史研究所，1984），頁1181–1200、1222–1224。此文中譯見林毓生：《政治秩序與多元社會》，〈民初「科學主義」的興起與涵義——對民國十二年「科學與玄學論爭」的省查〉，頁277–302；拙著《危機》，增訂版，頁300–333；《轉化》，增訂版，頁286–308。

也正是由於這樣的「系統性」與「整體性」，對於它的信服者而言，特別具有吸引力。對於許多[由於種種原因]傾向它的人而言，一旦根據它的「系統性」與「整體性」思考問題，便越想越感受到它的強大的「說服力」，以至皈依之而深信不疑。）

中式的馬列主義(Chinese Marxism-Leninism)以「理性的」、「道德的」、與歷史發展將必然肯定其「正確性」的姿態，提出了一整套「系統性」的宇宙觀、歷史觀，政治、經濟理論，以及落實其理論的行動綱領。對外而言，它自認確實接受了反對西方帝國主義、真正能夠代表西方進步思想的馬列主義。對內而言，它認為可從「階級鬥爭」的理論與實踐中，將中國人民從地主、官僚與法西斯統治者的壓迫中徹底解放出來。從它自我聲稱的觀點來看，中式馬列主義比出現在二十世紀中國的任何其他強勢的或溫和的意識形態(無政府主義、基爾特社會主義、右派法西斯主義、漸進的自由主義等等)，更能對中國政治、經濟、社會、文化與思想的各種嚴重問題提出一整套全盤化的(或整體主義的)解決辦法。中共提出的這樣的辦法，對處在政治、社會與文化秩序解體的三重危機與意識形態「真空」之中的許多中國知識份子而言，非常具有吸引力，他們信以為真，遂對之認同與擁護。

然而，自我聲稱的觀點並不一定正確。中式馬列主義是否真正能夠正如它所聲稱的那樣，系統地、全盤地的解決所有中國政治、經濟、社會、文化與思想的問題呢？

中國共產黨的革命當然並非毫無成就。(就對外關係而言，反抗帝國主義與維持民族自尊這兩方面的成就，不可抹殺。不過，這些成就是否必須實行中共建國以來的各種政策才能獲得？那當然是另一問題。)但，它給廣大的中國人民帶來的災難是巨大的。連中共官方也承認「大躍進」(1958–1961)[75]與「文化大革命」(1966–1976)是中國綿長歷史前所

75　關於「大躍進」的經過，詳見林蘊暉：《烏托邦運動──從大躍進到大饑荒》（香港：中文大學出版社，2008）。

未有的浩劫。這些舉措對人民的傷害、對各方面的破壞是無與倫比的，其後遺症是巨大的。事實上，中共解決問題的辦法雖然有時甚為有效（包括近二十年來的經濟改革），卻同時帶來了巨大的、難以解決的新問題（包括缺乏法治的權貴資本主義所造成的種種問題：無限黨權與特殊利益集團的結盟、貧富差距懸殊、環境嚴重的破壞與污染、腐敗滲透到政治與社會各個層面，以及社會基本上缺乏維持公平、公正的機制等等）。[76] 單就它直接與間接對中國人民的摧殘而言，具體實例與數據比比皆是：例如，「大躍進」直接導致人類歷史上空前的大饑荒，1959–1961「三年困難」時期餓死的中國人，保守估計是三千萬人。當時並無重大天災，饑荒的基本原因是毛澤東主政的政府不負責任的、領導全民「跑步進入共產主義天堂」的政策與措施。

為什麼抱持崇高理想、許多志士為其犧牲的中國共產主義運動，在獲得政權以後，變得如此傷害人民了呢？

馬克思認為工業革命後，城市中的工人是無產階級。階級的特性是由經濟條件所決定，因此，不是主觀或政治需要可加以操縱或轉移的。無產階級的領導必須本身先是無產階級（如此才有階級特性），這樣才不自我矛盾，才能講得通。但，列寧卻把具有強烈政治性格的職業革命者——共產黨黨員——當作「無產階級先鋒隊」。列寧思想的政治性與策略性特別強。他認為無產階級革命不會自動地到來，那是需要職業革命者的領導才能發生。職業革命者不必需要一定來自工人階級，他們只要能夠「領導」（實際上是駕馭）工人階級，便成了「無產階級先鋒隊」，具有無產階級的特性。這樣的馬列主義到了毛澤東身上，變得更為主觀化、策略化、鬥爭化與任意化。毛澤東從未做過城市工人，但作為中國共產黨的領袖，他在取得政權以後便認為他的主觀喜惡與政治需

<hr />

76　1980年代後期，中國已面臨種種緊迫的問題與困境，參閱何博傳：《山坳上的中國》(貴陽：貴州人民出版社，第2版，1989)。此書已譯成英文：He Bochuan, *China on the Edge*, trans. China Books and Periodicals, Inc. Staff (San Francisco: China Books and Periodicals, Inc., 1991)。

要均自動地具有馬克思根據客觀經濟條件界定的無產階級的特性（毛澤東在這裡當然完全違背了馬克思的前提）。他完全可以根據自己的喜惡——他肯定的思想、道德或政治需要（而這些也隨時可以根據他自己的意思改變）——來界定誰是無產階級。[77] 根據馬克思主義的前提與內在邏輯來看，列寧主義之內的「階級」與「階級鬥爭」觀念，已經有很強的虛幻性與任意性；到了毛澤東身上，更是變本加厲。所以，做為中國共產黨另一重要領導人之一的劉少奇，在一夕之間便被毛澤東根據他所「了解」的、深具「客觀性」的馬列主義界定為無產階級的敵人。

主觀顛倒成為客觀以後，主觀的為所欲為，可以解釋成為客觀進步的鐵律。自認是歷史進程中「理性與道德」化身的中國共產黨，以軍事奪取政權以後與殘存的中國傳統統治技術和政治文化相結合所產生的全能主義或極權主義的統治，乃是中國史上一個新的現象。它與中國傳統中的專制暴君的統治不同：它的任意性與強制性尤有過之。在許多不同之中，一項突出的特點是：毛澤東領導下的中國共產黨具有強悍（自行其是）、千禧年式（chiliastic）、「比你較為神聖」（holier-than-thou）的道德優越感而「政治性」又極強的烏托邦主義（utopianism）性格。（此處所謂「政治性」是指毛為了保持自己的權力，以便運用他的權力以達其「理想」，可以不擇手段，幾乎到了沒有任何底線的程度。關於它的「政治性」與他的烏托邦主義之間的相互關係，詳下。這樣的烏托邦性格是以毛澤東所承受的五四全盤化反傳統主義為背景的。到了文革期間，毛的整體主義的反傳統主義文化觀不但包括中國的舊思想、舊風俗、舊文化、舊習慣，而且也包括布爾喬亞的西方以及「蘇修」；於是，在毛的頭腦中，當所有舊的東西都被鏟除以後，未來是有無限的可能的。）因

77　關於毛澤東思想在1957年以後的曖昧性、空洞性與任意性，請參閱 Benjamin I. Schwartz, "Thoughts on the Late Mao—Between Total Redemption and Utter Frustration," in Roderick Macfarquhar, Timothy Cheek, and Eugene Wu (eds.), *The Secret Speeches of Chairman Mao: From the Hundred Flowers to the Great Leap Forward* (Cambridge, MA: Harvard University Press, 1989), pp. 19–38。

此，它不惜使用任何（包括列寧式的、傳統中國法家統馭術的、秘密結社幫會性的、與農民暴動性的）政治手段，以動員輿論、組織群眾運動、鏟除異己，以及掀起帶有強烈宗教性的崇拜毛澤東運動，來謀求當下（in the here and now）實現它所想像的共產主義天堂。到了「文革」時期，毛澤東使用的政治手段則包括：以「紅衛兵」群眾運動來摧毀他認為背離了他的意志與理想的中國共產黨。在這個時候，毛澤東認為馬列主義與「毛澤東思想」中所謂共產主義理想與共產黨的歷史使命，落實在作為中國共產黨領袖的毛澤東本人的意志與理想上。於是，黨的領袖不只是黨的中心，而且是黨的本質。

毛式烏托邦主義與許多其他樣子的烏托邦主義，在性質與歷史含意上是非常不同的。許多其他樣子的烏托邦主義，正因為是烏托邦（理想過高的）主義，所以不知如何在當下落實。毛式烏托邦主義則是強悍的，認定自己是降臨人間的「救世主」式的，而政治性又極強的烏托邦主義——事實上，它是一種政治性宗教。既然救世主已經降臨在人間，所以它充滿了自信，自己以為**確知如何**當下落實它崇高的理想。「文革」期間，家家戶戶須設「寶書台」，上面供奉毛澤東石膏像與《毛主席語錄》或《毛澤東選集》，家庭成員早晚要在它前面靜默幾分鐘——所謂「早請示，晚匯報」，早上心中默念如何要在當天的心思與行為中服從毛主席的指示，晚上檢討當天的心思與行為是否符合或達成早上的決定。可見毛式政治性宗教，連宗教儀式也是不缺的。

事實上，毛式的烏托邦主義是強烈的現世宗教性與強烈的政治性彼此加強的封閉系統。它的現世宗教性依靠著它所發揮的強烈政治性，才能使人間（而非彼岸）變成樂土；它的政治性依靠著它的強烈的現世宗教性而變得正當化（legitimized）。一方面的強度，由另一方面的強度的增強而增強。換言之，它的現世宗教性愈強——愈想把人間變成共產主義的天堂——便愈自覺須運用政治手段（甚至到無所不用其極的程度）來使它的理想不致落空；而它愈使用政治手段，便愈需要以其現世宗教性的最終目的（建立人間的共產主義天堂）來證明它使用的政治手段是合理的、正當的。毛澤東的烏托邦主義，當他在政治上較為失意（如「大

躍進」失敗，他退居第二線）的時候，變得更為強烈（這樣使他更自認有充分的理由把權力奪回來）。他的烏托邦主義變得愈強烈，他便愈覺得運用非常手段（如發動「文化大革命」）把權力奪回來是心安理得的事。

帶著強烈現世宗教性的毛式烏托邦主義，[78] 以為只要使用它要使用的政治手段，再高的理想也可在當下使其實現，至少使其基本規模在當下實現。所以，它特別理直氣壯、倨傲、急迫與封閉。它的封閉性與拒斥任何不同意見的強悍性，可從「大躍進」時期毛澤東及其追隨者以否定常識與自然世界自然律的姿態，認定每畝穀物生產量可以遠遠超過植物學與農藝學基本規律所允許的可能數量來說明。（當時他們對於常識與毛早期的農村經驗，也是封閉與拒斥的。因為只要稍稍應用一點常識做判斷，就可簡易地看出所收到的農業產量龐大遽增的報告，是虛假不實的。）

根據以上論述，我們知道毛澤東在「文革」期間要毀黨但卻自認具有黨的本質的毛澤東本人，事實上自認是出現在人間的，新的全知、全能、全管的「上帝」。對信服、崇拜「紅太陽」的追隨者來說，他也確是如此。（然而，正如史華慈先生所說，「作為神的人，是眾神中最壞的神」。[79] 另外，也正如史先生所指出的，從客觀、史學的角度來看，從馬克思到列寧到毛澤東，是共產主義邏輯的解體過程。[80]）可是，由於毛澤東本人的性格深受上述毛式烏托邦主義的封閉系統以及中國農民暴動的幫會性與破壞性的影響，所以他同時又是一個無知、反知、亂管的「上帝」。在這樣的情況下，毛澤東與他所領導的中國共產黨給中國人民帶來的種種巨大的災難，並不是難以理解的。

78　毛澤東烏托邦主義的成因很多，其淵源之一是儒家傳統的烏托邦主義。請閱本書第一部份〈反思儒家傳統的烏托邦主義〉一文。

79　見普特南 (Hilary Putnam) 引述史華慈的話，林同奇訪問記錄：〈人、神、自然：憶老友本·史華慈——希·普特南教授訪談錄〉，《人文尋求錄》（北京：新星出版社，2006），頁 109。

80　Benjamin I. Schwartz, *Chinese Communism and the Rise of Mao* (Cambridge, MA: Harvard University Press, 1951); *Communism and China: Ideology in Flux* (Cambridge, MA: Harvard University Press, 1968).

　　然而，許多中國知識份子在中共尚未取得政權之前以及在它取得政權之後五六年，對其可能產生的破壞性格幾乎完全沒有警覺（當然也有少數的例外）。他們反而認為中共領導的革命是一個最能系統地、全盤地解決中國所面臨的各種問題的運動。

　　究竟是何以至此呢？激進化反傳統主義的民族主義起著重大的作用。自日本侵華以來，中共漸次成為民族主義認同與訴求的象徵，民族主義與激進化反傳統運動的匯合帶給中共極為強大的正當性資源（resources for legitimacy）。這兩股意識形態力量的匯合，促使人們企盼著一個能夠徹底摧毀舊傳統的阻礙，並聲稱能夠全盤地根本解決中國問題的中共革命運動獲得施展其抱負的機會。他們既然認為這樣的革命運動乃是中華民族復興的道路，當然他們就無法往他們主張的反面方向去思考問題了。

　　在結束本文之前，不妨做一概括性的總結。中共於1949年打倒了蔣介石，在蔣退到台灣時取得政權。這個經由內戰獲勝的軍事、政治革命，並非歷史過程的必然結果，因為其中有不少適然（contingent）與偶然的因素。不過，它之所以最後成功了，卻的確與許多歷史力量（historical forces）的交互作用有密切的關係。中國知識份子的主流從1920年代中期漸次向「左」移動，此一現象與五四式極端反傳統主義的風行與持續有關——那是一項許多中國知識份子認同與擁護中式馬列主義的主要背景因素（雖非唯一因素，堅持激進反傳統主義的人們也並不是都變成了中式馬列主義的信徒[81]）。從五四全盤化反傳統主義的背景

81　例如，胡適雖然在1920年代後期也曾一度對「蘇俄模式」所代表的社會主義表示欣賞，但他漸進改革的意願與他對他所了解的民主和自由的肯定，在其心思之中終究佔有較大的比重。他雖在五四全盤化反傳統運動的白熱階段以及後來的一些時段，也曾以一元化、整體觀的模式對傳統做過全盤化的攻擊，但他卻時常從他所投入的反傳統運動那裡鬆弛下來。他受這一強勢意識形態影響的方式，與他更熱中政治行動的同儕並不相同。不過，他的全盤化反傳統主義不但與其漸進改革的意願形成矛盾，而且也阻礙了他

出發，中國許多激進份子之所以信服與接受中式馬列主義，主要是因為，如前所述，如此激烈的反傳統主義造成了「意識形態的真空」。他們處在這樣的危機中，在心理上與思辨邏輯上，急迫地尋求——對於未來能夠提供確定的系統性政治導向與能夠對目前的一切問題提供整體性解答的——強勢意識形態。中式馬列主義滿足了他們的這一需要。[82] 當他們信服以後，從他們主觀上來看，中式馬列主義（與毛澤東思想）是一整套顛撲不破的「真理」。然而，從客觀的歷史角度來考察，他們之所以接受中式馬列主義（與毛澤東思想）是由於它們的自我聲稱，對於五四與五四後激進份子而言，比出現在當時的其他任何意識形態更具有強勢意識形態的功能而已。換句話說，五四全盤化反傳統主義所造成的「意識形態的真空」，為許多中國知識份子接受中式馬列主義提供了**結構的可能**。

　　證諸中共極權統治中國大陸六十多年的歷史紀錄，中式馬列主義與毛澤東思想所自我聲稱的各種解決中國問題的本領，大部份都落空了。

的思想的進展，使他無法建立理論上更有生機的改革主義。當然，正如文中所述，漸進改革預設著最低限度的政治、文化與社會秩序。這些先決條件在五四前後都不存在；所以，假若胡適的自由主義改革思想於理論上更有生機，在那樣的客觀環境中，也仍然極可能變得不甚相干。不過，那將使他的思想更具悲劇性，同時也為後人留下較為豐富的知識遺產。筆者關於胡適思想較詳盡的論述，見《危機》，第5章；〈兩種關於如何構成政治秩序的觀念——兼論容忍與自由〉、〈對於胡適、毛子水、與殷海光論「容忍與自由」的省察——兼論思想史中「理念型的分析」〉，收在拙著：《政治秩序與多元社會》，頁3–73；《轉化》，增訂版，頁117–166；以及本書第一部份所收〈心平氣和論胡適〉。關於胡適思想的內在問題深入的討論，請閱王遠義：〈惑在哪裡——新解胡適與李大釗「問題與主義」的論辯及其歷史意義〉，《台大歷史學報》，第50期（2012年12月），頁155–250。

82 從全盤化反傳統主義的背景出發，成為中式馬列主義信徒的人們，每個人個別、具體的心路歷程多有曲折，不是上述那一項背景因素所可概括，也不是本文的主題所在。筆者在這裡所做的，是應用韋伯式「理念型分析」（ideal-typical analysis）來說明，佔勢力的主流思潮之變遷與持續的歷史邏輯。

中共近年的經濟發展從表面上看，突飛猛進，但它留下來的嚴重的後遺症是否能夠獲得有效的解決，均在未知之數。它們不但未能交付給中國人民一個真正自由、平等、幸福的人間樂土，反而給中國人民帶來了極大的災難，給中國文化、社會、環境與生態帶來了巨大的破壞。

眾多志士為其犧牲的中國共產主義運動的結果，竟然落到這步田地：這是歷史的一大悲劇，也是歷史的一大諷刺。眾多愛國家、愛民族的中國知識份子，因受激進化反傳統主義與其他有關因素交互作用的影響所信服中式馬列主義的理想也落空了。然而，這樣歷史的結果幾乎是難以避免的，雖然並非絕對必然。因為五四全盤化反傳統運動是由許多重大的歷史力量激盪而成，那也是幾乎難以避免的。

本文試圖從甲午戰敗後，中國政治的變遷以及思想的變遷與持續的歷史辯證中進行考察，希望能夠提出可以成立的理解。

附錄一：為何傳統中國的政治秩序與文化－道德秩序基本上是一元的？

這與普遍王權（universal kingship）主張不但有權管轄世俗領域的事務，而且有權管轄精神領域的事務，以及在十九世紀深受西方文明衝擊之前，天子制度在中國傳統中從未動搖，有密切的關係。請參閱拙著 *The Crisis of Chinese Consciousness* 第二章。當然，從儒家思想的內部來說，也有「從道不從君」、「師尊於君、道尊則師尊」的信念與主張；所以，至少在形式上，有張灝教授所謂「權威二元化的意識」。[83] 然而，為什麼這樣與「政教合一」有潛在矛盾與衝突的「二元化的意識」，不能突破**作為理想**來講「內聖外王」是合理的認識，也未威脅到在**結構**上作為文

83　張灝：《幽暗意識與民主傳統》（台北：聯經，1989），頁36、48–49；《張灝自選集》（上海：上海教育出版社，2002），頁27、33。

化—道德中心象徵和政治中心象徵、秉承天命、體現「政教合一」的天子制度呢？既然「師尊於君」，那麼，不但作為信念「師」高於「君」，而且應有相應的制度實質地落實這個信念。否則，這一主張不只要變得形式化，而且可能陷堅信這一主張的「師」被「君」迫害的地步。更進一步地說，歷代直言極諫之士，實際上反映的是他們的忠君之念。他們看來信道甚篤、勇毅的舉措（他們甚至相信他們是代表「師」與「道」的尊嚴），實際上是重新肯定了天子制度——肯定到不顧身家性命地要維護它的地步！他們信的「道」，實際上是在支持「政教合一」的天子制度，希望使之更能落實而已。不過，歷史的真象則是，歷代多的是昏君與暴君。面對這一事實，有良心的儒者都一致認為勢不是王，（現實的）政統與道統有基本的分歧，朱子甚至認為「堯舜三王周公孔子所傳之道，未嘗一日得行於天地之間」。然而，這種在經驗層次上的認識，是否突破了被認為是人間最高理想的「政教合一」的信念了呢？是否導使傳統儒者去建設「政教分離」的制度了呢？答案卻是否定的。他們對在現實層面上的「政」「教」之分的認識，並未使他們覺得「內聖外王」的觀點有何缺陷。嚴格地說，現實層面的「政」，實際上只是勢或霸，不是政，所以只是勢（或霸）與教之分，並不是政與教之分。傳統儒者對於（現實的）政統與道統的基本分歧的認識，應該說是對於勢統（或霸統）與道統的基本分歧的認識。他們只是慨嘆理想之未能達成，並強調祀孔的禮儀與學校的重要，以及承擔道統的士君子應該持有的自高、自尊的重要性，以便抗禮現實的統治者，使儒家理想得以維持於不墜。但勢統（或霸統）與道統之分歧，並未導使他們懷疑做為理想的「內聖外王」的合理性，也未導使他們懷疑天子制度是可以落實「內聖外王」的理想制度。所以「政教合一」的信念與理想以及天子制度的正當性（legitimacy），在傳統中國從未動搖；在傳統歷史的脈絡與資源限制之內，也不可能動搖。歷代有良心的儒者為了實現這個理想，消極方面要批評時政，指出勢（或霸）不是王；積極方面要**再肯定**做為理想的「聖王」觀念的合理性與崇高性，以及天命與天子制度的正當性。換句話說，正因為對於中國道統與勢統（或霸統）之分的認識，只是理想與現實並不相符的認識，這樣的

認識並未使傳統儒者覺得「政教合一」的理想本身是虛幻的（之所以如此，當然還有政治、社會、經濟與其互動的原因）；所以，理想與現實不相符的認識並未導致傳統儒者思考新的選項（option）。「政教合一」的理想的合理性，與做為文化—道德中心象徵與政治中心象徵、秉承「天命」、在結構上體現「政教合一」的天子制度，在傳統中國從未動搖，縱使佔據皇位的人常被大儒斥為霸。因為絕大多數的傳統儒者，對於《論語》所謂「天下有道，則禮樂征伐自天子出」（《論語》〈季氏〉）是深信不疑的；他們認為基於「天命」觀的政教合一的天子制度是正當的，因為它的理想的確在人間實現過。過去二帝三王（堯、舜、夏禹、商湯、周文武王）的時代，人間領袖曾落實人性至其極致而成為聖王，將來的人間領袖當然也可落實人性至其極致而成為聖王。

張灝近年來借用 Eric Voegelin「宇宙神話」的觀念來說明天子制度的神聖性，提供了一個很有用的視角來看這個問題，「所謂『宇宙神話』是指相信人世的秩序是植基於神靈世界和宇宙秩序的一種思想。這種神話相信宇宙秩序是神聖不可變的。因此也相信人世秩序的基本制度也是不可變的」。[84] 在「位」的天子是神聖的宇宙秩序與人間秩序的橋樑（所以天子制度一方面屬於宇宙秩序，另一方面屬於人間秩序）。天子以單獨屬於他的責任與特權的祭天之禮，以及他與其臣下每月的衣食住行和其他生活細節，透過「明堂」的安排，與宇宙秩序保持和諧（《禮記》〈月令〉、〈明堂位〉）。儒家思想揉雜了陰陽五行學說以後，天子之「位」乃是人間秩序的中心與最高點的觀念——由於人間秩序更系統地被納入永恆的宇宙秩序之內——變得更為堅固。

尤有進者，儒家思想傳統中的一些大儒們，雖從經驗層次上看到了天子制度被霸、勢與世襲制所濫用或冒名頂替的問題；但，他們「內向超越」的宇宙本體論，因為「超越」是「內向、內在」的，自然無法提供導源於外在的超越世界，一個超乎內在的神聖資源，來向天子制度挑

84　張灝：《幽暗意識與民主傳統》，頁39；《張灝自選集》，頁28。

戰。他們所能做的，是盡量使在「位」的天子道德化，希望用教育、進諫、勸說、實例感召等辦法，使在「位」的天子變成一個真正像樣的天子，一個真正的道德領袖。職是之故，儒學傳統中所謂「師尊於君、道尊則師尊」的信念，無法直接向作為制度的天子制度挑戰，並對其造成威脅。抱持此一信念的人只是希望做「帝師」（所謂「致君於堯舜」），運用教育、道德影響力來把在「位」的天子真的變成「聖王」，以便由他帶領人類獲得「解救」（salvation）（因為，根據儒學傳統的歷史記憶，堯舜與「三代」的聖王曾經的確領導人間達到治世之極致，解救了人間的苦難）。

從上述略論「師尊於君、道尊則師尊」的含意來考察，張灝所謂「權威二元化的意識」，至少從政治思想來看，稍顯形式化。因為就其本身的意義及所根據的資源來說，這一信念所代表的權威與天子的權威並不在一個層次上，它是第二序位的。它的權威是：它有「權威」來教育與影響在「位」的天子，但這樣的權威並不含有多少張先生所謂「獨立於天子和社會秩序的內在權威」。[85] 儒者所具有的道德與教育權威不包括把天子或太子教育成為反對天子制度，設法建立一個比天子制度更好的制度的權威。「師」與「道」的權威，基本上（雖然不是全部）是在天子制度與中國社會結構之內用良心來維持天子制度，換言之，是為天子制度服務的。

明代大儒黃宗羲在《明夷待訪錄》中，對君主專制的批評是沉痛無比的；但他的正面建議卻仍然是：重建天子制度。他所謂「有治法而後有治人」是指：德治需要制度化，並強調它的優先性。他認為德治制度化是使德治真正能夠發揮作用的前提。這裡的「法」是法度的意思，是指遠古聖王為教民、養民所建立的制度，包括防天下百姓之淫的婚姻之禮，以及教民的教育制度等等，與西方法治（the rule of law）中的法並不類似（這倒並不使人覺得奇怪，反而毋寧是可以理解的）。黃氏的政治

---

85 張灝：《幽暗意識與民主傳統》，頁37；《張灝自選集》，頁27。

思想只達到了傳統思想發展的極限，不能再往前發展。此一實例，更清楚地顯示了傳統政治思想的特質與限制。

另外，傳統的教育制度與科舉制度的最大功能之一在於維持天子制度，自不在話下。即使書院制度，其獨立性也極其有限。道家隱逸之士，有時表現了一些抗議精神。但，他們離開了政治領域，在未能提出新的選項的情況下，也等於客觀上默認了現存的制度，雖然主觀上他們是不願承認的。法家當然是處心積慮地要為君主服務。佛教要離開這個世界，但在與這個世界發生牽連的時候，他們是承認這個世界的天子制度的，有時寺院甚至成為官僚系統的一部份。民間相信千禧年式的宗教，在政治思想上並未提供新的選項。受其鼓舞的農民反叛（或起義）多接受與內化儒家正統政治正當性的觀念。他們如果成功，也不過仍然藉「天命」的口號，建立一個新的朝代而已。所以，從教育制度與非儒家的文化、思想資源來看，統合中國政治秩序與文化─道德秩序的「普遍王權」，在傳統時代從未遭受到顛覆性的挑戰。

西方「政教分離」的二元現象與中國「政教合一」的一元現象，可由極端的例子予以尖銳地說明：因為沒有教士（祭司）階級，連「封禪」那樣的大事，到了漢武帝時代都「莫知其禮儀」（《史記‧封禪書》）了；所以，與其說那是宗教上的大事，不如說那是廣義的政治行為。在西方，即使君主（如英國的亨利第八）把自己變成教會的首腦，並頒訂宗教儀式、發行祈禱書等，但作為凡俗世界一份子的君主，卻不能行使神職人員的功能（如主持聖儀；祭天則是單獨屬於中國天子的責任與特權），同時他也要在具體形式之內接受神職人員的教誡。之所以如此，是因為神職人員代表「外在超越」的上帝，終究不是俗世的君主所可僭越的。

綜上所述，雖然歷代在「位」的天子，很少自稱「聖王」（他們接受的儒學教育，至少表面上會使他們謙遜一點；不過，這樣的「謙遜」從未導使他們減少一點，他們與他們所主宰的政府，至少從權原上來說，既包括「政」也包括「教」的管轄權），在下的大儒心中很少會認為當今「皇上」當作是真的「聖王」（一般俗儒另當別論），「內聖外王」終極地說，只是一個唐吉訶德式的理想，從史實中也可舉出種種實例來說「政」、

「教」並未完全「合一」。然而根據以上的論述，我們有足夠的理由來說：
從分析與結構的觀點來看，傳統中國的政治秩序與文化—道德秩序，
基本上是由天子制度統合在一起的，是一元的。

附錄二：意識形態的定義

什麼是意識形態？在許多人泛用這個名詞，其意義變得過於鬆散、
模糊，重新界定它的中心意義是有其必要的。「意識形態」原是日文中
對ideology的漢譯。像其他一些術語一樣，最初是從日文引進到中文世
界裡來的。（筆者過去一向合音譯與意譯為一，譯成「意締牢結」，用以
指謂五四以來在中國流行的強勢意識形態，希望這樣能使讀者避免對
「意識形態」產生望文生義的附會。）意識形態的涵義各家說法不一；然
而，作為一個分析範疇來看，它是有用的，所以無法棄之不用。

現在一些人在使用這個名詞的時候，它的貶義已不如以前那樣強
烈，不過仍含有弱性的貶義。另外一些人，則完全把它視為中性名詞，
尤其在論及溫和的或弱勢的意識形態的時候。從他們的觀點來看，至少
溫和的意識形態的作用是任何現代社會所無法避免的。所以，問題不在
於意識形態的有無，而在於人類政治與社會生活中，什麼樣的意識形態
最可能促進幸福與／或合理的生活，什麼樣的意識形態已經帶來或將要
帶來災難。

對於意識形態的意義，社會學家席爾斯的界定最為精審與完整。[86]
不過，他的思緒相當複雜，我在這裡為了本文的需要，只能做簡要的引
介，並根據他的意思加以推演。意識形態是對人和社會，及與人和社會
有關的宇宙的、認知的與道德的信念的**通盤**形態。它與「看法」或「教義」
不同。不過，這些不同往往是**程度**的不同。意識形態與看法、教義之

86　Edward Shils, *The Constitution of Society* (Chicago: University of Chicago Press,
　　1982), pp. 202–223.

不同既然是**程度**上的不同，那麼，意識形態本身也可根據其系統性、封閉性與依賴「奇里斯瑪」(charismatic) 型人物的領導的程度而區分為弱勢 (溫和) 的與強勢的意識形態。意識形態的特色是：它對與它有關的各種事務都有高度而明顯的「系統性」意見 (此處「系統性」並不必蘊涵「正確性」，強勢意識形態的系統性則是僵化的系統性)，它往往要把系統中的其他成分統合於一個或幾個顯著的價值 (如平等、解救、種族純粹性等) 之下。就這樣，意識形態的強弱往往呈現在對外界封閉程度的強弱，極強的意識形態則對外界採取完全排斥的態度。從內部來看，強勢意識形態一方面拒絕自我革新，另一方面則要求追隨者絕對服從，並使追隨者覺得絕對服從是具有道德情操的表現。意識形態的形成與傳播則要靠「奇里斯瑪」型人物的出現與領導。

自從十八世紀啟蒙運動與工業革命以來，人們從原先聽天由命的心態轉而認為世界的命運可運用人類自身的力量加以改進，各式各樣的意識形態 (即各式各樣的主義) 遂蓬勃地崛起。因為任何一個要求進步——尤其是一個要以革命為進步手段——的運動 (此處「革命」二字，不是僅指政治革命而言)，必須具有凝聚群眾的力量，而由「奇里斯瑪」型人物倡導的強勢意識形態，由於它的系統性、連貫性、封閉性與道德情操的訴求，所以能賦予人們確定的方向以及據以奮鬥成功以後美好的遠景，於是自然是凝聚群眾所不可或缺的了。但，強勢意識形態有高度的自我封閉性 (越強的意識形態，其自我封閉性越高)，它往往與現代知識隔絕，甚至與常識隔絕。因此受到強度特高的意識形態支持的革命，便往往犯了重大的錯誤，帶來了重大的災難。這是為了促使進步而形成的意識形態所產生的弔詭 (paradox)。

人類學家紀爾茲正確地指出，當一個社會產生了社會與政治危機，加上文化因迷失方向而產生了文化危機的時候，那是最需要意識形態的時候。[87] 自辛亥革命後，具有統合傳統政治、社會與文化—道德秩序作

87　見 Clifford Geertz, *The Interpretation of Cultures* (New York: Basic Books, 1973), pp. 193–233, esp. pp. 215–220。

用的「普遍王權」完全崩潰了(事實上,「普遍王權」的關鍵性支柱之一──統合傳統政治、社會與文化─道德秩序的科舉制度──在1905年已經廢除)。中國陷入政治、社會與文化─道德秩序三重危機之中。這樣的客觀歷史情況,是各式各樣意識形態興起的溫床。在它們相互衝突的過程中,極強的意識形態相當簡易地壓倒了其他一切較為溫和的意識形態。

另有一點需略作說明:根據席爾斯的定義,自由主義是不是意識形態呢?自由主義的一些方面不可稱謂意識形態;但另外一些方面,則可稱謂是溫和(弱性)的意識形態。首先,不是任何一個意識形態都必然導致災難性的結局,各種式樣的自由主義均以堅持人權來肯定個人為一不可化約的價值。這樣維護人的尊嚴的方式,是康德的道德哲學所認定的。其在西方以法治予以落實的辦法,在思想上則可追溯到中世紀後期一些神學家們對於財產權的解釋,以及十七世紀國際法之父哥老秀斯(Hugo Grotius, 1583–1645)從法理學的觀點來解釋人的自由為「無法出讓的財產」(inalienable property),故必須獲得法律的保障。[88] 在制度上,法治之下的人權之所以獲得相當大程度的落實的成績,則是西方歷史演化的結果。

各種式樣的自由主義均以堅持人權的保障來肯定人的尊嚴。這是它們共同接受的自由哲學的結論之一。而人權必須在法治之下落實的觀點,則是西方歷史積累的結果之一(當然,西方歷史之中也有強大的反自由、反人權的逆流)。職是之故,各種式樣的自由主義所共同堅持的人權與法治的觀點,不可稱謂意識形態。然而,各種式樣的自由主義,就其對經濟生活提供系統性導向,以及就其對政治生活提供系統地整合出來的行動方案而言,自然也可稱謂是一大類別的意識形態。

不過,各種式樣的自由主義多是溫和的、弱勢的意識形態。因為它們對於經驗世界以及與它們不同的思想,展開著相當程度的開放性。

88　參見 Richard Tuck, *Natural Rights Theories: Their Origin and Development* (Cambridge: Cambridge University Press, 1979)。

所以，它們可能從試誤過程（process of trial and error）及與它們不同的思想中，汲取教訓與啟發。

2013年11月修訂文稿收入林毓生主編：《公民社會基本觀念》，下卷（台北：中央研究院人文社會科學研究中心政治思想研究專題中心，2014），頁785–863。現為2017年6月之重校稿。

反思儒家傳統的烏托邦主義[1]

本文的出發點

(1) 儒家傳統中的不少觀念，包括家庭倫理（父慈、子孝、兄友、弟恭）、社群甚至社會中人們彼此相處之道（「己所不欲，勿施於人」），人生（尤其是知識份子的人生）企向的遠大與堅定（「士不可以不弘毅，任重而道遠。仁以為己任，不亦重乎？死而後已，不亦遠乎？」；「三軍可奪帥也，匹夫不可奪志也」），以及生命的安頓（「居易以俟命」）等等，仍然在現代生活中以及個人積極自由所需要的道德鍛煉方面有其重大的意義。

(2) 不過，儒家傳統的政治思想是貧弱的，主要是由於它對權力運作的各種問題理解得不夠深刻，像艾克頓勛爵所說的「權力趨向腐化，絕對的權力絕對地腐化」，儒家傳統中的思想家們是說不出來的。他們從來沒有想到要把權力分化（分隔），使彼此相互制衡。他們反而認為權力要集中，「定於一」。本文就是要談談儒家傳統政治思想方面的問

1 原載於《北京大學華人哲學家會議論文集》（北京大學哲學系，2012），頁9–14。本書收錄數次修訂後的版本，最近一次完成於2015年5月1日。對於北大哲學系的邀請及各項安排，使本人得以欣然赴會，謹此致謝。

題。這是一個十分複雜的問題。我在有限的時間之內，只能對這方面的幾個重點，作一些分析與說明，不求整全。

兩種理想的區分

（1）一定程度之內可以在人間落實的理想；

（2）虛幻的、不可能在人間落實的——所以，是不合理的——理想（烏托邦主義所指謂的理想）。

若是不做以上的區分，在某些歷史條件下與其他因素互動以後，人們不但可能而且極易把不可能實現的目的當作可以實現的目的，為其奮鬥，為其犧牲——甚至產生目的越偉大，越有為其奮鬥的幹勁、為其犧牲的精神。這種現象，在思想上，是把焦點放錯了地方——可稱之謂**焦點錯置**——的結果。一切終將徒勞的努力與犧牲，是不應該為其進行的；歷史證明，在一些情境中，政治、經濟、社會、文化與思想上的理想的焦點錯置，其後果是極為嚴重的。

在中文語境中，有人會說：「求其上，得其中」、「取乎其上，得乎其中」，目標不妨崇高，即使達不到，只要達到一半也是好的。問題是：是否任何目標，無論多麼崇高，即使達不到，總可達到一半？事實上，有些崇高目標不但注定達不到一半，甚至根本一點達不到，而且能夠在一些歷史條件下，掀起為其奮鬥的激情。這種激情如果變成全民參與的運動的話，其災難性的後果是難以避免的。二十世紀英國思想家伯林說得好：「如果一個人決心要做一個十全十美的蛋餅，他不會在乎打破多少雞蛋！」[2]

2　Isaiah Berlin, *The Proper Study of Mankind: An Anthology of Essays*, ed. Henry Hardy and Roger Hausheer (New York: Farrar, Straus and Giroux, 1998), "The Pursuit of the Ideal," pp. 1–16, esp. p. 13.

　　「求其上，得其中」、「取乎其上，得乎其中」，這種「常識性」的看法，無法改變儒家傳統影響下的政治思想——極端好高騖遠，希望聖王再起，帶來至高無上、圓滿的人間治世的思考方向。問題的關鍵在於取法乎上的「上」是哪一種「上」？到頭來，人間的理想確實需要加以區分。人們應為一定程度之內可以落實的理想奮鬥，在這個脈絡中「求其上，得其中」、「取乎其上，得乎其中」才有正面意義。如果目標崇高到根本達不到，如仍要為其奮鬥、為其犧牲的話，其結果常是災難性的。[3]（至於如何弄清楚，在一定程度之內，什麼才是可在人間落實的理想？這是另一複雜的問題，只得另論。我在這裡只想說：往這務實方面的努力所需做的工作之一是：汲取蘇格蘭啟蒙運動及其二十世紀的發展所提供的資源。）

為什麼在儒家傳統影響下，人們不容易對理想進行區分（因此，常把不可能實現的[烏托邦式的]偉大理想當作可以實現的理想）？

（1）聖王之治是「歷史事實」——兼論「聖王」理念的兩個來源

　　儒家傳統一向認為聖王之治（堯、舜、夏禹、商湯、周文、武王——所謂「二帝三王」或「堯舜與三代」）是在歷史的時、空之中已經完全具體實現的**「歷史事實」**。然而，堯舜禹湯屬於傳說時代。[4] 周文、

3　「大躍進」與「無產階級文化大革命」是現代世界史上兩個烏托邦主義帶來巨大災難的顯例。「文革」的成因非常複雜，其中政治鬥爭佔著一個很大的比重。不過，我不贊成把「文革」完全說成是政治鬥爭。這種極端政治化約主義式的解釋，把複雜的、許多因素互動的歷史，看得太簡單了。

4　徐旭生：《中國古史的傳說時代》（桂林：廣西師範大學出版社，2003），頁4：「傳說時代的範圍，上限未能定，下限暫定於商朝的盤庚遷殷以前。」傳說中的堯舜禹湯可能實有所指；不過，其與實際情況不可能是一回事。另見該書第5章討論「五帝起源說」，頁230–252。

武王距離孔子已五百餘年，孔子刪詩書，於人文理性化的過程中，難免滲入道德的想像。儒家傳統以溯源的方式來肯定它的主張的傾向，可能從孔子（甚至周公）已經開始。在後來儒者的心靈中，此種傾向變得更為強烈，常常把他們想像的、認同與讚賞的，追溯為遠古聖人的主張以及在他們的領導下人間的現象。[5]

聖王之所以能夠成為聖王，乃是由於他們能夠發展其人性中的良知、良能至其極致的緣故。未來的人，其中頂尖的優秀者，當然也有可能發展他的人性中的良知、良能至其極致而成為聖王。這是從儒家傳統人文理性化的觀點來說。

對於聖王的信仰也有其超自然、神秘性的淵源。「聖」在甲骨文中從「耳」，指的是聲入心通上帝的意旨。甲骨卜辭中經常出現「王占曰：『……』」，這顯示殷王同時是大巫師，[6]其權威與權力的來源可能來自他通達上帝意旨的特殊地位與能力。此乃中華文明遠古「政教合一」的原型。其神秘性與神聖性在儒家人文理性化的「內向超越」的籠罩下，變為隱含的背景（或暗流）。由於這種不明說的認定與肯定，「聖」被認為具有特殊與上帝溝通的管道並得到上帝特殊的賜助，它支持著儒家傳統

5　人文理性下「內向超越」的人性論與原初超凡的、聖王神秘性理解（詳下），兩者匯和以後，像是一個大口袋。歷代儒者便把他們所想像的、希望得到的「聖王之治」的內容均放入其中，「聖王之治」遂變成了一個無所不包的、美好的極致範疇。例如，《孟子‧離婁上》：「聖人，人倫之至也」；《荀子‧禮論》：「聖人者，道之極也」；《大戴禮記‧哀公問五義》：「所謂聖人者，知通呼大道，應變而不窮，能測萬物之情性也」；《河南程氏遺書第十一‧明道先生語》：「如鳳凰來儀，百獸率舞之事，三代以降無此也」，「三代之治順性者也」（根據程朱理學的看法，「性」即理；所以「三代之治」，天理流行）。

6　「聖」右上角的「口」，有人解釋為嘴口的口。此點，甲骨文學者們頗有爭論。此處暫存不論。本文關於「聖」的說明曾參考窪田忍：〈中國哲學思想史上的「聖」的起源〉，《學人》，第1輯（江蘇文藝出版社，1991），頁209–253。關於甲骨文中巫與王的合一以及「天人合一」的起源，參見余英時與張光直兩先生的有關論述。

「大德者必受命」的信心。同時，它支援著聖王於遠古時代，以其超凡的能力帶領人間臻於治世之極致的「歷史認識」，以及面對未來，聖王再起，將要發揮相同的領導能力的信仰。

然而，凡是人都是有限的，不可能十全十美。所以，聖王的理想是虛幻的、不可能實現的。儒家正統裡的人，卻不可能接受這一看法。因為聖王之治，終極地說，乃是儒家傳統中牢不可破的宗教性信仰；信教的人之所以信其所信，乃是由於他們認為他們的信仰完全符合過去、現在與將來（要發生的）事實之故。

(2) 人的宗教的興起：接合「聖」與「王」的政教合一的理想 在中國傳統中根深蒂固的根本原因

作為聖王的政教合一的極致已經落實於遠古人間的觀念，之所以如此穩固，究極地說，是因為它是中華文明自己發展出來的，不但是政治的最高理想，而且也是一種人的宗教。

人的宗教是指：對於聖王與聖人的崇拜。不過，儒家傳統的古代文獻中顯示「天」是神聖之源，人性參與天道，與「天」有其內在或內傾的有機式聯繫，所以可以上通天道。然而，把人性中的良知、良能發展至其極致的聖王與聖人不是「天」。他和他的良知、良能的神聖性，終極地說，是從「天」那裡來的，是第二序位的。古代文獻中，偶而有把「天」推向更高的超越境界的話，如《中庸》：「肫肫其仁，淵淵其淵，浩浩其天。」可是，中華文化的基本精神與猶太教、基督教先知傳統所發展出來的一神教的文化傾向是極為不同的，也沒有維護一神教的教會組織與教士階層。人性本身的神聖成分，雖然在邏輯上、形上學上是第二序位的，這種意識在多神教與「內向超越」的背景下，並未阻止對於聖王與聖人崇拜的興起，以及漢代以來政教合一的制度下，對其崇拜的宗教儀式的發展與鞏固。

這種對於人性不假外求，其良知、良能可以上通天道的觀念，在中華傳統文明結構（秩序）已經解體，因此它本身的內在節制性也隨之解體的情況下，反而發揮著更大的感染力。（中華傳統文明的結構［秩序］

解體以後，其中有的成分死滅了，另外，有的成分在離開傳統結構的纏繫以後，變成了游離份子，可能與新的、非傳統的成分產生結合。在這種新的結合中，來自傳統的成分與外來的、新的成分可能相互加強而發生更大的力量。）當毛澤東為其烏托邦式的目的找尋強大資源，以便動員群眾參與建設「共產主義天堂」的時候，傳統人性中的良知、良能本來只能由極少數的聖王、聖人發揮至其極致，因而可以完全而徹底地上通天道的觀念，便簡易而粗糙地滑落成為對於全民的崇拜。《孟子》所載：曹交問曰：「人皆可以為（經過努力成為／做到）堯舜：有諸？」孟子曰：「然。」在毛澤東筆下，於1958年7月「大躍進」熱烈推動期間，便變成「六億神州盡（都是）舜堯」了！既然中國人在毛的領導下，都已經是堯舜了，「共產主義天堂」當然可以用跑步的方式，快速地達到。（然而，正如史華慈先生所說：「作為神的人，是眾神中最壞的神。」[7]）

其他許多宗教傳統，當然也有天堂的觀念，但「天堂」的實現需要具有超越力量的「神」的帶領。人間苦難獲得「解救」（salvation），達到「彼岸」，不是各方面有限的人類自身的努力可以完成的。

另外，由於「解救」是未來的事情，信仰者在其意識的底層難免有「懷疑」的時候（許多信仰者，包括德蘭修女等的自述多有記載），需要運用各種方法來克服。傳統儒者對於「聖王神話」的信仰，是無所懷疑的；除了他們相信那是「歷史事實」所起的重大作用以外，聖王的信仰對於傳統中國人而言，涉及人類是否終將獲得「解救」[8]的最高關懷（因

7　見普特南（Hilary Putnam）引述史華慈（Benjamin I. Schwartz）的話，林同奇訪問記錄：〈人、神、自然：憶老友本・史華慈——希・普特南教授訪談錄〉，林同奇：《人文尋求錄》（北京：新星出版社，2006），頁109。

8　從「外在超越」的觀點來看，使用「解救」來形容「聖王之治」，並不很合適。因為西方的上帝是宇宙之外的神聖力量，他可以帶領信徒超越「有限」達到「無限」（包括「突破」有限的生命而獲得「永生」等等）。然而，中國的「內向超越」也有其「超越」。正如自然界有量變成為質變的現象。聖王發展人性的「量」至其極致以後，也可成為「質」變；超越（突破）人間恆常的不公、不義的層次而達到人間天理流行、一片潔淨的層次，何況這樣的「超越」也

為聖王之治時，天下有道，天理流行，人間的不公、不義均要得到解決），其重要性可說是無以復加的。在傳統中國的文化環境中，放棄了它，等於放棄了對人間的不公與災難是否終將獲得「解救」的希望！因此，除非另有宗教取代儒學在中國傳統的主流地位，對於「聖王」及其「再起」的信仰之所以牢不可破，是可以理解的。

(3) 為什麼對於「聖王之治」的崇拜帶給「家天下」朝代制度下的儒家政治思想，是一個解不開的死結？

秦漢以來一直到1911年，二千餘年來的傳統中國政治制度，是「馬上得天下」、外儒內法的世襲「家天下」專制制度。建立新王朝的君主，絕大多數是以軍事暴力征服敵手，獲得至高無上的軍事與政治權力以後，自我聲稱（或近臣代他說）自己是「以德受命」的「天子」。「家天下」的統治者，以保持自己及其家族利益為第一優先。這樣的統治者，怎麼能把他講成「以德受命」、以大公無私的心態實行德治了呢？「天命」的說法，其政治宣傳的含義不言而喻。（朝代制度所自我聲稱的天命觀是 *ipso facto* 論證。根據「馬上得〔了〕天下」那個事實，來說自己是「以德受命」的「真命天子」，在邏輯上是不能成立的。）

事實上，傳統的大儒如朱熹、王陽明、黃宗羲等，對於如此明顯的矛盾，當然是理解的，不但理解而且理解得很沉痛。所以他們說，「三代」以後自稱實行「王道」的「天子」，事實上是「霸」，不是真正以德受命的「王」。朱熹甚至說：「堯舜三王周公孔子所傳之道，未嘗一日得行於天地之間。」面對明代君主更加殘酷的暴行與任意性，黃宗羲對於「家天下」統治的種種，理解得更為透徹，說得也更為直接。他說：後世的「天子制度」，實際上是「以我之大私為天下之大公」。

有「聖王」的「聖」的成分神秘性的淵源。所以我們可以用「解救」來形容對於聖王的信仰。

　　既然如此，為什麼這些大儒們，從來就沒有直面一個真正應該面對的根本問題：秦漢以來的「家天下」朝代制度既然如此不堪——如此不適合落實他們朝夕懸念的仁政理想，為何他們不去思考一個替代品？這是一個至為複雜、重大的問題。今天無法詳論。我只能極為簡略地交代一下我目前的思考梗概。

　　首先，有人會說傳統中國沒有言論自由的法治保障。恐懼迫害，也許是阻止士君子思考天子制度「替代品」的背景因素。對於一般儒者，這當然是極為可能的原因之一。然而，歷史記載，特立獨行的志士仁人為了理想無畏犧牲的例子太多了；何況，他們還可把犯忌的著作藏諸名山，以俟來者。所以，制度上與思想背景上的限制，大概起著更為關鍵的作用。任何人進行思考的時候，均需參考一些東西來思考，而不能憑空思考。中國的政治制度自從新石器時代一直到1911年，都多少與「家」及其衍生物有瓜葛，從來沒有像古希臘那樣，突破「家」的模型及其衍生物而進入（與「家」及其衍生物沒有瓜葛的）亞里斯多德所謂，作為「邦國」（the state）的城邦政治。另外，傳統儒者受到了三項堅不可破的思想限制：(1) 儒家傳統「內向超越」的限制；(2) 循環史觀的限制；(3) 宇宙運會觀的限制。

　　儒家傳統「內向超越」的超越性不夠。它只能使人看到理想與現實的矛盾；因為它的超越是內向的，只能反求諸己，使用它所界定的人的內在精神與思想資源，努力達到傳統所界定的理想，而不能提供一個更具超越性的「槓桿」來轉化理想本身。[9]

　　傳統的理想，則是合「政」「教」合一的聖君賢相的人治之極致。在儒家傳統中，「內向超越」的理念於思孟學派中發展得較為完整。思孟學派對於「內向超越」的解釋到了宋代理學興起以後，才成為儒家思想傳統中的主流。從思孟學派的觀點來看，「天道」是超越的、無限的，儒家對此當然並非不知，孟子所謂「盡心、知性、知天」並非指謂對於

9　「槓桿」的比喻最初是 S. N. Eisenstadt 教授提出來的。

超越的天道完全的掌握。然而，儒家「內向超越」的觀念，使人與宇宙有機地融合在一起 —— 人性參與永恆與超越的天道，因此天道可在「盡性」中由「心」契悟與體會。換言之，「超越」可經由**內向**的途徑由「心」來接觸與理解，進而體現之。「內向超越」的觀念導致人與「超越」銜接與溝通的特殊方式：不假外求，直接訴諸生命中人性的實踐。「道心」不是由「啟示」得來，它是從「盡性」與「踐仁」的實際生命過程中，由「人心」內省、體會與契悟而得。

深受這樣的「內向超越」形塑的中國文化，其影響可分兩方面來談。在個人做人（或稱謂：不涉及政治的「私人領域」）方面，深受中國文化薰陶的人，自然對於生命本身的活動有著誠敬的執著。這是建立在生命及其歷程自有其意義的信念之上，而這樣的信念是源自人與宇宙並未分離為二 —— 人的生命與宇宙永恆的生命乃是「有機地」整合在一起的體認。宇宙既然是意義之源，人的生命及其歷程本身也蘊涵著深厚的意義。所以，生命歷程的各個階段都有其莊嚴的意義在，自當珍惜。體現這樣純正中國文化成分的人，待人以誠，有情有義。[10]

但在涉及政治的「公領域」方面，中國文化本身所能提供的資源是相當貧瘠的。從儒家傳統的思想背景來考察儒者如何面對「家天下」的君主自稱是「以德受命」的「天子」的問題，便可清楚地看到「內向超越」的限制。儒者們雖然知道由「馬上得天下」、世襲的君主不是真命天子；但在他們的「內向超越」觀無法提供一個超乎現世的槓桿來思考現有的世襲朝代制度的替代品的條件下，他們卻有充沛的資源來強調教育與道德勸說的功能。「家天下」的統治者當然也是人，凡是人均可經由教育使其自覺人性的資源與光輝。如此，君主的氣質變化了，他由他

10　這幾句話原是我為董永良《回首學算路》（台北：商務，2007）寫的序文中的話（頁 viii–ix）（編按：此文業已收入本書第四部份）。感謝嚴搏非先生的提醒，他認為這幾句話也應保存在我自己的著作中，藉以更直接表達出來，我對儒家傳統的理解與評價是多元的，有批判，也有肯定 —— 那要看涉及到哪一方面。

的人性的自覺，契悟天道，自然要努力去做以「天下為公」為出發點的
聖君。

在「家天下」的專制制度下，「內向超越」賦予儒臣極大的希望與信
心，使他們覺得只要能成為帝師，「致君於堯舜」的方案是可行的、早
晚能夠成功的。既然如此，他們當然不會往另外一個方向，去探索現有
制度的替代品了。

然而，事實上，儒臣作帝師的決定權不在儒臣手上。君主與儒臣的
地位是不對稱的。即使有幸有機會做了帝師，能做多少也是由握有權力
主體（主權）的君主來決定。這種從「內向超越」衍生出來的辦法，無論就
思想內容本身或歷史具體的事例來看，都明確顯示著唐吉訶德的性格。
面對如此局面，較為「硬心腸」的儒者如黃宗羲，卻也仍然未能往探索取
代「家天下」替代品的方向去思考。在中國傳統文化結構（秩序）尚未解體
之前，他似乎也只能如此。梨洲先生對於「家天下」專制的災害的反思，
淋漓盡致；而他正面所提出的解決問題的辦法，卻只能發展孟子「民貴君
輕」思想至其極致而已。他在《明夷待訪錄》〈原君〉、〈原臣〉、〈原法〉、
〈置相〉、〈學校〉等篇所說的「君臣分治天下」、「君臣共曳木之人」、抨擊
明朝廢宰相一事、主張置相與天子共議政事，以及建立學校為輿論中心
對政事發揮壓力等等，這些和傳統儒者一樣，只是說說應該如此而已。
因為沒有主權在民的觀念，對於**如何**才能落實他的建議，也仍然是沒有
答案的。至於「有治法而後有治人」中的「法」，指的是「法度」的意思。這
與西方自希伯來、希臘、羅馬、經過中古演變至今的 the rule of law（法治）
的觀念，是根本不同的。在中文世界裡，有的學者把梨洲先生的政治思
想稱作是早期的中國民主思想。那種說法是有問題的。如前所述，黃氏
思想中，既然沒有主權在民（popular sovereignty）的觀念，很難把它說成是
民主思想，雖然那是極強的民本思想。（「主權在民」的觀念，必須與其
他條件配合，才能成為民主思想的基石。霍布斯的「主權在民」觀念，卻
讓渡給作為專制統治者的君主，以便脫離「每個人與每個人戰爭」的「自
然狀態」。洛克的「自然狀態」不像霍布斯的那樣恐怖，而且他信奉基督
教，他的「主權在民」觀念，則成為他的法治之下民主思想的基石。）

　　梨洲先生最終的希望，與傳統儒者沒有太大的不同。他雖然在《明夷待訪錄》寫完了以後，於〈題辭〉中察覺到，孟子所謂天下「一治一亂」、「五百年必有王者興」是與歷史事實不符的，因為「三代」以下，只有「亂」而無「治」。這樣的觀察，本來是可以促使他重新考慮歷史循環論的可信性的；然而，他的宇宙運會觀卻把他從動搖的歷史循環論中「挽救」回來：「乃觀胡翰所謂十二運者，起周敬王甲子以至於今，皆在一亂之運；向後二十年交入『大壯』，始得一治，則三代之盛猶未絕望也。」

　　書中，他的建都金陵、重定天下之賦，以及反對把金銀當作貨幣交易等等實際上的改革建議，也均希望「有王者起」、「後之聖王」出，以便使之落實。

　　總之，傳統儒者仍然在「內向超越」、宇宙運會觀與歷史循環論[11]相互加強的惡性循環中起伏，他們持續相信「解救」人間不公、不義的聖王終將再起，其精力也就浪費在他們以為可以落實，而實際上根本無法實現的唐吉訶德式「致君於堯舜」的努力中了。

儒家烏托邦主義的現代影響 —— 兼論毛澤東的烏托邦主義與權力運作之間互動的邏輯

　　二十世紀的中國，傳統秩序已經解體，在其本身的內在節制性也隨之解體的情況下，其中不少成分反而發揮著更大的感染力！傳統中國的烏托邦思考模式與馬列主義的烏托邦主義相互加強以後，使得現代中國激進的左翼意識形態更為強大。馬列主義與毛思想強調它們的「科學性」、「道德性」以及「歷史的進步性與必然性」——它提供給它的信仰者

11　支持宇宙運會觀與歷史循環論的材料，儒家傳統中俯拾即是，如：「三代之治，順理者也。兩漢以下，皆把持天下者也。……若三代之治，後世決可復。」「蓋氣自是有盛則必有衰，衰則終必復盛。」《河南程氏遺書》，卷11〈明道先生語〉，及卷15〈伊川先生語〉。

更為具體的達成其崇高理想的方案與步驟。這種激進左翼意識形態的信仰與儒家傳統認為，人間終可實現「聖王之治」的烏托邦主義相互加強以後，使得——如前所述——毛澤東充滿信心地去動員群眾，以便「跑步進入共產主義天堂」。其災難性的後果應該是世界史上的共識。

這個世界史上空前的災難——包括「大躍進」所造成數千萬人餓死的史實——原因當然非常複雜。不過，如要認真探討其原因與後果，一個不能迴避的問題則是：毛澤東以他的烏托邦主義動員群眾與他的權力運作之間的內在邏輯，以及上述現象所產生的異化與自我顛覆的後果。

毛是以動員全民參與他所領導建設「共產主義天堂」的運動，來求其目的早日實現的。就毛以崇高的理想來促使（或驅使）群眾參與建設「共產主義天堂」而言，烏托邦主義既是目的也是動員群眾的手段。為了使這手段更有效率，他當然有強力提倡崇高理想的必要。在「大躍進」尚未露出敗相之前，如此動員群眾的手段，確實十分有效。理想訴求越崇高、越能號召群眾發揚獻身精神，毫不懷疑地遵從毛主席的指示。同時，領導全民建設「人間天堂」的毛澤東也就越有威信，越有權力——任何阻擋毛的想法與措施的人，都是全民公敵，因為那個人阻擋了全民進入天堂之路。然而，越有威信與權力的最高領袖，越自以為是、自我膨脹；因此也越濫權、越不負責任，其權力與想像越有任意性（以至毛澤東居然相信——完全違反自然規律和他早年農村經驗的——「畝產萬斤」的荒誕說法）。這個追求崇高理想、全民參與的烏托邦主義運動所造成的絕大災難也就難以避免。

以上說明：作為（動員群眾的）政治工具的烏托邦主義顛覆了左翼烏托邦主義。這是烏托邦主義的異化；換言之，它的崇高目的，雖然事實上根本不可能達到，在被當作政治工具使用以後所產生的後果則是：它本身的理想也產生了異化，因為它背叛了它自己！

原載於《北京大學華人哲學家會議論文集》（北京大學哲學系，2012），頁9–14。本書收錄數次修訂後的版本，最近一次完成於2015年5月1日。

魯迅意識的複雜性[1]

劉慧娟譯，林毓生、羅久蓉校訂

　　魯迅意識的特徵呈現著一種深刻而又無以疏解的矛盾與衝突，及因之而產生的精神上和思想上的緊張(tension)：既全盤化地反傳統，[2]卻又同時在理智和道德上肯定中國傳統中的一些價值。為了簡要論述，本文將以闡釋他所肯定的價值之一 —— 念舊 —— 以及在他生命歷程中對其原則的堅守與履行，來說明魯迅意識中的這種緊張感的強度及其對他不可磨滅的影響。

　　若將魯迅的全盤化摒棄中國傳統和對傳統某些成分的賞識作為形式上的矛盾來進行分析，這樣的做法並不能成功地說明他的緊張。另外，就魯迅的意識而言，若應用有名的賴文森(Joseph Levenson)的「歷史」與「價值」二分法 —— 即認為存在著在情感上對中國過去的依戀和在理智上對西方價值的肯定與投入 —— 來解釋這兩者之間的緊張，也未必恰當。的確，我願意就此問題與那些似乎不能或不願從其他方面來理解現

---

1 譯自 Lin Yu-sheng, *The Crisis of Chinese Consciousness: Radical Antitraditionalism in the May Fourth Era* (Madison: University of Wisconsin Press, 1979), pp. 104–151。

2 譯者註：根據林毓生先生的意思，原文中的 iconoclastic totalism 與 totalistic antitraditionalism，以及 totalistic iconoclasm，均指同一個現象，即同一個意識型態，直譯為「整體主義的反傳統主義」。本文除採用此直譯外，也用「全盤化反傳統主義」這個意譯。

代中國知識份子的意識的人，保持不同看法。[3] 魯迅意識中的矛盾與衝
突，不是介於情感與思想兩個領域之間，而是在同一個思想與道德的領
域之內的緊張。換句話說，這緊張是不可避免的，正是出於理智上的考
慮和道德上的關懷——魯迅拒斥整個傳統的同時，又在傳統中國文化
和道德中發現了一些有意義的成分。不過，他對這些傳統成分的肯定，
並未帶領他去探索創造性地轉化中國傳統的可能性。

　　為了便於分析，我將把魯迅的複雜意識分成三個層次來論述：一是
顯示的、有意識的層次，另一是有意識而未明言的層次，此外便是下意
識的層次。如果要探究最後一個範疇的意義，將會遠離我的正題，因
此，除了偶爾參考魯迅的散文詩集《野草》中的一些文字外，我不擬做
詳細的討論。魯迅的那本著作是探究1924年至1925年時期他的下意識
性質的重要材料。

　　我要著重探討的是兩個意識層次，即顯示的層次和隱示的層次。
魯迅顯示層次的意識可以從四個方面來觀察：論辯的、學術的、文體
的，以及個人和美學的。要了解他意識中論辯的一面，可以就他雜文中
公開表達的關注以及從他的創作中所蘊含的思想進行解析；他創作中所
蘊含的(極端反傳統)思想，和他明言其論辯中的關注，在類型和結構
上是相同的。我將從他留學日本時期這種關注的根源與發展談起。

3　本文特就賴文森未曾涉及的現代中國思想史的內容來進行探討。賴文森的
　　論述著手的是相當不同的問題，他的分析範疇本來就不是要解釋像魯迅那
　　樣有創造力的人物的複雜意識。我相信賴文森也不至於斷言，他的理解方
　　法已涵蓋一切，不可能還有其他研究面向了；但是他截然二分法的論述脈
　　絡儘管很出色，卻限制了他對現代中國思想史的複雜現實的理解。參見
　　Joseph R. Levenson, *Liang Ch'i-ch'ao and the Mind of Modern China* (Cambridge,
　　MA, 1959)；*Confucian China and Its Modern Fate*, 3 vols. (Berkeley, 1958–1965)。

一個分析範疇和早期關注

1902年，魯迅從南京礦務鐵路學堂畢業後，接著東赴日本留學。他在東京弘文學院學了兩年日語，1904年秋遠赴仙台醫學專科學校就讀。在當時的留日中國學生當中，醫學是個冷門，而魯迅卻決定到中國學生不曾涉足的、偏遠的本州東北部市鎮仙台去學醫。這是很不尋常的事。據他自己說，他要成為一名醫生，是由於他目睹病重的父親在傳統中醫的誤診與誤治下殘喘受苦而自己卻無能為力所受的創傷，加上後來又知道日本維新很大程度上肇端於引進西醫之故。「我的夢很美滿，」魯迅這麼追述，「預備卒業回來，救治像我父親似的被誤的病人的疾苦，戰爭時候便去當軍醫，一面又促進了國人對於維新的信仰。」[4] 他學醫成績還不錯，並且得到教授藤野嚴九郎的賞識，後來他以溫馨的筆調寫過關於藤野的回憶。[5] 然而，在1906年，他便棄醫從文了。關於魯迅的這個決定，研究魯迅的著作中經常都會根據他的自述提到下面這件事：一位微生物學教師教完了課，還剩下一點時間，便放映一些有關日俄戰爭（1904–1905）期間拍攝的時事幻燈片。其中一幅特別引起魯迅的日本同學們的笑聲：

> 有一回，我竟在畫片上忽然會見我久違的許多中國人了，一個綁在中間，許多站在左右，一樣是強壯的體格，而顯出麻木的神情。據解說，則綁著的是替俄國做了軍事上的偵探，正要被日軍砍下頭顱來示眾，而圍著的便是來賞鑒這示眾的盛舉的人們。

4　魯迅：〈自序〉，收入《吶喊》，見《魯迅全集》（北京：人民文學出版社，1956），第1卷，頁4。魯迅對他父親患病和亡故的敘述見於〈父親的病〉，收入《朝花夕拾》，見《魯迅全集》，第2卷，頁257–262。許壽裳說，魯迅立志當醫生，一方面也是因為想幫助不願再纏足的中國婦女。見許壽裳：《我所認識的魯迅》（北京，1952），頁19。促使魯迅決定當醫生的另一個私人原因，見本文註13。

5　魯迅：〈藤野先生〉，收入《朝花夕拾》，頁271–277。

這一學年沒有完畢，我已經到了東京了，因為從那一回以後，我便覺得醫學並非一件緊要事，凡是愚弱的國民，即使體格如何健全，如何茁壯，也只能做毫無意義的示眾的材料和看客，病死多少是不必以為不幸的。所以我們的第一要著，是在改變他們的精神，而善於改變精神的是，我那時以為當然要推文藝，於是想提倡文藝運動了。[6]

魯迅生命中的這段經歷，雖然戲劇性地說明了他欲獻身於對中國思想和文化的變革，卻不是他決定以文藝為志業的主要原因。這事件對他放棄學醫的決定起了催化作用，但並非決定因素。他的抉擇有更深的根源。魯迅個人的喜好向來是在文學和藝術方面。從年少時期起，他便是個好學的讀書人。除了他在故鄉紹興上學時必讀的四書五經，以及一些名家詩選和正統史書外，他讀了許多「非正統」的書——舊小說、俗文學、道家的經典及註釋、野史雜說、地方誌，以及繪畫評論等。這些被魯迅的胞弟周作人稱為「雜覽」[7] 的閱讀，讓魯迅更深入而廣泛地接觸到中國社會和文化的具體事實，使他在社會政治和文化事務方面能超越狹窄的正統觀念。在後來的時日中，這背景對他成為一個社會批評家很有幫助，因為在他思想形成時期，他已累積了對中國社會、文化和文學史的大量知識，這些知識提供給他辨識與評論的實質能力。魯迅又終生對於版畫藝術很感興趣，在童年與青年時期，他的嗜好是把傳統木版或平版印刷版本上的畫描摹下來。[8] 此外，他17歲時寫的〈戛劍生雜記〉和19、20歲時寫的舊體詩〈別諸弟〉和〈惜花四律〉，都顯露出他在散文和

6　魯迅：〈自序〉，收入《吶喊》，頁4–5。

7　周作人：〈關於魯迅〉，收入《瓜豆集》（上海，1937），頁225。

8　同上註，頁212–226。頁217–218上列了一部份魯迅早期的藏書。魯迅也喜歡抄錄孤本或善本書籍，這興趣使他後來出版了自己編訂的舊文學和有關紹興的筆記，以及自己精編的《嵇康集》。見周遐壽（周作人）：《魯迅的故家》（香港，1962），頁50–51、77–78。另見魯迅另一個弟弟喬峰（周健人）的回憶錄《略講關於魯迅的事情》（北京，1954），頁3–5。

詩歌方面已有很高的造詣。[9]他早期詩作所表現的思想內涵和婉約風格，尤其值得注意。[10]

魯迅已完全具備作為一個作家應有的知識和素養，國家的苦難激發了他的愛國熱忱，加上1898年至1902年在南京受到嚴復和梁啟超等人譯著和論著的影響，在他負笈日本時，已深切地關懷中國的命運。據他的老友許壽裳的回憶，1902年他們在弘文學院結識時，魯迅對一些事物鍥而不捨的關懷留給他極深的印象。許壽裳特別指出，魯迅心裡總想著以下問題：什麼才是最理想的人性？中國國民性中最缺乏的什麼？它的病根又在哪裡？[11]他們在討論中發現，中國國民性最缺乏的是「誠和愛，換句話說，便是深中了詐偽、無恥和猜疑相賊的毛病」。[12]

由此可見，魯迅在學醫之前，就已經清楚地認定國民性的缺陷實為中國危機的核心問題。這樣的看法，意味著改變中國人的國民性是解決中國諸多問題的根本。（關於「國民性」及其問題的進一層分析，參見筆者將出版之《魯迅論文集》一書所收論文：〈魯迅的「個人主義」——兼論「國民性」問題以及「思想革命轉向政治、軍事革命的內在邏輯」〉。）但認識這個問題並不等於立志要由他個人來解決這個問題。若說一個好懷疑、對中國留學生的浮誇那麼反感，而且才23歲的年輕人，竟已將改變中國人的國民性視為己任，則未免過於狂妄。這使魯迅選擇了有限的、但比較實際的醫生的角色，不只是因為前述個人的理由，[13]而且也

9　這些文字收入魯迅《集外集拾遺》，見《魯迅全集》，第7卷，頁709–721。

10　參見周作人對魯迅〈惜花〉的評語，見《魯迅的故家》，頁173。

11　以至於在寫魯迅的回憶錄時，他一再提起這件事。見許壽裳：《我所認識的魯迅》，頁8、18；許壽裳：《亡友魯迅印象記》（北京，1953），頁20。

12　許壽裳：《我所認識的魯迅》，頁18–19。

13　除了目睹他的父親受苦以外，魯迅自己在14、15歲時，也曾因患嚴重的牙痛而對傳統中醫失去信心。不僅中醫的藥方不見效，魯迅還遭受中醫理論的羞辱。根據中醫的說法，牙齒在生理上與腎有關，而腎則屬於男性的生殖系統——牙痛暗示腎虧，這是縱慾的後果。如果魯迅訴說他的牙痛，

為了要真誠地彰顯現代科學知識的價值，以便為中國的重建做出貢獻。這樣的工作本身難以導致中國國民性的改變，但至少與其終極目的並不違背，可以問心無愧。

魯迅選擇到遠離東京的城鎮去學醫，是因為他對許多中國留學生的膚淺和時而流露的十足的虛偽感到厭惡。大部份中國學生以愛國的名義來到東京，儘管口頭上高談闊論，追逐起流行的風尚卻不落人後，投機取巧地選讀一些有利可圖的學科，如政治、法律、警政等。如果魯迅想在東京附近學醫，本可找到學校，但他寧願到仙台去，就是要遠離那群人。[14] 對當時的這種感受，他有一段生動的描述：

> 東京也無非是這樣。上野的櫻花爛漫的時節，望去確也像緋紅的輕雲，但花下也缺不了成群結隊的「清國留學生」的速成班，頭頂上盤著大辮子，頂得學生制帽的頂上高高聳起，形成一座富士山。也有解散辮子，盤得平的，除下帽來，油光可鑒，宛如小姑娘的髮髻一般，還要將脖子扭幾扭。實在標緻極了。
>
> 中國留學生會館的門房裡有幾本書賣，有時還值得去一轉；倘在上午，裡面的幾間洋房裡倒也還可以坐坐的。但到傍晚，有一間的地板便常不免要咚咚咚地響得震天，兼以滿房煙塵鬥亂；問問精通時事的人，答道，「那是在學跳舞。」
>
> 到別的地方去看看，如何呢？
>
> 我就往仙台的醫學專門學校去。[15]

總會有人指斥他不知羞恥。因而他便默默地忍受自己的痛苦。他曾對孫伏園說，這一經歷也與他決心學醫有關。見孫伏園：《魯迅先生二三事》（上海，1945），頁66–67。魯迅自己的相關敘述，見於〈從鬍鬚說到牙齒〉，收入《墳》，見《魯迅全集》，第1卷，頁338–339。

14　周遐壽：《魯迅小說裡的人物》（上海，1954），頁6。

15　魯迅：〈藤野先生〉，收入《朝花夕拾》，頁271。也見周遐壽：《魯迅小說裡的人物》，頁230。

　　魯迅到了仙台，再也不會遇見他引以為恥的「清國留學生」，他對他們的疏離感也就漸漸淡遠了。另一方面，看幻燈片的經歷再度激起他無法忘卻但又深藏於心的念頭：復興中國最主要、也是首要的工作，是改變中國的國民性。從理論上說，要實現這個目標可以有許多其他方案。魯迅之所以決定從事文藝工作以求達其目的，是因為他的愛好和才能與他所主張的「藉思想、文化以解決(政治、社會等)問題的途徑」相結合的結果。(關於「藉思想、文化以解決[政治、社會等]問題的途徑」的根源，詳見拙著《中國意識的危機》，第3章。)而且那次看幻燈片後所激發的迫切感，使他不再有任何保留地將這工作當作個人任務來承擔。中國人精神上的痼疾太嚴重了，他覺得必須立即盡自己力所能及地去工作。

　　回到東京以後，他和周作人以及幾個朋友開始籌劃創辦一份文學雜誌，雜誌的目的就是改變中國人的精神。但因為支援不足，這一充滿年輕人理想的計劃中途夭折了。

　　1907年，魯迅用文言文為其他學生刊物寫了一些文章，這些文章在當時並未引起注意。它們對了解魯迅的進化論和改革主義思想是很重要的。分析這些文章的涵義將顯示，在他思想中同樣佔主導地位的，除了「藉思想、文化以解決(政治、社會等)問題的途徑」以外，還有另一基本預設，就是：傳統架構裡的一些中國文化質素仍然有其生機。

　　《文化偏至論》也許是魯迅這段時間最重要的文章，他開始嚴厲批評盛行的各種唯西方是從的模式。魯迅評論道：自中國為外來強權擊敗以來，有些人只接觸到中國問題的皮毛，主張強兵之說。另有許多歸國的留學生，既不察中國之情況，又不了解西方文明之實質，以所拾的「西方塵芥」來附和。他們認為武力本身是文明的標誌，這看法尤其令魯迅不滿，他提醒讀者，加強軍備只能是為了自衛，一個國家不應把武力當作終極目標。他說：「且使如其言矣，而舉國猶屃，授之巨兵，奚能勝任。」[16]魯迅認識到現代武器對國防是必要的，但認為缺乏新的精神和文化基礎，有了武器是不能發揮實際效果的。

16　魯迅：〈文化偏至論〉，收入《墳》，頁180。

　　至於那些主張中國發展工商業、實現憲政和眾庶民主的人，魯迅察覺到他們就如那些主張加強軍力的人一般，大部份偽裝其面以掩飾利己之念。誠然，主張憲政和眾庶民主的，也有「中較善者，或誠痛乎外侮迭來，不可終日，自既荒陋，則不得已，姑拾他人之緒餘，思鳩大群以抗禦」。[17]

　　魯迅無意中透露了他的進化論式的意識形態——他相信眾庶民主在西方已經過時。同時，他以為相信多數人的力量，不僅同相信魔法或萬靈藥一樣是迷信，而且眾庶民主容易變質為恃眾以凌寡的暴政。

　　魯迅反對唯武力論，堅持以文化和精神改造國人。這點並非異乎尋常，當時許多敏感的中國知識份子都有類似觀點。然而，他認為眾庶民主已經過時的想法值得特別注意。在中國知識階層大多數人都疾呼眾庶民主的聲浪中，他的思想獨樹一幟，這是他受到以進化論觀點解釋西方歷史和閱讀尼采著作的影響。不過，魯迅沒有意識到伴隨這見解而來的，是一個無法解決的邏輯難題。

　　魯迅指出：「文明無不根舊跡而演來，亦以矯往事而生偏至。」[18] 因此，歐洲的眾庶民主產生於革命時期，是對以前獨裁政體的偏激反應；而正是由於對中世紀基督教正統派統治的過激反應的結果，才使奠基於科學研究的物質進步發展到高峰。然而文明永遠不能達到均衡狀態，它有走向過激的自然傾向，在演化過程中會產生尖銳的反應。十九世紀末葉，眾庶民主和物質進步已發展得過度了，於是產生了魯迅所謂「神思宗之至新者」的新觀念論思想[19] 的反應。極度的物質進步演化成了唯物主義，對社會眾庶民主的崇拜導致作為最低公分母的眾庶的意義擴展太大，而不能容忍獨立的個性與天才。魯迅舉叔本華、克爾凱郭爾、尼采和易卜生等為例，說明個性自由發展的作用和意義。[20]

17　同上註。

18　《魯迅全集》，頁 184。

19　同上註，頁 185。

20　同上註，頁 185–191。

魯迅認為，「新觀念論思想」的興起是物質進步和眾庶民主均已過時的證據。不僅如此，鑒於西方潮流是西方社會和文化內在進化的結果，他質疑中國追隨西方潮流是否有益，由於中國自身的問題產生於本國演化的過程，很難任意採用不相干的西方處方來應付。魯迅極力主張以改革的方法調適西方質素，認為只有這樣，才能使中國在各國頻密接觸的時代，不會在世界文明之演進中落伍。他也力主保存本國文明的某些成分，使中國「弗失固有之血脈」。[21] 簡言之，對中國問題的解決，他認為國人應在透徹了解自己國民性的基礎上，創造性地將本國某些因素與西方的因素相結合，以便尋求一個解決中國問題的可行方法。

魯迅固然沒有提出任何全面的計劃以使中國達到他認為理想的目標，但他抨擊唯物主義和眾庶民主，視它們為個性發展的阻礙，又強調培養強有力的個人主義精神，作為使中國新生的重要方法。他認為最根本和最主要的改變，是中國人精神和性格的改變。而他所譴責和積極強調的，「湊巧」與他描述的「新觀念論思想」這一歐洲最新的想法相吻合。在這篇長文的最後部份，他甚至將造成歐洲文明的光輝和力量的複雜根源，歸結為一元論式的因素，謂歐洲文明的基礎在於歐洲人的性格。[22]

這些結論帶來了許多問題。首先，魯迅似乎落入他所鄙棄的人云亦云的看法，即採納盛行於歐洲的潮流以應用於中國。其次，他認為歐洲文明是一個演化過程，它的根源是繁複盤雜的，它的過程是由一系列的偏激和對偏激的反應所構成的。那麼，他怎麼最後會得出他那種一元論的結論（強調「新觀念論思想」所主張的培養強有力的個人主義獨立精神）？

從他的結論顯然可以看出「藉思想、文化以解決（政治、社會等）問題的途徑」的影響。儘管這種影響是不自覺的，在結論中他把歐洲文明的諸多源流歸諸於歐洲人的性格，而這種性格，則可推測是他們的精神

21　同上註，頁 192。

22　同上註，頁 193。

和思想所形成的。同樣，他力主要通過新思想來培養強有力的個人主義精神，卻沒留意到他論說中的邏輯上的困難。事實上，正是他思想深處的「解決問題」的思考模式轉變了他對於歐洲「神思宗之至新者」主張的歷史主義式描述，使其變得合乎他思考中的規範性要求。

我們也應該注意，在魯迅這篇「少作」中，他的主張與他在五四時期整體主義地抨擊中國傳統的主張，構成了鮮明的對比。魯迅此時嚴厲批判了那些追逐西方潮流而背叛中國傳統的人。他知道中國必須圖變以求存，但主張這種變革並不是要完全摒棄中國傳統和「全盤西化」，而是融匯中國和西方的文化質素。他不覺得有必要對其改革主義的立場做明確的辯解，由於當時中國的傳統文化尚未完全解體，他對中國過去的一些質素仍然視為應然。在這一點上，魯迅尚未把中國的危機以為是涉及到整個中國文化的危機。

整體主義的反傳統主義與〈狂人日記〉

除了寫文章，魯迅於1908年和他的胞弟周作人合作把西方文學介紹到中國，尤其是俄國和東歐作家如安德列耶夫（Leonid Andreyev）和顯克維奇（Henryk Sienkiewicz）等的小說，其目的就是刻劃反壓迫精神。他們努力的結果是在1909年出版了兩冊譯文集《域外小說集》。但這兩冊書，就像魯迅其他文學上的嘗試，幾乎沒有引起絲毫的反響。[23] 魯迅年輕時期要以文學喚醒中國人的雄心壯志，遂以完全的失敗告終。這經驗帶給他無可抗拒的寂寞之感，後來他寫道：「凡有一人的主張，得了贊

---

23 《域外小說集》於1909年2月印出第1冊，同年6月印出第2冊，寄售的地方是上海和東京。在東京，第1冊賣了21本（包括魯迅的朋友許壽裳，為查看書商是否遵守定價售書而試買的一本），第2冊是11本。在上海，也只賣了相近的數目。參見周作人：〈關於魯迅之二〉，收入《瓜豆集》，頁235–236。

和，是促其前進的，得了反對，是促其奮鬥的，獨有叫喊於生人中，而生人並無反應，既非贊同，也無反對，如置身毫無邊際的荒原，無可措手的了。」[24]

1909年8月間，魯迅帶著積抑的痛苦與寂寞的心情回到中國。他先在杭州一所師範學堂裡教書，一年後回到老家紹興，在一所中學裡執教。1911年(辛亥)，革命出乎意料地發生了。在紹興地方上，和光復會有聯繫的秘密會黨首領乘機以戲劇性的方式奪權，宣佈自己是軍政分府都督。儘管如此，魯迅還是懷著喜悅的心情對待這突變，並且答應出任紹興初級師範學校的校長。但是不久，由於他不贊同這位新首領獨斷的政策而發生糾葛。就在這個時候，蔡元培邀他到教育部工作，他接受了這邀請。雖然在地方上，他看到革命並未帶來任何實質的變化，在南京的頭幾個月，他不能不為國家新的氣象而感到高興。[25] 不過，1912年5月，他和教育部同仁一起遷到北京後，很快就發現那只是空喜一場。後來他寫道：「見過辛亥革命，見過二次革命，見過袁世凱稱帝，張勳復辟，看來看去，就看得懷疑起來，於是失望，頹唐得很了。」[26] 辛亥革命的失敗令他感到至為沮喪，而個人方面，欲藉文藝改造中國人的精神的努力也只是徒勞而已。這些因素使他完全被深刻的絕望的心情所佔據。

從1912年起，魯迅除了在教育部擔任僉事、處理例行公事外，深居簡出，幾乎完全不問世事。他埋首於抄古碑，搜集金石拓片，輯校古籍舊文，尋求流失的古小說、俗文學和他自己家鄉的地方誌等等。回顧這些活動，它們為他成為傳統小說和民間文藝方面開拓性的文學史家做了準備之外，也使他能與周遭保持精神上的距離。此種距離對他日後創作上的突破是很重要的，這是一種心靈上的「延期補償」。然而，無論

24　魯迅：〈自序〉，收入《吶喊》，頁5–6。
25　魯迅：《兩地書》，見《魯迅全集》，第9卷，頁26。
26　魯迅：〈自選集自序〉，收入《南腔北調集》，見《魯迅全集》，第4卷，頁347。

他這些活動的終極價值為何，用他自己的話來說，他當時做這些事正是因為它們「沒有什麼用」，只用來「麻醉自己的靈魂」。[27]

然而，魯迅1912年以後自動與社會保持距離，並不表示他對中國的重大問題已漠不關心，它毋寧是說明了他因嘗試改變現狀而終於徒喚奈何的無力感。他的一位老朋友，也是《新青年》編輯之一的錢玄同，於1917年8月到訪，勸說他給《新青年》寫文章。錢玄同提出的理由，最主要的是希望他能來幫助實現思想和道德革命，倒不是為了要促進文學革命。錢玄同的話觸動了魯迅持久而又深刻的信念。[28] 他答應寫稿，並非因為他的絕望感已完全被錢玄同的一席話所驅散，而是他發現還有主張思想與文化更新有其優先性的一群志同道合者，因而打動了他。無論魯迅對《新青年》群體能否達到這個遠大的目標有什麼保留，他還是把這雜誌當作為改變中國人意識的重任的、一個在其中可以進行耕耘的實際園地。

魯迅答應提筆後的第一篇作品，便是用白話文寫成的名作〈狂人日記〉。它刊登於1918年5月15日的《新青年》。這篇作品對中國文化和社會進行整體性抨擊，透露了魯迅對自己辛亥革命前所採取的改革立場的斷然棄絕。魯迅意識中的這一截然分明的改變，也許是對社會政治秩序和文化道德秩序的同時解體以及辛亥革命以來的黯淡無望的現實的反響：在這種情況下，他源於傳統的、視思想事務為根本的一元論思考模式逐漸形成一種整體觀 (holistic) 的分析範疇，這種分析範疇推動他走向整體主義的反傳統文化論。他認為中國傳統社會和文化已完全被腐敗的民族性所侵蝕，而這民族性是中國人的「昏亂思想」鑄成的。[29]（「民族性」與「國民性」在魯迅著作中，其基本指謂是相同的。）

27　魯迅：〈自序〉，收入《吶喊》，頁6–7。

28　正如周作人後來加以證實的，魯迅對《新青年》宣導的文學革命並無特別的熱情，但對「思想革命」很動心。見周遐壽：《魯迅的故家》，頁221–222。

29　魯迅：〈隨感錄三十八〉，《新青年》，第5卷，第5期（1918年11月15日），頁517；重印於魯迅出版的《熱風》，見《魯迅全集》，第1卷，頁389。這篇文字繼〈狂人日記〉發表之後六個月刊登於《新青年》。它明確地說出魯迅

　　應該注意的是，當魯迅在這篇文字裡談到「思想上的病」[30] 時，他用了梅毒這種最可怕的、會遺患後代的人體上的病來做比喻。對未曾涉入五四反傳統運動的人來說，這比喻可能駭人聽聞、有欠公允，甚至詭異。但對魯迅而言，借重梅毒影響人體器官的比喻，不啻傳達了關於思想病毒對中國人發生的有機組織式效應的觀念，並且抒發了他對中華民族劣根性的恐懼和厭惡。思想上的病就像梅毒，侵蝕到人體每個範疇的活動，並使這些活動的產物——即中國傳統本身——完全令人憎惡。魯迅寫道：悲哀的是，即使這一代的中國人渴望有一個新的開端，也難確定他們能否擺脫根深蒂固於「血管裡的昏亂份子」的影響。[31] 因為一個民族的性格一旦形成，是很難改變的。不過，治療梅毒的「606」已經發

　　全面拒斥傳統的原因，整體主義的反傳統主義初見於〈狂人日記〉。周作人重讀曹聚仁著《魯迅評傳》(香港，1956) 時，發現曹引用〈隨感錄三十八〉文字，於是在給曹聚仁的一封信上說，這篇文字其實是他寫的。不過，他沒有表示裡面的想法不是魯迅的。他只說這篇文字的風格和魯迅的稍異，不易為人察覺到。見周作人、曹聚仁：《周曹通信集》(香港，1973)，第1卷，頁51–52。

　　　無論如何，這篇文字原是以 (魯) 迅的名義發表於《新青年》，而且一直收入《熱風》的各種版本中。寫這篇文章時，周作人和魯迅同住在北京紹興會館，兄弟倆密切合作從事文學事業，有很多共同的信念。他們各自以本名或筆名發表自己的文章、翻譯、創作和「隨感錄」。周作人於1918年以本名發表一系列「隨感錄」(〈隨感錄二十四〉見於《新青年》，第5卷，第3期 [1918年9月15日]，頁286–290；〈隨感錄三十四〉見於《新青年》，第5卷，第4期 [1918年10月15日]，頁409–412)。而〈隨感錄三十八〉雖然據周作人說是他寫的，卻以魯迅之名發表。魯迅將它收入1925年出版於北京的《熱風》初版時，和周作人已經決裂，這明顯表示文中想法基本上是魯迅的，不管是什麼原因由周作人起草或寫成。他於1923年7月與魯迅決裂，見於《魯迅日記》(北京，1959)，上卷，頁453–455、490，即1923年7月14日和19日、8月2日，以及1924年6月11日的記載。

30　魯迅：〈隨感錄三十八〉，《新青年》，第5卷，第5期，頁517；或《熱風》，頁389。

31　同上註。

明了，科學也應該用來醫治中華民族思想上的病。[32] 只要邁出第一步，就不能斷言這方法不會導致將來的成功。重要的，是要求改變的意志；而要改變的話，根據魯迅的意思，必須從「掃除昏亂的心思，和助成昏亂的事物（儒道兩派的著作）」[33] 開始。

應當留意的是，雖然魯迅的文章原是特地為全然決絕地摒棄過去這目標而寫的，但反傳統運動是否能夠完全剗除過去的弊病，他卻不自覺地在字裡行間流露了猶豫。這潛伏著的悲觀情緒迴響於〈狂人日記〉裡，並且幾乎滲透在他後來在五四時期寫的所有文字中。

由於敏感與多疑的氣質，魯迅認為中華民族根性的痼疾太深、他們的傳統是那麼腐敗，以至於能否治癒他們的沉屙、過去的傳統能否摒除，均為未知之數。他陰鬱和沮喪的心境使他的懷疑更加重了。此點在與錢玄同談話中顯露了出來：

> 假如一間鐵屋子，是絕無窗戶而萬難破毀的，裡面有許多熟睡的人們，不久都要悶死了，然而是從昏睡入死滅，並不感到就死的悲哀。現在你大嚷起來，驚起了較為清醒的幾個人，使這不幸的少數者來受無可挽救的臨終的苦楚，你倒以為對得起他們麼？[34]

他終於答應提筆，因為他「雖然自有我的確信，說到希望，卻是不能抹殺的，因為希望在於將來」。[35] 他寫道，他在《吶喊》集子裡的短篇小說中避免表露自己的悲觀，是因為作為一個士卒，他願意聽從《新青

---

32 從較寬廣的角度來看，魯迅的思想對中國傳統做出了尖銳的批判，但他卻無法為中國的重建提出同樣透闢而又明確的方案。他一次又一次地坦言，不知道走向光明的未來的道路是什麼。參看《魯迅全集》，第1卷，頁362–363；第3卷，頁40–42；第9卷，頁11–14、312–314。魯迅之所以提出「科學」，和當時中國盛行「科學主義」有一定的關係。不過，魯迅的「科學」是運用於爭辯的語境中，不能視為魯迅周詳考慮過的信念。

33 魯迅：〈隨感錄三十八〉，頁517；或《熱風》，頁390。

34 魯迅：〈自序〉，收入《吶喊》，頁7。

35 同上註。

年》的主將的意見，他們是反對消極的。另一方面，他也不願「將自以為苦的寂寞，再來傳染給也如我那年青時候似的正做著好夢的青年」。[36]但他並未表示自己已不再悲觀，雖然他的悲觀並未使他把話講死，對未來仍是採取開放的態度。

另外，儘管有懷疑和悲觀的傾向，他對中華民族的獻身使他在面臨著不可知的情況的同時，仍要做自己應該做的事。深受「藉思想、文化以解決(政治、社會等)問題的途徑」所驅使，他堅持，如要從中國傳統的桎梏中解放出來，這個目標只能從抨擊中國傳統的整體來完成。因為中國傳統的本質是由其思想所塑造的，反傳統運動必須摧毀它的根源──它的思想與文化系統──而不局限在傳統的任何特定方面。[37]

〈狂人日記〉傳達了魯迅創作旺盛時期(1918–1926)的主題。魯迅採用了果戈里(Nikolai Gogol)原著〈瘋人手記〉的日文和德文譯本的篇名，即〈狂人日記〉。魯迅在日本時喜讀果戈里的作品，並受到他描寫人生黑暗面的諷刺文體和技巧的影響，而果戈里在同時代人中是以冷嘲的幽默著稱的。[38]然而，魯迅這篇小說的主題卻是原創的，他運用了果戈里作品所沒有的寓意技巧，賦予狂人的話雙重的意義。[39]魯迅並運用現代心理學上精神分裂症的概念來描繪狂人系統化、亦且高度發展的幻覺。單從表面上看，這故事給人真實感。實際上，這篇小說是作者藉寓意的表現手法對中國傳統所做的控訴。這點是很清楚的。這控訴並不局限於傳統的任何個別部份，而是延伸到中國歷史的整體。例如，下引為人熟知的文字裡，魯迅視中國歷史為吃人的記錄：

36　《魯迅全集》，頁8。

37　在1925年，他仍然主張「思想革命」為首要任務。魯迅：〈通訊〉，收入《華蓋集》，見《魯迅全集》，第3卷，頁17。

38　例子見周遐壽：《魯迅的故家》，頁188–189、205–206；又曙天，〈訪魯迅先生〉，重印於曹聚仁：《魯迅年譜》(香港，1967)，頁262–264。

39　參見 J. D. Chinnery, "The Influence of Western Literature on Lu Xun's 'Diary of a Madman'," *Bulletin of the School of Oriental and African Studies* 23 (1960): 309–322。

> 凡事總須研究，才會明白。古來時常吃人，我也還記得，可是不
> 甚清楚。我翻開歷史一查，這歷史沒有年代，歪歪斜斜的每葉上
> 都寫著「仁義道德」幾個字。我橫豎睡不著，仔細看了半夜，才從
> 字縫裡看出字來，滿本都寫著兩個字是「吃人！」[40]

「吃人」這字眼聽起來太直率。正如魯迅後來坦然承認的，它原是
為了表達他深廣的「憂憤」。[41]

這裡必須指出兩點。第一，魯迅並未表示應該在社會和政治方面
探掘中國「吃人」傳統的成因，相反的，他堅決地暗示思想在中國歷史
上起了決定性的作用。原始人演變成人，是始於思想：「大約當初野蠻
的人，都吃過一點人。後來因為不同，有的不吃人了，一味要好，便變
了人，變了真的人。有的卻還吃。」[42] 第二，他提到希望，它是有條件
地奠基於心思的改造，而改造則是只要「跨過這一步」[43] 便可進行。然
而，〈狂人日記〉的主題思想並沒有指出真正的希望在哪裡。這篇作品
最後的話——「救救孩子……」[44]——是一個絕望的吶喊；我們無法從
作品的內在邏輯中推論出，的確有救出孩子的希望。相反的，狂人感到
他所遇見的孩子全都懷著吃人的意向。這不足為奇，因為他們都是在人
吃人的社會中被養大的，已內化了這社會的習俗與準則。用狂人的話來
說，「這是他們娘老子教的」。[45]

中國社會是一個大染缸：一旦生於斯，沒有人能逃脫它的文化的感
染。中國社會的每個成員，不管自覺與否，都是吃人的人。他們沒有

40　魯迅：〈狂人日記〉，收入《吶喊》，見《魯迅全集》，第1卷，頁12。

41　魯迅：〈《中國新文學大系》小說二集序〉，收入《且介亭雜文二集》，見《魯
　　迅全集》，第6卷，頁190。

42　魯迅：〈狂人日記〉，收入《吶喊》，頁16–17。

43　《魯迅全集》，頁16。

44　同上註，頁19。

45　同上註，頁10。

能夠產生思想與文化變革的內在資源，使這社會變得較為人道。十分諷刺的是，只有當一個人「瘋」了以後，他才能感觸到他生存其中的中國文化和社會的真正本質。然而，正因為他醒悟了，他被社會裡的「正常」人當作「瘋子」來打發。

雖然狂人的形象有可能源於魯迅的尼采式悲情，[46] 因而被描繪為一個藐視整個社會的孤軍作戰的勇士，但是狂人同時也是個悲劇人物。他的覺醒無濟於事，因為他的語言的真正意義，社會裡的其他成員無法理解，所以是完全沒有效果的。如果一個人對中國社會和文化的性質沒有自覺，不能從其影響中解放出來，他便不能突破中國的吃人傳統；然而，弔詭的是，他根本的醒悟和解放，卻抵消了他改變這個社會和文化的能力。

46　魯迅在日本時便喜歡讀尼采。見周作人：〈關於魯迅之二〉，收入《瓜豆集》，頁239–240。他在1907年所寫的文章中，數度提到尼采對個性獨立的主張。見魯迅：〈文化偏至論〉，收入《墳》，頁184–185、187–188；和〈摩羅詩力說〉，收入《墳》，頁195。早在1919年，他在《新青年》的「隨感錄」系列裡發表一篇文章，文中引尼采的話，以強調個人須力求達到自我完善。見唐俟（魯迅）：〈隨感錄四十一〉，《新青年》，第6卷，第1期（1919年1月15日），頁68–69。1920年，魯迅發表尼采《察拉圖斯忒拉如是說》序言的翻譯。見唐俟譯：〈察拉圖斯忒拉的序言〉，《新潮》，第2卷，第5期（1920年6月1日），頁954–973。然而，魯迅對尼采的喜愛並未促使他信奉尼采的整個人生哲學，不僅如此，誠如史華慈（Benjamin I. Schwartz）所正確指出的，魯迅也沒有「尼采對許多問題的苦思和激憤。吸引他的，最主要的，是這位敏感志士面對愚蠢而又墮落的世界、面對『無知民眾』那充滿感懷的印象。這種感時憂世的情懷見於尼采，也見於其他思想不同的人，它在善感、多少有些憤世忌俗的年輕魯迅心裡引起共鳴。據記載，魯迅同時也十分傾心於拜倫（Byron）的詩。因此，魯迅從尼采那兒發現的不是整體的學說，而是一種讓他感同身受的悲愴。」見 Benjamin Schwartz, "The Intellectual History of China: Preliminary Reflections," in John K. Fairbank (ed.), *Chinese Thought and Institutions* (Chicago, 1957), p. 17。

〈狂人日記〉裡表達的整體主義的反傳統主義，其脈絡在魯迅的辯難文章裡是表現得很清楚的。他一度視中國人的特點為「瞞和騙」。[47] 另外，他把中國歷史說成是兩個階段的輪流替換：「一，想做奴隸而不得的時代；二，暫時做穩了奴隸的時代。」[48]

更有甚者，中國人比愚昧、軟弱、虛偽和自欺還要糟。他們建立了一個容不下善良的社會和文化，而他們反過來又受到這個社會和文化的影響。例如，在《祝福》這篇小說中，像祥林嫂那樣一個刻苦耐勞而又好心腸的農婦，卻在人們的惡意、無情、腐敗文化，以及不公不義的社會制度的交相逼迫下死去，甚至她想在陰間與孩子和丈夫見面的希望也被民間的宗教所毀滅。沒有比這情節更活生生地表明了這善良人無可救贖的劫難和無依無靠的淒涼。[49]

不過，善良的祥林嫂的存在呈現了一個明顯的矛盾。如果中國傳統是全然邪惡的，它因何、如何能有好人出現——不只是祥林嫂，還有《明天》裡的單四嫂子[50] 和《故鄉》裡的閏土？[51] 他們也都是傳統的中國人，他們的人格體現了中國式的特定的素質。

魯迅的作品並沒有在思想上對這個問題給予具有足夠說服力的解答。毋庸置疑，他準備好對傳統做整體的推翻：那些好人也許是傳統的產物，不過，正因為他們也是傳統的受害者，魯迅情願毫無遺憾地期望將來，屆時，縱使不再有像他所描述的祥林嫂等那樣的好人，卻也不會再有傳統社會那樣的受害者。

一些時候，魯迅對中國歷史上某些可予正面肯定的事實的具體觀察，似乎使他的整體主義的反傳統主義受到一些限定與節制，例如，寫於1925年的〈看鏡有感〉。他發現漢代的古銅鏡子背面刻有外來的動植

47　魯迅：〈論睜了眼看〉，收入《墳》，頁329。
48　魯迅：〈燈下漫筆〉，收入《墳》，頁312。
49　魯迅：〈祝福〉，收入《彷徨》，見《魯迅全集》，第2卷，頁5–22。
50　魯迅：〈明天〉，收入《吶喊》，頁35–42。
51　魯迅：〈故鄉〉，收入《吶喊》，頁61–71。

物做裝飾花紋，唐太宗的昭陵墓碑上刻有一匹鴕鳥 (外來的鳥) 和帶箭的駿馬，因而觀察到漢人一般心胸較闊放，唐人也較強悍，因為他們對外來的事物毫不拘忌，不像後世的人。[52] 然而，這些漢唐素質是面對「蠻夷」挑戰時表現的魄力和自信心。魯迅當然知道中國綿延長遠的歷史中的起伏興衰，在一些朝代的鼎盛時期，強大的政治與軍事力量自然地激發起民族的自信心。但他從未暗示在這些帝國的最雄偉時期，中華民族的道德 (或不道德) 的性質有所改變或修正。

魯迅倒是指出，唐以後當契丹人、女真族、蒙古人相繼入侵時，中國人喪失了他們的勇氣和自信心。僅僅看這評論，人們可能禁不住會說魯迅的看法中，中華民族的性格在很大程度上受「蠻夷」入侵的影響，甚或被深刻地改變。那麼，關於他對思想的決定性作用的觀念，我們的了解應該有所限定。魯迅對這些史實的理解，確是涉及到一點國家和「蠻夷」入侵這兩方面力量的作用。不過，這裡出現了兩個問題：魯迅認為這些因素在哪一方面改變了中國人的民族性？如果他的確認為有所改變的話。或者說，他是否認為外表上的榮枯交替對中國人應付外在環境的方法有所影響，卻不一定改變他們的本性？

單就這篇文章，我們不清楚他會同意哪一個答案。不過，為了使「蠻夷」作用的想法與他一貫強調為正確的、可行的「藉思想、文化以解決 (政治、社會等) 問題的途徑」相契合，看來他會採取第二個觀點，以便確立他對中華 (或華夏) 民族根性的、本質論與整體論的 (essentialistic and holistic) 觀點。不過，即使他認識到在決定中華民族的基本性質方面，一些外在因素，如「蠻夷」入侵，構成獨立的動因，他大概並不因此被打動而為根本變革所需而加上新的變革因素。他的思考繼續為思想改變的優先性所主宰 (詳下)。

在同年寫的另一篇文章裡，魯迅探討《左傳》裡的一段話的意思時，認為中國人的「吃人」早在西元前六世紀時便已經開始了：

52　魯迅：〈看鏡有感〉，收入《墳》，頁 300–303。

我們且看古人的良法美意罷 ——

「天有十日，人有十等。下所以事上，上所以共神也。故王臣公，公臣大夫，大夫臣士，士臣皂，皂臣輿，輿臣隸，隸臣僚，僚臣僕，僕臣台。」(《左傳》昭公七年) 但是「台」沒有臣，不是太苦了麼？無須擔心的，有比他更卑的妻，更弱的子在。而且其子也很有希望，他日長大，升而為「台」，便又有更卑更弱的妻子，供他驅使了。如此連環，各得其所，有敢非議者，其罪名曰不安分！

雖然那是古事，昭公七年離現在也太遼遠了，但「復古家」盡可不必悲觀的。……中國固有的精神文明，其實並未為共和二字所埋沒，只有滿人已經退席，和先前稍有不同。……所謂中國者，其實不過是安排這人肉的筵宴的廚房。[53]

這段文字說明中國民族性的基本特徵 —— 嗜食同類、自相殘殺 —— 是很久以前便自內部發展出來的，而不是任何外來力量影響所致。單看文字表面，會使人以為是古代等級制 (壓迫人的社會、政治系統)，造成這種「人吃人」現象。但是，若大多數人都從這制度得利與受害，利弊事實上已相互抵銷。既然壓迫人的人自己也成為制度的犧牲品，他們沒有理由來享受使他們也成為犧牲品的這種制度所安排的「筵宴」。此文凸顯了魯迅特別要求破除社會不平等的呼籲。然而，階級結構本身並不能解釋中國人的民族特性。追根究底，是中國人的「昏亂思想」導致他們在自己的毀滅中盲目地樂意壓迫他人。

《阿Q正傳》

我們已勾劃出魯迅整體主義的反傳統主義的大輪廓，接下來的問題是：他對中國人民的實質特性持怎樣的看法？能說明這些特性之所以成為中國人基本性格的又是什麼？

53　魯迅：〈燈下漫筆〉，收入《墳》，頁314–315。

　　回答上述問題的一個辦法是檢視魯迅的重要著作《阿Q正傳》的主題和涵義。這篇小說是以諷刺體裁寫成的，然而它顯著的特色卻使它打破了一般諷刺文學的窠臼。正如魯迅自所明示，它原是為了要描繪中國「國民的魂靈」和「中國的人生」。[54] 但是，中國人的性格是那麼不可思議地腐敗和令人憎惡，以至於荒謬可笑，因而諷刺才是一個適當的表現形式。在小說的技巧方面，魯迅很費了些心思（例如，避免給其中出現的人物特別的名字、避免用方言鄉俚等等），以便使讀者不誤以為寫的是特別的某一些人或某個地方。「那樣的苦心，並非我怕得罪人，目的是在消滅各種無聊的副作用，使作品的力量較能集中，發揮得更強烈……我的方法是在使讀者摸不著在寫自己以外的誰，一下子就推諉掉，變成旁觀者，而疑心倒像是寫他自己，又像是寫一切人，由此開出反省的道路。」[55] 魯迅通過這篇小說成功地描繪出中國人的共同特徵。小說發表後不久，評者即認識到那是中國人民的綜合畫像。[56]

　　《阿Q正傳》雖然不無瑕疵，卻不失為具有原創性、傑出的作品。它的人物寫得突出、栩栩如生，口語運用得嫻熟巧妙，行文則輕快流暢，彷彿毫不費功夫。[57] 最重要的是，阿Q以及他周圍人們的特殊行為

54　魯迅：〈俄文譯本阿Q正傳序及著者自敘傳略〉，收入《集外集》，見《魯迅全集》，第7卷，頁78。魯迅也說過「阿Q正傳」的目的不是嘲弄和憐憫」。見許廣平編：《魯迅書簡》（上海，1946），頁249。

55　魯迅：〈答《戲》週刊編者信〉，收入《且介亭雜文》，見《魯迅全集》，第6卷，頁114。

56　周作人：《阿Q正傳》，重印於曹聚仁：《魯迅年譜》，頁193–196。另外，茅盾：〈魯迅論〉，同上，頁197–229，尤頁221–222；蘇雪林：〈阿Q正傳及魯迅創作的藝術〉，同上，頁230–253，尤頁230–240；張定璜：〈魯迅先生〉，同上，頁278–290，尤頁285–286。譯者註：周作人在《阿Q正傳》一文裡指出，阿Q是一幅中國人品性的「混合照相」，見《魯迅年譜》，頁196。

57　這篇小說結構上欠完善，其格調也有前後不一致的地方。這些缺點，可能是由於開始執筆時的特殊情況。魯迅回憶道：「阿Q的影像，在我心目中

和鮮活的個性體現了中國人的綜合特徵，以致這些特徵成為二十世紀中國人想像力的組成部份：「阿Q」已成為現代中國思想，文化中界定意義的一個範疇，是五四時代和後來的許多中國人藉其形象以表白中國人的傳統性格。「阿Q主義」、「阿Q邏輯」、「阿Q式」等說法，已變成了現代漢語的一部份。簡言之，這篇作品的力量在於它融合了普遍性和特殊性。貫注在阿Q品性和行為的個別特徵上的，正是中國人的一般特徵的具體表現。換言之，是體現於阿Q品性和個別行為上的中國人的共同特徵，賦予這篇作品強大的文學旨趣和歷史意義。

阿Q是活在清王朝滅亡前夕、一個靠做短工謀生的不識字的農民。他沒有家庭，沒有人知道他是哪裡人。人們叫他「阿Quei」，作者聲稱，因為不知道「Quei」音是指哪個中文字，只好簡稱他阿Q。他窮，常被村裡人取笑，但一般地說，他在傳統中國文化和社會中活得相當愉快。這不單是由於他把現行的社會和文化架構視為當然，並且願意接受自己的命運，問題的實質是，他的快活是他意識的特性和他的思維模式相互加強的結果。

阿Q的性格顯現出卑劣、怯懦、狡猾和狂妄的特點。這些特點的相互作用使他在被凌辱時得以殘存，同時又促使他在情況許可時主動地去欺凌別人。[58] 至於他的思維模式，即魯迅所謂「精神上的勝利

似乎確已有了好幾年，但我一向毫無寫他出來的意思。」遲至1921年，由於魯迅過去的一個學生孫伏園正擔任《北京晨報》文藝副刊的編輯，邀請魯迅為副刊的「開心話」一欄寫稿，魯迅就是在這樣的因緣下寫了小說的第1章。由於原是要符合逗趣打諢的要求，這一章的格調和後來的多少有些不同。(後來的數章移到副刊的「新文藝」欄上刊登。)這篇小說在文藝副刊上連載，自1921年12月4日起發表，至1922年2月12日為止。要知道魯迅自己對這篇小說的結構和不一致的格調的批評，以及他怎麼做起這篇小說來，可參見他的〈阿Q正傳的成因〉，收入《華蓋集續編》，見《魯迅全集》，第3卷，頁279–286。

58 《戲》刊編輯曾於1934年將《阿Q正傳》改編為劇本，魯迅為此描述阿Q的外形：「我的意見，以為阿Q該是三十歲左右，樣子平平常常，有農民式

法」,[59] 乃是：他總是把自己被凌辱的下場加以合理化，使這些下場顯得反倒是自己的優勝。一個卑劣、怯懦、狡猾和自大狂的人往往會活得很不愉快——尤其是他行為的結果對自己不利時。但阿Q不論遭遇的下場如何，他通常是快活的。倘若結果帶給他個人的樂趣，他本能地認知和享受它。不過更多時候，他是被人佔了便宜，那些人若不是社會、文化、經濟上有權勢的鄉紳，便是僅僅比他身強體壯的村民。在這種情況下，他解決問題的方法就是把結果合理化，以至於這些下場的結果變成他精神上快感的來源。因此，儘管遭受挨打或捱餓等肉體上的折磨，他總是因為能夠「想得通」而感到自得，這使他沒有能力感到真正的緊張和衝突。

阿Q很自大，習慣地看低村裡所有居民。和別人發生口角時，他會說：「我們先前——比你闊的多啦！你算是什麼東西！」（頁75）雖然他也不把城裡人看在眼裡，認為他們許多東西是錯的、可笑的，可進了幾回城，他卻越發自負了，因此村裡人在他看來可真是沒見過世面的鄉巴佬，他們竟然沒有見過城裡的煎魚！

當阿Q頭皮上的癩瘡疤被人拿來取笑時，他無法以它自豪了，於是便估量對方，若是木訥的便罵，若羸弱的便打。吃虧時，他便更換對策，對譏誚他的人怒目而視，有時還以牙還牙：「你還不配……」彷彿在他頭皮上的癩瘡疤變得高貴了起來，是值得別人羨慕的東西。

> 閑人還不完，只撩他，於是終而至於打。阿Q在形式上打敗了，被人揪住黃辮子，在壁上碰了四五個響頭，閑人這才心滿意足的得勝的走了，阿Q站了一刻，心裡想，「我總算被兒子打了，現在的世界真不像樣……」於是他也心滿意足的得勝的走了。（頁77）

的質樸，愚蠢，但也很沾了些遊手之徒的狡猾。」魯迅：〈寄《戲》週刊編者信〉，收入《且介亭雜文》，頁117。

59　魯迅：《阿Q正傳》，收入《吶喊》，頁77。接下來引用這篇小說文字時，將在括弧裡標明頁碼。

　　不過阿Q怯懦和「精神上的勝利法」的聯合作用，有些時候並不生效。這時，他本性中的另一特點 —— 卑劣 —— 便補充這些質素，使他仍能快活起來。

　　有一年的春天，阿Q在街上走，看見王胡坐在日光下的牆邊，捉夾襖上的蝨子。阿Q也覺得身上癢起來了，便和他並排坐下，脫下破夾襖來捉蝨子。倘是別人，阿Q是不敢大意坐下的。但這王胡，阿Q不僅心裡非常藐視他，並且一點也不怕他。阿Q花了許多工夫，只捉了三四個蝨子，而王胡是接二連三地忙著捉。阿Q起初是失望，繼而很憤慨。他於是對王胡咒罵起來，結果招來了對方一頓揍。在阿Q的記憶裡，這算是他生平第一件屈辱，因為王胡長了醜陋的絡腮鬍子，向來只被阿Q嘲笑，從來沒有嘲笑過他，更別說動手打阿Q。在這情緒不穩定的狀況下，阿Q又碰上了「假洋鬼子」。這個某鄉紳的兒子也是他鄙視的，因為他出了洋、剪了辮子後，回到鄉里又戴上假辮子。阿Q歷來只暗暗的罵他，但這一天他正在氣頭上，便無意中罵出聲來。這一罵又惹來假洋鬼子一頓打，不理阿Q即時推說他指的是別人。在阿Q記憶中，這是他生平第二件屈辱。幸而挨打之後，他倒覺得似乎了結了一件事，反而輕鬆起來。再說，「忘卻」這祖傳的寶貝也對他發生了效力，他慢慢地走開，將到酒店門口時，早已有些高興了。

　　就在這時，一個靜修庵裡的小尼姑走來。阿Q只在比他氣力大或社會地位高的人面前才怯懦。而對這小尼姑，即使在他心情好時，也要從污辱她來取樂。現在，他所有剛剛被打敗的氣憤，就要向這無助的尼姑發洩了：

　　「我不知道我今天為什麼這樣晦氣，原來就因為見了你！」他想。

　　他迎上去，大聲的吐一口唾沫：

　　「咳，呸！」

　　小尼姑全不睬，低了頭只是走。阿Q走近伊身旁，突然伸出手去摩著伊新剃的頭皮，呆笑著，說：

「禿兒！快回去，和尚等著你……」

「你怎麼動手動腳……」尼姑滿臉通紅的說，一面趕快走。

酒店裡的人大笑了。阿Q看見自己的勛業得了賞識，便愈加興高采烈起來：

「和尚動得，我動不得？」他扭住伊的面頰。

酒店裡的人大笑了。阿Q更得意，而且為滿足那些賞鑒家起見，再用力的一擰，才放手。

他這一戰，早忘卻了王胡，也忘卻了假洋鬼子，似乎對於今天的一切「晦氣」都報了仇；而且奇怪，又彷彿全身比拍拍的響了之後更輕鬆，飄飄然的似乎要飛去了。

「這斷子絕孫的阿Q！」遠遠地聽得小尼姑的帶哭的聲音。

「哈哈哈！」阿Q十分得意的笑。

「哈哈哈！」酒店裡的人也九分得意的笑。（頁83–84）

阿Q這經歷裡含有「性」的因素，使他在碰了尼姑的臉頰後飄飄然地興奮起來。但阿Q這麼明目張膽的卑劣行為，不能被簡單地理解為僅是「性」方面的反應，因為「性」本身並不是卑賤的。魯迅有一次和一位朋友討論民族性的問題時，後者指出中國人惰性極深，而其表現最主要的就是「聽天任命和中庸」。[60]魯迅回覆道：

> 我以為這兩種態度的根柢，怕不可僅以惰性了之，其實乃是卑怯。遇見強者，不敢反抗，便以「中庸」這些話來粉飾，聊以自慰。所以中國人倘有權力，看見別人奈何他不得，或者有「多數」作他護符的時候，多是兇殘橫恣，宛然一個暴君，做事並不中庸；待到滿口「中庸」時，乃是勢力已失，早非「中庸」不可的時候了。一到全敗，則又有「命運」來做話柄，縱為奴隸，也處

60　徐炳昶致魯迅信（1925年3月16日），見魯迅：〈通訊〉，收入《華蓋集》，頁17。

之泰然，但又無往而不合於聖道。這些現象，實在可以使中國人
敗亡，無論有沒有外敵。要救正這些，也只好先行發露各樣的劣
點，撕下那好看的假面具來。[61]

如果我們對這篇小說的主題，以及阿Q本性的涵義做更深一層的探
掘，我們難以避免更為負面的結論：阿Q的卑劣、怯懦、狡猾、自負和
可鄙的「精神勝利法」，只是形之於外的特徵，更基本的特質是：他缺
乏內在的自我。這使他幾乎完全不能從經驗中做出推論。如果我們加
上阿Q已經內化了的傳統社會和文化系統的成分（即他的第二本性），
作為他本性的一部份，那麼，阿Q可說是一個多半靠自然本能來生存和
行動的動物。一個有本能的動物可以適應環境，也可以做出條件反射。
但阿Q缺乏自覺，也沒有改變自己的能力，他卻是，對魯迅而言，中國
人的典型。這是魯迅對中國人感到絕望的地方。倘若根據帕斯卡爾
（Blaise Pascal）所言，人本來就軟弱如蘆葦，但是會思想的蘆葦，則阿Q
幾乎不成其為人。雖然他的「精神勝利法」使他總能「想得通」，他卻絲
毫不像帕斯卡爾所說的是會思想、但軟弱的蘆葦。

對於阿Q缺乏內在的自我的具體描繪，又見於阿Q要求守寡的女
僕吳媽和他睡覺的情節。吳媽一見阿Q跪在她面前提出他的請求便嚇
楞了，發起抖來，繼而往廚房外跑，又嚷又哭。阿Q僱主的大少爺立
刻趕來咒罵阿Q，還用大竹杠劈打他。阿Q急忙奔入樁米場。「打罵之
後，似乎一件事也已經收束，倒反覺得一無掛礙似的」（頁87）。他動手
去樁米，一會兒便聽見外面一陣喧嚷。阿Q素來愛湊熱鬧，於是尋聲
走出去。他見吳媽羞憤絕望地哭，其他人則勸說她不要尋短見。要不
是見到僱主的大少爺拿著大竹杠向他奔來，讓他想起剛剛承受的皮肉之
痛，他並不察覺這場熱鬧和他才做過的事有什麼關係。

---

61 《魯迅全集》，頁21。

阿Q之沒有自我、缺乏自覺，沒有能力從經驗中進行推斷和做出應變的決定，最後反映於他荒唐地參與辛亥革命的描寫裡。[62] 正是主要由於缺乏內在自我，阿Q才漫無目的地隨波逐流，以至於「做」了「革命黨」。他的「革命」不得不失敗，還落得個被傳統統治階級槍斃的下場，而這些舊統治階級份子在「革命」當中和以後都能夠照舊維持他們的權勢——這一切，在說明根本沒有發生真正的革命。

文學史家鄭振鐸曾批評《阿Q正傳》的終局，認為結束得太倉促，讓人感到太出乎意料：「他不欲再往下寫了，便如此隨意的給他以一個「大團圓」。像阿Q那樣的一個人，終於要做起革命黨來⋯⋯似乎連作者他自己在最初寫作時也是料不到的。至少在人格上似乎是兩個。」[63] 魯迅對此評語做了答覆：「據我的意思，中國倘不革命，阿Q便不做，既然革命，就會做的。我的阿Q的運命，也只能如此，人格也恐怕並不是兩個。⋯⋯其實『大團圓』倒不是『隨意』給他的。」[64] 魯迅這些話的涵義是清楚的：既然中國人經歷了辛亥革命，阿Q這中國人的典型就也得經歷革命。作者處心積慮地描寫發生於阿Q和小說中其他人物身上，以及他們社會中的事，正是要暗指辛亥革命失敗的原委，並由此暗示可能的突破——對阻止革命成功的藩籬的突破。

根據小說的進展，阿Q在「戀愛的悲劇」之後，發現村裡再也沒有人願意請他做零工了，於是他流浪到城裡去，和一群小偷為伍。在城裡，阿Q很高興看到一個革命黨人被斬首。他就如大部份人那樣憎

---

62 魯迅有時覺得自己在《阿Q正傳》中對中國人的譴責有點「太過」；但1926年，他表示不再這樣想了。他說，對中國發生的事即使如實描寫，在別國的人們、或將來的美好中國的人們看來，也都會覺得荒誕。「我常常假想一件事，自以為這是想得太奇怪了；但倘遇到相類的事實，卻往往更奇怪。在這事實發生以前，以我的淺見寡識，是萬萬想不到的。」魯迅：〈阿Q正傳的成因〉，收入《華蓋集續編》，頁284。

63 西諦（鄭振鐸），〈吶喊〉，見李何林編：《魯迅論》（上海，1930），頁198。並參見魯迅：〈阿Q正傳的成因〉，收入《華蓋集續編》，頁279。

64 魯迅：〈阿Q正傳的成因〉，收入《華蓋集續編》，頁282–283。

惡革命黨,因為他本能地覺得「革命黨便是造反,造反便是與他為難」(頁99)。

阿Q帶著偷來的東西回到村裡,佯說是在「舉人」老爺家裡做活掙錢買到的。(那裡只有一位舉人,所以只稱他舉人老爺,不必稱他是誰誰。)因為阿Q做了有辱趙家門楣的事,曾被趙家趕出大門;但為了要直接佔點便宜,便取消了不准阿Q進門的規定,卻毫不汗顏。就像其他村裡的人,他們急著討好阿Q,以便能從阿Q那買得廉價的東西。後來,阿Q涉嫌偷竊,村民便對他「敬而遠之」,怕他來搶他們似的。而當他告訴他們他在盜賊裡不過擔任一個小角色,只站在外面接東西,並說再也不敢進城裡去了,他的名聲於是又更降了一級:他太卑微了,甚不足畏。

後來,謠傳舉人老爺把一些舊箱子送到趙家保存,旋即革命黨要進佔縣城的消息也傳到了村裡,弄得滿村子雞犬不寧、人心惶惶。阿Q不僅本能地厭惡鄉紳,也厭惡村民。雖然他也深惡痛絕革命黨,如今見那麼有威望的舉人老爺和村民都這麼驚駭,便感到很稱心如意。他不知道革命是什麼,或者怎樣才是參加革命,反倒誤以為革命可以滿足他本能的願望,既不被人欺負,還可以隨興欺負人。喝了一兩碗酒,他便「變成」(自我聲稱是)革命黨了。

阿Q為他的妄想付出了代價,被統治階級的成員逮捕,理由卻是涉嫌打劫村裡一戶鄉紳。這些舊官僚給自己冠上新頭銜,倒成了「真的」革命黨。不過村裡也有了一些「變化」,將辮子盤在頭頂上的人逐日增加起來。阿Q因為害怕,不得不也照樣做。兩戶鄉紳的少爺,即假洋鬼子和秀才,原本並不和睦,但在聽到革命黨進了城那天,竟一同到靜修庵把「皇帝萬歲萬萬歲」的龍碑砸了。

阿Q即使在監獄,甚至在綁赴刑場的路上,仍然沒有清楚地意識到死亡的恐怖。他只著急了一下,由於缺乏內在自我,加上他自己的思維方式,他又對自己的下場加以「合理的解釋」:「人生天地間,大約本來有時也未免要殺頭的。」(頁112–113)這麼一想,阿Q便又一貫地處之「泰然」了,並沉浸於表演臨刑犯人遊街示眾的老戲,而那也正是看客們期待著的好戲。

真正讓阿Q感到難堪、不安的事，是他在衙門大堂上被命令畫押認「罪」的時候：

> 於是一個長衫人物拿了一張紙，並一枝筆送到阿Q的面前，要將筆塞在他手裡。阿Q這時很吃驚，幾乎「魂飛魄散」了：因為他的手和筆相關，這回是初次。他正不知怎樣拿；那人卻又指著一處地方教他畫花押。
>
> 「我……我……不認得字。」阿Q一把抓住了筆，惶恐而且慚愧的說。
>
> 「那麼，便宜你，畫一個圓圈！」
>
> 阿Q要畫圓圈了，那手捏著筆卻只是抖。於是那人替他將紙鋪在地上，阿Q伏下去，使盡了平生的力畫圓圈。他生怕被人笑話，立志要畫得圓，但這可惡的筆不但很沉重，並且不聽話，剛剛一抖一抖的幾乎要合縫，卻又向外一聳，畫成瓜子模樣了。（頁111）

在傳統中國文化形塑性的影響之下，生命反而沒有比傳遞傳統文化的媒介來得重要。這種文化成功地傳遞以後，使中國人不知道生命是什麼和應該怎樣生活。魯迅的反傳統主義在這裡達到了諷刺的尖刻性的頂峰。

阿Q在瀕臨死亡的那一刻，才對現實（他要死了）有了真的了悟：

> 阿Q於是再看那些喝彩的人們。
>
> 這剎那中，他的思想又彷彿旋風似的在腦裡一迴旋了。四年之前，他曾在山腳下遇見一隻餓狼，永是不近不遠的跟定他，要吃他的肉。他那時嚇得幾乎要死，幸而手裡有一柄斫柴刀，才得仗這壯了膽，支持到未莊；可是永遠記得那狼眼睛，又凶又怯，閃閃的像兩顆鬼火，似乎遠遠的來穿透了他的皮肉。而這回他又看見從來沒有見過的更可怕的眼睛了，又鈍又鋒利，不但已經咀嚼了他的話，並且還要咀嚼他皮肉以外的東西，永是不遠不近的跟他走。
>
> 這些眼睛們似乎連成一氣，已經在那裡咬他的靈魂。（頁113–114）

這一刻，他再也不能把什麼都看作是理所當然的了，也不能再感到快活了。他想喊「救……」但還沒來得及喊出這個字，「他早就兩眼發黑，耳朵裡嗡的一聲，覺得全身彷彿微塵似的迸散了」（頁114）。

從魯迅最初的反傳統作品起，他對中國人「吃人」的深惡痛絕便是反覆不斷出現的主題。阿Q以看革命黨人被殺頭為樂，便是其中一個實例；然而，阿Q稟性中尚有質樸無知的成分，這使他在這情節裡表現的卑劣被披上一層麻木的外貌，多少減輕了對讀者的直接震撼。阿Q既愛看斬首，街坊百姓也同樣興致勃勃地趕來看他被處決，在此，「人吃人」的主題被魯迅以極度的恐怖感表現得淋漓盡致。即使沒有自我意識的動物當中，也有本能地愛護生命的，至少是這樣對待同類的生命；當然也有相反者。根據魯迅這裡的意思看來，中國人屬於後者。

將犯人在大庭廣眾前行刑，的確，古來中外都不乏這樣的場面。魯迅固然不是對大眾文化和大眾心理進行比較研究的學者，但即使要在這範疇內質問他，他非常可能會辯說，像這樣地玩賞生命的災難和毀滅的行徑，乃是特別中國式的。中國人享受這樣的盛舉的特殊方式本身表明了中國人的特徵，這特徵不能說是普遍的人性，而是和中國傳統的性質息息相關；在傳統影響下，自然的人被塑造成中國人。

「人吃人」的主題在魯迅的文字中屢見不鮮。1925年，魯迅寫道：「大小無數的人肉的筵宴，即從有文明以來一直排到現在，人們就在這會場中吃人，被吃，以凶人的愚妄的歡呼，將悲慘的弱者的呼號遮掩，更不消說女人和小兒。」[65]

對中國民族陰暗、悲觀的看法，是《阿Q正傳》的重要主題。不過，阿Q也有無知和天真的一面，這一面是不能輕易被視為可悲的。比起小說中一些風頭人物，如趙家的人、假洋鬼子、舉人老爺等等，阿Q由於無知，反而顯得討人喜歡。例如，賭博中輸光了錢、只好在人堆後面引頸張望時，他也會「替別人著急，一直到散場」（頁78）。當閒人

---

65 魯迅：〈燈下漫筆〉，收入《墳》，頁316。

們向阿Q追究城裡的底細時，他毫無隱瞞，自豪地告訴人們他的小偷經歷。衙門裡被命令畫押的一幕，他一心一意要盡力畫好一個圓圈。第二個例子也許不僅反映了阿Q的天真，也表現他想炫耀自己的願望；第一和第三個例子則透露了阿Q的無心的單純。

阿Q的這一面，在魯迅的反傳統思想裡有什麼涵義？魯迅意識的辯證性，在於他固然毫不留情地攻擊中國傳統，卻又對源於這傳統的一些價值念茲在茲；但對阿Q性格中天真和無知的一面，魯迅無從辯證性地推論出價值。阿Q的天真而幾近無知，雖然本身本質上無可厚非，卻幾乎不可能成為從裡面產生思想和道德變革的來源，它也不能從外面接受變革的激發。阿Q內在自我的匱乏阻止了這可能性，因為沒有自覺，他不能有意識地修身，更無從發展良好的質素。由於他多半靠本能生存，即使有外界的刺激，他也不能受其啟發。他的無知正是他缺乏內在自我這本質的特有的表露，並不是他人格中的道德力量。到小說末尾，他的無知使他陷入邪惡的傳統社會文化的羅網裡，被統治階級置於死地仍不明究竟。只有在生命的最後一瞬間，他才有一點自我的醒悟，但這卻是死亡帶來的。只要他仍活著，他便永遠不會有自覺。缺乏內在自我地活著，這是阿Q存在的本質。

因此，阿Q的故事所表達的，是對中國人完全陰暗的看法。村子是中國的縮影，裡頭無一處是希望的源頭。辛亥革命並未帶來什麼變化，只暴露了中國人的劣根性。除了官職的名稱形式上改換了、舊社會的一些表象受到了破壞之外，舊的文化和社會系統，如迷信、民風、等級秩序等等，實質上還是原封不動。

這見解已經夠陰暗了，然而，這還不能完全反映魯迅的悲觀的深度。辛亥革命不能說毫無成就：它處死了阿Q。從某種意義上說，阿Q是被體現傳統社會和文化系統的統治階級殺害的。然而，統治階級在革命以前也同樣惡劣，為什麼阿Q當時反而沒被殺害？魯迅表示阿Q無法不做「革命黨」：這是他趨附潮流，對統治階級本能的厭惡、無知、狡猾、愛佔人便宜等等性格交相作用的結果。革命之前，阿Q時而不喜歡統治階級，時而卑劣、狡猾和無知，但因為怯懦，他並未成為強盜，

只做了短時期的小偷。就算他被逮捕，也不至於會被處決。但他急切地要做「革命黨」，使他反而可能被統治階級宰割，因此，處於隨時可被當作強盜來判刑的境地。這裡有兩個重要的涵義。第一，魯迅的反思顯示，辛亥革命並未使事情變好，反而使中國社會的惡勢力自傳統架構的約束裡釋放出來，變得更為猖獗。第二，阿Q不知道革命為何物卻渴望做「革命黨」，因為做了「革命黨」而被處決，魯迅藉這前後的關係，讓未來仍想致力於革新的中國人學到教訓。阿Q從來不懂革命的目標和方法，此外，由於缺乏內在的自我，他本身沒有能力得到這方面的知識。歸根結底，中國的國民性必須先經歷根本的和徹底的改變，使他們能夠了解革新的目標和方法，中國才可能實現一個根本的和徹底的變化。如要促成中國的新生，這是首要任務。

當然，從理論上說，要達到這樣的變革有許多可能的途徑。而在尋求達成變革的切實可行的方法時感到茫然，也是可能的事。但是，在「藉思想、文化以解決（政治、社會等）問題的途徑」決定性的影響之下，加上辛亥革命失敗帶來的慘痛經驗，魯迅正如許多五四知識份子一樣，認為思想革命是必要的先決條件。1925年，魯迅和一位朋友討論變革的途徑時，他說他仍然相信《新青年》的主張：思想革命的必要性與優先性，「除此沒有別的法」。[66]

不過，魯迅卻又面臨痛苦的進退兩難的困境：他看不出他思想上深信其為正確的方法，在實際上是可行的。如果阿Q是中國人的典型，那麼，中國人顯然連最起碼的自覺也沒有。而思想革命如要成功，非得有自覺不可。中國國民自己沒有另闢蹊徑所需要的資源，所以在這個意識層次上，魯迅也還是對未來感到絕望。[67]

66　魯迅：〈通訊〉，收入《華蓋集》，頁17。

67　上面的討論已經說明《阿Q正傳》是一部在五四反傳統運動中描繪辛亥革命前後中國人性格「綜合畫像」的中篇小說，需要再強調的，是這篇創作在五四反傳統運動中的意義。雖然小說表面上並未譴責中國的傳統，只是講

了一個名叫阿Q的中國人在他的生活環境中與其他人互動的生活故事,其中不曾有一字一句直接批判中國文化、社會與政治,實際上,它卻間接地形成力量強大的全盤化反傳統主義的主體中不可或缺的一部份。這個深具原創性的故事,使讀者讀過以後地興起整體拒斥那種「使阿Q成為阿Q」的中國傳統的一份「實感」,比起直接主張整體主義的反傳統主義,更有力量。因為明顯而直接的意識形態主張容易滑落為說教,使人厭倦,產生反感。

五四時代激烈的反傳統主義,於1916年由陳獨秀發動以來,很快溢出它最初攻擊儒教的範圍,變成了全盤化的反傳統運動。到了魯迅發表〈狂人日記〉(1918年5月)與《阿Q正傳》(1921年12月4日至1922年2月12日)時,這個運動成為(尤其對於城市青年學生們而言)感染力強、聲勢澎湃的主流運動,主要就是由於魯迅文藝創作的貢獻。

魯迅的文藝創作蘊含著(或可說間接地建立了)一套完整的、決絕的整體主義反傳統(主義)意識形態。這一意識形態的特徵是:它根據它所肯定與投入的目的(即「改革國民性」)力求在「優勝劣敗,適者生存」的世界環境中,重振中華,以便讓今後的中國國民有尊嚴地活下去。要達成這個難度極高的目的,方案很多,但當魯迅使用國民性作為分析範疇時,卻認為首先需要剷除中國國民的劣根性。根據魯迅的觀察與反思,中國國民性的特徵皆是負面的。這種完全負面的認識,來自他對於形成國民性的中國傳統的正面成分,在顯示的認識層次上,全面封閉。雖然本文旨在論證「魯迅意識的複雜性」,指出在未明言的認識層次上,魯迅對於中國傳統中的一些價值,有其知識與道德上的肯定和堅持,並因而造成了他意識中無可化解的強大緊張與矛盾。不過,這種緊張和矛盾最終卻無法使他走出他對國民性全面負面的封閉性認識,魯迅整體主義的反傳統主義(或全盤化反傳統主義[全盤化反傳統的意識形態])遂得以建立。

換言之,《阿Q正傳》作為魯迅的創作,由於使用「國民性」那種有機式整體觀(holistic)來看問題——正如壞的胚胎長不出健康的生命那樣,中國從根子上出了問題——得出如要改變、必須脫胎換骨的結論。也正因為魯迅將「國民性」看作一個有機的整體,沒有辦法將之加以分疏(當然也就沒辦法看到「國民性」有什麼正面的傾向),所以說是封閉的意識形態。

編按:有關意識形態「封閉的系統性」以及其「系統性」並不蘊含正確性的特徵,請參閱本書第一部份〈二十世紀中國激進化反傳統思潮、中式馬列主義與毛澤東的烏托邦主義〉之附錄二:「意識形態的定義」。

然而，魯迅卻偏要「作絕望的抗戰」。[68] 義不容辭的民族主義使他在絕望中仍為美好中國的憧憬而獻身，按照他的根本預設的要求：就是要建立一個具有新的思想和文化基礎的未來。這意志力與導致絕望的力是不同的意識層面上的事，希望就在這裡。雖然魯迅對中華民族性質的切實評估無法看到任何希望，希望仍可建立在未來不可知的這個觀念上。既然未來尚未到來，從邏輯上說，誰也不知道它將會是什麼；那麼，只要還有未來，就存在著希望的可能性。

魯迅經常在文章裡表達這樣限定性的希望。我們在《吶喊》自序中已經注意到這一點。在另一篇文章中，他感嘆他生存的時代的中國和過去好幾個世代何其相似，但接著說：「幸而誰也不敢十分決定說：國民性是決不會改變的。在這『不可知』中，雖可有破例——即其情形為從來所未有——的滅亡的恐怖，也可以有破例的復生的希望。」[69]

那麼，他的希望是從他的絕望中推論出來的結果，是他在絕望的境況中產生的希望的感覺。這樣的希望蘊涵著內部構成的矛盾心理，他時而覺得這希望是縹緲的，因為它不現實。魯迅在他的一篇著名的散文詩裡寫道：「我的心也曾充滿過血腥的歌聲：血和鐵，火焰和毒，恢復和報仇。而忽而這些都空虛了，但有時故意地填以沒奈何的自欺的希望。希望，希望，用這希望的盾，抗拒那空虛中的暗夜的襲來，雖然盾後面也依然是空虛中的暗夜。」[70]

不過，在這篇散文詩中，魯迅援引匈牙利詩人裴多菲 (Sándor Petöfi) 的詩句做結：「絕望之為虛妄，正與希望相同！」[71] 絕望是耽溺於過去，或者，更準確地說，是耽溺於根據過去的經驗所做的理智的估

68　見魯迅1925年3月18日寫給許廣平的信：「我的作品，太黑暗了，因為我常覺得惟『黑暗與虛無』乃是『實有』，卻偏要向這些作絕望的抗戰。」魯迅：《兩地書》，見《魯迅全集》，第9卷，頁18。

69　魯迅：〈忽然想到〉，收入《華蓋集》，頁18。

70　魯迅：〈希望〉，收入《野草》，見《魯迅全集》，第2卷，頁170。

71　同上註，頁171。

計。魯迅在希望與絕望之間掙扎的緊張與矛盾，使他特別強調意志的重要性，那是奮力回應生命的召喚的意志。[72] 他的思想於此顯現出一項存在主義式特徵：強調意志在人性和歷史中的意義，不過並未涉及存在主義關於人生是荒謬的觀念。[73]

學術的、文體的、個人的與美學的

魯迅一生最大的反諷是，雖然他極力鼓吹全盤化地反傳統，卻花了大量時間對中國傳統多方面進行學術研究。[74] 他在意識明言層次上的其他方面的表現，顯示他仍然肯定傳統的某些事物，如在創作上運用傳統文學技巧，在個人和美學上欣賞傳統的某些質素。因此，我們有必要仔細考察這對他反傳統整體主義的意義：是大大削弱了它的力道，還是僅在形式上（或邏輯上）相互矛盾？

魯迅是一位卓越的中國文學史學者。[75] 1923–1924年間，他根據在國立北京大學教學用講義，出版了一本中國小說史，首開研究自上古到

---

72 〈過客〉中強烈地表現了魯迅這一點。魯迅：〈過客〉，收入《野草》，頁 179–185。

73 進一層的分析，請參閱作者即將出版〈論魯迅〉一書所收〈魯迅思想的特質及其政治觀的困境〉。

74 作者按：2016年6月我在台北校訂此份譯稿時，羅久蓉鑒於我的工作進行得十分辛苦，曾提供一份（從此句開始至本文結束的）校訂稿，供參考。我的工作改以久蓉的校訂稿為主，在其上再做校訂，並參考劉慧娟的譯稿與穆善培的舊譯。翻譯事業本來就是艱苦的工作，沒有人能夠做得十全十美。我的校訂定稿如有任何不妥、不當或不足之處，責任在我。

75 魯迅在這方面的成就世所公認。例如已故夏濟安教授寫道：「他曾任中國文學教授，學識之淵博，當不在同時代任何一位學者之下。」見 Tsi-an Hsia, *The Gate of Darkness* (Seattle: University of Washington Press, 1968), p. 102。

清代小說通史的先河。[76] 他發揮中國校勘考證學的優良傳統，編撰數套古逸傳奇集、一冊關於故鄉紹興的歷史文獻集，以及詩人嵇康义集。他又搜集了為數可觀的早期碑刻拓印，對漢代石刻畫像、六朝佛教壁畫造像和墓碑等進行編目，不過均未出版。[77]

魯迅的《中國小說史略》，雖然其中若干論點從反傳統立場批判儒家倫理的道德實踐及其影響，大體上對中國傳統小說發展史的評價尚稱公允。他特別推崇《金瓶梅》和《儒林外史》所蘊含的寫實人文主義精神。[78]

從形式或邏輯觀點，魯迅對中國傳統小說進行學術研究，與他全盤化反傳統主義之間是無法相容的；既然中國過去的一切都令人憎惡，他怎麼可能欣賞傳統小說？然而從實質上來說，這種形式矛盾並未在魯迅意識中造成嚴重的緊張。因為在他看來，如果若干中國傳統小說具有正面意義，就在它所反映的寫實人文主義範疇，這種範疇不只適用於一般

76　中國小說史權威鄭振鐸說，魯迅這部開山之作「指出了以後三十年研究的大方向」。王瑤在其《魯迅與中國文學》(上海，1952)一書，頁54引用了這段話。王瑤很想在魯迅的作品和中國文學傳統之間建立起一種正面的傳承關係，但論證含混不清。他經常斷章取義地大量引用魯迅的文章，卻未能區別魯迅從傳統中國文學中採納了哪些質素，如文學技巧，以及揚棄了哪些部份，如形式與內容。

77　許廣平編：〈魯迅譯著書目〉，《魯迅先生紀念集》(上海，1937)，頁1–11。

78　魯迅：《中國小說史略》，見《魯迅全集》，頁8卷、第146、181–182：「作者之於世情，蓋誠極洞達，凡所形容，或條暢，或曲折，或刻露而盡相，或幽伏而含譏，或一時並寫兩面，使之相形，變幻之情，隨在顯見，同時說部，無以上之，故世以為非王世貞不能作。至謂此書之作，專以寫市井間淫夫蕩婦，則與本文殊不符，緣西門慶故稱世家，為縉紳，不惟交通權貴，集士類亦與周旋，著此一家，即罵盡諸邑，蓋非獨描摹下流言行，加以筆伐而已……迨吳敬梓《儒林外史》出，乃秉持公心，指摘時弊，機鋒所向，尤在士林：其文又戚而能諧，婉而多諷；於是說部中乃始有足稱諷刺之書……敬梓所描寫者即是此曹，既多據自聞見，而筆又足以達之，故能燭幽索隱物無遁形，凡官師、儒者、名士、山人，間亦有市井細民，皆現身紙上，聲態並作，使彼世相，如在目前。」

（普遍的）文學，也包括外國文學。[79] 根據此種文學觀點，這些特色並非中國獨有，因此對中國文化傳統其他部份的中國質素而言，無關緊要。

這仍然沒有回答一個問題：既然以為中國的過去已是全然的惡，如何能從中產生正面的質素——即便這些質素具有跨文化的普遍性？我們無法從魯迅的著作中找到答案——這個事實暴露了他的全盤化反傳統主義中一個基本的問題。（針對這點，不僅魯迅，陳獨秀和胡適也一樣，拙著《中國意識的危機》中已經論及，他們都承認中國傳統裡有一些普遍的、跨文化的正面價值，但也都無法回答這個問題。）魯迅從未面對這個問題，由於問題僅停留在形式層次上，他反思的可能性微乎其微。即使他意識到這一點，可能也不會感到太大困擾。因為即使運用寫實的人文主義這個具有普遍性、跨文化的分析範疇在傳統中發現一些正面成分，也不會認為它們將影響中國傳統中的中國性或受其影響，因為那些成分將被視為傳統的例外。因此，他基於激烈的反傳統主義排斥中國傳統中所有具有中國屬性的事物，並未受到實質上的挑戰。

在意識明言層次上，魯迅從中國傳統的文藝技巧中汲取資源。但就類型而言，他的創作形式（或結構）和內容卻是嶄新的。[80] 他隨手拈

79　當然，是否應該用這樣的觀點來探討文學，是另一個問題。同樣的觀點也出現在魯迅的《漢文學史綱要》一書中，該書是根據他1926年任職廈門大學時的講義稿撰寫而成，他去世後始付梓。他從美學標準和現實人文主義等一般性範疇，來品評《詩經》、《離騷》和其他文學作品。見《魯迅全集》，第8卷，頁255–309。

80　魯迅曾自述他如何運用傳統藝術技巧，見：〈我怎麼做起小說來〉，收入《南腔北調集》，頁393。捷克學者普實克（Jaroslav Průšek）在許多論著中表達了與魯迅相似的觀點。普實克認為現代中國文學革命是一種質變（qualitative change），這種變革不能追本溯源地被視為從較早的中國文學演化而來。他認為文學革命是中國作家思想革命，以及諸多文藝形塑因素彼此之間的關係經過革命性轉化的結果。見 Jaroslav Průšek, "A Confrontation of Traditional Oriental Literature with Modern European Literature in the Context of the Chinese Literary Revolution," in Leon Edel (ed.), *Literary History and Literary Criticism*

來、靈活運用莊子的詞語和屈原的文字。[81] 當代文藝批評家中有人強調
文學形式與內容的關係是有機的，魯迅文學創作的形式與內容正是有機
地融為一體，與傳統中國文學的表現手法大相徑庭。對魯迅而言，中國
傳統文學的成分，只是為其文藝創作形式和內容提供一些素材。二者的
關係限於技術層面，對他的意識形態和道德判斷沒有本質上的影響，對
他的全盤化反傳統思想也不構成什麼嚴重挑戰。

(New York, 1965), pp. 168–170。不過，普氏指出，魯迅雖然捨棄中國傳統
的文學形式，卻把傳統中國的抒情敘事手法用在文學創作上。他擺脫了傳
統抒情敘事刻板僵硬的形式，自由運用缺乏故事情節和佈局的主觀、印象
式、平鋪直敘的手法，來表達他對社會現實革命性的看法。普氏說：「數
百年來，中國抒情敘事將　系列自大自然取材的元素並列，注入豐富的情
感，創造出一幅可以傳達非凡經驗，洞察人情世故，完全臣服於神秘大自
然、與之水乳交融的畫面。藝術家欲經歷這個過程，首先必須具備準確的
觀察力，透過看似不起眼的支微末節，直指事物本心，最後將它傳達給讀
者……這方法教導藝術家從每一個現象中找出最典型的特質，去其糟粕，
取其精華，然後以最凝練的語言，呈現事物的本來面貌。不難想像當藝術
家以此方法描述社會現實時，背後所蘊含的意義：極敏銳的洞察力使他能
從繽紛雜亂的現象中擷取最有意義的事物——也就是上述畫面中最突出的
事物，寥寥數筆便將之呈現出來。因此詩人描繪的畫面不僅賦予個別事件
以實質意義，且勾勒出整個時代的梗概。在我看來，這方法比任何史詩手
法更能讓藝術家尖銳而清晰地呈現社會罪惡的恐怖。在個別敘事中，光和
影必然交替，主觀因素經常替社會罪惡活動辯解，為之塗飾。抒情詩則不
然；事實以不加修飾、一無遮掩、無可變更的恐怖面貌挺立在那裡。在摒
除了所有附加陪襯細節之後，一切能把所呈現現象的恐怖沖淡的事物也都
消失了……這是為什麼像魯迅這樣一位現代藝術家，當他嘗試以一種新的
方式表達他對於現實革命性的態度時，要採用這種藝術手法——以單一、
典型畫面呈現社會情境的實質，注入豐富情感，所有次要、偶發事件均
遭移除。」見Jaroslav Průšek, "Some Marginal Notes on the Poems of Po Chü-i,"
Chinese History and Literature (Prague, 1970), pp. 80–81。

81　參見郭沫若：〈莊子與魯迅〉，收入他所著《今昔蒲劍》（上海，1947），頁
　　275–296；以及許壽裳：〈屈原與魯迅〉，《亡友魯迅印象記》，頁5–8。

魯迅對中國木刻版畫的興趣，表達了他在明言意識層次上對個人、美學和學術的看法。他從小就對中國傳統書畫藝術很感興趣，當他在北京見到印在中式信箋上的中國畫家木刻畫時，對這些精湛的書畫藝術留下十分深刻的印象。後來在日本入侵的陰影下，他和鄭振鐸合作，努力搜集並付印了這些箋譜，唯恐這種結合文人與工匠技藝的本土傳統藝術，可能因為即將爆發的戰爭而遭破壞。[82]

除此以外，魯迅自幼即被一些地方戲曲和神秘的民俗藝術深深吸引。夏濟安談到魯迅是如何迷上地方戲曲中的鬼魅人物：

> 他甚至暗地裡喜愛一些（鬼魅），對目連戲中的無常和女吊帶有縱容的溺愛。很少作者會像他那樣津津樂道這些令人毛骨悚然的話題。身為社會改革家，魯迅卻對民俗迷信懷抱如此深切的同情，這是出人意外的。這也使這兩篇（關於兩個鬼魅的）文章顯得彌足珍貴。周作人寫過一些雋永而不帶情緒的有關民俗研究的文章，魯迅的興趣卻不純然為了學術。他著迷似地注視這些鬼魅，取笑他們古怪嚇人的外貌。任由自己的幻想在這個題材上馳騁，風趣地想出一些為什麼大家應該喜愛這些鬼魅的理由，然後以生動的想像力彷彿要將之起死回生，愛憐地將它們呈現在讀者面前。[83]

魯迅對這一類傳統藝術、民俗以及地方戲曲的興趣，主要集中在它們特殊的表現。讓他著迷的正是它們特殊的中國性，而非其中所反映的藝術普遍性、跨文化性或技巧上的可能性。魯迅之被中國傳統文化這些方面吸引，意味著伴隨他的全盤化反傳統主義的一些反主題存在於他的複雜意識之中。然而，這些反主題雖然對他的反傳統思想是一種挑戰，

82　魯迅、西諦 (鄭振鐸) 合編：《北平箋譜》(北京，1934)。哈佛燕京圖書館藏有這本精美的書。魯迅為這本書寫的序言重印本收在《集外集拾遺》，頁664–665。關於魯迅和鄭振鐸合作出版本書的情形，詳見魯迅致鄭振鐸的信，許廣平編：《魯迅書簡》，頁519–584。

83　Tsi-an Hsia, *The Gate of Darkness*, pp. 155–156.

卻並未對他的作為道德判斷的全盤化反傳統主義構成嚴重的威脅，因為他主要是在意識中的私領域和審美的基礎上，接受並欣賞那些中國傳統質素。假若他感到強烈地需要將意識中的各個方面統合起來，使其前後一致，他應該據以修正自己的全盤化反傳統主義。如果在他的意識中沒有另外的一些反主題（詳下），我們可以說魯迅全面拒斥中國傳統的「道德」（或不道德）價值。但他卻在意識私領域從一些傳統民俗戲曲中獲得美學上的歸屬感。由於這些美學關懷主要屬於個人私領域，他並未公開宣揚。他那鑒賞家式的對中國傳統木刻版畫的興趣，已超過私人領域，但它的公共性主要表現在學術、情感方面，而不在道德方面。

未明言（隱示）的意識層次

對於魯迅全盤化反傳統主義，最為嚴重的實質挑戰來自他在未明言的理知和道德層次上認同與堅守若干中國傳統價值。有鑒於魯迅意識的複雜性，我們必須仔細分辨他思想中的這兩個（肯定與否定中國傳統質素的）面向，詳加剖析。他的全盤化反傳統主義，除了以論爭形式直接地表達出來以外，也呈現在他的文學創作中。《阿Q正傳》所展現的整體主義的反傳統主義的主題和全面攻擊傳統的指涉，雖然是以一種間接的方式呈現，卻毋庸置疑。事實上，全盤化地反傳統是五四時代魯迅在明言層次上最主要的論辯訴求。另一方面，因為魯迅在理知與道德上認同與堅守若干傳統價值，不但他本人充分自覺這些傳統價值在他生命中的存在，部份作品也精微地述說了它們的意義。不過，由於他在明言層次上已投入全盤化反傳統主義，不願公開解釋自己為何繼續堅守某些傳統價值的原因，以至於這些堅持雖然存在於其意識中，卻隱而未顯。為節省篇幅，我將在下文中將明言論辯層次簡稱為「明言層次」，有意識但隱而未顯者簡稱「未明言層次」。

魯迅一方面自認是根據理性和道德投入全盤化反傳統主義，同時卻堅守中國的某些傳統價值，導致意識中出現巨大而深刻的緊張，這種緊

張超越了形式或邏輯上的矛盾。在緊張的壓力下，他可能產生以下幾種反應：他可能創造性地將意識提升至認知的另一階段，以超越這種緊張；或者，在找不到真正解決方法的情況下，他有可能被撕裂，他的創造力可能因視野分裂（divided vision）而陷於癱瘓。因此，精準探討魯迅面對此一巨大緊張的反應，對了解其意識的複雜性，至關緊要。

我們不妨仔細探討魯迅在一篇小說中如何展現他所信守的傳統價值，以說明存在於他意識中的緊張。在這方面，小說比雜文擁有更多揮灑空間：作者可以藉由小說的形式，表達不同的、甚至不協調的觀念，通過不同的人物和場景，描繪出不同的基調，而無需在一致性問題上受到質疑。

〈在酒樓上〉是以個人回憶形式寫成的。敘事者遇見了一位多年未見的昔日同窗呂緯甫。小說中，呂緯甫講述了兩件事，一是為愛弟遷墳，一是拜訪舊鄰居的女兒，兩件事都是為了完成母親的心願。關於這兩個情節，周作人1952年寫道：「都是著者自己的，雖則詩與真實的成分也不一樣。」[84]

就第一例而言，小說中的事件和魯迅的真實生活經驗基本相同，只在細節上和無關緊要處略有出入。1898年12月20日，魯迅的四弟周椿壽因急性肺炎去世，死的時候才五歲半，這件事給周家帶來極大的悲慟，[85] 魯迅的母親尤其因為喪子哀傷欲絕。她要周作人找人根據他的描述給亡弟畫一幅畫，這幅畫像一直掛在紹興祖宅她房裡，後來又隨她遷到北京，直到她去世。

椿壽卜葬於公墓邊沿，多年來塋地周遭的黃土屢遭鄉人挖掘，時有塌陷之虞。1919年，魯迅回到紹興，憂心忡忡的母親要他把墳遷往後來購置的安葬父親的塋地。周家人因為怕提起來難過，始終不曾問過椿

84　周遐壽：《魯迅小說裡的人物》，頁163。

85　周椿壽去世時，魯迅正在故鄉參加縣考。他原在南京江南水師學堂學習，為應試而返回故里。幼弟的猝死令他悲痛非常，無心應考，這時距離考試結束還有幾日。12月24日，他突然離開家鄉，回到南京。

壽遷葬的情形；但周作人相信，小説中呂緯甫敘述的應該就是魯迅本人的經歷。

〈在酒樓上〉第二個情節描寫呂緯甫奉母命，攜剪絨花送給舊鄰居的女兒，小説與真實生活的對應關係有點含混。周作人對此前後説法不一：一者如前所述，説這「都是著者自己的」經歷；但周作人後來又改口説，小説情節純屬虛構，小説中那個船戶的女兒是魯迅依鄰家女形象塑造的。不過，實際上她是死於傷寒，非如小説所説得了肺結核。[86]

兩種説法的差異可能不如想像中那麼大。周作人寫魯迅生活經歷時已六十有七，即使説法不一，也並不特別令人感到訝異。他似乎是説，魯迅對鄰居女兒的同情與小説中呂緯甫的相似，因此認為第二個情節出自魯迅親身「經歷」。

不論周作人意指為何，他的回憶提供了一個相對堅實的證據，我們可以據此推論，魯迅是藉呂緯甫的言語行動來表達自己的意識。簡言之，小説中呂緯甫與敘事者之間的交談，可視為魯迅自己內心的對話。

小説從敘事者自北方回到東南的一次旅行開始。期間他先返回故里，然後來到曾經教過一年書的鄰近縣城。懷著懷舊的思緒，百般聊賴的他找了間旅舍住下。當他走訪幾位他認為應該還留在當地的舊同事時，一個也沒找到。為驅散因失望和寂寞興起的抑鬱之情，他走到舊時經常光顧的一間小酒樓上。正獨酌時，意外地遇見舊時同窗呂緯甫，也是他在當地教書時的同事。多年不見，呂緯甫已不復當年那個充滿活力、離經叛道的小伙子。兩人分手後，呂緯甫做過一些無足輕重的小事情，現在和母親住在太原，在一個同鄉家裡教孩子們讀儒家經典，以維生計。敘事者問呂緯甫何以回到這小城——他的故鄉，緯甫説：

86　上述乃根據周遐壽：《魯迅小説裡的人物》，頁163–175；《魯迅的故家》，頁108–109。亦見周作人：《知堂回想錄》（香港，1970），頁46–53、592–599。

「也還是為了無聊的事。」他一口喝乾了一杯酒，吸幾口煙，眼睛略為張大了。「無聊的。——但是我們就談談罷。」……

「你也許本來知道，」他接著說，「我曾經有一個小兄弟，是三歲上死掉的，就葬在這鄉下。我連他的模樣都記不清楚了，但聽母親說，是一個很可愛念的孩子，和我也很相投，至今她提起來還似乎要下淚。今年春天，一個堂兄就來了一封信，說他的墳邊已經漸漸的浸了水，不久怕要陷入河裡去了，須得趕緊去設法。母親一知道就很著急，幾乎幾夜睡不著，——她又自己能看信的。然而我能有什麼法子呢？沒有錢，沒有工夫：當時什麼法也沒有。

「一直挨到現在，趁著年假的閒空，我才得回南給他來遷葬。……就在前天，我在城裡買了一口小棺材，——因為我預料那地下的應該早已朽爛了，——帶著綿絮和被褥，僱了四個土工，下鄉遷葬去。我當時忽而很高興，願意掘一回墳，願意一見我那曾經和我很親睦的小兄弟的骨殖：這些事我生平都沒有經歷過。到得墳地，果然，河水只是咬進來，離墳已不到二尺遠。可憐的墳，兩年沒有陪土，也平下去了。我站在雪中，決然的指著他對土工說，『掘開來！』……待到掘著壙穴，我便過去看，果然，棺木已經快要爛盡了，只剩下一堆木絲和小木片。我的心顫動著，自去撥開這些，很小心的，要看一看我的小兄弟。然而出乎意外！被褥，衣服，骨骼，什麼也沒有。我想，這些都消盡了，向來聽說最難爛的是頭髮，也許還有罷。我便伏下去，在該是枕頭所在的泥土裡仔仔細細的看，也沒有。蹤影全無！」……

「其實，這本已可以不必再遷，只要平了土，賣掉棺材，就此完事了的。……但我不這樣，我仍然鋪好被褥，用棉花裹了些他先前身體所在的地方的泥土，包起來，裝在新棺材裡，運到我父親埋著的墳地上，在他墳旁埋掉了。因為外面用磚墎，昨天又忙了我大半天：監工。但這樣總算完結了一件事，足夠去騙騙我的母親，使她安心些。——阿阿，你這樣的看我，你怪我何以和先前太不相同了麼？是的，我也還記得我們同到城隍廟裡去拔掉神

像的鬍子的時候，連日議論些改革中國的方法以至於打起來的時候。但我現在就是這樣了，敷敷衍衍，模模糊糊。我有時自己也想到，倘若先前的朋友看見我，怕會不認我做朋友了。──然而我現在就是這樣。」[87]

呂緯甫還對敘事者說，他到酒樓來之前又做了一件「無聊的事」，「也是我自己願意做的」（頁29）。就在他正要出發上路前，他的母親忽然憶起舊日鄰居船戶的長女阿順，說她看見人家頭上戴了一朵紅色剪絨花，自己也想要一朵，卻因得不到哭了好一陣子，最後還招來父親一頓打。這種特殊材質的剪絨花是外省製造，在家鄉買不到，他母親於是囑咐他旅途上看到買兩朵帶回去給阿順。呂緯甫說，他並不因此而感到懊惱，他真心誠意想為阿順做點事。阿順是個既能幹又勤奮的孩子，十歲那年母親去世後，便一肩挑起照顧弟妹和服侍父親的責任，不僅鄰居稱讚，父親對她也充滿感激。

呂緯甫原先不知剪絨花這故事，經母親提起，他也想起自己曾為阿順的純真感動的往事，於是很熱心地四處尋找剪絨花。在太原城裡遍尋不獲，最後特地繞道濟南，方得如願。「我也不知道使她挨打的是不是這一種，總之是絨做的罷了。」呂緯甫繼續說道：「我也不知道她喜歡深色還是淺色，就買了一朵大紅的，一朵粉紅的，都帶到這裡來。」（頁31）他將行期往後延一天，就是為了給阿順送花去。但當他到了他們家門口，卻不見阿順和她父親人影，隨後從鄰居口中得知，阿順已於去年秋天害癆病死了。呂緯甫說：「那倒也罷，我的事情又完了。」他請鄰居把花轉送給阿順的妹妹，心裡暗自盤算，回家後告訴母親，說阿順接到花，高興得不知道說什麼才好。但他緊接著又說：「這些無聊的事算什麼？」

「模模糊糊的過了新年，仍舊教我的『子曰詩云』去。」

87　魯迅：〈在酒樓上〉，收入《彷徨》，見《魯迅全集》，第2卷，頁26–28。接下來引用本小說文字時，將在括弧裡標明頁碼。

「你教的是『子曰詩云』麼？」我覺得奇異，便問。

「自然。你還以為教的是ABCD麼？我先是兩個學生，一個讀《詩
經》，一個讀《孟子》。新近又添了一個，女的，讀《女兒經》。連算
學也不教，不是我不教，他們不要教。」

「我實在料不到你倒去教這類的書，……」

「他們的老子要他們讀這些；我是別人，無乎不可的。這些無聊的
事算什麼？只要隨隨便便，……」（頁33）

　　魯迅這篇小說充滿複雜、模棱兩可的涵義，在意識明言層次全盤性
反傳統主義和未明言層次理知與道德上奉持傳統中國價值二者之間，產生
了真正的思想上的緊張。表面上，呂緯甫從青年時期反傳統主義退卻，
似乎可用智性擁抱西方價值、情感眷戀中國過去導致的緊張來解釋，實則
不然。故事中，呂緯甫講述這兩件事之前，先以抱歉的口吻說它們都是
「無聊的事」，自己「現在自然麻木得多了」（頁28–29）。這些話顯示，他所
做的兩件事和他持續相信的事物之間是衝突的。他之所以感到抱歉，因
為他相信自己的所作所為，違反了他表面上仍想堅信的反傳統主義。

　　事實上，小說只提到一件呂緯甫的反傳統行動，此即他到城隍廟拔
掉神像的鬍子。這唯一一次行動具有打倒偶像的象徵意義，但並不必然
蘊涵實質上全面揚棄中國傳統。我們不妨設想有這麼一種類型的反傳統
主義，它雖然攻擊傳統的偶像及其代表的一切，卻並不拒斥傳統的實質
內涵。我們也可以設想，如果傳統的偶像象徵傳統中扭曲的正面特質，
它就無法代表傳統的全部。由於呂緯甫這個角色主要依照魯迅自身形象
塑造，加上五四反傳統主義對中國過去的質素未加仔細區分，我們幾乎
可以確定，呂緯甫的反傳統主義是全盤性的。這意味著相較於之前他在
明言層次理知與道德上堅持的立場，只要和中國傳統發生任何形式的正
面聯繫，或對之產生眷戀激賞之情，都像是一種妥協，他為此感到抱歉。

　　誠如小說中兩個情節所示，呂緯甫與中國傳統的關係是正面的，但
這種正面的關係並不蘊含一套可以緩解因信奉西方價值而在理知上感到自
卑的心理平衡機制。它反映出自覺卻在未明言層次接納中國傳統文化規

範，同時在理知與道德上繼續奉行傳統中國價值，因此造成一種真正智性上的緊張。如果以情感眷戀中國傳統、知性信奉西方價值的二分法來解釋這種緊張，乃是提出一套僵硬的解釋範疇，無視具體歷史源流的複雜性。

呂緯甫堅稱自己所行之事無關緊要，但它們果真那麼無聊嗎？他的確想討母親的歡心，但他顯然也認同母親試圖透過一種典型的傳統中國人際關係模式，傳達對他人真誠的關懷——她為幼弟遷葬憂心如焚，把船戶女兒因剪絨花受折磨這種看似微不足道的小事放在心上。呂緯甫為了完成母親交代的任務，四處張羅。即此而言，他與母親在精神上的契合，不能視為只是感情用事，而是反映出中國傳統道德中「念舊」的價值與美德。唯其如此，呂緯甫才會認為，在意識的未明言層次，替幼弟遷墳以及替船戶的女兒買剪絨花，無論從理知與道德的角度，在生活中都是有意義的。當他掬起幼弟身體所在地的泥土，裝進新棺木中，完成遷葬儀式時，他透過「念舊」的道德價值，觸及人性最高貴的一面。即使幼弟骨殖已亡，遷葬只是為了紀念他，這舉動對呂緯甫仍具象徵意義。同樣的，基於「念舊」無上道德律令的驅策，他不厭其煩地為船戶的女兒尋找剪絨花，即使這意味著他必須中途下車來到另一個城市。

這兩段故事揭示了呂緯甫在理知上與道德上繼續奉行「念舊」的價值。由於小說中的呂緯甫是以魯迅為藍本，也許我們可以說，魯迅自己一生在理知與道德上從未背離這種傳統價值。如果僅從上看，呂緯甫針對兩件事所作辯解，似乎顯示他已從年輕時的反傳統主義退卻。事實上，同時堅守兩種不可調和的理知與道德信念而引起的緊張，才是他感到抱愧的原因。

有充分證據顯示，魯迅終生奉行「念舊」這種價值。他和母親感情深厚，母子情深表現在以下兩方面：在實存意義上，魯迅重新調整傳統中國的孝道倫理規範，以適應現代生活。在理知意義上，這一切都是「念舊」思維的延伸。[88] 小說中，實存意義上傳統孝道的現代性轉化表現在呂緯甫

88　現存魯迅逝世前五年 (1932–1936) 給他母親寫的 50 多封信，可以證明這點。見許廣平編：《魯迅書簡》，頁 267–313。

為了讓母親歡喜和安心，決定對她隱瞞這趟旅行的真實情況。魯迅為擁有不少像許壽裳、邵銘之這樣的終身至交感到自豪。雖然他不見得總是或完全同意他們的觀點，卻絲毫無損於他們之間的友誼。[89] 早年他曾經寫過六首題為〈別諸弟〉的舊體詩，其中一組三首寫於20歲前後，抒發懷念弟兄的離情別緒。他的作品中也有一幅悼念亡友的輓聯(寫於20歲)。[90] 在肺病末期臨命終前十天，他仍勉力支撐病體，完成兩篇追憶老師章炳麟(數月前過世)的文章。這些無疑是在「念舊」感召下直抒胸臆的文章。[91]

從以上對〈在酒樓上〉的解析，呂緯甫的「念舊」顯然受文化的影響，由邏輯推衍而來，非由心理壓力驅策所致，這可說是一種他在未明言層次默默奉行的傳統價值。所謂由邏輯推衍而來的「念舊」，係指社會政治和文化道德秩序崩解之後，傳統道德價值雖然早已脫離原有架構，但對呂緯甫這樣的中國人，仍然具有清晰的輪廓，無須借助外力即可發揮影響力，為他提供一個理知與道德上具有意義的表達管道。我們可以據以推斷，呂緯甫仍然信守「念舊」的傳統道德價值。

誠如這篇小說的含義清楚表明的，儘管魯迅在個人生活與意識的未明言層次繼續奉行「念舊」的價值，卻不願把它帶入明言層次，即便僅僅為了對自己有個交代。因為這樣做需要在一個嶄新的、系統性的文化架構基礎上，條理分明地提出論證說明，但對他而言，如此的架構卻不存在。不過，由於他繼續保有中國傳統的若干質素(中國傳統的整體性秩序雖已崩解，但某些質素的特性與影響力並不必然消失)，他的「念舊」是真實的。

另一方面，〈在酒樓上〉顯示，呂緯甫對自己正在傳授「子曰」、「詩云」、《女兒經》等儒家經典難以釋懷。儘管作為個人，他在未明言層次

89　見魯迅致曹聚仁信(1936年2月21日)，《魯迅書簡》，頁472–473。

90　魯迅：〈別諸弟〉，收入《集外集拾遺》，頁713、720；又〈輓丁耀卿聯〉，《魯迅全集》，頁721。

91　魯迅：〈關於太炎先生二三事〉，《且介亭雜文末編》，見《魯迅全集》，第6卷，頁442–445；〈因太炎先生而想起的二三事〉，《魯迅全集》，頁449–453。魯迅這第二篇文章寫於他逝世前兩天，即1936年10月17日，是他的最後一篇文字。

肯定自己奉行的傳統價值是有意義的，但不贊成在教育課程中恢復古代正統經典的傳授。即使某些傳統價值可以通過教育手段恢復，我們也不能確定他願意這麼做，原因在於他缺乏一個整體而有系統的世界觀，為中國的未來描繪一個更明確的前景。雖然他在未明言層次信奉某種傳統價值，但他顯然並未放棄早年全盤化反傳統主義的立場——即使他在私人領域堅守一些傳統價值，但在公共場合他不可能贊成將之恢復，更不願意奉東家之命，扮演一個把學習變成讓空洞儀式性古代經典課程在現代社會得以延續的推手，傳授儒家經典只是謀生的工具。他的所做所為不僅不能拯救傳統，還違背了傳統的本真性，即讓傳統淪為傳統主義（traditionalistic）式的說教。[92]

上述對魯迅多層次意識性質的分析顯示：在其全盤化反傳統主義與在理知、道德上奉行傳統價值之間，存在著真實而劇烈的思想緊張。在一個充斥著化約性論述、陳腔濫調泛濫的時代，魯迅拒絕教條說理，他那複雜而強烈、體現時代脈搏並象徵二十世紀中國文化空前危機的意識，證明他在理知上與道德上的高度。然而，受制於具有支配力的反傳統整體主義，他最終未能超越這種緊張，否則它有可能成為創造性詮釋中國傳統的泉源，或至少讓他在明言層次質疑全盤拒斥中國傳統的正當性。問題是反傳統思想的支配力為何如此強大？終極而言，辛亥革命後的社會政治現實壓力形成了一種整體性思想模式，在他「藉思想、文化以解決（政治、社會等）問題的途徑」影響下，他不可能尋求一個更有效、更多元的方式來解決自己思想上的緊張。他雖然熱切盼望自己和他人都能從中國傳統的枷鎖中解放出來，但依然為這種植根於傳統的思想模式束縛，想不出其他可供選擇的分析範疇。他意識上的危機最終未能解決。

---

92 「傳統主義」這個名詞的用法，通常係指為了達到非傳統目的，將傳統當成一種意識形態而加利用，但卻不承認因此違背了傳統的本真性。此處引申之意，則指為利用傳統來達到非傳統的目的，或以它做為謀生的功利性手段，但承認因此違背了傳統的本真性。

民初「科學主義」的興起與含意
—— 對「科學與玄學」之爭的研究

一、前言

現代中國的「科學主義」(scientism) 是指一項意識形態的立場，它強詞奪理地認為，科學能夠知道任何可以認知的事物(包括生命的意義)，科學的本質不在於它研究的主題，而在於它的方法。所以科學主義者認為，促進科學方法在每一可能領域的應用，對中國和世界來說是非常必要的。通過對中國現代思想史中一個事件的考察 —— 即對 1923 年發生的、在中國現代思想史上許多領袖人物都曾捲入的激烈而廣泛的「科學與玄學」論爭的考察 —— 我們可以看清這一思潮是如何興起的，以及它的歷史含意。傅樂詩 (Charlotte Furth) 甚有見地地分析過這一論爭；郭穎頤 (D. W. Y. Kwok) 早年對此一論爭的敘述，在許多方面仍然有用。我在這裡不擬重覆他們的發現，而要在現代中國文化危機的背景下，抽出它的幾個主要特徵，並估量其對後來中國文化發展的影響。

二、「科學與玄學」論爭的緣起，兩浪的基本立場，及對「科學方法」的共同誤解

這次論爭肇始於丁文江對張君勱在 1923 年 2 月 14 日對清華大學學

生演講的輕蔑批評。在那次演講中，張氏特別強調科學與人生觀之間有道不可逾越的鴻溝。他認為「人生觀之特點所在，曰主觀的，曰直覺的，曰綜合的，曰自由意志的，曰單一性的」。[1] 反之，科學則是客觀的，為邏輯方法所支配，其方法是分析的，並為因果律與自然現象的恆常性所統轄。[2] 這樣，他明確而不留餘地地說：「科學無論如何發達，面對人生觀問題之解決，決非科學所能為力，惟賴諸人類之自身而已。」[3]張君勱是希望維持人的道德自主性的觀念論觀點；但他僵硬的立場不但不能使他的理論往前推進一步，而且也無法避免被許多讀者誤解。他最易遭到批評者抨擊的一點是：他的立場可能被看作有否定科學的社會含意，無視科學對人類生活方式的巨大影響，及隨之而來對人生觀的巨大影響。對他的立場更為嚴重的反駁則是：他通過具有相對主義色彩的直覺主義及個人人格至上主義來為精神和良心自主性辯護是謬誤的。張氏說：「故自然界現象之特徵，則在其互同；而人類界之特徵，則在其各異。惟其各異，吾國舊名詞曰先覺，曰豪傑；西方之名曰創造，曰天才，無非表示此人格之特性而已。」[4] 順著這個說法推演下去，一個人的人生觀是有機地與他的性格連鎖著，而他的性格則是他的直覺源；因此人生現必須看作是主觀的。奇怪的是，張氏並未提出一個更高的宗教哲學的「實在之源」作為精神與道德意識能被客觀地合法化的基礎。如果這樣做，他便可暗示：精神與道德意識在不同時空中不同的具體表現，是內在地與這更高的「實在之源」聯繫著的，這樣便無主觀武斷與相對主義之嫌。這樣，他可避免別人指責他是主觀相對主義者——起碼可以奮力反擊此類指責。然而，為什麼如此熱切地維護精神和道德良心的價值的張君勱，竟寧願用它們的主觀性作為自己辯護的武器，並堅持人生觀完全是屬於個人的呢？

1　張君勱：〈人生觀〉，載亞東圖書館編：《科學與人生觀》（上海：亞東圖書館，1923、1924），頁9。

2　同上註，頁4–5。

3　同上註，頁9。

4　同上註。

　　有機式的宇宙觀畢竟是中國文明的最基本原則之一！儒家與道家都持這種天人合一，或道心與人心合一的觀點。事實上，張氏極熱心地希望能夠維護儒家的立場。但，在儒家思想中，「道」既有在宇宙中客觀的一面，又有在人心中主觀的一面。「道」被認為是內涵於人性之中；人的精神性與道德良心當然不是純主觀的（因為人的精神性與道德良心反映了「道」的實體，而「道」是宇宙客觀的實在）。在一個特定的意義下，它們（人的精神性與道德良心）自有其客觀性。張君勱之所以一再以強調精神與道德良心的主觀性來維護它們（而結果適得其反），原因很多；一個關鍵性的因素則是：他深受當時流行的「科學主義」式的、對客觀性（或客體）的「理解」的影響。

　　張氏未經深思熟慮便接受了那樣的觀點。郭穎頤對「科學主義」所下的定義相當簡要：「一般地說，『科學主義』是從一個傳統或遺產中產生的一項信仰，在這項信仰中有限的科學原則被廣泛地應用，並成為這個文化的基本預設及不證自明的公理。更嚴格地說，『科學主義』是這樣的一種思想：『它把所有的實在都排放在一個自然秩序之內，而且認為只有科學方法才能理解這一秩序的所有方面，無論是生物的、社會的、物理的或心理的。』」[5] 對於這一定義，我們尚可添加下列一點：「科學主義」作為一項意識形態而言，是由於對自然科學的性質與方法的誤解而產生的。（極具諷刺意味的是，這個誤解主要是由於對各門自然科學的目的和效果過分崇拜所致。）對張氏來說，客觀性（或客體）與主觀性（或主體）是截然分開的 —— 因此彼此獨立，無法匯通。科學屬於客體的範圍。他認為，科學絲毫不能解決以精神和道德自主為基礎的人生觀問題，所以人生觀不可能與科學屬於同一領域。就這樣，張氏在不知不覺中深受「五四」時期在中國甚為流行的「科學主義」的影響，而採用了對於客體頗具實證主義色彩的觀點，儘管他在外表上是批評「科學主

5　D. W. Y. Kwok, *Scientism in Chinese Thought, 1900–1950* (New Haven and London: Yale University Press, 1965), p. 21.

義」的。這也清楚地顯示了「科學主義」在當時中國知識份子圈中佔了主導的流行地位。張氏認為，科學的特徵在於它使用的方法。他知道科學方法包括歸納法和演繹法，然而他認為物理學、化學和生物學使用的主要是歸納法：「先聚若干種事例而求其公例也」，[6] 只有幾何學「則以自明之公理為基礎，而後一切原則推演而出，所謂演繹的也」。[7] 在這樣粗陋的、實證主義式的對於自然科學的「理解」之上，難怪他認為他所最珍視的東西（精神與道德良心）不可從屬於科學（歸納法）研究。他認為它們必須與科學的題材截然分離，因為它們屬於主體的範疇。

但丁文江認為張氏完全誤解了科學的本質與功能，丁氏稱張氏為「玄學鬼」，認為他僅是把歐洲唯心主義的蒙昧傳統與中國陳舊的宋明理學結合起來，以阻撓中國急需的進步。與張氏所聲稱的科學不能解決人生觀問題正好相反，丁氏認為任何真正的知識都需通過科學方法才能獲得；所以，在將來某一時期，科學將發達到能夠使各個不同的人生觀統一起來。因為人生觀必須基於對真、假、對、錯的理解（對丁氏而言，只有科學才能提供這樣的理解），所以只有應用科學方法，才能解決人生觀問題。丁氏說：「在知識界內，科學方法是萬能的。」[8] 然而，丁氏對科學方法本質的理解是什麼呢？與他幾乎欣喜若狂地為「科學方法」所做的主張形成鮮明對照的是，他對「科學方法」的性質缺乏精緻的理解，即使從他使用的簡陋的語言已可看出端倪：「我們所謂科學方法，不外將世界上的事實分起類來，求他們的秩序。等到分類秩序弄明白了，我們再想出一句最簡單明白的話來，概括這許多事實，這叫做科學的公例。」[9] 於是，在他所受的地質學訓練基礎之上並根據他對歐洲作家的了解，如卡爾・皮爾遜（Karl Pearson）和托馬斯・赫胥黎，丁氏基本

6　張君勱：〈人生觀〉，頁5。
7　同上註，頁5–6。
8　丁文江：〈玄學與科學 —— 評張君勱的《人生觀》〉，載《科學與人生觀》，頁16。
9　同上註，頁3。

上把科學事業當作是一項對由感官所覺察到的經驗素材進行歸納的研究。科學的調查研究的操作是高度有序的，幾乎是機械的過程，在這一過程中人們用歸納法從各種事實中發現共同特性以對它們進行有序分類，並建立起自然界的規律。他承認但並不重視假設、演繹（hypothetico-deduction）：「科學未嘗不注重個性直覺，但是科學所承認的個性直覺，是『根據於經驗的暗示，從活經驗裡湧出來的』。（參閱胡適之《五十年世界之哲學》）。」[10] 對丁氏而言，科學的特性最明顯的一點就是運用歸納法，演繹法在丁氏的科學觀中則沒有什麼地位。對他而言，假設、演繹法只是一個一切知性活動共同採用的不易界定的行為，而非與經由嚴格訓練後所得到的形成問題之創造的想像力有關（事實上，假設、演繹法並不必然與歸納而得的證據有關，而是與經由嚴格訓練後所得到的形成問題之創造的想像力有密切的關係；這種想像力與科學題材的演繹傳統有特殊的關係，這種傳統默會地指向可以成立的科學問題的正確答案的方向）。對於丁文江而言，因為他不明白假設、演繹在科學中精微的功能，所以他只認為一個人在其選定的主題內，愈能做嚴密的經驗研究，便愈易獲得啟示，也便愈易受可靠的直覺的啟發。所以，可靠的假設、演繹並不是從博蘭尼所謂「自然中的理性直覺」（the intuition of rationality in nature）[11] 中產生，而是從豐富、廣闊的生活經驗中產生。因為他的科學方法的概念特別強調歸納法，所以任何被認得的宇宙中的部份都可成為歸納研究的對象。因此，丁氏認為歸納研究是對「真、假、對，錯」獲取真正知識的唯一途徑。從這項他所謂的「科學方法」的既寬泛又單一的態度出發，他從極為不同的工作 —— 如胡適的《紅樓夢考證》、凱恩斯的《和平的經濟後果》、牛頓發現的萬有引力定律、愛因斯坦的相對論 —— 找到了科學的思維方式，似乎這些非常不

10　同上註，頁14。

11　Michael Polanyi, *Personal Knowledge: Towards a Postcritical Philosophy* (Chicago: University of Chicago Press, 1962), p. 16.

同的發現僅僅是題材的不同，而發現的過程卻是非常相似的。在他認為這些都是運用歸納法研究出來的成果的時候，便絲毫沒有覺察到自己這項見解的荒謬。因此，他認為清代學者訓詁校勘的考證技術與科學方法是非常類似的。

張君勱把每個人的人生觀說成僅僅是他的性格和直覺的反映，並要用這樣的理由來堅持他所主張的精神與道德自主性的立場。但這種論式是難以成立的，遭到丁文江的猛烈抨擊。同時丁文江又揪住張氏難以防守的相對論觀點，加以攻擊，並鼓吹自己的科學歸納法普遍有效的觀點。丁氏說：

> 玄學家單講他的本體論，我們決不肯荒廢我們寶貴的光陰來攻擊他。但是一班的青年上了他的當，對於宗教，社會，政治，道德一切問題真以為不受論理方法支配，真正沒有是非真偽；只須拿他所謂主觀的，綜合的，自由意志的人生觀來解決他。

> 果真如此，我們的社會是要成一種什麼社會？果然如此，書也不必讀，學也不必求，知識經驗都是無用，只要以「自身良心之所命，起而主張」，因為人生觀「皆起於良心之自動，而決非有使之然者也」。讀書，求學，知識，經歷，豈不都是枉費功夫？況且所有一切問題，都沒有討論之餘地──討論都要用論理的公例，都要有定義方法，都是張君勱人生觀所不承認的。……況且人各有各的良心，又何必有人來「秉燭」，來做「表率」；人人可以拿他的不講理的人生觀來「起而主張之」，安見得孔子、釋迦、墨子、耶穌的人生觀比他的要高明？何況是非真偽是無標準的呢？一個人的人生觀當然不妨矛盾，一面可以主張男女平等，一面可以實行一夫多妻。只要他說是「良心之自動」，何必管什麼論理不論理？他是否是良心之自動，旁人也當然不能去過問他。這種社會可以一日居嗎？[12]

12　丁文江：〈玄學與科學〉，頁18–19。

丁氏認為張氏的錯誤部份是由於對玄學的盲從，部份是由於對科學的本質與功效的誤解。不但自然現象，就是人的心理內容也可被科學研究。科學的目的是去掉每個人的主觀偏見——偏見是合理、健康的人生觀的巨大障礙——並尋求普遍承認的真理。科學方法極力把真理同錯誤分開，抽出事實來分類以建立秩序，然後用最清晰的語言表達出來。於是丁文江說道：「所以科學的萬能，科學的普遍，科學的貫通，不在他的材料，而在他的方法。」[13]

從上述對張君勱與丁文江論戰的分析中，有一點特別值得注意，即無論他們之間有多尖銳的分歧，有一基本論點卻是共同的：他們都相信主觀性（主體）與客觀性（客體）是根本不可逾越的，彼此完全絕緣地各自屬於一個獨立的範圍，他們同時都認為歸納法是科學方法的主要部份，能對付客體範圍內的問題（對丁而言，這些問題是經由知覺所察覺到的）。但是，丁、張二氏共同的見解卻使人覺得很詫異，因為他們都把 W・斯坦利・傑方思（W. Stanley Jevons）的《科學的原則》一書當作自己理解科學方法的權威來徵引。然而，正如俄內斯特・尼格爾（Ernest Nagel）在介紹這部十九世紀邏輯和科學方法的經典著作時說：「傑方思清楚地洞悉：不認為科學是受益於『自然』的預期（anticipation of nature）」，而只把科學的工作當作是積累事實，根據事實所呈現的特性加以分類，最後篩選出它們的屬性與屬性所可蘊涵的通論的看法，是完全不足以說明科學的本質的。與這項強調歸納法是科學的本質的論調完全相反，傑方思認為科學方法主要是：在科學研究中建立假設的功能，而假設則是：對於事實加以選擇與解釋，這種選擇與解釋受科學家在研究過程中含有預期性的理念影響很大。傑方思把歸納法形容為「從特殊真理到普遍真理的推論」，他又說「歸納是演繹的反面運作」。這些話不是一些匆忙的讀者把他的意思當作是「主張普通的真理可從特殊的真理那邊經由歸納過程推論而來」所能了解的。因為傑方思曾明白指出：「歸納是自然現象隱藏的意義的破解」，要建成這項

13 　同上註，頁20。

任務，我們必須製造出許多假說，一直到碰到一個假說，其演繹的結果與經驗相符。因此，當他說「歸納是演繹的反面運作」的時候，他的意思是：從某一假說演繹出邏輯的結果，然後把這個結果與所看到的事實相比照，在這一過程中自然律才能建立或否定。傑方思在他的大著《科學的原則》中的重大貢獻是：他賦予了「假設、演繹的方法」豐富而至今有效的解說。傑方思認為，假設、演繹的方法才是科學程序的本質。[14]

　　根據尼格爾對傑方思的著作的簡明分析，可以明顯看出，丁、張二人都完全誤解了傑方思對邏輯和科學方法的基本論點。傑方思認為，科學研究過程的重點是「假設、演繹」，而不是歸納。但丁文江和張君勱則認為科學方法的主要部份是歸納法。傑方思認為，科學的研究本身是演繹法與歸納法互相為用的互動過程——主觀「猜測」與客觀經驗錯綜複雜地揉合在一起，以致無法相互分離。所以，在科學事業中談論主觀與客觀之完全分離是不正確的。尤有進者，「假設、演繹」法決不像丁文江說的那樣，靠「經驗的暗示」便變得更可靠。某些最有創造性成果的「假設、演繹」的見解與「經驗的暗示」毫無關係，而純然訴諸科學家想像或猜測的才能。愛因斯坦之發現相對論即是一例。[15]

三、胡明復對於「科學方法」的看法

　　事實上，在「科學與玄學」論戰爆發之前，一項較敏銳的論述科學方法的文章已在一些中國知識份子的圈子中出現。胡明復，一位著名的

14　Ernest Nagel, "Introduction," in W. Stanley Jevons, *The Principles of Science: A Treatise on Logic and Scientific Method* (New York: Dover Publications Inc., 1958), pp. xlix–l.

15　對科學探索中溝通主觀性與客觀性的卓有見識的認識論分析，見Michael Polanyi, *Personal Knowledge: Towards a Postcritical Philosophy*。

數學家，從1916年到1917年在《科學》雜誌上發表了一系列論述科學方法的文章。儘管他在兩個不同的立場中搖擺不定（他在第一篇文章中強調歸納法，稱之為演繹過程的基礎，[16] 但後來在第二篇文章中又轉而強調演繹法，認為演繹法最初的思路並非必然要從歸納經驗中得出），因此使讀者無法得到一個明確的印象；但他在論述科學定律與科學理論時，認為它們的形成有時與新的或直接的感官刺激並沒有關係，有時甚至完全是在內心中建立起來的，而這些在內心建立起來的定律與理論卻又能與已知的原則和事實一致地聯繫在一起。[17]

　　海王星的發現就是一個感官經驗與科學不相涉的例子。最初知道海王星的存在並不是來自於觀測，而是從已知事實與科學定律中推演出來的。另外，胡明復指出，原子論與電子存在的理論正是具體的實例，用來可以說明一些「科學的定律與理論完全是在內心中建立起來的，而這些在內心建立起來的定律與理論卻又能與已知的原則和事實，系統地聯繫在一起」。（然而胡明復較為正確的觀點，如上文所述，並未在中國的知識界產生很大的影響。相反地，張君勱、丁文江與胡適彼此之間的意見儘管不同，但他們對科學性質的誤解卻很一致。之所以如此，並非由於張、丁、胡三位缺乏聰明與才能之故。胡明復[18] 較為正確的意見之

16　胡明復：〈科學方法論一〉，《科學》2.7 (1916)，頁721。

17　胡明復：〈科學方法論二〉，《科學》2.9 (1916)，頁958。

18　胡明復是與胡適、趙元任等同年一起公費留美，並一起就讀康奈爾大學的。他與任鴻雋、趙元任、楊杏佛等都是「中國科學社」的發起人。胡適在《胡適留學日記》民國三年5月12日特別記有趙元任與胡達（明復）同時獲選兩種學會榮譽 (Phi Beta Kappa和Sigma Xi)，並說「此二種榮譽，雖在美國學生亦不易同時得之，二君成績之優，誠足為吾國學生界光寵也」。同年6月29日，胡適記有「科學社」發起的經過。胡明復在民國元年與胡適曾共同發起組成「政治研究會」，見《胡適留學日記》民國元年12月21日條。又參閱胡適：〈追想胡明復〉，載《胡適文存三集》(上海：亞東圖書館，1930)，頁1211–1222。此文是胡明復逝世後，胡適在1928年3月17日寫的悼念他的文字。

所以未能得到應得之注意，以及張、丁、胡三位對科學性質的誤解之所以反而在當時甚受歡迎，實為本文所要探討的歷史問題。）上述對科學的解釋當然沒有給誇大歸納經驗作用的論者以明確的支持。胡明復的解釋，使那種認為在科學方法中歸納法優於演繹法的簡單化的主張面臨棘手的困境。

不過，儘管在中文世界中對於科學方法的性質，已有人提出了較敏銳（雖然有些模稜）的解釋，儘管丁、張兩位對他們所信賴的西方權威的解釋正好相反，他們仍然毫不猶疑地堅持主觀性與客觀性完全分離、根本無法溝通的觀點，同時並堅持歸納法在科學活動中具有優先性的觀點。在這樣的情況之下，我們必須提出一個關鍵性的問題：他們兩人的意見既然有許多不同與爭執，為什麼卻又都對科學的性質堅持著同樣的、考慮欠周的誤解呢？傅樂詩與郭穎頤都正確地看到，西方的材源在中國知識份子熱烈吸收西方思想的背景下所形成的影響，傅樂詩同時還暗示著傳統中國文化對他們可能發生的影響。我在這裡擬提出一項說明，以具體地與分殊地解釋西方文化中的一些質素，通過中國固有的母膜（matrix）被中國知識份子吸收後所發生的影響。

四、胡適的「科學主義」

但在這樣分析之前，有必要簡單地考察一下另一項在中國比丁文江更激烈的「科學主義」。根據當時一些人的品評，這項更激烈的「科學主義」變成了「科學」之所以戰勝「玄學」的鮮明旗幟，並使它的鼓吹者胡適與吳稚暉成為大眾所歡迎的「英雄」，大眾於是趨之若鶩。

對胡適而言，丁文江並未達到大家希望他達到的目的。丁說科學能夠解決人生觀的問題，但他僅提出了自己的主張，卻並未努力真去解決有關人生觀的問題。胡適說：「君勱的要點是『人生觀問題之解決，決非科學所能為力。』我們要答覆他，似乎應該先說明科學應用到人生觀問題上去，曾產生什麼樣子的人生觀；這就是說，我們應該

是敘述『科學的人生觀』是什麼，然後討論這種人生觀是否可以成立，是否可以解決人生觀的問題，是否像梁[啟超]先生說的那樣貽禍歐洲，流毒人類。我總觀二十五萬字的討論，終覺得這一次為科學作戰的人——除了吳稚暉先生——都有一個共同的錯誤，就是不曾具體地說明科學的人生觀是什麼，卻去抽象地力爭科學可以解決人生觀的問題。」[19] 按照這樣的自我要求，胡適遂主動「總括了吳稚暉先生所提出的『漆黑一團的宇宙觀』，『人欲橫流的人生觀』」，再加上他的「一點擴充與補充」，提出了他所謂的「科學的人生觀」或「自然主義的人生觀」：

(1) 根據於天文學和物理學的知識，叫人知道空間的無窮之大。

(2) 根據於地質學及古生物學的知識，叫人知道時間的無窮之長。

(3) 根據於一切科學，叫人知道宇宙及其中萬物的運行變遷皆是自然的，——自己如此的，——正用不著什麼超自然的主宰或造物者。

(4) 根據於生物的科學的知識，叫人知道生物界的生存競爭的浪費與慘酷，——因此，叫人更可以明白那「有好生之德」的主宰的假設是不能成立的。

(5) 根據於生物學，生理學，心理學的知識，叫人知道人不過是動物的一種，他和別種動物只有程度的差異，並無種類的區別。

(6) 根據於生物的科學及人類學，人種學，社會學的知識，叫人知道生物及人類社會演進的歷史和演進的原因。

(7) 根據於生物的及心理的科學，叫人知道一切心理的現象都是有因的。

19　胡適：〈《科學與人生觀》序〉，載《科學與人生觀》，頁9–10。

(8) 根據於生物學及社會學的知識，叫人知道道德禮教是變遷的，而變遷的原因都是可以用科學方法尋求出來的。

(9) 根據於新的物理化學的知識，叫人知道物質不是死的，是活的；不是靜的，是動的。

(10) 根據於生物學及社會學的知識，叫人知道個人 ——「小我」—— 是要死滅的，而人類 ——「大我」—— 是不死的，不朽的；叫人知道「為全種萬世而生活」就是宗教，就是最高的宗教；而那些替個人謀死後的「天堂」、「淨土」的宗教，乃是自私自利的宗教。[20]

在這樣的「自然主義的人生觀」基礎上，胡適最後得出結論道：「甚至於生存競爭的觀念，也並不見得就使他成為一個冷酷無情的畜生，也許還可以格外增加他對於同類的同情心，格外使他深信互助的重要，格外使他注重人為的努力而減免天然競爭的慘酷與浪費」；「空間之大只增加他對於宇宙的美感」；「因果律的籠罩一切，也不見得束縛他的自由，因為因果律的作用一方面使他可以由因求果，由果推因，解釋過去，預測未來；一方面又使他可以運用他的智慧，創造新因以求新果。」[21]

然而，任何明眼人讀了胡適的文章後，都能夠很容易地指出，他如此自信的論調，事實上只是一組不根據前提的「推理」而已。這是決定論的、純機械的自然觀、社會觀與一串意志主動主義 —— 我怎麼想，就應怎麼做，「做」的結果相信將會符合我的想法 —— 的觀念與信仰的揉雜罷了。胡適一生一再強調思想清晰是多麼重要，並時常批評別人思想不清；可是他卻並未感到此文甚為明顯的矛盾。達爾文主義的「適者

20　同上註，頁25–27。
21　同上註，頁27–29。

生存」、「物競天擇，優勝劣敗」等觀念的本身，並不必然引起人們對同
類的同情心或使人盼望減免天然競爭的慘酷與浪費。宇宙無限大的觀
念，可能會也可能不會引起「對於宇宙的美感」。如果宇宙中的任何事
物都按照自然律自然地運作與變化 —— 所謂「自然地」就是指「本身自
然如此」——那麼，人既然本身也是「自然」的一部份，不能超出自然之
上，又如何能「創造新因以求新果」呢？

　　胡氏不把自然與生命之間的關係看作是一種不可避免的張力或衝
突（tension），他聲稱他的意志主動主義的觀點是以他的自然主義的理解
為基礎的。因此，在這個意義上說，他認為他的觀點是科學的。且不
說從專業的觀點來看，科學知識的形成與運用既有其限度而且也需視
情況而定，所以胡適自認得自科學的見解，使科學的正當範圍伸張過
度或變得破裂；即使他自認得自然科學的見解完全而精確地合乎科學
知識，從邏輯的觀點來看，它們也無力支持他的意見。因此，胡適的
「科學主義」的意見實由非科學的材源所促成。更嚴重的是，胡適過分
渲染的「科學主義」的意見帶有類似宗教的格調；他似乎企圖建個自然
主義的宗教 —— 把科學當做**新的宗教** —— 以便解除內心深處的焦慮。
這便使我們想起我們前面對張君勱和丁文江的疑問了：縱使一項較敏
銳（雖然有些模棱）的對於科學性質的理解已在中文世界裡出現，儘管
他們兩位對科學的看法與他們所信賴的西方權威的見解完全相反，為
什麼他們一致認為在科學事業中歸納法具有優先性，主觀性（主體）與
客觀性（客體）截然分隔，毫無溝通的餘地？同時，我們應問：為什麼
這一考慮欠周的對科學的誤解，反被受過高等效育的精英廣泛接受，
而那較敏銳、較正確的觀點卻被冷落一旁？而在論戰中他本可把儒家
「天人合一」有機的世界觀拿來當做批評 —— 至少反抗 —— 實證主義的
觀點的思想資源，為什麼他卻那麼輕易地接受了主觀性與客觀性根本
不可逾越的觀點？

五、傳統中國文化結構的崩潰與
中國有機式世界觀在現代發生的影響

如要解答這些問題，我們首先要探究一下傳統中國文化與思想的結構的崩潰所造成的後果。[22] 這一結構性的崩潰與下述兩點都有密切的關係：(一) 傳統政治秩序的瓦解；(二) 傳統中國缺乏有生命力的思想與社會資源來反抗或整合 (integrate) 西方文明的衝擊。由於傳統的文化秩序與傳統的政治秩序高度地整合著，所以，在一般人的腦筋裡，傳統的文化質素很難脫離高度介入傳統政治系統的形象。因此，對於許多已傾向於反傳統的人士而言，他們很難相信，一些傳統的質素，在現代的脈絡中尚有獨立的資源可以發展下去。事實上，中國傳統文化的結構崩潰以後，仍有許多質素生存了下來。但這些生存下來的文化與思想的質素，並未激發起一個有協同性的、使其獲得創造性轉化的努力。相反地，它們卻一直在迷茫中徘徊。在另一方面，中國知識份子過去一向習於生活在一個秩序甚為井然的文化世界中，思想與價值聯繫在那樣一個有秩序的結構之中，在世界史似乎未有與之匹敵者。當然，我並不否認在傳統文化的結構之內，存在著由許多彼此相當衝突的因素所形成的一些張力，但這些張力卻是在一個大秩序的籠罩之下組織在一起的。我們可用許多方式來對這一高度整合的文化秩序 (或結構) 加以說明。例如，無論宋明理學中各家各派對「格物」是「致知」

22　對辛亥革命後文化與政治秩序的雙重崩潰，我們可從許多途徑來加以說明。企圖從做為社會政治秩序與文化道德秩序整合的鏈條的普遍王權的瓦解及袁世凱濫用傳統文化象徵以致加劇了傳統文化崩潰的後果這方面來作說明的，見林毓生《中國意識的危機》第 2 章。Lin Yu-sheng, *The Crisis of Chinese Consciousness: Radical Antitraditionalism in the May Fourth Era* (Madison: University of Wisconsin Press, 1979)；中譯本見穆善培譯：《中國意識的危機：「五四」時期激烈的反傳統主義》(貴陽：貴州人民出版社，1986)。

的手段有多少不同的解釋（從純理論的觀點來說，對「理」的了解只能是一開放的陳述，並不預設既定的答案；換句話說，什麼是最終的真理，無人能夠提供一完全確切的答案）；但絕大多數儒家學派卻都理所當然地認定：記錄在儒家經典中的古代聖哲所具體說明的道德原則與政治原則實際上已經蘊涵了對「理」的最終了解 —— 這一事實足以說明在中國悠久的歷史中，結構完整、統合完整的文化秩序所佔勢力之大。（當然，基督教中的《聖經》也被其信徒信奉為最後的真理，而佛經也都訴諸釋迦的智慧。但《聖經》的權威來自啟示與先知的傳統與教條，而佛教各派對釋迦的智慧的解釋，其範圍要比儒家寬得太多。另外，基督教與人間俗世的關係，是在政教分離的原則與結構中牽連的，而佛教基本上是出世的。世界其他高等文明中尚無中國式的，以人間性、人文主義的哲學方式[從定義上說，它一開始就是自認有內在限制的、開放的、非教條式的]在社會、文化與政治活動中反而呈現著宗教的[從定義上說，自然有其教條性]的特質。）因此，我們可以了解，當傳統文化與道德的結構已經崩潰 —— 傳統道德與文化的特定具體展現方式失去了纏繫 —— 的時候，那些曾經浸淫其中的人們產生了劇烈的焦慮與不安，所以急需一項確定的信仰來消除他們的焦慮與不安。這樣的情況實是丁文江及其同道認為歸納法在科學中具有不容置疑的優先性，以及主體與客體是不可逾越的主要思想背景。對於更為激進的胡適而言，他便把科學當做宗教來崇拜了。從丁、胡兩位的眼光中看去，一個客觀化的世界是不容許主觀性摻入，使之妥協的 ——假若客觀的世界要一直是確定、可靠的話。對那些要求生存在一個十分確定的世界裡的人們來說，假設、演繹是難以對付的，它總使人感到可能想入非非，並帶來不穩定感。而歸納法需要的是刻苦與勤奮，一個人只要刻苦與勤奮的工作，在科學的領域中便可獲致真理。胡適終生所宣揚的科學方法，雖然形式上包括歸納法與演繹法，但實際上他十分強調的只是歸納法，再加上一點心理上或精神上的大膽（他認為那樣的心態便能在科學方法中扮演假設、演繹的功能 —— 實際上「大膽」與演繹推理並無關係），胡適的這樣看法與態度在焦慮不安中給他

帶來了一把通往「確實」的「鑰匙」。[23] 當胡適公開地把科學當作宗教來頂禮膜拜時，他當然找到了絕對的「確實」了。另外，對於自認是深受歐陸唯心論傳統影響的張君勱而言，他如此輕易地就接受了實證主義的分析範疇，認為主觀與客觀彼此絕緣，歸納法是具有優先性的最重要的科學方法，這一「奇怪」的事實本身就清楚地顯示了「科學主義」在中國的主導地位。沒有什麼比張君勱那樣無力或不願以純正儒家的「天人合一」的論式來為儒學辯護這一事實，更能說明「五四」運動的反傳統主義及流行的「科學主義」的影響了。而導致「天人合一」觀念的傳統式的論據，在現代的脈絡中，如不經創造性轉化，也確是相當無力的。（論據的無力卻不必然蘊涵觀念的錯誤。）

除了考慮中國傳統文化結構的崩潰是中國「科學主義」興起的主要因素以外，我們還必需考察傳統的有機式世界觀與把「思想」當做最大動力的傳統一元論思想模式的重大影響。從中國有機式世界觀的背景出發，超越（transcendence）與內涵（immanence）之間並無嚴格的界限。事實上，「天人合一」的觀念是儒家有機式世界觀中的一個最突出的特點，這個觀念蘊涵了超越的「實在」內涵於宇宙之內，而人則是整合於這個宇宙中的一部份。在中國文明中，這項頗可靈活變化的觀點提供了一個重要的思想資源，根據這個思想資源人們能夠源頭活水式地處理生命問題。「天人合一」的觀念意味著超越的意義內涵於人生之中，意義可由人的努力來**發現**，而不是由人的意志和思想**創造**的；人去發現意義的努力絕不會是異化的行為，絕不只是在與盲目、無意義的世界對抗的、主

23　胡適把科學方法胡適文存界定為「大膽的假設，小心的求證」。見〈清代學者的治學方法〉，載《胡適文存》，卷2（上海：亞東圖書館，1921），頁205–246，特別是頁242。下述句子可以證明胡適是把歸納法當作演繹法的基礎的：「當我們尋得幾條少數同類的例時，我們心裡已起了一種假設的通則。有了這個假設的通例，若再遇著同類的例，便把已有的假設去解釋他們，看他能否把所有同類的例都解釋的滿意。」胡適：〈清代學者的治學方法〉，頁230。

觀的自我之內進行。然而，在這樣（後來又被陰陽五行理論進一步加強了的）世界觀影響之下，人們避免在不知不覺中或在潛意識裡形成一個彌漫至各處的思維習慣，這個習慣傾向於無視不同個體之間的明顯區別，並且傾向於假定不同個體都有一個較高的、但卻是所有個體都共同具有的特質，因此不同的個體能互相滲透、整合。這個彌漫至各處、整合的思維習慣又由從來未曾有過獨立的教會，更無「政教分離」傳統的高度整合的中國社會所增強。

我在別處曾對傳統中國把思想當做最大動力的一元論思想模式的持續性及其對「五四」時期的激烈反傳統主義的形成所產生的影響試做說明。[24] 在流行的反傳統氣氛之中，這一把基本的觀念當作社會、政治與道德、文化變遷的根本之源的思想模式，當然容易促使許多人接受把科學方法當做到處可以應用的科學主義式的觀念。對於更為激進的胡適而言，他是如此狂熱地相信科學的普遍有效性及科學方法的萬能，以及認為科學的力量無處不在，可以滲透一切 —— 所以，事實上，他是把科學當作宗教來崇拜。[25]

從以上的分析，我們知道在中國文化與政治結構崩潰的時候，一項被中國有機式世界觀在不知不覺中形成的有機式思維習慣，使得人們很容易於無視其所相信的觀念在多元世界中是有嚴格的限度的，而易主張他們所相信的觀念有貫穿的功能，能把次級的個體整合成一個一元的世界。現代中國的科學主義，便是在西方文化衝擊下，在這樣的思維習慣與把思想當做最大動力的一元化思想模式揉合後而形成的母膜中形成的。我並不否認西方的影響所發生的作用，也不否認文化與學術流派所發生的作用，諸如清代所流行的強調事實重要性的考證學派與西方實證主義有某種程度的類似點，以致使它在進入中國時易被接受。但對西方

---

24 林毓生：《中國意識的危機》，第3章。

25 陳方正先生認為胡適對自然科學的理解相當「零碎、膚淺」且「有嚴重誤導成分」，見其〈論胡適對科學的認識與態度〉，收入陳方正：《大逆轉與新思潮：五四、啟蒙與現代化探索》（香港：中華書局，2018），頁92。

的影響及中國固有傳統的延續概述性的了解，並不能充分地回答這樣的問題：為什麼（及如何）某些西方流派特別容易被中國汲取？為什麼（及如何）某些固有的傳統流派（如乾嘉考據）反而被撿起，在對中國文化與思想傳統進行激烈的攻擊的時代潮流之中，反而得到進一步的發展？因此，吾人需要對形成上述母膜的背景因素進行分析，正是在這母膜之中、一些被吸收的西方流派與一些中國傳統的延續面產生交互的作用。

六、「科學主義」在現代中國人文學科與 社會科學發展中產生的阻力

中國式「科學主義」的流行 ——對科學方法（特別是歸納法的形式方面）萬能的崇拜以及認為主觀與客觀全然不可逾越與溝通的觀念，對後一階段的中國歷史有著嚴重的影響。除了上述傅樂詩與郭穎頤所概括地指出的以外，我在這裡要略談一下「科學主義」的流行對於中國人文學科及社會科學的影響。流行的科學主義對科學抱持的形象，不但專能提供對科學的本質及其方法更切實的領悟與理解所需的資源；相反地，它剝奪了中國公眾獲得這項領悟與理解的機會。由於主張「科學的基礎不是依靠其題材而是依靠其方法」，並強調形式與機械方面的歸納法是科學方法的優先部份，中國的「科學主義」實際上顛倒了對於科學本質及其方法的先後秩序的正解。隨之而來的結果則是，信奉「科學主義」的人們，極少願意去發展一項經由成功地形成在科學研究上有重要意義的問題的實例來獲得科學素養的意識；這些在科學研究上具有重要意義的問題，則是通過一項對個人所關心的具體而專門的題材所產生的**個人的知識**而形成的。因此，在「科學與玄學」這一重要論爭的災難性後果中，理知訓練的創造性傳統，找不到扎根的沃土。因為，人們普遍地認為任何研究的關鍵在於如何把歸納法的形式方面應用到自己的學科上去 ——並認為這是神聖不可侵犯的科學探索活動 ——因此，他們不能了解如何形成理論性的有意義的**問題**才真是學術研究的關鍵。所以，以

一個價值次序為基礎的（在這個次序中，什麼是最有價值的東西，什麼是較有價值的東西，都有明確的認定）、訓練有素的判斷力，便沒有合適的機會得以發展；相反地，一種沒有次序的、相對主義的氣氛流行了起來。在這樣的氣氛中不存在什麼是中心、什麼是邊緣的問題，結果是考據校勘、導論式的敘述性著作，借學術之名傳播自己所相信的教條的活動 —— 而非對有意義的問題進行根據學術訓練的理論上的理解 —— 便漸次變成為中國人文學科與社會科學的最主要活動。

　　克里福特‧紀爾茲（Clifford Geertz）正確指出，當社會與政治危機加上了文化上因迷失方向而產生了文化危機的時候，那是最需要「意締牢結」（ideology）的時候。[26]「科學主義」在中國的興起絕不是一個偶然的歷史事件。然而，當中國知識份子懂得了他們的過去的時候，他們將不會受處罰去重覆過去的錯誤。現在他們必須好好安排今後的工作日程。

原載《政治秩序與多元社會》（台北：聯經，1989），頁 277–302。後收入《中國傳統的創造性轉化》（北京：三聯書店，增訂版，2011），頁 286–308。

26　Clifford Geertz, "Ideology As a Cultural System," in *The Interpretation of Cultures* (New York: Basic Books, 1973), pp. 193–233, 特別是頁 215–220。Ideology 一詞過去在中文世界中多根據日文最初的譯法，譯作「意識形態」。但「意識形態」一詞在中文中有時大家不易明瞭它究竟是指什麼，此處我合意譯與聲譯為一，譯作「意締牢結」。其特定意義，可參閱紀爾茲的原文及席爾斯（Edward Shils）論「意締牢結」，Edward Shils, *The Constitution of Society* (Chicago: University of Chicago Press, 1982), pp. 202–223。

心平氣和論胡適

胡適之 (1891–1962) 先生是二十世紀中國的重要歷史人物之一。他在勤奮的一生中，扮演了許多角色：五四啟蒙運動的思想家，白話文運動的理論奠基者，中國現代化高等教育與高深研究的倡導者，1929–1930年間發表《人權論集》，遭受國民黨政府通緝的自由鬥士、史學家、考證學者、外交官、公眾人物、文化明星等等。因為他扮演過多樣的角色，客觀的評論自然也可從多種角度進行。在這次演講中，我只擬就他作為五四啟蒙運動的思想家作一概要的論述。這也是他一生自覺地、主動地、盡量要做好的一個角色。

胡適的啟蒙思想可分為政治思想與文化思想兩部份。在這兩方面，他自「五四」以來到逝世之前，除了1926年他到蘇俄訪問，對其社會主義的改造甚感驚喜，這種一直持續到1941年的讚賞社會主義的態度未能免俗地反映著當時中國流行的風氣以及與西方許多知識份子(包括他的老師杜威在內)對於蘇俄的態度的類似性以外，[1] 他多年來堅持自由主義的立

1　羅志田：《民族主義與近代中國思想》(台北：東大圖書，1998) 所收〈胡適與社會主義的合離〉，頁239–284。1919年「五四事件」以後，民族主義激情快速席捲中國知識界。同時，中國知識界也快速向左移動。下列統計數字，說明了這一現象 (頁276)：「1923年12月，北大進行民意測量，投票選舉世界第一偉人，497票中列寧獨得227票居第一，威爾遜則得51票居第二。」

場：中國政治、社會、經濟與文化的前途，端賴自由、民主、法治與科學的精神和制度的建立與落實。回顧自「五四」以來九十年中國上下翻騰，悲痛萬分的歷史，我們不得不敬佩適之先生多年所持立場的正確。

然而，我們除了對於胡先生的自由主義的**立場**深致敬佩以外，在即將邁入二十一世紀第二個十年的今天，我們與上一世紀早年的五四運動以及與已經辭世將近半個世紀的胡適之先生，已有足夠的距離，這樣的距離可以讓我們免於感情與人事的糾纏，心平氣和地論述胡先生啟蒙思想的實際內容。

歷史現象雖然以不同方式、不同程度受到外在環境與條件的影響與限制，卻不可假定完全是外在環境與條件所決定的。假若是那樣的話，等於說：沒有人的歷史，也就沒有人的未來。而所謂「檢討過去，才能面對未來」也就沒有意義；因為未來的一切，也都將是外在的環境與條件所決定的。所以，人在歷史中，多少有其自由，當然也就有其責任。

換言之，我不取絕對歷史化約主義的立場，而是以關懷自由主義的前途為出發點，來分析與檢討胡適之先生啟蒙思想的實際內容。因為時間的限制，只能就他的啟蒙思想比較重要的幾個方面進行分析：(一)他的常識性自由主義的影響與限制；(二)他的自由主義的亮點：他與李大釗關於「問題與主義」論辯的歷史意義；(三)他對於科學方法的說明所產生的限制；(四)他的「全盤西化」論的問題。

一、胡適常識性自由主義的影響與限制

胡先生多年來堅持自由主義立場。之所以如此，主要是因為他領會到了西方自由主義主流的政治思想與文化思想，在應付政治與文化問題上，確有智慧。他以「觀其大略」的方式，多次說明這一思想的意義。例如，他在1947年寫的〈我們必需選擇我們的方向〉一文中說：「我深信思想信仰的自由與言論出版的自由是社會改革與文化進步的基本條件。……我深信這幾百年中逐漸發展的民主政治制度是最有包含性，

可以推行到社會的一切階層，最可代表全民的利益。民主政治的意義，千言萬語，只是政府統治須得人民的同意。……我深信這幾百年（特別是這一百年）演變出來的民主政治，雖然還不能說是完美無缺陷，確曾養成一種愛自由，容忍異己的文明社會。」[2]

然而，胡先生對他的立場的說明，基本上是在常識層次上進行的。常識非常重要，常識是人類生活經驗的累積。常識往往是有道理的，沒有道理的話往往不合乎常識。胡先生對於自由主義的常識性了解與說明，是有根據的，是有道理的——那是根據對於西方的民主制度與民主實踐的效果的了解；同時，也是根據西方對於自由觀念與價值的闡釋的歷史累積。胡先生的貢獻，在於多年來堅持他的自由主義立場。換句話說，他從常識的觀點看清自由主義的目標相當地落實以後，的確能夠帶來實質的效益，他便堅持下去，因為他知道左右兩派革命的道路，都將帶來災難！所以，愛國、建國的正途，是實現自由主義的理想！

不過，常識性的了解往往是不夠的——它不夠深切。尤其是當胡先生覺得，為了理論或落實的需要，應對他所堅持的理想提供「系統性」論證的時候，他對自由主義常識性了解的不足之處，便顯得特別尷尬與混淆。由於歷史的風雲際會，胡先生在中國文化思想界很早就處於領導地位，他自己思想的尷尬與混淆，也自然影響到五四以來文化思想界一些方面的品質。胡先生在《四十自述》中說，他的文字「長處是明白清楚，短處是淺顯」。[3] 事實上，確是如此。由於他在思想上沒有深切探索、窮究不捨的興趣或能力，他於平易而自信的文字中所表達的許多似是而非的見解，對於許多讀者而言，容易產生麻醉作用，信服以後，不再長進，以致使他們不能了解表面上「明白清楚」的文字所表達出來的思想，不但不見得明白清楚，還可能非常的尷尬與混淆。在這裡，我們

2　胡適：〈我們必需選擇我們的方向〉，載《胡適選集：政論》（台北：文星書店，1966），頁180–181。

3　胡適：《四十自述》（台北：遠東圖書公司，1964），頁62。

必須釐清，文字與思想乃屬兩個層次。文字上的「明白清楚」並不必然是在思想上明白清楚。不過，從大眾化或宣傳的角度來看，胡先生文字影響之大，的確與他的文字「明白清楚」有關。

1933–1934年間，中國知識界發生「民主與獨裁」的論爭。與胡先生一樣在英美受過多年教育的丁文江先生、蔣廷黻先生與錢端升先生，深感國難當頭，國家需要強有力的領導，遂為文公開主張中國當時需要獨裁政府。胡先生不同意這樣的主張。他說：

> 我觀察近幾十年的世界政治，感覺到民主憲政只是一種幼稚的政治制度，最適宜於訓練一個缺乏政治經驗的民族。向來崇拜議會式的民主政治的人，說那是人類政治天才的最高發明，向來攻擊議會政治的人，又說他是私有資本制度的附屬品：這都是不合歷史事實的評判。我們看慣了英國國會與地方議會裡的人物，都不能不承認那種制度是很幼稚的，那種人才也大都是很平凡的。至於說議會政治是資本主義的政治制度，那更是笑話。[4]

後來胡先生又在《東方雜誌》上發表檢討〈一年來關於民治與獨裁的討論〉專文，特別強調「民主政治是幼稚園的政治」[5]是他觀察考慮的結論。

處於日本全面侵華的前夕，胡先生為了強調在大敵當前、百廢待舉、教育落後、沒有法治的中國，仍可開始練習著實行民主政治，遂根據他的實驗主義的思想背景，主張中國仍然可以開始實施民主政治。他的理由有二：

(1) 實驗主義者主張參與實驗的試、誤過程 (process of trial and error)，在過程中累積經驗、改正錯誤、修正方向，庶幾可以找到解決問題的方式。從這個觀點來看，他主張，即使沒有什麼條件實施民主政治，也應開放民主的實驗。他說：「最有效的政治訓練，是逐漸開放政

4　胡適：〈再論建國與專制〉，載《獨立評論》，第82號（1933年12月24日），頁5。

5　胡適：〈一年來關於民治與獨裁的討論〉，載《胡適選集：政論》，頁129。

權，使人民親身參加政治裡得到一點政治訓練。說句老話，學游泳的人必須先下水，學彈琴的人必須先有琴可彈。憲政是憲政的最好訓練。」[6]「民治國家的大問題總是怎樣引導民眾出來參政。只要他們肯出來參政，一回生，二回便熟了；一回上當，二回便學乖了。故民治制度本身便是最好的政治訓練。這便是『行之則愈知之』，便是『越行越知，越知越行』。」[7]

(2) 歷史演化論提供的支持：胡先生認為與前述的理由並行不悖的是：他觀察到英國的立憲制度是自然演化，而非有意設計的結果。他希望開放民主政治的實驗，也大有可能演化出來類似的結果。

作為一個凡事均持樂觀態度的實驗主義者，胡先生的主張自有其苦心與立場。然而，他把複雜、艱難的問題看得太輕、太簡單了！英國的議會制度，確是從英國獨特的歷史中演變出來的。那是先有中世紀演變出來的以習慣法為基礎的法治，後來經由各方面政治的角力與經濟條件的演變的結果。中國的歷史條件與歷史過程，與英國的絕少類似之處。說英國能夠演變出來，便希望中國也能演變出來，事實上，是一個錯誤的比喻 (false analogy)。其次，說要學游泳，應先下水；然而，世界上的事情，不是都和學習游泳類似。有的事情，如要做成，需要許多條件的支持。沒有那些條件的支持或是時間不對，即使可以進行實驗，也是要注定失敗的，何況不是每個人下了水以後，就一定能夠學會游泳。

事實上，歐美民主的實際運作，不但有胡先生所說的幼稚現象，而且更有一部份低俗、甚至卑劣的現象。不過，民主的實際運作產生這些現象的事實，卻並不蘊涵「民主憲政**只是**一種幼稚的政治制度」。[8]「政治制度」與在這樣的制度中「實際運作所呈現的一部份［幼稚、低俗、甚至卑

6　胡適：〈從一黨到無黨的政治〉，載《獨立評論》，第171號（1935年10月6日），頁11。

7　胡適：〈我們什麼時候才可有憲法？〉，載胡適、梁實秋、羅隆基著：《人權論集》（上海：新月書店，1930），頁27。

8　粗體是筆者所加。

劣的]現象」，是應該加以區分的。我在這裡用「一部份現象」來限定地描述胡先生所指謂的民主運作實際情況，是因為民主的實際運作，有時也呈現著高貴的品質。事實上，民主制度的建立與運作，需要許多複雜的條件的配合。就單以作為美國民主制度法治基礎的美國憲法為例，那是歐洲(包括蘇格蘭)啟蒙運動中自由、民主及共和思想與英國法治思想融合以後經過轉化的結晶，其實際的通過的過程又與美國制憲大會代表們的實際政治智慧有關。那是一部偉大的法典。無論就其內容或就其制定過程而言，都正是胡先生所說的「幼稚」的反面。胡先生為了強調民主即可在中國開始練習著實現，強把他所看到的歐美民主實際運作所呈現的一部份現象當作在中國實現民主的誘因。這樣的思想尷尬與混淆，不但未能促使民主早日在中國實現，反而使得胡先生與在思想上受他麻醉的人，無法正視與思考一個真正有關的、嚴肅而艱難的問題，即：如何在中國落實民主制度與文化？亦即：**如何**引進西方發展出來的民主制度與文化到與西方甚為不同的中國來的進程問題。至於資本主義與議會政治的關係的問題，也不是胡先生用「更是笑話」那四個字可以取消或解答的。

二、胡適與李大釗關於「問題與主義」論辯的歷史意義：胡適自由主義的亮點

1919年，「五四」、「六三」等重大事件發生後不到三個月的時候，作為中國自由主義主要發言人之一的胡適與將要成為中國共產黨創建人之一的李大釗，進行了一次甚具意義的、關於「問題與主義」的論辯。我們可從這次論辯的性質與後果，看到一些二十世紀中國歷史悲劇之成因、性質與過程的端倪。李大釗對於他之所以要獻身共產主義革命的說明，預示著激進的中國共產運動所要採取的強勢意識形態的方向與內容。另外一邊，胡適對於中國的變革所應採取的自由主義漸進改革的立場，做了有力的辯護，當時獲得不少人的支持。可是歷史環境對於胡先生所提出的主張卻極為不利。這種漸進而非整體的改革途徑，預設著至

少最低程度的政治、社會與文化秩序，在這樣的秩序之內才有可能進行一件一件的改革。然而，當時政治、社會與文化秩序均已解體（雖然這三種秩序解體的程度不同）。中國正處於政治、社會與文化三重危機之中。處於整體性危機之中的關懷中國前途的人們，愈來愈渴望整體性的解決方案，只有「革命」才能提出這種方案。自由主義式漸進改革的途徑，無法配合當時許多人迫不及待的心態，也提不出立即達成整體性解決中國諸多問題的辦法。

吾人如欲徹底考察胡適關於政治、社會、文化與思想變革的意見的話，我們會發現其中有不少含混、不能自圓其說的地方，至少從理性的分析與理解的觀點是如此。不過，在這次論辯中，他對李大釗所提出的所有的問題均需一次加以根本解決的質疑，以及他堅持個別的問題（無論它們之間如何相互關連）仍要個別不同地對待的看法，則純正地顯示著，正如史華慈（Benjamin I. Schwartz）先生所說，「自由主義永久性真理之一」。[9]

這次論爭肇始於胡適的一篇提作〈多研究些問題，少談些「主義」〉的短文。胡先生不同意他的朋友李大釗等，在未經深究之前就草率地接受激進意識形態的作風（「激進意識形態」此處指無政府主義或馬列主義等）。他寫此文的目的是對他們提出警告：不要把激進主義所提出的虛浮概括與抽象名詞當作是根本解決中國諸多問題的靈丹。胡先生指出：所有的主義當初都是針對特定時空之內的特殊問題提出的具體建議。這些建議對它們所要解決的問題是否有用，或是否能夠從它們興起的脈絡中分離出來，以便拿它們來解決另一歷史環境中產生的特殊問題——這些都是開放未決的、需要仔細考慮的，所以吾人不可遽然接受任何主義。我們最需要做的是：研究各項主義興起的特殊背景、它們所要應付

9　Benjamin I. Schwartz, "Introduction," in Benjamin I. Schwartz (ed.), *Reflections on the May Fourth Movement: A Symposium* (Cambridge, MA: Harvard University Press, 1972), p. 11.

的特殊問題的性質，以及它們究竟是否能夠真正解決那些問題。這樣，
當我們試圖解決我們的問題的時候，我們便可站在一個比較堅實的基礎
上來決定哪些主義值得我們參考。

接受外來主義的工作無法取代對於自己社會中眾多問題的理解所需
做的努力。如要了解自己國家的政治、社會與文化中的問題，我們就必
須對這些問題的特殊性有清楚的掌握。當前「主義」變得很流行，這是
很危險的現象。因為它們經由過分簡化的概括與抽象的名詞，提供給中
國知識文化界一個幻象，以為根據這些概括與名詞便可便捷地根本解決
中國的眾多複雜而特殊的問題。胡適說：

> 我們不去研究人力車夫的生計，卻去高談社會主義；不去研究女
> 子如何解放，家庭制度如何救正，卻去高談公妻主義和自由戀
> 愛；不去研究安福部如何解散，不去研究南北問題如何解決，卻
> 去高談無政府主義；我們還要得意揚揚誇口道，「我們所談的是根
> 本解決」。老實說罷，這是自欺欺人的夢話，這是中國思想界破產
> 的鐵證，這是中國社會改良的死刑宣告！……主義的大危險，就
> 是能使人心滿意足，自以為尋著包醫百病的「根本解決」，從此用
> 不著費心力去研究這個那個具體問題的解決法了。[10]

李大釗正確感到胡適這篇文字是針對他最近公開宣稱信仰馬列主義
而寫的。李先生在1919年8月17日以一封長信的方式對胡先生的批評
提出公開的答覆。李先生說，他之所以獻身於馬列主義，主要是由於處
於黑暗、否塞、扞格、萎靡、壓迫無處不在的中國，任何改革只能從組
織革命群眾做起。馬列主義提供一個「共同趨向的理想主義」，[11] 我們要
把「那個主義拿來作工具，用以為實際的運動。……在別的資本主義盛

---

10 胡適：〈問題與主義〉，載《胡適作品集》，第4冊（台北：遠流，1986），頁
    116–118。
11 李大釗：〈再論問題與主義〉，載中國李大釗研究會編注：《李大釗文集》，
    第3冊（北京：人民出版社，1999），頁1。

行的國家，他們可以用社會主義作工具去打倒資本階級。在我們這不事生產的官僚強盜橫行的國家，我們也可以用它作工具，去驅除這一班不勞而生的官僚強盜。」[12]

　　胡先生認為李先生的答覆是「不負責任的主義論」。從胡氏的觀點來看，李氏的主張只是呈現了他相信主義能夠如此而已，這樣的信仰無法取代對於具體而特殊問題的負責任的研究與以開放心靈來找尋有效解決問題的努力。胡氏並不反對把各項主義當作解決問題的參考。不過，在他把主義當作解決問題的參考與李氏把主義當作發動社會運動的政治性工具之間，有一關鍵性的差異。李氏的立場使得他與他的戰友們在一旦接受某一主義以後，必然會為了獲得政治效果而極力提倡它（即使它並不能有效地解決許多特定的問題）。對胡適而言，這樣從政治觀點來信仰主義的辦法正足以顯示其內在限制，因為它使切實研究具體而特殊的問題並謀求解決之道的工作受到了限制。

　　分析到這裡，我們已接觸到了這次論辯的核心。李氏認為在沒有達到經由革命而獲致政治上的基本變革以前，任何特定的具體問題的解決，基本上是不可能的。而胡氏則認為，許多特殊而具體的問題不可能由於政治革命便可獲得解決，因為政治革命由於其本身性質使然，一定會使以開放心靈來找尋許多具體問題的解決之道受到限制。胡氏說：

> 請問我們為什麼要提倡一個主義呢？難道單是為了「號召黨徒」嗎？還是要想收一點實際的效果，做一點實際的改良呢？如果為了實際的改革，那就應該使主義和實行的方法，合為一件事，決不可分為兩件不相關的事。我常說中國人（其實不單是中國人）有一個大毛病，這病有兩種病徵：一方面是「目的熱」，一方面是「方法盲」。[13]

12　同上註，頁3。

13　胡適：〈問題與主義〉，頁140。

　　在胡氏呼籲為了目的不可不擇手段(否則「手段」在過程中將變成「目的」)，所以目的與手段必須有其一致性的時候(即：胡氏所謂「那就應該使主義和實行的方法合為一件事」，也就是說，為了達成目的，必需使用適當的、與其目的不發生矛盾的實行方法[手段])，一位中國自由主義者與一位中國共產黨創黨人之間的論辯，均已相當充分地表達了自我立場，「問題與主義」之爭便也達到了盡頭。

　　從以上的分析，我們可以對於「問題與主義」之爭的歷史含意(後果)做以下的說明：李大釗把馬列主義當作推進革命的工具來接受，乃是對中國自辛亥革命以來三重危機的歷史性反應。換言之，處於中國傳統政治、社會與文化秩序解體後的時代裡，人們感受到填補由三重危機所造成的「真空」的迫切需要。我不相信歷史有什麼必然性，但客觀歷史的趨勢性是可以理解與分析的。李氏坦然承認他之所以接受馬列主義，主要的原因並不是由於他已經花去多年的時間(事實上並非如此)深切研究過馬列主義，他已經被馬列主義的知識性與真理性說服的緣故；而是由於馬列主義的高度理想主義(烏托邦主義)給他與他的戰友們提供了一個工具，能夠把大多數中國人組織起來參與革命運動。所以，我們可以說，一種政治上的策略混合著高度的理想主義，導使他接受了馬列主義。後來的歷史發展充分證實李氏混合著高度理想的政治性策略的決定，就其本身在中國推進政治革命的目的而言，是有效的：一場政治革命的確由於李大釗和他的戰友們宣傳馬列主義以及他們的奮鬥、犧牲而成功了。

　　至於這場混合著烏托邦主義的政治革命是否能夠切實地「根本解決」中國眾多而複雜的問題，那完全需要另當別論。過去的歷史證實李氏的希望已經大部份落空。「大躍進」、「三年困難時期」(1959–1961)餓死數千萬人的亙古未有的大饑荒，以及十年「文革浩劫」(1966–1976)給中華民族帶來了巨大的災難與創傷。「文革」以後的種種問題，可以說大部份源自對於過去強勢而封閉的政治宗教製造出來的理想的幻滅，以及對於這種政治宗教所造成的「清教徒式」生活的扭曲的反撲。此種「幻滅」與「反撲」的結果產生的現象則是，權貴式國家資本主義的泛濫以及由它衍生出來的各項問題：環境、生態的嚴重污染(根據統計：世界最污染的

20個城市，中國超過一半以上)、社會內在的強烈矛盾(嚴峻的貧富不均)、普遍缺乏公正、運用新式統治技術的政治力量對於社會與思想文化中正面解決問題的資源的抑制與破壞，以及今天各個層面的腐敗問題。中國在國際上已經站起來了，沿海地區的人民生活也得到了改善。然而，由於馬列主義、毛思想導致的政治革命造就的一元化政治力量，為了維護其自身利益，仍然拒絕真正的、實質性政治改革(對它而言，政治改革成了「零和遊戲」)。持續拒絕政治改革，所有積壓下來的各種矛盾都堵在瓶頸之中。沒有政治改革，經濟發展早晚也要出大問題。一場巨大的災難似乎正在醞釀中，目前還看不見化解此一死結的契機。

從以上歷史的分析中，我們今天再看胡適與李大釗在五四時期所進行的辯論，胡先生對於「主義」的批評，現在反而應該給予正面的評價。[14]

不過，在五四時期與後五四時期中國的歷史條件中，卻沒有多少資源來抗拒馬列毛式的共產革命運動所做的，它具有真實地根本解決中國問題的本領的聲稱，尤其當此一聲稱以高度理想主義(烏托邦主義)的姿態出現的時候。

我在這裡要特別強調的是：李大釗所發端的，把烏托邦主義當作發動政治革命的**工具**的思想，實是中國**烏托邦主義異化**的濫觴。當烏托邦主義被提倡與肯定到能夠發動政治革命的時候，它相當簡易地轉變為背

14　此處只是純就胡適與李大釗的這次論辯的歷史含意而言。事實上，胡氏的思想背景(包括他所深為信服的杜威式「實驗主義」)並未給他提供足夠的思想資源來真正面對二十世紀世界史上社會主義對於自由主義的挑戰。他在後來寫的〈三論問題與主義〉與〈四論問題與主義〉中表示：他反對馬克思的階級鬥爭學說，卻相當稱許馬克思的唯物史觀中的重要組成部份。另外，他也無法評論社會主義所蘊含的指令式計劃經濟及其在政治上的含意。因此，他無法為中國知識界提供在深層的理論層次上一套具有真理性、有力的**系統**論述，來對抗1920–1940年代漸次席捲中國知識界的左翼思潮。參見王遠義的條分縷析的重要論文：〈惑在哪裡——新解胡適與李大釗「問題主義」的論辯及其歷史意義〉，《台大歷史學報》，第50期(2012年12月)，頁155–250。

斥自己了。在中共革命的過程中，尤其在毛澤東所領導的政治革命成功以後，烏托邦主義的增強與政治權力的誤用與濫用，愈來愈變成一個相互加強、彼此有機地聯繫在一起的邏輯關係。自李氏倡議接受馬列主義以來，「主義」變得愈理想化、愈激進、便愈能成為革命政治的工具，也愈能動員群眾，革命領導人便也愈有聲望與權力。革命領導人愈有聲望與權力，便愈自我膨脹、自以為是（換言之，便愈易腐化、愈易濫權），也愈可對自己的政治行為不負政治責任。在這樣的情況下，受這樣領導人領導的革命活動便愈與當初的理想背斥或異化了。

中國社會中，本來沒有多少強大的「社會共同體的認同」（corporate identities），「民間社會」（civil society）甚為貧弱。公共利益不易由「社會共同體」表達。因此，公共利益經常由「目標導向」（goal-oriented）而非「規則導向」（rule-oriented）的政治力量來界定。職是之故，社會中沒有多少排拒「烏托邦主義異化」的資源。「烏托邦主義異化」的結果是：目標愈理想化，政治活動便愈不切實際、愈空洞化。然而，當政者卻以為目標愈理想化（愈大、愈猛），便愈能動員幹部與群眾，也就愈能辦事。從「大躍進」到「文化大革命」都呈現了這種「空洞化的政治現實主義」症候群，實際上蘊涵著自我毀滅的傾向。

三、胡適對於科學方法的說明的不足之處

胡先生的一生除了提倡民主以外，另一件不厭其煩的事業是：推展科學。這個目標，正如提倡民主一樣，也是正確的。所謂推展科學，其基本意義是：建設現代國家，需要使用與發展現代知識。這是常識性的意見。但當他進一步提出「系統性」意見的時候，他的思想因缺乏深刻的探索性，便也難免呈現了尷尬與混淆。胡先生認為科學的精髓是科學方法，而科學方法的精義則是「大膽的假設，小心的求證」。[15]

---

15 胡適：〈介紹我自己的思想〉，載《胡適作品集》，第2冊，頁17。

　　胡氏説，「假設是愈大膽愈好」。[16] 然而，科學方法是不是「大膽的假設，小心的求證」呢？科學的發展是不是要看科學工作者在假設上是否大膽，然後再小心地求證，便可以奏效呢？事實上，胡先生談「大膽假設」的時候，只偏重於提倡懷疑精神，以為懷疑精神是科學的精髓，故提「大膽」兩字以示醒目。他卻沒有仔細研究：科學假設的性質到底如何？因為科學的假設可能是對的，也可能是錯的，但都必須是夠資格的假設（competent hypothesis）。但經他提出「大膽」兩字，情況就變得混淆了。因為這樣的説法，如不加以限定（qualify），使人以為越大膽越好，豈知許多大膽的假設，雖然發揮了懷疑的精神，卻並不夠資格成為科學的假設，此種假設是與科學無關的。從實質的觀點來看，胡先生對於科學方法所做的解説，與科學研究及其進展的情況是甚少關聯的；也不能説一點關聯沒有，因為他所説的「小心求證」涉及到一點粗淺的歸納法的解釋與應用，但歸納法的應用並不像他所説的那麼簡單；其次，歸納法在科學發展上，遠非如胡先生所想像的那麼重要。像地質學、植物分類學這一類的科學研究，是與歸納法有相當的關係的。但，像數學、物理學、化學等理論性的自然科學，它們裡面的重大發展與突破，是與歸納法關係很少的，甚至毫無關係。例如，哥白尼的天文學説、愛因斯坦的相對論，根本不是應用歸納法得到的。這些偉大的發現，可説是哥白尼與愛因斯坦底思想的「內在理性」（internal rationality）的發展所致。科學的發展主要是依靠在進行研究的時候，**是否能夠產生正確的、蘊涵或導引未來可獲新發現的問題**。科學的發展必需依據正確、有效、比較有啟發性的方向；易言之，即必需具有正確的、尖銳的想像力的問題。想要為胡先生所謂「大膽的假設」辯護的人，也許會説他所謂的「大膽」就是我所説的「尖銳的想像力」。但「尖銳的想像力」本身並不能促進科學的發展，必需有「正確的、尖銳的想像力」才成。這種正確的、而不是不正確的問題，是怎樣產生的呢？那必需根據許多傳承，用孔恩

16　胡適：〈治學方法〉，載《胡適作品集》，第24冊，頁10。

（Thomas S. Kuhn）的觀念來說，即必需根據「典範」（paradigm）。[17] 而新的「典範」的突破性的發現，除了與舊的「典範」具有辯證的關係以外，乃是「內在理性」的突破。

另外，還有一點需要特別說明：科學史上有不少重大的發現是與「頑固」的關係很大，而不是與大膽的懷疑有關。有的科學家硬是特別信服他的老師的學說或一般人已經接受的理論。他覺得這項理論的底蘊，涵蓋的深度與廣度比別人所發現的還更豐富、更深邃、更有意義。從這樣的觀點出發，有時會獲得極為重大的發現。例如，1912年數學家 Max von Laue 對結晶體使X光折射（diffraction of X-ray by crystals）的發現，便是對大家已經接受的、有關結晶體與X光的理論，更具體、更深入的信服的結果。[18]

事實上，胡先生提倡科學時的心態是科學主義式的。科學主義（scientism）是指一項意識形態的立場，認為科學能夠知道任何可以認知的事物（包括生命的意義），科學的本質不在於它研究的主題，而在於它的方法。這種科學主義帶有類似宗教的格調。在中國傳統宇宙觀崩潰以後，胡先生似乎要建立一個自然主義的宗教——把科學當做新的宗教——以便內心有所纏繫。[19]

---

17 Thomas S. Kuhn, *The Structure of Scientific Revolutions*, 2nd ed. (Chicago: University of Chicago Press, 1970).

18 Michael Polanyi, *Personal Knowledge: Towards a Postcritical Philosophy* (Chicago: University of Chicago Press, 1962), chap. 9, "The Critique of Doubt," pp. 269–298, esp. p. 277. 關於哥白尼的天文學說與愛因斯坦的相對論乃是他們底思想的「內在理性」的發展所致，而非得自歸納法的應用，亦詳見此書。

19 詳見拙文：〈民初「科學主義」的興起與涵義——對於民國十二年「科學與玄學論爭」的省察〉，收入拙著：《政治秩序與多元社會》（台北：聯經，1989），頁277–302。

四、胡適「全盤西化」論的問題

　　一項眾所周知的胡適極力提倡的觀點，是他的「全盤西化」論。從「內在理路」的觀點來看，這一理論直接導自他的、作為意識形態的「全盤化反傳統主義」（或曰「整體主義的反傳統主義」）。在私人的言談與學術論著中，胡先生並不對傳統堅持全盤否定態度，尤其對孔子與朱熹的思想的一些部份，頗為肯定。而他在〈充分世界化與全盤西化〉一文中，也對「全盤西化」做了修辭上的修正。[20]

　　「充分世界化」，從文字本身的意思來看，當然不是全盤西化。「充分世界化」似是指謂一個理想，即：有意識地投入一項創造地整合世界上所有文化的工作。然而，這不是胡先生的意思。他說他之所以要用「充分世界化」取代「全盤西化」是由於後者「的確不免有一點語病」。這點語病是因為嚴格説來，「全盤」含有百分之一百的意義，而百分九十九還算不得「全盤」……為免除許多無謂的文字上或名詞上的爭論起見，與其説「全盤西化」，不如説「充分世界化」。「充分」在數量上即是「盡量」的意思，在精神上即是「用全力」的意思。[21] 所謂「世界化」，對於堅信歷史具有進步性與杜威式工具主義的胡氏來說，意思非常明確，就是：杜威式工具主義所闡釋、所主張的現代美國文明，將是世界一切文明的標準與鵠的。所以胡先生説，這樣的現代美國文明「正在迅速地成為世界文明。」[22]「充分世界化」，就是「盡量」、「用全力」使中國文明變成杜威式工具主義所闡釋、所主張的現代美國文明。胡先生承認「固有文化的根本保守性」，[23] 中國文明不可能變成百分之一百的現代美國文

20　胡適：〈充分世界化與全盤西化〉，載《胡適論學近著》（上海：商務印書館，1935），頁558–561。

21　同上註，頁559。

22　Hu Shih, "The Civilizations of the East and the West," in C. A. Beard (ed.), *Whither Mankind* (New York, 1928), p. 25.

23　胡適：〈試評所謂「中國本位的文化建設」〉，《胡適論學近著》，頁555。

明。他甚至說：「如果我們的古老文化裡真有無價之寶，禁得起外來勢力的洗滌衝擊的，那一部份不可磨滅的文化將來自然會因這一番科學文化的淘洗而格外發輝光大的。」[24] 這些話只是告訴大家他所主張的「充分世界化」並非違背常識，也不是逃避客觀世界的空想；其未來的結果還可能使得我們古老文明的一些成分「發輝光大」；但，那些**未來**必然的與可能的文明變遷的結果，都必需建立在**現在**「盡量」、「用全力」使中國文明變成杜威式工具主義所闡釋、所主張的美國文明之上。他在認知的層次上與價值的層次上，對他所謂的西方文明都是以一元式的方式進行的與投入的，所以並無多元的複雜性。總之，對胡先生而言，中國人民所應採取的文明變遷的綱領，無論稱之謂「全盤西化」也好，「全心全意接受西方文明」也好，或「充分世界化」也好，就是需在最大程度上接受現代西方文明（亦即：杜威式工具主義所闡釋、所主張的美國文明）。雖然他對「全盤西化」做了上述修辭上的修正，就他對文明變遷的正面態度而言，他肯定「全盤西化」的根本立場，並未改變：他繼續主張全盤化或整體主義的西化。

　　換句話說，在「事實」的層次上，他的「全盤西化」論當然不至於荒謬到違背常識的地步——以為將來的中國文明經過他所謂的「全盤西化」以後，就會百分之百地變成他所認同的、杜威式工具主義所闡釋、所主張的美國文明。然而，在「應該」採納的價值和解救中國的方法的層次上，他過去所主張的「全盤西化」與現在所提出的「充分世界化」並無不同；這兩個口號蘊涵相同的**實質**意義是：愈盡量、愈用全力接受他所認同的美國文明愈好。

　　根據以上的分析，我們知道上述修辭的舉措，並未使他在意識形態層次上——在建立應急的、高度而明顯「系統性」意見的時候——超脫他的一元式思維模式，而這一思維模式是以「藉思想、文化以解決問題的途徑」出之的。正因為他無法超脫這樣的思維模式，所以即使胡氏感

24　同上註，頁556–557。

到「全盤西化」論頗有不妥之處，他卻只能在修辭上對其進行修正。因此，在中國發展自由精神與建設民主制度所需要面對的（包括如何建立支撐憲政民主的諸條件、如何處理從傳統中國演變至今尚存的思想、文化與憲政民主之間的關係等等）重大問題，都被胡先生的一元式反傳統主義與一元式西化論所忽略或掩蓋了。

支撐憲政民主的諸條件，包括法治的確立、公民文化與公民道德的培育，以及公民社會的養成。這裡所説的法治，相當於英文中的 the rule of law（法律主治），而不是 the rule by law（依法而治或以法治國）。法治當然是以憲法為依歸。但不是任何由國家立法機構通過、正式頒佈的憲法，就是合乎法治原則的憲法。合乎法治原則的憲法必須符合法治背後的原則：(1) 必須具有普遍性（平等應用到每一個人身上）；(2) 必須具有抽象性（不為任何人或團體［包括政黨］的具體目的服務）；(3) 分立國家的行政權、立法權、司法權，三者均須經由法律界定與限制之；(4) 國家有義務平等地保障境內所有人的基本人權。

公民文化和公民道德是指：所有參與民主政治過程的人（當然包括各個層面的政治人物）所需要的文明性（civility）與公民德行（civic virtue），包括：「公民們的愛國心與正義感使得他們很少可能會為了暫時或偏私的打算而犧牲國家利益」（麥迪遜語）；「尊重別人的意見，勇於表達自己經過考慮的意見，以及個人在群體生活中所應有的自我肯定和完成這些肯定所需要的知識與技能」（伯林語）。另外，民主社會中的公民，當然需要對於什麼是民主、自由、人權、法治等基本觀念，具有一定程度的理解。這就必須從學校和社會的公民教育入手。至於公民社會，則是指公民參與政治過程的社會機制。

總之，適之先生在常識層次上談論自由、民主的時候，是頗為正確的。但，當他倡導科學的時候，因為一開始就進入意識形態的層次，所以一開始就有問題了；雖然他堅持有一分證據説一分話——這樣常識性的態度，自然在常識層次上也沒有什麼可以不同意的，雖然科學研究在實際進行的過程中，絕不是有一分證據説一分話，而胡先生自己的許多學術著作，包括他自認比較重要的〈説儒〉，以及他的《中國哲學史大綱》

上冊，頗有證據不足、推演過當的問題。適之先生在倡導建立自由與民主的時候，基本上是在談「是什麼」與「應該實行什麼」，很少顧及「如何去實現」的問題。在「是什麼」這一範疇內，如上所述，他關於自由與民主的言論是禁不起深究的。[25] 剩下來的，只有在「是什麼」這一範疇之內關於自由與民主的常識意識，及「應該實行什麼」這一範疇之內的目標（或口號）的形式意義。適之先生遺留下來的啟蒙思想的**實質內容**，在今天看來，可以繼承的相當有限。然而，從他關懷中國前途的態度與多年來堅持自由主義的立場來看，我想他是希望中國的啟蒙運動能夠繼續往前推進的。

原載《中國傳統的創造性轉化》（北京：三聯書店，增訂版，2011），頁536–545。原文題為〈平心靜氣論胡適〉，現為作者2012年12月4日的重校稿及更訂之題目。

25　胡適討論自由時出現了許多問題，對於其中一個具體實例的分析，詳見拙文：〈兩種關於如何構成政治秩序的觀念——兼論容忍與自由〉，收入拙著：《政治秩序與多元社會》（台北：聯經，1989），頁3–48；《中國傳統的創造性轉化》（北京：三聯書店，增訂版，2011），頁117–166。

二
自由的基礎與理據

〈論自由與權威的關係〉、〈再論自由與權威的關係〉之緣起與二十年後的反思

一

1982年由時報文教基金會主辦，假宜蘭縣內棲蘭山莊舉行的「中國近代的變遷與發展」研討會，是一次十分令人懷念的學術會議。我想在這裡就此會之緣起以及從二十年以後的今天來看，當時我在會中宣讀的論文的意義何在，作一初步的反思與說明。

開會之前的頭一年(1981)暑假，我在威斯康辛大學麥迪遜校區與南京大學交換計劃下，由我任教的學校派赴南京大學講學兩個月以後，和家人於返美途中道經台北，小住一週，藉以省親訪友。很高興與老友胡佛先生和楊國樞先生重聚，並與他們討論大家多年來共同關心的，在中國建立自由與民主的制度以及發展自由與民主的文化等問題；同時，向他們敘述我在大陸的觀察與體驗所得以及我的感想。

大陸自1979年改革開放，兩年來人民的生活，比起過去腥風血雨的日子，已經好了不少。但生活凋敝、文化殘破，連一般人的語言、文字都非常政治化、教條化了。知識份子的言論，要揣摸官方開放的尺度，稍一不慎，後果不堪設想。他們對於外面的世界，很有興趣多知道一點，但三十年來被禁錮、被隔離的境遇，使得他們對外面世界的理解，變得非常之幼稚與機械。

　　另外，以下三項「發現」，雖然對其原因、過程及後果可做歷史的分析與解釋；然而，與它們親身接觸而得的具體而鮮明的實感，帶給我的震撼是很大的：(1) 中共的極 (全) 權統治像水銀瀉地似的，無孔不入。民間社會與民間道德均已被其扭曲、破壞殆盡 (當然也有少數的例外)。(2) 中共的革命是以創建「真正的民主」、「真正的平等」為號召的。這個激發千千萬萬熱血青年為其奮鬥、為其犧牲的革命運動，其實際的結果，恰恰是它底崇高理想的反面：中共統治的社會是一個最分等級、最不平等、最不公平的社會。社會、經濟與文化，完全控制在政治的手上。權力只有一個來源：政治。[1] 社會成員的等級與身份的高低是和他與政治權力的距離的近遠成正比。(3) 從 1930 年代開始，中國知識份子的主流向左移動。中共之所以在二次大戰結束以後，於數年之內即能席捲中國，原因當然很多，包括蔣氏政權的腐化與無能，毛澤東的組織能力很強、戰略甚為高明等等；其中另一個主要的原因則是：它獲得了大多數中國知識份子的支持 —— 中國知識份子的支持給它賦予了革命的正當性 (legitimacy) 以及後來取得政權以後統治中國的正當性。然而，我在大陸生活與觀察了兩個多月的經驗卻具體而切實地使我知道：大多數中國知識份子支持或同情中共革命的抉擇是錯誤了！他們從理想主義出發所做的錯誤的抉擇，影響太大了。這是絕大的時代悲劇！

　　兩害相權，蔣氏法西斯政權要比中共的極權統治好得多。蔣氏政權有時非常殘暴，它的高壓政策非常令人窒息，它的社會與文化政策底虛偽性與矯飾性使得社會與文化變得扭曲。然而，蔣氏威權統治比起中共的極權統治，其破壞力畢竟少多了。一些社會、文化與教育的活動因此仍可在政治力未及的罅隙中生存或發展。何況蔣氏政權到台以後，還能發展經濟，提高國民的生活水平，以及准許有限度的地方選舉。

1　別的國家比較多元的社會中，權力當然不止於一個來源；經濟力量、社會力量甚至文化力量，也是權力的來源。

　　然而，台灣本身卻也問題重重。我與胡楊兩位聚談的時候，距離美麗島高雄事件（1979年12月）還不到兩年。不過，黨外參選運動，則越挫越勇。整個台灣彌漫著一股從威權高壓下掙脫出來的能量。而蔣氏政權在美麗島事件使出白色恐怖式的最後一擊以後，似乎再沒有足夠的精力（與蔣經國患病可能也有不少關係）繼續以猙獰的面目、殘酷的手段，把如火如荼的美麗島家屬和黨外新生代參選運動硬壓下去。於是，威權統治自然有所鬆動了。既然黨外運動已經壓不下去，蔣氏政權是否有主動從事民主的基礎建設，[2] 用以導正充滿了反對威權的能量，卻

2　民主的基礎建設，包括法治的確立、公民文化和公民道德的培育，以及公民社會的養成。

　　The rule of law（法治或法律主治）與 the rule by law（法制或以法統治）不同。法治是指：合乎法治原則的法律作為政治、社會與經濟運作的框架：一切政治、社會、經濟的運作必需在合乎法治原則的法律之內進行。法治作為制度而言，有其優先的重要性。

　　專制國家有時也講一點效率，所以有時也注意到法律的好處。它推行的法律有許多違反法治原則的地方。有的專制國家自稱所推行的法制是法制，而不用法治二字，這在名詞上倒是清楚的。實行法制的國家不一定能夠改進或演化到憲政民主，亦即：法治之下的民主。

　　談到法律，以「合乎法治原則的」加以限定，這樣的表述當然意味著也有不合乎法治原則的法律。那麼，什麼是法治原則呢？它包括以下兩點：(1) 一切法律不可違反更高一層的法律；最高的法律是憲法。(2) 憲法則不可違反「法律後設原則」（meta-legal principles）；亦即，自歐洲中古歷史至英美憲政史發展出來的四項共同規範：(a) 國家有義務保障境內所有人的基本人權；(b) 國家中的行政權、立法權及司法權均需經由法律予以限制；(c) 法律必須平等地應用到任何人（法律之前，人人平等），同時法律必須不為任何團體或個人的具體目的服務；(d) 經由法律程序通過的憲法，如果不符合上述「法律後設原則」，則仍然是違憲的。

　　公民文化和公民道德是指：參與民主的政治過程所需要的文明性（civility，見註4）與公民德行（civic virtue），包括尊重別人的意見、勇於表達自己經過考慮的意見，以及個人在群體生活中所應有的自我肯定與完成這種肯定所需要的知識和技能等。

　　公民社會是指公民參與政治過程的社會機制。

對於民主政治的複雜理念及其實踐所需要的精緻技能均不甚了了的黨外運動呢？答案則是否定的。這個問題所蘊涵的要求蔣氏政權脫胎換骨的工作，由於它先天的限制，它是做不來的。台灣社會此時正處在以選舉為主要訴求的政治民主，但卻沒有多少走向自由的民主意義之下的憲政民主的條件的局面。（此種情況使我感到相當憂慮；不過，當時卻無法想像在蔣經國逝世以後——蔣氏父子所經營的威權體制在新的時空中已不可能用同樣的方式繼續存在的時候——台灣竟變成了野心家利用政治民主的形式，實現反民主的民粹主義的天堂。）

另一方面，台灣經濟持續強勁地發展（雖然伴之而來的，有許多新的問題）。隨著經濟的發展與威權體制的鬆動，兩大報的事業蒸蒸日上，在輿論立場上均主張爭取言論自由、促進民主發展。當時，一般人的生活已經獲得普遍的改善，不過尚未掉入消費主義、享樂主義的夢魘之中。而民間的政治意見主要聚攏在反抗威權體制的共識之下；省籍意識尚未被政客炒作得使大家過分分歧；民粹主義也尚未登場。大家注意力比較能夠集中，集中的焦點之一，便是兩大報的言論。

胡楊兩位告訴我，明年（1982）是大家素所敬重的陶百川先生八秩壽辰之期。他們問我是否願意一起籌辦一次，結合海內外關懷自由與民主在中文社會的前途的知識份子，大家來參與一次研討會。將來出版會議論文集，一方面藉以祝賀百川先生八秩壽辰，另一方面，藉以釐清一些與自由與民主有關的觀念和史實，對於導正民間反對威權的能量及釐清自由與民主的政治和文化的理念，或可略盡綿薄。

我因剛從大陸回來，受到那兩個月的體驗與觀察的影響，難以保持心情的平衡；所以，特別把在中文社會發展自由與民主的希望，放在台灣這塊土地上。（我認為只有在純正的自由與民主的政治、社會和文化秩序之中，我們才能有一個比較合理、合乎人道、比較能夠舒展性靈的人間秩序。）過去，我一向對於在中文社會發展自由與民主的制度和文化的前景，比較悲觀；因為這些在西方歷史中發展出來的東西，到了中文社會就走樣了，有時走樣走到不成樣子！然而，1981年我與胡楊兩位聚談時的心情，卻不是我的理智判斷所告誡的那個樣子。我對他們兩

位的提議感到非常高興，立即同意參加，並答應返美後即與余英時先生
和張灝先生聯繫，敦請他們一起來共襄盛舉。（我的高興的心情也掩蓋
了我對於台灣發展民主的憂慮，把那些憂慮推到內心的底層。）

胡楊兩位跟我說，他們想與《中國時報》方面聯繫，擬請《中國時報》
主辦這個研討會。《中國時報》作風明快、精力充沛，其關懷自由、民
主在中國的發展，有目共睹。當時胡楊兩位與《中國時報》高層還不很
熟悉，他們說希望沒有問題。

我返美後不久便接到他們的來信，得知時報文教基金會非常樂意主
辦這個研討會。我便與余張兩位聯繫，也得到他們立即的首肯。次年7
月，他們二位返台開會時，都提出了根據多年思考所得而撰成的極有份
量的論文。事實上，1982年7月在樓蘭山莊的研討會，是我們海外三個
人第一次正式與台灣和香港主張自由與民主的學者，坐在一起討論共同
關懷的問題的場合，也是我們第一次與余範英小姐率領的《時報》支援
團隊結識的場合。余小姐真摯而有判斷力，後來大家都成為好友。樓
蘭山莊位於台灣東北部山谷中，環境清幽。與會同仁晝夜討論；剛巧颱
風過境，電沒有了，便秉燭討論。當時大家的心情比較高昂。現在回
想起來，令人懷念。

二

因為上述的緣由，我當時以為，台灣比中文社會任何其他地區更能
接納為未來自由的文明鋪路的工作。自由的文明需要政治、經濟、社
會、文化、思想等各種條件的支撐，才能發展。而這些條件雖然相互影
響，卻不能相互化約；所以，在思想上為中文社會的自由文明的實現，
盡一己之力，自覺是一件有意義的事。我在相當興奮的心情下，準備用
心撰寫一篇題作〈論自由與權威的關係〉的論文，試擬提出在制度上和
在思想上發展自由文明的基本綱要，並說明其理據。（後來的〈再論〉是
補充說明。）

　　兩篇拙文之所以從探討自由與權威的關係入手，主要是因為過去中國自由主義的有關著作，大多是為了反抗壓抑個人自由、摧殘個人尊嚴的傳統權威而作。闡釋與弘揚「個人自由」與「個人尊嚴」，是極為有效的攻擊傳統的武器。然而，從不合理的權威的壓抑中解放出來的過程，並不是一個正面發展的過程。**解放本身並不能發展自由的文明。**自由文明的發展需要秩序，而秩序的建立則需要正當的權威。因此，我的分析的主軸是建立在對於權威的不同類型（「心安理得的權威」vs.「壓制性的『權威』」）的區分及討論「心安理得的權威」與自由文明的發展的正面關係上。「心安理得的權威」在以上兩文中，指的是維護「外在自由」（或曰「消極自由」）的法治的權威、促進自由文明發展的普遍的與抽象的規則的權威，以及培育與發展「內在自由」（或曰「積極自由」）的資源的「奇里斯瑪」的權威。

　　現在重讀二十年前撰寫的這兩篇論文，我感到欣慰的是，當我談自由的意義及其效益的時候，並未陷入西方自由主義某家某派的窠臼。我是為了探尋中華文明未來發展的有效原則而綜合各家（尤其是海耶克、博蘭尼與席爾斯）之長來進行的，並不是以堅守任何一家學說的壁壘，據之以與別的學派進行辯論的方式來進行的。我的綜合自然有所偏重，但這些偏重是與我關懷中華文明的未來發展有關，是有其理據的。

　　換言之，我在綜合有所偏重的各家之中，是有所取捨；一切是以中文社會發展自由的文明的需要為準。例如，海耶克先生的自由哲學，通常均視之為偏重外在（消極）自由。[3] 我對外在自由當然也非常看重，

3　事實上，海氏視外在（消極）自由有其優先性以外，並不排斥積極自由：
　　"It [liberty] describes the absence of a particular obstacle—coercion by other men. It becomes positive only through what we make of it." F. A. Hayek, *The Constitution of Liberty* (Chicago: University of Chicago Press, 1960), p. 19.
　　他在著作中也重視內在（積極）自由："Freedom to order our own conduct in the sphere where material circumstances force a choice upon us, and responsibility for the arrangement of our own life according to our own conscience, is the air in

而且視之為內在（積極）自由的條件，故有其優先性。因為如果沒有外在或消極自由，也就很難有內在或積極自由：如果一個人沒有免於外界強制或干擾的自由，他便很難根據自己的意思去做自己想做的事。這裡所謂外在（消極）自由是指：在法治的保障與自由的文明性的支撐之下，[4]每個人均有不受外界強制或干擾的自由空間。外在（消極）自由不談自由的內容或自由的內涵。只談外在（消極）自由的人則認為每個人在這樣的自由空間之內是否主觀上感到自由或自由地做自己的事，不是那麼重要。外在自由注重的是，使個人獲得這個自由空間的條件（如法治等）。內在（積極）自由是指：自己做自己的主宰，自己可以根據自己的意思做自己想做的事。

特別注重外在（消極）自由的人，如伯林，雖然認為外在（消極）自由與內在（積極）自由並不必然矛盾，但他認為提倡內在（積極）自由，會有種種危險。例如，當一個人說他要做自己的主宰時，他內心很可能有「大我」與「小我」之分；如果他認同的「我」是他的「大我」，那麼，當他說他要做自己的主宰時，他實際上變成了由他認同的大我（國家、民族，或代表國家、民族的領袖）做他的主宰了。伯林所論，在歷史上確有許多例證。作為從歷史得來的警惕，有其重大意義。然而，作為自由哲學，伯林的論斷則有其限制。

伯林在1969年出版的《自由四論》導言中，雖然已不像十一年前（1958）最初發表《自由的兩個觀念》那樣堅持消極自由，並說積極自由與消極自由都是具有普遍意義的目的。但，他在一個註釋中卻仍然以形

---

which alone moral sense grows and in which moral values are daily re-created in the free decision of the individual. Responsibility, not to a superior, but to one's conscience, the awareness of a duty not exacted by compulsion, the necessity to decide which of the things one values are to be sacrificed to others, and to bear the consequences of one's own decision, are the very essence of any morals which deserve the name." F. A. Hayek, *The Road to Serfdom* (Chicago, 1944), p. 212.

4　自由的文明性是：人們自知自我節制。英國人的生活方式是其顯例。

式分析的方式說:「一個人在掙脫加諸他的桎梏或一個民族在反抗奴役時,他或他們無需有意地追求下一個具體的目標。一個人無需知道他將如何運用他的自由;他就是要拿掉套在他身上的束縛。」[5] 這種說法,在邏輯上沒有什麼不對。不過,深受分析哲學影響的伯林的形式分析的局限性,也就顯露出來了。

關鍵在於個人除了在受到外在的強制或干擾時會失去自由以外,如果他的意識,正如下文〈再論自由與權威的關係〉中所指出的,「被怨恨、恐懼與無知所佔據,無論外在(消極)自由的架構多麼完美,他仍然是沒有自由的」。因為生命是有目的性的;人在追求目的的時候,才會覺得生命有其意義。既然人要追求目的,就必需有內在的資源來支持這樣的活動。然而,人生在世經常有不少內心的衝突,如要克服這些衝突,需要強有力的內心資源,人只有對生命有清楚的自覺,對生命的資源有清楚的自知的時候,才真正能以自己做自己的主宰的方式,克服內在的衝突,展現內在(積極)的自由。

泰勒在討論內在(積極)自由時,曾舉了幾個很恰當的例子來做具體的說明。[6] 其中一個例子是這樣的:如果有一個人,他平生最大的志趣是做學校的教師,對他而言,教書是最快樂、最有意義的事;不過他卻怕在大庭廣眾中講話,如果他被這樣的恐懼所佔據,他便無法做自己的主宰,亦即沒有內在(積極)的自由。為了追求自己的目的,他必須設法鍛鍊自己,使自己免於在公眾之前講話的恐懼。他之所以能夠做這樣的決定並堅持下去,其背後需要強有力的價值判斷的支持,而這樣的價值判斷,則需要在「對生命有清楚的自覺,對生命的資源有清楚的自知的時候」,才能辦到。

---

5 Isaiah Berlin, *Four Essays on Liberty* (Oxford: Oxford University Press, 1969), p. xliii.

6 Charles Taylor, "What's Wrong with Negative Liberty," in Alan Ryan (ed.), *The Idea of Liberty* (Oxford, 1979), pp. 175–193. 我在討論積極自由時,受到此文的幫助很多,僅誌於此。

由於在下列兩篇論文中，我除了重視外在（消極）自由以外，也同樣重視內在（積極）自由；所以，就內在（積極）自由而言，探討如何培養它的資源，變得極為重要。只有當一個人與展現道德與創造的自主性的具體實例相接觸的時候，才能真正受其啟發。這是為什麼我在〈再論〉的最後一節，特別要分析「內在自由與『奇里斯瑪』權威的關係」的緣故。

另外，內在（積極）自由也是對付民主生活所造成的社會同一性的重要資源。民主是建立在平等的價值之上。以平等的價值做主導的社會生活，自然鼓勵每個人根據自己的喜惡來做決定。大家都是平等的，事情應由自己來決定，而不需要遵從別人或別的權威來做決定。所以，當平等的價值在社會上壓倒其他價值的時候，「自己應該做決定」的氣勢迫使「自己是否有能力做決定？」這個問題銷聲匿跡了。於是不問自己是否有能力做決定，大家便都認為自己應該做決定。民主的社會與文化自然會養成自我肯定自己應該並有能力做決定的風氣，其他形式的權威（老師、家長、教會等等）都相對削弱了。這樣以民主所主導的社會與文化生活，自然產生了一個悖論現象：自己事事應該並自認有能力做決定，但自己做決定的內在資源卻相對地減少。自己根據什麼做決定呢？通常是社會上流行的東西，即使學術界也往往如此。職是之故，在民主作主導的生活中，人們覺得自己是根據自己的意思做決定的，而實際上是把社會流行的壓力內化以後而當作自己的資源來做決定的。對付這種民主生活所產生的社會同一性（social conformity）的有效資源，則是我在這裡闡釋的、具有內在根據的積極自由。

2002 年撰

2015 年 11 月 25 日重校

論自由與權威的關係

一

自「五四」以來，一般中國知識份子多認為自由與權威是不相容的。自由不但不依靠權威，而且是要從反抗權威的過程中爭取得到的。他們這種看法，凡稍知中國近代思想史的人，當然都能給予很適當的解釋：自「五四」以來，中國最有實力的思想與文化運動是反抗傳統權威的思想與文化運動。(保守運動往往是對反傳統運動的直接回應，可見反傳統運動影響力之大。)在「五四」前後，中國進步的知識份子，在接受了他們所了解的西方現代價值(自由、民主、科學、進步)以後，發現圍繞著他們四周的舊風俗、舊習慣、舊制度與舊思想，都是與他們所接受的價值不能相容的，所以如果要使這些新的價值在中國社會中生根，他們認為必須將那些支持舊風俗、舊習慣、舊制度與舊思想的權威打倒；如此，保障人的尊嚴，使人的思想與情感得以合理發展的新價值與新觀念，才有希望在中國發榮滋長。我在別處曾詳論五四時代激烈反傳統主義的種種，在這裡我所強調的是，雖然這個運動的產生有其歷史因素，而一般人都不容易超越歷史的環境，因此我們對五四人物不必責之過甚；但，有思辨能力的人並不一定也不應該只做歷史環境的應聲筒。所以，五四時代主張「全盤性反傳統主義」的知識份子是無法對其言之過甚的主張之缺乏反省完全辭其咎的。不過，從歷史發展的大方向來看，

反對傳統權威的運動之所以能夠那樣地如火如荼，不能不說是與中國傳統中各式各樣的權威變得過分僵化與頑固有很大的關係。這種歷史的包袱是很不幸的。事實上，自由與權威是相輔相成的。合則兩美，離則兩傷。但，在「五四」的前後，傳統的權威既已那樣地沒有生機（倒不完全是因為與西洋的價值與觀念過分不同的緣故），所以五四人物覺得如果要使中國人接受自由、民主、科學、進步等新價值與新觀念的話，就非先從這些壓迫他們的傳統權威中解放出來不可。因此，傳統的權威與新的價值被認為是敵對的了；在這種情況下，自然很少人會探究它們之間所存有的微妙的相輔相成的關係。

另外，五四人物所接受的西方文化是十八世紀啟蒙運動的主流，及其二十世紀的代表（實證主義與實驗主義）。它最大的特色是基於對於「理性」特質的誤解而產生的兩項禁不住嚴格批判的主張：(1) 對傳統權威的反抗；(2) 對未來的過分樂觀（認為未來一定比過去要好，人類歷史一定是進步的，反映在胡適的言論中，則是他所謂的「不可救藥的樂觀」）。這兩項啟蒙運動的主張，當然也有其歷史因素。簡單地說，法國啟蒙運動的前身是英國的自由運動。英國的自由運動可分兩支：(1) 反對權威的自由論——科學的真理只有從亞里斯多德的權威下解放出來才能獲得。如果每個人都被允許自由發表意見，真理便會在這種自由競爭與切磋中，以其言之成理的論式壓倒反對者而成立；(2) 哲學懷疑論——在宗教信仰上，我們無法確定哪一派是真的；所以，如洛克所主張的，應該彼此寬容。這種英國的自由論傳到十八世紀的法國，因受法國本身文化傳統的影響，被推展到了極端。從哲學的觀點來看，十七世紀以來法國本身文化傳統的主流之一是：笛卡兒的理性建構主義，或唯理建構主義（Cartesian rationalist constructivism）——這種思潮遂把從英國傳來的自由論法國化了。

笛卡兒認為一個哲學家的基本責任是思想，而思想最大的特色是懷疑，他必須懷疑一切可以懷疑的東西。當某件東西禁不住懷疑的時候，那就不能認為它是真的。從各種觀點努力去懷疑，最後發現有的東西無法再加懷疑，這種東西才是真的。這種懷疑論從某一個觀點來

看，是言之成理的。一般人通常是馬馬虎虎的，哲學家卻不應如此。笛卡兒用他的普遍懷疑論 (the doctrine of universal doubt) 來懷疑一切，最後發現有一點，他懷疑不了；因此，他認為這個東西是真實的。這一點就是：他不能懷疑他在懷疑。所以，他認為「我思故我在」。笛卡兒這個人是真的還是假的呢？存在不存在呢？他說當他思想的時候，他無法懷疑他的存在，所以他是存在的。他思想的時候，他是在做懷疑的工作。他在做懷疑工作的時候，他必須先存在才能懷疑他的存在，至少在他懷疑的那個時刻他必須存在，才能懷疑他的存在。至於他是否真的存在？他不知道。但至少在他懷疑他存在的時候，他必須存在，否則他無法懷疑他的存在。這種思想是很精銳的；但，影響卻很糟糕。這種思想的涵義是：什麼東西都可以被懷疑，只有思想不能被懷疑；所以，思想是宇宙中唯一存在的東西。根據這個觀點，很容易導向 (滑落) 到下面這樣一個看法：世間的東西，只有經由思想創造出來的，才能真正的合理。這個看法再一滑落便會產生另外一個觀點：宇宙裡的東西，都是由思想產生的，只有思想本身是創造的泉源，宇宙不是創造的泉源。這樣便產生了笛卡兒式的「建構主義」。既然真正合理的東西都是經由思想所創造的，凡不是經由思想所創造的都是不合理的；所以我們要用我們的思想的根源 —— 理性 —— 來創造一切、決定一切。從笛卡兒的觀點來看，一切文化必須經由他所謂的理性來建造，這樣才能合理。因此，笛卡兒式的「理性」變成了超文明的主體，既然理性是每個人生而具有的，所以人應該應用理性 —— 人類真正的資源 —— 衡量一切、創造一切。任何權威皆不可恃，理性是唯一的權威；所以從笛卡兒的觀點來看，歷史是沒有意義的。再加上法國教會的權威相當龐大而專橫，建基於理性而對於教會的反抗，變成了正義的吼聲。另外，法國啟蒙運動的人物多半不是真正的科學家 (數學除外)，他們一方面對科學研究的本身性質不甚了了，另一方面卻非常驚異與驚羨自然科學中他們所認為的理性運作所帶來的輝煌成果；因此，對於未來自然科學研究與他們所強調的，應該應用自然科學方法的社會科學研究，產生了無比的樂觀。例如 Baron d'Holbach 在 1770 年曾說：

人之所以困苦，是因為無知的緣故。所以在思想自由的環境中，只要運用理性，人類便可從貧窮、仇恨、欺侮中解放出來。從這種觀點來看，多半依附傳統而構成的各種權威，便變成了進步的絆腳石。所以，法國啟蒙運動基本上是反權威的。五四人物直接或間接地接受了這種啟蒙運動主流的意見，以為它是西方的進步思想；他們自然更理直氣壯地反傳統、反權威了。

二

自由可分為外在的自由與內在的自由。外在的自由指的是：個人在社會中的行為所遭遇到的外在的強制壓力 (coercion) 已經減少到了最低程度的境況。這種英國式對自由所下的消極的 (negative) 定義，從來不是一個絕對的觀念。自由當然不包括使別人沒有自由的「自由」。為所欲為的放縱不但與自由絕不相容，而且是自由的大敵。所以，自由與法治是不可分的。應用羅爾斯 (John Rawls) 較為積極的話來界定自由，則是：「每個人均平等地享有最廣闊的基本自由的權利，但這種享有基本自由的權利必須與別人享有同樣的權利是相容 (不衝突) 的。」另外，自由與責任也是不可分的；如果自由不與責任並談，則自由的理想便變得毫無意義。一個人如果對自己的行為不能負責，換句話說，他不能根據經驗事實以他所能預見或想像得到的行為後果來考慮應該怎樣做的話，那麼，談論自由的理想，實是一件很可笑的事。這不是說人可超越社會與文化的影響，而是說人在社會中的行為，能夠因考慮與預見不同的可行途徑的後果而決定取捨。所以，自由主義者一定肯定人類具有理知與道德的能力。(此處所謂的理知是：認定人基本上有思辨與學習的能力；思辨是指推論與知道思想的連貫、一致或矛盾的能力。這裡所謂的「理知」與笛卡兒的唯理建構主義中所謂的「理性」應做一嚴格的區分。又，此處所謂的道德是指個人的道德 [personal morality]，如愛心、同情、守信、誠懇等。)

　　什麼是爭取外在自由的基本理由呢？我們首先要強調的是：從肯定人的價值的觀點來看，換言之，從道德的觀點來看，我們必須爭取外在的自由。當社會上的每個人，不論貧富、出身、才智、教育程度、性別，均受法律的公平保障，均可不受別人意志的干涉，自己在法律的範圍內可以自由自在地做自己所要做的事的時候，這個人才不是別人的工具，他的生命才有道德的尊嚴。一個人生活在世界上，不應做別人的奴隸，社會中的人際關係，基本上應該是一個道德的關係，在這個道德的關係之中，每個人都是目的，不是手段。這個社會就是康德所謂的「諸目的的王國」(kingdom of ends)。一個社會如果沒有法治，在這個社會裡的人，便不能是諸目的組成的王國裡的一份子。基於上述的理由，我們要爭取外在的自由。

　　其次，爭取外在自由的主要理由是：在這種自由的社會裡，文明較易進步。因為自由的社會是最能受惠於知識的社會。換句話說，從有效地享受知識所帶來的好處的觀點來看，自由的社會是一個最有組織、最有效率的社會。許多人認為自由是散漫的，越有計劃、越加管理的社會才是越有效率的社會。但事實的真相卻正相反。不由政府加以指導與控制的自動自發的社會秩序 (spontaneous social order) 反而是最有效率的。這項頗為辯證的 (dialectical) 事實，以海耶克先生多年來的論著解釋得最為透徹。

　　人類知識的進展常常受到不少偶然因素的影響，這些因素是無法預知的。其次，無論才智與毅力的多寡，每個人所能知道的東西都有限，所以無法預知整個知識領域進展的遠景。更精確地說，人不是上帝，他的心靈只能在社會與文化的演化過程之中活動，不能站在這個過程之外全知一切。因此，如果允許每個人在遵守普遍的與抽象的規則 (rules) 的前提之下，在知識與訊息可以自由流通的社會之中，根據自己現有的知識對自己所要解答的問題，以自己的理智來決定如何追尋答案，這種辦法從個人的與社會的觀點來說，都是最有創造性、最不浪費的。從個人的觀點來說，他可以自由地做自己所要做的事，不必花時間與精力去做不相干的事，他的情緒容易高昂，可以加倍地努力。

　　從社會的觀點來說，表面上好像是各自為政、散漫而零碎的知識，由於自由社會的基本原則必須是使知識與訊息自由地流通，如此每個人都可根據自己的需要，以最有效的方式高度利用各方面的知識，這樣反而使得社會中的知識極有效率地組織起來，得到了最高的發揮。顯然得很，自由的社會不是紊亂的社會，而是很有秩序的社會。這種自由的秩序是自動自發地演化而得的，不是任何人設計出來的。這種秩序的整體運作不是由感官可以觀察得到的，它是一個經由推論所得知的抽象的秩序（abstract order）。經由自由的原則，社會得以發展成為極為複雜的秩序，越複雜越分工，每個人所能做的事越有區別，每個社會成員越能獲得更多的服務。

　　一個經由中央計劃一切、指導一切的社會，其最大的弱點是：無論任何一個人或一組人，即使懷有最大的誠意與決心，他們賴以計劃的知識是注定極有限的。他們對下屬某一階層的指示，比這一階層的人在知識與訊息自由流通的情況下，根據自己對工作需要與問題的理解所提出的對自己現有問題解決的方案，要貧乏而無當得多。這是假設在中央從事計劃的人，一心一意要想做好的結果。事實上，權力使人腐化，作威作福、頤指氣使慣了，在上的人所做的指示不但因知識的貧乏而不當，而且會因自身的腐化，在未使用有限的知識之前，即已把應做的事扭曲了。結果是下面的人為了生存，需花許多時間與精力設想種種辦法應付上面的指示。這種應付往往是與等待解決的問題的本身甚少關連。職是之故，任何中央控制地方的經濟與社會必然會有許多無謂的浪費，必然是沒有效率的。

　　那麼，尊重人的尊嚴，並使文明最易進展的自由社會究竟如何才能建立起來呢？前已提及，在這種自由秩序裡的人必須遵守普遍的、抽象的規則（rules），否則他們彼此的行為不但不能相互為用，而且會相互抵銷。所謂「普遍的」是指規則的應用不分等級，一視同仁；所謂「抽象的」是指規則沒有具體的目的，也不能加以形式的明確說明；但，人們遵守以後卻可根據自己的意圖與知識，達成自己的目的。那麼這些規則是如何得到的呢？基本上，它的傳承是要依靠一個穩定而不僵固的傳統架

構，而在這個傳統的架構中，學習這些規則的人的主要工作是：學習與模仿工作範圍內他所信服的權威人士的具體行為所展示的風格。因為抽象的規則無法形式化，所以在學習它們的時候沒有按圖識路、明顯的步驟可循。此處所要特別強調的是：學習這種抽象的規則主要是需要與具體的實例接觸才成。對這項辯證的事實，博蘭尼（Michael Polanyi）與海耶克兩位先生的說明最為深切、精闢。以博蘭尼的名詞來說，這種學習是在潛移默化中與規則的具體實例接觸後，使它們變成支援意識（subsidiary awareness）的一部份。一個人在集中意識（focal awareness）中想要解決問題的時候，這些在支援意識中的規則便產生了它們的作用。

一個人從學習的階段進展到有所主張、有所創造的時候，他是不是就獨立於權威了呢？關於這個問題，我可用科學家的工作性質與同僚的關係來做一點說明。科學家最主要的工作是要對宇宙的自然加以了解，但每個科學家所能精確知道的自然世界卻很有限，他的研究工作必須依賴其他成千成萬的科學工作者研究的成果才能進行；可是這些成果是否正確，他卻既無時間也無能力加以鑒定，所以他必須承認他們的權威性。而他自己的研究成果，也是在許多其他研究工作者未對之加以鑒定而被承認其權威性的。在承認相互權威性（mutual authority）的前提之下，為了幫助自己研究的進展，每個人根據自己的需要與興趣學習與研究別人的貢獻的某些方面，此種研究是未經中央機構指示、自由地進行的；而這種學術的自由，主要是以相互權威性的傳統結構為基礎的。

科學家的社群在「相互權威性」的基礎上演變出來了一套約定俗成的衡量科學貢獻的標準，這種標準既然變成了一個傳統，當然有其保守性，此種保守性保障了科學界的穩定，否則科學界將被各種大膽的假說所沖毀，學術的討論在漫無標準的情況下，也無法得到豐碩的成果。但，這種保守性是不是對原創理論產生了拒斥作用呢？科學史上有些例子使我們知道，過於超越時代、特別尖銳的原創理論在提出來的時候，有時是會遇到很大阻力的。但，如果這種原創理論在解釋「真實」上的確有其獨到之處，早晚會被別的追求科學真理的人所了解、所肯定。這是由於許多人無法抗拒它的真理性。科學界的「相互權威」無法變成絕

對權威,「相互權威」不但允許科學家的學術自由,而且是學術自由的最主要的基石。在自由研究的氛圍中,更能展現宇宙真實的新理論,在它所能解釋或解決的新的問題漸被其他科學家意識到的時候,早晚要被別人肯定而產生突破性的影響的。

三

以上說明了外在的自由與權威相輔相成的關係,這裡所謂的權威——維護自由的法治中法律的權威與促使文明進步的普遍與抽象規則的權威——都是傳統中演化而成的。不過,有了外在的自由以後,人是不是就有了內在的自由呢?如果一個人的內在意識被怨恨、恐懼與無知所佔據,無論外在自由的架構多麼完美,他仍然是沒有自由的。一個人只有在他對生命有清楚的自覺、對生命的資源有清楚的自知的時候,才能發展內在的自由。換言之,一個人依據生命的自覺及對於生命資源的自知,才能以自由意志去追尋人生中道德的尊嚴與創造的意義。一個沒有尊嚴與創造生命的人生,是沒有意義的。這種創造與尊嚴並不是只有知識份子才能追尋,其實那些靈魂腐化的知識份子反而特別不容易達到這種境界。一個農夫或工人在面對人生種種挑戰與困境之時,照樣可以根據他自己的自覺與資源獲致道德的尊嚴與創造的經驗。

這種道德的尊嚴與創造的經驗究竟如何追尋、如何獲得呢?這不是一個形式的問題;只在形式層面喊些口號或做些推論,是與我在這裡所談的問題不相干的。一個人必須在**實質層面真正得到啟發**,才能對人生的意義產生清楚的自覺、對生命的資源產生清楚的自知,才能獲致道德的尊嚴與創造的經驗。換言之,他必須有所根據。這種根據則是:他接觸到的、具體的,韋伯所謂「奇里斯瑪的權威」(charismatic authority)。一個愛好文學的人,當他真正心悅誠服地受了杜思妥也夫斯基(Fyodor Dostoyevsky)啟發的時候,他自己的創造的想像力才能豐富,才不會羈絆在文體與詞藻的層次。只有具體的實例才能在潛移默

化中給予他真正的啟發。這種情形,在道德成就上、學術研究上都是一樣的。

從以上的分析來看,無論外在的自由或內在的自由,在實質的層面,均與權威有密切的關係。這裡所說的演化的權威與外在自由的關係,以及「奇里斯瑪」的權威與內在自由的關係,當然要與強制的、專橫的、形式化的假權威做一嚴格的區分。從本文的觀點來看,用政治、金錢或僵化的社會階級的力量,或是為了維持政治或社會階級的利益,所造成的假權威,是與我所指謂的權威的權威性不相干的。

至於以平等為基礎的民主觀念,在理論上是反權威的。當一個人認為他自己與別人平等,所以應有**權利**為自己的事做決定的時候,他常會以為自己也有**能力**為自己的事做決定。這種混淆是思想與文化進展的阻力。如果一個社會把民主的觀念與民主的價值當做社會與文化生活的主導力量,這個社會便容易被大眾文化(mass culture)所主宰,那是一個膚淺的、趨附時尚的社會。不過,作為制度而言,實行民主通常可以避免極權或獨裁,至少人類尚未找到其他更有效的制度來防止極權或獨裁。(極權的民主 [totalitarian democracy] 是民主的病態。但,無可諱言的,這種病只有在全民參政的「普遍民主」的觀念出現了以後才能發生。帝王可以變成暴君,羅馬的共和可以變成獨裁政體;那些卻都不是極權政體。近現代全民普遍參政的觀念興起以後,始出現左派與右派以全民參政為藉口來控制全民全部生活的極權的民主。)職是之故,為了自由,我們必須建立民主制度;但民主與自由之間存有一個不可避免的「緊張」關係。以民主制度來維護自由,民主是手段,不是目的。既然是一個手段,而且是一個 —— 只要運用得當 —— 有效的手段,我們應該努力使它在中國真正的實現,在它實現的過程當中,我們要監督它,使它不致泛濫,同時我們更要努力使民主制度不斷改進,使它成為更有效的維護自由的手段。

綜上所述,我們知道五四式為了反對傳統中僵化與專橫的成分而產生的全盤性反對傳統權威的運動是錯誤的。這種錯誤有其歷史的因素,吾人不必對過去人物過分深責。但二十世紀中國的政治與文化的危機,

是與演化的權威無法在穩定的環境中演化，以及真正的「奇里斯瑪」的權威過分貧瘠，有密切的關係。這種現象的歷史原因是複雜的；五四式全盤性反對傳統權威的運動，不能不說是主要的原因之一。可是，在我們批評五四**思想**的時候，我們不能不肯定經由思想得以解放的五四**信念**，與許多五四人物為了努力促進自由、民主與科學在中國實現的奮鬥精神。那是五四遺留給我們的寶貴遺產。我們要以邁出五四的工作來光大五四的精神。今後如何使演化的權威在中國的泥土上漸漸生根，如何鼓勵真正的「奇里斯瑪」的權威在中國出現，以便使自五四以來追求自由、民主、科學，與進步的運動產生實質的內容，這是中國知識份子再出發的重大課題。

原載《中國時報》，人間副刊，1982年9月12–14日。後收入《思想與人物》（台北：聯經，1983），頁88–101；《中國傳統的創造性轉化》（北京：三聯書店，增訂版，2011），頁81–93；《政治秩序的觀念》（香港：商務印書館，2015），頁94–106。

再論自由與權威的關係

一、引言

最近看到1982年9月12日至14日《中國時報》「人間副刊」刊出的拙文〈論自由與權威的關係〉。那篇東西原是為了參加去年 (1982) 7月底在宜蘭縣棲蘭山莊舉行的「中國近代的變遷與發展」研討會而趕寫出來的初稿。後來經過修訂，發表於拙著《思想與人物》(台北：聯經，1983、2001)。

當初，在開會期間，一些友人認為我強調自由與權威之間正面相輔相成的關係，應該特別小心；否則很容易引起誤解，甚至可能被政客利用。因為在我們的社會中，把喊口號當做從事思想工作的人，仍然大有人在，他們可能會根據此文高喊「自由需要權威支持」，而不知他們所說的「權威」實在是壓抑與迫害自由的假權威。其次，這種口號如果被政客們利用，那麼可能變成：「實現自由需要服從他的、或他的黨的權威」；如此，政客們反而把我說的那一套轉變成為反自由的工具了。關於後者，我倒不覺得會有朋友們所說的那樣嚴重；因為政客們是很精明的，至少對眼前的利益與維護自身利益的手段看得很清楚。他們一向為了他們的利益，強調他們所謂的「權威」(即我所說的假權威)，而我根據自由主義的理論所談的自由與權威之間正面的關係是有不可分割的系統性的，他們如果要利用我的理論去支持他們的「權威」，結果反而正

可證明他們的「權威」是假的；這種事，政客們是不做的。他們最多只能繼續喊他們那些牽強的、沒有說服力的、使人一看便知是為了維護背後政治利益的「自由」與「權威」。

不過，關於我談的自由與權威的關係可能不容易被一般讀者所了解這一點，我覺得朋友們的警告是應該重視的。然而，這不是一個理論的問題，而是如何表達的技術問題。8月2日清晨我去看望一位長輩的時候，曾就此一問題向他請教。我們反覆討論，最後他說可用「心安理得的權威」與「壓制性的『權威』」來分辨我所說的真權威與假權威。他提出的名詞甚為恰當，因此，在那天晚上《中國時報》與世華基金會所安排的講演會中，我便使用這兩個名詞來說明自由主義所謂的真權威，與反對自由主義的假權威了。由於《中國時報》「人間副刊」工作同仁的熱心與責任感，他們很有效率地把在演講之前兩小時才拿到的演講大綱及時排字印刷，分發給聽眾；因此與會聽眾聽到我說的、並清楚地看到我寫在演講大綱上的權威的兩個類型以後，很少有人對我所談的內容產生誤解。大多數聽眾也都明瞭我為什麼不能用別的名詞來取代權威兩字，而只能用比較麻煩的方式來區別權威為「心安理得的權威」與「壓制性的『權威』」——因為「心安理得的權威」是真權威，所以不能說它不是權威，故無法用別的名詞來取代它；與「心安理的權威」相較，「壓制性的『權威』」是假權威，所以不能算是權威，較精確地說，只能稱之為有形的與無形的威脅與壓迫。

二、什麼是權威

權威一詞，正與自由、民主、法治等等名詞一樣，本是外來語。英文權威 (authority) 這個字，原是從拉丁文 *auctor* (author) 演化而來，意即：作品的創作或創始者；其衍生義是：創始者具有啟迪別人的能力，他的看法與意見能夠使別人心悅誠服，使別人心甘情願地接受他的看法與意見而受其領導。因此，他的看法與意見便變成了權威。為什麼創

始者的看法與意見能夠使人心悅誠服地服膺呢？這主要是要靠創始者的
意見能夠變成具體的範例，與能夠賦予行為的正確性，並導使其成功。
因此，使別人對其產生信心，遂起而服膺。換言之，權威即是一種使自
己的提議被別人接受的能力。在社會上，有創造力的人的提議常被別人
心甘情願地接受而志願地服膺，並隨之一起前進。在這種志願的結合
中，我們感到有一股力量促使志願結合的發生，這個力量就是權威。當
志願的服膺與景從結束的時候，也就是權威崩潰、威脅與壓迫代之而起
的時候。一般人心甘情願服膺與景從權威的原由不一定或不僅是純理性
的。但，服膺權威必須來自心甘情願的意願，否則這個「權威」不是真
的權威。

　　以上所談的是權威的古典定義。這個古典定義與下文所要討論的
「奇里斯瑪」的權威（charismatic authority）頗有匯通之處。我們從這個古
典的定義中知道，權威有使人服膺的力量；這種服膺是出自服膺者心甘
情願的意願，否則他們服膺的便不是真的權威。維護自由的法治中法律
的權威與在一個有生機的傳統中經由演化而成的、促使文化得以進步的
普遍與抽象規則的權威，也有使服膺者心甘情願服膺的特性。因為英美
維護自由的治治是建立在英美文化與道德傳統衍生出來的，海耶克先生
所謂「超於法律的信條」（meta-legal doctrine）之上，浸潤在這個文化與道
德傳統裡的人，雖然對其中的問題也頗有辯論，但絕大多數對於無人可
在法律之上、法律之前人人平等、必須注重法律程序等「以法主治」（rule
of law）的觀念都是心甘情願地服膺的。換言之，對於法律權威是志願接
受的。（我們的法治之所以在高喊口號數十年以後仍未上軌道，原因當
然甚多，但缺乏支持法治的文化與道德的傳統則是基本原因。但，打倒
自己文化與道德的傳統也不能促使法治的實現，因為培養對法律權威心
甘情願地服膺與遵從，只能在傳統的架構中進行；較為可行之方是對於
傳統進行「創造性轉化」，產生與過去銜接的新傳統，以這個新傳統作
為實現法治的基礎。）

　　至於文化賴以進步的抽象規則的權威性，也是要依靠傳統的架構才
能建立的，才能被心甘情願地服膺的。在一個穩定而不僵固的傳統架構

之內，於我們工作或研究的範圍之內學習與模仿我們信服的權威人士具
體行為所展示的典範的時候──亦即：當學習與模仿他們在遵循抽象
規則而獲得的創造活動與風格的時候──我們始能於潛移默化中學到
抽象的規則。因為抽象的規則無法形式化，所以沒有按圖識路、明顯的
步驟可循，只有在學習與模仿具體範例的時候（請特別注意「具體」二
字），才能於潛移默化中學到，並使之變成「支援意識」的一部份，藉以
發揮我們的創造的能力。經由這種過程學到的抽象的規則，對其權威性
自然是志願地服膺與遵從的。

「人間副刊」發表的拙文在當時撰寫的過程中，由於我集中精神去
推演文中的論式，所以只在結束之前區分權威為真權威與假權威，並沒
來得及一開始就把權威分成兩個類型，也沒有給權威下定義，謹此補充
如上。

三、超脫五四的羈絆以達成五四的鵠的

過去站在中國自由主義立場談論自由的人，大都把自由與權威當做
敵對的觀念來談；因此，在一些讀者心中很可能有人對我的意思產生誤
解。然而，我為什麼要甘冒被誤解──甚至被曲解──的危險，硬要
堅持論述自由與權威之間的正面關係呢？中國自由主義運動到目前為
止，主要仍然停留在要求解放的層次上。它主要仍然是一個解放運
動──一個要求在政治上、社會上與文化上從傳統的與現在的壓制性
的「權威」與僵化的「權威」中解放出來的運動。我們覺得，我們之所以
尚未獲得我們嚮往的自由，主要是因為在政治上、社會上與文化上我們
仍然被有形的與無形的「權威」繼續不斷地威脅與壓迫的緣故。這種反
權威的運動，自五四以來（實際上，可追溯到譚嗣同與梁啟超）是一個
波瀾壯闊的運動，自有其客觀的許多原因在。基本上，如果中國人並沒
有被許多「權威」威脅與壓迫，當然這個運動也就不可能產生。然而，
個人是不是從壓制性的「權威」與僵化的「權威」中解放出來以後便可獲

得自由了呢？把這些壓制性的「權威」與僵化的「權威」打倒以後，我們是不是就可享有個人自由了呢？從形式上去演繹，很容易得到肯定的答覆。而實際情況，不但不是如此簡單，而且如果繼續抱持這種想法的話，反而會阻礙真正有生機的個人自由的建立。上述的反抗運動，無論多麼成功——無論把壓制性的「權威」與僵化的「權威」粉碎得多麼徹底，它本身並不能直接導引個人自由的獲得。這個運動只能摒除一些障礙，但應適可而止。只要一些人（並不需每個人）明瞭了壓制性的「權威」與僵化的「權威」是壓制的、僵化的，所以是不合理的，即可。我們應盡速培育與建立外在自由與內在自由所需要的「心安理得的權威」。即使有人仍然信服過去的假權威；然而，當新的、真正權威建立起來，佔有勢力之時，那些假權威會自然喪失力量，變得不相干。假若我們一味沉緬於幻覺之中，以為打倒我們厭惡的「權威」便可獲得個人的自由，甚至認為一切權威都與自由不能相容，所以不能夠也不願意正視心安理得的權威與個人自由的正面關係，那麼我們終將無法獲得個人的自由。

有生機的個人自由與心安理得的權威是相輔相成的，合則兩美，離則兩傷。更進一步地說，當我們了解了自由與權威之間的正面關係以後，我們才能夠轉換一下思考的方向，才能夠去注意、去探索傳統的權威之「創造性轉化」的理論與實踐。

也許有人會說，歷史的發展是有階段性的，現代中國自由主義的課題，就是仍然停留在打倒壓制性的「權」的階段，你談的那一套尚嫌言之過早，你再仔細地分析、再仔細地解說，一般讀者可就是沒有理論與生活的背景來支持他們去理解你說的那一套。對於這種「秀異份子」(elitist) 強烈反知主義的 (anti-intellectualistic) 看法，我是不能同意的。我之所以不能同意，不只是立場的問題；事實上，一般讀者的理解能力並不像這種秀異份子所說的那樣。去年 (1982) 暑假，我講完「什麼是理性」以後，聽眾們臨時提出的許多問題所顯示的水準，可為明證。（「人間副刊」，民國七十一年 [1982] 8 月 28 日；現已收入拙著《思想與人物》一書。）

「五四」已離開我們半個世紀多了，我們在繼承五四所揭櫫的自由、民主與科學的鵠的之餘，早應擺脫五四思想中的謬誤，不可再拾其牙

慧，繼續在原地兜圈子。何況今日的台灣，中產階級已經興起，教育已經普及，在走向自由與民主的道路上，政治情況與思想準備已經落於經濟與社會發展之後，因此，從事思想工作的人，應該盡力提出新的、更有力的觀點來為中國自由主義建立更有生機的基礎。

四、內在自由與「奇里斯瑪」權威的關係

前文在談到內在自由的時候，曾強調「奇里斯瑪」權威 (charismatic authority) 的重要性：如果一個人的內在意識被怨恨、恐懼與無知所佔據，無論外在自由的架構多麼完美，他仍然是沒有自由的。人只有對生命有清楚的自覺、對生命的資源有清楚的自知的時候，才能發展內在的自由，他才能依據生命的自覺及其資源，以自由意志去追尋人生中道德的尊嚴與創造的經驗。在實質層面，這種道德的尊嚴與創造的經驗是不能在自我封閉系統中獲致的；一個人必須與真正的道德的與創造的實例相接觸，受其啟迪，才能去追尋。這種具體的啟迪，對受啟迪的人而言，是「奇里斯瑪」的權威。我過去在〈鍾理和、「原鄉人」與中國人文精神〉一文中曾對「奇里斯瑪」權威的涵義做過一些說明，在 8 月 2 日晚上講演會上分發給大家的講演大綱中也曾做了一些簡要的說明。不過，在 9 月 12 日至 14 日「人間副刊」發表的〈論自由與權威的關係〉卻未能來得及仔細解釋，所以我想在這裡做一點必要的補充。

奇里斯瑪 (charisma) 本義是「神聖的天賦」(the gift of grace)。這個字來自早期基督教的語彙，最初是指謂得有神助的人物；因此，他登高一呼，萬眾景從。後來，韋伯在界定權威底不同型態的時候，用來指謂一種在社會不同行業中具有原創能力的人物的特殊資質。他們之所以具有創造力，是因為他們的資源被認為與宇宙中最有力量、最實在與最重要的泉源相接觸的緣故。席爾斯 (Edward Shils) 更進一步引申「奇里斯瑪」這個觀念，使它不僅指謂具有創造力的人物的特殊資質，並且指謂社會中，被視為與最神聖——產生「秩序」(order) 的——泉源相接觸的行

為、角色、制度、符號與實際物體。因此，具有「奇里斯瑪」的行為、角色、制度、符號與實際物體能夠使其相關的人類經驗秩序化。「奇里斯瑪」權威的最重要關鍵是它能夠產生秩序——它能夠賦予心靈的與社會的秩序。而它最初的定義是指謂原創能力本身產生秩序的力量。在一個範圍之內的原創能力能夠使這個範圍秩序化，因此它能引發志願的服膺與景從；從這個觀點來看，「奇里斯瑪」與權威的古典定義是匯通的。席爾斯的引申義，雖不限於具有原創能力的人物的特殊資質，他所謂的「奇里斯瑪」的行為、角色、制度、符號與實際物體，則具有同樣的特性：與之接觸以後，能夠使與其有關的人類經驗產生秩序。所以，深遠而涵蓋廣的「奇里斯瑪」能夠產生深遠而涵蓋廣的秩序。以哲學思想為例，西方最大的「奇里斯瑪」的哲學思想，正如懷海德(A. N. Whitehead)所說，是柏拉圖的哲學，它賦予西方哲學界最大的「奇里斯瑪」符號系統；中國最大的「奇里斯瑪」的哲思，則是孔子的思想，它賦予中國最大的系統性與秩序性的思想——中國最大的「奇里斯瑪」符號系統。

可是，由於一般人性格上的許多弱點(依賴性、庸俗性)，以及社會、文化、政治與經濟中的許多缺陷與問題，他們常常過分依賴或渴望「奇里斯瑪」的出現，以填補與解決許多社會、文化、政治與經濟的缺陷與問題，並賦予它們新的秩序。野心家們常利用這些內在的弱點與外在的缺陷，以宣傳的、煽動的、威脅的方式，製造並非真有創造能力的、假的「奇里斯瑪」，或把小型的「奇里斯瑪」吹捧成使別人覺得是能夠解決重大問題的大型的「奇里斯瑪」。這種行為，除了滿足野心家做「領袖」的私慾以外，因為假造或吹捧出來的「奇里斯瑪」的確並沒有真正或足夠的創造能力，所以問題仍然無法得以解決，而且有時還會產生許多始料未及的、難以解決的新的問題。(例如，毛澤東所講的那一套，在1949年以前，對於左翼知識份子與被壓搾的農民而言，是有龐大的「奇里斯瑪」的吸引力的。可是，從1949年以後，他所說與所做的充分顯示了他在實質層面連理解問題的能力都很差，遑論解決問題的原創能力了。因此，他只能利用組織、宣傳，及發動各式各樣運動的辦法

來維護他的「奇里斯瑪」。然而，以外在的勢力來製造「奇里斯瑪」的權威，從最初「奇里斯瑪」定義上看，就已經不是真正的「奇里斯瑪」了。這種被製造出來的、假的「奇里斯瑪」，對人民而言是威脅與壓迫，那當然不是真的權威。)「奇里斯瑪」是源頭活水，是真正的創造能力在社會上與文化上產生的功能。如果我們要客觀地衡量一個「奇里斯瑪」的現象，看它是大型的、小型的或假的，我們就需清楚地知道它是不是有真正的原創能力及其涵蓋面的深度與廣度。

那麼，在何種社會與文化之中，真正具有原創能力的「奇里斯瑪」才比較容易出現呢？第一，僵固的文化與社會，和受激烈反傳統運動的震撼以致一般規範多已解體的文化與社會，都是不容易產生具有偉大原創能力的「奇里斯瑪」的。它需要自由的環境 (小型或假的「奇里斯瑪」則不需自由的環境)，這裡所指謂的自由的環境卻必須同樣是穩定的環境。正如懷海德所說：「生命有要求原創的衝動，但社會與文化必須穩定到能夠使追求原創的冒險得到滋養；如此，這種冒險才能開花結果而不至於變成沒有導向的混亂。」稍有觀察力的讀者都會知道，我們近百年社會與文化的歷史的主流卻是從僵化的傳統走向激烈反傳統的紀錄，這個歷史的結果是：傳統規範多已蕩然無存，而新的規範仍在難產之中。我所提出的對於中國傳統進行「創造性轉化」的主張是痛感我們所處的歷史的難局以後思索而得者。有關在文化與思想方面如何進行「創造的轉化」的種種，請參閱拙文〈中國人文的重建〉(見本書第四部份)，此處不贅。

第二，一個被民主文化所主宰的社會 (例如美國)，容易趨附社會上的最低公分母，易於產生庸俗的「奇里斯瑪」(如1960年代的甘迺迪總統)，這種「奇里斯瑪」像化妝品，並不能持久。正如前文所強調的，我們必須認清自由與民主的不同，我們必須堅持自由是目的，民主是手段；這樣才能得到民主的好處，防止民主的壞處。

第三，要用嚴格的理性批判與反思的態度正視外界的刺激 (這裡所謂的理性是「批判式的理性論」[critical rationalism] 所指謂的理性，不是笛卡兒「天真的理性主義」[naïve rationalism] 所指謂的「理性」，詳見拙文

〈什麼是理性〉），如此才不至於被依傍外力製造出來的、假的「奇里斯瑪」所蠱惑。

　　一般論述「奇里斯瑪」的人多強調，大眾受「奇里斯瑪」之刺激所發生的對於「奇里斯瑪」的崇拜之情是非理性的。這種看法有其一定的道理，但這種看法忽略了不同類型的「奇里斯瑪」之間的差距的觀念。（只能解決比較簡單層次上的問題的、原創能力有相當限度的、中型與小型的「奇里斯瑪」，在社會中的缺陷被強烈感受到的時候，容易使服膺「奇里斯瑪」的人產生這種非理性現象。一個被地主壓榨的佃農聽到了毛澤東的共產革命口號，容易產生強烈的崇拜之情，同時會擴張到相信毛底「奇里斯瑪」能夠解決他切身問題以外的問題。）但我們不可忽略涵蓋面既深且廣的「奇里斯瑪」是具有深刻的原創能力的，它的來源雖然不僅僅只是理性（也包括直覺的想像力；在人文世界中，更需豐富的道德想像力的支持）；但它的龐大的解決深重問題的原創能力之本身即是批判式理性的徵象；其次，在自由而穩定的社會條件配合之下，它之所以能夠使得別人心悅誠服地遵從，乃源自它底原創能力所具有的理性說服力。韋伯在討論「奇里斯瑪」權威時，特別強調它使人服膺的能力是來自它本身的力量，而這種力量是經常在被考驗之中。如果後來它被證實並無解決問題的能力，它底「奇里斯瑪」的特性也就消失，人們自然對之不再心悅誠服。因此涵蓋面既深且廣的「奇里斯瑪」，必須具有真正的、重大的原創能力。這種原創能力必須包括對問題的理性的洞察力與能夠對於面對的問題提出適當而徹底解決的能力，否則是禁不住考驗的，也就自然會喪失它的「奇里斯瑪」。

　　總之，培育並促進真正偉大的「奇里斯瑪」的出現並對之接受的基本條件有內外兩種：內在條件是社會成員必須培養批判的理性精神與態度；外在的條件則是：建立並發展真正有生機的自由與法治的制度，在這種制度下社會成員容易得到平等的待遇與基本的人權，社會的缺陷的種類與程度容易減低，社會成員對於假的或小型的「奇里斯瑪」的不平衡與過分強烈的反應的機會與可能也就相對地減少。我們要求自由與民主，當然必須優先建立法治的制度，否則一切終究只是空談。但一個只

講法律的社會是一個相當乾涸的社會，真正的道德尊嚴與創造經驗的追求不是只靠守法便可得到，其實質內容必須經由重人的「奇里斯瑪」權威的啟迪與個人的努力始能獲致，而真正涵蓋面既深且廣、具有重大原創能力的「奇里斯瑪」的權威也只有在自由的社會中才能展現。

原載《中國時報》，人間副刊，1983 年 2 月 20–21 日。後收入《思想與人物》（台北：聯經，1983），頁 103–118；《中國傳統的創造性轉化》（北京：三聯書店，增訂版，2011），頁 94–105；《政治秩序的觀念》（香港：商務印書館，2015），頁 107–120。

海耶克論自由的創造力
——兼釋法治的意義與效益

結論：自由產生秩序

我想先把今天講座的結論講出來。這樣可能更容易讓大家理解。這個結論就是我寫的講座大綱的最後一頁：「上承洛克、亞當‧斯密、休謨與康德的觀點……」

「上承」這個詞也許要改正一下，「上承」好像是要繼承這四個人。這四個人，實際上，其內部思想也不是完全一致。作為一個思想家，海耶克當然可以擇精取華，建立他自己的系統。他的系統與過去的幾位大師則有密切的關係，所以也許應該改成synthesize，就是「綜合」。「綜合」並不是說把各家觀點合在一起。海耶克先生的貢獻是他綜合了發源於歐洲、延續到美國的自由的理念的各個大家，然後用自己的辦法，不是重述，是用自己的辦法理解這些大家的意思，從他的觀點來建立新的、綜合性的、對於自由的論證。

康德跟休謨在哲學史上被認為是兩個很衝突的思想家。實際上，康德跟休謨有很多共同點，不過，用的是不同的語言。康德自己說他跟休謨的關係非常密切。這些學術上的細節今天沒有時間交代。

在二十世紀以社會理論闡揚自由主義真諦的大家，當推博蘭尼（Michael Polanyi）和海耶克。他們的理論主要是建立在法治（the rule of law）的觀念之上的，而其最重要的思想則是「自由產生秩序」的洞見。

「自由產生秩序」的洞見與不少中國人所講的「自由」正好完全相反。那些中國人認為「自由」就是混亂。海耶克先生最重要的貢獻則是：個人自由反而產生真正有力量的社會秩序，那是一種有生機的秩序。我在這裡要徵引一段海耶克先生的話（他在這段話中則徵引了一段博蘭尼先生的話）作為本講座的導言：

> 人們的社會行為的秩序性呈現在下列的事實之中：一個人之所以能夠完成他在他的計劃中所要完成的事，主要在於他的行動的每一階段能夠預期與他處在同一社會的其他人士在他們做他們所要做的事的過程中，對他提供他所需要的各項服務。從這件事實中，我們很容易看得出來社會中有一個恆常的秩序。如果這個秩序不存在的話，日常生活中的基本需求便不能得到滿足。這個秩序不是由服從命令所產生的；因為社會成員在這個秩序中只是根據自己的意思，就所處的環境調適自己的行為。基本上，社會秩序是由個人行為需要依靠與自己有關的別人的行為能夠產生預期的結果而形成的。換言之，每個人都能運用自己的知識，在普遍與沒有具體目的的法治規則之內，做自己要做的事，這樣每個人都可深具信心地知道自己的行為將獲得別人提供的必要服務，社會秩序就這樣產生了。這種秩序可稱之謂：自動自發的秩序，因為它絕不是中樞意志的指導或命令所能建立的。這種秩序的興起，來自多種因素的相互適應，相互配合，與它們對涉及它們的事務的及時反應，這不是任何一個人或一組人所能掌握的繁複現象。這種自動自發的秩序，便是博蘭尼所謂的「多元中心的秩序」（polycentric order）。博氏說：「當人們只服從公平的與適用社會一切人士的法律的情況下，根據自己自發的意圖彼此交互作用而產生的秩序，可稱之謂自動自發的秩序。因此，我們可以說每個人在做自己要做的事的時候，彼此產生了協調，這種自發式的協調所產生的秩序，足以證明自由有利於公眾。這種個人的行為，可以稱之謂自由的行為，因為它不是上司或公共權威所決定的。個

人所需服從的，是法治之下的法律，這種法律應是無私的，普遍地有效的。」[1]

以上的徵引，使我們得到一個結論就是：在法治框架下的個人自由反而產生了秩序，反而使得社會特別有力量，使得社會特別能面對各種問題。

以上原是這個講座的結論，當作導論講完了。我們現在要進入本講座的主要內容。

自由的定義

自由的定義是什麼？自由的定義，各家各派各式各樣。胡適之先生的老師杜威，把自由界定為一種力量，把自由當作力量來講，可以建設一些東西。但是這樣講，是很危險的。因為力量可以被任何人利用。胡適之先生的自由主義，從海耶克的觀點來講，是非常不純正的，裡面欠缺了許多東西。這方面的細節今天沒有辦法向各位交代了。

海耶克先生對於自由是怎麼定義的呢？他說：

自由是一種人的狀態，在這樣的狀態中，一個人或一些人對另一個人或一些人所施加的強制在社會中被盡可能減至最小程度。

.

---

1 以上是我的中譯。原文見 F. A. Hayek, *The Constitution of Liberty* (Chicago: University of Chicago Press, 1960), pp. 159–160。海氏所引用的博蘭尼的話，見 Michael Polanyi, *The Logic of Liberty* (London: Routledge and Kegan Paul, 1951), p. 159。以下引用海耶克的原文很多，不用引號，以免讀者感到過於累贅。譯文參考鄧正來譯：《自由秩序原理》(北京，1997)；楊玉生、馮興元等譯：《自由憲章》(北京，1999)。

　　換句話說，自由是社會中個人獨立於其他人專斷意志的狀態。這種情況通常不能十全十美。自由是指每個人在法治之內能自由地照自己的意思做事，不被其他人強制到最大程度。其他人包括什麼人呢？就是所有的人，當然也包括政府裡有權力的人，執行政府命令的人。不受強制到最大程度，這就是自由。自由意味著按照其自己決定和計劃行事的可能性。這種可能性預設著個人具有某種獲得保障的領域，在這個領域之內，許多事情是別人無法干預的。

　　在一個社會中生活的個人，只能希望逐漸接近這種個人自由的狀態。因此，自由的政策儘管不能完全消滅強制及其後果，但應該盡力將之縮小到最低程度。

　　下面我來解釋一下：

　　(1) 這種對於自由乃是免於別人強制的理解，主要是從消極的方面來理解的。

　　它不說自由是什麼。把自由界定為消極自由，是非常重要的。當消極自由被大家特別重視的時候，自由就不容易混淆為其他東西。世界上，歷史上有很多悲劇，其中之一就是：對於自由的誤解所帶來的悲劇。這種消極自由的定義容易避免這些問題。這種自由是使個人免於自我行事的障礙，雖然沒有辦法完全不談積極自由，但是可以避免許多積極自由的陷阱。

　　(2) 什麼是積極自由呢？

　　消極自由指謂個人受到法律保障，具有免於別人強制的領域或空間，積極自由是指：自己決定的來源是什麼？積極自由主要是指你做事是根據誰的意思去做。假若你是根據你的長官的意思做，這就談不上什麼自由，你只是聽話而已。假若這個事情是根據你自己的意思去做，你是你自己的主人。這個是積極自由。積極自由界定這個自由的來源是什麼，它的source是什麼？它的source是你呢？還是你的長官？還是其他的來源？

　　消極自由是我有一個保障的空間，等一會兒我解釋這個保障空間是什麼。是道德保障呢？還是其他東西？在西方的傳統，是幾百年演變而

來的很強大的制度性的保障，就是法治的保障。法律保障每個人有自己的空間，在其中個人可以根據自己的意思做事。這個空間即是消極自由。不是說你怎麼做事、你該怎麼做，而是你愛做什麼就做什麼，你不做事也是可以的。當然你不能犯法，犯法了以後就不保障你了。所以這是很清楚的一個界定。

然而，事實上，積極自由跟消極自由是一個東西的兩面。一個人要根據自己的意思做，是積極自由，但要是沒有空間，就不可能做。所以積極自由必然預設著消極自由。

但是為什麼要把自由分得這麼精細，弄得這麼複雜呢？因為積極自由有非常多的危險。今天因為時間的關係，不能做更繁複的交代。用我們中國人最容易理解的一點，就可以說明積極自由的危險性。積極自由是什麼呢？是根據我的意思做事。這有什麼危險呢？從表面上看，沒有什麼危險。問題在於我所根據的「我」是什麼？「我」是誰呢？「我」是「小我」，還是「大我」？當你認同「大我」的時候，你的「小我」變得不重要；認同「大我」的時候，會產生一種宗教性的情操。你認同「大我」的時候，你個人的「小我」會感覺到擴大與提升。

這種情操，這種「大我」的認同，很可能、很容易，尤其在我們的歷史環境之中，被政治勢力所操縱，尤其是被那些有現代設備和現代組織的政治勢力所操縱。

所以，十九世紀偉大的自由主義思想家托克維爾（Tocqueville）要區分「本能的愛國主義」與「反思的愛國主義」。除非到了民族存亡的時候，「小我」已經沒什麼意思了，因為你已經可能變成亡國奴了。我們希望沒有什麼民族存亡的戰爭。但是有了戰爭以後，就沒有什麼「小我」的可能了。「大我」的優先性已經變成歷史的必然。但是，在沒有民族存亡戰爭的時候，在並沒有隨時需要面對亡國危機的時間之內，還要認同「大我」，問題就變得很嚴重了。為什麼呢？因為本能的愛國主義，從長期的觀點來看，並不見得能給民族帶來幸福，這個我們可以根據史料予以清楚地說明。

（3）海耶克先生的自由主義雖然也注重消極自由，卻不像伯林（Isaiah Berlin）那麼極端注重消極自由。

海耶克說：「只有通過我們的運用，它（消極自由）才能變消極為積極，自由並不能保證我們獲得某些特定的機會，但卻允許我們自己決定如何處理（或運用）我們所處於其間的各種情勢。」所以，當你有了消極自由，你有了自我空間，你便可在這個自由的空間之內，做你要做的事了。當然，你在這個空間之內，什麼事都不做，也是可以的。不過，雖然海氏是主張消極自由的，但在他的系統裡面，很多積極自由的成分是被強調的，包括責任感，包括守法精神，包括在法治保障之下參與自己興趣所在的活動的積極性等。所以在這方面，他是比伯林更精微一些。他的系統性比伯林要強大得多。伯林的自由主義有一個極大的缺陷，他自己也承認，就是他一輩子提倡自由主義，但是在什麼樣的制度之下才能落實他的關懷，他卻很少顧及。

為什麼要有個人自由？

消極自由和積極自由弄清楚以後，下面一個重要的問題就是：為什麼要有不被其他人強制到最大程度的個人自由？海耶克先生的答覆是：假若這個社會允許個人的自由到最高程度，就是不被別人強制到最低程度，這個社會最有秩序，最容易利用知識。社會成員彼此之間最容易協調。不一定認識，不一定是朋友，但最容易彼此協調，最容易彼此交換知識，這個社會最容易面對其中的各個問題，最有效率解決其中的各個問題。換句話說，個人自由使得這個社會最有生機、最有力量。

這種社會怎麼能產生呢？就是在法治之下，給予每個人有個人的自由。當每個人不被別人強制至最低程度，個人自由達到最大程度時，這個社會是一個最有秩序、最有生機、最有力量、最有創造力面對問題、解決問題的社會。

這是他重要的貢獻。他的論證複雜而抽象。我想在現有的時間之內，做一個比較簡略——希望也是忠實——的解釋。簡略是簡略，還是要講一點系統的東西。下面主要是參考過別人翻譯的翻譯：

認識人的無知乃是智慧之源

蘇格拉底的名言「認識人的無知乃是智慧之源」對於我們理解社會性質具有深刻的意義，我們逐漸認識到，個人能從更多他所未曾意識到的知識中獲益。每個人的知識都有限，但在先進文明之中，個人在追求他所要達到的目的的時候，能夠運用更多他自己未曾擁有的知識；他從未曾擁有的知識中獲益，而超越他自己的無知範圍。

我舉一個例子來說明：量子力學是一門尖端的物理學研究，需要運用非常複雜的高深數學，和製藥表面上沒有什麼關係。但現在某些製藥的過程卻運用了量子力學的發現，這是過去無法想像的。這種成就，當然還需要其他條件，包括自由、公平的競爭等等。這個例子使我們知道自由在社會上有多大力量。我並不是說，不自由的社會一定沒有交換，在某些層次上還是有交換，因為一個社會沒有交換的話，就沒辦法生存。我是講程度問題，就是在一個法治之下的社會，這個交換是最容易進行的。

烏托邦的構建一文不值

「認識人的無知乃是智慧之源」這個觀念，跟烏托邦主義的觀念整個相反。假若烏托邦主義者是對的話，自由派就可以退休了，不必講話了。為什麼呢？烏托邦主義可以說一文不值，它最大的錯誤就是它假定知道如何建設烏托邦、建設十全十美的天堂。它假定知道的如何建設烏托邦的知識，事實上，都是虛幻的。更可怕的是，當烏托邦主義變成政

治運動的時候，變成一種宗教性的政治運動的時候，它帶來的災難是無可避免的。

文明不是由理性的設計而來

那種認為人已經擁有了一種建構文明的智慧，從而應當按其設計創造文明的整個觀念，是一種謬誤。文明並不是由人的理性建立出來的，人的理性所能知道的事情很少，而且建設的力量是受到很多限制的。所以，文明不是從理性建立出來的，雖然理性在文明演變的過程中，有時發揮著重要的作用。

但是要不要理性呢？當然要。所以，蘇格蘭啟蒙運動之所以叫做啟蒙運動，正是因為休謨、亞當・斯密這些人是運用理性到應該應用的程度（因而獲得對於人類事物更為清楚、深刻的理解），而沒有過分變成一種理性的傲慢。海耶克學派所承繼的這種「蘇格蘭啟蒙運動」，用理性的力量來分析理性的作用與限制，來發現理性沒有辦法跟文化傳統脫節。理性不是超自然的。用哲學名詞來講，理性不是一個宇宙之外的力量。但是西方的「觀念論」傳統裡面的一些人，則把這個意思弄反了。柏拉圖以後，說理性是超自然的、超宇宙的，相當於上帝。假如理性提高到超自然的、超宇宙的層次，下面當然的結論就是你必須使用理性來建構未來。這是西方政治思想裡面最大的問題之一。現代極權主義主要的來源是西方思想傳統裡面一個重要的成分。海耶克學派認為理性非常重要，但必須與文化及其他成分互相運作，才能適當發揮理性的力量。

脫胎於黑格爾的馬克思主義，則繼承了理性超自然的那個傳統。而自由主義必然是主張漸進的，必然是主張改革而不是主張革命的。革命的預設是認為理性是超自然的。所以，馬克思主義認為革了舊秩序的命以後，可以使用理性來建構一個嶄新而「合理」的新世界。馬克思說，革命將使政治終結、國家終結，大家各盡所能、各取所需。這完全是建立在對人的能力（包括人性中理性的能力）的迷信之上。

　　漸進的改革，就是自由主義所主張的改革。根據我們現在所了解的比較合理的東西，來改革一個非常不合理的東西，產生積累，慢慢地可能改成更合理的東西。這種觀念在中國應該是得到大多數同意的。不過，客觀的環境如果變得令人忍無可忍，非走革命一途不可，假若是那樣的話，中華民族的災難還沒有走到盡頭！

　　在知識方面，人類運用了很多知識，其中很多知識我們自己甚至沒有意識到。所以，一個社會系統必須為未來保留一個運用尚未知道的知識的空間。假若我們全知全能，那你就可決定未來，不必為未來保留這個空間。假若你沒辦法運用你所不知道的知識，個人自由的創造力自然受到了限制。自由的社會自然會為未來保留這個空間，因為自由社會中的知識是分散的、局部的。靠著交換，才能運用這種知識。

自覺知識是實現目標的前提條件

　　指導個人行動的自覺知識，從以下兩個方面構成了使人得以實現其目標的前提條件之一。首先，個人思想本身也是他生活於其間的文明的產物，他可能意識不到，形成自己思想的許多經驗，已經融入風俗、習慣、語言和道德信仰，成為人們思想得以形成的根基之一。

　　第二，個人所能明確掌握的知識只佔據他能達到目的所需要的知識的一小部份。利用他人掌握的知識，很大程度上是我們達到個人目標的一個必要條件。如果我們考慮到這一點，就會發現我們對決定著我們結果的外部環境的了解是多麼少，知識只作為個人的知識而存在。作為整體的社會知識的說法，充其量只能算是一種比喻。所有的個人知識的總和也不能構成一個整體。

　　主要問題在於我們如何才能利用以分散、局部，有時甚至以相互矛盾的見解的形式存在的知識。怎麼利用呢？海耶克先生一個很重要的貢獻，發表在 1945 年的 *American Economic Review* 上，談到市場機制最重要的好處是市場機制跟價格的關係，就是供需的關係與價格的關係。這實

際上是一個符號。社會上沒有關係的各種人，互相不認識，因為有這個符號，他們所有的分散的、不同的、區域性的知識，能連在一起。這個地方某一樣東西貴了，表示說這個地方需求高，市場就會進行調節，以滿足這種需求。這個市場機制的複雜性，不是任何人設計的，但它是特別有效的。在某些方面，實際上市場機制是交換知識，調節自己各種行為的最佳機制。正是通過許多人協調的努力，使得所利用的知識比單獨個人所能擁有的多得多，或者要比人類智力所概括的多得多。而且正是通過這種零散的知識的綜合利用，所能得到的成就也比任何單獨的個人所能得到的成就更大。因此自由意味著放棄對個人努力所有的直接控制。

所以，在一個自由的社會裡，能夠利用的知識遠遠超過最聰明的統治者的想像力。換句話說，自由的社會就是最有力量的社會，最有創造力的社會，最容易面對社會上各種問題。這個很有意思，就是它不是完全面對馬上觸及的各種問題。社會上人很多，有的人有了問題他就要解決；有的人就想到更深的東西，假若每個人都給予自由的空間，照自己的意思去做的話，他們自然會發生分工。

法治下的自由

人類經驗告訴我們，只有法治之下的社會、政治、經濟與文化生活最能提供給參與其中的個人免於強制(至最大程度的)個人自由的生活。這種生活最能提供給他需要的各項資訊與知識，而且也使他與其他人在他們各自不同的工作中，產生彼此的合作與協調。所以，如前所述，保障個人自由的社會最能利用知識、最有生機、最能解決問題；因此，也是最有力量的社會。

什麼是法治？

法治就是「法律主治」(the rule of law)，不是「依法而治」(the rule by law)。這一字之差，謬以千里，the rule of law 裡的這個「of」是什麼意思呢？就是法律管著你、管著他、管著政府、管著官員，包括立法機構也要守法。所有人都在法律的管轄之下。

不是任何法律經過法律程序（什麼三分之二通過重大法案，二分之一通過普通法案）通過以後就是合乎法治的法律。為什麼呢？因為法治本身要守規矩。要守符合法治的「後設原則」(meta-legal principles)，就是法治背後的基本原則。這種「後設原則」是什麼呢？那是法治背後的道德與政治傳統。如果法律不符合其背後的道德與政治傳統所肯定的價值觀念的話，這種法律就不是法治之下的法律，這種法律是違法的。國內的翻譯家把這個 meta-legal principles 翻成「元」，「元」大概就是最初的意思，這也沒什麼不對，但是 meta 實際上是後設的意思，所以翻成法治的「後設原則」更貼近西方語言的意思。

下面我想舉一個親身的經歷來說明什麼是法治的「後設原則」。我到芝加哥是 1960 年，1962 年春天，我們學校挑選了 12 個外國學生，組成一個華盛頓 (Washington, DC) 訪問團，去看美國政府的運作，當然包括國會與最高法院。我接到電話非常興奮，就參加了這個團。我們在華盛頓停留了一個星期。有一天，安排我們跟道格拉斯大法官 (Justice Douglas) 見面。那天安排在星期六的下午，大法官穿著休閒裝，態度很和藹，跟我們說，可以自由發問。當時，我已跟海耶克先生讀書讀了一年半，知道一點法治的道理。我向大法官提出下面這個問題。在沒談我所提出的那個問題之前，需要先交代一下美國修憲的法律程序。美國憲法是剛性憲法，不能隨便修改的。要修改或增加條文的話，需要經過非常嚴格的程序，國會上下兩院都要三分之二通過，然後需要 50 個州的議會，上下兩院，三分之二通過，假若有一個州不同意的話，就不能改動了。而我的問題則是：假使現任總統太賢明了，假使國會與各州議會在完全符合修憲程序的條件下，修改了這

位總統的任期（從現在的兩任）為終身職。假使我是美國公民，非常不同意國會通過的這個憲法修正案，認為那樣子的修憲，違背了一項美國憲法的基本「後設原則」：任何政治人物的權力均必須加以限制（包括美國現任總統——無論他多麼賢明），而總統兩任任期的規定，正是限制其權力的基本後設原則之一。現在通過的修憲案，違背了憲法的「後設原則」，所以是違憲的。因此，我決定向法院控告國會和50個州議會違憲。兩造在各級法院各有勝負，最後案子到了最高法院，請問道格拉斯大法官，就你對於你的同事的理解和你自己對於美國憲法的理解，你認為誰會贏？

大法官的回答是這樣的：你的問題是一個假想的問題，萬一發生這件事，案子大概不會到我們最高法院就已經開始有內戰了。不過你的問題倒是很有意思，他非常嚴肅地說：「根據我對於我的同事的理解，我們會判定你贏。」

道格拉斯大法官的回答意味著什麼呢？這意味著憲法本身必須符合剛才說過的，憲法的「後設原則」：那個把現任總統的任期從兩任修改為終身職的「憲法修正案」，即使完全符合修憲程序，也仍然是無效的，因為那基本上是違憲的。（在二次世界大戰期間，羅斯福總統是四任，這是非常時期的例外。）

法治的條件

法治的條件是什麼呢？法治下的法律不是命令。命令是為了完成發佈命令的人（或組織）的特定目的。必須接受命令的人，根本沒有機會運用他自己的知識或遵從他自己的傾向。因此，根據命令所採取的行為，只服務於發佈命令的人（或組織）的目的。命令有時候是需要的，即使在民主行之有年的國家，臨時出了緊急狀況，政府必須解決這個問題，需要使用命令來解決緊急的問題。法律是行之久遠的一個東西。法律必須符合兩個條件：

（1）普遍性。它普遍地應用到社會上的每個人，沒有人可以例外。不管你有錢沒錢、關係什麼的，它是超乎這些關係的，它必須應用到每個人身上。這個有什麼意義呢？這個意義非常重大。

海耶克先生的原文是：「個人知道某些規則將得到普遍應用，對於他來講具有極為重要的意義，因為這種認知的結果，使得不同的行為目的和行動方式，對於他來講，將獲得新的特性。在這種情況下，他會知道如何利用這種人為的因果關係去實現他所希望實現的各種目的。這些由人制定的法律對於人的行動的影響與自然規律所能起到的作用是完全相同的。」

法治之下的法律公平應用到每個人身上，在這個法治框架之內，他的行為有一種穩定性。就是他可以預知他的行為的後果跟別人的配合的關係，假若這個法律應用到每個人身上的話，這個法律的結果跟自然科學裡所講的結果是一樣的。因為它沒有例外。自然規律裡，一個人放火，把房子點著，房子就會燒掉，那麼假如這個人放火就違法了，他自然就要進監牢。自然的規律跟人為的法律，假如運用得平等，它增加了人在這個範圍之內的靈活性和信心。假若我守法的話，其他人也都守法的話，我這個空間是很自由的，我就不必太擔心，假若一個人有不同意思，跟我搗亂，我怎麼辦？因為他要跟我搗亂的話，法律就會對付他。那麼法律是什麼人來執行呢？法院。法官怎麼判？好比說我是守法做事，另外一個人欺負我，法官在判決時必須根據現有的法律條文做判斷。法官自己沒有自由。當然，法律有些裁量權，這些裁量權是法治裡面非常精微的一些思想。這些細節，在我們中文裡面也有一些書。我有一個朋友，他是加州的大律師，他花了差不多十年的時間寫了一本書，討論裁量權跟法治的基本原則有什麼關係。他的結論是，裁量權雖然可以在法官那裡運用，但還是依照法治的原則來運用。簡單說就是，法官沒有什麼自由，他必須根據法治的原則判案。所以法治之下，社會容易達到一種自己預期的結果。這個在經濟上太重要了。公平競爭的結果反而使得社會更能「組織」起來。這個預期性跟信心是有密切關係的。

(2) 抽象性。它不為任何人或團體 (包括政黨) 的具體目的服務。假若一個法律是為了某一個政治團體或某一個人的具體目的服務的話，這個法律是違法的。當我們遵守法律 (亦即指那些在制定時並不考慮對特定的人適用的問題的一般且抽象的規則) 時，我們並不是在服從其他人的意志，因而我們是自由的。正是由於立法者並不知道其制定的規則將適用於什麼特定的案件，也正是由於適用這些規則的法官除了根據現行規則與受理案件的特定事實做出其判決外，別無其他選擇，所以我們可以說這是法治而非人治。由於法律規則是在並不考慮特定案件的狀況下制定的，而且任何人的意志都不能決定以強制的手段去實施該規則，所以這種法律並不是專斷的。

在這種情況之下，法治的關鍵性意義就是：它實際上是一個真正公平、能發揮效率、使得人的潛力發揮到極致的一個框架。法治要是真正落實的話，這個社會是最能運用知識，最能發揮力量，也是最有創造力的社會。

2014年5月8日在「復旦—卓越經濟學大講堂」上的發言，經作者整理、審訂而成，張茹、夏佑至、田春玲編輯後曾刊發於2014年5月27日的《東方早報·上海經濟評論》。

學術自由的理論基礎及其實際含意
——兼論消極自由與積極自由[1]

引言：「五四」以來中文學術界談論思想自由、學術自由的脈絡以及我們今天討論這個題目的現實關懷

中文學術界，尤其是人文學科與社會科學方面，自「五四」以來，雖然經常受到戰亂、左右意識形態，以及種種政治勢力的干擾與限制；然而，至少在形式上或口號上，好歹已經形成了一個共識：大家都贊成思想自由與學術自由。在這方面，蔡元培先生的倡導與力行與陳寅恪先生所賦予它的精神意義，具有歷史性的貢獻。

不過，假若把他們簡短的説法，當作是對於思想自由、學術自由的充分論證的話，事實上，他們的説法都有不足之處。（至於他們心中是否認為他們的説法已是充分論證，不在我今天的考慮之列，我之所以提

1　本文初稿是在2006年為中央研究院「錢思亮院長講座」準備的演講大綱。講過以後，自覺其內容有不少疏略和未扣牢的地方，當然不可立即發表。後來又在華東師範大學大夏講壇、北京大學、台灣大學文學院，以及香港城市大學25週年「傑出學人講座」講過同樣的論題。每次演講，內容均有所改進，直到2009年12月19日在香港講過以後，筆者感到內容比較完整了。此處發表的這篇文章，則是根據2009年的演講大綱，增補後完成的。對於上述各個學術機構的邀約，促使筆者終於能夠完成這份工作，謹此敬致謝忱。

出來討論，是因為許多中文學術界裡的人這麼看。）在我們尚未討論學術自由的理論基礎及其實際含意之前，我想先簡短地分析一下蔡、陳兩先生的說法，以便鋪陳在中文世界討論這個論題的脈絡，然後再進入今天討論的主題。

蔡元培先生主張學術自由的看法，見1919年3月18日他回覆林琴南的信（此信最初發表於1919年4月1日《公言報》與1919年4月1日《新潮》）。蔡先生說：「對於學說，仿世界各大學通例，循『思想自由』原則，取兼容並包主義，與公所提出之『圓通廣大』四字，頗不相背也。無論為何種學派，苟其言之成理，持之有故，尚不達自然淘汰之運命者，雖彼此相反，而悉聽其自由發展。」[2]

蔡先生的這個說法提出來以後，在中國聽到的，是一片頌揚的聲音，很少看到學理上的討論。當然，蔡先生推動學術自由的歷史地位，不容質疑。然而，嚴格地說，他的說法是「態度」而非「思想」。要形成「思想」，必需在一定程度之內，提出嚴密的論證並系統地思考清楚它內蘊的複雜含意。（「含意」是指文字或語言所表達的思想、理念所含有的政治、社會、文化，或／與思想上的可能的或已經產生的後果，相當於英文「implications」的意思。中文中另有「含義」［或「涵義」］一詞。它容易使人聯想到「定義」。「含義」［或「涵義」］因此可能使人想到一個字或一個詞的本身所包含的意義。我過去寫作時，也沒有分得這麼嚴格。現在則想把它們區分得嚴格一些。）

蔡先生推展思想自由、學術自由的態度是根據「世界各大學通例」，這一點當然沒有什麼問題。世界（尤其是歐美）各大學通例，的確是思想自由、兼容並包。然而，蔡先生既不從權利**或**效益（benefits）的觀點，也不從權利**與**效益的觀點出發，他所提出的「理據」（「無論為何種學派……尚不達自然淘汰之運命者……悉聽其自由發展」）看來似乎是根據中國當時流行的社會達爾文主義來論說的。假若是那樣的話，他的說

2　蔡元培：《蔡元培全集》（杭州，1997），第3卷，頁576。

法就與他所主張的思想自由、學術自由產生矛盾了。因為「物競天擇、優勝劣敗、適者生存」蘊涵著社會達爾文主義者所相信的自然淘汰的「規律」，拿那一套說法來論證思想自由、學術自由，將會導致很勢利的態度：被人遺忘或不合時宜的東西，是被淘汰的東西，不值得再提。如果大家遵奉這說法為圭臬的話，一些超前的學說（它們出現時不被當時人所理解，時過境遷以後人們才發現它們的深刻性，如 Giambattista Vico 的著作）就沒有重新被發現的可能了。

陳寅恪先生主張學術自由的精神意義。陳先生在 1929 年為紀念王國維先生自盡兩週年撰寫的碑銘中說（這座石刻的紀念碑至今仍然屹立於清華園中）：「士之讀書治學蓋將以脫心志於俗諦之桎梏，真理因得以發揚。思想而不自由，勿寧死耳……先生之著述或有時而不章，先生之學說或有時而可商，惟此獨立之精神，自由之思想，歷千萬祀與天壤而同久，共三光而永光。」

陳先生的說法，在紀念王國維先生自盡的歷史時刻提出來，確實具有強烈的精神意義。不過，那是一篇碑銘，不是一篇或一本論證思想自由、學術自由的專文或專著。純就碑銘中提出來的看法來說，雖然正確但過於簡單：發揚真理，並不僅在於從「俗諦之桎梏」中解脫出來便可辦到，還需要主動地追尋、提出真問題而非假問題等等條件。

如前所述，思想自由、學術自由，在現代中文學術界的內部，自「五四」以來沒有不贊成的。（外面的政治勢力對其侵逼與干擾，當然是另一個故事。）也許因為大家都同意，所以以為沒有什麼好討論的了。在思想自由、學術自由被禁錮的年代，有的人為了爭取思想、言論的自由，不畏壓迫，甚至不惜犧牲自己的生命。那些直面專制的迫害、爭取思想自由、人格獨立的事跡所展現的「威武不能屈」的精神，可歌可泣，令人深深感動。然而，當禁錮緩解或取消以後，由於中文學術界向來沒有關於思想自由、學術自由及其實際運作的深入討論與建設，一旦客觀環境有了（至少在形式上）相當甚至極大程度的思想自由、學術自由以後，中文學術界卻出現了未能從思想自由、學術自由中獲得更大效益的窘境。明顯的例子是：台灣的學術界一旦從威權體制的控制下解脫出

來，便匆匆地進入庸俗的民主化體制之內。而庸俗的民主化便自然而簡易地使得學術研究在相當大的程度上變成了官僚系統運作的一部份(詳下)。因此，反而使得學術自由、學術發展受到了限制。所以，我今天除了要與各位討論學術自由的理論基礎之外，還要分析一下從學術自由的理論基礎推論出來的學術自由的實際含意，希望能對中文世界的學術發展有所助益。(當然，學術發展除了學術自由以外，還需要其他的許多條件的支持才能真正落實。不過，其他的條件即使已經完備，假若沒有實質的學術自由的環境持續支持學術的發展，學術研究的成果很難多元地、豐富地、有序地積累下去。)

自由的兩種意義

要談學術自由、思想自由，首先需要談一談：什麼是自由？自由實際上有兩種：消極自由 (negative freedom) 和積極自由 (positive freedom)。之所以如此，是因為人的自由涉及到兩種不同性質的問題。這兩種問題，雖然彼此有關，確實是不同種類的真問題。它們是由二十世紀著名政治、社會思想家伯林 (Isaiah Berlin) 於參考前人 (特別是法國自由主義思想家貢斯當 [Benjamin Constant, 1767–1830]) 的貢獻以後提出來的。[3]

一、消極自由及其問題

消極自由乃是解答，什麼是(作為主體的)人根據自己的意思做自己要做的事的**領域**(或**空間**)？在這個領域(或空間)之內，他不受別人

---

3 Isaiah Berlin, "Two Concepts of Liberty" 原為伯林於 1958 年在牛津大學擔任講座教授的就職演講詞，多次印行，最近一次是他在 1997 年逝世後出版的文集 *The Proper Study of Mankind*, ed. Henry Hardy and Roger Hausheer (New York: Farrar, Straus and Giroux, 1998), pp. 191–242。

或政府的干擾與強制。如果他確有這個可以根據自己的意思做自己要做的事的領域(或空間)，我們可以說，他在這個領域(或空間)之內是自由的。我們稱這種自由為消極自由，因為我們不對這種自由作積極的界定，我們不說這種自由是什麼？我們只問，他有沒有這個領域(或空間)？如果有，那麼這個領域(或空間)有多大？這種消極自由至為重要，它是必要的自由，如果一個人沒有這個自我的自由空間，別人可以干擾他，政府可以不受限制地進入這個空間強制他，他當然沒有自由可言。顯然得很，賦予這種個人自由的最重要的必要條件是：健全的法治(the rule *of* law，不是 the rule *by* law)與法律保障的人權。它們的落實需要支持這種自由的文化、社會、道德秩序的穩定而不僵化的發展。

不過，這消極自由雖然至為重要，但它在今天歐美憲政民主的國家之內，也有困擾它的問題。簡略言之，它有兩個基本的問題：

(1) 十六世紀以來的西方，消極自由是從對抗政治與宗教的迫害中成長的。當二十世紀歐洲左、右極權主義興起以後，它屹立於風暴之中，守護著以個人主義為基礎的西方文明。可是，以往的光榮歷史，並未能預見(並設法制止)後極權主義時代的今天，困擾它的問題的出現與擴散。

消極自由只問：「你**有沒有**不受外界強制與干擾的獨立空間？這個空間有多大？夠不夠用？」它不問：「你**如何**在這個自我空間之內做決定？以及你自己做決定的**能力**如何？」消極自由認為這兩個問題，都是你自己個人的問題，不是消極自由可以或應該過問的。如果提出來，反而會干擾到消極自由所要保障的個人自我空間。

過去，在消極自由對抗政治與宗教迫害的年代，其訴求是建立在兩個預設(presuppositions)之上的：(i) 每個不同教派裡的人可以信其所信的需要；(ii) 社會中的基本制度(教會、家庭與學校)有資源、有能力提供做人所需要的教養與鍛煉。

然而，在世俗化的潮流衝擊之下，教會、家庭、學校的權威性已經鬆動，甚至失落得很厲害，無法肩負起過去所承擔的責任了。而許多歐美憲政民主國家，基本上，法治與人權已經落實並行之有年。另外，消極自由過去對抗的對象也早已消失。

這樣的情況之下，消極自由在過去的針對性已經不存在了，而消極自由所預設的社會上培養做人的教養與鍛鍊的機制也已失落殆盡，社會上個人自我為中心的傾向卻越來越強。因此，繼續強調消極自由的結果是：要求擴大不受干擾的空間變成了社會中的趨勢，要求從尚存的束縛中解放出來變成了時尚。所以，許多年輕人（以及不少並不年輕的人）在消極自由之內，常常把「有**資格**自己做決定」當成「自己就有**能力**作決定」，以致產生許多個人心理上與社會上的問題，包括任性、放縱、寂寞。

這種現象，當然也和其他因素與之相互加強有關，包括在全球化資本主義強勢擴張的影響下，史華慈（Benjamin I. Schwartz）先生在其遺筆中所談到的，「排他性物質主義的宗教」（the exclusive religion of materialism）的興起所導致的文明的物質化、庸俗化與異化。[4]

（2）由於消極自由的落實，主要要靠法治的保障，而非社會的規範或宗教與道德的戒律所能保證，自己在自我空間做自己的事做慣了，社會成員經常只想到自己，彼此之間除了契約關係以外，互不關心，以致變成「原子人」，社會變成沒有人味的「原子人」社會。

根據以上的分析，在今日歐美的社會中，仍然慣性地繼續強調消極自由的重要，令人難免覺得這樣的眼光在面對新的問題時的遲鈍。不過，話還得說回來，在面對東方一些威權體制的國家以及後極權、卻仍然保存著不少極權特色的威權體制的國家，由於仍然尚未實現真正的憲政民主，即使消極自由將來真正落實以後，可能出現不少問題，強調賦

4　Lin Yu-sheng, "Introduction to Benjamin I. Schwartz, 'China and Contemporary Millenarianism—Something New under the Sun,'" and Benjamin I. Schwartz, "China and Contemporary Millenarianism—Something New under the Sun," *Philosophy East and West* 51.2 (April 2001): 189–196. 以上兩文中譯見《九州學林》（2003年冬季），頁258–271（均已收入本書第四部份）。另，參見筆者與王元化先生關於「世界不再令人著迷」的通信，收入王元化：《沉思與反思》（上海：辭書出版社，2007），頁65–71。

予個人自由空間，確實具有至為重要的現實意義。我們總不能因噎廢食！因為沒有消極自由，就沒有自由可言。

二、積極自由 (positive freedom) 及其問題

積極自由是要回答下面這個問題：一個人要做這件事而不是那件事的決定的**來源** (source) 是什麼？他的決定是他自己的決定，而不是別人叫他做的決定？如果這個決定的來源是他自己 —— 他自己決定要做這件事 —— 那麼，他的決定是自由的決定。他在決定做這件事的時候，是自由的。換言之，積極自由是他自己做自己的主宰的自由。這種自由，當然也極為重要。人的創造活動，與來自自律而非他律的純正的道德行為，是這種自主性自由的展現。

不過，積極自由也有它的問題。這個問題很複雜。今天，我只能簡略地提出兩點：

(1) 積極自由，既然是指我自己做自己的主宰；那麼，「我」是什麼呢？是「大我」抑或「小我」？當「小我」溶入「大我」之後，「小我」會覺得「大我」才是真正的、高貴的「我」。因此，國家的自由或民族的自由，對於這個「小我」溶入「大我」的人來講，才是他真正的、高貴的「我」的自由。在這樣的情況下，他的「自由」很可能使他變成服從「體現」「大我」利益與遠景的政治人物的奴隸。世間許多獨裁者，尤其是極權主義國家的領導人，多是用集體主義的光耀來遂行其殘暴的統治。

(2) 如果沒有主動地自我要求自己做自己的主宰所需要的思想、文化、與道德的訓練，那麼，這個做主宰的「自己」很可能陷入自戀、自我陶醉的深淵。

學術自由，則是結合上述兩種自由，卻沒有它們的缺失的自由，詳下。

作為公共自由（public liberty）的
學術自由（academic freedom）

在西方眾多討論學術自由的文獻中，就筆者所知，以二十世紀大思想家博蘭尼（Michael Polanyi, 1891–1976）有關著作，最為深刻而富有原創力的洞見。正如1998年諾貝爾經濟學獎獲獎者阿馬蒂亞‧森（Amartya Sen）為芝加哥大學出版社重新印行博氏著作 *The Tacit Dimension* 所撰寫的前言中指出的：博蘭尼的思想是「尖銳的、富饒的、意義深遠而具創建（新）基礎的（力量的）哲學思想」（penetrating, fertile, far-reaching and foundational philosophical ideas），確實是「真正偉大的貢獻」（truly grand contribution）。[5] 博氏關於學術自由的論證——正反映了阿馬蒂亞‧森對於博氏思想熱烈的讚許與推崇的實質——足可擔當得起「真知灼見」四個字。下面是筆者根據博氏所著 "Foundations of Academic Freedom"[6] 並加以推演，以及筆者的觀察與思考所得，撰成的對於學術自由的理論基礎及其實際含意的說明。

* * *

我現在所要談的，主要是有關學術自由的種種。思想自由與學術自由密切相關，但不是一件事。關於思想自由，今天只能存而不論。

博氏對於學術自由的論證，是從人權的立場出發，其結果則不止是賦予學者們自由與尊嚴，而且也帶來增進學術發展的效益並完成學者們在公共領域之內所應承擔的責任。此外，由於學者們個人的學術自由乃是構成他們彼此溝通、切磋、合作所需要的「秩序」（order）的最佳機制，並強化了學術規範與學術紀律；所以，博蘭尼所論證的學術自由，當其落實之時，自然會避免落入上述消極自由與積極自由所容易產生的

5　Amartya Sen, "Foreword," in Michael Polanyi, *The Tacit Dimension* (Chicago: University of Chicago Press, 2009), pp. vii–xvi.

6　見 Michael Polanyi, *The Logic of Liberty* (London: Routledge and Kegan Paul, 1951), pp. 32–48。

弊病。學術自由雖然與消極自由、積極自由都有關係，卻與它們不完全相同。學術自由是由學者們的個人自由的運作所構成的學術共和國中的秩序，所以比較適當的稱謂是：公共自由。

一、什麼是學術自由？

在進行討論學術自由的有關細節之前，我們首先需要談一談，究竟什麼是學術自由？博蘭尼對於學術自由給出的定義是：「從事學術工作的人有選擇自己研究問題的權利，在研究的過程中不受外界的干擾與控制，並同時根據自己的意見教授自己研究的課題。」[7]

其次，我們要問：為什麼研究學問的人應該享有學術自由？從博氏根據權利的觀點給它下定義的角度來看，顯然得很，學術自由是一種言論自由，那是受到憲法保障的權利。不過，假若學者們自由研究的結果，無法增進知識與滿足社會需要的話，短期之內還可以講：「學術研究的效益不容易在短期之內看得出來，需要再等一等。」長期之內，若是仍然毫無結果，學術自由很難講得下去，社會也不可能一直提供給學術界所需要的各種資源去做沒有效益的研究。

博蘭尼對於學術自由提出的理據，則是一項綜合權利與效益的論證。任何論證都有預設。博氏的論證預設著三個條件：(1) 學者們是一群有才能從事學術研究的人。(2) 學術研究是學者們的志業。[8]（那些把學術研究當作學術公關以及只能追逐學術風潮或時尚，在學術上沒有創

7　同上註，頁41。

8　在「現代性」的衝擊之下，作為一種志業的學術是什麼？如何進行？以及其面對的是什麼樣的挑戰？關於這些問題，請參閱韋伯的經典論述：錢永祥編譯：《學術與政治：韋伯選集 (I)》（台北：遠流，1991），頁131–167。〈學術作為一種志業〉英文新譯見：Max Weber, *The Vocation Lectures*, eds. David Owen and Tracy B. Strong, trans. Rodney Livingstone (Indianapolis: Hackett Publishing Co., 2004), pp. 1–31.

發才能的人，均不在考慮之列。)(3)學者是遵守學術規範與學術紀律，從事學術研究工作的人。

二、論證學術自由的理據

以上交代了有關學術自由的背景。我們現在應該進入學術自由的主題論證。學術自由的最有力量的理據，來自對於學術自由能夠形成良性循環的認識：**學術自由產生學術秩序，學術秩序增進學術成果，學術成果肯定學術自由。**

之所以如此，可分下列三點予以說明：

(1)學術社群之中最大程度的合作(交流、協調)是經由各個學者釋放自己的學術impulses而得到的。博蘭尼使用的「impulses」這個字，用直譯的辦法，可譯為「衝動」，意思是：出現在學者頭腦中的念頭，由於好奇心的驅使，他想順著這個念頭想下去、問下去、探索下去。這個「念頭」不可能是在完全孤立的情況下出現的。他在思考他所關心的問題的時候，他的想法、他的問題、他贊成什麼、反對什麼等等，都是他在與古往今來的其他一些人「對話」中進行的。這種「對話」，實際上是一個在學術脈絡中調節(adjustment)的過程：「當他參考別人的研究，對自己的工作進行調節時，他是獨立地進行的。尤有進者，學者們在彼此調節中，他們以最大程度的效率擴展了學術界的成就。當一個學者從別人獲得的成就中選擇對他最為有用的成分時，他的研究的成果，也同時提供給別的學者，根據他們的需要對他獲得的成果進行選擇。學術研究就如此持續地進行下去。」[9]

以上所論，實際上蘊涵著一項原理：學者們根據自己的興趣、自己的想法進行研究時所做的與別人的想法進行調節的過程，是一個無需外在權威介入的自動、自發、相互協調的秩序(spontaneous and mutually

---

9　Polanyi, *The Logic of Liberty*, pp. 34–35.

coordinative order）。換言之，學術自由是一個高效率的「組織」原則，而這種「組織」卻不是由指令所產生的。所以用「秩序」來描述其特性比**「組織」**更為貼切。在學術自由所形成的秩序之中，讓每一個學者根據自己的興趣、想法、直覺（靈感）、衝動，自由地研究，總體來說，最能彼此交流、協調、合作、相互刺激，因此最能增進學術成果。

（2）這種自由產生秩序、秩序產生效益的邏輯，可以用一個很簡單、很平常的比喻來加以說明：假若擺在你面前的是一個打散了的、複雜的「拼圖遊戲」，你如何用最有效的辦法，在最短時間內把散成各個不同形狀的小塊拼成原來的圖案？是你自己做？或找幾個朋友來幫助你一起做？你覺得還是找幾個朋友來一起做，能夠更快地拼成。現在來了幾個朋友。那麼，你用什麼辦法使他們最能幫助你？把拼圖複製，請每個朋友自己拿一份回家專心去拼湊？抑或推舉出一個人當「領導」，由他指揮大家去做？考慮的結果，最後決定：還是你們大家聚攏在一起去做這件事。大家看著你們其中一個人拼出來一塊以後，想辦法拼出下一塊。每個人設法從剛才已經成功地拼成的部份所呈現的新情況，去設想如何拼出下一塊。每個人主動的獨立判斷，密切配合著別人的獨立判斷所做成的拼湊，去求得下一步的拼湊。這顯然是一個大家共同努力所形成的高效率的組織整體，而這個「組織」卻不是經由權威的指令來運作的。它是其成員根據自己的想法，彼此相互調節而形成的自動、自發、相互協調的秩序。

（3）反面論證：把學者組成一個官僚系統，最不容易有效地交流、協調與相互刺激，也最不容易產生學術成果。另外，正如剛才談到的，一個人孤獨地在自己家裡做拼圖，最不容易做出來，一個學者自己孤獨地做學問，不參考別人（包括過去的人與現在的人）的著作，不跟別人切磋學問，也最不容易做出成績來。

三、學術自由（背後）所蘊含的意義

學術中的原創成果，蘊含著學者的積極自由與消極自由的運作之間的和諧，而沒有兩者在其他領域運作時所易產生的缺失。

(1)積極自由：研究的激情（passion）與衝動表現在研究者自己主宰的行為中。這種學術上的積極自由，並不會產生「小我」認同「大我」、自由轉變為集體主義的問題。另外，這種主動追尋知識的過程，是以學術訓練為其基礎的。他在學術規範之內，面對知識邊疆上許多待決的問題，忙著做研究都來不及，哪有心情自我陶醉？

(2)消極自由：在不受干擾的自由空間中進行研究，但卻未滑落到要求從一切束縛中解放出來，然後變得任性、放縱，並深感寂寞，或自己變成「原子人」。與此恰恰相反，在學術傳統中發展出來的規範（norms）與紀律（discipline）（也可說成是一種「束縛」）中進行與別的學者互動、切磋的研究，比較容易產生學術成果（詳下）。

(3)學術規範與紀律的有力的理據：最能發揮學術自由（積極的與消極的）效益的條件，乃是穩定、開放、有生機而非僵化的學術傳統。一個有生命力的學術傳統蘊含著公平與公正的學術規範與紀律。而學術自由則根據它自己的需要，**強化**著學術規範與紀律。

如前所述，學術自由最能使學者們自動、自發地相互交流、切磋，產生把他們「組織」在一起的秩序。所謂「相互交流、切磋」，當然包括彼此改正思考中沒有看清楚的地方、糾正錯誤等等。而這種互惠的交流與切磋，需要在公平、公正的規範與紀律中才能進行。如此，彼此才能產生信任。否則，根本不可能產生真正的交流與切磋。

在公平、公正的規範與紀律中進行學術研究，最容易使學者們專心致志，集中精力到他有興趣的課題上去，因為他不必花很多時間與精力去應付人際關係、權力關係等等與學術研究無關的事務。所以，學術自由自然蘊含著學者們在互動中，根據他們的**需要**，**強化**彼此遵守的規範與紀律。這種規範與紀律有**明顯的**與**隱含的**兩部份，不是任何人或組織能夠設計出來的。它們是在一個有生機的學術傳統中逐漸演化出來的。這樣的演化出來的傳統，提供給學者們彼此信任的基礎，賦予研究者對於學術界將對他的研究成果給予公平待遇的信心。因此，在這個傳統中，一個有創發能力的學者，才能**專心**去做他（她）的研究。

（4）學者是參與學術共和國（the republic of sciences）的成員：他是公共秩序中的成員。正因為他為公共領域帶來了效益，公共領域才讓他在學術傳統的紀律中享有學術自由。他需要承擔公共領域對他信託的責任，而這種責任是他在學術自由中，於獲得研究成果時完成的。

學術自由的實際含意

一、根據以上的分析，學術自由的實際含意是：盡量使學術人才獲得與持續享有學術自由。越能使一流學術人才享有學術自由，越可能產生一流的學術成果。

所謂學術自由，實際上，說白了，那就是：學術行政系統應該盡量 leave the scholars alone，盡量少管他們。少管他們一點，他們就多一點時間與精力在學術自由中追求他們的學問。一個威權體制下的社會進入初期民主社會（台灣），或一個殖民地社會進入後殖民地社會（香港），容易產生過多的行政規章，很容易使學術工作滑落到一個層次，在這個層次上成為官僚系統的一部份。過去，有權力的人可以決定許多事情，被管轄的人只能服從。這些少數人做決定的事，現在需要公開討論、申請、評比等等。這就要公佈許多有關的規章，讓大家按規章辦理，所以自然擴充了官僚系統。一般的看法，尤其行政官員們，多認為這些規章是中性的，並沒有限制從事學術工作者的自由。然而，學術工作者由於需要滿足許多規章的規定（包括開會、申請、評鑒、填寫各種表格、準備各種報告等等），他需要花去許多時間去做與學術研究沒有關係，而官僚系統要求他做的工作。他的學術自由無形中受到了干擾。

不過，所謂「盡量少管他們」（leave the scholars alone），預設著兩個前提：

（1）在遴選學術人才的過程中必須有公平、公正的機制，以便找到真正的一流學術人才從事教學與／或研究。

(2) 找來的人才必須是不投機取巧、誠實、負責任的人。所以芝加哥學派經濟學之父 Frank H. Knight 教授説：「學術的基本原則（[追尋] 真理或客觀性），本質上是一個道德原則……客觀性預設著正直、勝任與謙虛……所有的強制絕對地排除在外，以便讓自由的心靈自由相會（"The basic principle of science—truth or objectivity—is essentially a moral principle. . . . The presuppositions of objectivity are integrity, competence, humility. . . . All coercion is absolutely excluded in favor of free meeting of free minds."）

二、學術自由的濫用與妄用以及學術傳統的重要性：學術界如果產生過多分歧，即使表面上大家都享有自由討論的權利，也仍然會阻礙學術的發展。培育一個有生機的學術傳統能夠避免學術自由的濫用與妄用。

三、民主不是自由，雖然可能有關：形式上的學術民主（「教授治校」等等），極有可能墜入利益團體的爭奪，並不能促進學術的發展。（這個複雜的問題只能在此點到為止，詳細的討論是另一篇專文的任務。）

四、學術評鑒的問題：學術評鑒在學術發展上所能產生的作用，基本上是消極意義上的：如果評鑒做得公允、有效的話，可以清除一些「朽木」，以便維持學術水平的最低標準。但，評鑒本身在促進學術發展上作用不大，尤其不能帶來卓越，至少在人文與社會研究方面是如此。真正有能力並要求自己追求卓越的人。他（她）的工作不會因有評鑒制度或沒有評鑒制度而增減。在人文與社會研究領域，從來沒有什麼傑出的學人，如韋伯、涂爾幹（Émile Durkheim）、海耶克、博蘭尼、羅爾斯（John Rawls）、漢娜‧阿倫特（鄂蘭）（Hannah Arendt）等是因為受到評鑒的指導、肯定或鼓勵而寫出他（她）們那些鉅著來的。

一般學人受到評鑒的壓力，努力多做出一些在他（她）的水平之內的研究，有此可能；然而，更有可能使得另外一些人，為了應付甚至討好評鑒而做研究，以致浪費不少時間，但做出來的東西，在品質上反而不如他（她）不在評鑒壓力下，多花一些時間所能做出來的成果。

　　我不是說一切評鑒皆應取消。如果計劃、進行得宜，評鑒是一項有一定功能的學術行政工作。但，評鑒不可做得太頻繁。(據筆者所知，國際上一流的歷史學系的評鑒，每十年[或更久]才做一次。做的時候，也多半是走走形式。)我希望釐清的是它的功能的限度，並提醒那些熱中評鑒的人：如果他們預期評鑒所能產生的成果超過評鑒本身的限度，他們的預期便犯了懷海德所謂「錯置具體感的謬誤」(fallacy of misplaced concreteness)。[10]

原載《知識饗宴》，第7集 (台北：中央研究院，2011)，頁 305–326。後收入《政治秩序的觀念》(香港：商務印書館，2015)，頁 122–140。

10　關於「錯置具體感的謬誤」，詳見拙文〈中國人文的重建〉，收在拙著《思想與人物》(台北：聯經，1983、2001)，頁 3–55，特別是頁 24–25；或《中國傳統的創造性轉化》(北京：三聯書店，增訂版，2011)，頁 13–56，特別是頁 30–31。編按：此文已收入本書第四部份。

三
學思之路與民主建設

試圖貫通於熱烈與冷靜之間
——略述我的治學緣起

當我接到上海文藝出版社高國平先生的來信，希望我能從已發表的著作中摘錄若干篇，作為該社籌劃出版的「學苑英華」系列的一本的時候，心中頗感躊躇。一方面，我覺得高先生的盛情難卻；但，另一方面，我做事一向很慢，而手上的一個大型研究計劃必須積極進行，所以實在沒有時間另做別的事。後來，我想或可煩請青年學人朱學勤先生代為採輯，並拜請王元化先生予以審定。謹此對元化先生與學勤的幫助，敬致謝忱。

我對我所關懷的中國問題，就事論事的反思，從拙著《中國意識的危機》中譯初版於1986年印行(貴州人民出版社目前正在籌印此書的修訂三版)以及《中國傳統的創造性轉化》於1988年印行以來，頗得國內讀者的注意。在許多已發表與未發表的討論中，我驚異於有的讀者雖然與我的教育背景與生活世界甚為不同，卻對我的論著理解與掌握得非常清楚。對於讀者群中這些知音，衷心甚覺欣慰與感激。

但，也有不少讀者，在還沒有完全了解我的分析與論證及其涵義之前，就已經變成批評者了。例如，一位論者在知道先師海耶克先生的文明演化論的一些皮毛以後，竟把海氏歸類於英國經驗主義傳統之中，並告誡筆者不應思考作為導向的「中國傳統的創造性轉化」的有關問題，認為那是有違師門之教的。殊不知出生於維也納的海耶克先生是奧國主觀 (subjectivist) 經濟學派第四代的領導人物。他的學術雖然重視經驗並

汲取了英國經驗論(特別是休謨)的優點,在出發點上卻更接近新康德學派。事實上,海氏與我所服膺的博蘭尼(Michael Polanyi)及韋伯,在基本立場上都是反對經驗主義的。在二十世紀的西方思想脈絡中,海博兩位更是反對經驗主義傳統下走向極端的邏輯經驗論的重要人物。正如歷代自由主義者一樣,海氏是肯定思想在社會中的作用的。海氏認為思想沒有決定一切、指導一切的本領。他不贊成一元式的思想決定論。然而,他認為思想與非思想(政治、經濟、社會)的因素,在歷史的試、誤演化過程中都是互動因子,而且這些不同因子在歷史的不同時期,扮演著不同份量的角色。(最近國內因為包括《從理想主義到經驗主義》的《顧準文集》的被重視,而出現了反對理想主義的聲浪。這是把什麼事情都當作非黑即白的一元化思維模式的謬誤,是與顧準先生的原意違背的。我們在了解事情[尤其是涵蓋面比較廣的觀念或名詞]的時候,必需先作「內部區分」[internal differentiation]。理想主義可區分為好幾種。顧準先生反對的,是一個特殊意義之下的「理想主義」。他不是對每一種理想主義都反對。其實,他之所以能夠以他那令人欽敬的艱苦卓絕的精神,在學術探索中堅持獨立而自由的思考,以致獲得必須反對哪一個特殊意義之下的「理想主義」的推理與結論,正是由於他自己的另一意義之下的理想主義的支持的緣故。)

中國知識界裡的許多人,多年來喜歡談學術的派別、學術的源流。我前面那幾句交代海耶克與博蘭尼兩先生學術立場的話,似乎蘊涵著讀者需先了解我的學思背景的意思。但,這不是我的意思。相反,我對剛才提到的那位批評者的批評,是要說明:他對西方複雜的學術流派一知半解式的「理解」正阻礙了他對我的論著的理解。一個人的學術著作是否有說服力——無論他是與哪個學派比較接近或根據什麼樣的背景出發——最終必需決定於其本身的分析與論證。

不過,向讀者說明一下我的學思歷程最初的曲折、樂趣與艱辛,也許可能有助於讀者對我的論著進行就事論事的理解。因此,我想以最近完成的關於我的「治學緣起」的自敘,作為本書的代序。

一、研讀西方文明原始典籍的思想訓練

我是在1960年負笈來美的。攻讀學位的遭遇與進程，算是相當幸運與順利。1963年5月，在芝加哥大學社會思想委員會 (Committee on Social Thought, University of Chicago) 參加了別致而艱苦的博士資格考試。暑假期間，接獲委員會執行秘書的通知，知道已經通過，因此可以放手找尋論文的題目了。然而，就在這個時候，卻從心靈深處湧現出來一個不大不小的危機。

社會思想委員會訓練學生的辦法是：由獨當一面、世界性的、在自己專業中已有重大貢獻的一流學者，帶領著學生精讀涵義深廣的經典著作。委員會中的師長們認為，經得起時間考驗而有超時代意義的各項經典，一方面，展現了對其著成時代之內的具體而特殊的問題的深度探索；另一方面，卻又蘊涵著對於人類所面對的普遍而永恆的問題、自成一家之言的看法。所以，精讀原典，以及對其特定章節作許多小型研究報告，並在學季結束前就已研究過的原典寫一份完整的學季論文，乃是使學生獲得思想訓練的最佳法門之一。（芝大實行的是，一年有四個學季的上課制度。不過，大部份教授夏季不授課。每一個學季有十一週，十週上課，一週考試。）

學生到達委員會以後（實際上，社會思想委員會是一個在學術行政上獨立的，只收碩士、博士研究生的學系），不久即需與各位師長們商定「基本課程」的書單。這個書單通常包括十五六部原典。學生們的書單彼此可以不盡相同，但大致都是從柏拉圖的《理想國》以降，大家公認的西方文明中的典籍中選出的；同時，也可加入幾部自己特別希望精讀的非西方文明的典籍。另外，系裡還有一項帶有「知識貴族」氣息、與眾不同的規定：書單上不可包括自己將來專業領域之內的經典著作。因為，自己領域中的典籍，系裡已經假定學生早晚是要精通的，而且會有自己的系統性闡釋，故無需在「基本課程」中接受指導。另外一個理由是：培育青年學子原創能力的主要途徑之一，不是使他（她）盡早變成一個對幾件事情知道很多的學者，而是使他（她）能夠在學術生涯的

形成時期（做研究生的頭幾年）產生廣闊的視野與深邃的探究能力。這種視野與能力的培育，不是一開始就讓他（她）局限在本行的專業之內所能達到的，而需使他（她）切實進入與他（她）的專業沒有直接關係的經典著作之內。這樣，一方面，他（她）因接觸到了展現「深邃」的具體實例，可以體會到所謂「深邃的探究能力」究竟是怎麼一回事；另一方面，由於真正已經進入過與他（她）的專業沒有直接關係的典籍之內，其視野會很自然地越過他的專業領域，變得開闊而不是泛泛要求如此而已。

根據上述原則，我與師長們商定的「基本課程」的書單，便完全是從柏拉圖與修西迪底斯（Thucydides）以降，西方文明的典籍中選出的，其中包括自由主義的原典、韋伯的《新教倫理與資本主義精神》和他的《社會學論文集》，以及莎士比亞與杜思妥也夫斯基的文學鉅著等。

然而，我申請獎學金的研究計劃的題目，則是「1905–1949年間中國社會中的官僚政治與知識份子」。之所以提出這樣一個專題，主要是由於下述背景因素與個人關懷，相互作用的結果：（一）我在來美之前，已對中國第一、第二代知識份子的代表性著作，相當熟悉；（二）我的愛國意識使我覺得，唯有推行自由主義所蘊涵的典章制度（憲政）與思想文化，才能導使中國走向長治久安的道路，同胞們才能真正生活在一個合理、合乎人道、可以舒展性靈的人間秩序之中。換句話說，我特別關心的問題是：自由主義在中國的前途——亦即：自由主義在近現代中國、過去失敗的歷史原因的檢討，以及其未來發展的可能與如何發展的問題；（三）如要探討自由主義在近現代中國歷史中失敗的問題，我覺得，首先需要把二十世紀中國知識份子在社會上的地位弄清楚。

我的研究計劃，是為了要研究這個問題以及中國思想主流的變遷而提出的。它主要是說，自從1905年廢除科舉制度以後，中國知識精英與邦國中的官僚政治的關係，發生了巨大的變化。過去「學而優則仕」的管道已經不存在了。知識份子變成「邊緣人」（"marginal men"）了。「邊緣人」是間接借用芝大早期社會學家派克（Robert Park）所使用

的名詞。我在撰寫研究計劃之前，正在看瑞德斐（Robert Redfield）寫的
《初民世界及其轉化》（*The Primitive World and Its Transformation*）。瑞氏
在書中第二章引述了派克關於知識份子是「邊緣人」的觀點。我在這裡
所說的知識份子因科舉制度的廢除而變成「邊緣人」的特殊歷史境況，
與派克、瑞德斐綜論知識份子的文化情境，並沒有直接的關係。我只
是借用這個名詞而已。（近年來，余英時先生使用「知識份子的邊緣化
與邊緣人的中心化」這一對觀念，已撰成宏富的中英文論文來解釋現代
中國的歷史變遷，讀者可以參閱。）這樣的歷史變遷，構成了知識份子
與邦國中的官僚政治相互疏離的客觀條件。然而，中國讀書人的精神
認同，卻不因變成社會上的邊緣人而喪失，仍然深感必需承擔國家興
亡的責任。另外一方面，二十世紀中國知識界的激烈反傳統思潮，呈
現著文化與思想「失序」的現象。在這樣的歷史情況之下，標榜最終要
廢除邦國的官僚政治、帶來文化與思想嶄新的新秩序、與有效地打倒
帝國主義侵略的共產主義革命運動，遂漸次贏得許多中國知識份子
的支持與擁護；而關於共產主義革命運動在中國之所以成功的歷史
研究，在一定意義上，也可說明主張漸進的自由主義為何遭受失敗的
後果。

　　這一研究計劃，現在看來，顯得相當粗疏、龐大而缺乏自制。以
我當時對國史理解的程度，似乎也只能如此。不過，我後來關於中國近
現代思想史的研究，雖然在技術與分析的層次上與這個計劃所反映的有
許多不同，但卻可從它上面看到一部份蛛絲馬跡。計劃提出以後，先師
海耶克先生對之頗為嘉勉，幸運地得到他的推薦，獲得了全額獎學金。
於是，我可循序安心地接受社會思想委員會的訓練了。現在回想起來，
撰寫這份計劃，實是我的研究生生涯中的關鍵時刻，而海耶克先生之所
以決定推薦我取得專屬由他推薦的獎學金，並不是因為我的計劃有什麼
特別難得的見解，主要的原因可能是：不知他從我跟他讀書的頭一學季
的過程中以及學季論文和這份研究計劃上的什麼地方，看出「孺子可教」
的資質，決定給我一個安心進修的機會。

二、莎士比亞與杜思妥也夫斯基給予的知性的喜悅

社會思想委員會的政策是：學術研究享有絕對自由——准許學生根據自己的興趣選修任何本系或外系的課程，並可以根據自己的興趣提出任何言之成理的計劃來進行博士論文的專題研究。不過，這樣的政策落實到我身上，卻使我「陷入」一個相當弔詭的經驗，並導致本文起初所提到的心靈的危機。

按常理，我既然已經公開提出來，並已獲得獎學金支持的研究計劃，當然就應按計劃進行研究。雖然論文的正式撰寫工作，需待博士資格考試通過以後才能進行；但，現在就應動手搜集材料，並思考與這個專題有關的各項問題。可是，我在這個性格特殊的學系做學生的頭三年，卻越來越與中國歷史領域變得疏遠。

當初之所以到芝加哥大學來求學，主要是由於在台灣大學讀書期間，曾讀過先師殷海光先生翻譯的海耶克先生名著《到奴役之路》及其原文的緣故。因為深受此書的啟發，而且具體地感覺到海氏的思想比殷先生所提倡的羅素要深刻得多，所以曾有「將來如果能夠從學於海氏之門該多好」的夢想。不過，那時以為這是不可及的。真沒想到這個夢想居然在四年之後，由於種種機緣（包括學長許倬雲兄的支持與鼓勵），竟得實現。

到達芝大以後，除了跟隨海耶克先生研讀西方自由主義的原典和他自己的著作以外，也選修了不少人類學與社會學的課程。（那時因仍受殷先生的邏輯經驗論的影響，以為歷史解釋必需借助於現代西方社會科學發展出來的觀念與分析。最初選修的課程之一是：早晨八點鐘上課的「社會心理學導論」。）另外，我在社會思想委員會中的「基本課程」的書單，除了包括我極願研讀的自由主義的原典和韋伯的著作以外，卻還需包括古希臘的典籍和西方文學的典籍。這是我始料未及的，覺得有些沮喪，心中也產生排斥之感。我從殷先生那裡得到滲雜著科學主義色調的邏輯經驗論的偏見，仍在心中作祟，當時認為應該盡量汲取現代社會科學的研究成果，如此才能使將來的研究更「科學」；而且當時還認為文學

作品是以主觀的情緒語言表達作家的感受，對於一個矢志追求客觀真理的人而言，不大可能有什麼助益。至於古希臘的著作，對一個找尋自由主義之所以在中國失敗與馬列主義之所以在中國成功的根本原因，並且非常關心自由主義在中國未來發展的可能以及如何發展等問題的我而言，畢竟太過遙遠。西方自由主義所蘊涵的典章制度與思想文化，是十七世紀以來發展出來的東西，我努力去了解那些複雜的東西，都覺得時間不夠用，哪有閒工夫浪費在幾千年前古老的著作上去？另外，社會思想委員會雖然高唱學術研究的絕對自由；但，每個學生卻又不能不在「基本課程」書單上列入幾部古希臘的著作，對於這樣的硬性規定，我也很感納悶。難道這樣的規定不與學術自由的原則牴觸嗎？

然而，無論我喜歡也好、排斥也好，書單上的典籍必需研讀下去。在「導師課」（tutorials）上，往往典籍中的一段話，就要討論一兩個鐘頭。因此，瀏覽或速讀是無濟於事的。對於每一部典籍都必需字斟句酌，往復數次，才能應付師長的逼問、參與同學之間的辯難。而這些經典著作，的確經得起細讀。在研讀的過程中，除了對於我喜歡的自由主義典籍與韋伯深感興會淋漓以外，對於古希臘的典籍與書單上的文學典籍竟然也愈讀愈讀出味道來了。

系裡的同學只有十幾個人，大家相處得很融洽。因為彼此之間「基本課程」的書單上有不少重疊之處，所以大家專業雖然不同，卻有許多共同語言以及可以共同討論的題材。週末心情比較輕鬆的時候，兩三個男同學有時分攤費用，買一瓶較好的法國紅酒，相約攜至一位女同學的公寓裡聊天，大家聊著聊著就聊到修西迪底斯、柏拉圖、亞里斯多德、索佛克利斯（Sophocles）或莎士比亞上去。往往一聊到柏拉圖，話題就再無法轉到別的地方了。到了午夜，酒喝完了，大家也累了，才散。

這樣精讀經典著作的感受，是非常 intense（強烈、熱切）的。不但學生如此，一些師長們的表現，顯示著他們的投入也是很深的。有些經驗，雖然距今已經三十多年，因為已經鑲嵌在記憶中，現在回想起來，仍然歷歷如在目前。例如，在我研讀杜思妥也夫斯基的《卡拉馬助夫兄弟們》的時候，就有這樣一次經驗：一天，吃過晚飯後，八點半左右回

到宿舍自己的房間內，拿起杜氏的書，繼續讀下去。當時是坐在書桌旁一個單人皮沙發上。在我聚精會神研讀的過程中，因為完全被書中所蘊涵的關於神、自由、理性與人類是否能夠承擔自由的討論所吸引，身體沒有怎麼動，也未倚靠在沙發背上。到了午夜之後兩點多，大概是因為有點累了，往後一靠，驟然感到冰涼，原來背後的襯衫被不自覺滲出的汗水浸透了——這樣 intense 的閱讀方式，連身體都產生了反應。

另外一次至今記憶猶新的經驗是：我的書單上包括三部莎士比亞的悲劇：《哈姆雷特》、《李爾王》與《奧賽羅》。但，莎翁的悲劇對我而言卻極難理解。我在研讀西方哲學、政治思想、思想史、社會學理論中的典籍以及西方小說中的典籍的時候，並未感到太大困難。這些典籍，很快地把我從邏輯經驗論的形式思維中提升出來。而早年在邏輯中的一些訓練，卻也使我無懼地迎向這些典籍中關於實質性問題的各項論點，並在與師長和同學的討論中漸次形成自己的看法。但，我發現我很難進入莎士比亞悲劇的內部去理解其意義。這有點使我不知所措。於是，趕快找來有關莎翁的學術名著來參考，並仔細閱讀各家的註釋。然而，讀過以後，除了可以覆述各家的見解以外，並未使我與莎翁悲劇之間的「隔」有何明顯的好轉。在研討莎翁悲劇的討論班上，我的發言總是生硬而勉強，不能左右逢源。授課的師長葛桂恩（David Grene）先生（他是愛爾蘭人，性格甚為強烈），有好幾次不知如何答覆或評論我的發言，乾脆將眼光轉向別處，問其他同學有沒有什麼別的問題。處此情況，我覺得很尷尬、很沮喪。

有一天，我跟一位剛從巴黎大學遊學歸來，正在撰寫由葛先生指導、有關葉芝（W. B. Yeats）的博士論文的同學 Sandra Cohen 說：「你們的莎士比亞到底為什麼那麼偉大？可是，我就是看不太懂。當然，這可能是因為我不行，以致無法理解他。不過，是否可能是他也許不那麼真的了不起，所以我才看不出他的偉大之處？」Sandra 答道：「當然，你所說的也許是對的。不過，歷代西方文學評論家都一致認為莎翁是西方文學史上，不世出的偉大作家之一，尤其是他的四大悲劇，更具深刻性。你不是有興趣來了解我們的西方文明麼？這是我們西方文明所能提供給

你、最好的東西的極為重要的部份。是不是你仍然可以給西方文明另一次機會呢？」我聽到Sandra這一番表面上很幽默、實際上很嚴肅的話以後，重新振作起精神來，繼續苦讀、苦思下去。Sandra說，莎翁的戲劇是應該到戲院去看的。可惜當時芝加哥沒有什麼劇團上演莎翁悲劇（數月之後，我曾看過一齣《李爾王》）。退而求其次，她建議我去圖書館聆聽由英國名演員灌製的莎翁悲劇的全部唱片。

就這樣我反覆研讀下去。一天忽然想到宇宙本身的缺陷問題，覺得也許可以從這個觀點出發，寫一篇關於《奧賽羅》的學季論文。這篇東西完成得相當快。過去種種對於莎翁的膠著、不解之處，頓時消退了。心中覺得豁然開朗，湧現出來一套理解《奧賽羅》的悲劇意義的思路。此時，我在葛先生班上的發言也漸入佳境，頗得他與同學們的肯定與讚許；有時我的發言或問題，會引起葛先生一大串的發揮與推衍。這種在艱苦追索中的「發現」所帶給我的精神上的歡愉，是難以筆墨形容的。

論文寫好打字以後，趕快送給葛先生。不久，聖誕假期到了。假期過後，我因對莎翁及其他各家的文學著作的研讀已經告一段落（在選修葛先生的莎翁悲劇討論班之前，也曾上過他所主持，只有三個學生上課的、關於杜思妥也夫斯基的「導師課」），也就不再選修葛先生的課。新的學季過了幾個禮拜以後，一天接到系裡秘書的電話，告知葛先生已看完我的論文，我即可來系裡取回。取得那份論文時，發現葛先生在上面針對全文的論旨及許多細節，寫了許多密密麻麻的評論以及不少獎掖的話，心中感到很高興、很溫暖。

又過了幾個禮拜，一天早晨，我在路邊鋪滿白雪的校園內，正向哲學系走去。忽然有人從後面拍了我的肩膀一下。我轉頭一看，原來是葛桂恩先生。他的臉上似有慍色，嚴肅地問道：「你這學期為什麼不上我的課？」他的話有點突兀，不過我仍恭謹平靜地答道：「我覺得我致力於文學典籍的研究，已經告一段落。這學期正在上別的課。」葛先生臉色即時變得開朗，帶著笑容，說：「我不是要你非繼續上我的課不可。我只是要告訴你，I miss you at my seminar（在現在的討論班上，我

對你感到懷念)。」説罷，他便踽踽地走開了。原來，葛先生一直在注意
我在思想上的成長；他在教學上的投入，也是很深的。

三、學術自由、心靈秩序與「問題意識」

上述那樣精讀、苦讀西方文明中原始典籍的經驗，使我體會到社會
思想委員會表面上看來自相矛盾的教育方針——一方面，主張學術研
究的絕對自由；另一方面，卻又相當硬性地規定每個學生必須研讀若干
部西方文明中的原典，而在原典的選擇上學生也沒有很多的自由(必須
包括柏拉圖與莎士比亞等)——不但不互相抵觸，而且相得益彰。學術
自由和其他任何自由一樣，不應該是沒有限制的。(自由當然反對不合
理的限制。然而，公平、合理的限制卻是自由的條件。)無政府或虛無
主義式的「自由」(即：主張任何事情只要想做，就應被允許去做的那種
「自由」)，不止於會使人類的社群生活無法維持下去，而且會使心靈變
得空洞以致無法創造。

學術自由必須以能夠促進學術的進展為先決條件。而學術的進展卻
又需依據下列兩個條件：(一)必需給予研究者自由的空間——他(她)
因此可以根據自己的興趣進行研究——這樣才比較容易做出成績來；
(二)研究者內在的心靈世界，必需有所根據(而不是憑空亂想)——這
樣，學術研究才能進行。換句話説，研究者內在的心靈世界，必需是有
秩序的、有標準的，而同時是開放的；如此，他(她)才能享受並受益
於在探索中的自由空間。

在研究人與社會及其相互關係的學術領域，研究者內在的心靈世
界，愈有豐富的秩序與高超的標準，愈比較可能做出有意義的成績來。
(當然，心靈世界的危機，有時也是刺激創造力的因素之一。然而，即
使是魯迅[其作品深刻地反映著中國意識的危機]在創作的時候，也仍
然是根據他從中西思想與文化的互動中所獲得的「秩序」與「標準」進行
的。而他的文學創作之所以不能更上一層樓，是由於深沉的中國意識的

危機阻礙了他內在的心靈世界形成更豐富的秩序、更高超的標準的緣故。）而豐富的秩序與高超的標準，不是想要有就能夠得到的。那是需從真正具有內容與活力的教育中，潛移默化中得來。精讀在人類文明中禁得起時間考驗（屹立於時間之流）的重大典籍，不失為獲得這樣的教育的途徑之一。社會思想委員會的師長們，從來沒有任何人主張學生在研究原典的時候，必須信服它們的論旨，所以這種研讀原典的工作完全是在自由探索的空間中進行的。懷海德（A. N. Whitehead）說：「對於歐洲哲學傳統最可靠的描述是：它是一連串關於柏拉圖的註解。」對人性具有卓越識見的莎士比亞，則常被稱為是「世界上最偉大的戲劇作家和英語之中的最佳詩人」。社會思想委員會的師長們主張「基本課程」的書單上應該列入柏拉圖的《理想國》和莎翁的悲劇，無非是希望在系裡接受教育的青年學子們，能夠有機會沉潛於真正具有豐富而高超的思想內容的典籍之中，從而獲得資源（夠資格）享用並得益於學術研究的絕對自由。

這樣的教育與我在海耶克先生門下研習海氏奧國主體性社會科學方法論以及韋伯的新康德學派社會科學方法論匯合，對我未來治學的方向與方法，產生了決定性的影響。過去我在台大所受到的邏輯經驗論的影響，以及從那裡衍生的帶有形式主義格調的意見（例如，如前所述，認為歷史的解釋需要建立在各項社會科學［包括行為科學］的基礎之上等等），均變得淡化與疏遠了。就以歷史研究為例，問題的關鍵並不在於是否應該利用（或整合）社會科學的研究成果到歷史研究上去，而在於研究歷史的人心中究竟有什麼樣的問題（「問題意識」）。（這裡所謂「問題」，不是單數［不是僅指一個問題］，而是指謂：一連串或一組相關的問題，或稱之為「問題叢聚」［cluster of questions]。）過去我在台大時以為，應用或整合社會科學到歷史研究上去，便可使歷史研究做得更好、更科學。現在則覺得，那樣的看法實在很形式化，是相當膚淺的。

在歷史研究之中，重大問題的提出，乃是一個形成「問題意識」的創造過程。這一過程，不是應用或整合現成的社學科學的研究成果，便可以達到較深的層次的。換句話說，研究者的「問題意識」的深度，並

不是應用或整合現成的社會科學的研究成果便可獲致；在它形成的創造過程中，原典所能提供的資源遠比現代社會科學要豐富，有力、實在得多。(當然，在探索重大問題的解答的時候，如果發現社會科學的某些研究成果可以提供幫助，研究歷史的人則應該採納之。)

　　社會思想委員會規定學生要在「基本課程」裡接受研讀主要是西方文明中的典籍的訓練，除了希望藉此能夠普遍地使每個學生 —— 無論他(她)將來的專業屬於哪一個西方或非西方的學術領域 —— 增進「問題意識」的思想資源以外，這種訓練對於理解西方文明本身，也有特定的意義與功效。實質地說，這些西方文明中的典籍提供了理解現代西方文化的基礎，並構成我們對於西方人的理解所需要的、知識的核心。當然，研讀十幾部西方文明中的原典以後所獲致的理解，遠不足以涵蓋整個西方文化。不過，在意義與效果上，這種導使學生進入西方文化精髓的方式，雖然留下了不少間隙(其中許多部份，日後可以視需要加以填補，縱使對於西方文化無間隙的整體理解，不是任何人的精力與時間所能允許的)，是與一般美國人文學科與社會科學研究院所流行的教育方式很不同。(後者只讓學生們自己讀讀本行的典籍，大部份時間則要他們花在速讀二手材料[學者們的著作]上。)

四、心靈危機的湧現與「個人關懷」帶來的紓解

　　就這樣，在形式上大家(包括我自己在內)都以為我將來的博士論文是要做有關中國歷史的專題；而實際上，我「陷入」西方思想與文化之中，卻愈來愈深。這樣地「陷入」是非常強烈的，不僅在意識之中晝思夜想，就連身體 —— 如前所述 —— 有時也產生了反應。而這樣的「陷入」也的確給我帶來了知性的喜悅。

　　不過，在我可以正式放手找尋博士論文題目的時候，上述研讀西方典籍與跟隨海耶克先生研習自由主義的理論與歷史的體驗，卻使我的心靈深處湧現出來一個不大不小的危機。系裡的政策與風氣，准許學生在

博士資格考試通過以後，作任何他(她)願意作的論文 —— 落實在考試之前宣稱的題目、修改原來的題目，或另外找尋一個嶄新的題目 —— 一切「悉聽尊便」。可是，這樣的學術自由，卻使我很感躊躇了。

自從我到系裡來頭幾個月之內提出有關中國近現代社會與思想史的研究計劃以後，三年來，除了朝夕沉浸於西方的典籍與選修有關自由主義、人類學與社會學理論的課程以及研讀相關論著以外，我從未在芝大上過中國歷史與文化方面的課程，也很少閱讀中文書籍，中文報章雜誌更是絕少接觸。(西方研究中國思想史的學者，如史華慈 [Benjamin I. Schwartz] 與賴文森 [Joseph R. Levenson] 的著作，倒是看了一些，也與史華慈先生談過幾次話。因為系裡的師長和我自己都以為我將來要做有關中國思想史方面的論文，所以系主任乃乎 [John U. Nef] 先生曾寫信給哈佛大學中國研究的主持人費正清 [John K. Fairbank] 先生，請費先生把我的「興趣」轉告給史華慈先生。史先生表示很願意與我會面，我便去哈佛訪問，拜見過史先生，和他談論得很愉快。史先生有很強的西方思想史的背景，他在第二次世界大戰結束後轉入中國研究之前，原是學習法國思想史出身的。)

我在與殷海光先生的通信中，以及與幾位老朋友的談論與通信中，仍然持續保持著對中國的關懷；不過，三年來「陷入」西方思想與文化之中的體驗，卻使我對於西方思想與文化及其問題，頗覺「食髓知味」。對於西方思想上的課題，如蘇格拉底之死的意義、習慣法在英國憲政發展上的作用與意義、托克維爾 (Alexis de Tocqueville) 與穆勒 (John Stuart Mill) 的思想比較，以及共和主義與民主主義在西方自由與民主發展史上的緊張關係等，我都有強烈的探索興趣。

可是，我是否應該就上述課題選擇其一，全神貫注、專心致志地探索下去呢？對於這個問題所蘊涵的必要的抉擇，我卻彷徨了。因為在我的心靈深處，對於中國的關懷，尤其是對於自由主義在中國的前途的關懷，是根深蒂固的。其實，如前所述，我當初來芝大求學的主要目的，是與我對於自由主義在中國的前途的關懷分不開的。換句話說，我從學於海耶克先生之門的動機，主要是希望先把究竟什麼是自由主義(以及

它在西方發展的歷史）弄清楚，以備將來探討中國自由主義過去失敗的原因以及其未來發展的可能與如何發展等問題的參考。現在，在社會思想委員會研讀了三年西方的東西以後，居然想放棄初衷，完全投入純西方思想與文化的研究，對自己來講，也實在說不過去。

那麼，到底應該何去何從呢？我知道必須做一決定，而且知道這一決定是關鍵性的，將影響將來的學術生涯甚至生活方式。然而，我卻不知如何做一明智的決定。因為我確實對這兩方面都有強烈的、不分軒輊的興趣；同時，我知道將來不可能用同樣的時間與精力兼顧這兩方面的興趣。我是處於兩難的境況之中了。

1963年暑假期間，自從接獲博士資格考試通過的消息以後，我就處在這種不知何去何從的心情之中。精神變得不能集中（在考試之前，神經繃得很緊；考試期間，在一週之內日以繼夜地趕寫三篇作答的論文，精力透支甚多；一旦心情鬆懈下來，也有一些關係）。每日恍恍惚惚，在校園裡閒蕩，或到圖書館無目的地隨便拿幾本書閒看。平常我不抽煙，酒也只在和友朋相聚時喝一些。到系裡的頭一年，跟剛從牛津遊學歸來的年輕導師瑞德斐（James Redfield，已故人類學家瑞德斐之子）研讀柏拉圖與修西迪底斯的時候，偶爾在下課後一起去學校附近的酒館，喝一點啤酒。然而，在這段精神彷徨的期間，由於心裡覺得很鬱悶，我在出門購買食品雜貨的時候，也就順手買了香煙、紅酒，拿到宿舍（我住的是研究生宿舍單人房間），關起門來，抽幾支，喝兩杯。我的酒量很小，一杯紅酒就使臉部與頸部立刻漲得通紅（體質可能對酒精有些敏感），兩杯喝下去，心情變得有些輕鬆，然後便覺得有點睏，平常可以忍著，現在既然在自己的房間內，有時也就靠在沙發上小睡一會兒。至於香煙，能抽一兩支，沒有什麼特別的反應，也沒有帶來什麼特別的靈感。這樣喝悶酒、關起門來抽煙的生活，雖然沒有使我上癮，但也沒帶給我任何解決心靈危機的幫助。酒喝過了，煙也抽了，我仍然不知何去何從。

秋天開學以後，選修鄂蘭（Hannah Arendt）女士關於康德政治哲學的課程。她講得非常精彩。每一堂課之前，她都仔細準備，打出講稿；在堂上唸講稿時，也雍容、有大家風範。因為需要提起精神研讀康

德的著作，暑假期間鬆散的生活也就自然結束了。不過，我心靈上的危機，並未因重返研讀西方典籍的生活而得到紓解，反而因深受康德的思想深度以及鄂蘭女士自成一家之言的闡釋的吸引而加劇。

就在這個時候，海耶克先生從德國回來，在校發表系列講演。我去看他，跟他談到我不知究竟應該選擇西方的課題或中國的課題作我的博士論文的兩難境況，以及因此而產生的心靈上的彷徨與困惑，並請他開導迷津。他聚精會神地聽我講完以後，說：「關於你究竟應該選擇什麼課題做你一生第一個系統性的專題研究，這件事你必須自己做決定。不過，我可以把我的經驗提供給你作參考。自從1918年第一次世界大戰結束後，我從位於意大利的奧匈帝國陸軍的前線撤退，相當艱苦地返回維也納我父母的家中，然後進入維也納大學攻讀以來，這四十多年中，我的所有的著述都直接或間接與我的個人關懷（personal concerns）有關。強調個人的關懷並不蘊涵個人必然要受自己的偏見的影響，因為他畢竟是在追求知識。個人的關懷與知識的追求，事實上，不但不相互衝突，而且是相互為用的。你是知道，我在知識論上是不贊成實證主義的。博蘭尼（Michael Polanyi）先生的《個人的知識》（*Personal Knowledge*），你也許看過。他的有關分析是深具洞見（insightful）的。」

我從海耶克先生住的芝大教授俱樂部出來，已經是下午四點多。那時的芝城有些寒意，但不算很冷。斜陽中的秋風迎面吹來，使我的精神變得抖擻起來。我驚訝老師的治學初衷與我的何其類似！他的這一席話，重新肯定了我把關懷自由主義在中國的前途當作我個人知性探索的出發點，並使我清楚而確實地知道，我的「個人關懷」在治學道路上的重要性。在返回宿舍的路上，不再三心二意的念頭已經湧現在我的心頭，自覺當以在系裡接受的訓練為背景，決心從我的「個人關懷」出發，專心致志地投入中國近現代思想史的研究。

（海耶克先生在談話中，提到博蘭尼先生及其《個人的知識》。博氏曾來社會思想委員會擔任客座教授。我聽過他的系列講演，並曾到他的辦公室與他談過幾次話。我也曾從學校圖書館借閱過他的《個人的知識》與《自由的邏輯》[*The Logic of Liberty*]，覺得《自由的邏輯》所收論文甚為

深刻，也能看懂；但，《個人的知識》不少章節中的深奧的分析與論式，卻不是我當時的能力所能完全理解的。經海耶克先生這麼一提，我又到圖書館把它借出來，專看題作「Commitment」的第十章，深為他對個人的投入與知性的追求［及其收穫］之間相輔相成的關係所做的銳利而精微的分析所折服，雖然仍不敢說對其論式中的每個環節，都已完全掌握。一直到1970年我來威斯康辛大學任教以後，知道本校研究委員會有一個「教授發展基金」，可以資助進修。我便申請一學期的休假，專門研讀博蘭尼的著作。獲得以後，曾把《個人的知識》從頭到尾、字斟句酌地研讀過兩遍，終於覺得對其有了細緻與通盤的理解。)

五、建立「中國意識的危機」的系統分析的曲折過程

在海耶克先生的啟導之下，我終於解決了心靈上的危機。此時，我的心情，一方面，因為有了確定的知性探索的方向而變得集中與奮發；另一方面，也深知急需補足中國史方面的知識與訓練。而三年來，並未接觸什麼中文材料與學術著作；西方有關中國近現代思想史的著作，如前所述，倒是看過一點史華慈與賴文森。我現在既然決定要寫有關中國近現代思想史方面的論文，當然要盡量閱讀中文材料，並找一位在這個領域之內的專家做我的論文導師。

我想我應該去史坦福大學校區之內的胡佛圖書館，在那裡停留半年，該館以搜集與整理中國近現代的材料，著稱於世；並回台灣半年，利用中央研究院歷史語言研究所傅斯年圖書館所藏豐富的材料。另外，我想我應該懇請史華慈先生擔任我的論文導師。就當時我看過的史先生的著作而言，我覺得史先生的分析精微而有深刻性；他有世界史的眼光，同時對近現代史上中國人民所遭受的苦難也有同情的了解。在西方的中國研究領域之內，史先生無疑是難得的大家。至於賴文森先生，他以他所觀察到的，在中國知識界所呈現的一種兩難境況——「在理知與價值上接受西方，而在感情上仍然依戀中國的過去」——作為他闡釋中

國近現代思想變遷及其涵義的分析架構。這樣的分析雖然不無所見，而在應用上也有其精彩處，卻使我心中感到很不安。我當時尚未出入於中國近現代的史料之中；然而，賴氏的分析使我覺得頗有化約主義的味道。另外，從表面上看來，他似乎對他所看到的一些中國知識份子所呈現的兩難境況，頗表同情，但他對他的闡釋的簡單化的局限性，卻毫無自覺——他反而不留餘地地到處應用它，這樣的作風使我感到賴氏學術著作的背後，含有對中國傳統文化與中國近現代知識份子相當強的歧視。（因為，根據他的闡釋，中國傳統思想與文化中的任何成分，在現代中國只有感情上的意義，不可能有真正理性與道德的意義；中國現代知識份子們任何與傳統成分的正面關連，都是由於他們在感情上不能免除對中國過去的依戀所導致的。）我對賴氏的學術既然頗有保留，當然不會想到請求他擔任我的論文導師。（多年以後，我在《中國意識的危機》第六章〈魯迅意識的複雜性〉中，曾以魯迅為例反駁了賴氏的論點——即使堅持激烈反傳統主義的魯迅，在他的意識之中，仍有對一些中國傳統的道德成分理性的肯定。這樣的肯定不是以「在感情上不能免除對中國過去的依戀」所能理解的。）

在我跟海耶克先生談過話以後的第三天，我再去看他，向他稟告已決定就中國自由主義的發展及其挫折撰寫博士論文，並跟他提到我希望能有機會去胡佛圖書館與中央研究院看材料，然後到哈佛大學，在史華慈先生的指導下，進行實際的撰寫工作。他聽到我決心根據「個人的關懷」從事學術上的探索，感到很高興；然後問我：「為什麼，在西方的中國研究領域中，你特別覺得史華慈先生最適合指導你的實際撰寫工作？」我在答覆中，除了向他報告西方的中國研究領域一般認為史先生與賴文森氏是最傑出的兩位中國近現代思想史學家以外，並說明我個人涉獵他們兩位的著作後的不同觀感，以及我與史先生接觸後的感受。海耶克先生聽過以後，說：「我想你擬去哈佛，由史先生指導你的論文，是對的。Relm Foundation 仍然與我保持著聯繫，我可以推薦你，請他們考慮授予 Earhart Fellowship。這個 Fellowship 你可以自由運用，這樣你便可到校外搜集材料、撰寫論文了。」

　　我辭別海耶克先生後，對他持續的支持，心中覺得很溫暖、很感激。1964年獲得 Earhart Fellowship 後，在那年6月遂返台半年，在中研院看材料。那年年底再來美，1965年上半年在胡佛圖書館看材料。當我把「五四」時期及其前後的重要材料大致通覽以後，心中並沒有湧現出來一套對於「中國自由主義的發展及其挫折」的系統性分析架構，因此感到很焦急。

　　純就思想而言，自戊戌一直到六十年代，中國主張自由主義的人士，並未寫出多少系統性的著作。嚴復、康梁以來，大概只有張佛泉先生的《自由與人權》可以稱作是一本系統性的著作；但，那是釐清西方自由主義的理念與價值的書，它並沒有論及如何才能使得自由主義所主張的制度、理念與價值在中國政治、社會、文化與思想領域植根與發展的問題。其他各家(如胡適之先生與張君勱先生)的散篇文章(或其合集)也多不出「說明什麼是」自由主義與「呼籲與鼓吹應該實行」的範圍，至於「如何才能」在中國落實自由主義的主張，他們卻都較少做持續的思考。嚴格地說，既然在中文世界沒有什麼深厚而有系統的自由主義的著作，便很難對其內容加以分析，更難談其「挫折」。

　　不過，從廣義而言，自戊戌到「五四」，中國知識界的思潮——在未被「五四」後期興起的左右意識形態及其政治勢力所壓迫與分化之前——可以說是以「自由主義的趨向」為其主流的。然而，對其作分類式的敘述，並不能滿足我的「個人的關懷」；但若想對它的發展以及使它自「五四」後期以來遭受挫折的政治、社會、經濟、文化與思想因素加以分析，雖然很有意思、很有意義，卻需花很多年的時間，才可能有點眉目。這當然不是博士論文所應從事的工作。

　　我懷著因論文題目尚無頭緒所引發的焦急的(同時企盼著史華慈先生能夠給予啟導的)心情，於1965年9月上旬離開了胡佛圖書館。在那個月下旬返回芝加哥，停留了幾天，看看系裡的師長們，並與幾位老友相聚，然後在月底抵達位於麻省劍橋的哈佛大學。(此時社會思想委員會主任乃孚先生已正式函邀史華慈先生擔任我的論文的主要指導人，並蒙史先生慨然應允。)我與史先生重晤長談後，深深地覺得他是一位學

問深厚、思想精微的謙謙君子。因為他原是從西方思想史、而非漢學出身，在討論問題時，彼此有許多共同語言，而他的立場基本上是自由主義的人文主義，所以我們很容易溝通。

史先生首先給我打氣。他說他可以理解我從習慣於研讀西方各代以及自由主義的經典著作的背景來看中國近現代自由知識份子的著作，會感覺到他們掌握問題的能力不夠，提出的答案也不夠貼切。然而，他反問道：「為什麼不研究一下，中國許多近現代自由知識份子之所以呈現思想混雜與思想混淆的現象呢？這正是我們應該面對的一個歷史問題。」同時，他特別提醒我注意中國天子的象徵及其制度的崩潰所產生的重大影響。我在他的指導下，重新再細看「五四」時期的材料。後來幾個月中，經過與史華慈先生多次的商討以及根據史料集中精力的思考，我的研究重心漸漸從注重「自由主義的趨向及其挫折」轉到天子象徵及其制度的崩潰所導致的社會—政治秩序與文化—道德秩序的解體，以及在這樣的解體所造成的政治、社會與文化（包括道德）「三重危機」之下興起的——從世界史的視角來看，非常獨特的——激烈到可稱作全盤化（整體主義的）反傳統思潮以及其在現代中國思想史上主流地位的問題。

就這樣我漸漸摸索到，從試圖理解象徵著「中國意識的危機」的「五四」全盤化反傳統思潮的成因、內容與影響的觀點，來看「自由主義的趨向及其挫折」以及中式馬列主義的興起。我的研究新的出發點是：任何自由主義所肯定的制度與理念，都必需以最低程度的政治、社會與文化秩序為其發展的先決條件；職是之故，「五四」時代根本沒有發展自由主義的歷史條件。

我對於「中國意識的危機」的系統分析，英文初稿完成於1970年，後來詳加修訂與增補，成書於1979年；大陸的中譯本初版於1986年，增訂版於1988年發行；日文譯本於1989年在東京發行；韓文譯本於1990年在漢城發行。自1979年完成此書以後，17年來我主要的工作是尋找解決「中國意識的危機」的切入點。「中國意識的危機」是深重的，不是一時能夠解決的。即使我們找到了解決這樣「危機」的實際可行的

切入點，真正實際的切入仍需非思想的 —— 亦即政治、社會、經濟的
—— 因素或條件配合才成。不過，我覺得尋找這個切入點的思考，仍
是有意義的；因為如果將來能有其他條件配合，這樣的思考可能發揮韋
伯所說，類似鐵路上轉轍夫（扳道夫）的功能。

這個「切入點」，我稱之謂：作為導向理念的「中國傳統的創造性轉
化」。關於它的思考，以及為了建立這一理念所需做的奠基工作，已於
今年2月底大致完成；收集有關各文，題作《從公民社會談起》的第三本
文集，正在排印中。關於在形成「創造性轉化」的理念的「比慢」過程中
我所經歷的艱辛與曲折，將留待以後再敘述了。質而言之，「中國意識
的危機」與「創造性轉化」的系統分析，在困思之中終得完成，現在回想
起來，實在是與我的「個人關懷」分不開的。

1996年10月29日於麥迪遜

收入林毓生著，朱學勤編：《熱烈與冷靜》（上海：上海文藝出版社，1998），頁
1–24。

韋伯「理想型/理念型分析」的三個定義及其在思想史研究方法上的含意與作用

〈韋伯禮讚〉

這是

每當一個時代將要終結

而再度總結其價值時

經常出現的人

這時，一個男人站了起來

擁抱時代的重荷

投向內心的深處

在他之前的人們

都在世俗的悲喜中起伏

但，他只覺得——

人生的沉重

並將所有當作一個「物體」來擁有

超越其意志的，只有神

於是，他愛神——

以一顆凝視超絕之雄心

——瑪麗安娜‧韋伯著《韋伯傳》書前借用哲學詩人里爾克 (Rainer Maria Rilke) 詠嘆米開朗琪羅的詩篇，對於馬克斯‧韋伯的禮讚[1]

1　中譯曾參考李永熾譯：《韋伯傳》（上）（台北：大人物出版社，1986），頁 7–8，並作必要的改動。

導言：韋伯論證 Ideal Type 的背景

1902年，韋伯 (1864–1920) 漸次從三次「神經崩潰」(1898–1902) 中恢復研究工作。次年 (1903) 他正式辭去海德堡大學的教職，改任該校名譽教授，從此不再授課，專事研究。同年他與松巴特 (Werner Sombart)、雅費 (Edgar Jaffe) 共同接手編輯 (後來成為至為重要的) 社會科學期刊《社會科學與社會政策文獻》，並著手撰寫《新教倫理與資本主義精神》(以下簡稱《新教倫理》)。《新教倫理》是由兩篇論文組成的。在他撰寫此書的前半部期間，於1904年年初，完成了他最初論述「ideal type」(理想型／理念型) 的論文 (〈社會科學與社會政策中的「客觀性」〉)。

《新教倫理》前半部是在1904年初夏完成的，秋天發表於他和松巴特、雅費共同主編的《文獻》上。同年8月，他應邀與夫人到美國去，9月到達紐約。在聖路易世界博覽會中擔任學術講座之前後，他們在新英格蘭、中西部及南方旅行，於聖誕節前返抵德國家中。韋伯訪美期間，獲得了許多關於《新教倫理》的驗證與刺激，雖然他的基本分析框架在訪美之前已大致完成。韋伯到家以後稍事休息，即全力投入撰寫工作，只用了三個月的時間，於1905年3月底完成了《新教倫理》的後半部。

以上韋伯的生平資料 (Marianne Weber, *Max Weber: A Biography*, trans. Harry Zohn [New York: John Wiley & Sons, 1975], pp. 314–357) 顯示的是：他最初論述 ideal type 的工作，是與他研究新教倫理與資本主義的興起密切相關的。應該特別注意的是：他的這篇方法論論文是在他完成《新教倫理》前半部之前完成的。這篇方法論論文，一方面可以説是：韋伯於研究與初期撰寫《新教倫理》過程中，所要——根據他當時頭腦思考所及——論證《新教倫理》的論旨 (thesis) 的形式或邏輯綱要。(不過，這篇論文的意義不止於此。) 另一方面，韋伯於實際撰寫《新教倫理》的過程中 (尤其是在他撰寫後半部期間) 其實際思考的勁頭 (creative impulse)，卻不一定會完全被他的形式綱要所範圍得住。

另外，正如韋伯夫人所説，韋伯的頭腦具有「非凡的濃烈」("extraordinary intensity") 特質，任何讀過韋伯著作的人，都會有相同的

感受。但，他在四年半「神經崩潰」中，卻無法進行持續的思考與正常的撰寫工作。韋伯從那樣的精神狀況中恢復以後的初期所撰成的這篇方法論論文，由於其創造力壓抑甚久，一旦恢復理論思考，難免有所反彈，振筆疾書，衝刺理論的邊疆，雖極具尖銳性、啟發性與深刻性，但也難免有不夠周延的鬆散之處 (loose ends，未能扣牢之處)。

所以，此文英譯譯者之一、二十世紀傑出韋伯學者席爾斯 (Edward A. Shils) 教授在〈譯者前言〉中說：「社會科學與社會政策中的『客觀性』把理論的建構與系統化問題，以極為引人入勝的方式擺在我們的面前；但，這個問題並未完全得到解決。」[2]

在這篇方法論論文中，韋伯是借用他的友人耶利內克 (Georg Jellinek) 使用過的「ideal type」加以發揮的。

必讀： Max Weber, "'Objectivity' in Social Science and Social Policy," in Max Weber, *The Methodology of the Social Sciences*, trans. Edward A. Shils and Henry A. Finch (New York: The Free Press of Glencoe, 1949), pp. 78–82.

參考： 馬克斯・韋伯著，韓水法・莫茜譯：《社會科學方法論》(北京：中央編譯出版社，1999)，頁 28–32。(莫茜的中譯有時清楚，有時不清楚，有時有明顯的失誤，例如，譯韋伯使用的「rational」為「合理的」[中文世界許多其他論述韋伯的著作，均有同樣的失誤]。韋伯在討論經濟行為時，使用「rational」這個字，指的是「工具理性的」。韋伯區分理性為價值理性與工具理性。關於這項區分，參閱下列我與王元化先生的通信。) 台灣發行，韋伯著，黃振華、張與健譯，何啟良校訂：《社會科學方法論》(台北：時報出版，1991)，比較準確、可靠。

2　Max Weber, *The Methodology of the Social Sciences*, trans. Edward A. Shils and Henry A. Finch (New York: The Free Press of Glencoe, 1949), p. viii.

作為「理想型分析」的 Ideal-Typical Analysis 第一個定義

韋伯在論文中並未明顯區分 ideal type 為 generalizing ideal type（普遍化的理想型）與 individualizing (or particularizing) ideal type（個體化［或特殊化］的理想型），雖然他文中已經蘊涵了這項區分。下面我將先解釋一下「普遍化的理想型」。至於 individualizing (or particularizing) ideal type analysis，比較複雜，留待後面詳加解釋。

Generalizing ideal type 指謂：社會科學中一些通常使用的概念，例如資本主義、封建社會、莊園經濟、官僚系統、國家、社群（community）等等。為了展示研究對象的特色，「普遍化的理想型」是把研究對象的一些有關成分特別強調出來加以綜合（例如特別強調資本市場是根據契約關係，應用工具理性［運用理性尋找最有效率的工具］來獲取最大的金錢利益）。這樣的綜合乃是具有一致性（沒有矛盾的）的分析建構（a unified analytical construct）。這樣的分析建構可以用來建立 —— 從實用的觀點來說 —— 具有啟發性與闡釋性的對於市場的理解。但，韋伯說：「它不是真實（reality）的描述；它的目的是要提供不含糊的工具來表達這樣的描述。……這個頭腦中的建構，純就其觀念的純粹性而言，是無法在真實的經驗世界任何地方找到的。它是一個烏托邦。歷史研究面對的工作，乃是在個別的事例中衡量真實在多大程度上與這個腦中建構的理想圖像有多遠（或多近）。」[3]

作為未明說的（隱涵的）「理念型分析」的 Ideal-Typical Analysis 第二個定義

韋伯在論析「客觀性」的論文中，一方面，他要以強調康德式知識論的論證——在知識上掌握經驗世界的材料，非使用作為分析工具的觀

3　Weber, "Objectivity," *The Methodology of the Social Sciences*, p. 90.

念不可——來建立以ideal-typical analysis為主軸的社會科學與史學方法論；另一方面，他要建立ideal-typical analysis在方法論上的地位，來與天真的實證主義者的立場構成強烈的對比，用以反抗與挑戰實證主義者的立場。（天真的實證主義者以為材料的整理、分析與摘要式的敘述便能夠**沒有預設地**看到客觀的歷史真實。）韋伯這樣尖銳地在理論邊疆上衝刺；雖然深有所見，卻難免有對它所說的ideal-typical analysis推演過當的問題。

他一再強調ideal-typical analysis是一個烏托邦，不是真實的描述。此外，他用「把有關成分特別強調出來加以綜合」來界定ideal-typical analysis，也容易被誤解為簡單化、甚至偏見化的研究。

另外，韋伯自己在撰寫《新教倫理》一書時，雖然一再說他的分析是ideal-typical analysis，但他自己卻沒有遵守他的方法論論文的「訓諭」——「歷史研究面對的工作，乃是在個別的事例中衡量真實在多大程度上與這個腦中建構的理想圖像［他所分析的新教倫理與資本主義興起的關係］有多遠（或多近）」，而是逕自進行歷史真實的分析，並對資本主義的興起與新教倫理的關係的歷史後果進行強烈的批判。（如果他的分析並未反映歷史真實，只是他的「頭腦中建構的理想圖像」，那麼，他的批判就沒有立足點了！）事實上，他在《新教倫理》一書中的思想史分析指向著「歷史真實」的分析。（至少不可直截了當地說，一定不能反映歷史的真實。）所以，「ideal-typical analysis」在這裡不應譯為「理想型分析」，而應譯為「理念型分析」（這是個體化或特殊化的ideal-typical analysis）。

正如所有科學實驗並不都能保證一定可以成功，所有ideal-typical analyses並不都能保證可以反映歷史真實。然而，原則上，ideal-typical analysis並不一定不能反映歷史真實。

從邏輯的觀點來看，「把一些有關的因素特別強調出來加以綜合」而成的分析建構，雖然不能解釋此一事件的整體，卻不必然是此一事件簡單化或偏見化的解釋。關鍵在於當初的問題，是否針對此一事件的特定部份而提出的，以及這個問題是否與針對此一事件其他部份而提出的許多合理的問題有所衝突或矛盾。只要某一個問題確實是針對此一事件

的某一個特定部份而提出的，而各個問題彼此並不混淆，沒有矛盾；那麼為了解釋此一事件各個特定部份而提出的各個「理念型分析」，至少在原則上應該不會比此一事件各個特定部份之間更不相容，也不必然構成對此一事件的特定部份簡單化或偏見化的解釋。(此點意見是我根據 Maurice Mandelbaum, *The Anatomy of Historical Knowledge* [Baltimore: The Johns Hopkins University Press, 1977, p. 79] 的分析，對於韋伯的「理念型分析」的看法的澄清。)

那麼，是否任何「理念型分析」都是有效的呢？「理念型分析」是否可以任意為之呢？當然不是。它必須滿足下列兩個條件：(1) 它必須與有關的史料沒有衝突。換句話說，它必須照顧到可見到的一切有關的史料 (對於無關的史料之所以無關，它也必須有言之成理的解釋)。(2) 在它展示被解釋的對象的特殊性與對其成因提出具有啟發性與系統性分析的時候，它必須能夠應付有關史料中例外的現象。「理念型分析」既然是「把一些有關的因素特別強調出來加以綜合的分析建構」，它自然不能把與這個分析建構有衝突的例外也綜合進來。然而，它的理論的有效性端賴它的分析系統是否能對這些例外給予言之成理的解釋。(在思想史方面，使用「理念型分析」的精微而深刻的經典之作，首推韋伯著《新教倫理與資本主義精神》。)

"Max Weber, who, despite some errors in detail which by now have been corrected, is still the only historian who raised the question of the modern age with the depth and relevance corresponding to its importance . . ."

(縱使在細節上出現了一些 [現在已經得到修訂的] 差錯，馬克斯·韋伯至今仍然是唯一的一位 [以他特有的方式] 提出了，其深度與相干性正與其重要性相符的，現代 [性] 問題的歷史學家……)[4]

4　漢娜·阿倫特 (鄂蘭) 論及《新教倫理與資本主義精神》的評語。Hannah Arendt, *The Human Condition*, 2nd ed. (Chicago: University of Chicago Press, 1998), p. 277, note 34.

必讀： Max Weber, *The Protestant Ethic and the Spirit of Capitalism*, trans. Talcott Parsons (New York: Charles Scribner's Sons, 1958), pp. 98–128, 170–183.

王元化、林毓生：〈世界不再令人著迷——關於文明的物質化、庸俗化與異化的通信〉。[5]

參考： Weber, *The Protestant Ethic and the Spirit of Capitalism* 全書。

馬克斯·韋伯著，于曉、陳為綱等譯：《新教倫理與資本主義精神》（西安：陝西師範大學出版社，2006），尤其是頁47–69、98–106。（這本中譯尚可，不過也有不少失誤之處。）

作為明說的「理念型分析」的
Ideal-Typical Analysis 第三個定義

關於 ideal type 的理解，在韋伯的一生中是一進展的過程。他前後形成兩個觀念，雖然都用同一名稱來代表。這兩個觀念之間是有矛盾的，那些彼此矛盾的部份是不能相容的。西方學者關於韋伯的研究雖然很多，但甚少注意及此。所以，他們的著作大部份在這方面也就無法講得清楚了。

事實上，在韋伯後期思想中，他修正了早期一再強調 ideal-typical analysis 是一個烏托邦的看法。距離韋伯故世不到五年之前，他在1915年11月發表了一篇重要的論文（英譯題作 "Religious Rejections of the World and Their Directions"）。在這篇論文的開頭部份，韋伯說「ideal type」在某些歷史條件下「能夠在真實中出現，而且它們已經以歷史地重要方式出現過」。[6]「因為思想—理論或實踐—倫理中的理性推理力命令（逼使）這種思想非——首尾一貫（雖然表面上顯得相當曲折）地——根

5　王元化：《沉思與反思》（上海：上海辭書出版社，2007），頁65–71。

6　Max Weber, *From Max Weber*, trans. H. H. Gerth and C. Wright Mills (New York: Oxford University Press, 1958), pp. 323–324.

據其自身的邏輯與自身蘊涵的目的發展出來不可。」韋伯在這裡所使用的「ideal type」，如按他當初的意思譯成「理想型」，那就錯了，應該譯成「理念型」。「Ideal-typical analysis」應譯成「理念型分析」。

反思我自己的思想史研究：雖然我在實際的研究工作中，並沒有自覺地要應用韋伯後期論述「理念型分析」時所蘊涵的方法，於無形中卻反映了那樣的方法。我只是想盡力界定清楚，我觀察到的一個重大、獨特、影響深遠的歷史現象：辛亥革命以後興起的一項強勢意識形態（整體主義的反傳統主義），並力求系統地理解它的確實內容及其歷史根源與後果——這個強勢的意識形態當然是二十世紀中國激進思潮中的主要成分之一。我在面對多層次的複雜問題以及在尋求其解答時所採取的途徑中，非自覺地運用了韋伯式「理念型分析」。這可能是由於早年在芝加哥大學社會思想委員會，接受嚴格教育（主要是在師長們的指導之下，研讀韋伯及其他西方思想性典籍）潛移默化的結果。而這「理念型分析」的系統而曲折的含意，在我的學思經驗中也是一個進展的歷程，直到最近幾年我才能比較完整地展開。例如，在我近年來的著作中，對於以魯迅為代表的五四整體主義的反傳統主義包括如此的分析：經由「藉思想、文化以解決（政治、社會等）問題的途徑」所主導的全盤化或整體主義的反傳統主義，由於其自身的邏輯死結，注定要使得思想革命講不下去，指向著由政治、軍事革命取代思想革命的未來歷史軌跡。過去史家對於中共領導的軍事、政治革命的歷史成因，多從政治、軍事、經濟、社會以及文化、思想的外部等因素入手。事實上，這個歷史現象也有極強的、內在的曲折而「理性」的原因。

我所說的邏輯死結是指：以魯迅為代表的、「五四式」用思想革命來改造國民性的論式蘊涵了自我否定的邏輯。一個思想與精神深患重疴的民族，如何能夠認清病症的基本原因是思想與精神呢？既然連認清病症的基本原因都不易辦到，又如何奢言要剷除致病的原因呢？幾個知識份子也許已經覺醒：不過，像〈狂人日記〉中「狂人」那樣，他們的語言只能被其他人當作是瘋話。根本無法溝通，遑論思想革命！魯迅帶有一元式思想決定論傾向的論式，無可避免地陷入了邏輯的死結。他

自己也變得絕望。這樣的邏輯死結命令 (逼使) 魯迅及其追隨者非自我否定思想革命不可。這樣的自我否定，從韋伯「理念型分析」的觀點來看，已經蘊涵在「思想革命」的邏輯之內了。用韋伯式的語言來說：這樣自我否定「思想革命」的邏輯是「非根據自身的邏輯與自身的目的發展出來不可」。

尤有進者(這是第二層含意)，如果邏輯是一種「理性」的展現的話，這種自我否定的「理性」，其推理力「命令 (逼使)」它自己非另找出路不可。因此，以改造國民性為主流思潮的思想革命，由於其內在的邏輯死結，遂變成了 —— 在仍然求好、求變的心情下 —— 軍事與政治革命的動力！魯迅自己說，「改革最快的還是火與劍」。

必讀： Max Weber, "Religious Rejections of the World and Their Directions," *From Max Weber*, pp. 323–324.

2008年11月3日在華東師範大學思勉人文高等研究院第一屆中國思想史研究高級研討班發表的演講。2011年4月20日、9月10日兩次修訂，現為2017年6月重校本。

答客問：
林毓生思想與治學的取向和方法[1]

範廣欣提問、整理，林毓生修訂

關於方法論

范：您如何看待方法論？一方面您對方法論和所謂「科學方法」抱有懷疑，認為方法論不是解決問題的鑰匙，方法與內容不可分；另一方面您多次提到您所受的方法論的訓練，您自己治思想史也非常講究方法。您指出，韋伯談方法論，是為了糾正偏頗。這樣糾偏的工作是否仍有現實意義？[2]

林：我在方法論上的基本態度希望自己跟讀者免於五四以來形成的偏頗和誤區，尤其是實證主義和科學主義。實證主義的前提是只有感官接觸的材料才是實在的，否則便是情緒，追求真理只能從實在、而不能從情

---

1 2010年6月和2011年5月，我（范廣欣）在威斯康辛大學麥迪遜校區歷史系多次訪談林毓生教授，本報告便是在這些訪談的基礎上完成。和林教授交談，閱讀林教授的著作，好像跟他上了一門專題研究課（independent study），使我獲益良多。

2 林教授在〈中國人文的重建〉一文中介紹韋伯寫作方法論的理由：「（一）他有關方法論的著作，不是為了強調方法論的重要而寫；（二）他覺得一些人的研究已經誤入歧途，他底有關方法論的文章是為了矯正別人的錯誤，使他們更能清楚地知道他們工作的性質而寫的。至於個別的重大與原創問題的提出，以及如何實質地解答這些問題，不是方法論所能指導的。」林毓生：《思想與人物》（台北：聯經，1983），頁45。

緒出發。科學主義源於由於科學進步所產生的自豪感，對科學的內涵卻多有誤解。

與西洋接觸以來，中國人發現對手不僅有強大的武力，而且有複雜而深刻的文明，不能迴避，但是了解很難。根據人類學的觀點，當兩個文化接觸時，被衝擊的文化不可能平衡地接受強勢文化，往往先入為主的因素使它容易接受與自身相承的部份，因而不可避免具有選擇性。比如考據學的發展曾經包含了若干科學的傾向，到晚清卻流於瑣碎，缺少思想活力，這個衰落中的傳統卻成為中國人接受科學的本土資源。事實上，中國知識份子往往用考據理解科學，胡適這方面的傾向很強。

什麼是科學？科學的關鍵是立足於科學傳統，發現原創性的問題，提出正確的假設。科學的發展最重要的來源和動力是演繹法，即通過邏輯方法推衍正確的假設，所以問題的豐富性與原創性至關重要。十九世紀科學方法論的大師英國經濟學家傑方思（W. Stanley Jevons）著有《科學原理》。其核心論點為，科學方法包括演繹法和歸納法，「歸納法是演繹法的反面運作」（"induction is the inverse operation of deduction"）。這句話，所有五四學者都沒看懂。科學與玄學論戰，兩個主要人物丁文江和張君勱都根據《科學原理》，他們英文都不錯，卻讀不懂這句話。這句話的正解是——歸納是：不是演繹的演繹。科學發展的真正動力，是先產生真問題，它導出正確的假設，再根據這個假設尋找證明材料。沒有正確假設，世界上各種相關性的東西太多，通過歸納不能找到答案。科學家必須有見識（insight），真知灼見導致科學家產生新的正確問題，正確問題導致科學家尋找材料，證明該問題不僅是好問題，而且可以找到答案。如果僅僅基於各種歸納，科學家不可能出成果。所以說，歸納是：不是演繹的演繹。

范：可不可以這樣理解，歸納法首先是對正確假設的演繹？因為假設在林林總總複雜的關係中選擇一個有一些意義的關係作為因果關係，再通過歸納加以證明。

林：對。五四知識份子包括胡適和丁文江等人對科學的理解都錯了：他們認為科學建基於實證和歸納法。我在台大主要是受這些思路的影響。

台大歷史系當年的風氣是實證主義和科學主義，中國史的老師很多都在做考據。遇到殷海光先生，我才明白，要解決中國的問題，必須對問題本身有系統理解。這一點，光靠考據是不可能達到的。

范：系統的理解，讓我想起意識形態，因為意識形態是往往最系統的。您可不可以稍加解釋？

林：意識形態與非意識形態的區別在於其對外封閉程度。意識形態的確是因應某種現實需要而產生的系統。特點是基於假定，推衍出理論，對內有系統，對外封閉，不接受系統之外相反證據和邏輯的挑戰。按照其封閉程度不同，可以分為強勢或弱勢意識形態。強勢意識形態完全封閉，成為政治宗教，動輒訴諸前提，與現實完全脫離。科學的系統是開放性系統，不可能封閉，不可能與現實分離。科學的傳統是一代代相互替代和進步。除非科學主義把科學當作宗教崇拜，譬如五四知識份子就是這樣，其實質是宗教，而不是科學。不是所有宗教都封閉，但是有些宗教特別封閉，比如原教旨主義（fundamentalism）。總而言之，系統不保證正確，越封閉越錯。

回到方法論的問題。台大的教育令我不滿足，因為即使殷先生也受實證主義影響。直到就學於芝加哥大學社會思想委員會（Committee on Social Thought），經過複雜的奮鬥過程才脫胎換骨。但回想起來早年所受方法論訓練，也不無裨益。殷先生尊崇邏輯實證論，強調語言要清楚表達思想，他的教誨令我對觀念比較敏感，對文字敏感，對矛盾不矛盾敏感。正式討論學問方面，我的長處主要來自社會思想委員會和史華慈先生的影響。

凡是有成就的學者，如果他有大問題，有資源，有才能，有好的老師和朋友討論，不必然需要方法論的背景。因為方法論是形式（formal）的，再學多少形式，與實質問題（substantial question）也沒有多少關係。而且有才能的頭腦，自然知道矛盾，不一定非要學方法論才行。方法論作為形式，並不必然幫助實質思考。相反，有資源的學者，自然而然可以找到適合的方法。

個人關懷、支援意識與問題意識

范： 您剛才提到在美國求學使您「脫胎換骨」，可否與我們分享您在芝加哥大學社會思想委員會的訓練，尤其是您的幾位主要老師和學術前輩，如何影響了您的思想取向、思想模式和研究方法？比如哈耶克談「個人關懷」(personal concerns) 與知識追求的關係應該如何理解？

林： 真正的原創貢獻都與個人基本關懷有關係。如果一個學者或思想家沒有個人關懷，「為學問而學問」，他的學問很難變得深刻、原創的系統。個人關懷不是偏見，而是一個人所執著的艱深的問題。這個問題與他個人的生命和成長的時代都有關係，不是人云亦云。解答這個問題非常艱難，因為首先要滿足學者自己的要求，解決個人的困惑。反思的成果與問題的潛力有密切關係，越有內涵的問題，越重大、越複雜的問題，經過反思越能產生系統的想法。因為只有重大而原創的問題，才能推動系統性的理解，只有系統性的理解，才能產生系統性的解決問題的辦法。最深刻的思想家都有困擾一生的大問題。比如阿倫特 (Hannah Arendt) 真正有個人關懷，身為德國猶太人，她關心的是為什麼一戰以後希特勒靠迫害猶太人起家。這是關係二十世紀人類文明的大問題，牽涉到種族主義、民族主義、共和主義和自由主義的互動，牽涉到西方公共秩序的沒落。她追問猶太人是否要為自身的悲劇負責任，因為他們只參與社會經濟，而不參加公共 (政治) 生活。

康德哲學與個人關懷也息息相關，小時候他的母親為照顧鄰居而染病身死，這一經歷促使他形成一生的大問題：一個好人道德的來源是什麼？什麼是道德？

范： 博蘭尼 (Michael Polanyi) 所謂「集中意識」(focal awareness) 與「支援意識」(subsidiary awareness) 關係如何？兩者有無可能互相轉換？[3] 如何

3　林教授在〈什麼是理性〉一文中指出：「思想中的意圖與關懷，用博蘭尼 (Michael Polanyi) 的話來講是『集中意識』(focal awareness)，我們意識中有

培養「支援意識」？「個人關懷」與「支援意識」的關係應該如何看待？

林：「互換」有語病。「集中意識」就是「集中意識」，當它作為「集中意識」的時候，當然不能與「支援意識」互換。可是當它作為研究者背景知識與技能的時候，它可能變成研究者「支援意識」的一部份。下面我試用個人的研究經歷解釋一下二者的關係。讀韋伯方法論並未真正使我掌握高明的方法。但是回想起來，我的著作受韋伯影響非常大而當時不自覺。當時面臨的研究問題非常複雜，為追尋問題的解答產生巨大的焦慮（anxiety）和動力，使我全心全意投入到研究過程中而不知道自己受了韋伯的影響。這就是支援意識的功能，潛移默化。我在社會思想委員會各方面的訓練，表面上與我後來的研究一點關係都沒有。浸潤在西方傳統中，離中國非常遠。讀柏拉圖、康德、韋伯、海耶克、阿倫特，通過潛移默化產生的資源，原本不是為了應用，但是受追求問題的焦慮支配著我，逐漸彙聚成思路，由模糊變清晰。研究問題不是根據方法論套公式。方法論不能證明假定，只能從假定出發。我的幾位老師，比如海耶克、博蘭尼，都曾在他們的著作中著力反對科學主義、實證主義。他們都有大建樹。

一個集中點。另外一層是，在我們思想的時候，往往受了我們在潛移默化中所受的教育的影響，用博蘭尼的名詞來講，是受了『支援意識』（subsidiary awareness）的影響很大。一個人在思想的時候，雖然他在想他的意識中集中要想的東西；實際上，後面的根據是他過去在成長過程當中，一些經過潛移默化所得到的東西。」林毓生：《思想與人物》，頁 67–68。另外，他解釋社會思想委員會的經典教育對「支援意識」的培養：「經由當代傑出的思想家們親自指導和在他們的耳提面命之下，與具體的經典相接觸的過程是一個能使得自己的『支援意識』在潛移默化中增進靈活性與深度的過程。當研讀原典的時候，原典的內容是自己『集中意識』的一部份；但當自己專心研究自己底問題而這個問題表面上與過去所研讀的原典並沒有直接關係的時候，當初與研讀原典有關的那部份『集中意識』便已轉化成為『支援意識』的一部份，『支援意識』因此變得更為豐富而靈活，由這種『支援意識』支援下的研究工作自然比較容易深入。」林毓生：《思想與人物》，頁 303。

范：如何培養「心靈世界」的「豐富的秩序與高超的標準」？[4] 如何形成深刻的問題意識，提出並思考重大與原創的問題？如何通過嚴格訓練培養支援意識和「未可明言的知識」(tacit knowledge)？[5] 社會思想委員會的教育如何回應了上述問題？如何幫助您研究中國思想史？與歷史系的教育相比，其長處在哪裡？沒有機會接受社會思想委員會教育的青年學子如何創造條件自我提升？

林：問題意識是支援意識和個人關懷互動的結果，很難用公式闡述。洞見是主觀還是客觀？科學主義和實證主義對主觀、客觀的區分特別機械（主觀即偏見和客觀即正確）。人的想法、困惑，大都要求解答。結果存在兩種可能：一種可能沒有解答；另一種可能，問題帶來洞見，其理論潛能比你期待的還豐富。這是主觀還是客觀呢？博蘭尼指出，真正的洞見既是主觀，又是客觀。洞見是個人的知識 (personal knowledge)，是個人生命的一部份，但是真正的洞見具有客觀有效性，證明出來可以解釋許多客觀現象。所以關鍵不是區分主觀和客觀。關鍵是，如何產生好問題？追求知識的動力往往是個人的。需要許多資源，需要潛移默化，需要有獨立的精神，還需要客觀的機遇。我在社會思想委員會主要研讀西方經典，而不是當時流行的社會理論。現在看來，經典裡有資源，每部經典就像一棵大樹，讀熟了，讀多了，樹與樹之間自然連成森林。資源的建立有許多機遇、許多曲折，不能輕

4　林教授指出：「在研究人與社會及其相互關係的學術領域，研究者內在的心靈世界，愈有豐富的秩序與高超的標準，愈比較可能做出有意義的成績來。」林毓生：〈試圖貫通於熱烈與冷靜之間〉，載《熱烈與冷靜》（上海：上海文藝出版社，1998），頁12–13。（文章亦收入本書第三部份。）

5　林教授在〈中國人文的重建〉一文中指出：「在真正的人文世界與科學世界中，研究與創造活動的關鍵是博蘭尼所提出的『未可明言的知識』。（博氏更喜歡用『未可明言的知』[tacit knowing]這個具有動態的術語來表達他的意思。）這種『未可明言的知』並不是遵循形式的準則可以得到的。『未可明言的知』是否豐富、有效，與『支援意識』是否豐富和深邃有關。」林毓生：《思想與人物》，頁42。（文章亦收入本書第四部份。）

易獲得。比如讀經典，由權威的老師指導，對經典要懷有敬意，隨隨便便討論難以獲益。

社會思想委員會的特色在於「在自由中的探索」（"adventure in freedom"），不保障一定能培養出人才。其課程比較容易配合一類很特別的學生，他們性格比較成熟獨立，思想和學問均有一定基礎，而不是功課很好、循規蹈矩那種學生。社會思想委員會的特點是沒人督促，學問上卻要求嚴格，老師個性強。另一特點是社會思想委員會強調讀經典，這一方面學生沒有多少選擇自由，柏拉圖《理想國》和莎士比亞四大悲劇中的一部或兩部必須選入書單。這是為了給學生打基礎，一個遠離當下研究興趣的深厚的思想基礎。我研究魯迅所提出的問題，與當年讀柏拉圖、杜斯妥也夫斯基（Dostoyevsky）和莎士比亞都不無關係。社會思想委員會與歷史系不好比，不是當前西方教育傳統的一部份，而要有特別的機緣才行。要資金，要集中不少第一流的大思想家，要社會和學校大環境允許存在。

思想史的方法

范：什麼是「比較思想史」？跨越時空、文明的比較如何可能？什麼是「比較思想史」不可替代的長處？

林：人類不同文化，從細處講區別不少，但是共同點很多。比如每個社會發展到一定程度，都有國家產生，少數人獲得可以統治很多人的手段。如何面對政治權力？這是人類社會都要處理的問題。儘管差異在不同環境中愈來愈發展，人類社會基本的共同點不能否定。這是比較思想史的基礎。

比較思想史的重要人物首先是韋伯，他對現代性（modernity）有深刻的探索與洞見。《新教倫理與資本主義精神》是第一本真正比較思想史的著作。我受韋伯的影響相當深，我問基本問題的方式是韋伯式的。史華慈（Benjamin I. Schwartz）的嚴復研究是明顯的比較思想史，他根據

嚴復對西方若干重要文獻的翻譯和評論，拿嚴復重要的觀念，如自由、民主、富強、國家、民族主義等，與這些重要文獻所包含的西方大思想家本人的想法作比較。史華慈在哈佛大學研究中國，佔據主流位置，他這本書讀者很多，誤解也不少。我的《中國意識的危機》是不明顯的比較思想史。因為除了註釋介紹了一點背景（由於採取比較思想史方法而產生特殊的問題意識）以外，正文主要處理的是中國近代特有的危機。

　　大部份歷史學家跟史華慈、韋伯的問題意識不一樣。韋伯理論性強，多數歷史學家本能的覺得他不是歷史學家。韋伯認為歷史問題必須是獨特的，他以研究歷史的獨特性作歷史學家的學術工作，而多數歷史學家關懷歷史傳承中的問題，小者拘於細節，大者關懷一個國家一個文化與其他國家、文化的共同點、一般性。比如，中國史的學者會問近代何時開始？某種制度、某種思想因何產生？極少問，根據一些標準，中國近代特別糟糕，國家不像國家，原因在哪裡？是人本身的責任嗎？嘗試解釋其中原因的少數人，或者像魯迅，講中國人的劣根性，淪為意識形態，或者像新儒家，講儒家文化為中國人提供了自由民主的資源。很少人既**充分**意識到中國近代的危機，又致力於探討其特色。中國近代遭遇的危機，是一般非西方國家進入現代社會所經常遇到的危機？可以與其他國家的經驗比較？還是這一危機已經獨特到不太容易比較的程度？討論中國大轉折真正有系統的理論架構，也許我所提出的「深刻的秩序危機」的理論有一點貢獻。這一危機的背景是極端統合的中國傳統政治秩序，即以天子制度或者說宇宙王權（universal kingship）為核心的一元論。中國文化所彰顯的烈士精神、內在超越和道德實踐，均不能挑戰該一元論。同時，一元論籠罩之下，大多數社群的精英統合於政治體制之內，當然，也有例外與反抗，但力量不大。

范：韋伯當年提出「歷史獨特性」是要解決什麼問題呢？

林：你問的是非常大的問題。正如阿倫特指出，縱使在細節上出現了一些現在已經改正的差錯，韋伯至今仍然是唯一的一位、以他獨特方式提出了其深度與相關性正與其重要性相符的現代性問題的歷史學家（Max Weber, who despite some errors in detail which has by now been corrected, is still the only historian who raises the question of modern age with depth and relevance corresponding to its importance）。韋伯提出「歷史的獨特性」就是要討論現代是怎麼來的。我關心的是我們中國的「現代」是怎麼來的。中國的現代來自大解體、大危機。因為傳統高度統合，缺少辛亥革命式的危機，維持幾千年，基本結構沒有變，秦漢以來以天子制度為中心的政治、社會和道德秩序沒有變，各種新問題的提出都是為了維持這一秩序。總的來講，中國傳統所提供的資源相當單薄，不能有效而徹底處理現代社會的複雜問題。這是近代危機的根源。作為中心的天子制度一旦崩潰，統合於其中的社會制度和道德、思想、文化制度便隨之解體。秩序解體之後產生「真空」，需要填補，因而產生極強的需要和焦慮，要恢復一元秩序。共產黨理論有很強的訴求，既可為道德、政治、社會的改造，實現經濟平等、打倒帝國主義等多方面目標提供資源，又統合在列寧黨一元領導之下。這是共產黨成功的歷史性。我不願意用必然性，因為歷史很多時候有偶然性，但是共產黨的成功的確有很強的理由可以解釋。

范：您迴避講必然性，但是認為共產黨的成功的確有很強的理由，即傳統的失序，傳統的一元需要新的一元來代替。這是不是就是您關於「理想型／理念型分析」（ideal-typical analysis）那篇講演所說的，思想理念的東西可轉化為現實？[6] 可不可以說，傳統一元被共產黨現代一元替代的過程中，某一種觀念的力量變成現實？

林：中共的立場多次變化。不過中共真正的認同是自我認同。（參見拙文：〈二十世紀中國激進化反傳統思潮、中式馬列主義與毛澤東的烏托邦主義〉。）

　　韋伯講ideal type經歷了幾個階段。最初ideal type是講generalizing

6　林教授關於韋伯ideal-typical analysis的介紹，見林毓生：《政治秩序與多元社會》（台北：聯經，1989），頁63–65。另見林教授2009年9月23日在北京大學題為「如何形成問題意識」的講演。

ideal type。他説 ideal type 是一種思想的抽象觀念，本身具有烏托邦的特點，與現實不可能吻合，然而了解現實必須通過這樣的觀念，因為這樣的觀念不能反映現實，卻可以帶領我們去了解現實，看現實與觀念相比有多遠或多近。比如資本主義這個概念，同任何一個資本主義社會的實際運作一定是有距離的，但是可以充當思想分析的工具。另一種是 individualizing ideal type，即用一個 ideal type 分析一段特殊的歷史，他並沒有説清楚這種 ideal type 是否烏托邦。

《新教倫理與資本主義精神》的分析實際否定 ideal type 的烏托邦性質。這一階段，韋伯強調以觀念帶領了解歷史事實，如果觀念反映的不是事實，那麼觀念如何導致韋伯們作激烈的道德判斷 (moral judgment)。韋伯在書中的思想史分析，指向歷史真實，並對資本主義興起與新教倫理的關係的歷史後果進行強烈批判。因為新教倫理具有極強的超越性，才能提供強大精神力量，幫助人克服種種艱難困苦，進入資本主義系統。

後來，韋伯在 1915 年寫了一篇重要文章，美國學界稱為 "intermediate reflection"。他在《比較宗教》印度部份寫了一段反思，他指出 ideal type 在某些歷史條件下可以極為重要的方式**出現過**。我寫完魯迅的分析以後，才真正注意到這篇文章。只有自己的想法發展了，才會注意到以前看過卻忽略的東西。為什麼呢？當你獲得了特別的見識以後，這個見識就反客為主，產生很大力量，帶領你，推動你，在理念型分析帶領下產生系統解釋。

范：比較思想史和歷史獨特性是什麼關係？

林：歷史獨特性是通過比較發現的。韋伯的書討論的是新教倫理。加爾文教派強調人做善事沒用，人唯一的能力在做上帝的工具，只在光耀上帝。這一點特別「不合理」。相比之下，路德教派比較合理。信神的目的往往在於帶領進入超越境界，解脱人間的苦難。一般宗教多有報償 (reward) 成分。加爾文教派認為沒有。信仰不必導致得救。要求報償是對上帝的侮辱，因為有限的人不可能理解無限的上帝。韋伯通過這一點解釋加爾文教派提供的精神力量如何影響資本主義的興起。這一教派即

使在基督教系統中也是完全獨特的，正因為如此，才能產生特殊的力量。韋伯發現加爾文教派的獨特性及其能為資本主義興起提供系統解釋，是自然演變的結果，而不是預先有一個方法論，再去研究問題的。

我注意歷史獨特性，既得益於韋伯，也得益於與史華慈長期的教導。史華慈在為《中國意識的危機》所寫的序言中提到，非西方各國都受西方強勢文化的極大影響，只有中國產生激烈的反傳統運動。日本、印度的主流都是要通過復興傳統文化（neo-traditionalism），來回應西方衝擊。韓國傳統結構也變動不大，引入基督教並未根除儒家思想。日、韓都是東西兩個文化並存。中國人中的激進人士不但不能接受，反而從一元論（unified system）出發，認為東西並存的模式淺薄。

2017年2月18日修訂完畢

亦見於《思想》，第38期（2019年10月）。

政治家的條件——兼論韋伯的「心志倫理」與「責任倫理」

唐光華專訪林毓生

　　陳水扁就職以後，顯露出來種種劣跡，很快證明我在文中對他作為政治家的「期許」，事實上是「對牛彈琴」。不過，我提出那些期許時，做過不少保留與限定，即使現在重讀，也許尚不至於讓人覺得過分天真——何況那些保留與限定現在如要建構陳水扁批判的話，可以成為其分析框架的一部份。本文主旨所在 (論述韋伯的「責任倫理」實際內容及其與「心志倫理」的關係與不同) 以及文中所引述韋伯對於政客的嚴厲譴責，正可作為批判任何政客的資源。

　　過去我對韋伯的「責任倫理」與「意圖 (心志) 倫理」的不同及其關係的說明，發表以後，總有言未盡意之感。這次藉著外緣，自覺該說的話，基本上都說出來了。這些話的意義與含意，在中文世界政治思想上構成嚴肅的挑戰，讀者鑒之。

＊　＊　＊

唐：總統大選已經結束，陳水扁已經當選，不久即將就職。請問您對這次選舉的結果，有何看法？

林：基本上，我對這次選舉的結果，感到相當高興。我要先向總統當選人、民主進步黨、其他參選人以及台灣全體選民，表達祝賀之忱。

　　對於民主政治，我一向是一個低調的擁護者。民主政治並不是最好的政治；但，它卻是最不壞的政治，因為其他類型的政治，比民主政治還要壞得多。(既然民主政治仍有許多壞處，凡是擁護民主的人，都

應盡量設法使它的壞處減少至最低程度。) 比較最不壞的,以民主方式
進行的政治運作,除了選舉以外,還需要許多條件的配合才能辦到。從
這個觀點來看,台灣的民主仍然相當空虛,因為民主政治最重要的基礎
與內涵——憲法、公民社會、公民素養——在李登輝所主導的胡亂修憲
以及以民主之名實行反民主的民粹主義的惡劣影響下,都沒有健康的發
展。所以台灣的民主只能稱謂是一個憲政民主的雛形。

不過,就民主的主要形式之一 ——選舉——而言,台灣在這方面
的發展,卻是可喜的。然而,就單以這方面來看,民主政治也只是比較
好(嚴格地說:比較最不壞)而已。在這個限定的意義之下,民主的好
處是什麼呢?首先,它可以讓政權和平轉移!其次,它讓參與投票的老
百姓們有所選擇;雖然選項有限,畢竟可選擇其中的一項。(一般的說
法是:「它讓人民有所選擇。」但,我不喜歡使用「人民」二字,因為「人
民」有一元整體性[holistic]的涵義。在台灣及其他地區,常被民粹主義
者利用,做出許多違反民主的事情來。)

這次選舉不但在台灣是一項可觀的成就,就是在整個中文世界也
具有重大意義。從多年實行民主的一些西方社會來看,這當然是很平
常的事。然而,在中文世界,這樣方式的政權轉移,則是破天荒的第
一次。中文社會中的政權轉移,往往是要血流成河的;生靈塗炭,何
可言宣。而這次台灣總統大選所達成的政權轉移,卻是完全在和平的
情況下辦到的———這是空前的成就。我看到的是:選舉運作所必須
依賴的「程序理性」已在台灣很成熟。事實上,未投票給陳水扁的選
民,在數量上比投給陳的選民還要多。但他們與各位落選者,都承認
根據現行(並不健全、尚待改進的憲法)規定,陳以相對多數而當選。
由於他們遵守了選舉的「遊戲規則」,使得這次選舉順利地完成。這是
他們對民主的貢獻。所以,我要對所有參選者與全體選民,而不僅是
對勝利者,致賀。

唐:民主政治之所以最不壞的重點之一是,它能夠讓政權和平轉移。然
而,它既然是最不壞的,當然仍有不少壞處或問題。您認為民主有哪些
問題?

林：民主的壞處或問題當然是很多的。這是一個複雜的論題。我們今天在有限的時間之內，無法談得太遠。不過，就單以選舉所達成的政權和平轉移而言，可能出現的問題也不少，例如：(1) 選舉不能保證產生執政的多數黨，任何少數黨組成的政府都很難推動政務（尤其是具有前瞻性的政務），也不容易從事長程的基礎建設。

(2) 成熟的選舉運作，並不能使權力分配的問題消失。就以當前的情況為例：民進黨內部本來就是派系林立。這次為了勝選，他們在選前倒是很能團結。現在選勝了，是否能夠繼續維持團結的局面，有待觀察。各派人物現在是不是都想嚐嚐權力的滋味呢？內閣人事的安排，如果變成黨內黨外各派人物爭權與酬庸的結果，那將很快讓老百姓失望。

現在是資訊時代。競選基本上是廣義的公關活動。這方面的本領並不能轉移成為領導全國所需的政治家資質。陳水扁競選期間，表現靈活，口號也能吸引人。他在台北市長任內有時也頗有魄力。不過，看不出他是一個真正的奇里斯瑪式英雄人物，所以看不出他能以個人資質與視野來形成令人景從的政治中心。我相當擔心他是否能夠把權力分配問題處理得當。

但，無論如何，陳水扁當選，民進黨上台，給我們帶來了改革的希望。國民黨太腐化了，腐化到了那個地步，即使其黨內也有人有心從事國政改革；就其內部結構與文化而言，那是不可能的。既然如此，根據民主運作的常規，老百姓用選票讓國民黨下台，是很自然的結果。

唐：陳水扁固然由於得到相對多數選民的支持而贏得總統大位；但，就其得票率和民進黨在立法院所擁有的席次來看，他的權力基礎事實上並不堅實。一位少數黨總統，對外需要面對來自中共強大的和戰壓力，對內又要展現魄力革除李登輝主政十二年後惡化的黑金政治和癒合受傷的族群關係，以及祛除台獨疑慮，責任十分艱鉅。不知您對新總統陳水扁有何建議與期許？

林：我最主要的建議與企盼是：希望陳水扁立志作一個政治家，不要作政客。政治家必須具備三個基本條件：(1) 熱情，(2) 冷靜的判斷力，(3) 責任感。這裡所說的「熱情」是指「切實的熱情」而言，而非「不能產

生結果的興奮」。「不能產生結果的興奮」是由「浪漫的政治幻覺」與「道德的優越感」相互激盪而成的。「浪漫的政治幻覺」會把自己相信的虛幻的目標變成心中認為將來定可實現的實體，所以喊口號便變成實現理想的手段。

在此種幻覺的籠罩之下，為理想的獻身會使道德優越感在心中油然而生。「浪漫的政治幻覺」與「道德的優越感」的結合，自然產生一種不寬容、無法認清客觀事實的封閉思維模式。當然，沒有熱情與理想，政治只是圖謀私利與享受權力慾的活動，那是政客的勾當，不是政治家的行為。不過，我在這裡要特別強調的是，即使有熱情與理想，如果那樣的熱情與理想是不切實的；那麼，熱情與理想，正足以促使政治人物變成不負責任的政客。

如何才能使熱情成為「切實的熱情」？那就需要把熱情建基於「責任感」之上，亦即：熟慮政治決定與政治行為可以預見的後果並對其負責。這種「責任感」的智力資源則是頭腦中「冷靜的判斷力」。沒有這種「冷靜的判斷力」來支持的話，所謂「責任感」終究也仍然只是一個口號而已。另外，政治家的氣度與格局要大。在紛擾的現世之中，政治家需要保持心情的寧靜。

唐：1980年代初期，當時一些新生代「黨外人士」在地方議會選舉中獲勝，進入實際政治。您為了表達對他們的祝賀與期許，特別引進韋伯的「責任倫理」觀念到中文世界裡來。這些年來，台灣知識界環繞著這個觀念有所討論。它也出現在政治人物的「文告」中。它進入大陸以後，也引起彼岸一些人的關注與討論。不過，除了極少數的例外，這些討論似乎都未曾掌握到這個觀念的精髓。

您剛才對陳水扁提出了數點期許與建議，特別提到：作為政治家，需要具備三個基本條件，其中之一是「責任感，亦即熟慮政治決定與政治行為可以預見的後果並對其負責」。我想您在這裡所談到的「責任感」，一定源自韋伯所界定的「責任倫理」。然而，在中文世界，這不是一個易懂的觀念，您是否可作進一步的闡釋？

林：德國社會思想家韋伯的「責任倫理」觀念，的確對於那些在心靈深處主要仍深受中國文化影響的人而言，較難掌握。當初我把這個觀念引進到中文世界裡來，是希望能夠給「新生代」政治人物提供一些新的思想資源，以便他們為政治做出建設性的貢獻。韋伯的觀念蘊涵著對於「政治行為」（包括權力的運作）至為複雜而深刻的分析。這是國際學術界所公認的。（我剛才談到政治家所需具備的三個基本條件，除了「責任感」源自韋伯的「責任倫理」，其他兩個條件也是採納韋伯的看法而加以推衍的。）不過，它的思想背景，尤其是它的非理性宇宙觀根源，與中國「天人合一」、有機一元式善意（道德理性）宇宙觀頗為不合。所以，對於主要仍深受中國文化影響的人們而言，確實需要經過一番心智的努力，才能掌握到它的深意。

　　你提到多年前這個觀念引進到中文世界裡來的緣起。那位「新生代」政治人物，後來從地方議會進入國會。再以後，他的政治生涯遭逢到許多困惑。他用「閉關」的辦法，靜思了幾天；「出關」後在記者招待會上說，他這次「閉關」的收穫之一是：徹底了解我所提倡的「責任倫理」的意義。他說（假若記者報導沒有錯誤的話），「責任倫理」的核心意義，就是中國士大夫的「誠」的精神。

　　然而，這樣的「了解」事實上卻把韋伯的觀念完全誤解了！中國士大夫的「誠」的精神，屬於韋伯所界定的「心志倫理」（或譯「意圖倫理」），不是「責任倫理」。這個具體的例子很實在地告訴我們：在中國政治與文化脈絡中，對於韋伯的「責任倫理」觀念進行徹底的理解，雖然不是不可能，確是不容易的。

　　那麼，究竟什麼是「責任倫理」呢？這需從四個方面來談：(1) 它與「心志倫理」的關係與不同；(2) 它的非理性宇宙觀的根源；(3) 它與強勢（或僵化）意識形態、浪漫激情以及民粹主義之間的不相容性；(4) 它與一般所謂政治責任的不同（一般所謂政治責任是指：政治人物需對他的決策失敗負責，包括辭職、付出代價、做出犧牲之類）。

「責任倫理」的要義：它與「心志倫理」的關係與不同，它的非理性宇宙觀的根源

　　參與政治，需要根據「責任倫理」，而不是「心志倫理」。中華民族卻是發展「心志倫理」很高的民族。以「心志倫理」為根據來參與政治——政治領袖用之從事政治活動，一般公民用之來衡量領袖們的政治得失——不但不易使理想獲得實現，反而很容易帶來與當初理想相反的惡果。從這個觀點來看，這是為什麼我們這個歷史悠久，在文學、藝術、工藝、人情等方面都很有成就的民族，卻經常在政治上弄得一塌糊塗的原因之一。

　　韋伯所界定的「心志倫理」有兩個密切相關的不同指謂：內在的心志與外在的終極目標。首先必須強調的是，「責任倫理」並不是不顧及意圖，或政治家不需要以心志作為他的政治行為的基礎之一（詳下）。事實上，政治家與政客的分野就是，政治家從事政治的出發點是為了減輕生靈的苦難與／或增進公眾福祉的「心志倫理」，而政客的出發點則是為了自私與自利。然而，政治家進入政治以後，如果只憑「心志倫理」來處理政務的話，則通常不容易達成他的意圖（目標）。

　　這裡的關鍵是兩種不同的宇宙觀。基本上，以「心志倫理」從政的人，假定宇宙是一個一元式道德理性的有機體。政治是具有道德理性的宇宙的一個有機部份；所以，政治是道德事業。道德是道德的活動，政治也是道德的活動。政治無法從道德中區分出來。然而，政治是要講效果的。所以以「心志倫理」從事政治的人，自然會以為只要持續保持他的心志的純真，並在一切行動與決策上均需配合他的心志為其唯一考量，他所預期的目標便可達成。

　　從德性宇宙觀的觀點來看，政治行為是宇宙中的一部份，宇宙既是道德理性的有機體，在這個宇宙之內的政治行為、政治活動，無可避免地具有道德性格，也自然使接觸到這種政治行為、政治活動的人們產生道德的感應與回應。因此，他的政治行為的最主要的關懷，不是冷靜地考慮他的行為所可能產生的後果，而是保持他的心志的純真並堅持一切行動與決策以配合他的心志為其唯一考量，以為這樣做便可以產生預期

的後果。(「子欲善而民善矣！君子之德，風；小人之德，草。草，上之風，必偃。」[《論語·顏淵》]；「政者正也，子帥以正，孰敢不正？」[《論語·先進》]；「德不孤，必有鄰」[《論語·里仁》]。而這種宇宙觀的最高層次——「天」，授予「天命」給道德上最高成就的人[「聖」]。所以，《中庸》第十七明確地說：「大德者必受命」。換言之，人間治世之極致是由道德上最高成就的人的領導而達到。)

從以上的分析中，我們可以知道，根據「心志倫理」從事政治的人，由於其一元式理性宇宙觀的限制，心中並沒有分析範疇來面對權力的問題，也沒有分析範疇來面對另一問題：保持心志純真的政治行為，有時不但不能產生預期的結果，反而可能產生相反的結果。碰到這種情況，他通常要埋怨別人愚蠢、社會不公、時機不對，或訴諸難測的天意，卻很難承認這是他的行為所帶來的後果。對於這種人而言，只要意圖(心志與目標)是純真的，他的行為就是對的，結果如何，不是他的責任。

政治家的「責任倫理」的動力，則是他頭腦中的理智所能發展出來的「冷靜的判斷力」。「冷靜的判斷力」使政治家從人類經驗過的事實察覺到，美好的意圖不一定帶來美好的結果。宇宙並不是一個善意的理性有機體，人的善意在這個宇宙中並不必然會得到善意的回應，有時竟然帶來相反的結果。因此，政治家在處理政務時，「心志倫理」需要退居背後，並不直接指導實際政策的設計與推行，卻始終縈繞於心，念茲在茲，變為一股「內在的力量」，使他堅守當初從政的目的，並在遇到阻撓時繼續堅持下去。他身處權力關係之中，內心保持著人格的完整：不被權力腐化，不濫用權力，也不隨風轉舵。所以「心志倫理」雖然並不直接指導政務，卻至為重要，它是政治家之所以是政治家而不是政客的信守機制。

「責任倫理」本身運作機制的資源，則是政治家頭腦中的理智所發展出來的「冷靜的判斷力」。這「冷靜的判斷力」帶領他在政策設計及其執行時，先去尋找不同的選項，再去理解各個選項的利弊，然後衡量它們如果落實以後可以預見的不同後果，最後選擇那個他願意承擔責任的政策加以落實。關鍵在於政治家必須熟慮他的政治決定與權力運作可以預見的後果並「真切而全心地感受到對於[他的選擇及其執行]可以預見的後果

的責任」。[1] 此種以政治行為可以預見的後為基準的活動，屬於一個獨立
範疇。在這個範疇之內，為了達到它所希望達到的目的，有時需要做必
要的妥協與協議，這種妥協與協議並不一定要合乎「心志倫理」的一切道
德原則的細節。在以「責任倫理」為根據的政治範疇之內，目的與手段之
間經常處於「緊張」的境況之中。[2] 然而，這種妥協與協議可到什麼程度

1　這句話是李明輝直接從德文譯出的。早年英譯見 H. H. Gerth and C. Wright
　　Mills (trans.), *From Max Weber: Essays in Sociology* (New York: Oxford University Press,
　　1958), p. 127。後來的英譯見 W. G. Runciman (ed.), E. Matthews (trans.), *Max Weber:
　　Selections in Translation* (Cambridge, UK: Cambridge University Press, 1978), p. 224；
　　Peter Lassman and Ronald Speirs (trans. and eds.), *Weber: Political Writings* (Cambridge,
　　UK: Cambridge University Press, 1994), p. 367。翔實的中譯，見韋伯著，錢永祥
　　等譯：《學術與政治：韋伯選集 (I)》(台北：遠流，增訂版，1991)，頁 237。

2　前文提到，「心志倫理」包括內在的心志與外在的終極目標。它希望減輕
　　生靈的苦難，但發現現有的制度與文化已經僵化與腐敗到無法改進的地步
　　時，「心志倫理」可能激化到要求打倒舊制度、舊文化，建立沒有苦難的
　　人間新秩序的層次。然而，往往特別強調心志所蘊含的宏大意圖的政治人
　　物，覺得政治意圖 (目標) 愈偉大 (例如要把人間變成天堂)，愈需使用非常
　　手段以求達其目的，甚至以為目標愈偉大，愈可使用非常手段到充分顯示
　　其任意性的地步 (他自己當然認為他的決策有其理由，並無任意性——不
　　過，那是另一問題)。所以，以「心志倫理」從事政治的人，無論從邏輯的
　　觀點或從經驗的觀點來看，目的與手段之間並沒有上述「責任倫理」所介入
　　的「緊張」。正因為根據「責任倫理」從事政治的人，在未做政策決定之前，
　　詳盡考慮過究竟需要使用什麼樣子的手段，才能達成他所願意承擔責任的
　　後果 (同時牢記手段本身所可能產生的各種可能的影響)；因此，他愈能以
　　這種方式找到有效的手段，便愈能獲得他願承擔責任的後果。目的與手段
　　之間的「緊張」狀態，乃是他可能找到有效而適當的手段的背景因素。
　　　　完全根據「心志倫理」從事政治的人，由於只顧及他的心志是否純真，
　　或他的目標是否偉大到使他覺得可以使用非常手段到任意性的地步；所
　　以，沒有上述複雜的考慮或「緊張」。正因為他的注意力只集中在他的心志
　　的純度、濃度，或目標的偉大程度，他當然不容易或根本無法達成他的目
　　標了。換言之，既然他沒有達成他的目標的有效而適當的手段，他當然不
　　易或無法達成他的目標了。

呢？無所限制或到一定的程度為止？政治家在這政治運作的範疇之內，以他是否願意承擔可以預見其妥協與協議的後果的責任為限度。此類政治性決定的背後則是減輕生靈苦難與／或增進公眾福祉的、作為「心志倫理」的道德情操，而「責任倫理」本身的運作則是頭腦中的理智所發展出來的「冷靜的判斷力」。職是之故，「責任倫理」，有所作為，也有所節制。

在結束本節討論之前，我要扼要重述一下此節的主旨：政治家處理政務時的根據是「責任倫理」，而不應是「心志倫理」。「責任倫理」是政治家運用頭腦中的理智所發展出來的「冷靜的判斷力」來設計政策及其執行的步驟，故可稱謂政治家的運作機制。而「心志倫理」則是政治家心中的道德情操所形成的從政的目的，在他實際處理政務時，退居背後，成為政治家的信守機制。「責任倫理」的運作機制與「心志倫理」所形成的信守機制，來源不同，功能不同，無法相互化約或相互取代，所以是二元的。正因為兩者不同，所以才能互補相成。正如韋伯在快要結束這篇動人的演講時說：「這兩種倫理合在一起，構成純正的人，一個能夠以政治為其使命的人！」[3]

3　譯文參考錢永祥等譯：《學術與政治：韋伯選集 (I)》，頁237。上文一再強調「責任倫理」在於熟慮政治決定與政治行為可以預見的後果並對其負責。然而，人不是全知全能的上帝，人怎麼可以預見尚未發生的事？當然，人無法保證他的預見必然完全準確，而且未來的特定事件是很難預見的；不過，建基於「冷靜的判斷力」，根據常識、歷史感、參考科學知識（包括自然科學與社會科學的研究成果，而非科學主義的教條），在許多情況中，許多人是可以預見未來大勢至甚高程度的。舉例約略言之：第一次世界大戰結束後，戰勝這一邊在巴黎和會要求德國賠償過於苛刻，不少有識之士（包括經濟學家凱恩斯）預先見到德國強烈的民族主義的反彈，並感到剛剛結束戰爭的歐洲未來將要面臨更大的災難。「大躍進」期間畝產萬斤的說法，由於違反常識與農業知識的基本規律，是可以預見其災難性後果的。（當時不少人被烏托邦主義的狂潮席捲而去，放棄了常識與基本的農業知識，另當別論。）沒有法治 (the rule of law 而非 the rule by law) 的規範，權錢結合的經濟發展，無可避免地要造成高度的腐敗，這樣的經濟發展也無可避免地要造成生態的破壞。這都是可以預先見到的。

依據以上的分析，我們有理由確切地說：「責任倫理」才是「政治理性」的展現。根據「責任倫理」從事政治的行為，才是在政治上理性的行為。

下面我想簡略交代一下：為什麼「責任倫理」與強勢（或僵化）意識形態、浪漫激情以及民粹主義是不相容的，甚至是衝突的。

強勢意識形態與「責任倫理」的不相容性

意識形態（ideology，或譯「意締牢結」）的特性是：封閉的系統性——因為封閉，所以其內部特別能夠有自己的「系統」性。它無法以開放的態度考慮或接受不同意見。它把它的系統中的其他成分整合在一個或少數幾個價值之下。就這樣，意識形態的強弱（或僵化的程度），呈現在對外面不同意見封閉程度的強弱上。特強（或特別僵化）的意識形態，則是對外面不同意見完全排斥的。由於這樣的意識形態完全是一廂情願式的，所以它根本無法認清與接受客觀的事實。從內部來看，強勢意識形態一方面拒絕改變自己，另一方面則要求信服者絕對服從。信服這樣意識形態的人，覺得保持意識形態的一致性，絕不改變它，並絕對服從它的召喚，乃是「道德」的高度表現。具體而言，原教旨式的國族主義便是這種強勢意識形態的實例之一。而「責任倫理」最主要條件之一，則是以開放的態度認清身處的複雜的客觀世界。顯然得很，「責任倫理」是與強勢（或僵化）意識形態不相容的。

浪漫的激情與「責任倫理」的不相容性

浪漫的激情則是在一特定的時空中，針對一個具體（或想像中的）對象，迸發出來的主觀性極強、熱烈的、濃縮的情感。那是藝術家的創作資源之一，卻與作為「政治理性」的「責任倫理」不能相容。因為「責任倫理」建基於對於客觀世界的冷靜、清楚的了解上，他所根據的情感

需是「切實的熱情」而不是浪漫的激情，而其運作的資源則是「冷靜的判斷力」。

台灣民粹主義與「責任倫理」的不相容性

至於在台灣泛濫成災的民粹主義，其與「責任倫理」之不相容性，也需作一簡要的説明。[4] 台灣多年來實行各式各樣的選舉，維持其運作的「程序理性」，如前所述，也已相當成熟。不過，由於歷史的原因，落實民主所需要的許多基本條件大部份均殘缺不全（如憲法的紊亂，其他法規的缺失，公民意識、公民道德、公民社會的貧弱，一般人對於民主極為簡單化的理解等等），再加上亢奮的台灣國族主義的崛起，其本身就有訴求「強人」領導的傾向的可能；所以，兩蔣逝世以後──他們所經營的威權體制在新的時空中已不可能用同樣的方式繼續存在的時候──台灣便變成了野心家利用民主的形式，實現非民主或反民主的民粹主義的天堂。什麼是民粹主義？它是一種意識形態：它利用民主形式的建立、擴張與運作來提供非民主或反民主的根據。它是一種政治化約主義。這種政治化約主義直接導致民主的異化。

民粹主義者口中所説的「人民」也好，「頭家」也好，都是一種一元、整體性的，沒有內部分殊、強烈蘊涵著「集體」意識的符號。民粹主義政治人物與他的追隨者把複雜的民主化約為選舉，並進一步把勝選化約為整體「人民意志」的展現，贏得了選舉的人也就變成「人民意志」的代言人與執行者了。這樣的民粹主義政治人物的所作所為（包括以修憲的手段擴權至有權無責的地步，並造成[總統]府[行政]院關係的憲政紊亂）都可説成是秉承人民意志，為「頭家」服務的。選舉變成了選舉中的

4　下面關於台灣民粹主義的分析，主要取材於拙文：〈論台灣民主發展的形式、實質、與前景〉，《二十一世紀》，總第74期（2002年12月），頁4–15，並略作修訂。（編按：該文之重訂本收入本書第三部份。）

贏家在選後擴權、破壞憲法的工具。這是缺乏健康的民主運作的台灣式民主轉換成為民粹主義的內在邏輯。這是民主的異化。(健康的民主運作所需要的條件，包括：正當憲政下的權力制衡，以及需要具有公共性格、遵守普遍性規範、以公民文化、公民道德為根基的公民社會來參與政治過程及監督權力運作等。)

民主政治中的政治人物，可能都有多多少少民粹主義的傾向，關鍵在於確實建立符合憲政原理的憲法以及發展公民社會，以便參與政治過程。這是克制經由選舉而獲得權力的政治人物向民粹主義傾斜的最重要的途徑。

陳水扁在選舉前後喊出「全民政府，清流共治」。這是一個動聽的口號。不過，我們需要問一問：他所謂「全民政府，清流共治」究竟是什麼意思？那當然不是指全國老百姓都來參加政府的工作。那是不可能的。如果那是指：他的政府要找最優秀的人才來擔任政府中的工作，以便一視同仁地為全體國民服務；那麼這八個字所組成的口號，是相當空洞的。大部份經由選舉產生的新政府，都會說類似的話。如果這個口號的意義是：陳水扁清楚地了解到他處境的艱難，而現行憲法並未規定，他在得票並未過半而民進黨在國會又是少數黨的情況下必須組織聯合政府，他自己又不願主動地這樣做；所以它想凝聚全國共識，取得大多數老百姓的支持，用老百姓的心聲反映在輿論的力量來支持他推動政務。這樣的想法是可以理解的。不過，它需要兩個條件，而又有一個危險。第一個條件是：它需是真正奇里斯瑪式，像甘地、戴高樂那樣的領袖人物來形成令人景從的政治中心，並壓倒爭論。前以述及，還看不出陳水扁是這樣一位英雄人物。第二，在人事上與政策上，他的承諾必須兌現。如果事實證明他的承諾只是空洞的口號，全國的希望與共識都將很快地瓦解。另外，一個危險是：「全民政府，清流共治」蘊涵著很強的民粹主義的傾向；這樣口號的用意可能是要利用「全民」這樣一元同質性的口號來為他的所作所為背書。然而，民粹主義過去十二年在台灣之所以形成宰制的力量是與「李登輝情結」分不開的，而「李登輝情結」之形成與那一段歷史的主、客觀條件有

關。目前並沒有「陳水扁情結」，也沒有形成「情結」的條件。陳若確想推展民粹主義，無論從國家利益的觀點或他的政治生涯的觀點來考慮，都是不智的。

「責任倫理」與所謂「負起政治責任」的不同

最後，我想稍談一下「責任倫理」與一般所謂「負起政治責任」的不同。「責任倫理」的精髓是：政治家在決定其政策及執行的途徑之前衡量不同政策與不同途徑在不同階段所可能產生的不同後果，然後，如前引韋伯的話所顯示，「真切而全心地感受到對於〔他的選擇〕可以預見的後果的責任」。台灣官場與媒體上所謂「負起政治責任」是指：政治人物由於他的決策及其執行產生的惡果所應承受的政治性懲罰（包括道歉、辭職等等）。那是為事情發生以後的結果「負責」。事實上，從韋伯「責任倫理」的觀點來看，那卻是不負責任或已經無法或來不及負起責任的行為。

唐：您剛才對於政治家需要具備的道德與思想實質所做的詳盡而精微的分析，是非常重要的。我想進一步請問您對陳水扁的政策有何期許與建議？

林：陳水扁在競選前後一再強調他的施政重點是：終結黑金與緩和兩岸緊張關係。這確是當務之急。不過，這兩個問題都是很難解決的。就以「終結黑金」為例，我看只能以立法的方式才能辦到。這就必須在立法院獲得，除了民進黨籍委員們的支持以外，大多數非民進黨籍委員們的支持。但，黑金勢力在立法院與地方議會盤根錯節，已與其他既得利益者構成共生結構。他如何突破這樣的共生結構，尚待觀察。他希望超越政黨政治，以全國輿論作後盾，組織多數聯盟；但，關鍵是：他是否真能把這樣的聯盟組織起來？政黨政治當然有不少缺點，尤其在憲政結構不健全的國家，推行所謂政黨政治將會發生不少問題。不過，政黨政治好歹可以對那些爭權、好鬥的政界人士（包括許多國會議員）發揮一些節制作用；一旦放棄政黨政治的組織與規範力量，如果陳水扁幕後

的合縱連橫做得不夠好，而表面上的「多數聯盟」、「全民政府」只能停留在口號層次上的話，將來的局面將是混亂不堪的，遑論推展政務了。前已述及，在資訊時代的競選，主要的是廣義的公關活動，而公關活動的特色是表演。這方面的本領並不容易轉變為領袖的才能。陳水扁尚未正式執政，我希望能多講一些鼓勵的話，但最近媒體報導了各方面爭權、好鬥的雜音，使我不能不憂慮。

至於兩岸關係，由於「兩國論」出來以後，連回到「一個中國，各自表述」都很難，這邊說「一個中國」可以是議題，那邊堅持「一個中國」是前提，如此的膠著狀態，短期之內看不出有突破的可能。在這樣的情況之下，陳水扁提出先辦「三通」倒是一個可行的方向，希望大陸有正面的回應。

至於台海和平，關鍵在於美國的態度與大陸與美國的經濟關係。在這方面，我們可以著力的是對美外交，對美宣傳。美國朝野多一點支持台灣民主發展的力量與聲音，台灣就增加一點安全系數。外交是內政的延長。所以，發展實質的、健康的民主，是我們在國際上生存的必要條件。另外，對美的外交與宣傳工作可以更靈活一些、更有自信一些，這樣才比較可能有效果。我希望兩岸能夠發展事務上的來往；只要和平共存，兩邊都不走極端，等到下一代，兩岸關係便可能水到渠成地解決了。

說來說去，無論從內部來看或從兩岸關係、國際關係來看，台灣上下必須走，也是唯一應走的道路是：發展與深化民主政治。如果陳水扁執政以後能夠領導大家走出李登輝民粹主義的夢魘，根據憲法原理修改憲法，並領導大家發展公民文化、公民道德、公民社會，使憲政民主真正能夠落實，那就真是功德無量了。

唐：李登輝在台灣主政十二年，譽之者對他全盤肯定，歌頌有加；毀之者，則對他全盤否定，不承認他對台灣的民主自由有任何貢獻。請問您如何評價李登輝主政的功過？陳水扁如果要超越李登輝，在哪些方面應該努力？

林：用平面、枚舉的方式來看李登輝主政十二年的「政績」，當然可以舉出不少的貢獻：如解除戒嚴、國會改選、二二八慘案的平反、釋放政

治犯，人民獲有言論、結社、組黨的自由等等。但，我有一個疑問：如果他真想推動民主的發展，為什麼他要推行反民主或非民主的民粹主義？他之所以要解嚴、推行國會改選、釋放政治犯等是因為他確實要進行民主改革，抑或在新的時空中為了要推行民粹主義，不得不進行上述種種改革的措施？兩蔣時代過去以後，仍要維持那樣高壓的威權體制，可能嗎？如果不可能，那麼也只好用解嚴、國會改選、釋放政治犯等方式來推行他的民粹主義的「民主」了。

李登輝最沒有能夠盡到公民付託給他的責任——換句話說，最對不起大家的——是：他沒有善用那麼長的主政時間，領導全國上下，進行深刻的民主改造，為真正的民主體制、民主文化奠立根基。關鍵的原因是：他在這方面並沒有真正的興趣，因為他的興趣是在他的權位。

說到這裡，讓我想起了艾克頓勛爵對權力所說的顛撲不破的箴言，與韋伯對於政治家與政客二者之不同所作的嚴峻而動人的區分。從政的人要求掌握權力的慾望是很自然的事，但政治家與政客之所以不同，在於前者把權力當作達成理想的工具，而後者是把追求與掌握權力當作目的。沒有權力，事情是不能辦通的，所以，政治家自然也需要權力。但政治家並不追逐絕對的權力，而是以艾克頓勛爵所說「權力傾向腐化；絕對的權力，絕對地腐化」那句名言當作自己的座右銘的。從政的人日日與權力相接觸，他對大眾最大的危害是：墜入權力慾的深淵而不能自拔。然而，正如韋伯所說：「政客在他擺出來表面上很像樣的姿態的背後，卻是一個虛脫的心靈；內在精神的軟弱與無能，使他只能用下流、疲乏與淒涼的態度來面對『什麼是人生的意義？』這個問題。」

這個在位十二年的主政者，利用兩蔣時代過去以後，大家企盼落實民主的時機，以「主權在民」的口號打造出來的，卻是反民主或非民主的民主假象，建立了表面上講民主而實際上則是民粹式的威權體制。

一個政治上、社會上與文化上沒有民主傳統的國家，建設真正的憲政民主是多麼艱難的事！是需要多少複雜的條件相互配合，才能漸漸走上軌道的啊！假若李登輝真想從事深刻的改造，假若他能夠集思廣益，

往這個方向努力，十二年的時間可以做出許多成績來。可是，他並未領導大家朝著這個方向努力，反而進行了許多破壞（如拉攏黑金、胡亂修憲等等）。寶貴的光陰就這樣浪費掉了。留給繼任者的，反而是一個爛攤子。

陳水扁如要超越李登輝，他必須在靈魂深處面對自己時，問問自己：到底是要做一個政治家，還是要做一個政客？如果他立志要做政治家，我今天所作的分析，也許可以提供一些資源作為參考。

2000年台灣總統大選結束後，應《中國時報》副總編輯唐光華專訪撰成書面答覆（該報「人間副刊」於當年5月15–19日連載刊出）。原題不予更動，現改用新的副題，其中的論證則有所修正。

民主的條件

在民主的諸項條件當中，[大家]最不常記起的是：關於民主錯誤的觀念使得民主走錯[道路]。

—— G. 薩托利 (Giovanni Sartori,
The Theory of Democracy Revisited [1987], p. 3)

如果要談民主的基本條件，必需先談：什麼是民主？如果要談什麼是民主，就需對於民主的不同類型作一交代。

一、民主的類型

概括言之，民主有三個不同的類型：極權（全權）民主（totalitarian democracy）、民粹民主（populist democracy）與憲政民主（constitutional democracy）。

（1）極權（全權）民主：這是民主的異化（alienation）。這種異化，只有在**全民普遍參政**的觀念在二十世紀出現以後才有可能。帝王可以變為暴君，羅馬的共和可以變為獨裁政體；但，那些都不是極（全）權政體。因為暴君和羅馬的獨裁政體雖然很殘暴，但它們並未（也不可能）以動員全民參與政治運動的方式，使中央的權力侵蝕到社會和文化的所有層

面和每一角落，因此使得社會和文化生活極度政治化並遭到極大扭曲。只有在全民普遍參政的觀念興起以後，始能出現右派和左派的極(全)權政治。

(A) 右派的極(全)權民主：以動員全民**參與**種族歧視等等運動為手段的希特勒，經由選舉，而成為右派極(全)權政治的國家領導人。

(B) 左派的極(全)權民主：毛澤東以實現烏托邦的理想為號召，動員全民**參與**建設「人間天堂」的革命事業。對於參與建設「人間天堂」的人們而言，這項亙古未有的偉大事業，當然需要偉大的人物來領導。因此，愈要為這件事盡心盡力，便愈以為聽從偉大領袖的領導，並排除妨礙他的領導發揮其效力的一切阻力，乃是他們**參與**這項神聖建設的條件。受到這種號召感染的人，也包括許多海外一流的華裔科學家們。毛「是」人民總意志的具體代表，凡是違反他的意志的人，自然是「人民的敵人」。

「人民意志」高度表現的「成果」是，「大躍進」以後的「三年困難時期」(1959–1961)：因饑餓而死亡的人數，最保守的估計是 2,700 萬人。這不但是中國歷史上，而且是世界史上最大的一次饑餓死亡事件，其死亡人數超過中國自有紀錄以來歷代因饑荒而死的人數的總和。

(2) 民粹民主：違反憲政民主的「憲政」民主。它的理據與資源來自憲政民主的形式的建立與形式的運作。換言之，民粹民主是犯了形式主義謬誤的「憲政民主」。民粹主義的特色是：政治化約主義 —— 把複雜的、奠基於憲政民主的自由的民主 (liberal democracy)，化約為無需民主基本條件支撐的選舉。這種政治化約主義直接導致民主的異化。李登輝在台灣推行的民主，是民粹民主的一個顯著實例。陳水扁主政的台灣式民主，陷入了同樣的窠臼。

這種民粹民主的主政者，其主要政治目的不在憲政民主的建設工作，而是利用民粹主義(包括「主權在民」、「人民是頭家」等等口號)贏得選舉；在獲得權力以後，繼續炒作民粹主義以維持他的政權，並為未來的選舉做準備。

　　民粹民主中的「人民」也好，「頭家」也好，都是一元、整體性的，沒有內部分殊，強烈蘊涵著集體意識的符號。「人民」指的「已經不是傳統民主理論所設想的積極參與(政治過程的)公民，而是消極被動的、由統治者賦予集體身份的、功能在於表達認可的正當性來源。這種人民在組織上是由上向下動員而來，在身份上則是透過國族的召喚而成；它缺乏社會性的分化，缺乏體制性的意志形成過程，也沒有機會參與政治議題的決定。」

＊　＊　＊

　　根據以上對於兩種民主異化的分析，我們可以得到這樣一個結論：所謂民主即是「人民當家作主」、「人民是頭家」——亦即：國家屬於人民全體(「主權在民」)，人民應該而且需要主持、管理國家事務(「全民普遍參政」)——這些說法不但不能保證憲政民主的實現，而且還可能妨礙它的實現，甚至毀滅它的實現的可能。

　　因為憲政民主需要幾項重大而基本的條件的支撐，才能真正的實現。如果沒有這些條件的支撐的話，它是不可能真正實現的。

　　(3) 憲政民主：詳見以下的分析。

二、憲政民主的條件

　　憲政民主除了需要這次演講暫不論述的經濟條件的支撐以外，在法律、社會、文化和道德方面，它須要三大必要條件的支撐，才能良好地運作。這三大必要條件是：法治、civil society(包括公民社會、市民社會、現代的民間社會)與公民文化和公民德行。以下將分別論述之。

(1) 法治 (**the rule of law**)

　　法治的定義、法治的基本原則與法治之下的人權的基本內容，分述如下：

(A) The rule of law（法治，或法律主治）與 the rule by law（法制，或以法統治）不同。

法治是指：合乎法治原則的法律作為政治與社會（包括經濟）的框架；一切政治、社會、經濟的運作必須在合乎法治原則的法律**之內**進行。法治作為制度而言，有其優先的重要性。

法制，或以法統治：專制國家有時也講一點效率，所以也注意到法律的好處。它的法律有許多違反法治原則的地方。所以實行法制的國家不一定能夠改進或演化到憲政民主，亦即：法治之下的民主。

(B) 什麼是法治原則？

(a) 一切法律不可違反更高一層的法律；最高的法律是憲法。

(b) 憲法則不可違反「法律後設原則」（meta-legal principles），亦即，自歐洲中古歷史至英美憲政歷史發展出來的共同規範（憲法本來就是自西方引進來的東西，規範憲法的原則當然也是從西方發展出來的）。「法律後設原則」基本上有兩個：

    (i)   Thesis of legal restraint：國家中的行政權、立法權和司法權均須經由法律予以限制。

    (ii)   General and abstract thesis：法律必須平等應用到任何人；同時，法律必須不為任何具體目的服務。

因此，經由法律程序通過的憲法，如果不符合民主憲政的後設原則，仍然是違憲的。（台灣經過李登輝主導的六次修憲，把一部張君勱先生起草、基本上還不算離譜的憲法，修成遠離民主憲政原則、既沒有內閣制或總統制優點但卻兼具內閣制與總統制缺點的「憲法」。這是台灣式民主之所以混亂不堪的基本根源之一。所以，未來的主政者的重要責任之一是：領導大家，根據民主憲政的基本原則進行「憲法」的修訂。如果修憲的門檻太高，一時不易進行；那麼，至少要領導大家進行取得共識的討論，使得民眾了解根據民主憲政的基本原則進行修憲的方向與內容，作為未來修憲的準備。）

(C) 人權

(a) 第一類

  (i)   Rights as immunities（免於迫害和傷害的權利）

  (ii) Rights as competences（to perform certain actions）

(b) 第二類

  (i)   Rights as entitlements（to receive certain goods and services）

  (ii) Rights as powers（to direct certain other persons to perform certain actions or to control certain persons "as parents over children"）

　　兩類人權適用的範圍和須要堅持的程度均不同。第一類須要堅持的程度大於第二類。第一類第一項適用所有的人，須要絕對堅持。第二類第二項則不適用所有的人，而且當與第一類第一項發生衝突時，應以堅持第一類第一項為優先原則。例如，父母應有指導與控制未成年子女的權力。這種權力是父母的權利。為了孩子好，父母不可事事依從孩子的意願，有時需要控制孩子，但父母控制孩子的權力不可大到或濫用到迫害孩子的程度，或使孩子受到傷害。因為孩子免於迫害和傷害的權利是優先的。

　　現代西方社群主義者批評自由主義所堅持的人權觀念，認為人權使得社會成員失去了連繫，大家都變成了「原子人」。這種批評並非無所見，但其基本錯誤是：由於它對人權未加分殊，以致產生了誤導。是否社群主義者準備生活在一個沒有人權保障的社會呢？如果社群主義者不能發展出來自己的──不同於自由主義的──社群主義人權觀，自己又不願生活在一個沒有人權保障的社會；那麼，他們對於自由主義所堅持人權觀念的攻擊，實是一個假問題。他們真正的問題則是人權觀念的誤用和泛濫，亦即人權觀念的限度問題，而不是人權觀念本身。

　　事實上，人權觀念本身需作內部分殊（internal differentiation），如上述。第一類第一項人權觀念須要絕對堅持，其應堅持的程度並不適用於第二類。（第一類第二項人權是否須要像第一類第一項人權那樣地堅持？這是一複雜的問題，這裡暫不涉及。）換句話説，rights as entitlements

和 rights as powers 都應有其適當的限度。但，這些限度卻並不適用於第一類人權。

(2) Civil Society

這個名詞在西方有三個不同的指謂 (denotations)：公民社會、市民社會、民間社會。因為 civil society 有三個指謂，而不是一個東西的三個涵義 (connotations)，所以在中文中不可能由上述任何一個譯名來完全涵蓋。上述每一個譯名正確地指謂著 civil society ——從縱的角度來看，西方歷史某一個時代的主要意義；從橫的角度來看，當代西歐與北美各個社會中一個重要的面相 (而各個面相的有些部份則是相互交涉的)。不過，因為這裡所謂的民間社會，與中國傳統中的民間社會很不同，在技術上可加「現代的」三個字，以示區分。

(A) 公民社會 (參與政治的社會)： 古希臘的城邦與公民社會相同。從政治觀點來看雅典，它是城邦；從社會的觀點來看雅典，它是公民社會。這個社會裡的政治問題是這個社會裡公民們所面對、參與的公共問題。

(B) 市民社會 (*bürgerliche Gesellschaft*)

(C) 現代的民間社會： **獨立**於邦國 (the state) 之外，卻還**進入**政治過程。

    (a) 托克維爾 (A. de Tocqueville)

        (i)　要求平等的大潮流，無可擋拒。但，它擴大了官僚系統，威脅個人的自由 (例如：教育普及擴大了教育行政系統，難免使教育標準化、形式化)。

        (ii)　民主產生社會同一性 (social conformity) 壓力，影響到個人獨立性格的涵育。

        (iii)　托氏建議多多建立具有公共性格的民間團體，培育公民德行、公民文化。

(b) 中文社會中現代的民間社會的任務：建立公共性格，關懷公共議題。例如，獨立於邦國之外的教師公會、醫師公會如能建立公共性格，關懷與它們的職業有密切關係的公共議題，只要在其內部能夠取得共識，團結一致，其決議與行動可以直接介入邦國的教育政策與行政、衛生醫藥政策與行政，並促使它們的改進。

(3) 公民文化和公民德行 (civic culture and civic virtue)

(A) 公民是相對於臣民、國民、人民而有其核心意義 (詳下)。

(B) 公民 (*polites/civis*) 的起源 (politics 源自希臘文中的公民 [*polites*]；civilization 源自拉丁文中的公民 [*civis*]。從字源上已可看出「公民」在西方政治與西方文明的核心意義)。

(a) *Polis* (城邦) 中的一員，或處理 *res publica* (公共事務) 的人。

(b) 亞里斯多德説：「人天生是政治的動物。」(Aristotle, *Politics*, 1253a3) 他認為只有以平等自由的公民身份，參與政治過程的人，才能呈現人的高貴性，因為只有這樣的人——這樣參與政治決定的人——才不被別人指使，有其自主性，才不是在事情還沒發生之前就有答案了，故同時有面對未來挑戰的開創性。亞里斯多德是以參與政治過程中公共政策的決定來界定人的性質。亞里斯多德説：「一個與眾隔絕、不能分享政治交往的好處的人，或因完全自足而與城邦無涉的人，一定不是野獸，便是神。」(*Politics*, 1253a27–30) 換句話説，只有參與政治的人才能算是一個像「人」樣的人。從亞氏的觀點來看，中國傳統只有統治，沒有政治。過去中國傳統裡的人，都不是像「人」樣的人。

(c) 對深受中國文化影響的人而言，參與政治並不是那麼容易。從亞里斯多德的觀點來看，中國傳統中的政治是 household 中的「政治」。在其中，不易把公和私分得清楚。(「Household 中的『政治』」，從亞氏的觀點來看，當然是自我矛盾、不通的觀念。)

(d) 西方古代的，以及文藝復興時代提倡的公民德行：「勇敢，在橫逆中的堅強，為完成公共事務的責任感，為建立公共範疇內的秩序而

盡力，以及個人在群體中應有的自我肯定（獨立性）與完成這些肯定所需的知識和力量。」(I. Berlin)

(C) 現代公民德行和文化

(a) 共識 (consensus) 對於民主運作的重要

(b) 如何形成民主社會與文化中的共識？

　　(i)　憲政穩定的關鍵性

　　(ii)　公民教育的重要

　　(iii)　政治人物與大眾傳播媒體的馴化與文明化 (taming and civilizing the politicians and the mass media)；否則，對於制度與文化均將繼續產生不安 (unsettling) 和離題 (sidetracking) 的影響。

(c) 民主菁英的重要，舉例說明：James Madison 在 *The Federalist Papers* No. 10 中，對聯邦制度下民選代表的功能與責任是這樣形容的：「透過一群民選代表的媒介，**純化**並**擴大**公眾的見解。他們的智慧可使他們對國家真正的利益作出最好的辨識。他們的愛國心與正義感使得他們很少可能會為了暫時或偏私的打算而犧牲國家利益。在這種聯邦制度之下，人民代表所提出的公共意見很可能比人民自己通過集會討論以後所得的意見更符合公共福祉。」("... to refine and enlarge the public views by passing through the medium of a chosen body of citizens, whose wisdom may best discern the true interest of their country and whose patriotism and love of justice will be least likely to sacrifice it to temporary or partial considerations. Under such a regulation it may well happen that the public voice, pronounced by the representatives of the people, will be more consonant to the public good than if pronounced by the people themselves, convened for the purpose." James Madison, Alexander Hamilton, and John Jay, *The Federalist Papers*, ed. Isaac Kramnick [New York: Penguin Books, 1987], p. 126.)

(d) 現代公民的文明性或公民德行 (the modern civility or civic virtue)：現代公民的文明性是席爾斯 (Edward Shils) 所指謂的「追求共同的善的非情緒分析與理性交談」。這樣的公民的文明性是「發展出來的，以其獲取自由的技能 ("the developed skill to be free")。

(i) 在席爾斯的思想中，「技能」(skill) 來自博蘭尼 (Michael Polanyi) 所指的「默會知識」(tacit knowledge)。只有與具體的實例相接觸，於潛移默化中才能獲得。

(ii) 一個重要的步驟：與英美的民主運作、民主生活以及民主政治所必需的節制的具體實例相接觸，於潛移默化中養成「自由與民主的技能」。

(4) 結語

從以上對於民主憲政三大條件 (法治、civil society、公民德行和文化) 的分析，我們可以獲得這樣一個結論：除了歷史演化中不是人的主動能力所能介入的以外，我們應該做的是：

(A) **鍛鍊** (discipline) 我們去建設法治、現代民間社會和現代公民社會，以及現代公民德行和文化。

(B)政府成員與公民們均需接受法治及現代公民德行和文化的**節制**。

這樣，才能真正實現民主憲政。

2002 年 3 月 8 日在中央研究院王故院長世杰先生 112 歲誕辰紀念會之演講。

民主散論

我今天主要是要談談：何謂民主？首先，我想談談為何我要講這個題目。[1] 我認為思想與非思想性的工作同樣重要，有人認為思想不重要，努力工作就行了，這是因為對思想的重要性不了解的緣故。中國人要求民主已超過一個世紀了，從中國歷史上看，要求民主的實現是一個時代的主流，不管是哪一派，對於民主從未加以批評，總是都說民主好。不過，不同派別的人所談的民主，常常是不同意義下使用相同的詞而已。

今天既然要談民主，就要談「民主」這個詞，中國人本無此詞，「民主」這個詞是從西方文字中翻譯過來的。依我個人看，中國文化中根本沒有民主這個觀念，這就牽涉到其他許多問題。很多中國人喜歡說外國東西我們都有，在中國近代思想史上這是一大潮流，此種想法的產生亦非偶然。從前我在台灣大學讀書時，有人公開發表演說，認為原子學說沒有什麼了不起，我們《易經》裡早就有了。照他的說法推演下去，你

1　此文初稿是 1983 年在一個非正式場合的談話記錄，收入拙著《思想與人物》（台北：聯經，1983、2001）時，題作〈論民主與法治的關係〉。現在重看，覺得雖然其中內容有幾點仍然站得住腳；但，有的地方相當散漫，也有一項說明有誤解。由於時間的限制，目前無法重寫全文，只能改正那項誤解，並在文字上略做增刪與調整。

好好讀《易經》，就可變成很好的科學家。當然，這只是一個很可笑的特例；然而，的確有很多人想用這種思想方法來「解決」很多問題。

中國傳統文化中沒有民主觀念

關於中國過去有沒有民主這個觀念，很多人說中國不是完全沒有民主。我們沒有議會制度，但這並不表示中國沒有民主的觀念。有人會說民主就是對老百姓好，例如《孟子》一書中有「民為貴，社稷次之，君為輕」，「天視自我民視，天聽自我民聽」的說法，他們認為這些話就代表民主觀念。另外，當代一位很重要的哲學家說中國無政道的民主，但有治道的民主，中國有外國民主的一部份，而非全有。我個人很不同意上述這些說法，這些說法除了代表說這些話的人自己的思想混淆、心理不平衡以外，並沒有正視問題，也未能解釋清楚問題。

為何我認為中國傳統文化中沒有民主的觀念？要回答這個問題，首先要談一談究竟什麼是民主。簡言之，民主即是「主權在民」(popular sovereignty) 的觀念。如果主權在每個人手上，作為權利主體 (subject) 的人們，自然是平等的。不平等主體意味有的人是主體，有的人不是完整的主體，那是自我矛盾的命辭。權利主體同時蘊含人們的自治 (self-government)，不是別人管理的對象或客體 (object)。[2] 這是民主的規範性理想。

那麼，人們何以會具有主體的權利呢？今天，無法細講這個複雜的問題。我只擬簡單地談一談十七世紀英國自然法傳統中，洛克 (John Locke, 1632–1704) 所提出的理論。作為基督徒，他的政治思想是以基督教教義為其前提的。上帝以自己的形象造人，人性中自然具有理性（理

2　Giovanni Sartori, *The Theory of Democracy Revisited* (Chatham, NJ: Chatham House Publishers, 1957), p. 58.

知、思辨與判斷能力)。就人們同是上帝的兒女而言,自然也是彼此平等的。亞當、夏娃違背了上帝的告誡,吃了知識之果,知道善惡,有了慾望之後,被逐出伊甸園。上帝雖然震怒,但不可能放棄自己的兒女,只能讓他們自食其力地活下去。他們的農耕與收穫是他們自己之所為與自己之所得——這是私有財產的起源。換言之,他們有資格據為己有自己勞力所得之收穫,同時有資格據為己有自己勞力所付出的土地,亦即:他們自然有私有財產的權利。

既然上帝要世間的人們活下去,每個人均不可殺人(無論他殺或自殺)。每個人可根據理性推出這個符合十誡的結論——據此延伸,每個人均不可傷害別人。因此,人自然據有生命權利。既然要活下去,當然要好好地活下去,所以每個人自然有根據自己的意思(在不妨礙別人自由的條件下)做自己所要做的事的權利,亦即自由的權利。

以上三項權利(生命權、自由權、財產權)是洛克所謂政府尚未建立之前的「自然狀態」(the state of nature)中,人們享有的自然權利。這種權利不是什麼人間的權威授予的,它們是每個人生而具有的自然權利,所以又可譯作:天賦權利或天賦人權。洛克的「自然狀態」不像霍布斯的「自然狀態」那樣可怕,[3]他說:「雖然它(自然狀態)是自由的狀態,它卻不是一個放縱[沒有拘束]的狀態」("though this [the State of Nature] be a state of liberty, yet it is not a state of licence")。洛克的「自然狀態」中的人們根據他們生而具有的理性,自然認識並遵守自然法中的規範:包括信守承諾、不傷害別人、不作偽證。在這些條件的支持下,社會生活(包括經濟生活[在契約關係下買賣農產品、農具與犁田的牲口])自然地發展出來。從洛克的觀點來看,社會先於政府出現。社會與政府是分開的。

3　霍布斯也有權利主體的觀念,但他認定的「自然狀態」是「人人相互為敵」的狀態,為了脫離那樣可怕的環境,人們讓渡自己的自然權利給專制的君主,希望他建立一個人們可以共存的政治社會。問題是:專制君主並不見得願意或能夠建立那樣的一個政治社會!這又如何呢?這些問題,需要再研究。

社會是自發的，政府是建立的──建立什麼樣的政府應由社會來決定。這種主張是自由主義的一個基本原則，這也是為什麼許多人把洛克當作自由主義之父的原因之一。如果政府（包括其中的官員）腐化了，濫用了他們的權力，社會裡的人們當然具有反抗與取消他們權力的權利。

在「自然狀態」的原始農耕中，出現了貨幣，生活變得複雜了。田裡的收成吃不完可以賣掉（與沒有貨幣之前，只能讓它爛掉不同），收到的貨幣可以用來在市場上貴賣賤買其他的東西。財產可以累積，社會上出現貧富之分。人們雖然天性中有其理性的成分；然而，在貨幣與隨之而興起的市場出現以後，貪婪之慾望也就掀動了起來。社會中出現了爭奪、偷竊、搶劫、殺害。雖然大部份的人仍遵守自然法中的規範與理性的節制，不過，自然法與理性已不足以維持社會的正常運作，大家於是同意成立國家（政府），以其實徵法（positive law）強制性來補充自然法的規範，於是人們脫離了「自然狀態」而進入具有權力運作機制的政治社會。洛克的政治社會是以法治為其基礎的。政府的權力是為了保障人們權利的落實，不是為權力而權力。這是憲政民主的濫觴之一。

洛克的自然法論證，依賴基督教教義為其前提，在現代性「除魅」浪潮衝擊之下逐漸退隱。不過，它的影響在重建古典自由主義的各種努力中，仍然清楚可見。[4]

剛才提到，自由主義的基本主張之一是：社會先於國家（政府），主權在人民的手上。政府之成立是由人民來決定的。民主的基本觀念是「主權在民」。這個觀念，翻遍中國所有典籍是找不到的。

中國的「民為貴」思想並不蘊含民主，民主則包括民有、民治、民享。「民為貴」只與民享觀念不衝突，卻與民有、民治觀念是衝突的。為什麼呢？孟子的「民為貴，社稷次之，君為輕」的觀念是儒家仁政思

4　以上關於洛克學說的簡述，曾參考：J. S. McClelland, *A History of Western Political Thought* (London: Routledge, 1996), chap. 12: "Social Contract II: The Lockian Version," pp. 230–248；與 Jeremy Waldron, "Locke, John," in *The Blackwell Encyclopaedia of Political Thought* (1991), ed. David Miller, pp. 292–296。

想中的民本思想——即做皇帝的人應該為老百姓謀福利——應以老百姓的福利為本，社稷也很重要，他自己的利益最不重要。最後一點並不是說他自己不是人民的統治者，因為中國的天子是秉承所謂天命的，從天命的觀點得到政治的正當性。中國政治思想中，從來沒有天命是可以傳給老百姓的觀念。天命只能傳給天子。假如在位的皇帝很腐敗的話，從儒家政治思想來看，腐敗的皇帝不是皇帝，既然不是皇帝，老百姓就有權利起來打倒他，再另找一位真正秉承天命的人來繼承王位。這是我們中國政治思想中一個偉大的觀念——即：我們人民有權利反抗腐敗的政權。但，這並不表示中國原有民主的觀念，因為把這個腐敗的皇帝打倒以後，還是要由一人秉承天命，取得王位，做人民的統治者。事實上，多是馬上打天下，把其他勢力打倒之後，就宣稱自己是得到天命的真命天子了。所以，事實上這不是民主，理論上也沒有民主的觀念。換言之，民主的價值與觀念完全是外國來的，壓根兒中國文化就沒有這種東西。但近幾十年來，我們卻都要求要有這種東西，要實現這種東西。不過，從要求到真正的實現，是非常困難的一件事情，因為歷史文化方面的基本觀念很難、很難移植。

而談到移植問題，中西文化接觸之初，我們本來是看不起西方文化、抗拒西方化的，後來變成要講「中學為體，西學為用」，再變為崇拜西洋文化。到五四時代，居然有所謂「全盤西化」的要求，這其間的變化很大。事實上，學習西洋有好幾個層次，最簡單的層次是技術層次，比如電腦。第二層次是組織層次，這已經比較難了，比方如何開會、訓練軍隊、開工廠等。就開會而言，如何把會開得有成果？這在台灣或大陸常常發生不少問題。再高一個層次就是思想與價值方面的層次，即：如何思想或接受某一價值，這比組織層次還要難。以嚴格標準來衡量，我們真正獲得的西方思想與價值相當少；例如，雖然現在已經沒有什麼人不贊成民主，左派、右派、中派、自由主義、極左派、極右派，大家都說贊成民主，沒有人不贊成民主，沒有人反對民主。但是，由於不同的人所說的民主常常不是同一件事，對於民主的定義尚未得到共識，真正的民主觀念與民主價值在中國落實是不容易的。

民主的好處與價值

下面我要談談：民主有什麼好處？為什麼要實行民主？為何要接受民主的價值與民主的觀念？民主的基本運作程序，可分為兩點：一是每人有權利發表自己的意見，二是大家贊成多數，尊重少數。民主的好處，簡言之，有三點：

一、假設社會上有一種事情，這種事情比較容易引起爭論，不是約定俗成地大家都能同意。如何解決這個問題？用民主的方式來解決是最和平、最不容易傷害人，而且也最不浪費。若大家有了爭論，如果不採取民主方式，很可能打成一團，當然就有很多人受傷，最後可能由一個強有力的人起來，用威脅與壓迫的方式統治大家，社會資源也會造成很大的浪費。民主的運作則是，如果有不同的意見，大家都有權利表示自己的意見，最後用表決的方式來看誰的意見得到多數票，這樣取得共同的方案。這個辦法是最和平的辦法，而且也最不浪費社會資源。

二、民主是保障自由的屏障（safeguard）。我認為民主是一種手段而非目的，自由才是社會生活的主要目的。如何才能有自由呢？在何種生活之中，我們才能有自由呢？一般而言，民主的社會與政治比較容易保障個人的自由。其他的社會對於自由的威脅更大，雖然民主的社會也可能產生「多數強迫少數」（tyranny of majority）的現象。但是，民主是我們人類經驗中所能找到最不壞的（the least harmful）制度。其他的制度更壞；因此，我們只好接受民主制度。

三、民主是一比較能使大多數人得到正常公眾教育（public education）的制度。實行民主，大家要參與，否則不是民主，每個人都有權利做候選人，都有權利投票，都有權利發表意見。換言之，民主的社會是一個參與的社會，社會中的事情我們要關心，我們要做決定，既然是參與的社會，就比較容易與社會的重要事情相關連。為了要了解社會中的事情，必須有些基本條件：基本的法律常識、運作常識。所以民主社會是一個使社會基本成員得到正常教育的社會。

民主的運作

　　那麼，真正的民主如何運作與實現呢？這就牽涉到「共識」(consensus)的問題。在這方面，西方政治思想界最重要的發言人是盧梭，他提出了所謂general will的觀念。民主允許每個人發表意見，民主是假定每個人是自己的主人。照這樣講，民主最容易造成社會四分五裂，如果每個人都有自己的意見，而每個人的意見又都不一樣的話，最後很可能產生不出多數來。在民主的過程中，產生多數贊成的意見並不是必然的。很可能大家都是少數，誰也不贊成誰。所以民主基本運作有一種很微妙的關係：民主在形式上承認每個人有權利發表意見，但事實上，在允許大家可以發表不同意見之前，已經先假定大家對於最根本的問題是具有共同意見的。換言之，有了最根本的共同意見之後，才能發表不同的意見，否則不可能實行民主。基本上有了「共識」，然後才可能產生少數服從多數、多數尊重少數。

　　那麼如何產生一個有共識的社會？這個問題在中國一直未能得到完善的解決。因為在中國產生共同意見的傳統與民主社會產生共同意見的傳統，是完全相反的。在中國產生共同意見的方式主要是道德的與政治的，而不是經由法治的方式。法家所談的那一套主要是把法律當做政治統治的工具，與英美民主社會所依靠的「法律主治」的法治完全相反，以法治的觀念去看法家所謂的法律，那些法律是不合法的。換句話說，在中國產生共識的方式，主要有兩種：(一)道德的規範與訓勉(各式各樣的精神訓話與真的和假的道德範例所能產生的影響)。(二)壓制性權威，由上對下所施予的威脅與壓迫。是種方式與民主自然格格不入，也不容易產生民主的「共識」。但西方的general will產生的過程則不同，那是怎麼產生的？這個問題很複雜，我現在只能提一點。自由民主最早是從希臘城邦制度發展而來。中國與西方一開始發展的方向就有很大不同。古希臘(西元前500年以前)基本政治型態是城邦政治，基本上是很小的地方、很少的人，產生一個社區(community)，不是社會(society)，大家多已認識，生活在一起，因為地方很小，不須用繁複的行政系統就

可治理，產生秩序。因為是城邦制度，所以每個人都參與。如希臘雅典人民整天都參與，很少私人生活，時間都花在開會、辯論等公共事務上。開會不是制訂各種行政條文，主要是達成政治決定 (political decisions)，而非行政決定 (administrative decisions)。既然是政治性的活動而非行政性的活動，如果要避免把社會搞得四分五裂，大家就必須共同遵守法律。

這樣在共同遵守法律的過程中產生了共識。這種辦法最早並不始於雅典，任何原始社會都有習慣法 (customary law)，雅典的注重法律的觀念源於此。而中國古代很早就有大的帝國出現，產生了很大的行政問題，必須有強大的政治權威制定行政方面的制度與規定，用官僚與軍隊強迫的辦法使百姓服從上面的權威。希臘則是制定法律，由法律的運作產生行為規範，由此產生「共識」。希臘後來發生新的危機時，有智慧的人起來，是用制定法律的方式，以求得到「共識」解決危機的。換言之，民主的「共識」如何產生？從何而來？實現民主必須先有法治。但我們沒有法治傳統，卻又要實行民主，所以成績一直不理想。民主之產生與運作，必須先有法治；而我們是為了實行民主，才要求實現法治。事實是，先有法治才能實行民主。但我們壓根兒就沒有法治的傳統 (只有人治與刑罰的傳統)，這是我們的根本問題所在。

另外，共識的觀念與西洋的「政教分離」(separation of church and state) 的理論與實踐有很密切的關係。民主之運作基本上是從西洋「政教分離」演變而來的。「政教分離」的理論與中國的「內聖外王」的理論剛好相反。「內聖外王」的理論認為一個社會中的最有道德的人應是政治領袖，事實上，在馬上得天下的朝代制度下，有了權力的政治人物，被儒學傳統加上了道德的責任。從「政教分離」的觀點來看，那是不合理的，也是很難做到的。我們認為「人人皆可為堯舜」，但西方「政教分離」的觀念卻蘊涵一個與我們正相反的觀點：人都不可能十全十美，無論他多麼努力；包括堯舜、孔子在內，只要他們是人，就不可能成為十全十美的聖人，就不可能做人類精神的導師。人間事務要分成兩個範疇：精神的 (the spiritual) 與世俗的 (the secular)；或者說，神聖的 (the sacred) 與污

濁的（the profane）。教會直接秉承神意指導精神範疇的事。不過，人還未上天堂，人的**外在生活**需要秩序，這種世俗範疇裡的事則由世俗權威即政治領袖來管治。基本上，社會裡有兩種權威：政治權威是在社會裡面，而非在社會上面。在啟蒙運動之前，世俗的政治權威是站在教會權威之下，即 state 是站在 church 之下。政治權威是一個比較有限的東西，其權力範圍是有限的，只能管一部份事情，不能管所有事情，如文化教育政策並非它的責任。到十八世紀後，政治與教會的分界線發生很多危機，而且很多人不再相信教會，許多啟蒙運動的領袖要打倒教會。但基督教世俗化以後，原來的教會權威化入社會。政府的行為要由社會來監督。西方民主之發展，是社會本身的道德文化傳統做為民主的基礎、「共識」的基礎。政治行為基礎不能由政治行為本身所產生。相反，中國歷來政治的權威與功能非常強大，它要管理而且指導社會。因此，中國的共識往往是要由政治力量（包括它運用的宣傳機器）促成，社會反而不太能發揮力量，這是我們目前的問題所在。

對民主的批評

現在大多數的人都已經接受民主的價值，認為我們要實行民主。可是在真正實現民主之後，除了我剛才講的幾點正面的好處以外，在政治、社會、文化各方面也可能產生不少問題。這並不是說我反對實行民主，而是要以批評的態度，正視一些不是一廂情願、喊喊口號就能了解的情況。

在社會方面，民主的本意是：人民自己作主，人民在這裡是指社會裡的每一個成年人，所以大家是平等的。每個人都有權利自己做決定。但在以民主做為主調，不把民主當做獲致自由的手段，而把民主當做目的的時候，在實際思想上，「自己有權利做決定」卻很容易滑落成「自己就有能力做決定」。然而，民主的社會中，每個人是不是真的有能力對每件事做決定，卻是一個很大的問題。在一個特別強調民主，沒有想到

民主只是求取自由的手段的地方，往往最容易有一窩蜂、趕時髦的現
象，最容易接受同儕壓力（peer pressure），也最不容易養成獨立性。因
為自己以為自己有能力做決定，父母、教會以及其他傳統權威都不再可
信；但是，自己又必須**有所根據才能做決定**，結果就常常是根據社會上
流行的時尚。把民主當作目的的時候，常會產生 social conformity（社會
同一性）。這一點法國十九世紀政治思想家托克維爾（A. de Tocqueville）
很早就說得很清楚。

在文化上，民主一方面鼓勵平等，另一方面也因為講平等而和
elitism 有相當衝突。這點希望將來我們實行民主時能夠避免。任何社會
都需要領袖，民主的社會也無法例外。問題不在於是否需要領袖，而是
在民主的社會裡有沒有真正的、好的領袖（在其政治領域中如華盛頓、
林肯等人），以及有沒有培養與選擇真正的、好的領袖的機制。（很有意
思的是，elite 在英文中意味不平等，在美國是被認為有壞的含義的字
眼，但有人把它翻成「菁英份子」，在中文中卻顯得沒有那麼壞。這是
因為在文化上，中國人本來就不認為任何表現都可用泛平等主義視之，
過去的士大夫、現在的知識份子被認為應有較大的責任的緣故。）
Elitism 有兩種，一種是社會的（social elitism），這的確不好，例如有錢的
人不應欺負比較窮的人；但事實上，有錢的人容易欺負窮人。另一種是
文化層面的，也就是韋伯所說的「知識貴族」（intellectual aristocracy）。站
在正統自由主義的立場來看，他們有正面的貢獻。但若從泛民主的觀點
來看，就不是這樣了。民主重量（quantity）而不重質（quality），凡事求
最低公分母。

極權主義與民主的關係

另外，要稍微再講一點。近代民主觀念產生以後，政治思想上才
可能演變出來極權主義（totalitarianism）。盧梭（Rousseau）的 general will
的觀念，一方面是對民主的支持，另一方面卻也與極權主義有複雜的關

係。在 general will 的理論還沒有建立以及實際政治上民主政治還沒有正式很有效的成為政治運作方式之前，壞的政治是暴君政治 (despotism) 或羅馬式的獨裁 (dictatorship)，但卻不會變成極權主義。

極權主義 (totalitarianism，或譯：全權主義) 與威權主義 (authoritarianism，舊譯：集權主義) 是很不一樣的兩種政體。極權主義指政治力量的控制擴及於文化、藝術以及社會上一切行為。而威 (集) 權主義中的當政者的胃口比較小或者沒有那麼大的本領，所管轄的事務也就比較少。除了希特勒式政權轉成極權政治，普通的右派多半發展成威 (集) 權政治。實行極權主義的人則自己覺得道德上比別人高，覺得自己的那一套都比別人講的好，要別人凡事都聽他的；所以左派容易變成極權主義。極權主義是二十世紀人類歷史中最為悲慘的一件事實，這個觀念當然反民主，但是卻和民主的觀念有複雜的關係。傳統社會中不講大眾參與，暴君雖然殘暴、惡毒，卻局限在一個相當的範圍之內，他不會想到控制所有的事物。當民主的觀念興起以後，每個人都可進入政治過程，大眾參與的可能才出現。所以把民主加以扭曲可以產生極權主義。因此，民主有自由的民主 (liberal democracy) 和極權的民主 (totalitarian democracy) 兩種，後者和 general will 的觀念有很大關係。西方思想史家 J. L. Talmon 所作 *The Origins of Totalitarian Democracy* 是這方面的經典之作。今天的演講就暫時講到這裡。

1983 年 2 月 19 日，威斯康辛大學 (麥迪遜) 中華民國同學會舉辦演講會之紀錄。後收入《政治秩序的觀念》(香港：商務印書館，2015)，頁 258–271。

論台灣民主發展的形式、實質與前景
──為紀念殷海光先生逝世三十三週年而作[1]

一、殷海光先生留給我們的精神遺產

時光荏苒，先師殷海光先生逝世已經33年。這33年來，台灣的政治、社會與文化均已發生了巨大變化。然而，面對這些變化所帶來的種種問題，殷先生一生奮鬥所顯示的**精神**，至今仍有重大意義。殷先生的軀體雖然已經消逝33年了，但他的精神卻持續存於天地之間。具體而言，他的精神展現於他追求的理想，以及他在追求這些理想的時候所秉持的在公共領域中的情懷與人格。

(1) 理想

殷先生服膺五四初期所鼓吹的自由主義，常喜徵引艾克頓勛爵的名言──「權力趨向腐化，絕對的權力絕對地腐化」──來說明中國現代史的病根之一是：沒有辦法限制與監督政治權力的擴張與濫用。他認為中國經過各式各樣天翻地覆的革命以後，到頭來益發使人知道，建立類

1　拙文定稿之前，曾獲得錢永祥先生評閱。他提出了許多寶貴意見，我據之做了修訂。對錢先生的幫助，謹此致謝。

似英美文明發展出來的自由的價值、人權的觀念、民主的憲政，以及發展建基於經驗的理性，才是中華民族應走的康莊大道。殷先生時常慨嘆早期五四精神與風格在台灣的失落；而重振五四精神，徹底實現五四早期所揭櫫的自由、理性、法治與民主的目標，乃是救國的唯一道路。

用殷先生在他逝世之前26天，在身心承受極大痛苦中，以口述方式為他的《文選》記錄下來的〈自敘〉裡的話說：

> 在一方面，我向反理性主義、蒙昧主義 (obscurantism)、偏狹主義、獨斷的教條毫無保留的奮戰；在另一方面，我肯定了理性、自由、民主、仁愛的積極價值——而且我相信這是人類生存的永久價值。這些觀念，始終一貫的浸潤在我這些文章裡面。但是，我近來更痛切地感到任何好的有關人的學說和制度，包括自由民主在內，如果沒有道德理想作原動力，如果不受倫理規範的制約，都會被利用的，都是非常危險的，都可以變成它的反面。民主可以變成極權，自由可以成為暴亂。自古以來，柏拉圖等大思想家的顧慮，並不是多餘的。[2]

(2) 在公共領域中的情懷與人格

殷先生的這些理想並不是說說就算了，他是以生命來肯定和堅持這些理想的。殷先生說：「本乎理性的認識而建立的信仰，是值得用生命去保衛的。」[3] 他在給一個學生的信上說：「書生處此亂世，實為不易，像我這樣與眾不同的人，生存當然更為困難，往後的歲月，可能苦難更多。自由和真理及正義的追求，是要付出代價的。」

2　殷海光：〈《海光文選》自敘〉，載林正弘主編：《殷海光全集》第17冊，《書評與書序》下冊 (台北：桂冠，1990)，頁652–653。

3　殷海光：〈自由人底反省與再建〉，載《殷海光選集：第1卷，社會政治言論》(香港：友聯，1971)，頁169。

　　殷先生在到台以後的歲月中，由於堅持理想所遭遇的政治迫害，與他面對這些嚴峻的迫害所展現的「威武不能屈」的嶙峋風骨，以及他對事理公正的態度與開放的心靈，對知識的追求所顯示的真切，和對同胞與人類的愛和關懷，在在使我們感受到一位中國自由主義者於生活與理想之間求其一致的努力所釋出的人格素質。什麼是人格素質？用韋伯的話來說，那是來自一個人底「終極價值與其生命意義的內在關聯的堅定不渝」。[4]

　　最近看到一些年輕作者對於殷先生的一些（涉及別人的）激越或峻急的言論，以及他對於他所不喜歡的人的態度和他在學術上並無原創貢獻的事實，頗有批評。這些批評大都是有根據的。然而，我卻覺得意義不大。因為殷先生的主張與堅持所蘊涵的意義，主要是在公共領域內所產生的**政治**意義；何況殷先生對於他的一些「不平衡」的舉止與言談，並非沒有自覺與自省。例如，他在《到奴役之路》譯者〈自序〉中說：[5]

　　　近四、五年來，我對海耶克教授有進一步的認識。我從他的著作
　　和行誼裡體會出，他是一位言行有度、自律有節，和肅穆莊嚴的
　　偉大學人。我所處的環境之動亂，社群氣氛之乖謬，文化傳統
　　之解體，君子與小人之難分，是非真假之混淆，以及我個人成長
　　過程中的顛困流離，在在使我對他雖然心嚮往焉，但每嘆身不能
　　至。而且，近半個世紀中國的現實情形，不是使人易於麻木，便
　　是使人易趨激越。從事述要《到奴役之路》時代的我，是屬於激
　　越一類的。十幾年過去了，回頭一看，《到奴役之路》經過我的述
　　要，於不知不覺之間將我的激越之情沾染上去。我那時的激越之

4　韋伯（Max Weber）著，錢永祥編譯：《學術與政治：韋伯選集（I）》（台北：
　　遠流，增訂版，1991），頁308；原文英譯見Max Weber, *Roscher and Knies:
　　The Logical Problems of Historical Economics*, trans. Guy Oakes (New York: Free
　　Press, 1975), p. 192。
5　殷海光：〈自序〉，載海耶克（Friedrich A. Hayek）著，殷海光譯：《到奴役之
　　路》，林正弘主編：《殷海光全集》第6冊（台北：桂冠，1990），頁6。

情和海耶克先生的肅穆莊嚴是頗不調和的。關於這一點，我很慚愧。我認為我應該向海耶克先生致歉。

要談殷先生的主張與堅持的政治意義，就需先對「什麼是政治」作內部區分。許多人認為「政治」就是爾虞我詐，爭權奪利；然而，這只是中國法家式的理解。事實上，內心充斥著權力慾與虛榮心，表面看來相當得意的政客的行為背後，卻是一個虛脫的心靈：內在精神的軟弱與無能，使他只能用下流、疲乏與淒涼的態度來面對「什麼是人生的意義？」這個問題。[6]

另外一個對於政治的理解，**則是亞里斯多德式的。政治是公民參與公共領域內政治過程的行為**。為什麼要參與政治過程？因為公共領域之內的問題是大家的事，有其開放性，不是在事情還沒有討論與決定之前就已經有答案了。所以，每個公民都有責任參與公共事務。責任感當然蘊涵獨立與自主意識；如果公共事務完全由統治者來決定，其後果應該由統治者來負，一般人無法獨立參與政治，當然也就不存在責任問題。亞里斯多德甚至認為，人之所以為人的意義，是參與他所謂的政治；所以他說：只有比人高的神與比人低的獸，不必參與政治。

從這個觀點來看，殷先生言行的意義在於：在一般人不被允許參與政治的條件下，他受到了作為一個公民所必須具有的責任感的召喚，以他那震撼人心的道德熱情為原動力，硬要參與政治過程所發揮的政治性影響。殷先生說：「唯有對民族，對國家，對當前危局抱有嚴重責任者，才不辭冒險犯難，據理直言，據事直陳。」[7]當時普通公民參與政治過程的唯一管道是言論領域，在「白色恐怖」的年代，殷先生以一個讀

6　這句話是融合我自己對於政客的觀察與韋伯的譴責而寫出的。參見：W. G. Runciman (ed.), *Max Weber: Selections in Translations* (Cambridge: Cambridge University Press, 1978), p. 214。

7　殷海光：〈言論自由的認識及其基本條件〉，載林正弘主編：《政治與社會》上冊，《殷海光全集》第11冊（台北：桂冠，1990），頁244。

書人扮演了近似反對黨的角色。在那個年代，大多數知識份子對於政治避之唯恐不及，而殷先生卻逆流而行，在這種情況之中，他的那些激越或峻急的言談是可以理解的——從參與政治過程的觀點來看，我們甚至可以說，是難免的。

二、殷海光先生逝世以來台灣的民主發展

(1) 形式上的發展

1960年，《自由中國》發行人雷震在蔣氏政權的高壓與羅織之下，因籌組「中國民主黨」而被捕入獄，沒過幾年殷先生也被迫離開台大教職（後改為只領薪水，不准授課），居所與行動皆被監視，不久發現已患胃癌，但政府仍不准他接受哈佛的邀請出國訪問與療疾。

殷先生於1969年（不到五十整歲）逝世之前，若要展視民主在台灣的發展前景，我想他的心情是黯淡的。他不可能想像台灣在不到33年的光景，已經變成一個沒有政治犯、言論完全自由的地方。違反當時的戒嚴法、強行組黨的民進黨，於組黨之後14年就能經由總統大選取得政權——而且政權轉移完全是在和平的情況下辦到的。所以，台灣的民主發展，在形式層面是一個令人印象深刻的成功故事。

(2) 實質上的問題

然而，身處這個「成功」故事之中的一般民眾，似乎並沒有感受到外國觀察者（只從表面上）看到的、令人喜悅的「成功」所應帶來的喜悅。相反，許多有識之士卻對這樣的「成功」的後果深感憂慮。他們覺得經過台灣式民主的洗禮以後，社會、文化與政治不但未能獲得整合，反而似乎都要散架了！之所以如此嚴重，關鍵在於台灣民主的實質內容是非常空虛的。這個表面上、形式上的民主，我們稍一深究，就知道它在許

多方面都犯了形式主義的謬誤。因此，一般民眾除了已經享有民主的一些好處以外，也需承擔不少犯了形式主義謬誤的民主的惡果。

為什麼會如此呢？首先需要指出的是：健康而成熟的自由的民主（liberal democracy），作為政治架構與內涵以及作為社會生活的模式，是需要**基本的條件**來支撐的。如果缺乏這些條件，自由的民主便無法正常地發展出來。

早在1957–1958年，殷先生便在《自由中國》上大聲疾呼：政府不應以「反攻大陸」為藉口來控制人民、欺騙人民，以致使「人權、自由受到嚴重的妨害，政治向著反民主的道路上發展」。[8]殷先生認為，政府大部份的措施，與其為了可行性不高的「反攻大陸」而設計，與其為了這個渺茫的目的而投入大部份資源，不如從事長治久安的**基礎建設**。這種「真正該做的事」[9]乃是「從具體的、積極的建設行動中求民主之實現，這樣我們才不致落空。……必須全國人民以憲法為張本，善用民主方式……洗刷舊污的勢力……民主運動需要教育與文化為基礎。」[10]（在本文結束之前，我將進一步說明這些基礎建設的主要內容。這樣的基礎建設提供支撐自由的民主的基本條件。）

遺憾的是，殷先生剛毅而清醒的聲音，在那個年代非但未能對政府發生振聾發聵的作用，反而惹來了當政者的厭恨。之所以如此的根本原因是：政府不成其為政府，只是蔣氏政權的門面而已。蔣氏政權是不願改變其獨裁本質的；它自然會認為推行民主的基礎建設，不但違反而且威脅到它的政治利益。事實上，殷先生對於蔣氏政權不太可能採納他的建議，早已了然於胸：「反攻大陸」是蔣氏政權「存在的理由和政治運用的資本」。[11]惟其要「反攻大陸」，所以要效忠「反攻大陸」的領袖；惟其要「反攻大陸」，所以要鞏固領導中心。一切壓迫人民、錮蔽人民與欺

8　殷海光：〈反攻大陸問題〉，載《殷海光全集》，上冊，頁510、519、533。

9　殷海光：〈言論自由的認識及其基本條件〉。

10　殷海光：〈中國民主運動底正確方向〉，載《殷海光全集》，下冊，頁633。

11　殷海光：〈言論自由的認識及其基本條件〉。

騙人民的措施都可藉「效忠最高領袖」、「鞏固領導中心」而有其「正當的」理由！

　　然而，殷先生既然明知他的建議不太可能被採納，而且還可能陷他與家人的安全與生活條件於不利的境地，當時為什麼他仍要甘冒天下之大不韙——連胡適都認為「反攻大陸」這塊招牌「我們不可以去碰的」[12]——公開懷疑「反攻大陸」的可行性，並主張政府應把精力與資源移作在台灣從事民主的基礎建設上去？

　　殷先生的堅持，展現了他在言論領域中的政治判斷與政治行為的悲劇精神。悲劇精神的意義在於，人作為一個有限的生命，在他追求真、善、美或愛的過程中，雖然由於宇宙本身的缺陷與不足（包括許多人性格中的陰暗面——貪婪、嫉妒、權力慾等等[13]——所產生的破壞力和世間種種陰錯陽差所造成的阻撓），以致使得這樣的追求無法達到目的，甚至遭受挫敗或死亡；但，他的追求本身卻肯定了真、善、美或愛的存在，並接觸到了這些「真實」的力量所蘊涵的無限與超越。因此，悲劇精神給人以崇高之感。

　　殷海光先生之所以「不辭冒險犯難」，堅持發表他的上述主張，認為那是他作為公民的「嚴重責任」，主要是因為他清楚地認識到，他的主張具有持久的、人間現實的真理性、福利性與公共性：**全民的福祉繫於台灣能否在現在或將來實現憲政的民主，而憲政的民主能否真的實現，則端賴全國上下能否從事民主的基礎建設工作。**

12　胡適：〈從爭取言論自由談到反對黨〉，載《殷海光全集》，下冊，頁622。

13　一般討論悲劇起源時，對於許多人性格中的陰暗面均用人性來概括。然而，我對那樣整體性的（holistic）解釋頗感疑惑。因為，另外也有些人並不那麼陰暗，雖然他們不見得像天使一樣毫無瑕疵。我也不想用「人性是共同的，表現在不同的人身上則有程度的不同」這類話一筆帶過，因為「量變」或「量的不同」到了極端便是「質變」或「質的不同」。所以，這裡用「許多人」，而不用「人」那樣全稱的名詞。

　　殷先生這樣的堅持，只在表面上與宇宙神話籠罩下中國傳統以「三綱」為主軸的禮教社會中，義之所在、知其不可為而為之的精神相似。因為殷先生所堅持的言論，蘊涵著理性的力量，它具有政治遠見與歷史解釋力；所以它可應用到現在、過去與未來。這樣具有理性力量的政治判斷蘊涵著超越性與公共性。所以，一方面它不受現實考慮（殷先生自己自身之安危、蔣氏政權能否接受等等）的限制；另一方面，它超越了個人之私、一家之私、一黨之私、一個族群之私、一個地域之私、一個民族之私與一個國家之私。這種政治理性的超越性，乃是宇宙中一項「真實」的力量。殷先生受到了它的召喚，因此非把他的判斷在當時的公共論壇《自由中國》上發表出來不可。

　　根據殷先生的判斷的內在邏輯，無論當時或未來，台灣如要實現憲政民主，就非極力推動民主的基礎建設不可。我們也可以根據這個邏輯來解釋過去和預估未來：台灣的民主發展之所以在實質意義上產生種種問題，主要是因為民主發展所需要的基礎建設，無論在兩蔣主政時代、李登輝主政時代或目前的陳水扁主政時代，都沒有獲得真正的關注與發展。有時候，他們的政策反而是背道而馳！台灣目前的公民社會仍然停留在雛型階段，尚無法對民主的基礎建設（包括憲政結構的改革、公民文化與公民德性的養成）產生重大影響。展望未來，我們可以說，台灣的政治與社會如仍無法投入民主基礎建設工作的話，那麼未來仍然難免不是一片混亂！

＊　＊　＊

　　下面我將對兩蔣、李登輝與陳水扁主政的作風略作分析，以便說明為什麼他們對民主發展所需要的基礎建設均沒有真正的關注，而且均對民主發展產生了負面的影響，儘管李登輝和陳水扁均曾宣稱，台灣已從威權體制進入了民主體制。

　　雖然蔣氏右派威權統治與中共左派極權統治，在黨組織上都是列寧式的，但它與中共有基本的不同：（一）它沒有真正的烏托邦衝動（雖然在宣傳中有時夾有類似的語彙）；（二）它不會大規模動員群眾（雖然它也想組織群眾，有時也想動員群眾；但兩者都做得並不成功）。它主要

的興趣是保持自己的政權。為了保持自己的政權，它無所不用其極；但它並沒有由於要把人間變成天堂的雄心所導致的「比你較為神聖」的道德優越感，所以它並沒有憑藉著道德優越感和烏托邦主義的內在動力，來以組織群眾、動員群眾的方式，把威權統治變成極（全）權統治。蔣氏政權有時擺出一副上承聖賢之教、為國為民的樣子。然而，它真正的興趣只是保持自己的政權而已。它沒有遠大的理想，也沒有建立系統性意識形態的意願和能力（三民主義是一個大雜燴，稱不上是嚴格意義的意識形態）。所以，它沒有多少內在的資源來化解或偽裝它的自私自利。在實質意義上，蔣氏政權遺留給台灣的政治遺產是：政治便是以權謀、虛偽與矯飾的方式來爭權奪利。因為它自己都不相信自己的歪曲宣傳，所以，它在公開場合所表現的，只是色厲內荏而已。

借用一位外國學者在另一脈絡中指涉另一論題時所使用的名詞，蔣氏政權是一個把「沒有目的當作目的」（purposelessness for purpose）的政權。它的這種性格，到台以後在經濟政策和建設方面頗有改進。（不過，在這方面的發展與成就，最初卻不是蔣氏父子及其幕僚主動檢討政府帶有相當強計劃經濟色調的經濟政策的缺失、並主動採用自由經濟政策而達成的。關鍵性的政策轉變，發生得相當偶然。參閱本文附錄：「1960年代中期台灣經濟起飛的偶然性」。）由它管轄的政府能夠維持一個局面——因應經濟與社會的需要，政府能夠起用一批技術官吏進行工業、農業、教育等方面的實務建設（如建立「科學園區」、發展九年義務教育等）。不過，在政治上的基礎建設方面（如落實憲政、推展公民文化、公民道德等），蔣氏政權的本質則無重大轉變。這一點可從技術官吏不敢逾越他們被指定的工作範圍，對蔣氏政權的本質並無影響，可見一斑。假若我們把政治界定為：在公共領域中為了謀求國家長治久安而進行與維持制度的和文化的基礎建設的話，那麼，蔣氏政權的「政治」沒有什麼政治性，它基本上只是個人權力慾的展現而已。從把政治界定為公共領域中的活動的觀點來看，蔣氏父子兩代把「沒有目的當作目的」的「政治」，可稱之為「私性政治」。（根據亞里斯多德對於政治的界定，「私性政治」這個名詞則是不通的；因為「私性政治」不是政治，只是統治。）

　　造成蔣氏政權的「私性政治」的原因當然甚為複雜，此處無需細述，其中一個關鍵因素，大概可能與它當初秘密結社的背景，以及在會黨權力結構中某些特定勢力排除異己、掌握權力的過程有關。

　　這種「私性政治」的特色是：雖然它不斷宣傳自己是多麼大公無私、為國為民；但它的政策與行為卻使人覺得，它沒有真正的公共領域中的關懷，[14] 當然也就沒有達成這樣的關懷所需要的**系統性方向和做法**。舉例而言，它說要復興中華文化，但卻沒有興趣去系統地發掘傳統中華文化的現代意義。它說要實行三民主義，但卻沒有興趣去整理三民主義的內在矛盾。(如前所述，三民主義是一個大雜燴，稱不上是一個意識形態，當然也就不能產生意識形態的作用。它無法處理現代性問題，也不能與別的意識形態對話、互動。事實上，所謂「實行三民主義」只是蔣氏政權口頭上的一個儀式而已。)它說要推行民主，但從來沒有興趣遵守憲法中關於憲政民主的關鍵部份。(民進黨在1986年強行組黨，蔣經國之所以沒有使用仍然有效的戒嚴法進行嚴厲的整肅，並不是因為他主動地要實行民主，而是迫於個人病況轉重與時勢之故。假若他原有主動放權、實現憲政民主的意願，他不可能不早為這個重大而複雜的工程預作準備。)

　　總之，蔣氏政權「私性政治」的遺產，主要有兩點：(1)在公共領域內把「沒有目的當作目的」。換言之，它絕無意願從事有目的性的政治建設(包括權力結構的合理化、現代政治正當性的建立等)。當然，它也就絕無意願採用系統性方向和做法來從事民主憲政的基礎建設工作。

14　蔣氏政權自我宣稱它之所以發展經濟，乃是為了國民福祉。事實上，如本文附錄所顯示，它最初並沒有發展經濟的觀念。它之所以走上發展經濟的道路，相當偶然。可是開始發展經濟以後，它很快就知道，經濟發展對於它的聲譽和權力都是有利的。然而，正因為它真正優先關心的是它的「私性政治」意義之下的權力，而不是公共領域之內的國民福祉；因此，與國民福祉息息相關的經濟發展以後所產生的種種嚴重問題(資金泛濫、環境的破壞與污染等等)，它就沒有興趣謀求系統的、有效的對策了。

(2) 政治不是遵守普遍性規則的公共事務，而是，如前所述，以權謀、虛偽與矯飾的方式來爭權奪利。

雖然蔣氏政權的宣傳語言與其政治本質是恰恰相反的，但它的具體行為所產生的影響是巨大的。一個人在世間生活與從事各項事務時，其關鍵性的資源並不是表面上明說的意圖或關懷，即博蘭尼所謂「集中意識」(focal awareness)，而是博氏所說的「支援意識」(subsidiary awareness)。「支援意識」提供給一個人在生活與學習過程中所需運用的「未明言(或默會)的知識」(tacit knowledge)。這種「知識」或「意識」則是他在生活與學習的環境裡，於潛移默化中獲得的。

於潛移默化中形成一個人的「未明言的知識」的最主要資源有兩個：(1) 賴爾 (Gilbert Ryle) 所謂「如何**做**的知識」(knowing how)。[15] 用海耶克先生的話來說，那是「根據一個人能夠發現——但在願意遵從的時候卻不能明確說明的——規矩(rules)來做事的技能」，[16] 而不是表面上聽到或看到的宣傳或教誨。(2) 孔恩 (Thomas Kuhn) 所謂「實際操作的**具體**範例」。[17] 從這個觀點來看，生活與學習中的實踐技能、獲取這樣實踐技能的心領神會，以及展示這樣實踐技能的具體範例，要比表面上聽到或看到的說教或宣傳更能影響一個人的社會行為與文化活動。

上面極為簡略的對於博蘭尼、海耶克等人的理論的說明，足以證實我們常識中所謂「言教不如身教」的正確性。蔣氏政權消失以後，繼承其權力並宣稱從「蔣經國學校」畢業的李登輝，耳濡目染蔣氏「私性政治」中「如何**做**的知識」與「實際操作的**具體**範例」，很自然地習得了「私性政治」的「規矩」：(1) 政治就是權力，這是最根本也是最終從事政治的目的，其他一切都是手段；(2) 絕不使用權力從事有目的性的政治建設(包

15　Gilbert Ryle, *The Concept of Mind* (London: Hutchinson, 1949), chap. 2.

16　F. A. Hayek, *Studies in Philosophy, Politics, and Economics* (Chicago: University of Chicago Press, 1967), p. 44.

17　Thomas Kuhn, *The Structure of Scientific Revolutions*, 2nd ed. (Chicago: University of Chicago Press, 1970).

括憲政民主的基礎建設）。[18]（關於李登輝的台獨主張是否可稱之為「有目的性的政治建設」，詳下；另外，也提及日本右翼思想對他的影響。）

既然對於李登輝而言，政治基本上就是獲得、享有權力，在兩蔣逝世以後——他們所經營的威權體制在新的時空中已不可能用同樣的方式繼續存在的時候——他為了從選舉中獲得威權政治式的權力，便毫無顧忌地推行炒作民主的民粹主義了。

什麼是民粹主義？它利用民主的形式的建立、擴張與運作來提供非民主與反民主的根據。它的基本運作方式是政治化約主義——把複雜的、奠基於憲政民主的自由的民主，化約為無需民主基本條件支撐的選舉。這種政治化約主義直接導致民主的異化。

戒嚴已經解除，政治犯均已釋放，「老賊」所組成的舊國會早已改選，各式各樣的選舉，從中央到地方，按期舉行，人民已有言論、結社、組黨的自由，這不是「主權在民」了麼？這不是「民之所欲，常在我心」麼？這不是人民已經變成「頭家」了麼？這裡的「人民」也好，「頭家」也好，都是一元、整體性的，沒有內部分殊、強烈蘊涵著「集體」意識的符號。李登輝經由勝選取得政權，即使有45%選民並沒有投票給他，但他當選以後，卻把不同的選民化約為一元同質性、整體性的「人民」，強調他的勝選代表「人民意志」的表達。就這樣，民粹主義政治人物與其追隨者把複雜的民主化約為選舉，並進一步把勝選化約為整體「人民意志」的展現，贏得選舉的人也就變成「人民意志」的代言人與執行者了。這樣的民粹主義政治人物的所作所為（包括以修憲的手段擴權到有權無責的地步，並造成府院關係的憲政紊亂）都可說成是秉承人民意志，為「頭家」服務。選舉變成了選舉中的贏家在選後擴權、毀憲的

18　另外，值得一提的是：在蔣經國突然逝世後，作為副總統的李登輝按「憲法規定與程序」繼任總統，他當時的權力並不穩固。然而，他卻能夠利用早年——作為日本皇民岩里正男——所習得的、他自己甚感自豪的「武士道」的技能與計謀，相當得心應手地對付（或玩弄）注重身份、等級與禮儀的蔣家舊臣而穩固了他的權力。

工具。這是缺乏健康的民主運作的台灣式民主轉換成為民粹主義的內在邏輯。這是民主的異化。

李登輝運用民粹主義獲得了權力，他在推行民粹主義的過程中逐漸顯露出他的台獨意識。贊成台獨的人會質疑前文所說他「絕不使用權力從事有目的性的政治建設」。難道建立台灣為一獨立國家，不是有目的性的政治建設嗎？把台灣建立為獨立國家，當然是一個目的，問題在於這個目的是否可稱之為「有目的性的政治建設」？李登輝主張台灣應該獨立，筆者要問的是：他要把台灣建立為一個什麼樣的獨立國家？如果答案是：只要獨立就好，至於獨立以後台灣就算仍然被民粹主義和黑金政治所宰制也無所謂。那麼，這樣的獨立只是形式主義的謬誤而已。台灣的民主前途，正如殷海光先生早已清楚地指出：端賴民主的基礎建設工作是否能夠落實，而這樣的工作只能逐步推行，不是一朝一夕便可完工，所以並不會因獨立或不獨立而有所增減。如果支撐憲政民主的許多條件繼續闕如，那麼台灣獨立以後，仍然將是一片混亂，也仍然是要被野心家利用民粹主義所獲得的權力來宰制的。事實上，台灣如果宣佈獨立，正是中共武力攻台最好的藉口。所以李登輝、陳水扁都不宣佈獨立。在不具備獨立的條件之下，台獨運動最大的效果反而是轉移了大眾應該特別關注的焦點——推展民主最主要、最根本的工作是：民主的基礎建設。

李登輝主政了十二年。他最對不起台灣人民的是：他沒有善用那樣長的主政時間，領導台灣進行深刻的民主改造，為真正的民主體制、民主文化奠立根基。十八世紀法國啟蒙思想家孟德斯鳩曾說：「當社會最初誕生之時，制度經由領袖而產生；後來，領袖經由制度而產生。」蔣經國逝世之後，民主的政治社會是有可能在台灣誕生的。李登輝在權力鞏固以後，事實上是有足夠的權力與地位來推動民主的基礎建設工作的。然而，他畢竟受到蔣氏政權「私性政治」與日本右翼帝國榮耀式政治觀的薰染太深；因此，胸襟不大、格調不高。現在看來，當時那些希望他能夠成為孟德斯鳩筆下「產生」制度的領袖人物，只是一個幻想而已。

　　至於陳水扁，在華人社會亙古未有、以和平方式經由選舉轉移政權到他手上以後，帶著全國上下所有善意的人們的祝福與期待，開始執政。兩年來給人最奇特的印象是：他領導的新政府竟然毫無新氣象。他就職時所說的「全民政府、清流共治」，以及他將退出民進黨的政治運作等等，不但無一兌現，而且其行事作風與他宣稱所要為之的，竟然完全相反。兩年來幾乎喪失了一切言行的可信度。連李登輝都不曾干涉的國營事業的人事，他都無顧專業的考量，直截了當地做政治性的任命，插入選舉所需要的樁腳。（他無底線的貪腐行為，後來才被公眾逐漸知曉。）

　　陳水扁的作風使人感到，蔣氏政權遺留下來的「私性政治」，在只會炒作民粹主義以贏得選舉的陳水扁身上更無遮攔。維繫人類生活秩序最重要的道德基礎之一是：信守諾言。連不相信道德具有超越性的蘇格蘭經驗論哲學家休謨，也仍然堅持「信守諾言」是社會生活最低限度的三個自然律之一。在兩蔣時代，憑藉著高壓與矯飾，社會生活的素質與秩序至少還可經由「道德神話」來維繫至相當程度。現在則是國家領導人赤裸裸地以毫無誠信的方式炒作政治。這樣的作風對於政治與社會素質的破壞是十分嚴重的。解嚴以後，台灣式民主墮落到了這步田地，是許多人始料未及的。然而，從理智的觀點來看，一個從來未曾有過民主基礎建設的台灣，之所以落到這步田地，則是可以理解的。

　　講到這裡，益發使我們感念殷海光先生早在1950年代既已公開強調民主的基礎建設的深思與遠見。任何一個社會（包括台灣在內），如要推展自由的民主，均必需極力進行民主的基礎建設；否則對於自由的民主的期待，終將成為泡影！

　　民主的基礎建設，包括法治的確立，公民文化和公民道德的培育，以及公民社會的養成。

　　法治（或法律主治，the rule of law）與法制（或以法統治、「依法而治」，the rule by law）不同。法治是指：合乎法治原則的法律作為政治、社會與經濟運作的框架，一切政治、社會、經濟的運作均必須在合乎法治原則的法律**之內**進行。法治作為制度而言，有其優先的重要性。

專制國家有時也講一點效率，所以有時也注意到法律的好處。它推行的法律有許多違反法治原則的地方。有的專制國家自稱所推行的法制是法制，而不用法治二字，這在名詞上倒是清楚的。實行法制的國家不一定能夠改進或演化成為憲政民主，亦即：法治之下的民主。

談到法律，以「合乎法治原則」加以限定，這樣的表述當然意味著也有不合乎法治原則的法律。那麼，什麼是法治原則呢？它包括以下兩點：(1) 一切法律不可違反更高一層的法律；最高的法律是憲法。(2) 憲法則不可違反「法律後設原則」(meta-legal principles)；亦即，自歐洲中古歷史至英美憲政歷史發展出來的四項共同規範：(a) 國家有義務保障境內所有人的基本人權；(b) 國家中的行政權、立法權及司法權均需經由法律予以限制；(c) 法律必須平等地應用到任何人 (法律之前，人人平等)，同時法律必須不為任何團體 (包括政黨) 或個人的具體目的服務；(d) 經由法律程序通過的憲法，如果不符合上述「法律後設原則」，則仍然是違憲的。

公民文化和公民道德是指：參與民主的政治過程所需要的文明性 (civility) 與公民德性 (civic virtue)，包括尊重別人的意見，勇於表達自己經過考慮的意見，以及個人在群體生活中所應有的自我肯定，與完成這些肯定所需要的知識和技能等。另外，民主社會中的公民，當然要對什麼是民主、自由、人權、法治等基本觀念，具有一定程度的理解。這就必須從學校和社會的公民教育入手。這種公民教育起碼應該涵蓋對於這些觀念的基本闡釋，以及對於它們被引進到中文社會裡來的歷史過程的分析 (包括在什麼時候及在什麼程度之內被理解或被曲解的故事)。

公民社會是指公民參與政治過程的社會機制。[19]

＊　＊　＊

在結束本文之前，還有兩點需做一些澄清，以免誤解：第一點是，就推行憲政民主的基礎建設而言，政治領袖主體能動性及歷史環境對其

19　關於如何在台灣發展公民社會，拙文〈從公民社會、市民社會、與「現代的民間社會」看中國大陸和台灣的發展〉曾做過初步的探討與建議。

影響的問題；第二點是，運作比較良好的憲政民主國家的政治領袖，是否也有訴諸民粹主義的傾向的問題。

民主的基礎建設，當然不能只靠政治領袖一個人來獨力完成。如果一個政治領袖決定主動地推行民主的基礎建設，他只能在他所處在的歷史環境中進行，在進行過程中可能受到不少阻力，有的阻力可能無法克服，而進行改革的措施如果操之過急的話，甚至會引起反動勢力的反撲而功敗垂成。另外，民主的基礎建設工作需要社會、經濟、思想與文化的條件的配合，這些條件並不是經由政治領袖一己之力所能創造出來的，雖然他的政策對它們可能產生很大的影響。

然而，上述這些問題，對於李登輝而言均不存在，所以是不相干的。因為李氏主政十二年間，不但根本沒有意願推動民主的基礎建設，而且還以拉攏黑金、毀憲擴權至有權無責的方式，破壞了張君勱先生起草的《中華民國憲法》所留下的——雖然蔣氏父子並未遵守，但至少在條文上接近內閣制的——憲政民主的初步規模。（李登輝毀憲擴權以後所遺留的制度上的重大缺陷，使得陳水扁上台以後，在民進黨於國會之中並未過半的條件下，卻誤以為可以大權一把抓，所以他決定絕不與在野黨協商，以致造成政局不安並且直接影響到台灣的競爭力與台灣的經濟。）

也許有人會問：李氏的「私性政治」既然深受蔣氏政權行事作風的影響，為什麼要對他加以譴責呢？和每個人一樣，他的行為只是他所處在的環境對他的影響的反映而已。要答覆這個似是而非的問題，關鍵在於釐清「影響」乃是一個蘊涵著「程度」的命辭，它的意義與否認人的自主性的絕對歷史決定論不同。的確，每個人都深受自己所處在的環境的影響，但沒有人會承認自己只是反映自己所處在的環境的機器。而客觀上，來自相同環境的人，行事作風卻不可能完全一樣。人之所以為人——無論其做好做歹——是有相當程度的自主性的。在作為公共事務的政治領域，一個政治領袖的權力越大，自主性也越大，因此所應負的責任也越大。李登輝主政的十二年是台灣歷史可能有的轉折時期。職是之故，他主動推行民主基礎建設的空間比較大——這也是上引孟德斯鳩的話所蘊涵的意義；因此，對於他未能推動民主的深刻改造，更應予以譴責。

下面是我對於第二個問題的簡略答覆。在西方憲政民主中獲得勝選的政治領袖，也經常說自己是代表全體人民主政（雖然投票給他的選民只佔總投票額的一部份）。表面上看，英、美與西歐的民主領袖也有民粹主義的傾向。然而，台灣的情況與西方的情況是很不同的。以炒作求取勝選的議題（如台獨意識等）為手段而獲得權力的台灣民粹主義的政治領袖口中的「人民」，正如王振寰、錢永祥所分析的，「指的卻已經不是傳統民主理論所設想的積極參與的公民，而是消極被動的、由統治者賦予集體身份的、功能在於表達認可（acclamation）的正當性來源。這種人民在組織上是由上向下動員而來，在身份上則是透過國族的召喚而成；它缺乏社會性的分化、缺乏體制性的意志形成過程，也沒有機會參與政治議題的決定。」[20]

事實上，西方比較成熟的民主政治中的領袖訴諸民粹主義的傾向，由於受到憲政制度，以及社會結構和公民文化的種種節制，是與台灣民粹主義很不同的。

附錄：1960年代中期台灣經濟起飛的偶然性

假若早年受業於海耶克先生、堅決反對通貨膨脹、反對各種經濟管制以及人為干預市場的蔣碩傑先生沒有在1952年與尹仲容先生會面，政府是否會改採自由經濟政策，在1950年代進行一系列的改革，是很難說的。

蔣先生與深受計劃經濟觀念影響的尹仲容在台北初次會面時，兩人無法溝通，所以並不愉快。不過尹氏稍後居然閱讀了蔣先生臨別留贈給他的James Meade著 *Planning and Price Mechanism*，相當清楚地了解到

20　王振寰、錢永祥：〈邁向新國家？——民粹威權主義的形成與民主問題〉，《台灣社會研究季刊》，第20期（1995年8月），頁30。

人為計劃的限制，並確實領會到了市場機能的重要功能。因此才有政府從1954年開始，邀請蔣先生和劉大中先生多次回台，就經濟政策提出建言。自1954年至1960年政府根據蔣先生的建議，先是改採高利率政策以對抗通貨膨脹，接著廢除複式匯率，改採單一匯率，讓新台幣貶值到市場能夠承受的價位。這樣推動貿易自由化、鼓勵輕工業成品出口、推進國內外工業合理分工的自由經濟政策，奠定了台灣經濟快速發展的基礎。

不過，政府的自由經濟政策，在1963年1月尹仲容逝世以後，便沒有繼續推動下去，以致——用刑慕寰先生的話來說——多項「違反自由經濟政策的管制保護措施，以後二十幾年幾乎原封不動」。所以蔣碩傑先生後來在台灣的歲月，地位雖然崇隆，但內心的感受，他是用「苦寂」二字來自況的。[21]

蔣氏政權當時能夠尊重有擔當的技術官吏，落實他們根據蔣碩傑的建言而規劃的財經改革，值得肯定。這些財經改革對國民有利；因為增加了政府的收入，對蔣氏政權也是有利的。不過，在威權體制下，技術官吏知道他們絕不可逾越自己的工作範圍。所以，台灣1960與1970年代的經濟發展並未給政府內部帶來政治改革的契機。後來的改革是外部壓力（黨外運動及反對黨的成立）導致的。（關於蔣氏政權的「私性政治」只知壓力，不知其他，傅孟真先生早已了解的非常清楚。他於1947年3月28日在勸阻胡適不要接受蔣中正邀他擔任國府委員的信上說：「『政府決心改革政治之誠意』，我也疑之，蓋不能不疑也。借重胡先生，全為大糞堆上插一朵花。……當知此公表面之誠懇，與其內心之上海派

---

21 見1986年6月19日蔣碩傑給夏道平先生的信，收入吳惠林編：《蔣碩傑先生悼念錄》，《蔣碩傑先生著作集5》（台北：遠流，1995），頁214。以上所述，曾參考此書所收各文，尤其是費景漢、邢慕寰、夏道平、吳惠林、莫寄屏諸先生的文字，以及陳慈玉、莫寄屏編：《蔣碩傑先生訪問紀錄》（台北：中央研究院近代史研究所，1992）。

決不相同。我八、九年經歷，知之深矣。此公只了解壓力，不懂任何其他。」[22]

另外，因為政府未能持續推行自由經濟政策，台灣在1960年代中期以後的經濟起飛，產生了種種新的問題，例如：「民國五〇年代初期認為接近市場均衡而訂定的外匯匯率（1美元兌新台幣40元），在後來市場情況很快就變得迥異於五〇年代初期之時，當局竟渾然不知外匯匯率實際上已漸遠離了市場均衡，新台幣價值已漸由外貿改革前的『高估』變成了『低估』，終致成為反自由化的隱形出口津貼。……貿易出超和外匯存底加速累積釀成資金泛濫和金錢遊戲。」[23]這些問題之所以未能及時面對與解決，也反映了即使在財經政策上，政府也相當缺乏系統的方向與作法。

原載於《二十一世紀》（香港中文大學・中國文化研究所），總第74期（2002年12月），頁4-15。現為2015年11月16日重訂本。

22　見中國社會科學院近代史研究所中華民國史研究室編：《胡適來往書信選》，下冊（香港：中華書局，1983），頁192。

23　邢慕寰：〈一本書改造了尹仲容──追憶蔣碩傑先生〉，載《蔣碩傑先生悼念錄》，頁57、59。

紀念殷海光先生逝世四十五週年：專訪林毓生——兼論法治與民主的基礎建設

今年適逢殷海光先生逝世45週年，在兩岸三地推展民主的歷程均遇到了(不同的)險灘的今天，中華民族何去何從？殷海光的思想與精神遺產，當代意義何在？

《亞洲週刊》就這兩個重大問題，訪問中國近現代思想史著名學者、台灣中央研究院院士、美國威斯康辛大學榮譽教授林毓生。林先生在青年時代是殷海光、海耶克、史華慈 (Benjamin I. Schwartz) 的親炙弟子。事實上，他是二十世紀自由主義大師海耶克在美國任教十二年期間的最後一個學生。今年 (2014) 春季，林毓生先生於香港城市大學中國文化中心擔任客座教授期間，應邀偕夫人蒞臨上海，於海耶克教授誕辰115週年 (2014年5月8日) 在復旦大學卓越經濟學大講堂主講「海耶克論自由的創造力」。[1]

以下是林毓生教授的專訪摘要。

1　「講座實錄」，《東方早報‧上海經濟評論》，2014年5月27日。演講稿現收入本書第二部份。

中華民族的唯一道路是憲政民主 —— 兼論法治的精義

亞：中華民族應該走怎樣的道路？

林：中華民族經歷了天翻地覆的各式革命以後，我們發現各式各樣的革命，雖然均將其美好的願景高唱入雲，但卻都未能帶給我們真正有效的、長治久安的政治制度。原因當然很多，最主要的原因則只有一個：革命成功以後，無法對付革命領袖權力腐化（與濫用）的問題。艾克頓勛爵（Lord Acton）所說的名言：「權力傾向腐化；絕對的權力，絕對地腐化」，的確是禁得起歷史考驗，顛撲不破的人間真理。

因此，中華民族未來應走的道路只有一條：建立落實法治的憲政民主制度。（此處「法治」二字指謂 the rule *of* law。法治是法律主治，與 the rule *by* law 即「依法治國」根本不同。）人類各個民族都有多彩多姿的歷史，其中都有大家均能欣賞的美好成分。然而，只有歐美文明 —— 雖然也發展出來不少可怕、可鄙的成分 —— 卻在啟蒙時代發展出來以「權力約束權力」的機制與深刻的政治思想。正如孟德斯鳩所說：「一切有權力的人都容易濫用權力，這是萬古不易的一個經驗。有權力的人們使用權力一直遇到有界線的地方方才休止 …… 從事物的性質來說，要防止濫用權力，就必須以權力約束權力。」（《論法的精神》，XI：4）「以權力約束權力」指的是：權力不再統合於一人或極少數幾個人手中；政府的行政權、立法權、司法權分立之，彼此不能逾越而能相互制衡。人類的歷史經驗告訴我們：只有實現法治的憲政民主制度才有落實權力受到約束的希望。

另外，實現法治的國家能夠保障每個人在法律範圍之內的個人自由。在進一步討論法治之前，需先對法律與指令（commands）做一嚴格的區分。指令是為了完成發佈指令的人（或組織）的特定目的而發佈的。必須接受指令的人，根本沒有機會遵從他自己的傾向。專制國家的指令，則常以法律的形式呈現。（不過，在行之有年的憲政民主國家，臨時出現了緊急狀況時，政府有時也需要使用指令來解決緊急問題。）法治中的法律，則有兩個要件：

(1)普遍性：它普遍地應用到社會上的每一個人，沒有人可以例外。中國法家思想中也有所謂天子犯法與庶民同罪的「平等」說法。然而，法家思想中的「法」，大多是這裡所說的「指令」，它基本上是為君主的利益服務的，也與下面所要談的法治中的法律不為任何人或團體的具體目的服務的抽象性要件不符，兩者(民主憲政中法律與法家中的「法」)根本不同，不可混淆。人間的法律，假若運作得平等，它增加了人們的行為在這個範圍之內的信心、穩定性與靈活性。假若我守法的話，其他人也都守法的話，我在這個空間之內是相當自由的，我就不必太擔心。假若有一個人要跟我搗亂，我怎麼辦？因為他要跟我搗亂的話，我知道法律就會對付他。

(2)抽象性：法治之下的法律不為任何人或任何團體(包括政黨)的具體目的服務。當我們遵守那些(在制定時並不考慮對特定的人適用問題的)普遍且抽象的規則時，我們並不是在服從其他人的意志，因而我們是自由的。正是由於立法者並不知道其制定的規則將適用於什麼特定的案件，也正是由於應用這些規則的法官，除了根據現行規則與受理案件的特定事實做出判決外，別無其他選擇，所以我們可說這是法治而非人治。

尤有進者，必須加重語氣強調的是：不是任何經過法律程序通過的法案就是合乎法治的法律。為什麼呢？因為立法本身需要遵守法治背後的基本原則，可稱之為法治的「後設原則」(meta-legal principles)。這些「後設原則」指的是支持法治的道德價值及受其影響的政治觀念，包括：人生而平等、人不可能十全十美(故其權力必須在制度上加以限制)等等。假若立法機構合乎程序通過的法案違背了法治基本原則的話，大法官會議可判其違憲。

除了能夠防範政治權力的腐化與濫用以外，法治的另一重大效益是能夠提供給社會裡的人們，在各自不同的工作中高效率的彼此良性互動的框架。人類經驗告訴我們，只有法治之下的社會、政治、經濟與文化生活最能給予參與其中的每個個人免於強制(至最大程度的)個人自由的生活。每個人在自己的自由空間之內，按照自己意思去做自己興趣所

在之事的時候，通常需要別人提供給他所需要的各項服務，客觀上，自然會與別人產生(不需中樞指導的)交換、協調、分工、合作。這種生活最能提供給人們需要的各項資訊和知識。一個自由的社會能夠利用的知識，遠遠超過最聰明的統治者的想像力。所以，保障個人自由的法治之下的社會，使得人的潛力最易發揮出來，最能利用知識，最有生機，最能解決問題。因此，也是最有力量的社會。

當然，這樣的生機盎然的自由社會需要道德資質的支持，包括責任感、履行諾言、守法精神、對別人的尊重，以及參與自己興趣所在的活動的積極性等。[2]

亞： 您特別強調法治在落實民主的重要性，而法治是西方 —— 尤其是英美 —— 發展出來的制度與文化。在中國的歷史環境中，要談法治，一個無法迴避的問題是：如何引進西方發展出來的法治制度與文化到中國的土地上來。目前中國大陸有些人，也許由於中國國力變得強大的緣故，懷抱著排斥外來東西的態度，他們認為西方以法治為基礎的憲政民主是與中國水土不服的。而在亞洲，落實憲政民主比較有成績的國家是印度與日本，那都是英美帝國主義統治他們以後留給他們的東西。即使香港的法治，也是英國殖民的遺留。您對這些看法，有何意見？

林： 那些自我封閉的看法，主要是狹隘的「本能民族主義」所反映的護本情結，或是政治力量所鼓動出來的態度。至於英美帝國主義，它有兩面性。一方面，它的確強加給我們許多壓迫；但，另一方面，它卻也帶來不少現代化中正面的東西，如現代的醫藥(那是隨著帝國主義的侵略而來到中國的傳教士所引進的)，以及歐洲啟蒙運動(包括蘇格蘭啟蒙運動)關於自由、共和、民主與科學的主張。

---

2 以上對於自由的性質及其效益的說明與分析，主要根據 Friedrich A. Hayek, *The Constitution of Liberty* (Chicago: University of Chicago Press, 1960) 有關章節。引用原文很多，不用引號，以免讀者感到過於累贅。譯文曾參考鄧正來以及楊玉生、馮興元等的中譯。關於這個主題的進一步說明，請參閱我在復旦的「講座實錄」。

　　至於以法治為基礎的憲政民主，除非先被英美殖民，就先天地以為與中國水土不服，不可能在中國人的土地上生存與發展的看法，是與事實不符的──所以，不攻自破。台灣是中國人生存的土地，雖然被日本佔領51年，但日本是以軍事帝國主義統治台灣的。自1945年光復以來，尤其在蔣氏政權消失以後，那裡的華人在自己的土地上，已經建立起來（初階的）符合以法治為基礎的憲政民主制度。事實上，台灣已經獲得兩項破天荒的重大成就：(1) 經由普選，政權和平轉移，不必流血；(2) 人民普遍獲得人權的保障（包括人身自由、言論自由、國民教育受教權、全民健康保險等等）。

　　台灣在法治與民主制度上的運作，確實是在初階階段，有不少相當不成熟的地方。然而，制度上的突破已不可逆轉。今後的問題，已經不是在中國人的土地上是否**可能**建立憲政民主，而是**如何**改進已經建立的憲政民主的制度與文化。（下面我將對台灣現行的民主制度與文化提出若干相當嚴厲的批評；這些批評，都是站在關懷台灣民主發展的立場，希望它能向前推進一步。）

　　台灣的經驗使我們可以直截了當地說：「是否**可能**在中國的泥土上引進西方文明發展出來的，以法治為基礎的憲政民主？」──是一個假問題。真問題是：「**如何**為建立中國的憲政民主而奮鬥？」

　　人權的觀念已在台灣民間普遍地生根。由於受到傳統中國文化的影響，中國人本來就是富於人情味的；現在台灣在法治保障下的平等的觀念，釋放出來了超越身份、更為一視同仁的人情味（這與佛教與儒家文化成分在民間合流也有關係）。本地人對於這個現象，習以為常；外地人到台灣以後，在舟車行旅等日常生活中，則明顯地感受到這方面落實民主生活的現象。

殷海光的思想遺產

亞：在您眼中，殷海光先生最大的思想遺產是什麼？對現在的中國人有什麼意義？

林：先師殷海光先生的思想遺產主要是：凡是熱愛中華民族的人，必須堅持：實現以法治為基礎的憲政民主理想及其所蘊含的自由的價值與人權的觀念。如果這個理想能夠落實到相當程度，中華民族才能真正獲得長治久安的制度與文化。

中華文明數千年的歷史演化的軌跡，基本上是一個由中央的「普遍王權」統合社會與思想、文化的體制，雖然不能不說其中有不少成分與西方憲政民主體制的一些成分有親和性。在這樣的情況之下，如要落實民主，必須從事憲政民主的基礎建設。

殷先生早在1957–1958年，便已大聲疾呼：政府不應以「反攻大陸」為藉口來實施錮蔽人民的伎倆(以便「鞏固其領導中心」，使人民效忠最高領袖)。殷先生認為，政府大部份措施，與其為了可行性不高的「反攻大陸」而設計 —— 為了那個渺茫的目的而投入大部份資源 —— 不如從事長治久安的民主基礎建設工作。這種「真正該做的事」，乃是從「**具體的、積極的建設行動中求民主的實現**。這樣才不致落空……必須全國人民以**憲法為張本，善用民主方式**……洗刷舊污的勢力……民主運動需要教育與文化為其基礎。」[3]

台灣民主的成就與局限

亞：台灣民主化以來，獲得了巨大的成就，您如何評價台灣的民主進程？

林：台灣的民主，雖然已經在制度上獲得了兩項剛才談到的、前所未有的成就，不過，由於民主政治實際運作所需要的「遊戲規則」(除了選舉

3　《殷海光全集》，XII (台北：桂冠，1990)，頁633。重體為林毓生所加。

制度及其運作的程序以外）並未穩定地、完整地建立起來，也未形成社會學家席爾斯（Edward Shils）常說的「**具有共識（基礎）的多元主義**」（consensual pluralism，這與「台獨意識」的興起很有關係），以致國會中的在野黨可以利用杯葛（blocking，如佔領主席台等等），使得少數綁架多數；藍綠對決，浪費了不少政治能量。今天的台灣式民主之所以產生相當混亂的現象，主要的原因是在實行民主體制的學步階段──李登輝與陳水扁主政二十年期間，對真正的民主基礎建設工作，則卻步不前（因為他們真正的興趣並不在此）。當然，社會也需要參與，這種工作不能只靠政治領袖來推動。然而，在中國（包括台灣）的生活世界中，政治的實際影響力是比較大的。解嚴以後，台灣式民主的混亂，是許多人始料未及的。不過，根據理性的分析，一個從來未曾有過**徹底的、完整的**民主基礎建設的台灣，落到這步田地是可以理解的。講到這裡，益發使我們感念殷海光先生早在1950年代已公開強調民主的基礎建設的深思與遠見。

任何一個社會，如要推展自由的民主，均必須極力進行民主的基礎建設，包括法治的確立與深化、公民文化和公民道德的培育，以及公民社會的養成。

殷海光的精神

亞：作為殷海光先生的著名學生之一，您如何評價殷海光先生？

林：殷海光先生為了中華民族的福祉，投入了他的整個生命來為其實現憲政民主的理想而奮鬥的。他的堅持，只在表面上與「宇宙神話」（cosmological myth）籠罩下中國傳統以「三綱」為主軸的禮教社會中，義之所在，知其不可為而為之的精神相似。因為殷先生所堅持的言論蘊涵著理性的力量──它具有政治遠見與歷史解釋力（所以它可應用到現在、過去與未來）。這樣具有理性力量的政治判斷，蘊涵著超越性與公共性。所以，一方面，它不受現實考慮（殷先生自身之安危、蔣氏政權

能否接受等等）的限制；另一方面，它超越了個人之私、一家之私、一黨之私、一個族群之私、一個地域之私、一個民族之私與一個國家之私。這種政治理性的超越性，乃是宇宙中一項「真實」的力量。殷先生受到了它的召喚，因此非把他的判斷在當時的公共論壇《自由中國》上發表出來不可。

殷先生在到台以後的歲月中，由於堅持理想所遭遇的政治迫害，與他面對這些嚴峻的迫害所展現的「威武不能屈」的嶙峋風骨，以及他對事理公正的態度與開放的心靈，對知識的追求所顯示的真切，和對同胞與人類的愛和關懷，在在使我們感受到一位中國自由主義者於生活與理想之間求其一致的努力所釋出的人格素質。什麼是人格素質？用韋伯的話來說，那是來自一個人底「終極價值與其生命意義的內在關聯的堅定不渝」。[4]

殷先生偉大的精神，對於任何與他直接或間接接觸過的人，都可能產生「奇里斯瑪」（charismatic）的震撼。我們面對民族的苦難，自然要想到在思想企向與做人的態度上，如何才能保持**自己的**人的尊嚴！

2014年11月30日的《亞洲週刊》曾刊登節錄版本，經過作者審訂，現為完整修訂本，定稿於2014年12月5日。

4　韋伯（Max Weber）著，錢永祥編譯：《學術與政治：韋伯選集（I）》（台北：遠流，增訂版，1991），頁308。

自由主義、知識貴族與公民德行

施雨華提問，林毓生口述及修訂

要達成早期五四的目標，用五四思想是不可能的。五四思想裡面很重要的部份是：激烈的反傳統主義。在那樣的主流思潮籠罩之下，其歷史後果則是：激進主義的興起及其對漸進改革思想的摧殘。五四時期鮮明的旗幟當然是民主和科學。但是，早期五四對於憲政民主和經驗科學的理解很快被激進主義式的理解所取代，「大眾民主」和科學主義式的偽科學則被認為是「真正的」民主和科學。要想根據那樣的理解來達成早期五四的目標，當然是不可能的。

——林毓生

1960年，一個台灣學生「因為機緣」來到芝加哥大學，投到著名自由主義者海耶克門下，開始了自己的學術生涯；那年，他26歲。導師海耶克寫過《通往奴役之路》之後又一部鉅著《自由的憲章》（或譯《自由秩序原理》）剛剛出版，他成為傑出政治思想家的情勢已經明朗。九年後，這個學生在哈佛大學東亞研究中心做博士後研究，再過一年，他將正式獲得芝加哥大學社會思想委員會哲學博士學位，那年，他35歲；在台灣，他的另一位授業恩師殷海光溘然長逝。很多年後，他這樣回憶兩位導師：「海耶克先生給我的是知識貴族精神的召喚；殷先生給我的則是經過西方自由主義轉化的中國知識份子道德精神的召喚。」

　　2004年5月，當年的年輕學生，如今的著名學者，從威斯康辛大學麥迪遜校區教職上榮休，「退休以後，可以自己做研究、專心寫作了，心情特別好」。下半年，他回到中國講學訪問，從北到南，一口沒有「京油子」口音的北京話，在各個大學的演講廳受到青年學子們熱烈的回應。談到自由主義，談到道德關懷，他和他的導師海耶克一樣，語調雖嚴謹，臉龐卻通紅，特別是在談到國內學界某些人士對他的「多元分析」做了「化約主義」式誤解之時。今年，他已經70歲了，正是孔子所說「從心所欲，不逾矩」的年齡。

　　他，就是林毓生。

　　2004年7月17日，在廣州中山大學接受我們的採訪時，林先生的情緒和那天的天氣相似，熱烈時就像上午無遮無攔的陽光，冷靜時就像下午驟雨過後的清風，正如我們在他的《熱烈與冷靜》中感受到的那樣。

我是「老北京」

施：這次回國去了不少地方吧？

林：這次去了不少地方。在韓國做了四次講演，從漢城（現稱首爾）到北京，本來是在北大講一次，後來南開約我去，人大也希望我去，變成三次講演。然後去上海看望王元化先生，在華東師大講了一次。後來朋友約我去浙大，所以在杭州也講了一次。前天來到廣州，昨天在這裡也講了一次。

施：林先生小時候一直在北京？

林：我是從七歲開始在北京長大的。我們老北京要考驗一個人是不是老北京，就要看他是不是喜歡喝豆汁。豆汁要加得很熱，熱得燙嘴。豆汁的味道對外地人來說非常奇怪，也可以說非常難喝。但是喜歡它的人，有癮。1979年我回到北京，就去找豆汁，已經沒有了，當年的冰鎮酸梅湯也沒有了。九十年代，北京不是恢復了一些老吃食嗎？地壇附近有一個很大的食肆，也有豆汁。我在1999年又回到北京參與一研討

會，聽說以後很興奮，晚上就去了。但是不行，已經不會做了，原來那是一個「遊客的陷阱」。

施：林先生在北京時上什麼學校？何時離開北京的？

林：我是八歲在北京上小學，在西四帥府胡同報子胡同北師附小唸了六年，然後讀了一年半和平門外師大附中後離開北京，那年14歲，是我的父母帶我和弟弟、妹妹到台灣去的。

從殷海光到海耶克

施：您是哪年到美國去的？

林：1960年。那是很多機緣促成的。現在想起來，好像是做夢一樣。當年殷海光先生將海耶克先生的《通往奴役之路》（*The Road to Serfdom*）翻譯成中文，我在《自由中國》上面看到，就想把原著拿來讀。當時外匯管制，買西文書要經過一個有外匯配額的書店。我是用我的第一筆稿費訂購的，是我翻譯羅素的一篇文章的稿費——殷先生幫我改過，那時我還沒有獨立翻譯的能力。我想對這第一筆稿費的最好紀念，就是把《通往奴役之路》的原版書買來。這時候我已經看了殷先生的幾篇翻譯，同時也看了一些羅素有關政治、社會的著作。一比較，才知道羅素跟海耶克不能比，羅素實在沒有深度，海耶克非常有深度。當時想，如能跟這位思想家讀書不是一件很美妙的事嗎？不過我覺得那只是一個夢想，沒想到四年以後竟然實現了。

這是機緣，中間的曲折過程中遇到了好幾位「貴人」。其中一位是芝加哥大學歷史系的Donald Lach教授。他到台大講學，沒有學生敢去上他的課，因為他只會用英文講。我的英文還可以，結果系主任派助教來找我，說：「你要和另外一位女同學代表我們歷史系去上課，不能說請了人家來，沒有學生上課。」一個有四十多個座位的教室，就只有我們兩個學生。我也不敢和這位老師講話；他在上面正式講課，我們兩個在下面努力做筆記。下課後，各走各的。大考時，我答完考卷交給他

的時候，鼓足勇氣問他是否可以跟他談談。他說太好了；一直等我們來找他，也不曉得你們中國人的規矩，所以也就沒有主動找你們來談。他要我按約定時間到他住的招待所去。我去看他的時候跟他說，我最大的夢想是在台大畢業，受完預備軍官訓練以後，去跟貴校社會思想委員會的海耶克教授做研究生。問他是否在我將來辦理申請手續時可以寫一封推薦信？他說已經看過我的大考考卷，成績非常好。他不單要寫，而且要極力推薦。

施：殷海光先生和海耶克先生都是您的老師，他們在思想和人格上對您分別有什麼影響？

林：海耶克先生給我的是知識貴族精神的召喚。他的身教與言教給我一個重要的啟示：在追求知識的過程中，不存在**應該**或**不應該**追求的問題，**只能**盡最大的努力。追求知識（或曰追求真理）是艱難的。在這個過程中，你如不認真、不努力，那你是在追求知識嗎？追求知識有其獨立性與自主性，用英文來講，可以 intellectual autonomy 來表達。這種知性活動不受外界（政治、社會、經濟、文化等）勢力的干擾，也不會為了趕時髦而從事這種活動。在這個過程中，一旦有所發現，即使不被外界所了解，甚至被外界誤解、曲解，也**只能**堅持下去。這裡也不存在應該或不應該堅持下去的問題。

這種在知識領域之內追求知識的人，即使已經獲得重大的、原創的發現，也絕不會產生恃才傲物、自鳴得意的心態。因為他是在追求知識，不是在追求虛榮；何況知識邊疆的擴展，使他面對的是知識邊疆以外的無知領域。他深切知道，他的成就是建築在別人的努力所積累的知識之上，即使他的最具原創性的發現——例如，他發現（在法治之下的）市場經濟是產生、保存、協調、流通與增益知識的最佳機制——也間接與他的師承有關，與奧國學派經濟學和蘇格蘭啟蒙傳統有關；所以，他在知性生活中有所歸屬。[1]

1　1999 年芝加哥大學社會思想委員會舉辦的紀念海耶克先生誕辰一百週年系

另外，他永遠是以開放的心靈、知性的好奇心，面對別人的意見，樂意接受別人對他的啟發（如五十年代，他的思想頗受博蘭尼 [Michael Polanyi] 的知識論的影響，便是顯例）。對於別人的批評，他當作是刺激他反思他的思想的材料。對於別人的誤解，甚至惡意的曲解和侮蔑，他也只看作那是別人在知識上的盲點，所以無從產生怨恨之情。他的成就感只能帶給他知性的喜悅，卻不會產生知性的傲慢，當然也與孤芳自賞之類的偏狹心態無涉。海耶克先生一方面堅持自己的發現，另一方面卻又以開放的心靈面對別人的不同意見；此種「堅持」與「開放」看似相反，實則相成，因為一切是以忠於知性的追尋為準。

這種遵循理知的召喚與指引的人格素質展示著——用韋伯的話來說——知識貴族的精神。知識貴族不是什麼社會貴族，也不是經濟貴族。知識貴族的精神乃是——不是多數人做得到的——在「諸神戰爭」的現代性文化中，始終堅持忠於知性神明而無懼於其他神祇的精神。

海耶克先生是一位「言行有度、自律有節，和肅穆莊嚴的偉大學人」（殷海光先生語）。不過，凡是跟他長期接觸過的人都會感覺到，他實際上是一個內心熾熱、具有強烈道德感的人。當他談到自由的意義，以及自由被誤解的時候，雖然語調仍然嚴謹，但常常會血脈賁張，臉龐通紅。然而，他卻那樣習於自律，而且做得那樣自然，那樣毫不矯揉造作。根據我個人的觀察，他這樣的風格主要不是源自刻意的道德修養，雖然在道德上他確是一位謙謙君子，而是強烈的知性生

列演講會上，另一位諾貝爾經濟學獎獲獎者 Gary Becker 先生曾說：僅就海氏在經濟學領域之內的貢獻而言，如果他一生只寫過那一篇發表此一重大發現的論文，就足以稱為二十世紀偉大的經濟學家之一——那篇論文是於 1945 年 9 月發表在 *American Economic Review* 上的 "The Use of Knowledge in Society"，夏道平先生譯作〈散在社會的知識之利用〉。此文已收入海氏著 *Individualism and Economic Order* (Chicago, 1948)。

活的結果。知識是他的終極價值，追求知識賦予他生命的意義。這樣發自內心的知性追尋，把作為一種志業的學術活動提升到具有高貴與尊嚴的生命層次。

由於西方現代社會和文化已經出現了深刻的危機，產生了種種價值的混淆，這種精神在許多西方學者和知識份子身上已經很難見到了。

殷海光先生的身教與言教給我的則是：經過西方自由主義轉化的中國知識份子道德精神的召喚。典型的中國知識份子看到同胞的苦難與政治上和社會上的不公平、不合理的現象，必然感同身受，不能自已。他會盡一己之力以言論介入公共事務，希望能夠指出在公共領域之內的諸多問題的解救之道。這種入世的使命感使他不消極、不氣餒、不自怨自艾，不上山靜思，也不玩世不恭（那樣的表現當然也有，不過，那不是中國知識份子的典型）。另外一個殷先生的精神特徵是：在政治權力與社會及經濟勢力之前，保持著人格的獨立與真誠。這種公共領域之內的道德完整性，乃是中國知識份子最主要的精神資源。

不過，在他的心靈中，傳統中國知識份子的道德精神產生了轉化，因為他畢竟清醒地接受了西方自由主義的洗禮。所以，他的道德精神更能超越一切藩籬（家族、地方、學校、黨派、種族、國家）的限制，更能接受理性的指引，以及更具有個人主義的特質。（這裡所指謂的個人主義是相對於集體主義而言。它是自由主義的個人主義，與「安那其」[anarchic，無政府] 個人主義不同。它不反對國家的存在，毋寧主張國家需要存在與發展，國家的目的是在法治之下，如陳獨秀在1914年所說：「保障權利，共謀幸福」。）

殷海光先生是一位偉大的愛國者，但他卻「反對本能的民族主義」。他的早年性格中確有狂飆的一面，但卻歸宗於真正具有獨立性的自律。正因為他的關懷具有超越性，所以他更能使它落實到具有普遍意義的、不可取代、不可化約的個人價值（the worth of the individual）與個人（每個人）的尊嚴與發展之上。（這裡所說的個人價值，不是英文中的「value」，而是「worth」。中文在這個方面不夠細緻，不夠分殊，所以「worth」和

「value」都只能用「價值」兩字譯出。因此，我在這裡談到殷先生所堅持的個人價值時，需要用「不可取代、不可化約」來説明它的特殊意義。）

如何進入世界秩序

施： 中國在2001年加入了WTO（世界貿易組織），在這種背景下，我們應以何種方式進入世界秩序？

林： 五四80週年，在北京開會，我寫了一篇小論文，曾説：「『文革』以後的『改革開放』只能以『改正錯誤』與『試圖進入西方自十八世紀產業革命與啟蒙運動以後所主導的世界秩序』來形容。」不但中國，印度、日本和非洲一些國家也都參加了，大家都認為這是一個普世秩序。

啟蒙運動以後，西方不單發展出來了世界秩序，而且也產生了近現代的帝國主義。我們可以有意識地根據我們的價值觀，參與到這個世界秩序中去。但這不是説參與西方主導的世界秩序，就要接受西方的帝國主義。有一種看法，認為歷史像是一個有機體。西方的東西相互關連得像是有機體的各個部份，絕不可分割。所以，你若接受在西方發展比較完整的人權觀念，你就同時要接受或忍受西方的帝國主義。這是虛妄的有機式一元論。事實上，傳統中國文明中也不是一點與西方人觀念相似或相容的成分沒有。歷史演變出來的文明不是有機體，其內部的成分是相互矛盾的。正如孔孟思想與韓非思想相互矛盾、互不相容一樣，人權觀念與帝國主義也是相互矛盾、互不相容的。我們接受其一，就不能接受其二，除非你要自我矛盾。這是在西方的過去和現在，之所以也有不少人根據人權觀念來斥責帝國主義的理由。我們對於歷史演變出來的文明需做多元分析，使其成分相互分離，而後加以取捨。

中國加入了WTO，中國也在《經濟、社會、文化權利國際公約》和《公民權利和政治權利國際公約》上簽了字。但歷史的發展需要循序漸進，才能真正得到好處，少有壞處。中國近現代歷史則是一部激進主

義獲得極大的成功卻又變成極大的災難的紀錄。活生生的災難早已重覆地呈現在眼前，所以許多中國知識份子已經不贊成甚至極其反對激進主義了，但其中也有不少人在意識的底層仍然深受富有激情的激進主義思考模式的影響，以致常常不自覺露出化約主義與一元式思考的傾向。

如要推展民主憲政，必須先努力建設支撐民主憲政的基本條件：法治的確立、公民文化與公民道德的培育，以及公民社會的養成。這裡所指的法治，相當於英文中的 the rule of law（法律主治），而不是 the rule by law（依法而治）。法治當然是以憲法為依歸。但不是任何由國家立法機構通過、正式頒佈的憲法，就是合乎法治原則的憲法。合乎法治原則的憲法必須符合法治背後的原則：（1）必須具有普遍性（平等應用到每一個人身上）；（2）必須具有抽象性（不為任何人或團體［包括政黨］的具體目的服務）；（3）分立國家的行政權、立法權、司法權，三者均須經由法律界定與限制；（4）國家有義務平等地保障境內所有人的基本人權。

公民文化和公民道德是指：所有參與民主政治過程的人（當然包括各個層面的政治人物）所需要的文明性（civility）與公民德行（civic virtue），包括：「公民們的愛國心與正義感使得他們很少可能會為了暫時或偏私的打算而犧牲國家利益」（麥迪遜語）；「尊重別人的意見，勇於表達自己經過考慮過的意見，以及個人在群體生活中應有的自我肯定和完成這些肯定所需要的知識與技能」（伯林語）。另外，民主社會中的公民，當然需要對於什麼是民主、自由、人權、法治等基本觀念，具有一定程度的理解。這就必須從學校和社會的公民教育入手。至於公民社會，則是指公民參與政治過程的社會機制。

今天談到建設公民社會、公民文化與公民道德，我必須指出的是：中國自由主義者（包括我自己在內）過去對於西方共和主義傳統所能提供的資源，注意與挖掘得不夠。共和主義傳統相當駁雜，而中國自由主義者過去一直是以反抗專制為其主要目的。在如何建設憲政民主的根基方面，則較少注意。然而，面對未來，如果要在思想上為建立憲政民主的

國家盡一份心力，我們也必須從共和主義傳統中的成分，擇精取華。這樣才能實質地對建設公民社會、公民文化與公民道德提供厚實的資源。

我說這些話，是有感而發的。台灣稍一開放，不但未能走向真正的憲政民主，政客們竟然如此簡易地利用所謂台灣國族主義使得憲政民主的形式的建立、擴張與運作變成違反憲政民主的拉美式民粹主義的「民主」。原因之一是：自由主義在台灣的倡導，並沒有汲取共和主義的滋養，所以沒有多大力量在內部政治思想建設方面（包括對於不同的愛國主義與不同的政治參與作出分辨），來對付民粹式國族主義的訴求。（當然，歷史的原因是複雜的。我雖然認為思想［無論正確的或不正確的］視歷史脈絡中當時的情況會或多或少發生作用，但我並不主張一元式思想決定論。即使當初自由主義思潮在台灣的發展汲取了共和主義成分的滋養；一旦開放，也仍然可能走入另外的歧途。不過，那是另一問題。）

真正憲政民主的落實，自然要保障個人自由，所以在西方的憲政民主又稱自由的民主（liberal democracy）。在法治之下的個人自由，不但不會帶來社會混亂，反而能夠導致最適合演化需要的社會秩序，同時也是文明進展的最有實效的原則。因為在這樣的自由秩序之中，個人最能有效地使用社會中其他人提供的知識。關鍵是：必須先有健全的法治。這是海耶克先生的自由主義的洞見之一。

施：您怎麼評價國內的知識份子？

林：最近幾次返回中國大陸，我看得很清楚的事之一是：許多中國知識份子已從政治教條籠罩下的文字障中解脫出來了。現在很少人還把「歷史的進步規律非個人意志所可轉移」、「這是科學的」、「那是不科學的」掛在嘴邊，或把中國的過去用「封建」二字加以概括。（不過，偶而仍然聽到或看到把從政的人都稱之謂「政治家」的說法。「政治家」含有讚許之意，「政治人物」則是中性語言，「政客」則有貶義。應視不同情況使用之，不可籠統稱謂所有從政的人都是「政治家」。）過去那種化約主義式的語言，很難表達精緻的思考。語言越分殊、越具體、越有特定所指，越能表達複雜、精緻的思考。

現在大陸知識份子所面臨的，則是另一種挑戰：除了政治的限制以外，市場經濟產生了把學術當作商品的誘惑；以及學術行政官僚化，在建立評鑒、升等標準化的過程中，只學到了美國制度的皮毛，以致犯了形式主義謬誤而不知，甚至扼殺了學術進展的生機。這裡涉及學術規範與學術自由之間的關係問題。這是一個甚為複雜的問題。今天在有限的時間之內，無法深談。[2] 大陸以外的中文社會其他地區，這方面的表現也是不太理想的。

不過，國內為數不多的第一流人才的表現是令人敬佩的、喜悅的。他們氣度恢弘，已經積累了不少學術根底，又能保持獨立的思辨性思考。不過，即使是這些人，也多不能進行真正的學術交流，雖然「學術交流」這個名詞在國內已是流行用語。學術交流的先決條件是：以開放的心靈，看懂、聽懂別人的文字與語言。國內學界較有成就的人，在這方面的能力卻也相當不足。但大家喜歡爭論，多半只是混戰，最後不了了之，沒有多少學術的積累。主要的原因之一，可能是由於自由的學術傳統尚未建立起來。

英文有一個成語，"(to give someone) the benefit of the doubt"，指的是：當你不同意或要攻擊對方的時候，先懷疑一下自己是否已經完全了解對方的意見，或者你攻擊對方的論證是否充分。如果在尚未完全了解對方意見的時候，就先假定自己已經完全了解了，或者在反對對方意見的理據並不充分的條件下，便已開始攻擊對方，這樣的做法不但有久公允，而且在學術上也沒有多大意義。國內學術界的作風是否仍然反映著過去政治運動中「大批判」的深層影響？國內知識份子相聚在一起的時候，無論是正式或非正式場合，較少看到由於尚未完全掌握清楚對方的意見，請對方再詳細解釋一下，然後再表示自己的意見的現象。較常見

2　參見拙文：〈學術自由的理論基礎及其實際含意〉。（編按：文章已收入本書第二部份。）

到的則是：大家各自宣佈自己的主張，各說各話，或者在尚未弄清楚對
方意見的時候，便開始攻擊對方。

2004 年 7 月 17 日訪問
廣州中山大學康樂園專家樓

《南方人物》2004 年刊出刪節版。完整版後收入《中國傳統的創造性轉化》(北
京：三聯書店，增訂版，2011)，頁 553–564；《政治秩序的觀念》(香港：商務
印書館，2015)，頁 232–245。

《公民社會基本觀念》序

1999年初，我在台灣發起一個「公民社會基本政治社會觀念研究」的計劃，當時發起這個計劃有幾方面的理由：

自由、民主、平等、法治、人權、憲政、理性、公民等觀念在中文社會已經談論了一百多年；然而，表達其核心意義的語言，至今仍然呈現著破碎和混亂，究其根由，主要源自概念上的扭曲和誤解。這種現象不僅呈現在大眾媒體、政治人物和一般人的言論之中，即使專業人士或知識份子，有不少人討論起公共事務，在涉及上述觀念時，也經常陷入語言上的破碎與混亂以及概念上的錯誤與混淆。此種情況，妨礙公共事務之討論甚鉅，自然影響到公民社會發展的方向。

要想整治此種情況，頭緒萬端，非一朝一夕可以完工。不過，重要的工作之一，則是釐清與闡釋與民主直接和間接有關的基本觀念。這樣的工作必須在具體的脈絡中，針對中文讀者的背景進行；如此才能產生實效，庶幾不再魯魚亥豕，以訛傳訛。

2000年10月開始，在國家科學委員會的支持下，我們成立了一個工作小組，我則從威斯康辛大學麥迪遜校區請假，於2001年返台，在中央研究院中山人文社會科學研究所工作，實際主持此事。

工作小組在多次討論後，擬定了三十多個條目，分為兩類。第一類觀念卷條目，旨在釐清、闡釋直接及間接與西方民主有關的重要詞彙的核心意義；力求精審而扼要地說明每個觀念的歷史、內容、含意及其

問題。第二類歷史卷條目，則旨在追溯與釐清這些觀念在近現代中國歷史脈絡中，如何在論述中出現，以及它們與西方憲政民主下同樣詞彙所代表的觀念之間的相容性、差異或誤解的基本理由。

為了達成這個計劃的真正目的，撰著者需要概念清楚，用字精確，對於西方政治與社會思想的理解有歷史的深度，對於中國近現代思想史有確切的掌握。同時，對於台灣政治、社會與文化中的語言問題，以及其民主進程中的其他問題所在，有敏銳而公正的觀察和感受。至於實際撰寫的過程，撰著者在內容方面，應盡量避免機械式觀念的介紹或史料的排比；如此，每一條目才能於清楚了然的框架中構成**有機的分析整體**。在文字書寫方面，撰著者應力求清晰、乾淨、有分寸，不賣弄術語，避免腐詞、文藝腔，並隨時使用「奧康之刀」（Ockham's razor），削去沒有必要的論點以及詞句。換言之，所寫出的都應是與條目密切有關的、最基本、最重要的論點，以及為了闡釋與分析這些論點所需要的、不可或缺的詞句。

這件事做起來，並不是很容易。關鍵在於撰著者需要具有清楚的**問題意識**——在關懷中文社會憲政民主的前途的前提下，自己負責撰著的條目中，究竟應該闡釋與分析哪幾個問題？為什麼這幾個問題特別重要？如何闡釋與分析才能對中文讀者真正有用？過去，整個中文社會中並沒有足夠的人才來完成這項工作。最近二十年海內外的中文社會裡，在西方政治哲學、政治與社會思想，以及中國近現代思想史和比較思想史範疇內受過嚴格訓練的學人漸多，應有能力完成這一部書的出版。

此書雖以台灣讀者為對象，但也可供全球華語社會使用。它的出版將不只對台灣有益，而且應該也會帶給中文社會其他地區的讀者耳目一新的感受。海內外的中文社會的政治生活、政治運作，唯一的出路是落實**真正**的民主憲政。台灣在民主發展上，雖然發生了不少問題，畢竟領先一步；所以，這部書的出版，也會對使用中文的其他地區的思想與文化產生一些警惕、廓清與導航的作用。

　　當然，所有的規劃與最後的產出之間都難免會有些距離。在計劃開始之後歷經六年時間，參與同仁陸續寫成了五十三個條目，這些條目未必都能嚴格依照當初所設想的字數、風格的要求，也有一些最後未能成篇。但是無論如何，已成並且經過審核、修改、定稿的二十個條目，其論述仍足以豐富我們對於公民社會基本政治社會觀念的理解。

　　這部書孕育的時間很長，我們終於決定將這些篇章編輯付梓。在這裡我想向從1999年以來，曾經支持過本計劃的所有朋友敬致謝忱，特別是前國家科學委員會主任委員黃鎮台先生、余紀忠文教基金會董事長余範英小姐、前國科會人文及社會科學發展處處長朱敬一先生與王汎森先生，沒有他們的支持，這上下兩冊書是不可能完成的。最後，我要特別感謝本書各個條目的作者與錢永祥先生在條目撰著、計劃執行與本書編輯所付出的心力。

序於威斯康辛州麥迪遜市

2013年2月17日

原載林毓生主編：《公民社會基本觀念》，上下卷（台北：中央研究院人文社會科學研究中心政治思想研究專題中心，2014），頁 v–vii。

四

人文傳統的存續與
「創造性轉化」

史華慈著〈中國與當今千禧年主義 ——太陽底下的一樁新鮮事〉導言

劉唐芬譯，林毓生校訂

1998年春天，我的一位研究西方古代史的同事 Mike Clover ——他同時是一位至為欽許史華慈 (Benjamin I. Schwartz) 所著《中國古代思想世界》(*The World of Thought in Ancient China*) 的學者 ——邀請史華慈教授參與他籌備多時的「過去千年的歐亞及非洲」會議。與會者還包括 Heiko Oberman、J. C. Heesterman 和 Catherine Coquery-Vidrovitch 等人。史華慈在會議中提出的論文是他在過世之前三十七天完成的最後一篇學術著作，由我在 1999年10月11日至12日於威斯康辛州麥迪遜市舉行的會議中代為宣讀。

1999年夏天，我從與史先生數次電話通話中得知，雖然他打算以〈單線演化觀與中國的命運〉為題為此次會議撰文，他的心思卻深深地被正在美國出現的一個日益嚴重的現象 ——如脫疆野馬般失控的消費主義和物質主義 ——所佔據。在史先生看來，這種消費主義和物質主義藉其自我餵養來生長的特點，加上其強度愈演愈烈以及其凌駕四方的衝擊力，顯示著一個令人深感不安的新現象正在世界上崛起。10月2日至3日，我到麻州劍橋探望史先生和他的夫人的時候，他正在撰寫一篇擬稱作〈新科技–經濟千禧年主義〉(new technological-economic millenarianism) 或〈「物質主義」末世救贖論〉("materialistic" apocalypticism) 的論文。他說，寧願由我代為宣讀這篇可望在會議之前完成的文章，而不提出原先打算寫的那篇。此次會議旨在從世界史的觀點來探討時間變遷的意義，像史華慈

那樣嚴肅而犀利的思想家，在紀元第二個一千年末與即將到來的第三個一千年之交，對於他所察覺到「從美國開端，但勢將蔓延至世界各地的」一個**全新**的普世現象的涵義進行反思，即使他這篇論文與中國的過去殊少直接關聯，也理當為會議所樂見。

史先生在1999年10月8日（星期五）那天完成論文之後，健康狀況急遽惡化，而於11月14日逝世。事後回想，史先生當時也許已經自覺會很快離開我們，但仍奮力打起精神支撐到完成這篇著作為止。他這樣做，一方面固然是出於承諾交稿的責任感，但另一方面，更重要的是：他迫切地感到必須用一種古老的先知精神向世人提出嚴正的告誡，以此作為他的遺言。

這篇文章娓娓道來，微言大義隱含於字裡行間，而未出之以正式的論證形式。只要想到作者提筆時的健康狀況，我們實在不能奢求。以我之見，即便是如此，也無損這篇論文的重要性；但卻需要讀者們更仔細地研讀，以便了解其深義。現在，我謹此嘗試作一簡短的導讀。

首先，史先生選擇了使用那些帶有與「終極關懷」相關的宗教語言，諸如「千禧年主義」或「末世救贖論」（這種語言原本只是用來描繪以罕見而劇烈的方式把人類從「人生的苦難和絕望的巨大重擔下」拯救出來的宗教信仰），藉以作為比喻來探討新興消費主義和物質主義的性質及其涵義——這樣的作法顯示著他所看到的此種新現象的出現，是多麼的嚴重。

消費主義和物質主義擴展到了那樣的程度，以至向其忠實信徒許諾：只要「完全專注於從科技－經濟那邊看待人生每一方面」，便能有「一套全新的方式來消除長久以來一切人生苦難的成因」。因此，我們有正當的理由稱其為「『物質主義』末世救贖論」。因為這樣的消費主義和物質主義超脫了生命中所有的緊張和痛苦，並使其忠實信徒「昇入」一種「得救」的境地。不過，「『物質主義』末世救贖論」，就其只關心個人自己「單純的、沒有反思的滿足」和享樂而毫不顧及科技－經濟的進步所帶來的各種倫理後果而言，乃是一種與十九世紀「科技及經濟改良主義」大不一樣的新物質主義。十九世紀「科技及經濟改良主義」不僅經由基督教的信仰，而且還透過許多俗世的意識形態，聯繫著倫理關懷。

尤有進者，大部份從過去傳下來的比較高等的宗教，諸如大乘佛教與基督教（末世救贖論於其中都扮演了一定的角色），均涉及「人類作為一個整體的共同命運」。基督教中，有對於有罪的人類惠予拯救的末世救贖的許諾。在大乘佛教中，人們相信慈悲的宇宙終會普渡眾生。再者，在多數比較高等的宗教中，末世救贖論並不排除人們可以希望從充滿種種艱難和痛苦的此世人生中獲得某種滿足，並導出某些意義。如果概括地與大多數比較高等的宗教相對比，或單獨地與其中末世救贖論的成分相對比，則此種嶄新的「『物質主義』末世救贖論」，並無上述那些關懷。它的截然不同的差異之處在於：它光從純粹的物質享樂和純粹的個人滿足中獲得唯我主義的「拯救」（或沉溺）。

然而，「『物質主義』末世救贖論」或排他性物質主義宗教（exclusive religion of materialism），果真能夠帶來 —— 如其忠實信徒所確信的 —— 那樣的拯救嗎？這是史華慈先生的論文所蘊涵的關鍵問題。換句話說，就人作為人而言，得到越多的物質享樂和滿足，就越能過得更美好、更幸福嗎？抑或這種新興的物質主義的假設只是一個幻覺而已？

在二十世紀結束的時候，史先生所形容的，經由失控的消費主義、大眾傳播媒體無遠弗屆的效應，以及一般大眾認同名人的行為的風氣所帶來的精神和思想上的空虛 —— 它們的惡化，不容否認是與排他性物質主義宗教的崛起有關 —— 在在讓我們想起韋伯（Max Weber）的睿識。在二十世紀初，他已痛切地看到，資本主義經濟秩序乃是囚禁人類的「鐵籠」，而且人類無法改變這樣的禁錮。[1] 不過，一方面，韋伯出於形式推理，認為既然無人能預知將來，所以「無人能知道究竟誰將生活在這個鐵籠裡」，從而拒絕作出預斷。但另一方面，他卻不能不以悲觀的語調來結束他對預斷的擱置。韋伯深為憂慮，毫不放鬆的資本主義經濟

1　Max Weber, *The Protestant Ethic and the Spirit of Capitalism*, trans. Talcott Parsons (New York: Scribner's, 1958), p. 181. 後面引文出自頁182。引文中譯曾參考馬克斯‧韋伯著，于曉、陳維綱等譯：《新教倫理與資本主義精神》（北京：三聯書店，1987），頁143，並做了必要的改動。

蔓延的後果，可能是精神的真空席捲整個人間的世界。那是「一種亢奮式妄白尊大情緒掩飾下，機械的僵化」世界。「因為（在這個『鐵籠』之內）文化發展的最後階段」，韋伯接著說道：「也許可以的確這麼說：『專家們沒有靈魂，縱慾者沒有心肝；這個廢物卻在自己的想像中以為它已經達到前所未有的文明水平。』」

史華慈從排他性物質主義宗教所產生非人化的影響（the dehumanizing effects）中看到的，與韋伯的觀點是聚合的，而且還證實了韋伯的殷憂有其深遠的見地。不過，韋伯留給我們的是他的輕蔑式悲觀主義。史華慈卻沒有放棄希望。他反而敦促我們，在面臨這種排他性物質主義宗教日益猖獗的優勢時，更要好好估量一下我們的人文資源「對於面對當下及未來的意義和用處」。

事實上，這種物質主義「宗教」無只是化約主義（reductionism）的一個變種而已。至少就以下兩方面而言，有其根本的不足之處：它既沒有正視（蘊涵著種種複雜性、弔詭和奧秘的）個人生命本身的問題，也沒有正視種種社會關係的問題——即我們如何一起生活與如何才能一起生活？排他性物質主義宗教假定我們毋需端正、堅定地面對這些問題所構成的挑戰。它以為當生活通過科技手段和經濟安排已被化約為物質的（包括生物性的）享樂和滿足時，這些問題都會消失。然而，這樣的假設乃是一種逃避主義。當這種逃避主義變成一股全面性、囊括一切的潮流的時候，它帶來的是：人的力量的削弱和人類的墮落。到頭來，「『物質主義』末世救贖論」所想像的「拯救」，恰恰由於它無法超越它的塵世的種種局限，而根本不是什麼真的拯救。物質主義作為一項偶像崇拜，只是一種完全沒有宗教基本真實性的、自我欺騙的、異化的「宗教」而已。

與「『物質主義』末世救贖論」所導致的空虛和荒蕪進行搏鬥的最重要的力量，在於**認真**看待前人在世上傳遞下來的人文傳統中的資源（包括詞彙、觀念和價值）。這些是我們面對生命中種種挑戰的最主要的參考材料。

採取這樣的立場，是基於兩項重要的理由。首先，從知識論上說，沒有人能憑空思考或處理問題。人只能參照某些事物來思考。職

是之故，古往今來的其他人對於人生和社會生活的問題和意義的反思，對我們而言，當然都是重要的參考材料。其次，從實質的觀點來看，人文學科所提供的資源，儘管與它們的(物質的、社會的、經濟的、政治的和文化的)環境有關，但卻不可能化約為這些環境因素。只要它們在一定程度內是人的自由和獨立的紀錄，它們就在這個程度內給我們提供了需要認真對待的資源——只要我們有興趣經由人的自由和獨立來處理問題和尋求意義。在致力這樣工作的過程中，我們只能通過試驗、錯誤、改正的步驟，取得成就。因此，邁向有意義的人生的第一步，就是不怕犯錯，並為自己的錯誤負責。事實上，衡量一個人成熟與否，要看他從錯誤中學習的能力如何而定。這才是通往人的自主和尊嚴的道路。

英文稿原載 *Philosophy East and West* 51.2 (April 2001): 189–192，中文譯文刊在《九州學林》，第 1 卷，第 2 期 (2003 年冬季)。現為作者重校之修訂本。

中國與當今千禧年主義
——太陽底下的一椿新鮮事[1]

史華慈 (Benjamin I. Schwartz) 著
林同奇、劉唐芬譯，林毓生校訂

關於當代中國最為顯而易見的評論之一是：中國實在沒有理由為了當今西方的千禧年主義 (millenarianism) 感到興奮。[2] 如果「千禧年主義」指的是：按照基督教曆法，(以一千年為單位，相信在其結束的時候) 整個人類處境將有一次末世救贖的轉化 (an apocalyptic transformation)，那麼各自有其歷史願景的中國人、猶太人和回教徒，實在沒有理由要在剛要過去的這一千年的歷史結束之時，去發現任何特殊意義。當西元第一個一千年末或第二個一千年開始的時候，正值中國文明的高峰。如果我

1　原載 *Philosophy East and West* 51.2 (April 2001): 193–196。校訂者註：這篇譯文最初是應劉夢溪先生之邀，為收入他所主編的《世界漢學》而根據美國的林同奇先生與台灣的劉唐芬小姐分別譯就的初稿，在 2001 年 12 月完成校訂的。那份校訂稿後來曾發表在陸曉光主編：《人文東方》(上海：上海文藝出版社，2002)，頁 8–14。同奇兄看過我的校訂後又做了不少校訂，並用英文寫了五頁說明。現在發表的譯文，則是我參考他的校訂與說明，再仔細校訂以後，於 2003 年 5 月完成的。關於譯事，嚴又陵先生曾說，「字字由戩子稱出」，「一名之立，旬月踟躕」。這些話道盡箇中的艱辛。此文為先師史華慈先生遺筆。史先生「文筆隱奧，見解深邃」(王元化先生語)，故不可不謹慎從事。不過，可能尚有不妥之處，自當由校訂者負責。

2　校訂者註：作者是在 1999 年 10 月 8 日完成此文的。二十世紀已接近尾聲，當時西方一些圈子中常有人談論將要結束的一千年的意義，作者因此有這一番話。

們可以，在某種程度內，於中國高等文化或大眾文化中找到末世救贖論的傾向，這些傾向是佛教或道教關注的焦點。它們與特定的曆法並無關係，而是用「劫」(kalpas)[3] 這個印度精神傳統的詞彙來說的。「劫」可能延續若干億年，也可能下星期就臨到頭上 (若是剛巧正在「劫末」的話)。

此外，應該注意——正如藍德斯 (Landes) 教授和其他人所指出的——認為西元1000年的時候，(歐洲的) 人心完全被即將降臨的末世救贖所盤據的說法，是大有爭議的。由於受到伊斯蘭教和猶太教哲學家們的影響，在中世紀教士裡學術性較強的那些成員中，已經出現了一些思維方式，指向非末世救贖論的士林哲學。

在所有歷史悠久的文化中，都有過某種末世救贖的憧憬，許諾世人到那個時候可以從人生的苦難和絕望的巨大重擔下解脫出來，這種憧憬甚至也會得到那些並不追求以末世救贖來解決(根本問題)的人的承認，他們繼續相信俗世生活仍然應許補償(痛苦)的滿足，儘管這種滿足可能是有限的。他們也不接受上座部／小乘 (Theravada/Hînayâna) 佛教的信念，認為甚至我們稱之為個人個別的歡愉，乃是我們的個別痛苦的功能。依此信念，我們對於我們的兒女或妻子的愛，都會由於尖銳地意識到他們無常的存在而受到毒害。只有斷絕個人因果相續諸業，遁入無以名狀的涅槃，才是從輪迴中解脫出來的唯一法門。[4]

3　校訂者註：據任繼愈主編：《宗教大辭典》(上海：上海辭書出版社，1981)，頁381–382：「『劫』為梵文kalpa的音譯『劫波』(或『劫簸』)之略，意為極為久遠的時節。源於印度婆羅門教，印度教因之。佛教雖亦沿用其說，但說法不同。(1) 婆羅門教認為世界要經歷許多劫，一說一個劫，等於大梵天的一個白天或一千個時 (yuga)，即人間的432,000萬年，劫末有劫火出現，燒燬一切，然後重新創造世界；……(2) 佛教對「劫」說法不一。《釋迦氏譜》：『劫是何名？此雲時也。若依西梵名曰『劫波』，此土譯之名大時也，此一大時其年無數。』一般分大劫、中劫、小劫。……一大劫包括『成』、『住』、『壞』、『空』四個時期，通稱『四劫』。……『壞劫』時，有火、水、風三災出現，世界歸於毀滅。」

4　校訂者註：這一段譯文的校訂，曾與研究佛教思想史的周伯戡教授反覆推敲。對於周教授的協助，謹此致謝。

當我們轉向《舊約聖經》中的《傳道書》時，我們發現作者 —— 他代表希臘與希伯來的智慧的混合 —— 並不是一個末世救贖論者。他仍然希望我們可以從作為塵世存在的個人生活中獲得某些滿足。然而，由於人類的虛榮和欺詐而使他感到的失望、痛苦和惱怒，卻常與上座部佛教經文中所羅列的一長串苦難相符合。不過，和上座部佛教徒一樣，他相信在這個「無明」的世界裡，確是「太陽底下沒有新鮮事」。在人類個人生命無窮盡的世代相傳中，人的「無明」和苦難的每種模式，肯定均存在於無盡的業報輪迴之中。縱然如此，有件事卻是真的：在完全專注於從科技－經濟那邊看待人生每一方面的時候，我們找到了一套全新的方式來消除長久以來一切人生苦難的成因。佛陀認為我們一般的個別歡愉會被苦難、被體悟到個人的個別歡愉轉眼成空所毒害。可是，「百憂解」(Prozac) 似乎可以持續奏效，不會產生焦慮。就在這裡，我們的確有了一椿太陽底下的新鮮事！

實際上，這種新科技－經濟千禧年主義所代表的，確實與十九、二十世紀似乎能夠提供持續改善人類處境之可能的科技－經濟的轉化不同。十九世紀的科技及經濟改良主義，可以與以較早形式出現的、姑且可稱之為「物質主義式的」生活改進有關。但是，十九世紀的物質主義進步觀，不僅經由基督教的信仰，而且還透過許多十九世紀歐洲俗世的意識形態，聯繫著倫理關懷。當時有整套的意識形態，諸如社會主義、自由主義、無政府主義、浪漫主義、民族主義等，都持續地對於科技－經濟進步的非「物質主義的」、倫理的後果，感到深切的不安與憂慮。科技－經濟的進步，畢竟沒能阻止屠殺猶太人的大浩劫(the Holocaust)、前蘇聯的集中營 (the Gulag) 以及兩次世界大戰所帶來的慘痛。恰恰相反，它把古已有之的惡推向惡毒的新極致。隨著許多意識形態貌似的瓦解，隨著電腦領域中的輝煌斬獲以及「科學資訊」的瞬間可得，隨著已有可能通過生物醫學迅速治癒我們身體上的一切病痛和不適，隨著經濟學家眼中的美景 —— 全球化市場經濟終將把我們帶到無限的經濟成長的境地，我們現在可以談論一種像是徹頭徹尾的「物質主義」末世救贖論的東西了。

　　應該強調的是，在過去大多數末世救贖論曾經扮演過特殊角色的比較高等的宗教中，末世救贖論涉及時間上的某一特定時刻，也涉及人類作為一個整體的共同命運。上座部／小乘佛教關切的，是個人在時間之外、無以名狀的境界裡得到拯救。而在大乘佛教那裡，當進入「末世」階段之時，甚至大多數罪孽深重、在求得業根救贖的奮鬥中並無進展的人，可能都仍被超度而集體得到最終的救贖。根據大乘佛教對於人類命運的看法，不僅對於未能得到救贖者慈悲為懷，而且在其末世救贖論的核心觀念中也有慈悲和喜捨的原則。諸如阿彌陀佛和彌勒佛等擁有花園般天宮的救世佛觀念，可以把大部份罪孽深重的人提昇到更高層次的存在境界。雖然這些超渡眾生的「法門」在一些哲學的意義上未必是「真實的」，但卻可以使人相信大慈大悲的宇宙最終會以末世救贖的各種方便法門 (upayas) 普渡眾生。的確，末世來臨、劫數將盡時，那個使人得到救贖的世界甚至會就在現世轉化我們的生命。類似的情形也存在於基督教的「天國」觀念裡，一方面看到個人靈魂在一個超越的世界中得到救贖；但，另一方面也可以見到一項拯救所有罪人於末世的承諾。關於後者，當耶穌說「天國近了」，我們永遠無法確定他的意思是指「天國」將把我們大家轉移到另一個彼岸的世界，抑或「天國」終將在我們所知的這個世界裡實現。與此相似的還有，以色列人從 (被擄至) 巴比倫回歸以後猶太教內產生的末世救贖的傾向：由其所強調的死者可在現世復活的新穎說法，透露了在一定程度內具有末世救贖論色調的猶太教聯繫著在人間世之內獲得拯救的觀點。

　　當我在這裡談到對於苦難底不斷災害之物質主義的反應時 ——《傳道書》上則把道德的失誤當作太陽底下一直存在的災害來看待 —— 我們並未得到，對於一個人而言他底「德行」是他的最高報酬的印象。沒有什麼比快樂和滿足更為重要，那是他一心渴求的。可是，當他發現現在已有一種名叫「百憂解」的化學合成物，保證能使人們長時段享有單純的、沒有反思的滿足的時候，他便感到幸福了嗎？現在已有一項龐大的許諾：由生物醫學治癒即使最可怕的疾病，甚至祛除造成外貌缺陷的物質成因。我不想在這裡討論伴隨這類化學療法而來的所有新的與深刻的

憂慮——且不説它們能否真的產生許諾的療效，或者它們是否可能失去效力。不管怎麼説，針對失控的消費主義所激發出來的一切慾望，市場經濟這門「科學」都可以提供使之快速滿足的辦法。不斷堆集起來的消費品帶給我們各式各樣的直接快感，使我們心滿意足；同時並製造出來其特有的環繞在它周圍的名氣和聲望。對於那些坐在經濟權力位子上的人而言，這使他分泌出大量的腎上腺激素，給他帶來環繞在真實權力的氣氛之中的滿足感。對於那些從事媒體藝術和廣告工作的人而言，他們的名氣和聲望則來自發表他們「自己私人意見」的能力。這些「意見」毋須憑藉世世代代的人類與「人的經驗」搏鬥所累積下來的、取之不盡的「資訊」寶庫，而單憑一個「（光）説話的腦袋」能夠以「富有刺激性的」和「新穎的」方式説出一己之見即可。至於絕大多數沒有什麼機會自我聲稱（可能或已經）成名的一般大眾，則透過想像去體驗和享受運動明星和「富有創意的藝術家」的名氣來取得自己的認同。有時，即使公眾皆知「破紀錄」涉及以化學藥物為手段，仍然無損打破紀錄者散發出來的光環。

然而，事實仍舊是：大部份貯存在人類經驗中的「資訊」，並非建立在對於人類成就所作的「物質主義」的説明之上，而是建立在對於人類的命運遠遠更為複雜的「人文主義的」説明之上，人文主義的説明顯示：追求幸福與此種追求所包含的弔詭（悖論），兩者在人類的命運中是分不開的。「百憂解」所帶來的片段的滿足，到頭來並不能防杜一個人與其家人之間在人文關係上的不愉快。一旦他把事情想透了，他會發現，從改善與妻子之間的關係中可以比「百憂解」所帶來的暫時性舒解得到更多的歡愉，儘管如此做可能讓他飽受壓力乃至極度痛苦。

同樣，在人類經驗的浩瀚紀錄中貯存的「資訊」，也不是建立在對於這些經驗的「物質主義的」解讀之上，而是建立在「人文主義的」解讀之上，同時也建立在應用一套意味著人有意識、有思想、有意向的人文主義者的詞彙之上。就物質力量在一定程度內確實能夠於不予限定的未來減輕受苦受難的人類的種種苦楚而言，這種力量當然受到歡迎。不過，物質力量絕對不能替代人類依據人文主義的觀點去理解其自身的幸

福所做的長久以來的努力。佛僧在經歷寺廟內一切嚴苛與戒律的苦修中，事實上，可能從自身修為所得的果報中獲致當下的滿足。所有的人均可能一邊從例行的日常生活裡得到當下的滿足，一邊大大增強自己與人類同胞之間的情誼紐帶，並不計較他們的名聲、地位、外貌或才能。單單生活在一起就可以鞏固人際間人文主義的情誼紐帶。同樣的「人文主義」對於自然界的看法，乃是出自對於自然的「不科學」的詮釋，這種看法在我們與自然之間富有詩意的關係中扮演著核心的角色，並繼續抵制一種思想——這種思想認為我們對於自然界的人文主義的態度必須完全讓位給由「物質主義的」辦法來解決所有人類的問題。的確，我們對於科學唯物主義所做的人文主義的抵制，已經引導許多人對於生態保護運動採取新的尊敬的態度；雖然，「自然而然」構成的大自然，絕不是毫不含糊地善待人文主義所追求的目標。如果我們轉向莎士比亞對人類處境極為複雜的敘述，我們發現他的敘述大體上是建立在徹底的人文主義觀點之上。我們不能斷定他的敘述是否基本上類似《傳道書》那樣，抑或他仍然堅持人的經驗乃是人的事業的觀點。在「[死後]還存在，還是不存在」(to be or not to be)[5]中的來世觀念，畢竟不是基於個人逝世以後會進入無以名狀的涅槃的想法，而是基於另一想法，這個想法認為人逝世以後將進入一個可能就其今生作為人的行為施予可怕的道德懲罰的境域。

事實上，我們從過去繼承下來的絕大部份資訊，是以人文主義對於人類行為的性質所作的預設為基礎的。這種資訊並不是建立在「物質主義的」因果之上，而是建立在人文主義的脾性之上，這樣的脾性提供給各個人做錯各自錯誤的真正力量。就各個人在一定程度內擁有這種力量而言，他們可以被視為是由自己「做錯」自己錯誤的人，而這一點必須以人文主義的觀點來看待。如果我們尋找的「資訊」是建立在對於過去人文

5　校訂者註：William Shakespeare, "Hamlet," III.i.64；譯文採自梁實秋譯：《哈姆雷特》三幕一景。

主義傳統所要告訴我們的有關人的行為的種種的誠實的研究之上；那麼，在相當大的程度內，我們就需要依靠一套承認人擁有「自己使得自己作錯」的巨大力量的人文主義的詞彙。雖然物質主義者的看法 —— 主張經由特殊的、固定的技術手段和經濟安排來袪除我們所有的失誤 —— 可能會減少人類的痛苦，但也可能使得自己削弱人的力量並導致人自身的墮落：諸如對於即時快感的瘋狂崇拜、對於名氣（無論多小）的渴求，以及經由不斷擴大財富的累積所取得的對於更高名聲的崇拜等等。

到頭來，我們終將無法通過這些手段增進我們作為人的獨立性。

原刊在《九州學林》，第 1 卷，第 2 期（2003 年冬季）。現為林毓生重校之修訂譯本。

中國現代性的迷惘

一、西方現代性的特徵（「世界不再令人著迷」） 及其主要來源

現代性是一個時間的觀念。既然有「現代」，當然就有「前現代」，也自然就有「後現代」。筆者所説的「中國現代性」指的是：現代中國歷史的特性以及這樣的特性所產生的後果。

中國的現代性與西方的現代性，在許多方面呈現著顯著的不同，彼此構成了強烈的對比。在有限的篇幅之內，筆者在這裡不求全面討論這個課題，只擬就這兩種現代性的主流之中極具特色、同時構成強烈對比的一兩個方面進行分析與闡釋。這不是説，中西現代性可以化約為本文所要討論的一兩個方面，而是説這一兩個面甚具歷史含義（historical implications），或者説甚具歷史影響力而已。為什麼在分析中國現代性之前，需要先談一下西方現代性呢？因為使用比較方法進行分析，能使兩者的特性及其含義顯示得更為明確。

從韋伯的視角審視西方的現代性，其最大的特色是：西方文明在工具理性（instrumental rationality）的衝擊之下，正如他所徵引德國詩人席勒（Friedrich Schiller）所描述的那樣，「世界不再令人著迷」（the disenchantment of the world）。在中文世界有關韋伯的著作中，這句話常被譯成「祛除迷魅」。這樣的譯法並非完全錯誤。它是指人間事物經過「工具理性化」以

後，巫術之類的東西對於大多數深受西方現代性洗禮的人而言，不會再產生吸引力了。然而，這樣的譯法把韋伯的意思弄得狹窄了，未能顧及「工具理性」雙面刃的效果。它一方面使得經濟發達、科技進步，以致巫術之類的東西不再迷魅人類；另一方面，它卻也切斷了美好事物的「神聖」或「超越」的源頭。所以，我按原意譯為「世界不再令人著迷」。

影響西方現代性的最大力量是資本主義。人在資本主義籠罩之下，只有異化之一途。早期馬克思受到了黑格爾的影響而形成的這項對於資本主義病態的理解，確是看到了真相。不過，他後來提出的解決辦法，卻是建立在歷史具有進步性的假設以及科學主義的迷信和烏托邦的想像之上，則顯得太過天真！就十九世紀以來的歷史來看，進步與退步是同時向相反方向進行的。自然科學、工程、醫藥等與時俱進的同時，人文與社會生活明顯地是在退步！馬克思思想無法解決問題；針對資本主義產生人的異化問題而言，世界上其他思想家也都尚未能夠提出真正有效的解決辦法來。人類正處於「無解」的狀態！（適當、有效的思想還需要政治、經濟、社會等因素的配合，才能真正解決問題。不過，思想終究是不可化約的諸多相關因素之一。）

我的看法並非我的發明，基本上是從韋伯的思想推演出來的。韋伯之所以比馬克思深刻，主要是由於他對人類的未來感到悲觀。所以，他不可能陷入一廂情願式的天真。從韋伯的觀點來看，資本主義所主導的社會，其最大的特徵是：它賴以發展的「工具理性」有自我推展至極致的內在動力。（「工具理性」是對照著「價值理性」[value-rationality] 而言，它是指：運用理性尋找達成任何目的的最有效的工具或手段。「價值理性」是指：價值[如真、善、美]本身是理性的，所以有其自我存在的理由，無需其他理據來為其存在辯解或維護。）工具理性的內在動力排斥一切阻擋、抑制其推展的思想、文化、道德與社會成分，使它們無法產生效用。換言之，在資本主義的社會之中大家為了賺錢，會絞盡腦汁，想方設法，以達目的；至於這個目的是否是理性的，是否應該有所節制，由於資本主義本身自我餵養的特性，是無所顧及的。因此，作為工具的工具理性本身，變成了目的。

　　職是之故，「工具理性」愈發達，「價值理性」愈萎縮。一切均可用「工具理性」來處理，人間的活動自然均將物質化、庸俗化與異化了。

　　韋伯所形成之資本主義的異化觀，其所以比黑格爾、馬克思的異化觀更為深刻，恰恰是因為他認為異化本身沒有自我超脫的能力，異化了以後只能繼續異化下去。這樣的異化最終切斷與「超越」的聯繫，而人的精神和呈現道德與美的品質的境界與格調，必需與「超越」相聯繫才能有源頭活水。而黑格爾與馬克思的異化觀，由於深信「正、反、合」的邏輯，則蘊涵了自我超脫、甚至自我超升的能力。

　　當然，韋伯處於十九世紀末、二十世紀初正當西方文明燦爛的正午剛過，但卻已開始露出敗象的關口，心情是複雜的。他一方面看到過什麼是真正美好的東西，另一方面，卻也已看到了西方文明自我消解這些美好東西的內在騷動，且其勢頭看來已無可抑止。雖然韋伯是悲觀的，但他並沒有把話講死。這顯露出他心靈中「軟心腸」的一面。對於那些美好的東西，就這樣完了，他畢竟感到心有未甘。所以，他說：「沒有人知道未來究竟誰將在這個（資本主義所造成的）鐵籠裡生活；沒有人知道在這個驚人的發展的終點，是否會有全新的先知出現；也沒有人知道，將來會不會有老觀念與舊理想的偉大的再生。」不過，韋伯接著說：「倘若上述兩者都不會出現的話，那麼將來是否將是一個亢奮式妄自尊大情緒掩飾下，機械的僵化世界？關於這個鐵籠之內文化發展的最後階段，也許的確可以這麼說：『專家們沒有靈魂，縱慾者沒有心肝，這個廢物卻在自己的想像中以為它已經達到前所未有的文明水平。』」[1]

1　Max Weber, *The Protestant Ethic and the Spirit of Capitalism*, trans. Talcott Parsons (New York: Charles Scribner's Sons, 1958), p. 182. 這段引文是我根據英譯本所作的中譯。在翻譯的過程中，曾參考中文譯本，馬克斯‧韋伯著，于曉、陳維剛等譯：《新教倫理與資本主義精神》（西安：陝西師範大學出版社，2006，修訂版），頁106。關於韋伯對於「世界不再令人著迷」的討論，另可參閱 Leszek Kolakowski, *Modernity on Endless Trial* (Chicago: University of Chicago Press, 1990), pp. 3–13；與 Charles Larmore, "Modernity and the Disunity

在這個「不再令人著迷」的世界裡，西方的現代性嚴峻的特徵是：人間的活動極端世俗化（secularized）了。作為工具的工具理性本身，既然已經變成了目的，世俗化的人間呈現著的只是各項手段的活動。人的生活失去了意義，也失去了coherency。（Coherency是指：黏在一起的各個部份呈現著相當強的和諧；失去了coherency是指：黏在一起的各個部份呈現著相互矛盾、相互抵消、甚至相互毀滅的特徵。）

這個世俗化轉向的另一個源頭是：笛卡兒的唯理主義的浮現，雖然他的思想也並非憑空而起，自有其淵源。笛卡兒「認為物質宇宙絕對無誤地服從少數簡單而能解釋一切的機械定律」，他同時「把上帝化約為邏輯上必需的造物者與對於世界給予永恆不變的支持者——這樣的支持，正因為它是永恆不變的，所以無法用它來解釋任何特殊的事件。因此，他把一個有目的的自然秩序的觀念消解掉了。世界變成沒有靈魂的所在。只有在這個預設（presupposition）之上，現代科學才能發展。世界上事件發生的過程已無神秘性或神跡可言，而神力或魔鬼的干預，也變得難以想像。」[2]

從笛卡兒唯理主義發展出來的自然主義的世界觀在西方近現代歷史過程中，與資本主義活動中高度發展的工具理性合流，逐漸形成了極端世俗化的西方現代性。（高度自覺的世俗化思想與文化，是相當晚近的現象。當然，還有許多其他政治、社會、文化等因素，對於這一現象的形成發生過作用。不過，上述兩項因素的「合流」，畢竟產生了深刻的影響。）因此，現代西方世界主流思潮之中，已無神聖之源可由人來接觸，並予人以啟示。（一些西方原教旨基督教教派在某些圈子變得盛行，正是面對這種極端世俗化主流思想與文化所興起的——無法變成主流的——極端反應。）

---

of Reason"，收在氏著：*The Morals of Modernity* (Cambridge, UK: Cambridge University Press, 1996), pp. 189–204。

2 Kolakowski, *Modernity on Endless Trial*, p. 8.

二、中國現代性的特徵：世界令人十分著迷

　　與上述西方現代性的特徵構成強烈對比的是：從辛亥革命一直到文化大革命結束之前，中國主流思潮呈現著強烈要求接引「神聖」源的衝動（impulse）；這種衝動與五四以來打倒偶像、破除迷信的激烈反傳統運動產生了強烈的反差與辯證的關係。這種衝動正反映著人們在傳統政治、文化─道德、社會秩序（或結構）三重解體（詳後）以後，心中產生的一項迫切的訴求：渴望「超越」之源來把他們從深重而全面的秩序危機中拯救出來。危機愈全面、愈深刻，對於身處其中的許多中國人而言，就愈有要求全面而徹底解決的衝動，當人們明顯或隱約地意識到自己並無足夠的資源響應這樣的要求時，心中遂迫切地升起了尋求與接引「超越的神聖」之源所能帶來的、不受此世資源有限性限制的、解決危機的無限力量。

　　五四啟蒙運動所揭櫫的大旗是：提倡科學的懷疑精神，破除迷信；力主從傳統的桎梏中解放出來，來肯定個性的解放。事實上，這樣的反宗教的心態與個人獨立的肯定，被更深層的需要──需要建立新的「宗教」──所掩蓋。與西方現代性所呈現的「工具理性」無可抑止、無孔不入的發展所導致的「世界不再令人著迷」的極端世俗化形成強大反差的是：中國現代性重要的一面呈現著在（有限的）世俗世界中興起了的新的「宗教」運動。因此，我們可以說世俗現世被賦予了「無限」的渴望，對於處在其中的人們而言，世界反而令人十分著迷。

　　下面我將以推展科學的運動竟然變成自然主義的「宗教」，以及以解放為號召的革命竟然變成全民頂禮膜拜的造神運動造成的新「神」為例證，對以上的論點進行具體說明。「科學變成宗教」、「政治人物變成人間的新神」都是自我矛盾的命辭，呈現著科學的異化與政治的異化。這樣的自我矛盾與異化所釋放出來的對於文明的破壞力是驚人的。然而，處於當時訴求拯救（salvation）的氛圍之內的多數人，卻對這樣的矛盾與異化及其產生的破壞力並無自覺，反而像其他原教旨（基本教義）派宗教信徒一樣，堅信他們的信仰必將帶來真知、自由與幸福。在本文結束之前，我將對中國現代性所呈現的這種現象所蘊涵的歷史後果略做交代。

三、中國的現代性與全面性秩序危機的關係

　　然而，現代中國確是處於如此深重而全面的秩序危機之中嗎？若是如此的話，那麼此種全面性危機是如何發生的？這是本文需要解答的兩個關鍵問題——尤其鑒於上文所論述的歷史事實：中國現代性的特徵是在響應深具中國特色的秩序危機中形成的。不過，如要詳盡解答第一個問題，需要對於中國現代史中各個面相的真實予以純正的描述，這不是一篇論文所能涵蓋，本文因此只能略作交代。筆者將著力於解答第二個問題——這將無法避免抽象與迂迴的分析。

　　1927–1937 年國民黨治理中國的南京時代，沿海城市文明的建設有的已稍具規模。中國共產黨治理下的 1950 年代的中國，至少對於左翼人士而言，已經帶來重建整體秩序的曙光。現代中國在秩序建設方面，於一些特定時期之內，確有一些成績。然而，這些建設的持續力很差，稍有進展，就被更深層的破壞性力量所阻撓或摧毀。日本侵華當然也阻撓了秩序建設的工作。不過日本投降已經超過半個世紀。在這超過半個世紀的歲月中，建設秩序的努力卻沒有什麼持續性，主要是由於各種不同類型的建設秩序的嘗試都種下了自我顛覆的因子。從國家政策上下翻騰，前後大轉彎，或從民眾生活所呈現的急遽改變的環境 (如文革期間，一個農民私自給產後的妻子買兩個雞蛋便犯了「走資」罪，現在則是不顧自然環境的破壞、不顧文化環境的衰敗、不顧紀律的廢弛[連高等學府都出現多起抄襲造假事件]，全民「向錢看」)，可見一斑。

　　筆者曾在別處論述過現代中國全面性秩序危機的深層原因，[3] 在這裡擬進一步作一摘要式說明。從基本結構上來看，這種全面性秩序危機是與傳統中國一元式高度整合的秩序——文化－道德秩序與社會秩序 (比文化－道德秩序少，但也在很大程度上) 整合於 (integrated into) 政治秩

3　Lin Yu-sheng, *The Crisis of Chinese Consciousness: Radical Antitraditionalism in the May Fourth Era* (Madison: University of Wisconsin Press, 1979), pp. 10–25；林毓生：〈二十世紀中國激進化反傳統思潮、中式馬列主義與毛澤東的烏托邦主義〉，《新史學》，第6卷，第3期 (1995年9月)，頁95–154，特別是頁127–151。

序之內——具有辯證的因果關係。正因為過去的秩序是高度整合的，而且是高度整合於政治秩序之內的；所以，當傳統政治秩序崩潰以後，傳統文化－道德秩序與社會秩序也跟著解體了。

傳統中國政治秩序崩潰的主要原因有二：(1) 傳統宇宙觀的解體使得支撐政治秩序的理論 (天命觀念) 與制度 (天子制度) 跟著解體；(2) 傳統政治秩序所能運用的政治與軍事力量，沒有能力保衛中華民族領土的完整以及因此而興起的民族主義對傳統政治秩序的衝擊。這兩項歷史事實都是西方文明入侵以後所顯示的結果。而傳統政治秩序的崩潰，之所以能夠導致不止於傳統文化－道德秩序的解體而且也帶來了 (在很大程度上) 社會秩序的解體，如前所述，主要是因為傳統文化－道德秩序與傳統社會秩序高度整合於傳統政治秩序之內的緣故。因此，解釋與分析的關鍵在於解答：為什麼傳統文化－道德秩序與傳統社會秩序高度整合於傳統政治秩序之內？

傳統中國持續數千年以「天命」觀念為其正當的 (legitimate) 基礎、以「政教合一」為其原則 (《論語‧季氏》：「天下有道，則禮樂征伐自天子出」)、以天子制度為其中心的政治秩序 (結構) (改朝換代對其並無影響)，並不只是政治秩序，而是「天人相副」的宇宙秩序的一部份。這個信念已呈現在中華文明最早的文獻 (甲骨文) 中。它是深受一項中國式「宇宙神話」決定性影響的結果。(「宇宙神話」是由佛格林 [Eric Voegelin] 用來解釋近東古文明特徵的觀念，最初由老友張灝引進到中文世界。張先生認為這個觀念也可用來理解殷商的宗教與政治思想。所謂「宇宙神話」是指：「相信人世的秩序是植基於神靈世界和宇宙秩序的一種思想。這種神話相信宇宙秩序是神聖不可變的；因此，它也相信人世秩序的基本制度 [天子制度、宗族制度] 也是不可變的。」[4]) 傳統中的正統文獻持續肯定此

4　張灝：〈超越意識與幽暗意識——儒家內聖外王思想之再認與反省〉，載氏著：《幽暗意識與民主傳統》(北京：新星出版社，2006)，頁48 及同頁註3。此書最初在台灣出版 (台北：聯經，1989)，引文見頁39 及同頁註12。另參閱 Eric Voegelin, *Order and History*, Vol. I, *Israel and Revelation* (Baton Rouge: Louisiana State University Press, 1956), pp. 1–110。

一信念，如《禮記》中的〈王制〉篇、〈月令〉篇等。直至十九世紀由於西學
入侵所導致的中國宇宙觀解體之前，它佔據著絕大多數中國人的心靈。

正統思想之外，當然也有少數持不同意見的人，如葛洪《抱朴子·
外篇》中的〈詰鮑篇〉所保存的鮑敬言對於天子制度正當性 (legitimacy) 的
質疑與挑戰。不過，這些異議沒有產生什麼影響。因為它們都未曾提
出正面的——可以取代傳統政治正當性觀念的——新的政治正當性觀
念，所以並未動搖正統思想主軸的穩定性。

自漢以後，傳統儒家思想是在根深蒂固的龐大帝國結構之內發展
的。經由董仲舒集大成的帝國儒教揉雜了陰陽家與法家中的不少概念並
加以綜合以後，使得以天子制度為中心的人間秩序更「系統地」納入永
恆的宇宙秩序之內。從董氏的觀點來看，由於宇宙本身是一個差別等級
的秩序（「陽」永遠高於「陰」，「陰」永遠低於「陽」[此種配合帝國秩序所
需要的解釋與《易經》本義頗有出入]）；所以，維繫人間的政治與社會秩
序的道德律——「君為臣綱、父為子綱、夫為妻綱」（原出自韓非）——
被認為是自然的一部份，所以是永恆不變的「天經地義」，在此種宇宙
觀沒有動搖之前，是不可能改變的。用董氏《春秋繁露·基義》篇中的話
來說：「王道之三綱，可求於天。」

天子制度既然是宇宙秩序的一部份，它是自然的，所以是永恆的。
自漢代以降，絕大多數儒者只能在「宇宙神話」支撐的龐大帝國結構之
內思考問題。然而對於許多大儒而言，在「位」的「天子」雖然一方面由
馬上得天下或由世襲而得大位，談不上是純正的（以德受命的）天子；
然而，另一方面，儒者又沒有其他的選項來取代已經根深蒂固的帝國結
構以及支撐它的「宇宙神話」，所以他們只得在現有的帝國組織與帝國
儒教的前提下，運用他們從古典儒學傳統中得到的思想資源（「內在超
越」觀念及其蘊涵的有關思想），盡力「致君於堯舜」了。

在此情況之下，古典儒學傳統中自孔子以下的共同主張（「內聖外王」
與「政教合一」觀念以及天子制度）對他們而言，仍然必須堅持下去，不然
傳統儒者便失去了他們的基本立場。因為如果不堅持這些主張的話，為
什麼還要努力——有時候努力得連身家性命都不顧——「致君於堯舜」呢？

　　從以上的分析中，我們可以理解儒學傳統中的超越意識所蘊涵的思想與「宇宙神話」中所肯定的天子制度的神聖性與永恆性，雖然表面上顯示著某種程度的緊張（tension）或衝突，但自漢代以來數千年帝國儒教的傳統中國之中，於實際運作上卻是相互加強的。因此，傳統中國天命觀念支持的天子制度所落實的普遍王權不但是政治秩序的中心，而且是文化－道德秩序的中心，同時也是（比文化－道德秩序較少，但在很大程度上）社會秩序的中心，因為社會秩序中的身份等級制基本上是經由科舉制度決定的，而科舉制度是為政治秩序服務的。換言之，社會秩序在很大程度上是政治秩序的一部份。傳統中國社會的宗族制度並未完全整合於政治秩序之內，在某種程度上是與政治秩序平行的。但，它是內向的，所以不會構成對天子制度的挑戰。受有功名的民間鄉紳則通常扮演輔助政府的功能（如幫助或代替政府收稅、推行修橋鋪路等公共工程等），換言之，也是整合於政治秩序之內的。（傳統中國文化－道德秩序與社會秩序之所以整合於政治秩序之內的深層原因是：天子制度與天命觀念不只是政治秩序的中心，也是文化－道德秩序與[在很大程度上]社會秩序的中心，而天子制度由於是宇宙秩序的一部份，所以是永恆的。因此根本的解釋是：為何這個認定天子制度是永恆宇宙秩序的一部份的「宇宙神話」，在數千年高度發展的中國文明中，未曾被理性的思辨所突破？系統的解答，見本文附錄。）

　　總結以上的論述，由於傳統文化－道德秩序與社會秩序高度整合於傳統政治秩序之內，傳統政治秩序的崩潰帶來了文化－道德秩序以及社會秩序的解體。辛亥革命的歷史意義是：它是傳統政治秩序的最終爆破點，爆破了以後，不但新的政治秩序無法產生（繼之而起的軍閥割據與混戰可為明證），而且文化－道德與社會產生了深刻的危機。從世界史的觀點來看，從傳統過渡到現代，任何國家之內都出現過某一方面或幾方面的危機，但像中國這樣出現全面性秩序危機，則是極少見的。從結構的觀點來看，主要是因為其他國家的傳統文化－道德（包括宗教）秩序與社會秩序並沒有像中國那樣高度整合於政治秩序之內的緣故。

在如此全面性危機中，百廢待舉，傳統成分有的已經死滅，尚存的成分失夫了過夫續繫的地方，變成了游離份子，因此出現了秩序危機的特殊現象：某些成分在過去的結構中是不可能與另外特定成分聯繫在一起的，但是現在則可能聯繫在一起（包括外來的成分在內）。換言之，全面性秩序危機導致了全面性的成分之間的不和諧。此種coherency的真空，是人們難以承受的。情況愈混亂，不安與焦慮愈深刻。最深刻的不安與焦慮，只能由超越的力量與資源帶來快速的、整體的、徹底的、一勞永逸的拯救。尤有進者，這種皈依宗教意義的拯救帶給人們接觸神聖之源以後精神上的滿足與心靈的慰藉與提升。下面我將在知識領域訴求超越之源與在政治領域建造神祇為例，來進行具體的說明。

（一）五四時期的兩面旗幟之一：科學，在丁文江、胡適的高舉之下，變成了自然主義的宗教，這個現象可從1923年「科玄論戰」中看得很清楚。

這個論戰是丁文江發動的。張君勱在民國十二年2月14日在清華大學作了一次題作「人生觀」的講演。他說：「人生觀之特點所在，曰直覺的，曰綜合的，曰自由意志的，曰單一性的。惟有此四點，顧科學無論如何發達，而人生觀問題之解決，絕非科學所能為力，惟賴諸人類之自身而已。」張先生關於人生觀是主觀的、直覺的意見，容或有更進一步釐清的必要。但，他的主旨所在——科學無論如何發達，終不能解決人生觀的問題——到現在仍是站得住腳的慧見。因為，人生觀是價值問題，而科學則為中性。人生處世可以或應該把科學的發現當作參考，但科學無法解決價值問題。然而，丁先生卻針對此點，大加攻擊。他的攻擊事實上只是他信仰科學萬能的科學主義的反映而已。不過，在這個論辯中，張、丁二位均不自覺地共同預設了一個不能成立的假定：他們都認為主體（subjectivity）與客體（objectivity）是彼此獨立、無法會通的。可是，他們在討論科學性質的時候，卻又均曾徵引十九世紀分析科學原理與科學方法的傑出著作——傑方思（W. Stanley Jevons）的《科學原理：一部論述邏輯與科學方法的專著》（*Principles of Science: A Treatise on Logic and Scientific Method*）。然而，正如 Ernest Nagel 所說：「傑方思在他的著作中清楚地洞悉：不認為科

學是受益於『自然的預期』(anticipation of nature)，而只把科學的工作當作是積累事實、根據它們所呈現的特性加以分類、最後篩選出它們的屬性與屬性所可蘊涵的通論的看法，是完全不足以說明科學的本質的。與這項強調歸納法是科學的本質的論調完全相反，傑方思認為科學方法主要是：在科學研究中建立假設，而假設則對於事實加以選擇與解釋發生作用，這種選擇與解釋受科學家在研究的過程中含有預期性的理念影響很大……傑方思把歸納法形容為『從特殊真理到普遍真理的推論』，他又說『歸納是演繹的反面運作』。這些話不是一些匆忙的讀者把它的意思當作是『主張普遍真理可從特殊的真理那邊經由歸納過程推論而來』所能了解的。因為他曾明白指出：『歸納是自然現象隱藏的意義的破解』，要達成這項任務，我們必須製造出 (invent) 許多假說，一直到碰到一個假說，其演繹的結果與經驗相符。因此，當他說『歸納是演繹的反面運作』，他的意思是：從某一假說演繹出邏輯的結果，然後把這個結果與所看到的經驗事實相比照，在這一過程中自然律才能建立或否定。傑方思在《科學原理》的重大貢獻是他對『假設—演繹的方法』(hypothetico-deductive method) 豐富而至今有效的解說。他認為『假設—演繹的方法』才是科學程序的本質。」[5]

根據以上的說明，丁、張兩先生顯然都對傑方思誤解了。對於傑方思而言，科學是演繹與歸納的相互為用；所以，具有科學素養的主觀成分的直覺、猜測與對於客觀事實的認識在研究過程中是纏繞在一起的。科學是無法把主觀性與客觀性截然分開的。而「假設—演繹」並不如丁先生所說，需要「經驗的提示」。導致科學中重大發現的問題，如啟發愛因斯坦發現相對論的問題，是沒有經驗提示的。

胡適為這次論辯作總結時，對於科學所抱持的科學主義的看法比丁文江更激進、更庸俗化，顯示著他迫切需要建立自然主義的宗教的心態。他一方面說：

---

5 Ernest Nagel, "Introduction," in W. Stanley Jevons, *The Principles of Science: A Treatise on Logic and Scientific Method* (New York: Dover Publications Inc., 1958), pp. xlix–l.

根據於一切科學，叫人知道宇宙及其中萬物的運行變遷皆是自然的——自己如此的——正用不著什麼超自然的主宰或造物者。

根據於生物的科學的知識，叫人知道生物界的生存競爭的浪費與殘酷，——因此，叫人更可以明白那「有好生之德」的主宰的假設是不能成立的。

根據於生物學、生理學、心理學的知識，叫人知道人不過是動物的一種，他和別種動物只有程度的差異，並無種類的區別。

另一方面，他又說：

在那個自然主義的宇宙裡，在那無窮之大的空間裡，在那無窮之長的時間裡，這個平均高五尺六寸，上壽不過百年的兩手動物——人——真是一個渺乎其小的微生物了。在那個自然主義的宇宙裡，天行是有常度的，物變是有自然法則的，因果的大法支配著他——人——的一切生活，生存競爭的慘劇鞭策著他的一切行為……然而那個自然主義的宇宙裡的這個渺小的兩手動物卻也有他的相當的地位和相當的價值。……他現在漸漸明白：空間之大只增加他對於宇宙的美感；……天行之有常只增加他制裁自然界的能力。甚至於因果律的籠罩一切，也並不見得束縛他的自由，因為因果律的作用一方面使他可以由因求果，由果推因，解釋過去，預測未來；一方面又使他可以運用他的智慧，創造新因以求新果。甚至於生存競爭的觀念也並不見得就使他成為一個冷酷無情的畜生，也許還可以格外增加他對於同類的同情心，格外使他深信互助的重要，格外使他注意人為的努力以減免天然競爭的殘酷與浪費。——總而言之，這個自然主義的人生觀裡，未嘗沒有美，未嘗沒有詩意，未嘗沒有道德的責任，未嘗沒有充分運用「創造的智慧」的機會。[6]

---

6 胡適：〈科學與人生觀序〉，載《科學與人生觀》（上海：亞東書局，1923），頁 25–27。

　　然而，任何一個稍稍細讀過胡文的人都知道，胡先生深具信心說出來的話，只是一組與前提不符的推論而已。他所說的是一組「決定論、機械論」的自然觀，然後用一串「意志主動主義的」（voluntaristic）思想揉雜在裡面罷了。胡先生一生一再強調思想清晰的重要性，然而他似乎並未感到他這篇大作中相當明顯的混淆。達爾文主義下的「物競天擇，適者生存」並不能支持「格外增加他對於同類的同情心，格外使他深信互助的重要」。假若宇宙之中的一切運作與變化都是遵從自然律自然的進行；那麼，人既然也是自然的一部份，不可能在自然之外，又如何能像胡先生所說，能夠「運用他的智慧，創造新因以求新果」呢？胡先生並不認為他的「意志主動主義」的觀點與他的「機械的自然觀」會有任何衝突或緊張的。他覺得他的「意志主動主義」是與他的「自然主義」相符的。然而，他對科學的「認識」並賦予它的使命，早已衝破了科學適用的範圍，並對科學的性質產生了嚴重的誤解。他早已把科學當作新的宗教，盲目地信仰著，以為它無所不能，即使意識到在思想上的矛盾，亦因宗教熱情的驅使而無所顧忌。

　　丁文江與胡適兩位在當時的中國知識界都是領袖群倫的人物。丁氏對於傑方思關於科學方法比較精緻的——在西方學術界被相當普遍接受的、正常的——說明，竟然在關鍵的地方完全弄錯了，這不是因為他的英文程度不夠或他的才智不足或他讀書不夠認真（丁氏以事事認真而贏得友朋們普遍的尊敬），上引胡適思辨中的混亂也不是這些理由可以解釋的。他們之所以如此大力提倡科學，主要是因為他們受到搶先佔據在內心的關懷深刻地影響所致。他們把科學當作神祇來崇拜，科學變成具有超越性的力量，因此不受人間一般性資源——往往可以解決某些特定問題，卻不能解決另外的問題——的限制，所以科學可以用來解決一切問題。這種對於科學的迷信，反映著他們內心的不安與焦慮所導致的強烈訴求。中國所面臨的是三重秩序解體以後的全面性秩序危機，對他們而言，科學成為能夠解決所有問題的資源與力量。

　　然而，把西方經過數百年發展出來的科學移植到中國來，談何容易！他們需要一把鑰匙，用來開啟科學大門，以便帶領國人進入其堂

奧，汲取它的資源與力量。這把鑰匙就是科學方法。科學的本質，他們認為不在於它研究的主題而在於它的方法。所以，丁、胡兩位都特別強調需要首先引進科學方法。他們所講的科學方法基本上是歸納法。演繹法事實上在科學方法中更為關鍵，但它需要依靠具有洞見的直覺——那是前引傑方思所說「『自然』的預期」或博蘭尼所說的「自然中的理性直覺」(the intuition of rationality in nature)。[7] 如此，科學方法反而變得不可捉摸了。他們之所以特別強調歸納法，因為它可以用刻苦努力來接受與應用。這樣就有路可走了！問題千頭萬緒，不過，在科學萬能並且可用歸納法發揮其超特力量的旗幟下，他們內心的不安與焦慮找到安頓。展望未來，只要這樣努力走下去，此路是可以達到彼岸的，中國是可以獲得拯救的！

然而，這種科學主義的新宗教真能提供有生機的資源嗎？真實的情況則是：把科學當作迷信的對象反而最不容易進行真正科學的建設。科學主義的新宗教阻礙了對科學實質的、純正的理解。由於缺乏對於科學的真正理解，許多偽科學，只要權威人士說那是「科學的」，就得到了認可與推行的正當性。最為極端的例子是：在「大躍進」期間，一些違反自然律的政策與措施，當一個科學家在有權力的政治人物面前說，那是「符合科學的」，便當作定可獲益的政策與措施推行下去。筆者無意把原因複雜的「大躍進」所造成的災難化約為推行科學主義新宗教的結果。不過，推行科學主義，迷信科學萬能，無疑是阻礙在中國現代性之中理性發揮力量的因素之一。事實上，這種「令人著迷的」偽宗教，只是深刻的秩序危機持續尚未獲得解決的特徵之一而已。

（二）政治領域內的造神運動。中共革命史中的造神運動，在延安時期已經萌芽，到了「文革」時期達到了顛峰。茲略舉幾個大家耳熟能詳的言說實例與一首當時到處高唱的歌曲的歌詞，以見一斑：

7　Michael Polanyi, *Personal Knowledge: Towards a Postcritical Philosophy* (Chicago: University of Chicago Press, 1958), p. 16.

毛主席是真理的代表。(周恩來，1958)

毛主席的書「句句是真理，一句頂一萬句」。(林彪，1966)

對於領袖應當無條件信任，特別是經過幾十年實踐證明，中國不存在個人崇拜問題。(王任重，1958)

相信毛主席要相信到迷信的程度，服從毛主席要服從到盲目的程度。(或：跟從毛澤東要到盲從的地步，相信毛澤東要到迷信的地步。)(柯慶施，1958)[8]

大海航行靠舵手，萬物生長靠太陽。雨露滋潤禾苗壯，幹革命靠的是毛澤東思想。魚兒離不開水呀，瓜兒離不開秧。革命群眾離不開共產黨。毛澤東思想是不落的太陽。(《大海航行靠舵手》)

到了「文革」期間，家家供奉毛澤東石膏塑像於神龕，每日晨昏「早請示、晚彙報」，受到批評的人都須向毛像「請罪」，造神運動到了這個階段，連宗教儀式也是不缺的。

造神運動是一個複雜的演變過程，最後變成極大的災難，並非必然。(毛澤東在1956年中共八大中是反對個人崇拜的，但到了1958年搞「大躍進」的時候，因急需動員黨內黨外全民支持他的極端的烏托邦式激進政策，他又說：「我是主張個人崇拜的。」)造神運動的每個階段，其原因也都很複雜。另外，先鋒革命政黨崇尚一元化領導，並無有效的權力制衡機制，則是結構性的原因之一。而毛澤東多疑而倔強的性格「受不了」在政策上的爭論中自己成了少數派，使得他把要贏的意圖與權力鬥爭糾纏在一起；赫魯曉夫對於斯大林的清算，使毛感到威脅；再加上林彪、康生等歌頌毛澤東的權謀設計等等，都起著作用。[9]筆者無意全面論述造神運動，那不是本文的任務。當然，造神運動是全民在

8　引自林蘊暉：〈中國六十年代造神運動的起源〉，《黨史博覽》，第11期 (2005)。

9　同上註。

「全能主義」（totalitarianism，海外通常譯作極權主義或全權主義）的政治壓力下推行的。然而，我們需問：為什麼中國的「全能主義」政治，當時是以造神運動的形式出現的？（即使蘇聯的斯大林「個人崇拜」運動，也沒有推展到像中國文革期間造神運動那樣的地步。）在本文的脈絡中，我想探討的是：造神運動的歷史文化背景，以及它的「宗教」意義及其後果。這是造神運動不可化約的面相之一，否則無法切實理解為什麼造神運動能夠成為全民熱烈參與的鋪天蓋地的運動。

毛澤東於1917–1918年在湖南省立第一師範學校讀書時，曾寫道：「服從神何不服從己，己即神也，己以外尚有所謂神乎？」[10] 這種對於人成為宇宙主宰的信念，在五四時期也見於別的知識份子，如郭沫若的著作中；而傳統中國「天人合一」思想中，神聖與俗世的界限本來就不是截然劃分的。這些都是背景因素。

關鍵性的因素則是全面性的秩序危機。如前所述，自辛亥革命以來，中國是處於全面性、三重秩序危機之中，面對這樣千頭萬緒、急待解決的無數大大小小的問題，人們渴望著一個不受現實限制的、絕大的、超越力量的降臨。這個資源與力量無限的超越之源，不但能夠解決種種實際問題，而且當人們和他接觸時，感到奇里斯瑪的（charismatic）震撼，感到自己渺小、畏葸的生命，因與「神聖」有了內在聯繫而得到洗滌、擴大與提升。

另外，全面性的秩序危機造成全面而徹底解決危機的訴求。只有超越的力量才能不受人間各種力量與資源有限性的限制，帶來全面而徹底的解決。新秩序當然不能把希望放在恢復舊秩序之上，即使要復辟也是不可能的。面向未來，「大海航行靠舵手」，只能把希望放在作為「真理代表」的「不落的太陽」之上，由他永遠照耀大地、指導人間。在造神

10　中共中央文獻研究室暨中共湖南省委毛澤東早期文稿編輯組編：《毛澤東早期文稿，1912.6–1920.11》（長沙：湖南出版社，1990），頁230。另參閱張灝：〈扮演上帝：20世紀中國激進思想中人的神化〉，《幽暗意識與民主傳統》，頁252–267。

運動中，特別能夠顯示當時人信仰毛澤東的虔敬宗教情懷的，是前引王任重的那句話。他一方面說「對於領袖應當無條件信任」，另一方面又說「中國不存在個人崇拜問題」（類似的話也出現在當時其他人的言論中）。如果有人指出王任重的話自相矛盾、不合邏輯，王任重和他的同志們會感到很不服，認為那些批評他的人才是不合邏輯的，因為王和他的同志們深深覺得毛主席是超越的「神」，不是「人」，當然「不存在個人崇拜問題」。上述對於解決全面性秩序危機的訴求指向強化了的烏托邦主義的興起。只有在當下建立「共產主義天堂」，才能徹底解決全面而深刻的秩序危機。1958年「大躍進」前夕，毛澤東領導下的中國共產黨烏托邦主義變得特別強化——只有如此，才能壓倒反對的聲音，動員全國人民的力量，萬眾一心，跑步進入「共產主義天堂」。這種烏托邦主義具有強悍（自行其是）、千禧年式（chiliastic）、「比你較為神聖」（holier-than-thou）的道德優越感，而政治性又極強的特性。事實上，毛澤東的烏托邦主義是強烈的現世宗教性與強烈的政治性彼此加強的封閉系統。它的現世宗教性依靠著它所發揮的強烈政治性運動，才能使人間（而非彼岸）變成樂土；它的政治性運動依靠著它的強烈的現世「宗教」性而變得正當化（legitimized）。一方面的強度，由另一方面的強度的增加而增加。換言之，它的現世「宗教」性愈強——愈想把人間變成「共產主義天堂」——便愈須自覺須運用政治手段（甚至到無所不用其極的程度）來使它的理想不致落空；而它愈使用政治手段，便愈需要以其現世「宗教」性的最終目的（建立人間的「共產主義天堂」）來證明它使用的政治手段是合理的、正當的。

這個造神運動所釋出的能量是驚人的。為了建設「共產主義天堂」，它所動員出來的上山下鄉、全民參與的幹勁，遠遠超過中國自鴉片戰爭失敗以後任何政治與社會運動。然而，由於它是一個完全封閉的信仰系統，「神」所指示的目標、措施與步驟是不可以討論的；那樣作，不但「神」不會俯允，所有其他信眾也不會容忍。因為那等於以注定才智、眼光、能力都有限的人去懷疑超越之源的無限能力與神聖性，那是對於「神」的褻瀆。於是，愈對「神」發揮虔敬的獻身精神，愈堅決執行他的指

示，便愈不能運用社會中各項可以提供的知識，以便大家相互切磋、交流，以取得最有價值的建設目標和最有效率的建設步驟。每個社會都有──或多或少──自動自發地演化出來的交換知識和物品的機制。由於社會本身的空間被造神運動所排擠殆盡，這種機制幾乎完全消失了。

「大躍進」與「文革」的災難，說到底是理性的災難、知識的災難。它把理性運作的空間封死，不允許知識發揮它的能力。在這個「令人十分著迷」的造神運動中，追求「真、善、美」的價值理性被一個當時大家信仰的「神」所完全掩蓋，即使「工具理性」也被違反自然律的宗教狂熱所消蝕。在這樣的情況之下，造神運動所釋放出來的能量與幹勁，只有走向空前的破壞，破壞了赤誠的獻身精神，破壞了人間的道德理想，破壞了理性的尊嚴與能力，破壞了良性的政治功能，也破壞了美的品味與追求。當前中國各方面所面臨的問題，包括權貴市場經濟對於過去指令經濟強度的反彈所產生的種種問題，都多多少少、直接間接源自「大躍進」與「文革」的後遺症。

基督教傳統中，本有所謂anti-Christ（偽基督）將與救世主於千禧年同時出現的說法。在千禧年到來的時候，基督將重返人間，統治世界一千年，到那個時候人間將變成樂土。不過，在那個世界將要轉換統治者的時候，將有大動亂，屆時將有偽基督出現。偽基督有不同的形象，其中之一是：他將以和基督一樣的形象出現在人間。這個說法蘊涵的教義是：當你相信救世主來到人間的時候，你的救世主可能是一個破壞人間的偽基督。中國的造神運動由於是人工的、俗世的、攙雜著政治鬥爭、政治策略成分的「宗教」運動，所以沒有如此複雜的思考。

追溯近百年的中國現代史，由於傳統文化─道德秩序與社會秩序高度整合於政治秩序之內所呈現的一元式特性的深刻影響，傳統政治秩序崩潰以後帶來了全盤性的三重秩序危機。如此世界史上少見的、嚴重而急迫的秩序危機，導致反對迷信、提倡科學背後的強烈的對於超越之源的訴求。由於秩序危機是超大的、超強的，只有超大、超強的力量與資源才能解決全盤性秩序危機所造成的種種問題。如前所述，這樣一元式訴求的強烈程度到了極端的頂峰則是訴求新「神」降臨人間，惠施拯救。

然而，新的「神」由於攙雜著政治鬥爭與政治策略成分，並沒有、也無能力對於全民的渴望給予相應的回報。他帶給人們「十分令人著迷」的新世界，主要的是破壞。從二十世紀初年出現秩序危機以來，人民經過近百年的種種犧牲與奮鬥以後，所面對的仍然是秩序危機的問題。這樣的循環不能不使人感到中國現代性的迷惘。

附　錄

在先秦時期極盛的古典時代，「天人合一」蘊涵的本體論所發展出來的超越意識，張灝認為「是一種天命內化的觀念。這個觀念蘊涵著權威二元化意識，也就是說，不僅天子以國家元首的資格，可以承受天命，樹立政治與社會的權威中心，而且任何人憑著人格的道德轉化，也可直接『知天』、『事天』，樹立一個獨立於天子和社會秩序的內在權威。這造成不僅是儒家思想，而且是中國思想的一個突破性的契機。」[11] 張先生接著解釋此種「突破性契機」一直到傳統中國文化秩序解體之前並沒有真正發揮它的突破性潛能——即使朱熹、王陽明那樣的大儒也仍然繼續肯定「三綱」，認為那是天經地義——主要由於「宇宙神話」一直持續地發揮著支配性的作用，所以把「突破性契機」削弱了。

我同意張先生所說「宇宙神話」一直到文化秩序解體之前持續地發揮著支配性的作用，但對於他關於儒家傳統中的「超越意識」為什麼沒有發展出來（尤其在政治思想方面）它的「突破性契機」的解釋有所保留。為什麼作為一個高等文明的理性思辨在不屬於政治思想的其他領域已經達到極高的高度的宋明理學，並不能突破作為「宇宙神話」的三綱呢？只是說「宇宙神話」持續地發揮著支配性作用，無法構成完整的解釋。我們需要追問：為什麼「宇宙神話」持續地發揮著支配性的作用？

11　張灝：〈扮演上帝〉，頁46。

這與儒家超越意識本身的「內在超越」的限制有關。因為「內在超越」是內向的，所以它的理性順著內向的理路思辨，不能構成對外在權威的挑戰——甚至可以說，沒有興趣對於外在權威進行挑戰。它的興趣在於發揮「天人合一」賦予人的內在資源內向地使得外在權威得到內在的轉化（使「天子」轉化為天子）（詳見下文第1節）。

支撐「宇宙神話」之內的天子制度以及支撐作為天子制度正當性觀念的「天命」的歷史條件，大略可分四項，它們在歷史過程中相互加強，遂造成天子制度與天命觀念具有持續性的支配地位。茲略述這四項條件如下。

(1)「內在超越」本身的限制：「天人合一」所蘊涵的本體論強調「心」「性」可通「天道」。此一看法表面上使人覺得，人既可上通「天道」，與超越之源相銜接，人當然有無限的創造力。實際上，在傳統中國政治與社會脈絡裡，這種對人的無限創造力的認定，因為是內向的，反而深具保守含義。孟子所謂「盡心、知性、知天」（《孟子・盡心上》）意味著的「內在超越」，使人與「天道」的銜接和溝通方式，與西方猶太教及基督教傳統中與其「外在超越」的觀念所包含的，人與超越的上帝必需依靠與超越之源有特殊關係的媒介（agent或agency）——如先知，或先知傳統及啟示傳統下建立的教會——提供的橋樑來銜接與溝通的方式，迥然相異。[12] 儒家主流思想的「內在超越」的觀念，使人與宇宙有機地融合在

12　基督教經過「宗教改革」以後，有的教派——鑒於「外在超越」如推展到了極端，將變成完全無法與上帝銜接與溝通——也有強調「內在超越」的派別。不過，這些強調「內在超越」的教派不是基督教傳統的主流。「內在超越」作為理念來看，也有其理論的困難與危險，因為推展到了極端，會否定客觀世界的存在，在道德上可憑己意決定一切。這些細緻的問題與基督教不同教派發展的關係，偏離本文主題過遠，此處不便涉及。順便提一句：在儒學傳統中，明末左派王學就出現了上述作為理念的「內在超越」推展至極端的困難與危險。參閱 Wm. Theodore de Bary, "Individualism and Humanitarianism in Late Ming Thought," *Wm. Theodore de Bary and the Conference on Ming Thought, Self and Society in Ming Thought* (New York: Columbia University Press, 1970), pp. 145–247。

一起——人性內涵永恆與超越的「天道」，因此「天道」可在「盡性」中由「心」契悟與體會。儒者認為「超越」與「無限」內涵於人性之中；因此，由「盡性」可體現天道，故孔子說：「人能弘道，非道弘人。」（《論語·衛靈公》）

換言之，「內在超越」的觀念導致了人與「天道」銜接與溝通的特殊方式：不假外求，直接訴諸生命中「人性」的實踐。「道心」不是經由「啟示」得來，它是從「盡性」與「踐仁」的實際生命過程中由「人心」內省、體會與契悟而得。從追尋、發掘人生的意義與從實踐人性之善端——做人——的觀點來看，儒家主流所提供的思想資源，筆者認為對於傳統與現代的中國人而言，都具有重大的正面意義。

然而，在傳統中國的政治思想中，「內在超越」觀念對於人的「心」「性」的肯定與強調，反而使得儒者只能扮演「致君於堯舜」的角色。雖然人的「心」「性」因上通天道，具有無限的創造力；但，這種無限的創造力卻不能創造地認定天命觀念並不正當，天子制度並不合理，雖然儒學傳統中的大儒，如朱熹等，都對天命觀念與天子制度的僭奪與誤用觀察得非常清楚，朱熹甚至說：「千五百年之間……堯舜三王周公孔子所傳之道未嘗一日得行於天地之間。」

為什麼竟會如此呢？首先，這不是因為儒者們為了眷顧身家性命，以致沒有勇氣從根本上思考問題。證諸許多士君子為了實現他們的理想所做的奮鬥、犧牲，成仁取義、血跡斑斑的史實，我們知道這樣的解釋不能成立。關鍵在於傳統儒者們從根本上認為天命觀念與天子制度是正當的理想，而且，更重要的是可以實現的正當理想。他們上通天道的「心」「性」對他們而言確實具有無限的創造力，但這種無限的創造力卻不可能自相矛盾，把它肯定的可以實現的正當理想當作不正當的、不可能實現的理想。然而，究竟為什麼自秦漢以來從未實現過的理想，仍然被傳統的大儒以及俗儒們認為是正當的、可以實現的呢？根本的答案是：正因為儒學傳統「內在超越」意味著的人的「心」「性」具有無限的創造力是內向的，在「位」的帝王即使是假的真命天子，因為他是人，他的「心」「性」當然仍然具有無限的創造力，只要士君子曉以天下之大

道,他總有可能達到「心」「性」的醒悟,運用他內在的無限創造力變化氣質,邁向聖王的道路。這是歷代儒者面對暴君,不顧身家性命仍然直言極諫,面對自秦漢以來天命觀念與天子制度一再被馬上得天下的帝王所僭奪與誤用,而仍然一再肯定作為理想的天命觀念與天子制度,並總是樂觀地認為這個理想總可實現的理論邏輯與思想基礎。

(2) 一元-連續、有機式充滿宇宙觀的限制: 與西方基督教傳統中的宇宙觀相比照,中國傳統的宇宙觀在前提上是保守的。從基督教的觀點來看,當宇宙之外的上帝創造了宇宙與宇宙之內的人,並賦予人自由意志以後,人根據他的自由意志,不聽上帝的告誡,遂產生原罪。(自由意志在這個特定的意義之下,有其「超越」的一面,它超越了上帝的告誡,也可說超越了上帝的限制。從此以後人只能自己管自己或不管自己,聽上帝的話或不聽上帝的話,一切由自己的自由意志決定。當然,萬能的上帝有能力收回或撤銷他賦予人的自由意志;不過,假若他那樣做,就與他當初自動賦予人自由意志自相矛盾了[所以十全十美的上帝是不會這樣做的]。上帝的超越性與自由意志的超越性構成了化約不掉的緊張[tension]或矛盾。在千禧年到來之前,人所處在的宇宙注定是有缺陷的了。)這種缺陷不是人自身的力量可以彌補的。它需要依靠「外在超越」的力量惠予直接的拯救,或間接的啟發以便動員人的資源去面對、克服世間的難題。這種外在的力量帶來突破宇宙缺陷的契機。換言之,宇宙的缺陷與人必需依靠的「外在超越」的互動,蘊涵著突破現狀以及突破支撐現狀的理想的可能。

中國一元-連續、有機式的宇宙觀則是充滿的 (full/plenitudinous)。雖然充滿的宇宙在時空之中經常不十全十美,但它可運用自身的資源,達到十全十美。用儒家傳統的語言來說,人性內涵天道,故可由自身的力量臻於天道在世間的極致——「內聖外王」。十全十美的世界與現實的世界,並不是截然不同的兩個世界。從邏輯上講,它們屬於一個世界;所不同的是現實世界尚未發揮(但確實可以發揮)自身的資源,使原有的理想臻於極致。在一個充滿的宇宙之內,不可能產生新的、突破性的理想。所以,它必然是保守的。(在傳統文化-思想秩序[結構]解體以

後，新儒家卻仍然相信民主可從中國傳統資源中「開出」，這一論斷似乎仍然閃爍著傳統中國一元－連續、有機式之充滿的宇宙觀的影子。）

(3) 運會式循環歷史觀的限制：儒家傳統中的理想，雖然從現實的經驗來看，自三代以後從未落實過，但這種經驗性的理解並不能帶領儒者找尋新的理想，之所以如此，其中另一個重要因素是運會式循環歷史觀，使他們仍然抱持理想終將實現的樂觀信念。另外，一個重要的因素是「內聖外王」的理想，被在儒學傳統的人們極為普遍地認為確實在遠古時空的「三代」實現過。既然，過去經由聖王的努力實現過，希望未來聖王再起，達到內聖外王的境界，對他們來説不是唐吉訶德式的幻想，而是有現實意義的。

到了明末清初，有識之士對於朝代專制的認識是切膚的、深刻的。然而，即使反對空談、反對盲從、以務實學風名世的黃宗羲與顧炎武等大儒，也仍然認為「歷史的運會中聖王之再起」不是虛幻的想法。黃宗羲在他的《明夷待訪錄》題辭中説：「余嘗疑孟子一治一亂之言，何三代而下之有亂無治也？乃觀胡翰所謂十二運者，起周敬王甲子以至於今，皆在一亂之運。向後二十年交入『大壯』，始得一治，則三代之盛猶未絕望也。」顧炎武看到梨洲先生大著以後説：「大著待訪錄，讀之再三，於是知天下之未嘗無人，百王之敝可以復起，而三代之盛可以徐還也。」另外，黃宗羲在他的大著論財政改革時則説：「後之聖王而欲天下安富，其必廢金銀乎？」雖然黃宗羲對於朝代專制的惡毒認識得比前人清楚，但他的思想只能説是傳統政治思想發展的極致，事實上並未突破傳統思想的限制，當然，也就無法提出真正的新理想。

(4) 社會力量的貧弱與經濟發展的限制：上文已經提到儒學傳統自漢以後是在穩固的龐大帝國結構之內發展的，當然不可能不受此一結構的限制。另外，從社會結構與傳統經濟發展的觀點來看，中國傳統的社會與經濟也沒有提出足夠的資源，讓好學深思之士根據這些資源去挑戰傳統的政治制度與政治正當性觀念，並思考另外可能的選項。

中國社會組織基本上是以血緣為基礎、家族為其基本組織的模式。這種組織模式的支配性，可從非家族的社會組織也以擬似的家族形式出

現，可以得到證明。家族組織基本上是內向的：以在現有政治結構之下，盡量維持家族的福利為第一前提，所以這種社會組織形式不太可能打破自己的疆域，超越自己的限制，與別的社會組織聯合建立法人式社會共同體的認同（corporate identity）。

另外，中國書院的獨立性是相當有限的。它們是議論國政的地方；不過，這些議論主要表現於抗議精神的抒發，並未發展到思考新的政治制度與新的政治正當性觀念的地步。道家隱逸之士有時也表現了一些抗議精神，但他們逃避現世，離開了政治領域。道教信徒要成仙、煉丹，以求長生不老。佛教寺院與道觀有時都是官僚系統的一部份。佛教主要是為了出世，達到「彼岸」，大乘佛教當然有入世的胸懷，但這些都是在接受現有政治秩序的前提下進行的。中國文學極大的發展與極高的成就主要在抒情方面。它能表達民間的疾苦，抒發人間曲折、深邃的情感，但它對生命悲劇性的崇高與緊張則較少著墨，所以也無法提供生命力，突破傳統的政治、文化結構。從表面看來，民間千禧年的宗教可以匯聚非主流的民間力量，但它在政治思想上並未提供新的選項。受其鼓舞的農民反叛（或起義），多接受與內化儒家正統政治正當性觀念。如果它們成功，也不過仍然藉「天命」的口號，建立一個新的朝代而已。

傳統中國大陸性農業經濟與手工業在八至十四世紀發展出當時世界上最富庶、最強大的經濟體，但它無法突破自身結構性的限制，反而陷入了「平衡的陷阱」（the equilibrium trap）。[13] 所以，它未曾發展到能夠給社會、政治提供新的資源，使它們產生結構性的變動。當然，也就無法提供新的刺激，使得有識之士思考如何突破傳統政治、社會的結構。

以上簡略的論述並不否認傳統中國政治、社會、文化結構中有許多內部的變動，例如：明清社會中士商合流、新的公私觀念的出現、王學泰州學派的宗教運動以及民間講學的興起等等。在明代帝王專制到了極端發展的階段，儒學出現了轉向，士君子深感上行的「得君行道」走不

13　Mark Elvin, *Pattern of the Chinese Past* (London: Eyre Methuen, 1973).

通，改為致力於下行的「化民成俗」。[14] 在這樣的趨勢之中，中國式的「民間社會」也開始出現。不過，這些新的變動終究沒有突破傳統中國政治與社會的結構。

經牛津大學出版社(中國)有限公司(2019)許可轉載。原收入宋曉霞主編：《「自覺」與中國的現代性》(香港：牛津大學出版社，2006)，頁 2–25。(編按：現為未經刪節之完整版本。)

14　參閱余英時：〈士商互動與儒學轉向——明清社會史與思想史之一面相〉，載陳弱水、王汎森編：《思想與學術》(邢義田、黃寬重、鄧小南主編：《台灣學者中國史研究論叢》，第4冊)(北京：中國大百科全書出版社，2005)，頁164–211；余英時：〈現代儒學的回顧與展望——從明清思想的基調的轉換看儒學的現代發展〉，氏著：《現代儒學論》(River Edge, NJ：八方文化，1996)，頁1–59。

中國人文的重建

「中國人文的重建」這個題目可以從很多觀點來談：可以從很籠統的觀點來談，可以從知識論的觀點來談，也可以從歷史的觀點來談。我今天不想從艱深的知識論的觀點來談，我想先從結論談起。本來我想用論式的（argumentative）方式，一點一點的討論與證明我的看法；但現在我想先把我的結論講出來，然後再談為什麼我會有這樣的結論。

什麼是人文？

首先，什麼是「人文」？我們關於人文研究的種種，呈現著非常混亂的現象。什麼是「人文」許多人都沒弄清楚，甚至有人把「人文學科」（humanities）叫做「人文科學」，好像不加「科學」兩個字就不覺得這種學問值得研究似的。我認為「人文學科」絕對不能把它叫做「人文科學」。當然，名詞上的纏繞也不一定就是那麼重要；但，如果我們可以使用一個比較恰當的名詞來指謂我們所要指謂的東西，那麼我們就應該放棄那個比較不恰當的名詞。事實上，「人文學科」與「科學」是有很大差別的。那麼，究竟什麼是「人文」呢？為什麼有的人——當然不是每個人——願意研究「人文」裡面的一些學問，而不願把「人文學科」稱做「人文科學」呢？簡單地說，答案如下：因為我們是「人」而不是「機器」。因為是

「人」，所以有特別對自己的要求；因為我們是人，所以要肯定人的價值，找尋人的意義。可是用什麼辦法來找尋人的意義，用什麼辦法來說明「人」有意義呢？

假如有人問這個問題的話，我的第一個答覆就是：「因為我們**想**找尋人的意義，所以**要**找尋人的意義。」為什麼這麼說呢？要解釋這一點，我可以用一例子來說明。大家都知道柏拉圖寫了許多「對話錄」。其中有一篇叫做「米諾」（Meno），是記述米諾與蘇格拉底的對話。在這篇對話錄裡有一段交談的大意如下：蘇格拉底說他不知道道德的意義是什麼，因此，他要找尋道德的意義。他常常到市場裡去找些年輕人問：「你們活著為了什麼？」有的年輕人就開始回答他的問題，蘇格拉底然後繼續問下去，等到年輕人沒有話講的時候，他就再找另一個人問，這就是西方有名的蘇格拉底的教學方法。但是，米諾卻反問蘇格拉底：「你是不是在找尋人生的意義呢？」蘇格拉底說：「對，我是在找尋人生的意義。」米諾問：「你現在是否已經找到了人生的意義？」蘇格拉底說：「我還沒有找到人生的意義，我正在找尋人生意義的過程當中，我希望能找到人生的意義。」米諾說：「你既然還沒有找到人生的意義，只是在過程當中，那麼你如何能找到人生的意義？假若有一天有人告訴你人生的意義究竟是什麼，而他的答案是正確的，可是你如何曉得他的答案是正確的呢？你用什麼標準來衡量、來鑑別那是正確的答案呢？」這個問題是柏拉圖「對話錄」裡最重要的問題。這個問題的涵義（implications）的探討在西方思想界起承轉合幾千年，有時候高，有時候低，最近幾十年由於博蘭尼（Michael Polanyi）的哲學的工作，又重新發揚起來。這個問題的細節牽涉到非常複雜的知識論的問題，今天在這個場合不適合一點一滴地用論式的方法予以細緻的解釋；不過，這個問題所涉及之確切涵義是很重要的，可以簡單地提示出來。

當我們想找尋人生意義的時候，這找尋的本身已經蘊涵了人生有意義；要不然，假定人生沒有意義，為什麼還去找尋呢？換句話說，這個找尋的活動已經蘊涵了對人生意義的肯定，這是第一點。其次，這種找尋的活動已經蘊涵我們已經得知了一個方向，我們雖然不一定對於人生

的意義已經有了精確的了解，但我們已經有了方向，所以當你覺得人生應該有意義，或者在你找尋人生意義的時候，事實上已經蘊涵你已經對人生的意義加以肯定，而且已經相當地知道人生意義的方向。換言之，當你找尋人生意義的時候，已經「知道」人生有意義了。要不然，沒有辦法找尋，也無從找尋。假如這個觀點是正確的，則「人文學科」所關心的問題，基本上是無法用「科學方法」，或是一般人所了解的「社會科學」來解答的；雖然，社會科學的成果可以做為「人文學科」工作人員的參考。什麼是「社會科學」呢？社會科學也與人有關係，但是觀點不一樣；社會科學所關心的是人的社會，是關心人際關係的一種學問，是要了解一群人集合在一起的時候，在什麼規律、什麼秩序之下大家容易生活在一起；在什麼情況之下不容易產生秩序，大家不容易生活在一起。這種學問是與追尋人生意義的學問或創造活動非常不同的。換句話說，社會科學所關心的是人類活動的「功能」（functions）與「功效」（effects）（有人說，社會科學也關心「價值」；但，實際上這種「價值」也只是「功能」而已），所以社會科學並不觸及人類活動本身的意義，因此用社會科學的方法來找尋人生的意義，是辦不到的。那麼，什麼學科和創造活動與找尋人生的意義有直接的關係呢？哲學、文學，注重人文學科方面的史學、宗教、藝術（包括音樂、舞蹈、雕刻、繪畫等等）的研究與創造活動，才是與找尋人生意義有密切關係的活動。

當我們對於上述各種人文學科進行研究或在人文的領域內進行創造活動的時候，我們應該採取什麼樣的態度和用什麼樣的方法來進行呢？我們用什麼態度與方法才能使這種活動比較豐富、比較有成果？

中國人文內在的危機：權威的失落

在討論這個問題以前，我想先談談我們現在所處的環境。

對我們的環境我們應該有一個歷史的了解，這樣，對我們所願意進行的各種活動容易產生比較有效的辦法。我想很少人會不同意我下

面這個看法：我們的「人文」實在是處於極嚴重的危機之中；而這個危機是雙重的，它有內在的一面，也有外在的一面。內在的危機方面甚多，現在我想特別討論一點，也是比較主要的一點，那就是「權威的失落」。

「人文學科」的工作必須根據權威才能進行，不能任憑自己進行，如果一切皆由自己從頭做起，那只得退回「周口店的時代」。（這裡所謂的權威是指真正具有權威性的或實質的權威[authoritative or substantive authority]而言，不是指強制的或形式的「權威」[authoritarian or formal authority]而言。）我可舉一個例子來說明：譬如你現在對文學特別有興趣，你想做一個文學家，做一個小說家或詩人，或做一個研究文學的學者。那麼，你如何開始呢？如何進行呢？首要之務就是，必須服從你所心悅誠服的權威，如果你不根據權威來進行，就根本沒有辦法起步。首先，你必須先服從語言的權威，這在美國就有很大的困難。（我所接觸到的美國的各種現象和我所接觸到的國內的各種現象有許多相似的地方，也有許多彼此非常不一樣的地方。美國現在有一個很大的危機，就是很多年輕人不會英文，現在一般美國大學幾乎有百分之二、三十的學生連情書都不會寫，因為他們不知道該怎樣寫，每一句話裡都有文法錯誤，而且他們腦子裡沒有什麼語彙，只會幾句口頭上說的話，稍微要表示一點自己意思的時候，就會犯文法的錯誤。為什麼會這樣呢？原因很複雜，諸如美國人反對學校裡教文法，對「進步的觀念」很是誤解，以及電影的影響等等。）一個人如要寫文章，一定要能駕馭語言，語言才能做很好的工具。如何使語言成為很好的工具呢？第一，要相信你底語言是對的；第二要服從對這種語言有重要貢獻的人的權威性。以寫中國舊詩為例，你必須承認李白、杜甫寫得好，晚唐的李賀雖然有些問題，但也不失他的權威性。服從了某些權威，根據這些權威才容易開始你的寫作。假如像美國一些年輕人那樣，連文法都不相信的話，那麼起步都不能，當然做不了詩人了。假如你要寫小說，就必須學習如何寫小說。我們中國人特別聰明，有些在高中的少年，經過兩三年的努力和老師的啟發，就可以駕馭我們非

常困難的語言，就可以寫出很漂亮的中文來。但是，他們卻遇到一個問題，就是作品沒有什麼內容，寫來寫去還是那幾句很漂亮的話。很可惜的是，一些成名的作家卻一直停留在這種青春期。為什麼呢？因為他們從來沒有服從過深厚的權威，沒有根據深厚的權威來演變。大家要是看過托爾斯泰的小說，如果看過杜思妥也夫斯基寫的《卡拉馬助夫兄弟們》的話——我相信在座的朋友當中一定有人看過這些小說——就會曉得我說的是什麼意思：當你真正要寫小說的時候，當你真正欣賞別人寫的經典之作的時候，當你發現那種經典之作真是了不起，那些著作就很自然地變成了你的權威，那麼，你就能根據你所信服的權威，一步一步地演變，為自己的工作開出一條路來——當然你不一定要一直完全信服那些權威，更不必也不可重覆別人寫的東西。然而，我們只能在「學習」中找尋「轉化」與「創造」的契機；而在學習的過程中，我們必須根據權威才能進行。

可是，我們中國的人文世界中就是缺乏真正的權威，我們中國就是發生了權的危機。為什麼呢？最主要的原因是：我們中國好歹發生了五四運動，五四運動主要的一面是反傳統的思潮，經過這思潮的洗禮以後，我們傳統中的各項權威，在我們內心當中不是已經完全崩潰，便是已經非常薄弱。當然，有些人覺得傳統了不起，聽說有些研究所的老師收學生的時候，要學生燒香，向他磕頭，這只是一個顯著的例子，其他同類與不同類的例子也很多。然而，那種非常沒有生機的活動，那種使人覺得「疏離」（alienating）的活動，那種與現在生活習慣距離很遠、非常勉強的活動，實在是不能產生真正的權威性，不能使人心悅誠服，不能使人對「權威」產生敬佩之心，不能從敬佩之心中根據權威來發展自己。另外，當內在的權威發生深切危機的時候，有些人發生一種情緒的衝動：自己傳統的崩潰使他內心很煩躁，常用並不能言之成理的辦法來維護自己的傳統。這種勉強的、以情緒為基礎硬搞的辦法，常常不是發榮滋長的途徑，不是很有生機的辦法。首先「硬搞」在理論上常常站不住腳；其次，在實際環境中常常會使得別人發生很大的反感，所以常使維護傳統與反對傳統的兩派產生強辭奪理、相互爭論（polemical）的關

係。這樣並不能對維護傳統這件事產生實質的貢獻。這種辦法很難使傳統在現代的環境中發揚；用我的話來講，很難使傳統達到「創造性轉化」的結果。

了解外國文化之不易：
以檢討對西方「理性」與「民主」的浮泛之論為例

　　當然，有人會說，自己文明之內的權威的確失落了，不太管用了；不過，我們有外來的權威：有沙特、佛洛依德，有外國的學者與思想家可以做為我們的權威。

　　可是，大家要曉得，了解外國文化，談何容易？把外國的東西當做權威，常常會變成口號。我來舉個實例，大家就會了解：西方從第二次大戰以後，花了許多錢去訓練研究中國的學者。拿美國來講，已經花了幾千萬美金或幾億美金（詳細數字我從前看過，現在已記不清）來訓練許多研究生去從事中國歷史、文化、政治及其他方面的研究。現在已經有許多人可以看中文，跟你說中文，到飯館吃飯用中國話點菜。但是，我們平心靜氣地看一看美國人的著作，除了極少數的例外，有多少美國學者的著作真正對我們中國文化的精微之處，對我們中國文化的苦難，對我們中國文化起承轉合、非常複雜的過程，與因之而產生的特質，有深切的、設身處地的了解？我可以說，非常、非常之少。談到這裡，有人也許會說，美國人當然不容易了解我們了；我們是一個幾千年的文化古國，他們怎麼能夠很容易地了解了呢？何況，花錢辦教育與思想的境界並沒有直接的關係，深刻的思想不是金圓可以買得到的。他們的學術界深受實用觀點的影響，為了實用而了解，當然不易深刻。然而，反觀我們自己，鴉片戰爭失敗以來，要了解西方已經有一百多年的歷史，在這個歷史的過程中，對西方的態度也產生了許多重大的變化，而且在來自西方的專業學問上，有人已經獲得傑出的成就；然而，我們平心靜氣的自問一下，我們對西方文化的精微之處，對

它的苦難，對它起承轉合、非常複雜的過程，與因之而產生的特質，又有多少深切的、設身處地的了解呢？我也可以說：除了極少數的例外，非常、非常之少。

例如，多年來，許多中國知識份子，包括終生崇拜美國文明的胡適，主張新傳統主義的唐君毅，以及許多主張行為科學的學者，甚至一些提倡人文研究的年輕的一代，都一致認為西洋文明是注重理性的。這種看法，從粗淺的觀點來說，也不是一點都不對，但「理性」究竟是什麼呢？我們卻不能從他們底著作中看到確切的解釋。可是，韋伯經由精微的分析以後卻說，西方近代工業文明的發展主要是來自「工具理性」，這種「工具理性」是自加爾文教派反理性、不人道的「宿命論」衍變而來。換言之，「工具理性」背後的動力是一極不理性的東西，而「工具理性」本身有許多面與「價值理性」不但根本不同，而且基本上是衝突的。「工具理性」的發展造成了西方今日社會與政治的「官僚化」（bureaucratization）、「形式化」，因之導向個人的「異化」。所以，我們可以說「工具理性」發展的結果，從謀求合理的人生的觀點來看，是很不理性的。韋伯底理論，此處無法細述。我在這裡稍稍提出，只是要說明粗淺地指謂西洋文明是注重理性的這一看法，因為過分簡單，無法使我們進一步了解西洋文化的實質。

從以上的陳述，我們知道了解另外一個文化是非常困難的事。把另外一個文化的一些東西當做口號是相當簡單的，但口號式的了解並不是真正的了解。這種口號是一種很做作的、不自然的、反映我們內心問題的假權威，而不是真權威。台灣文學界從前流行過一陣子「現代主義」，聽說現在在台灣教英美文學的先生們，有人還在提倡所謂「新批評」（New Criticism），這些隨便把在外國環境當中因特殊的背景與問題而發展出來的東西當做我們的權威，實在是沒有根的。這種辦法的結果是：可怕的口號變成了權威。這樣自然產生了我在別處提到的「形式主義的謬誤」（formalistic fallacy）。當你覺得有幾個口號對你很有用的時候（例如「現代主義」中的那幾個口號、「心理分析」的那幾個口號），而不知那些口號所代表的觀念的複雜性，和它們在特殊歷史情況下演變出來

的性格，亦即把外國的一些觀念從它們的歷史的來源中切斷，斷章取義地變成了自己的口號的時候，自然就會犯「形式主義的謬誤」。

「形式主義的謬誤」是什麼？這可以從兩點來談：第一，「形式主義的謬誤」是指只看事情的表面的謬誤。看事情不能深入是很糟糕的；不過，這不是我所最關心的問題。因為世界上總有人非常淺薄，我們也沒有工夫管那麼多。我所特別關心的是下面一點：就是當我們在腦筋裡思索問題的時候，我們必須根據一些東西想——世界上從來沒有空想這件事——假若我們根據的東西只是一些口號而我們又不知這些口號裡面的含意與後面的歷史背景，亦即不曉得這幾個名詞真正意義的時候，我們常常把我們自己想像出來的意義投射到這幾個口號上。我們常常會根據我們的觀點、我們的問題或我們所關心的事情來解釋這些名詞；這種解釋常常與這些名詞所代表的思想沒有多大關係。假若是這樣的話，幾乎無可避免地會產生「形式主義的謬誤」。

我來舉一個實例說明一下。大家都曉得，我們應該實行民主。我們覺得民主非常好，事實上，我也覺得民主好。但是「民主是好的」這個觀念在我看來，指的是：民主是最不壞的一種政治制度——所以比較好（其他政治制度比這個制度還壞，所以民主比較好）。實行民主會產生許多問題，這些問題與實行別的政治制度所產生的問題比較起來，比較最不壞，但卻是相當不理想的。

實行民主會有什麼問題呢？在台灣一般人的腦筋裡有一個想法，認為民主的社會一定容易產生獨立的精神。因為我們過去沒有民主的傳統，我們常常被中國「封建」社會中遺留下來的許多毒素所壓制，同時也被一些政治的勢力所壓制，所以我們覺得以人權為基礎的民主社會裡面的人比較能夠獨立。以人權與法治為基礎的民主社會，能夠給予個人的獨立與自由許多保障，從比較能夠免於外在政治勢力的干擾的角度來看，民主社會裡面的人是比較有獨立的空間。然而，有了可以獨立的保障，與事實上就能獨立是兩件事，不可混為一談。

我們首先要了解：民主社會是什麼？民主社會裡的人有權利對許多事情做決定，而民主的社會也鼓勵個人對許多事情做決定。政治方面的

投票，自己應該並且可以做決定，其他事情也被鼓勵要自己做決定。我是一個人，我有權利為我的生活、我的思想、我的愛好做決定，所以有人說民主容易產生獨立的人格。我覺得「自由」容易培育獨立的人格（「自由」與「民主」相互有關，但卻是很不同的兩件事），「民主」卻不易培育獨立的人格。為什麼呢？假若一個社會很民主，生活是以民主為基調，在那個社會裡會產生一種風氣，一種每個人對什麼事都要自己做決定的風氣。對於與自己有關的任何事的看法，總要以自己為中心，不重視師長、父母、朋友的意見，他的第一個衝動是我自己要對與我有關的事做決定。這種風氣表面上好像很能表現獨立的精神，事實上，卻影響人們不容易獨立思考，不容易有真正個人主義的精神。為什麼會這樣呢？因為以個人為中心的民主生活方式變成根深柢固、視為當然的生活習慣以後，當在什麼情況下我自己都要做決定的時候，常常會發生不喜或漠視傳統的與實質的權威的現象。那麼，下面一個問題就發生了：「什麼事你都要做決定，但你根據什麼做決定呢？」結果是：形式上每個人都是根據自己的意思、想法、愛好做決定，但實質上，他的根據常常是當時流行的風氣。因為每個人都受外界的影響。當父母的權威、教會的權威、學校的權威、師長的權威、典籍的權威都不被相信的時候，亦即傳統的權威與實質的權威在以自己為中心的民主社會裡失去了權威性的時候，個人只相信「自己」，但「自己」是什麼呢？「自己」的心靈因為已經沒有傳統的與實質的權威可憑藉並受其保護，所以很易被外界當時流行的風氣所侵佔。因此「自己」的心靈常常是外界流行的風氣的反映而已。

　　美國現在就發生這種現象，美國家庭制度產生了很大的危機，年輕人不願聽父母的話，有的年輕人在成長的過程中必須與父母的意願相反才覺得自己不再是小孩子，而是一個獨立的成人。從前教會在美國非常重要，現在教會也失去了權威性。為什麼在一個表面上到處要求與讚揚獨立的社會裡，一般人反而變得主觀上自認什麼事都是由自己做決定，而實質上這種決定卻多是受了當時流行風氣的影響的呢？因為在這種社會裡，人們內心非常貧瘠，沒有不同權威的支持來抗拒社會流行的風

氣。假若一個人是對教會權威心悅誠服的天主教徒，外面流行的東西不見得會對他發生多大的影響。因為根據他的宗教背景，他會覺得對社會上流行的事並不喜歡，或並不都喜歡。如果你對你的家族的特殊傳統感到驕傲的話，當許多流行的風氣與你的家族傳統不合的時候，你覺得別人喜歡這種東西，你卻不必喜歡，因為你們家裡的人就是這樣。但現在這些根據都沒有了，你沒有辦法根據你的家族傳統，沒有辦法根據你的地域觀念，也沒有辦法根據你的教會來做決定，你對傳統的與實質的權威都不相信了，你只相信自己，但是，你是誰呢？你的「愛好與看法」只是社會流行的風氣的一種反映而已。因此，一個真正落實民主的社會，是一個趨附時尚的社會。問題的關鍵在於**權利**並不蘊含**能力**。人們有了自作主張的權利時，並不一定就會把「自作主張」的「主張」做得對、做得好。

假若我上面的分析是對的話，那麼，實際上民主的結果和我們想像的民主的結果是有很大的不同的。換句話說，我們對於民主能夠培育獨立精神的看法，實際上是經由我們的想像把我們的希望投射到「民主」這個口號上的結果。這種形式的思維跟實際上的情況是有很大距離的，有的時候甚至相反（所以，可稱之謂「形式主義的謬誤」）。因此，當我們提倡民主的時候，不可忘記我們之所以要實行民主，是為了自由；民主是手段，是維護自由的手段，自由才是我們真正的目的。這樣，至少在觀念上對這個手段所能帶來不令人喜歡的結果能夠產生自覺的警惕；如此，我們容易得民主之利，而不受其害。

評胡適所謂「大膽的假設，小心的求證」
——形式主義的謬誤的進一步說明

以上主要談的是我們的「內在的危機」——內在權威失落以後所發生的一些問題，並兼及了解西方觀念的難處——容易發生形式主義謬誤的問題。下面我想再進一步談一談外來的危機。

　　這裡我想只先談一點，也是特別重要的一點。我們大家都知道，自從鴉片戰爭以後我們被外國人欺辱的很慘，本來我們不想學外國，最初是要採取傳統的「以夷制夷」的辦法來拒斥外國，後來則提倡所謂「中學為體，西學為用」的洋務運動，想用西洋式的工業技術與軍事技術來維護傳統的政治制度與文化精神，結果耽誤四十幾年的時間。後來發現除了「船堅炮利」以外，連西洋的政治制度和西洋的文化與思想也要學，學到「五四」的時候，覺得西洋好得很，後來變得崇洋，甚至有人提出，大概只能發生在中國的「全盤西化」的謬論。

　　這段歷史有一個基調，就是在我們學習西洋時候，我們並不是平心靜氣地學，我們是想把外國東西學好以後，使我們的力量增加，使我們強起來：我們最基本的衝動是一個功利的衝動，而不是一個人文的衝動（當然也有例外，如王國維先生早年對叔本華的了解）。當功利的衝動使我們學習西洋的時候，常常發生一種迫不及待的心情。那麼複雜的外國現象與學問，人家演變了幾千年，我們那裡有工夫都學呢？我們所要學的是我們所最需要的東西。第一，我們要學最新的東西，舊東西不管用。第二，我們要學方法；「方法」像是一把鑰匙，有了它，強大的西方文明的寶藏可以打開，我們能夠進入其中，把裡邊的好東西拿來。胡適之先生就是犯了這種「趨新」與「方法至上」的錯誤的著名代表。

　　照他說，科學方法的精義可由十個大字來代表：「大膽的假設，小心的求證。」然而，科學方法是不是「大膽的假設，小心的求證」呢？科學的發展是不是要依靠「大膽的假設，小心的求證」呢？在科學研究的過程中，工作人員是不是要在假設上看誰膽子大，誰就容易有成績？你的膽子大，然而我的膽子比你更大，所以我的假設就容易導使重大的科學發現呢？然後再小心的求證，像做考據那樣，一點一滴的，看看版本，最後發現《紅樓夢》的作者是姓曹，不姓李。是不是這樣就是從事科學研究了呢？

　　胡先生談「大膽假設」的時候，只注重提倡懷疑精神，以為懷疑精神是科學的神髓（這是對科學很大的誤解），故提「大膽」兩字以示醒目，他卻沒有仔細研究科學假設的性質到底如何？因為科學假設可能是對

的，也可能是錯的，但都必須是夠資格的假設（competent hypothesis）。
但經他提出「大膽」兩字，情況就變得混淆了，因為這種說法，如不加
以限定（qualify），使人以為越大膽越好，豈知許多大膽的假設，雖然發
揮了懷疑的精神，卻並不夠資格成為科學的假設，此種假設是與科學無
關的。

從實質的觀點來看，胡適對科學方法所做的解說，與科學研究及進
展的情況是甚少關聯的；也不能說一點關聯也沒有，因為他所説的「小
心求證」涉及到一點粗淺的歸納法的解釋與應用，但歸納法的應用並不
像他說得那麼簡單；其次，歸納法在科學發展上遠非如胡適所想像的那
麼重要。像地質學、植物分類學這一類的科學研究是與歸納法有相當關
係的。但，像數學、物理學、化學等理論性的自然科學，它們裡面重大
的發展與突破是與歸納法關係很少的，甚至毫無關係。例如哥白尼的天
文學說、愛因斯坦的相對論，根本不是應用歸納法得到的。這些偉大的
發現可說是哥白尼與愛因斯坦底思想的「內在理性」（internal rationality）
的發展所致。

如果你讀過博蘭尼（Michael Polanyi）的《個人知識》（*Personal Knowledge*）
與孔恩（Thomas Kuhn）的《科學革命的結構》（*The Structure of Scientific
Revolutions*），便會知道科學的發展主要是靠研究的時候是否能夠產生正
確的問題。科學的發展必須依據正確、有效、比較有啟發性的方向，換
言之，即是必須有正確的、具有尖銳想像力的問題。想要為胡適所謂
「大膽的假設」辯護的人也許會說，他所謂的「大膽」就是你所說「尖銳的
想像力」。但「尖銳的想像力」本身並不能促進科學的進展，必須有「**正
確的**、尖銳的想像力」才成。在這種地方說話必須精確，做廣告或搞宣
傳的辦法是不行的。那麼，這種正確的、而不是不正確的問題，是怎樣
產生的呢？那必須根據許多傳承，用孔恩的觀念，即必須根據「典範」
（paradigm）。

孔恩底「典範」的觀念，正如他自己所說，是從博蘭尼的知識論中
「支援意識」（subsidiary awareness）的觀念導引出來的。「典範」主要是指
由定律、學說、實驗工具和方法所形成的**實際**操作的具體範例。與這種

範例常接觸，於潛移默化中產生了科學傳統中「未可明言的知識」(tacit knowledge)。這種「未可明言的知識」是產生正確問題的泉源。換言之，當你提出問題的時候，已經意識到找尋答案的方向。這種問題才是科學家的問題。你在追求一個答案的時候，你覺得要在這條路走，而不在那條路走，是可能得到答案的。當然，找到答案的路可能是迂迴的，但卻是有跡可尋，而不是機械地用歸納法試出來的。科學家為了證明自己所提出的「假說」最初所走的路可能不通，得另外再試。但他所能走的路是有限的。他的信心、時間與資助單位所提供給他的金錢都是有限的。如果一試、再試，總是得不到結果，那麼，他的內在的信心與外在的聲譽以及資助單位的信任勢將瓦解，他便無法繼續做科學的研究了。因此，他所提議應需走的路，必須一開始就有相當的準確性。

科學家研究的導向是來自哪些資源呢？第一，由於他在研究中的感受。第二，與他的老師的指導有關，他與他的老師有一種默契。從科學史上我們知道，某一個學派的學生看問題的方法往往是根據這個學派的傳統與格調來看的。因為這個學派的大師用這個方法看問題產生了很好的答案。(甚至後來這個學派的學生反對他們老師的說法，他們之所以能夠反對這個學派前期的說法，也是因為深受其傳承的影響所致。別的學派的人，看這個學派的問題便往往看不到那麼深刻、那麼到家，所以要反對也反對的不夠得體。)這樣的研究，才可能產生比較有效的科學理論；根本與當初開始時，是否有「大膽的假設」沒有多大關係。

我們知道，大部份科學家都是很保守的，他們通常是應用早年學到的「典範」去解決尚未被別人接觸到的一些中型與小型的問題。在實驗中如發現「反證」，他們通常並不立刻放棄「典範」，而是希望著「反證」是假的或無關的。但，當「典範」越來越不能解釋被人視為有關的現象時，科學的發展便出現了嚴重的危機，此時若有不世出的大科學家 —— 如愛因斯坦，能夠以最尖銳的想像力(也是有所師承的)提出有效的新問題(愛因斯坦說他之所以能夠發現「相對論」，正如他自己說，是「深受」馬赫[Ernst Mach]的影響)，這個新問題產生了觀察現象的新方向，從這個新方向中產生了突破過去「典範」的新理論，這個新理論

經由實驗證明其有效性並能解釋許多過去不能解釋或不知道的現象時，便漸漸被別人信服，如此，新的「典範」得以建立；「危機」經由新的「秩序」而得以解決。科學史便又從「非常不尋常的科學」(extraordinary science) 階段進入「通常科學」(normal science) 發展的階段。

另外，還有一點需要特別說明：科學史上有不少重大的發現與「頑固」的關係很大，而不是與大膽的懷疑有關。有的科學家硬是特別信服他的老師的學說或一般人已經接受的理論。他覺得這個理論的底蘊含有比別人所發現的還要更豐富，還要更有意義。從這種觀點出發，有時會獲得極為重大的發現。例如，在1912年數學家Max von Laue對結晶體使X光折射 (diffraction of X-rays by crystals) 的發現，便是對已經接受的、有關結晶體與X光的理論更具體的信服的結果。

上面所講的使我們知道在我們學習西洋的時候，往往只學到了一些形式上的東西。多年來，不少著名的中國知識份子在提倡科學的時候，主張我們首先要學習「科學方法」，而胡適對「科學方法」的解釋實是「形式主義謬誤」的顯例。形式主義的謬誤是如何構成的呢？好比對於一件事，應有十點意見，但其中七點意見我們並不知道，我們只知道其中的三點意見，可是我們後來又把與之無關、但卻可扯在一起的兩點意見投射到那件事上去，這樣變成了五點意見。由於這五點意見並未經過精確的界定，本身就相當的含混，所以總可似是而非地推演在一起，這樣形成的理論，便犯了形式主義的謬誤。用懷海德 (A. N. Whitehead) 的名詞來描述，即是「錯置具體感的謬誤」(fallacy of misplaced concreteness)——把具體感放錯了地方的謬誤。一個東西本身有其特殊性：它不是這個，也不是那個；它就是它。它有自身的特性；但，如果把它放錯了地方，那麼他的特性被誤解，給予我們的具體感也就不是與它的特性有關了。換句話說，它本來沒有這個特性，但因為它被放錯了地方，我們卻覺得它有這個特性，這就是「錯置具體感的謬誤」。例如，胡適說科學方法的一項主要原則是「大膽的假設」，便是把科學研究錯放在「大膽假設」這個口號上了。又如民主會產生社會同一性 (social conformity)，使得人不容易獨立。但我們卻認為「民主」會使人獨立，實際上，這是把我們

對民主的「了解」的具體感放錯了地方的緣故。(民主制度保障獨立精神，但並不促進獨立精神。真正相當地實現了民主的社會，反而阻礙個人獨立精神的發展，所以美國是一個趨尚時髦的社會，連享有種種法律保障的學術界也是如此。)

人文重建所應採取的基本態度：「比慢」

我們目前的情況，如果是像以上分析的那樣：內在失去了傳統的權威，而外在又加上了許多「形式主義的謬誤」——了解西洋常常是斷章取義，常常是一廂情願的「亂」解釋。那麼，應該用什麼辦法來應付我們的問題呢？這就是現在我所要講的最後一部份。

第一是態度的問題，即我們應該用什麼心情來承擔我們的苦難，來想辦法解決我們的危機，來往前走、更上一層樓——不再在原地轉圈子。

首先我們必須有一種歷史感。我們的文化綿延四五千年，是世界上唯一繼續不斷綿延的古老的文化。但在今天這個古老文化的基本結構已經崩潰的情況之下(基本結構的崩潰並不蘊涵其中每個成分都已死滅)，短期之內我們不可能徹底地解決我們的問題。如果我們為了中國文化危機的解決，真的能夠攜手並進，共同奮鬥；那麼，在經過長時間的努力以後，也許有獲得比較令人滿意的答案的希望。因為維繫我們這麼大的一個數千年的文化傳統的基本結構解體以後，從歷史的觀點來看，不可能在幾代人的時間之內就能夠解決這個空前的危機。我們的問題，決不是某人寫了幾首詩，某人寫了幾篇文章，或某人寫了幾本書就能解決的。在這種情況之下，我們應該抱持什麼態度才能面對我們的問題呢？

如以形式主義的觀點來看我們的問題，很容易產生下面這個看法：現在問題實在太大了，我們得趕快的努力，我們要加油，要快一點。我覺得這個態度雖然其心可嘉，可是並不管用。從康梁時代到現在，我們已經著急了一百多年，然而，這種迫不及待的心情卻沒有給我們帶來許

多重大問題的深遠有效的答案。中國近現代知識份子在每個時代所說的、所寫的、所悲歌慷慨地申訴與控訴的，大多只是反映了他們的苦難而已。至於這些苦難究竟應該如何得到實質的解決，他們卻沒能提出有系統的、深切的答案。（當然更有不少玩物喪志、自我陶醉的聲音，這不是我現在所關心的問題。我現在所關心的是：真正誠心努力的成績為什麼這麼有限？）我覺得與其在平原上繞圈子繞上幾十年，最後發現自己疲憊不堪，卻並無進境，不如採另外一個態度：對我們的問題先採取一個歷史的觀點來觀察，從這個觀點來看我們的問題，我們知道我們的問題非常之嚴重，我們的責任非常之龐大，我們不能喊口號，我們不能自我陶醉於「量」的貢獻，我們必須做「質」的突破。

當我們深切地知道我們的問題的嚴重性與龐大性以後，我們知道我們無法一下子就能真正解決中國文化的危機。個人能力有限，我們不能解決所有的問題，不如立志深下功夫，做一點實質的工作。在這種情況之下，我們要發揮我以前曾經提到過的「比慢精神」。（比慢並非比懶，這一點要先弄清楚。）你寫書用了五年，我要與你「比慢」，我要用八年的時間去寫一本書，這樣才有達到「質」的突破的可能，否則仍然是在原地繞圈子，並無進步可言。我們要做最深切、最根本的努力，要下決心，要有志氣，不要不爭氣，不要沒出息，要以最大的決心來跟別人比「慢」。我所說的這種「比慢精神」，做為一個口號來講是很容易講的，但實際上並不容易做到。為什麼呢？因為我們的確著急，的確急得不得了，你要我「比慢」，但我比不了，因為實在沒有這個本領。

那麼究竟怎麼做才能「比慢」呢？我的答案是：當你很努力、很努力工作以後，真正得到了一點實質成果的時候，你才真正能夠「比慢」。當你經過多少煎熬，多少困難——想問題老是想不通，今天覺得想通了，寫得很得意，覺得簡直是神來之筆；第二天再看時，卻發現仍是根本不通。當你有這樣困思的經驗，當你在這樣的煎熬、這樣的自我批評、這樣堅強的精神支持之下得到一點實質成績的時候，得到一個突破性的學術理論的時候，你會發現，的確是一分耕耘，一分收穫。你的努力並沒有白費，這種切實的成就感，會使你的心情變得不像別人那樣著

急了，你真實地感受到只有在不栖栖遑遑的心情下才能為中國文化做一點實事。今後當然要本著原來的態度繼續努力，以求獲得更多一點成績。同時，這種成就感自然會使你產生一種真正虛心的態度：你知道你的能力的確有限，你花了那麼多歲月與那麼大的力氣，才獲得這麼一點點成績，中國文化的問題這麼多，你實在沒有本領樣樣都管，你只能腳踏實地，用**適合你的速度**，走你所能走的路。換言之，「比慢精神」是成就感與真正的虛心辯證地交融以後所得到的一種精神。心靈中沒有這種辯證經驗的人，「比慢精神」很難不變成一個口號；相反地，有這種精神，自然會超越中國知識份子所常犯的一些情緒不穩定的毛病：過分自謙，甚至自卑，要不然則是心浮氣燥、狂妄自大。

近年來，我之所以一有機會就提倡「比慢精神」，原因之一是我深感我們文化的危機是無法用「才子」式的辦法來解決的。我們的問題是：老老少少的「才子」太多，現在更有文化明星的加入，這些人的言論與著作，實際上，除了反映了我們的文化危機以外，只是自欺欺人而已。對於這些「才子」而言，假若我們對他們還抱有一點希望，不認為他們將來的一切活動均無意義；那麼，我們除了要求他們要把持知識與文化的良心以外，還要給他們再教育，要使他們的意識中能夠產生極為需要的歷史感。當他們深切感到他們過去自鳴得意、沾沾自喜的作品，實際上不過是中國文化危機的反映的時候，他們就不會那麼容易得意與自喜了，寫作時便可能斟酌起來。一旦他們比較能夠採用斟酌的態度，他們便會發現他們所要寫的題材，實際上是非常艱難的，這樣慢下來，經過長時間的努力，獲得了一些真正的成就以後，他們的成就感會導使他們進入「比慢」的途徑以謀求更大的成就。

人文重建所應持有的觀念：「特殊」與「具體」

上面談的是我們應該採取的基本態度，下面我要談的一點是我們所應持有的基本觀念。

　　我們根據什麼觀念才能有效地從事人文工作呢？首先，我們要認清人文學科與社會科學在研究或創造的時候，其基本意圖是不同的。人文學科所最關注的是具體的特殊性而不是普遍的通性。我來舉個例子。人文學科中一個重要的部份是文學。例如，有一個中國人寫了一本小說，一個俄國人寫了一本小說，一個美國人寫了一本小說，這三本小說都是談浪漫的愛情的，它們都是探討浪漫的愛的意義的。那麼，每一本小說是不是都主要在談浪漫的愛的通性呢？如果只是談浪漫的愛的通性，假若他們都有很高成就的話，這三本小說應該大致相同才是。換言之，它們最關心的不是通性，雖然通性將來可以從這三本小說中推論出來。這三本小說，每一本最關心的是它所接觸到的浪漫的愛情的特殊性，是這個男子與那個女子之間所發生的愛的特殊意義。這個特殊的意義導使這個作者非寫不可。這兩個人之間的愛情當然是來自人性，但他們之間的愛是來自人性的特殊表現、特殊的感受、特殊的心靈的交流。這種特殊的東西是要從這本小說中表示出來的，是我們要從這小說中知道的。當另外一對男女發生了真正愛情的時候，那是另外一個愛情故事，與這個故事沒有多大關係。黃春明寫的《看海的日子》，我個人覺得是台灣文學幾十年來非常了不起的一篇短篇小說。那篇小說講的是什麼呢？那篇小說談的不是彰化的人，也不是屏東的人，是講東台灣南方澳的一個女子的感受、掙扎與努力，這種特殊的感受、掙扎與努力並不能重覆。假若黃春明寫的那個主角可以放在其他地方也是一樣、代表一項共同性的話，那篇小說不可能寫得很好。

　　所以，在我們從事人文工作的時候，我們必須追求具體的特殊性。我們用什麼辦法追求具體的特殊性呢？我們為什麼可以追求人文中各個特殊性呢？因為人的心靈中有一種特別的能力，這種能力是人性中最光輝的幾項能力之一。那就是我雖然與那個人不一樣——黃春明與《看海的日子》中的主角並不一樣（而且有許多地方不同，你們曉得黃春明是陽剛式的人物），但他為什麼能夠寫出來那篇小說中的特殊性來呢？因為他有一項本領，這項本領能使他產生設身處地的同一之感（empathy），這種本領能使他感受到別人的感受。當你從事人文活動，有這種感受的時候，你的活動就比較有生機，而不是口號式的與形式主義的了。

對「新批評」的批評
——談人文研究的另一個基本觀念：注重思想

　　第二個基本的觀念是：我們從事人文工作的時候，必須注重思想，以思想做為基礎。從前有人說，文學是感性式的，哲學是思想式的，一談到歷史便使人覺得那是搞考據的。這是最不通的話。以文學為例，我從來不覺得文學最基本的任務是表現感性；而沒有學通的「哲學家」（這種「哲學家」多得很，中外都有），是最不能做思想工作的。最了不起的文學必然有深刻的思想做其基礎。你拿杜甫、屈原、曹雪芹為例，或拿杜思妥也夫斯基、托爾斯泰、湯瑪斯‧曼（Thomas Mann）為例都可以。現在台灣是否還有人提倡「新批評」呢？我知道從前在這裡曾流行過好些年。「新批評」是在 1950 年代在美國流行的一派文學批評的理論，有它的歷史背景，今天不必細談。「新批評」已經在美國很過氣了。（我不是說過時的東西一定不好；不過，「新批評」是既過時，又不好。）「新批評」認為文學的研究與創造不必講究思想，它認為文學是文學，思想是思想。若談思想，你研究或寫哲學著作好了，為什麼還要研究文學呢？文學是要在注重文學層面的東西，這包括象徵（symbols）、技巧（techniques）、意象（images）等，並不包括思想；因為文學作品所呈現的思想並不是作品的文學層面。這種論式，從表面看去很合邏輯，有其尖銳性（這也是「新批評」過去能夠在學術界佔有勢力的原因之一）。但，實際上卻犯了形式主義的謬誤——它一開始就假定文學作品裡文學的東西不包括思想，然後照此推演下去，自然得到了這種不注重思想研究的結論。其實，文學作品所蘊涵的思想只能得自文學，是文學的重要部份。有許多思想與感受不是能夠從哲學的著作中，用論式的（argumentative）方式，以直接的語言說出來的。許多特殊而複雜的感受往往是需要用間接的文學語言，在經由創造而得的文學的具體脈絡中展現的。文學的作品（特別是小說與戲劇）因為能夠呈現不同人文現象的特殊性與具體性，使他能夠蘊涵哲學、史學與宗教著作中所不能或不容易展現的思想。

　　談到這裡，我們必須面對「新批評」所提出來的一個很尖銳的技術性問題：即它所駁斥的「意圖的謬誤」(intentional fallacy)。「新批評」興起之前，許多研究文學的學者往往把文學研究看得很機械、很粗淺。他們認為研究文學主要的是要研究作者的意圖，即：作者當初想寫什麼東西，想要在他的作品中表達什麼。換句話說，這些舊式的學者認為文學研究主要的是要知道作者的原意是什麼。這樣便發生了兩個不能解答的難題：一、作者原意與寫出來的結果不一定一樣；二、讀者對這篇作品的了解不可能與作者的原意完全相同，也不必完全相同；而且，即使研究者要根據許多歷史資料努力還原作者的原意，無論他研究的多好，在邏輯上也無法證明他研究的成果就是作者寫作時的原意。因此，「新批評」派的學者說，把研究作者的意圖當作文學研究的工作是不通的，這種研究犯了「意圖的謬誤」。他們認為作者寫完作品以後，作品便是宇宙的一部份，文學研究者應該研究作品本身，其意義與作者的原意無關。新批評的這種說法，如不考慮其他有關的複雜因素，有相當的說服性，自從被提出來以後，頗能吸收一批人追隨其後，推波助瀾。當初提出這個學說的幾位批評家，在這個封閉的邏輯系統裡，頗為自鳴得意，曾盡量推動此一運動，再加上有「群眾」追隨，遂形成了很大的風氣，以為研究文學並不要研究作品的思想，主要是要研究作品的象徵、技巧、意象等等。結果是：這種不注重思想的「文學批評」使得研究工作變得非常乾涸，研究象徵、技巧與意象的工作成為「玩物喪志」的遊戲。

　　「新批評」的問題出在哪裡呢？主要是它把事情看得太簡單。它對舊式「文學批評」的駁斥是相當有道理的；然而，作者原意與寫出來的作品雖然不一樣，我們卻不能說作者的思想、意識與作品沒有關係，尤其是偉大的作品——沒有一部偉大的作品背後是沒有深厚的思想基礎的。其次，雖然我們對作品的看法不能也不必與作者原意完全相同，但，我們卻不能說「文學批評」就是一種遊戲，沒有更高的意義。事實上，對於作品中的象徵、技術與意象的研究並不是目的，而是手段；對它們的了解是幫助我們了解作品本身思想意義的手段，而了解作品本身的思想意義才是文學批評的目的。讀者所了解的作品的本身意義，當然

與作者原意不能也不必盡同。然而，如果我們對於作家，尤其是偉大的作家底思想背景和創作時的感受與關懷，沒有深切的了解的話，我們對於作品的了解往往要流於武斷與纖巧；因此，對於作品與作者的歷史的了解是文學批評工作的重要環節之一。一部偉大的文學作品，往往是對於一個時代所發生的具體而特殊的震撼的反應，並由此而激發出來的對於人文現象(愛、恨、生、死、美、醜、神、宇宙、自然等等)具有內在張力、多層面、特殊而複雜的看法。這種由作者的思想和在創作過程中產生的靈感所構成的看法，通常不容易由論式或陳述語言來表達。因為論式或陳述語言只能直接地明示，而可以直接明示的東西是很有限的。關於這一點，任何對於人文現象有感受的人均不會持有異議。因此，一個具有文學資質而又有豐富想像力與深刻感受的人，往往要訴諸文學的語言與形式來表達他的感受與思想。因為在小說與戲劇中，經由具體的情節、人物與人物之間的關係交錯地在許多層面呈現的人文現象更能蘊涵豐富的意義。我這裡所做的分析的關鍵，著重「具體」二字。論式與陳述的語言不易展現具體的人文現象，而文學的語言能夠展現具體的人文現象。經由文學的形式與語言所展現的具體的人文現象更能蘊涵豐富與複雜的意義。在文學作品中，人文現象的具體展現特別能刺激與引發讀者的想像力與設身處地的「同一之感」(empathy)。這種想像力與「同一之感」與讀者本身的關懷交互影響以後，遂可產生對於作品意義的探討與解釋。這樣的探討與解釋當然不能也不必與作者原意盡同，而且每個讀者見仁見智，對於同一部文學作品的看法亦不能也不必盡同。然而，對於文學作品的意義的探討與解釋必須是合理的。如要合理，就必須對作者的思想背景與關懷，以及作品所處的時代有深切的了解才成。不同讀者的不同解釋也必須是**合理**的，如此便有彼此切磋、相互發明的樂趣，也有使每一解釋達到更合理的境界的可能。

我在這裡並不主張也不希望，對於作品的解釋要使某某一家之言達到定於一尊的境況。然而，我們要求對文學作品的解釋要有合理性，而且越有涵蓋廣、見解深的合理性越好。因此，作者的思想與靈感、作品本身所呈現的思想與意義、一個讀者單獨的解釋、與不同讀者的不同解

釋之間，便產生了密切的關係與匯通的需要。終極地說，既然要求文學的創造與解釋必須具有高度的合理性，那麼文學創作與解釋就必須注重非閉門造車式的、合理的思想了。

如何注重思想？

一、不可過分重視邏輯與方法論

前面談的是，文學的創造與研究為什麼應當注重思想。文學的研究既然要注重思想，哲學、史學、宗教與藝術的研究也應當注重思想，此處不擬一一詳論。可是，我們究竟如何才能注重思想呢？

首先，從消極的方面來說，我們要放棄對邏輯與方法論的迷信，邏輯與方法論在學術界自有其一定的意義與功能，但過分加以提倡，會產生許多弊端。從積極的方面來說，我們要培育視野開闊、見解邃密、內容豐富、敏銳而靈活的思想能力。其次，從應當採取的途徑上著眼，我們要精讀原典，同時要隨時隨地進行自我批評。精讀原典可以增進我們的思想能力，隨時反思自己所提出的問題與看法，可以使我們更靈敏地意識到我們的問題與看法，是否合理、是否重要 —— 是否仍是常識性的、死板的老問題、老看法，抑或是尖銳的、具有原創性的新問題、新看法。如此，我們可能突破過去的困圍，庶幾不再在原地繞圈子。

我曾在別處提到過這些意見，而且也曾撰文詳論精讀原典的種種。今天不擬再談精讀原典的意義與功效，只想以實例進一步對「不可過分重視邏輯與方法論」與「必須以自我批評的方法使思想靈敏與邃密」這兩點，做一些具體的說明。

五四以來中國的文化與思想界，其所以浪費了許多寶貴的時間，以致至今有許多人對於傳統的中國文化以及衝擊我們的西方文化的了解仍然停留在記誦與喊口號的階段；原因當然很多，不過其中一個主要的原因是：許多知識份子對邏輯、科學方法與方法論產生了迷信。事實上，

過分提倡邏輯與科學方法並強調「方法論」的重要性最容易使自己的思想變得很膚淺。我的這種看法可說是與五四以來許多中國知識份子所抱持的觀點針鋒相對。許多人認為方法是有利的工具，所以研究學問或從事創造必須先把方法弄通，如此不但能夠順利進行，而且還可以事半功倍。其實，這種看法犯了形式主義的謬誤。為什麼呢？首先，如果對於經驗事實做一番歷史的考察，我們會發現在人文研究與創作的領域（其實在自然科學的領域也是一樣），有成就的人都不是先把方法弄通，或先精研邏輯與方法論，然後才獲致重大成就的。莎士比亞並不是先學了「戲劇寫作法」，司馬遷也不是精研了「歷史研究法」，才能動筆的。孔子與柏拉圖更不是研究了「哲學方法」以後才能思索問題的。也許有人會說，這幾個例子並不恰當，這些人都是不世出的天才，天才總是例外的。其實，天才與凡人的不同只是程度的不同，並不是種類的不同。博蘭尼說：「天才是能夠承受無限痛苦的能力。」(Michael Polanyi, *Personal Knowledge*, p. 127) 天才與凡人的不同在於他特別能夠執著，特別能夠沉潛，特別能夠關心別人關心不到的問題，並特別能夠在謀求解答的過程中忍受一般人不易忍受的煎熬；他在這種奮鬥的過程中努力不懈，才能夠提出重大而原創的問題並找到有力的解答。天才思索問題與從事創作的時候，與一般人做同類工作時的不同既然只是程度的不同而不是種類的不同，那麼，一般人如要有所成就，當然也要做類似的奮鬥。[1]

　　說得更精確一點，任何方法論的著作，因為只能對一門學問的研究過程予以形式的界定，所以根本無法說明這門學問實質層面中無法形式化的創造活動。用博蘭尼的哲學術語來說，影響一個人研究與創造的最重要因素，是他的不能明說的、從他的文化與教育背景中經由潛移默化而得到的「支援意識」(subsidiary awareness)。因為這種「支援意識」是隱

---

[1]　如要說得更精準一點，天才也有好幾類。我在此處所談的，指的是與一般人程度不同的那一類天才。天才之中也有與一般人完全不同的那一類——不過，這一類完全獨特的天才，我們沒有語言、分析範疇來形容，當然也就無從談起了。

涵的，無法加以明確描述的，所以方法論的著作無法處理它。換言之，邏輯與方法論不能對研究與創作活動中最重要的關鍵加以界定，更談不上指導了。一個真正創造(或發現)的程序，不是一個嚴謹的邏輯行為；我們可以說，在解答這一個問題時所要應付的困難，是一個「邏輯的缺口」(logical gap)。

博蘭尼曾引述法國大數學家龐卡萊 (H. Poincaré) 所列舉的學術發現的四個階段：一、準備 (preparation) 階段，二、潛伏 (incubation) 階段，三、豁然開朗 (illumination) 階段，四、證明 (verification) 階段。任何有創作經驗或在某一學科獲致重大發現的人，都能證實龐卡萊所說的四個階段的正確性：我們在極為專心準備解答一個問題，卻百思不得其解的時候，往往需要一段時間把它拋開不談，然後常在無意中發現答案突然出現在腦際中，在這個時候我們得趕緊把它記下來，然後再一步一步地證明它的正確性。王國維先生在《人間詞話》裡曾說：「古今之成大事業、大學問者，必經過三種境界：『昨夜西風凋碧樹，獨上高樓，望盡天涯路』，此第一境也；『衣帶漸寬終不悔，為伊消得人憔悴』，此第二境也；『眾裡尋他千百度，回頭驀見(當作「驀然回首」)那人正(當作「卻」)在燈火闌珊處』，此第三境也。」這是對人類的創造活動心領神會的成熟識見，與龐卡萊所說的「四個階段」頗有匯通之處。從這裡我們也可以知道，在學術的創造或發現的層面——即從「無」生「有」的層面，科學與藝術是相通的。在這個層面，我們可以說，創造是得自博蘭尼所指謂的「促進發現的期待」(heuristic anticipation)，即集中精神於一項將要知道的「未知」之上而獲致的。

過去邏輯實證論者以為邏輯家與科學的哲學家將來終究能把「科學方法」完全顯明地陳述出來；他們以為「歸納邏輯」有一確定的準則，將來總可以像算術那樣的完全形式化。然而，這個「信仰」是由外鑠而來的。十九世紀末費格 (G. Frege) 發現了一個機械的程序可以完全證明基本「演繹邏輯」的一切有效規律。這項成就激發了邏輯實證論者樂觀的情緒，他們以為將來「歸納邏輯」的研究與發展也會同樣地達到這個目標。他們相信包括「演繹邏輯」與「歸納邏輯」的「科學方法」將來總會有

一天達到完全形式化的地步；那麼，科學的研究便是根據「科學方法」
的準則成為類似套公式的工作。根據這個「信仰」，他們強調只有應用
「科學方法」所獲得的知識才是合乎理性的知識，才是真理；未能應用
「科學方法」而採取的主張，則是情緒的反應或個人的偏見。

可是，與這種邏輯實證論者的「信仰」正好相反，近二十年來邏輯與
科學的哲學的研究成果已經清楚地說明「歸納邏輯」全部形式化是不可能
的，一些「歸納邏輯」的重要部份可以形式化（不過，形式化的adequacy
卻是爭辯不休的問題），但「歸納邏輯」中總是需要不能明說的判斷。（當
演繹邏輯的「算術公式」延展到高一層的邏輯時，也被發現是不完整的。）
所以今天已沒有任何科學的哲學家還堅持「科學方法」可以完全形式化的
主張了。當年邏輯實證論（或邏輯經驗論）者的「信仰」只是擺出一副侵
略者的嘴臉、可笑的迷信罷了。根據現代對於科學的哲學的研究，我們
知道在科學的內容與科學方法之間不能劃清一道清楚的鴻溝。事實上，
研究科學的方法因科學內容之改變而改變。根據貝氏原理（Bayes'
theorem）的推演，理性可分為形式部份與非形式部份；形式部份可以用
數學使之公式化，但非形式部份則要依靠科學家的信念（beliefs）。因
此，科學方法與科學家在科學領域之內的信念是無法截然劃分的。換言
之，在科學家的實際研究中，如果一個真正的因子並沒有被蘊涵在他底
信念之中，歸納法中的準則並不能使他發現它。（關於邏輯與科學方法
的性質及其涵義，參閱由劍橋大學出版社出版的普特南 [Hilary Putnam]
著 *Reason, Truth and History*，特別是第5章 "Two Conceptions of Rationality"
與第8章 "The Impact of Science on Modern Conceptions of Rationality"。普氏
所著 *Meaning and the Moral Sciences* [London: Routledge and Kegan Paul, 1978]
也可參看。普氏是當代甚為尖銳的數理邏輯家，近年來開始研究有關人
文學科與社會科學方面的知識論的問題。他對邏輯實證論與對波普爾 [K.
R. Popper] 底科學的哲學的批評相當犀利，他攻擊把「主觀」與「客觀」、
「價值」與「事實」截然二分的觀念的論式也是清晰有力的。但，這些都是
消極方面的工作；他在積極方面要提出一家之言的能力與資源卻顯得很
單薄。這是出身數理邏輯的哲學家難以逃避的命運，也反映了現代英美

專業哲學的貧困。他在 *Meaning and the Moral Sciences* 中以贊成的語氣提到博蘭尼底「未可明言的知識」[tacit knowledge] 時，認為他所指謂的未經形式化的實用知識，即是博氏所說的「未可明言的知識」，因為「未可明言的知識」的主要來源之一是技能 [skills]，所以這種說法並不是不對；但，卻顯露了他對博氏的哲學的了解是簡單而浮泛的。）

根據以上的了解，我們知道，在真正的人文世界與科學世界中，研究與創造活動的關鍵是博蘭尼所提出的「未可明言的知識」。（博氏更喜歡用「未可明言的知」[tacit knowing] 這個具有動態的術語來表達他的意思。）這種「未可明言的知」並不是遵循形式的準則可以得到的。「未可明言的知」是否豐富、有效，與「支援意識」是否豐富和深邃有關。（讀者也許會問，為什麼我總是不用「靈感」或「直覺」這些字眼來意譯「未可明言的知」這個術語。其實，靈感與直覺是與「未可明言的知」相通的。但在我們的文化中，這些陳詞常使人聯想到「才氣」，以為靈感或直覺是從才氣中得來，這與博蘭尼的看法很不同。「未可明言的知」的內容雖然最終無法予以界定，但它是從嚴格的訓練陶冶出來的——包括像學徒式地服膺自己心悅誠服的師長的看法與言論以求青出於藍，努力研讀原典，苦思、關心與自己有關的具體而特殊的問題。為了避免誤解與思想的滑脫，我覺得還是用比較生疏的直譯為佳。）換言之，學習方法與討論方法論並不能推測或指示實際研究與創造過程中最具關鍵性的活動。人文研究與科學研究是否有生機與研究者的判斷力是否準確有關，而**判斷力**的成熟與否，不是學習方法或討論方法論可以得到的。

既然真正的創造活動不是從學習邏輯與方法論可以得到，而實際創造與研究過程的具體性與複雜性又非邏輯與方法論所能形式化，所以提倡邏輯與方法論只是提倡邏輯與方法論，並不能增加解答問題所需的思想內容。邏輯與方法論的研究僅能幫助人在思想形式上不自相矛盾，或對論式表面上矛盾的可能提高警覺而已。為什麼要用「形式上」或「表面上」這類片語來限定前面這句話呢？理由是：如果因增進思想內容而發現從前論式中幾點意見之間有矛盾的話，那麼這種矛盾是不能在增加思想內容之前，由邏輯與方法論的幫助察覺的。

如果對邏輯與方法論本身的模糊性與局限性仍無所知，依然根據邏輯實證論的迷信來提倡邏輯並強調方法論的重要；那麼，很容易產生兩種沒有生機的結果：(一) 既然誤認學習邏輯與研究方法論是追尋或發現真理的道路，那麼越把邏輯與方法論準備的充分越好，結果便容易使人永遠在準備之中，這樣不斷地學習邏輯、研究方法論，自然容易忽略了增加思想內容的努力，如此，思想很難不膚淺。(二) 邏輯與科學方法的應用並不能增進思想的內容，只能「整理」已有的思想內容，使其表面上或形式上「合理」；可是對於相信邏輯與方法論的人而言，因無新的內容做為自我批評的根據，通常不知道這種「合理」只是表面上或形式上的「合理」。既然相信自己的看法與論式是合理的，首要之務當然是設法把它們宣揚出去，還幹什麼要努力增進新的思想內容呢？即使他要增加自己的思想內容，也只是要增加較多的證據更能證明自己的看法與論式的合理性。在這樣自我陶醉的封閉系統中，很容易產生惡性循環：越覺得邏輯與方法論重要，越不易增加思想的內容；越不增加思想的內容，越容易繼續認為邏輯與方法論重要，所以，特別注重邏輯與方法論的人，很難避免形式主義的謬誤。

另外，提倡方法論的重要，很易產生韋伯所說的「青蛙之疫」。《舊約聖經・出埃及記》第 8 章記載了下面一段故事：「耶和華吩咐摩西去見法老，要求准許他帶領以色列人離去，法老不肯，耶和華就使摩西的哥哥亞倫的手杖產生神力，教他把手杖伸在江、河、池塘之上，裡面的青蛙就大批跑到陸地上來了，糟蹋埃及的四境，進了宮殿，進了臥室，上了牀榻。在這個時候，埃及的術士，為了維護自己的地位與聲譽，也用他們的邪術照樣而行，叫許多青蛙離開水中，跑到陸地上侵襲各處。」方法論的著作，對於一般不知情的人而言，好像帶有點金術的神奇。一個撰寫過邏輯的人，常被人認為一定會做思想的工作，至少腦筋清楚是應該沒有問題的；一個撰寫過史學方法論的學者，常被人認定是很會研究歷史的。就這樣，一個人寫了一本方法論的書，另外一個同行為了維持自己的地位與聲譽，就也寫一本方法論的書，學者們寫來寫去，學生們看來看去，方法論遂變得猖獗不堪。這便是韋伯所恐懼的「青蛙之

疫」。那麼，也許有人要問：為什麼韋伯自己也寫了好幾篇有關社會科學方法的論文呢？而我在本文所談的，人文重建所應採取的方法與態度，不也是可以歸類到方法論去嗎？韋伯的答覆，我是贊同的：（一）他有關方法論的著作，不是為了強調方法論的重要而寫；（二）他覺得一些人的研究已經誤入歧途，他底有關方法論的文章是為了矯正別人的錯誤，使他們更能清楚地知道他們工作的性質而寫的。至於個別的重大與原創問題的提出，以及如何實質地解答這些問題，不是方法論所能指導的。

　　總之，為了矯正中國近代人文研究與人文活動的一些形式主義式的膚淺與謬誤，我在這裡不厭其煩、反覆說明的是：我們所應從事的重要工作，乃是根據內在的理知資源，以批評的態度、精密的眼光、開闊的胸懷，提出特殊而具體的重大與原創的問題，並謀求解答。我並不反對為了解普遍原理與普遍參考架構（general frame of reference）所做的努力；這種文化素養的吸取與培育，當然也是重要的。不過，以前許多人常把現成的「意締牢結」（ideology）當做普遍原理來接受，所以我們今後在接觸普遍原理的時候，不可不特別小心。同時，我們要知道，如果對於我們所關心的重大而特殊的人文現象沒有實質了解的話，我們便很難避免「意締牢結」的影響。另外，在普遍原理與普遍參考架構方面，無論一個人多麼博雅，如果他不能提出重大與原創的問題，他的貢獻是注定很有限的，甚至還有反效果。

二、自我批評的重要——以檢討「中國原有理知傳統論」為例

　　下面我想舉兩個例子來說明如何以自我批評的方式來促進思想的靈敏與邃密。我曾一再強調，重大與原創的思想是來自重大與原創問題的提出。重大與原創的問題必須是具體的、特殊的；如果我們只能提出一個形式的或概括性的問題，重大與原創的思想便無從產生，所得的答案如果不是錯誤的或與文化和思想之進展不相干的，便也只能是泛泛的而已。

在近代中國知識份子當中，每一代均有一些人要努力證明在中國傳統思想的發展中出現了理知的傳統與民主的觀念。這些人用的名詞有時並不一樣，彼此之間也還有一些爭執；但，他們關心的問題則大致類同。主張宋明理學，尤其是清代學術思想中有注重客觀知識的傳統的這一派理論，可以追溯到梁啟超與胡適；主張儒家思想中有民主觀念的這一派理論，可以追溯到康有為。（不過，從政治利益的觀點，主張儒家思想中具有民主觀念的各種說法，本文無意加以討論。）然而，由於提出問題的人在事先未能做深切的自我批評與反思，這種問題的提出不但不能促使思想的進展，反而可能導使思想界產生混淆，以致阻礙了思想的進展。

關於中國傳統中並無民主的觀念，我在答覆《暖流》雜誌的訪問時，做過一些說明，此處不擬重述。[2] 至於中國傳統中是否有注重客觀的思想呢？從常識的觀點來說，答案當然是肯定的。其實，人類任何一個偉大的文化傳統都有注重客觀知識的思想，中國文化當然也不例外。但，提出一個普遍的問題，接著得到一個普遍的答案，從注重原創思想的觀點來看，並無多大意義；討論的關鍵在於追問宋明理學中與清代學術中所謂「客觀」、所謂「理知」、所謂「科學」，是何所指？是什麼意思？如果說，我們知道了我們有理知的傳統，這樣可以使我們比較能夠容易學習西方的科學，可以與西方的理性傳統相銜接；那麼，這種說法即使能夠免於賴文森（Joseph Levenson）所譏諷的，許多中國近代知識份子見了西洋人有什麼好東西，就硬說自己也有的心態以外，也仍然是把事情看得太粗淺、太機械了。

我們從比較精審的科學的哲學與科學史的著作中知道，科學發展的關鍵在於重大與原創問題的提出，而這種問題的提出則與科學家所接觸的科學發展之內在脈絡及其所處的文化中特殊的基本信念具有密切的關係。他們之所以能夠提出這類問題並不是因為採取了常識中所謂「客觀」

2　有關說明已收入拙著：《思想與人物》（台北：聯經，1983），頁277–292。

的態度，或由於常識中所謂能夠注重「事實」的緣故。換言之，從常識的觀點出發，認為科學的發展是由於科學家能夠注重「客觀」與「事實」的這種說法是很粗糙的；事實上，這種說法與科學家實際工作的距離遠到了無關的程度。一般科學家的工作是根據科學傳統中的權威——孔恩所謂的「典範」（paradigm）——而進行的，可以說是很「保守」的。科學家所尊重的「事實」是他信服的權威所認可、所允許的「事實」，在這個範圍之外的反證通常並不能動搖他已經接受的理論。在實驗中如發現了反證的「事實」，他通常要假定反證是不相干的，希望這個反證將來可以被證明是錯誤的或反常的。在科學家的心目中，藉以了解自然現象的「思想架構」遠比孤立的、反證的「事實」更為重要。科學家們通常不是一看到反證，就去尊重這項新的事實，放棄他所依賴與信服的權威。科學傳統中權威的架構通常不是因為新的反證事實的出現而失效，而是由於原有的、權威的思想架構無法對於新的、重大而原創的問題給予適當解釋而失效。當一個偉大的科學家對於這個具有深度與廣度的新問題提出了深刻而涵蓋廣的解答的時候，他的解答起初可能遭受很大的阻力。不過，由於實驗的證明顯示，他的解答帶來了對於自然現象廣博的解釋力，他的理論便漸漸地變成了科學界新的權威架構。因此，科學中的「事實」並不是與科學研究中所認定的信念與價值截然對立或截然無關的，實際上彼此有一密切的重疊關係。

「客觀」在科學研究中也不是與「主觀」儼然對立或截然二分的。科學為一發現自然宇宙的「實在」（reality）的過程。「實在」有無限多的方面，無限多的層次，每一代科學家只能看到一面，後來的一代看得比較周全。（從後一代的觀點來看前一代的觀點，會發現前一代的觀點有所偏差，但這並不代表前一代的識見是完全錯誤的，只是後一代的觀點能夠更深切地觀看宇宙的秩序，更有系統地解釋它而已。）宇宙的「實在」是知識的客體，對這個客體的了解，可謂客觀的了解。但，這裡所謂的「客觀」並不與「主觀」對立，也不能與「主觀」截然二分。科學對外在客體的了解，不能拿在經驗世界中感官被動地受到外界的刺激而生的感覺來做比喻。科學對宇宙底「實在」的了解是基於科學家的主體內在資源

（包括才智、求知的熱情，與在科學領域內有形與無形的傳統中經由潛移默化而得的「支援意識」），在謀求普遍性了解的意圖支持之下，與外界互相激盪而得的。科學對自然的了解，最大的特色是理論的了解，而理論的了解的資源是內在主體的資源與外在客體的資源相互激盪而形成的。更進一步地說，最具突破性的科學的發現，如愛因斯坦的相對論，往往是從一個原創性問題的提出而開始的（這個原創性問題已經蘊涵了解答），這種原創性問題通常來自科學家內在的資源，起初是與外在客觀世界沒有關係的 —— 可說是內在理性的發揮。此種問題提出以後，導致解答問題的理論的產生，這種理論雖然是源自科學家內在的資源，但因為是訴諸形式結構加以理解並經由實驗加以證實，所以具有說服性。因此，**科學理論雖然源自內在，卻不能說完全是源自主觀**。偉大的科學理論同時具有預言的力量 —— 即：未來的科學理解與實驗的證明多已包含在此一理論之中 —— 據此，我們有理由說科學理論是與宇宙底「實在」相接觸而得的。

從以上的陳述中，我們很清楚地知道科學中的「主觀」與「客觀」、「事實」與「價值」並不像實證論與實驗主義者所講的那樣。他們對科學的解釋實際上是一種化約主義的謬誤。這種謬誤導致實證論者與實驗主義者對於科學的誤解以及對於「科學方法」的迷信。實證論對學術與文化的發展影響很大、很壞，但對科學研究的影響並不大。因為，即使講起科學的哲學的時候採用實證論觀點的科學家，他在研究科學的時候通常並不遵循他自己所講的那一套教條 —— 那一套化約與形式的程序。

根據前面所陳述的對於科學理論產生的性質與過程的理解，我們知道清代的學術研究以及儒學中注重理知的學術傳統是與近現代的自然科學的研究基本不同的。（李約瑟著《中國科學技術史》中詳載大量的中國科學與工藝發展的紀錄，但他主要的目的之一，則是要解答：為什麼這麼一個豐富的科學與工藝的傳統沒有能夠產生類似十七世紀歐洲文明的科學的突破？他計劃在最後一冊詳論這個問題的種種；不過，他在第2冊的最後一章討論中國與西洋對於「自然律」的不同看法中，已提示了

甚具啟發性的解答。）我在這裡所說的兩者基本的不同，是指清代的考據與儒學中的理知傳統並未產生類似上述的科學理論。而被胡適等人所指謂的清代學者的「科學方法」也只是甚為粗淺的歸納法而已——這種方法的應用與科學理論的產生，兩者之間的距離是遠到不相干的程度的。清代學者的考據工作與儒學中的理知傳統所要解答的問題，基本上是材料的問題與原有學術傳承中的問題，這種問題——嚴格地說——不是這裡所說的科學的理論問題。

胡適等人彼此之間雖然也有一些爭執，但他們都強調中國學術中原有「科學方法」、原有注重「客觀」與「事實」（他們所謂的「客觀」與「事實」）的理知的傳統——在這方面，他們的看法則是彼此類似的。那麼，他們這種意見究竟有何意義呢？究竟為什麼總是要提出來呢？

第一，他們可能是希望這種意見的提出能夠幫助我們與西方科學傳統相銜接；換言之，使我們更容易學習現代的科學。然而，與西方科學的傳統相銜接或學習現代科學並不需要這種意見的支持。（從經驗的事實中，我們知道，許多傑出的中國科學家其所以在科學界有很大的成就——其所以能夠與西方的科學相銜接，其所以能夠學習現代科學並做出很大的貢獻，並不是由於熟讀胡適等人提倡「科學方法」與強調中國原有理知傳統的著作所獲致的。）即使我們中國人研究科學的時候的確需要這種意見來支持；那麼，我們因受其影響也只能與西方實證主義相銜接，把科學看成實證主義所說的那一套。然而，實證主義對於科學的理解——把主觀與客觀、事實與信念截然二分式的理解，如前所述，已經崩潰了；從理知的立場，我們早已不可對之再繼續肯定或提倡。另外，胡適等人在五四時代提倡科學與科學方法也可能是為了排斥民間的迷信：他們認為迷信是現代化的大敵，沒有現代化就沒有富強，只有接受科學與科學方法才能打倒民間的迷信。他們強調中國有講究科學方法的傳統，這樣可以用傳統中原有的優良的一面去排斥拖累進步的另一面，並促進接受與學習西洋的科學。這種想法當時有其時代的意義。但，「五四」已遠離我們很久——快一百年了，現在還強調中國傳統中原有注重客觀與事實的理知傳統，除了使我們知道一些學術史上傳

承的事實以外，究竟有多少意義呢？何況五四式對於科學的「理解」主
要是科學主義的。

第二，中國學術研究過去常與道德的考慮、功利的考慮或政治的考
慮糾纏在一起，胡適等人提倡中國原有「科學方法」與理知傳統，可能
是希望把學術研究從這種傳統的糾纏中解放出來，使得純學術的研究得
以獨立，促成「為學術而學術」的風氣，他們希望這樣做可以使學術得
到順利的發展。事實上，「為學問而學問」只是每個學者皆應具有對於
學術的忠誠態度，並不是有了這種態度就足夠促進學術的進展。由於受
了胡適等人提倡科學方法以及其他因素的影響，中國人文學科與社會科
學的許多學者的價值觀念產生了嚴重的混淆。許多人認為只要應用科學
方法做純學術的研究，任何題材都值得研究。在這種風氣籠罩之下，任
何瑣碎的考據皆可披上「純學術」的護身符得以存在。事實上，我們從
前面的分析中知道，學術的進展在於重大與原創問題的提出；重大與原
創問題提出的時候，不必做功利的考慮，但，不是每個純學術的問題都
是重大與原創的問題，而重大與原創的問題不是應用胡適所謂的「科學
方法」可以得到的。

第三，他們很可能在無意中表現出來了賴文森所譏諷的那種心理的
需要：他們覺得西洋人有理性的傳統，所以要證明中國也有理性與理知
的傳統，這樣才使他們感到心理的平衡。其實，我們又何必去跟西洋硬
比呢？我們又何必拿西洋的標準來衡量我們自己的傳統呢？中西文化發
展的重點不同，各有所長，不必強比，這樣比來比去實在甚為無聊。西
洋的道德、藝術、文學的傳統，如拿我們的傳統標準去衡量，當然比不
上我們；我們的，如以他們的標準來衡量，也比不上他們。事實上，彼
此從好的一面看，都有宏富處；從壞的一面看，都有低劣的地方。一個
現代的人文主義者是能用設身處地的了解（empathetic understanding）去
認識、欣賞甚至認同幾個傳統中好的方面的特色與共性，並譴責它們壞
的方面的特色與共性。前已述及，我們的文化當然有注重客觀、注重事
實的傳統，但這是從常識的觀點來講。如進一步去看，西洋發展出來的
科學傳統中的「客觀」與「事實」並不是中國傳統學術思想中所謂的「客觀」

與「事實」，因為自十七世紀以來他們的科學傳統中重大與原創問題的性質與提出的方式與我們的是迥然不同的。但，沒有那個西洋傳統卻並不表示我們不能產生傑出的現代科學家。（在中國社會與文化的風氣轉變以後，研究科學與工程已經得到了精神與物質的鼓勵，一個天資不差的年輕人，如果在適當的機會中能夠專心致志地學習科學與工程，不是有不少人在十年之內就能夠變成一流的科學家和工程專家了嗎？）尤有進者，根據韋伯的解釋，西方「工具理性」的起源與加爾文教派極不理性的宿命論有密切的關係。西方近代理性的性質與起源的問題是一繁複而辯證（dialectical）的現象，不是胡適等人把客觀與主觀、事實與信念截然二分的實證論式的或實驗主義式的觀點所容易理解的。

　　總之，中國近代許多知識份子強調傳統中原有「科學方法」與理知傳統的這項看法，可能是因為傳統文化架構崩潰以後，在需要學習西方浩瀚無垠的科學的急迫心情驅使之下，因茫然不知所措而產生的一種需要有路可循的心理依傍。預設的、約定俗成的文化與思想架構崩潰以後，最容易產生「意締牢結的」（ideological）反應，此乃其中一端而已。這種現象是可以從歷史的觀點加以理解的。站在這個歷史觀點，一則我們無需過分批評前人——因為他們的錯誤是與歷史條件的限制有關，二則我們因為已經知道了過去的錯誤，所以需要超脫過去的錯誤。站在理知的觀點去考察，他們之所以產生了這項誤解以致導致思想界的混淆，這與他們未能對自己的觀點與觀念加以深切的自我批評與反思是有關係的——他們是不能完全辭其咎的。胡適之先生一生提倡他所謂的「科學方法」，數十年如一日，從未對自己的看法有所反思與懷疑，這是他缺乏自我批評的明證，可見他一生所提倡的「懷疑精神」，只是一句口號而已。

　　蘇格拉底說：「生命如不訴諸批評的省察，這種生命是不值得活下去的。」（Life is not worth living if it is not subject to critical examination.）人性最大的光輝是：我們有天生的道德資質，以及在思想上經由反思而能自我改進的理知能力。今後中國有識之士必須以這兩種內在的資源為基礎，從認清我們自己特殊而具體的重大問題出發，重建中國的人文。

原載《聯合月刊》，第14期（1982年9月）。後分別收入《思想與人物》（台北：聯經，1983）；《中國傳統的創造性轉化》（北京：三聯書店，2011）；《政治秩序的觀念》（香港：商務印書館，2015）。

王元化、林毓生對話錄

敬悼 元化先生

　　元化先生的逝世，我的內心感到極為悲痛。17年前我們初次見面，發現彼此性格十分類似，因此一見如故，很快成為摯友。

　　他待我至厚，邀我到上海時，務必和他見面。我和我的夫人祖錦，每次有機會來上海，一定去看望他，並曾兩度同遊杭州，這是我們最為溫馨的記憶。今年（2008）年初，我到香港講學，行莊甫卸，即來上海瑞金醫院，看望在病中的元化先生。當時，一位熱心的朋友教他的助理放一個小小的錄音機在元化先生的床頭，我們和往常一樣自由地交談，並不覺得任何拘束。後來，根據錄音記錄，我們分別對於自己的談話內容做了文字上的潤飾，表達的思想並無更動。本來我和祖錦已經安排行程，預定在6月12日再來上海看望他。沒想到那次會面卻成了我們最後的聚談，留下來的那份記錄，彌足珍惜。

　　元化先生一生努力與奮鬥的意義，正如他的最後談話紀錄所顯示的那樣，是根據理性所蘊涵的自由與責任來探討中國的新生所應走的道路。這也是上海地下黨文委其他成員孫冶方、顧準所指出的道路。中國現代史的狂潮，恰恰與這樣的主張相駁逆，這是中國現代史的坎坷與他們生命中的坎坷的主因。

　　面對未來，我們的責任則是在先賢所指出的道路上，繼續奮鬥下去！

＊　＊　＊

2008 年 1 月 18 日（週五）約 9:55–11:40，瑞金醫院第九病舍。

林毓生：李歐梵跟金觀濤還有劉青峰要我代他們問候您。

王元化：謝謝他們，謝謝他們。

林：我在香港見到了他們。

王：你已經上了有一個禮拜的課了？

林：上了兩堂課了，兩個禮拜了。到了以後，還沒有恢復就去講了第一堂課。您給我寫的手卷，我非常感謝，非常感動。字寫得很好，裱得也很好，很快寄到了。下次我到東方來，就把它帶在身邊，看有什麼人要在卷首題字的。《沉思與反思》的序言很有份量，假如您的讀者裡面年輕人能好好看的話，應該對他們有點震動。印得也很好。希望在國內能引起注意。

藍雲：我們來的路上，車子開不動，街上停的都是車。為什麼呢，因為今天小學考試，考完了就放假了。

王：現在上海的小學生上學都是坐汽車的，這跟我們小時候上學背著書包走好多里路不同。在北京都是那樣的。

林：現在，我與李歐梵都在香港，我們把您的文章翻譯成英文的計劃，今年一定可以完成，年底之前可以出版。論盧梭的那一篇，林同奇已經翻好了。他用了不少力氣。我還要好好看一遍。李歐梵翻您講「五四」的那一篇，也翻得差不多了。Ted Huters 擔任翻譯您論杜亞泉的那一篇，也翻得差不多。我們已經聯繫好了香港中文大學出版社，他們也出英文書。他們來信說：鑒於您和我們譯者在學術界的地位，所以決定不必經過審查合不合格那一道手續，收到定稿後就可安排印刷了。當然，在交稿之前，我還要寫一篇導言。今年年底應該可以出版。

王：好好。

林：我來之前，跟北京三聯書店的編輯孫曉林女士說：我要去看王元化先生（她正在編輯我的《中國傳統的創造性轉化》重校增補本）。她說：那太好了。我說：王先生在南方，影響很大；因為王先生的關係，大家不能隨便亂講話。

宋祖錦：亂講話要挨罵。（眾人笑）

林：她說：不只是在南方，在北方也是一樣。

林：6月份，許紀霖要辦一個「高級思想史研討班」。要找我來，做一個講座什麼的。

王：是在華東師大嗎？

林：是。他說要請國內年輕教師和研究生來。我說：很好，剛好在東方，旅行也不是多難。我說：這次要講一個很難的題目，是一個方法論理論性的題目。實際上我已經講過兩次，一次在台灣中央研究院文哲研究所，還有一次在北大。前年5、6月份我不是在北大講了一個半月嗎，在那邊的史學系講過這個題目。在北大，整個屋子，看來很少人聽懂。在台灣，大家反應倒是很熱烈。

王：用中文還是英文？

林：用中文。北大聽眾，從他們提的問題來看，大部份可能並沒有聽懂（也許有少數聽懂了，但他們並沒有提出問題，沒有參加討論）。我其他的講演，他們反應卻很熱烈，問題也很多。不過，都是要你表態的問題（「請問林教授，你看中國什麼時候能夠落實民主？」；「你認為這個怎麼樣？那個怎麼樣？」），很少思想性、分析性的問題。面對未來，他們希望知道你喜歡什麼？希望中國得到什麼？這只是對於某些目標的態度，談不上概念、論旨的分析。因為如要形成概念，就必須在一定程度之內將其內蘊的涵義，系統地思考清楚。

　　我跟許紀霖講，北大講得不成功，台灣是否有聽懂的人不敢確定。雖然聽眾反應很熱烈，但是精微的地方可能也不甚了了。因為這兩次經驗，使得我思考用中文怎麼講這個題目。不能硬講，要稍微緩衝一下。要把韋伯有關論述的重要部份譯成中文，然後印成材料發給大家，一句一句唸，再詳加解釋，這樣也許比較容易了解。不是一定不成功，還是可以成功的。

王：我想也是。硬講恐怕也不行的。

林：我想講的題目是韋伯所謂ideal-typical analysis。Ideal type一般譯成「理想型」。這是根據1904年他發表的一篇有關方法論論文中的意思譯

出的。那篇論文是他在1903–1904年撰寫《新教倫理與資本主義精神》前半部期間，於1904年年初完成的。那年8月，他應邀與夫人啟程到美國去，於聖誕節前返回德國家中。次年(1905)開始，韋伯專心撰寫《新教倫理》後半部，只花了三個月的時間，於3月底完成。

韋伯最初關於ideal type方法論的論證，是與他具體的思想史研究——新教倫理與資本主義的興起——密切相關的。不過，韋伯從四年半(1898–1902)「神經崩潰」的狀況中恢復以後的初期所撰成的那篇方法論論文，由於其創造力壓抑甚久，一旦恢復理論思考，難免有所反彈，振筆疾書，衝刺理論的邊疆，雖極具尖銳性與深刻性，但也難免有不夠周延的鬆散之處。

在那篇方法論論文中，韋伯借用他的友人耶利內克(Georg Jellinek)使用過的「ideal type」加以發揮。「Ideal type」指的是：形成對於歷史探索性的理解所建構的「本身具有前後一致(不自相矛盾)的思想圖像」。「正是由於這種思想圖像具有概念上的純粹性。因此，它是不可能在真實中的任何地方發現它所要指稱的東西，所以它是一個『烏托邦』。建構『理想型』的目的，主要是要提供一項讓我們認識歷史真實的工具，讓我們得以在個別的事例中確定：真實與該理想圖像相距多遠(或多近)。」

王：他認為這種分析不可能完全反映現實？

林：對。然而，事實上，關於ideal type的理解，在韋伯的一生中是一進展的過程。他前後形成兩個觀念，雖然都用同一名稱來代表。這兩個觀念之間是有矛盾的，那些矛盾的部份彼此是不能相容的。西方學者關於韋伯的研究雖然很多，但甚少注意及此。所以，他們的著作大部份在這方面也就無法講得清楚了。距離韋伯故世不到五年之前，他在1915年11月發表了一篇重要的論文(英譯題作"Religious Rejections of the World and Their Directions")。在這篇論文的開頭部份，韋伯說「ideal type」在某些歷史條件下「能夠在真實中出現，而且它們已經以歷史地重要方式出現過」。「因為思想－理論或實踐－倫理中的理性推理力命令(逼使)這種思想非——首尾一貫(雖然表面上顯得相當曲折)地——根據其自身的邏輯與自身蘊涵的目的發展出來不可。」韋伯在這裡所使用的

「ideal type」如按他當初的意思譯成「理想型」，那就錯了，應該譯成「理念型」。「Ideal-typical analysis」應譯成「理念型分析」。

在紀霖籌辦的「高級思想史研討班」上，我想就韋伯後期關於「理念型」分析及其在研究思想史上的意義，作些交代與分析。

反思我自己的思想史研究：雖然我在實際的研究工作中，並沒有自覺地要應用韋伯後期論述「理念型分析」時所蘊涵的方法，於無形中卻反映了那樣的方法。我只是想盡力界定清楚，我觀察到的一個重大、獨特、影響深遠的歷史現象：辛亥革命以後興起的一項強勢意識形態（整體主義的反傳統主義），並力求系統地理解它的確實內容及其歷史根源與後果——這個強勢的意識形態當然是二十世紀中國激進思潮中的主要成分之一。我在面對多層次的複雜問題以及在尋求其解答時所採取的途徑，非自覺地運用了韋伯式「理念型分析」。這可能是由於早年在芝加哥大學社會思想委員會接受嚴格教育（主要是在師長們的指導之下，研讀韋伯及其他西方思想性典籍）潛移默化的結果。而這樣的「理念型分析」的系統而曲折的涵義，在我的學思經驗中也是一個進展的過程，直到最近七八年我才能比較完整地展開。例如，在我近年來的著作中，對於以魯迅為代表的五四整體主義的反傳統主義包括這樣的分析：經由「藉思想、文化以解決問題的途徑」所主導的全盤化或整體主義的反傳統主義，由於其自身的邏輯死結，注定使得思想革命講不下去，指向著由政治、軍事革命取代思想革命的未來歷史軌跡。過去史家對於中共領導的軍事、政治革命的歷史成因，多從政治、軍事、經濟、社會等因素入手。事實上，這個歷史現象也有極強的內在原因。

我所說的邏輯死結是指：以魯迅為代表的、五四式用思想革命來改造國民性的論式，蘊涵了自我否定的邏輯。一個思想與精神深患重屙的民族，如何能夠認清病症的基本原因是思想與精神呢？既然連認清病症的基本原因都不易辦到，又如何奢言要鏟除致病的原因呢？幾個知識份子也許已經覺醒；不過，像〈狂人日記〉中「狂人」那樣，他們的語言只能被其他人當作是瘋話。根本無法溝通，遑論思想革命！魯迅帶有一元式思想決定論傾向的論式，無可避免地陷入了邏輯的死結。他自己也變

得絕望。這樣的邏輯死結命令(逼使)魯迅及其追隨者非自我否定思想革命不可—— 因此，非另找出路不可。這樣的自我否定，從韋伯「理念型分析」的觀點來看，已經蘊涵在「思想革命」的邏輯之內了，用韋伯式的語言來說：這樣自我否定「思想革命」的邏輯是「非根據自身的邏輯與自身的目的發展出來不可」。尤有進者(這是第二層涵義)，如果邏輯是一種理性的展現的話，這種自我否定的「理性」，其推理力「命令」(逼使)它自己非另找出路不可。因此，以改造國民性為主流思潮的思想革命，由於其內在的邏輯死結，遂變成了 —— 在仍然求好、求變的心情下 —— 軍事與政治革命的動力！

魯迅自己說：「改革最快的還是火與劍」，而他所主張的個性解放、精神獨立的文學，現在也自言要變成為革命服務的「遵命文學」，成了元化先生所說的「歷史的諷刺」。

宋：講得簡單一點。

林：簡單不了啊。

說到最後，任何一元式的決定論都蘊涵了自我否定。如果思想只是經濟上、生產方式上的「上層建築」，它是經濟真實的反映或副產品而已，無所謂思想了。

Anyway，這是很抽象的東西，不曉得成功不成功，我想試試看。

王：你講的這些問題裡，有一個也是困惑我很多很多年的。我沒讀過韋伯，康德也沒怎麼讀，我就是讀了一點點黑格爾。那個時候，就是人對自我以外的，到底能夠認識到多少？我覺得這是一個很大的問題。有人認為是可以全部認識，有的是認為只能近似的類似的，大體上模仿式的認識。我是到了後來才認識到，就是你講的，韋伯的理想型的，它只能是近似的、模擬式的、大體上的，不能完全認識到自我外面的東西。當然這近似不近似(的說法)，我是完全從中國一套的哲學裡面出來的東西。比如說，毛澤東就曾經講過了。黑格爾講過啦，所謂「抽象的普遍性」和「總念(或具體)的普遍性」，我覺得，這個有點類似韋伯的「理想型」。「抽象的普遍性」，你只是把一個整體的、綜合的、有機的東西拆散下來，認識它的××有什麼什麼在裡邊。黑格爾批評「普遍性的理

念」，就運用了歌德的一些詩。他説歌德好像把什麼東西握在手裡，加以分析，自以為掌握了真理，實際上不是。大體上那個意思，我背不下來。這是黑格爾的。但是黑格爾到了後期，他也談到了「具體的普遍性」。他認為，任何事物都是由三個環節組成：普遍的、特殊的和個體的。「抽象的普遍性」把個體包括得很少，是把很抽象的、很簡陋的情況反映在裡面。他後來認為「具體的普遍性」，具體的可以涵蓋特殊的和個體的在內。雖然説是「普遍性」的東西，但是又把個體的本身，作為與普遍性不同的、與特殊性也不同的那些個特點，能夠也涵蓋在自身之內。所以，他有這麼一個東西。

林：嗯。這個當然有共同點。

王：那麼我看了這個……。那個時候，我在隔離反省，為什麼我不贊成用太概括性的來談很多問題。（當然，）沒有概括性的，是無法談問題的，就是你講的，亂七八糟一大堆、毫無關係的材料，雜七雜八的。所以一定要找出（概括性的東西）。那個時候，毛澤東就有一句話，就是任何事物都是矛盾的，矛盾有一個主要矛盾和其他次要矛盾，你抓住了主要的矛盾，事物很複雜，就抓住了事物的主要方面。主要的矛盾裡面還有主要矛盾的主要方面。所以，他這麼一講，這個理論在文革時期是極其流行的，帶來的惡果極壞。那時，1955年吧，我讀《黑格爾》的時候，我看到這條，我很仔細地考慮到毛澤東的這個觀念。我認為，這個所謂「具體的普遍性」也還是不能夠反映整體的。我有這麼一個很簡單的看法。我的文章裡，大概也沒講清楚。我在我的「三次反思」裡面講到。第二階段我覺得我得到很大的啟發。因為那個時候，都把毛澤東當作神，他的話句句都是真理。這個問題後來呢，更進一步地啟發我。那個時候，列寧有一個反映論。列寧的哲學是反映論，他跟普列漢諾夫不同的。到後來，我寫過文章講，我寧可取普列漢諾夫的，是近似的摹寫的，不是完全的照相版本的、很刻板的。這是我的一個思路。你講的那方面，我沒有考慮。你是從西方的哲學的基礎上面，很多其他問題，理念啊理性啊，這些個問題來考慮的。我也不能多講，只能簡單地説。我不知道你發現過我談到過這問題嗎？

林：您談這些問題（的文章），我都看。我都大致看過。

王：當然那很淺薄的，但是我從自己頭腦裡、在中國的環境裡面所理解的。

林：講點輕鬆的，不總講這些。

宋：是你先說的。

藍：林先生很高興很興奮的一樁事情，讓王伯伯分享他的興奮。

王：我是常常能夠，倒也不是完全瞎吹，我可以經常地來分享你思想的享受。

林：Anyway，講點輕鬆的。

王：我是一個很特殊的例子的人。成長在動亂當中，抗戰，就不讀書了，抗日了，參加地下黨了。到後來嘛，就在政治運動當中了。到了1955年反胡風後，我回到學術裡來。後來，文革結束了，我平反了，又讓我去做官。我雖然很不願意去做官。做了兩年官，害得我六年的思維處於停滯的狀態。所以我就沒有真正地好好讀過書。與你們不同。

林：海外，您也清楚得很，也有很多不一樣的。

王：那當然啦。

林：不光學問不一樣，人格上也很多不一樣。外國人本身也有很多不一樣。海外那些小政客、壞蛋，多得很。只是有一點不太一樣。海外環境下流，不能下流得過分，因為那個環境是相互牽制的。我前幾天和祖錦聊天，我說不同文化的思路很不一樣，影響太大。我們中國人一講政治，就講到「我的抱負」。儒家的政治基本上是要完成道德理想。壞的就是李斯、韓非子那一套，勾心鬥角，早晨起來以後就想怎樣利用你，怎樣使自己得利。中國的法家政治，元化先生寫得很多，而且很深入。實際上，從亞里斯多德的觀點來說，那不是政治，是私性活動。好比說，一個人不搞政治，只想用不道德的行為來賺錢，就想方設法騙人，賺錢後跑掉了，把錢存到瑞士銀行，這也是一種生活。但他沒搞政治，就是賺錢、做生意。這不是政治，這是經濟行為裡面的壞行為、不道德行為。政治人物呢，壞蛋早上起來，就想怎樣利用你，怎樣拍馬屁，該拍的拍，該欺負的欺負，覺得這樣對他有利。這也不是政治，這是私性

活動。就亞里斯多德的政治觀念來講，政治是公的，所以大家都需要參與政治過程。如果一切行為只是為了自己，還算是什麼政治？公的就很複雜，有它的秩序，有它的哲學，有它的道理，有它的背景。政治牽涉到權力，權力是中性的，能夠做好事也能做壞事。儒家思想雖然也看到權力在政治上的作用，卻盡量把它壓低，基本上認為政治是道德的行為。所以對權力腐化的問題沒有像西方自由主義那樣敏感。西方憲政民主思想認為權力必須加以制衡，不是教育或道德勸說就能對它制衡，只有權力才能制衡權力。所以，權力需要分立、相互制衡。因此，一開始就和中國不一樣。這是西方思想比中國思想較為深刻的一面。所以史華慈先生說：「西方問題很多，壞東西太多了，但是我還是覺得，啟蒙運動之後，西方對人類有一項重大的貢獻，有世界性的意義，那就是西方憲政民主的思想。」憲政民主思想一開始就覺得政治權力很危險，所以，一牽涉到權力，就想到對付權力。中國是另外一套。中國是：你是這麼好的人，又是考第一，又是狀元，孟子讀得很熟：「天降大任於斯人也，必先苦其心志，勞其筋骨。」怎麼好意思說，你有了權力，就怕你不一定好了呢？你到底懷疑我還是不懷疑我啊，你是真朋友還是假朋友啊。這是另外一個邏輯。

王：這是很重要的一點。

林：聖經上有一個說法，當耶穌復活時，他將是人間的王，帶領人類享受一千年的幸福，所謂千禧年。不過，當耶穌復活時，同時有一個假耶穌出現，長得、說得和真耶穌完全一樣，一真一假。因此，從憲政民主的思路來說，即使你是上帝，你現在以人的形象出現，你到底是真是假，還不知道。所以你的權力也必須加以限制。權力本身就是不能化約為道德。就是孔子來了，他也是人，凡是人都可能墮落。中國的道德想像，以為人的力量可以達到至善。王先生說他早年受到基督教的影響很大。不過那是基督教好的影響，基督教還有壞的一面。

藍：基督教的壞是什麼？

林：基督教最大的問題是：它可能異化為文化帝國主義。上帝在我這一邊，所以，我比你較為神聖。

藍：那怎麼知道，上帝離你近離我遠呢，我覺得上帝也離我很近的。

林：不同教派的爭執，可能導致宗教戰爭。我信的是上帝，那你信的當然是魔鬼了。西方宗教戰爭非常殘忍。

藍：他沒有根據就可以這麼說？

林：根據怎麼根據呢？他當然認為上帝跟他有來往。宗教戰爭的時候，每個人都認為自己的信仰的是真的上帝，但是你是我的敵人的話，你的上帝當然就是魔鬼的化身了。代表上帝殺人是理直氣壯的。中國文革時期，政治變成了宗教，所以很殘忍。只有真的好學生，假的好學生，真的信徒，假的信徒。

藍：十字軍東征是不是宗教戰爭？

林：是代表基督教的一面，要光復聖地的戰爭。

藍：還有東西羅馬的分裂。

林：羅馬受基督教影響很大的，那是後期。早期是殺基督徒的。早期的基督徒是底層的勞苦大眾，貴族不是基督徒。後來，羅馬皇帝有一次打戰，突然看見一個十字架的形象出現，就信了。皇帝信了，底下就信了。力量大得很。西方宗教裡面起伏很多，這個故事講不完的。在基督教的影響下，根據憲政民主思想制訂的憲法，一開始第一原則第一原理，就是如何對付政治的權力。當然，中古以來演變出來的契約觀念對於法治的建立發生了關鍵性的作用；希伯來的上帝與他根據他的形象創造出來的人之間「約」的觀念，也是法治思想的背景因素之一。西方有識之士的共識之一是：沒有歐洲中古封建社會政治權力分散與多元的歷史背景，很難想像近代憲政民主所依靠的法治思想能夠出現。後來，演變出來憲政民主的制度與思想以後，你是政治人物，我請你做領導，總統也好，首相也好，議員也好，都是經由直接或間接選舉。先給你權力。第二件事情，就是怎麼限制你的權力。怎麼限制呢？不能用道德限制，因為道德本身只能勸說你、感動你，如果你不聽或無動於衷的話，道德就沒辦法了。權力只能用權力限制。所以行政權、立法權與司法權需要分立，相互制衡。這是中國的思路不能想像的。中國認為權力需要集中，需要「定於一」。如果權力分立，那不是打成一團了？

權力限制權力，是在法治條件之下才能辦到。這裡所謂的法治是指法律主治 (rule of law) 之下的法律，不是以法治國 (rule by law) 之下的法律。法治是另外一條路演變出來的，不是想出來的。

藍：如果中華人民共和國出現三權分立會怎麼樣，是不是這三個權力又開始爭位子了？

林：在沒有法治的限制之下，當然就要變成你說的那樣。所以，改革應該先從建立法治開始。法治的首要意義是：憲法本身需要根據法治原則建立。合乎法治原則的憲法必須符合法治背後的原則：一、必須具有普遍性 (平等應用到每一個人身上)；二、必須具有抽象性 (不為任何人或團體 [包括政黨] 的具體目的服務)；三、分立國家的行政權、立法權、司法權，三者均須經由法律界定與限制；四、國家有義務平等地保障境內所有人的基本人權。因為中國沒有法治傳統，所以只能慢慢來。但慢慢來不是不來，更不可背道而馳。先從教育、文化入手，如果三分之一的中國公民對於法治都有基本的理解，這種理解的力量是很大的。我之所以用公民二字，不用人民二字，主要是因為在中國的環境中，「人民」是集體主義的符號。什麼是人民呢？你反對我的意見，你就不是人民了。因為我是人民的具體代表，所以你不同意我的意見，你就不是人民了。

王：毛澤東有一個很奇怪的理論。他立國的時候，他的意思，什麼都要加上「人民」兩個字，什麼都是人民的。

林：他這個人民是另外的意思。不是我們普通人。

王：他到了真正人民的意義上，沒有一個人是人民。都不是人民。

林：他的「人民」是集體主義的人民，不是個體的人民。他是列寧那一派。列寧那一派是世界上講策略的第一等的政治宣傳家。

＊　＊　＊

林：曉明來看你了？

王：來過。

林：你把曉明說了一頓，說他到巴黎，看了羅浮宮，就自以為了解藝術了。他接受了嗎？

王：不太接受。他也不好反對。(眾人笑)他覺得他那種趣味啊⋯⋯。曉明是聰明人，懂的東西比較多，接收東西也很快。他能吸收好的思想、東西。但是他也吸收什麼像台灣的董橋啦，美國的什麼夏志清啊。這些人的東西，他也吸收。這就一塌糊塗。

林：國外的人裡膚淺的也很多。夏先生是一個很奇怪的人。他講傳統中國小說、講《紅樓夢》，我覺得很有道理，尤其他後來用中文發表的關於《紅樓夢》分析的修正意見，很有深度。但他早年用英文發表的《中國現代小說史》，是根據他作研究生時代當時流行的「新批評」的理論，把魯迅壓低，把張愛玲提的那麼高，雖然國內外許多學文學的人多表贊成，我卻不能同意。

＊　＊　＊

林：您現在接受國內最好的治療。他們都盡心盡力，可以看得出來，都是誠心的，對您很敬佩。他們是專業醫師，但是，他們是知道您的。

王：你兒子是醫生？

林：我兒子是心臟科。有時在家裡閒聊，他說他腦子裡記著的經常要用的藥，有二三百種，但是心臟科裡用的藥有五六百種，其他的他要從電腦上查出來。現在醫生用藥都這樣，不是什麼都知道。醫生用藥，很有意思。從我兒子的經驗就可以看出來。醫生啊，有好的醫生，有壞的醫生。有的學問好，考試得第一，但是做醫生不行，治病不一定好；有的考得好，治病也好；也有考得不太好，治病很好。因為每個病人的情況都不太一樣，所以醫生最後做判斷時要根據當時的特殊情況，用什麼藥最適當，用什麼份量對這個病人最為合適。這實際上是一種感覺、一種藝術。可能性太多了，尤其是不常看醫生的病人。只在生病時來找醫生，這時候要從好幾十種可能性簡化，有人一下子就看出眉目了，有的人就是弄半天還沒找到真正的病因。所以，醫術是科學和藝術的綜合體。有人畫畫，用的顏色，就是對勁。你看印象派大師，比如莫奈的畫，他畫中的採光特別恰當。沒有天分的人，怎麼努力怎麼弄，就是不對勁。窮努力也沒有用。這就是藝術，就和作家一樣。

王：感覺啦。光、顏色。這些個感覺。裡面的分的層次，和別人不大同。

林：這就是閃的一下靈感。醫生也是這樣，好醫生一下子就知道大概怎麼回事，然後做化驗來證明。

王：許紀霖和你見面了嗎？

林：明天他就要到這裡來，跟您談談。前年紀念史華慈的會，我有一篇論文。去年10月我的右手忽患急性腕管綜合症，無法寫字，結果論文沒法改寫。將來寫好後，可能在學報上發表，不能在論文集中發表了。他說很遺憾，我也很遺憾，但是沒辦法。他來信倒是很大方說：最重要是身體，論文倒不是那麼重要。所以，紀念史華慈論文集裡面沒有我的論文。我來香港之前的三個禮拜，由手外科專家做了手術，很成功。他用高科技的辦法，傷口一點點，現在在香港正在做物理治療。在手術之前，朋友建議作針灸，可能不必做手術。我過去沒有做過針灸，可是做了六次並無效果。余先生和祖錦都比較西化。他們都不贊成我做針灸。您不曉得，余先生生活方面很中國化，但是腦筋很西化。余先生來電話好幾次，說：啊呀，什麼中醫，中醫就是理論，要治病還是西醫，趕快動手術。

藍：余先生是不是余英時先生？先生想跟他……

王：這個事情不要談，還不曉得弄不弄呢，不要談。他們要弄點紀念：一個學術研究館。

林：這個我知道了。已經成功了。

王：但是中國的事，裡面很複雜，誰曉得它將來怎麼樣。

林：已經決定了。紀霖來信說，已經在籌備了。很好很好。細節我不知道。

王：他們那個黨委書記和校長來了兩趟。

林：張濟順是吧？很不錯，我跟她有一點來往。她對學術很好，態度很好。

王：態度，比較不是那麼官僚化。

林：她也研究婦女史。

王：是。

林：很好很好。已經決定了。一切在籌劃中。這個當然應該做，而且沒問題。

林：我聽藍雲説，您有的時候吃點燕窩，所以我們從香港帶了點官燕。

藍：很好。很多。真的很多。燕窩一般都是一個，底下墊很多東西。這個很多、很貴的。

林：祖錦沒吃過燕窩。我小時候吃過。祖錦一生就吃過一回。有個故事我講給你們聽。史華慈先生到台灣講學，我回來當翻譯；第一屆殷海光先生紀念講座，請史華慈先生擔任。史先生很高興，就來了，夫人也來了。台灣有個立法委員，是台灣有錢人的孩子。他是哈佛大學法學院畢業的，沒上過史先生的課。他有個朋友，上過史華慈的課。就這麼個關係，他出面請客。史華慈説，我不知道這個人是怎麼回事。我説就是怎樣怎樣。他説也好，就去吃了。到了台灣一家豪華的、他家產業裡的一個飯店。東家請客，做的酒席當然是山珍海味了。有一道菜是燕窩湯，很多燕窩。但是，史華慈先生信仰的是猶太教，他在猶太教裡不是最保守的基本教義派，也不是最開放的解放派，是中間的所謂保守派，有很多戒律。豬肉不能吃，魚只能吃有刺跟有鱗的。美國很多大魚很好吃，但是沒有鱗，皮是光的就不能吃。夫人，我的師母，也是猶太教。就上來了燕窩。

藍：燕窩是算什麼的啦？

宋：燕窩裡面有小的銀魚，銀魚是沒有鱗的，所以……

王：燕窩沒殺生的。

藍：燕子吃銀魚的，所以……

林：銀魚沒有鱗。沒有鱗不能吃。有鱗才能吃。每人一碗，放到桌子上了，大大的。夫人問我：「毓生，這是什麼？」我説：「這是燕窩。」她説：「燕窩是什麼東西做的？」我説：「這是燕子叼著小魚在海中小島的山崖上……。」她問：「這魚有沒有鱗？」我説：「我不太知道，魚很小，大概沒有鱗，這麼小的魚怎麼有鱗呢？」史華慈先生很幽默的，他有戒律，但不是基本教義派的那種。説：「嘗嘗總可以吧。」史先生要喝了，夫人正色地説：「Ben!」（史華慈先生的名字叫Benjamin，夫人叫他Ben。）史先生説：「嗯？」我説：「這個很貴的。」夫人説：「貴就貴，和我們沒有關係。」一碗大概美金四五十塊。夫人説：「美金四五十塊也和

我們沒有關係。」就讓服務員撤下去了。服務員很奇怪，主客兩位的兩碗就拿下去了。這時候祖錦開始喝了。祖錦坐在我另一邊，正在和她旁邊同席的人講話，並沒有聽到我和師母的對話。

宋：他問我那是什麼東西，我說：粉絲！（眾人笑）

林：祖錦沒吃過燕窩，我告訴她，這是燕窩。

王：甜的燕窩。

林：她說：「哦，燕窩。」她生平就吃過那麼一次。

＊　＊　＊

2008 年 1 月 19 日（週六）約 9:20–11:35，瑞金醫院第九病舍。

王：我把我的還可一看的幾本書重新編過了：《讀黑格爾》、《讀莎士比亞》、《讀文心雕龍》……

林：這裝幀很好啊。

王：這次重新弄，也沒法子大改，只是把囉哩囉嗦的東西去掉了一些。

林：印刷的精緻，需要一種傳統，當傳統破壞了以後，如要恢復，只能慢慢來。大陸印得已經比從前進步很多了。封面設計等，都需要一個傳統，需要一個底蘊。台灣這方面底蘊比較薄……

王：他們也不容易，印的書還可以，版式什麼的。

林：有的還可以，有的太花哨。

王：哦，花哨。

林：我這方面沒做過什麼研究，其實它具體反映了文化情況的某一個方面。好比說，學術機構舉辦講演的佈告，通常是白底黑字，上面也許印一個校徽，隆重的講演通告有時印得大一點。這在世界高等學府都一樣。台灣則不同。佈告上有不同的顏色，還有背景設計，跟媒體廣告差得不遠。

旁者：不會都是這樣的吧，是不是恰好被您碰上了？

林：情況確實如此，我碰到的不是特例。學術界不應是這樣的，我們不是明星做廣告，招攬客人。結果印成什麼，印成一個好大的藍天，後面還有白雲，印的大字。就是因為台灣分不清楚，他們的意思並不是故意要這麼糟糕，他們反而以為這樣才是更尊重。你看，林教授講演，還有

藍天白雲陪襯著。沒有什麼判斷力，因為判斷力需要一個底蘊，那樣做會覺得不對勁。通俗化在台灣侵蝕各方面，所以他們不太覺得不對勁。他們反倒認為這樣特別好。現在台灣聽學術講演的風氣已經變得很低落，一次我在中研院擔任講座，會場大約有二百來個座位，坐了一半。我是從來不問，講完就走了。後來別人說：「林先生，這講演哪，就是因為林先生回來，別人來的話，沒有這麼多，只有小貓兩三隻。」大家已經沒興趣聽學術講演了。既然沒興趣聽學術講演了，更不要變成電影明星那樣嘛。他們以為，因為沒有人參加，風氣已經過去了，所以更要做一個像電影明星講演的廣告。這就是判斷力、底蘊沒有了。

王：胡曉明這次回來，讓他去演講。他就是講了你說的這些個問題，結果他很喪氣。我說：有多少人聽啊。他說：小貓五六隻。（眾人笑）從前不是這樣的。

林：從前的中國，早年的北京是很有底蘊的。雖然上層的知識份子的思想甚為混亂，搞不清自己的言論所蘊涵的意義。打傳統打成那樣。魯迅說，中國有兩個時代，過去歷史家分期都分錯了，中國只有兩期，一期是喜歡做奴隸做成了奴隸的時代，一期是喜歡做奴隸卻做不成奴隸的時代。上層是混亂的，文化的危機極為深沉。普通一般人的底蘊還是很多的，規矩很多的。我小時候在家裡，見老師鞠躬什麼的，我的行為舉止都是我家傭人教的，因為我家傭人是滿洲貴族。

宋：台灣以前是怎麼樣的？

林：台灣被日本人統治51年，日本人把台灣當作某一種試驗性的殖民地。日本人管治台灣的辦法與日本管治馬來西亞什麼的不一樣。對台灣要皇民化，其他地方就是強制、壓制。日本人告訴台灣人，他們可以作皇民，就是可以做日本人，可以日本化的。他們希望把台灣人內化成為接受日本價值的人，相當成功。但上層有些人拒抗卻也很強。所以國民黨窩囊廢嘛，從下面我要講的事情就可以看得出來。台灣有一個士紳叫林獻堂，他很有地位，認同中國文化，受過傳統舊式教育，舊詩詞寫得很好，眾望所歸的一位民間領袖。國民黨來了以後，對他很不客氣。因為他的個性比較獨立，不是拍馬屁那種。台灣另外一個家族辜家，（日本人

時期)做了皇民。辜家是什麼人有權有勢,就拍什麼人的馬屁。國民黨來了以後,馬上就轉為拍國民黨和蔣介石的馬屁。所以,辜家與國民黨接觸後,國民黨喜歡辜家。國民黨對林獻堂這個讀書知禮的望族,排斥得很厲害。本來,有些名義應該給他的,比如議會會長什麼的,沒有給。使得台灣知識份子對國民黨的公正性懷疑起來。後來又有二二八事變,殺死了那麼多人,包括許多台灣精英,然後就是壓制,行使白色恐怖。台灣早年的情況我不是那麼清楚。台灣是邊陲地區,民間的暴戾之氣很強。過去常有械鬥。過去,有些台灣民間社會的陋俗很是澆薄,如童養媳之類。不過,台灣人民很能吃苦耐勞。文化底蘊有多少,我不太清楚。

王:中國從前的農村裡,那種械鬥也很厲害。

林:根據我對家鄉山東黃縣(現改為龍口市)的了解,那裡原來是很有底蘊的。許多當地人沒有受過高等教育,但常識判斷力很強,說話、應對也很得體,很懂得禮節。

王:那是。

林:因為文化不是一定要上學才能學到的。生活方式如有底蘊的話,就蘊涵了豐富的教育資源。好比說,過年過節,是對某個親戚、某個鄰居過去的幫助表達感謝的適當時機,他們送禮時講的話就很有分寸,很有意思。過去台灣的情況,我不太清楚,但現在的台灣文化庸俗性很強,很受國民黨過去矯飾文化的影響,再加上民進黨的破壞與流行的消費文化、物質崇拜,所以弄得很混亂。當然,也有不少例外。不過,台灣社會的人情味還是不錯的。

旁者:今年3月,台灣選舉總統,您看國民黨會當政嗎?

林:如果沒有無從預料的大事情發生,一切按民主程序進行,馬英九一定可以當選。

宋:萬一有事發生呢?不一定吧?

林:怎麼不一定?馬英九將來當選,最大的助力來自陳水扁。陳主政八年,除了貪腐無能以外,只會譴責別人「不愛台灣」。一般老百姓每日為生活奔波,也許講不出多少大道理;不過,受了幾次騙以後,最後總會清醒過來的,尤其是騙子的手法,那麼拙劣,耍來耍去,就是那幾

招！陳水扁總是譴責那些反對他的人「不愛台灣」。他愛台灣愛到把公款放到自己的口袋裡，而且肆無忌憚地放得那麼多。「原來你是騙我們的！」這種受騙的感受，一旦變成主流共識，再加上經濟凋零，他們當然要反對與陳水扁構成共犯結構的民進黨，要支持主張發展經濟、形象清廉的馬英九了。

台灣早已走出威權時代，新聞自由、言論自由早已落實。陳水扁與民進黨手中握有政權也無法用強制的手段使反對他的人不敢聲張。在這樣情況之下，陳水扁貪腐無能和民進黨與其狼狽為奸，為主流民意提供了反對他們的資源。

* * *

王：柏楊他說，中國是個大染缸。他說，外國什麼好的東西到這兒來就變色了。我的意見是這（說法）也對也不對。外國什麼好的東西到這裡來就變色了。但，中國根本就沒有研究，根本沒有人去看的，只是知道名詞在那兒叫叫，為的是趕時髦。章太炎、熊十力早就嚴斥過這種壞學風。

林：這個看你嚴格到什麼程度，嚴肅到什麼程度。比如胡適之先生，他說，五四運動是中國的文藝復興，他在外國人面前說自己是中國文藝復興之父。但事實上，胡先生對歐洲文藝復興的了解極為有限。他只看過一兩本有關文藝復興通俗性的著作。他確是知道意大利作家開始使用當時通行的口語寫作，以及這樣做法的歷史意義。這種了解在他提倡白話文時起了重要的作用。至於文藝復興的其他意義，如人文主義的興起及其與古希臘和基督教的複雜關係，他就不是那麼清楚了。

從十八世紀以後，中國的學術主流是考證。胡先生從他所了解的新式的科學來說明考證的重要性：考證代表運用科學方法從事學術研究。事實上，胡先生對於科學方法的理解含有很大的誤解。胡先生所提倡的科學方法主要是相當粗淺的歸納法。然而，尖端的科學（如數學、物理、化學等）的發展是跟隨其中的理論部份的發展而發展的。而理論的突破大部份最初都不是運用歸納法得到的（如哥白尼的天文學說、愛因斯坦的相對論等），而是「內在理性」所蘊涵的直覺式洞見所導致的——根據洞見的提示建立新的系統性理解，找尋證據的支持。

另外，胡先生運用他的常識提倡民主。但是，胡先生在提倡民主的時候，主要是對於民主堅持肯定的態度。胡先生的最大問題……

王：正如你講的，態度與思想是兩碼事。

林：是啊。確是兩碼事。在嚴格意義上，我們很難稱謂胡先生是思想家。他的思想主要是表達態度。我們應該有科學、有民主，這主要是態度，當然，他提倡科學與民主的時候，也提出了不少理由。但仔細研究一下，他的理由頗為混雜，禁不住嚴格檢驗。面對未來，他宣講自己喜歡什麼，希望中國得到什麼，這是對一些目標的態度，談不上思想的建樹。要形成思想，就必須在一定程度之內將其內蘊的複雜涵義系統地思考清楚。有人說，胡先生主要的貢獻是開風氣，他自己也常說「但開風氣不為師」。可是把風氣開錯了，也不必承擔責任嗎？他提倡科學，竟然把科學提倡成為科學主義式的準宗教！這種謬誤到今天仍然可以在許多中國人的思維的方式與使用的語言上看得到。

王：五四前夕曾經辯論過態度和思想的關係的問題。

林：有這個辯論嗎？

王：有這個辯論。我談杜亞泉那篇文章裡就寫到。那是蔣夢麟和杜亞泉的辯論。蔣夢麟說，你只有態度好了，你才會方向對頭；你方向對的時候，那你的思想才會好。我說這和毛澤東一樣。首先屁股移過來，要改變態度。所以，這種東西很早就有了，那時候就已經有這種論調了。我是贊成杜的。我是覺得杜亞泉這人並非他們講的是中國的冬烘的頭腦，他真的是很有點頭腦。恐怕你說的講民主不可只講對於民主肯定的態度，有關民主思想，他懂的可能還比胡適多一點。

林：可能，很可能，從這裡也可以反映出那個時代一些問題。

王：因為那個時候，從日本轉過來很多東西，日本把它翻譯的大量的名詞（輸入到中國）。我覺得中國現代人寫的近代史是一團糟的，是非顛倒，黑白混淆，弄得一塌糊塗。這個東西不清理是不行的。包括對五四什麼的（評價），就像蔣夢麟跟杜亞泉的辯論。（蔣夢麟）居然說，杜亞泉戴一個瓜皮帽，還什麼××在頭上，這種人講什麼思想啊。

林：這是一個客觀的現象，沒有辦法。一個文化傳統的基本秩序——

思想秩序、文化秩序、政治秩序、社會秩序，解體以後（社會秩序解體的程度少了一點），很難、很難弄成一個很有秩序的東西。經過極複雜的努力將來也許能走出一條路。

王：我對魯迅的想法，稍微有一點改變。

林：我也寫過幾篇東西，不曉得是否有什麼影響？

王：我的《人物小記》也有一篇談到毛澤東的。呵呵。這是我剛才講的。毛澤東認為，思想改造最關鍵的就是把屁股移過來。毛澤東沒有讀過馬克思，他完全是列寧的那一套。

林：史華慈先生在他談毛澤東的專著中，也有同樣的看法。關於列寧，大概八九年前，我下過一點功夫。中國的問題，如果從世界史的觀點來看，還是可以更深入一些。列寧是個大天才，他不是思想天才，他是政治手腕、政治組織、政治宣傳的天才。他可以把黑的講成白的，把白的講成黑的，使很多人相信。這是一個很大的本領。其實，列寧基本上顛覆了馬克思主義。

王：我也這麼認為。

林：但是他一輩子說自己是馬克思信徒，從來沒有說他和馬克思不一樣。馬克思的思想本身有許多矛盾。馬克思還是歐洲傳統底下的人。

王：他受到啟蒙思想家的影響。

林：馬克思有很多矛盾。思想也不是那麼單一，相當複雜，也有些厚度。這厚度是歐洲文明在他身上的表現。列寧是俄羅斯傳統，跟歐洲非常不一樣。激烈得不得了。為了激烈的目的，什麼都可以做。換句話說，非常野蠻。但是馬克思和列寧合在一起，才有政治意義。因為沒有列寧，馬克思主義很難有政治意義，是列寧把它變成了政治行動。

王：我認為，列寧跟馬克思差異很大。毛未讀過馬恩什麼重要著作，可是奇怪，他有很多反馬恩的觀點。這些在文件中可以看到。

林：因為馬克思界定無產階級是產業革命後城市中工廠裡的工人，其他低層裡的人雖然也被壓迫，卻還沒有資格成為無產階級。

王：列寧的觀點很多都與他（馬克思）相反的。列寧對啟蒙思想沒有任何觀念。列寧和斯大林（都是）。但是我覺得更厲害的是毛澤東。全球

的政治家再怎麼反動、暴戾、凶悍、蠻橫、自以為是，沒有一個敢說，我是反對人道、反對人性、反對人情的。毛澤東在1942年延安整風時，在整風文件中把這些作為意識形態的一條原則（等於法律，可以依此判人的罪行），公然說反對人性，要堅決批判。

林：因為毛澤東底下有很強無政府主義思想，他虛無得很。虛無以後有兩個可能，一個什麼都完了，他自己也完了，另一個就是只剩下自己。

王：他相信韓非子的人性論。但我以為他的性格也發生了一定作用。

林：對，對。基本上在政治層次上就是玩弄人，他得意嘛。

王：魯迅是個很特別的人。他說，我是不惜從最壞方面去看別人的。（「我向來是不憚以最壞的惡意來推測中國人」——出自〈記念劉和珍君〉。）這在中國也是很少有的。他也承認他贊成韓非，他在《墳》的後記裡面講到：韓非的峻急，莊周的隨便。

林：有這一面啊，有這一面。

王：他這些東西，和毛澤東（很接近）。他說：我活著不是為了愛我的人，是為了恨我的人，我跟他們鬥。這和毛澤東的「與天鬥，與地鬥，與人鬥」有什麼兩樣？這個沒有人很好的研究。當然，他們有很多不同的地方。但是確實有許多相同的東西。

林：這個您看得很深。這一點，就是魯迅與毛澤東思想的傳承關係。

王：他們兩個有點「英雄惜英雄，好漢惜好漢」。（兩人）有一定聯繫。

林：是這樣的。但是魯迅自己有矛盾，矛盾很厲害，很深。毛澤東不是。

王：你想，他受過文藝復興的影響，受西方的各種啟蒙思想影響。所以，他的思想很混雜的。他還喜歡尼采。

林：他又喜歡托爾斯泰。他有人道主義，他走極端嘛，所以人道主義到極端，大愛什麼的。矛盾。他有很多矛盾啦，魯迅的抑鬱其實反映了時代的矛盾。時代的矛盾在他身上反映得很強烈也很激烈。

王：魯迅到臨死的時候，他就說——他是用哲人的態度來對待人生的——西方的規則，人快要死了，他原諒仇人，原諒他恨過的人，原諒恨他的人。但是，魯迅到臨死的時候，一個也不寬恕。（「⋯⋯想到歐洲人臨死時，往往有一種儀式，是請別人寬恕，自己也寬恕了別人。

魯迅卻說：我的怨敵可謂多矣，倘有新式的人問起我來，怎麼回答呢？我想了一想，決定的是：讓他們怨恨去，我也一個都不寬恕｜——出自《且介亭雜文附集·死》。）這個假設不弄清楚的話，就覺得很特別。你的那些個仇人，當然有真正蔑視自由、正義的敵人，可自己的敵人無非就是梁實秋什麼的那些個人。我有一個很錯誤的觀點，這是中國的自己的觀點。紹興人的心胸非常的偏狹，氣量狹窄得很。我有幾個紹興的朋友，我都很害怕他們，氣量非常狹窄。這也許是我很錯誤的觀點，但是事實是這樣子的，我也沒辦法。

林：紹興人可能是有這個。

王：你一句很無謂的話，沒有意識傷害他的話，或者你多少有點不夠尊重的話，他們能恨你一輩子。

林：那是來自師爺傳統，自卑感很強。自卑感強的人就不寬容。師爺傳統就是永遠服侍人嘛，在人家底下伺候人。

王：我覺得，馬克思是無論如何有人道這些東西在裡頭。而列寧是非常喜歡暴力的。

林：馬克思最主要的(觀點)是無產階級。無產階級(被列寧)變成了政治上的意義。(而事實上，)無產階級是沒辦法變成政治意義的。無產階級本來是由經濟意義界定的。無產階級變成政治意義就是列寧顛覆了(馬克思主義)之後產生的意義。根據馬克思的理論，無產階級是資本主義異化的極端，他運用黑格爾的辯證法，認為無產階級因此可以產生「真正的意識」。這種突破的條件是，你必須先是無產階級才能獲得這種突破。不是自認是無產階級先鋒隊的政治人物就會變成啊。階級本身是一個經濟方面的觀念，從這個觀點來講，你不是無產階級，怎麼會有無產階級意識呢？列寧說，我是無產階級先鋒隊，那我就是無產階級，我比你無產階級更無產階級，同時我還是無產階級的領導，你無產階級需要聽我的。然而，無產階級先鋒隊組成份子大部份並非來自城市工人(無產階級)，無產階級先鋒隊事實上是職業性的革命政治人物組成，並沒有同一的階級成分。

王：列寧最主要觀點在他的《國家與革命》裡。那裡面，他改馬克思改

得很明顯。馬克思的暴力的意味在那裡面忽然被加得非常濃烈了。

林：對，對。但是看您從哪個觀點看，不這樣搞的話，就不能革命嘛。革命又不是口號，要革命就革，革怎麼革，革不出來，就要這樣革。結果成功了。

王：毛澤東，你曉得，他曾經有一個（説法），不知你曾經聽説過沒有。他説，不是按照經濟來劃階級成分的，應該可以按思想來劃階級成分。所以那時候，他説，中國那麼大，沒有一個資產階級了。那怎麼弄呢，他就是精神資產階級就是資產階級，知識份子就是資產階級了。這個事情人家都不注意，我注意到了。1954年，他把所有的「小」資產階級的「小」字都去掉了。他説沒有什麼小資產階級。像我們這種人，從前他是歸結為小資產階級的，這樣一下子就上去了。那農民他不也是小資產階級嘛，（這時）農民一下子就變得比工人還革命了。「向貧下中農再學習」嘛，像文革的時候，要求工人也要「向貧下中農再學習」。所以從這裡面（看出），毛的這個混亂更厲害。

林：可是馬克思對農民很有偏見。馬克思認為，農民是很落後的。他這是歐洲傳統上的一個偏見。因為歐洲文明基本上不是從農村來的，是從城市來的。（毛澤東的説法）就是全部都亂掉了。但是，我有權力，你只能聽我講，其實是用權力來（推行）這些講法。要是公平辯論的話，他是很弱的。

王：中國很奇怪。1954年，毛澤東把小資產階級的「小」字去掉了，所以知識份子都變成資產階級。到了1961、1962年，一個是周恩來在紫光閣舉行會議，（另一個是）陳毅在廣州舉行會議，宣佈給知識份子脱帽（「資產階級知識份子」之帽）。中國的知識份子的糊塗也真是糊塗得可以，你的帽子什麼時候戴上去你知道嘛，沒有戴帽子幹嘛要脱帽呢？沒有人考證過這個，我考證出來，就是1954年它戴上了帽子。中國有這種極左的思想的人，很厲害，有些是跟傳統相結合的。你比如説，劉師培，那是厲害得很哪。

林：中國確有這種極端份子。

林：（許紀霖到）今天和元化先生談得很愉快，精神也很好。

王：我在1987年寫了一篇文章。我不是寫文章，口頭講的，別人給它記錄下來，登在安徽的一個雜誌上面。我說，我們解放之後，一開始就劃唯物劃唯心，這個很錯了。這個根源從哪裡來的呢？就是列寧的《唯物主義與經驗批判主義》。他認為，從希臘、羅馬開始，哲學上就有兩條路線的鬥爭，唯物論和唯心論。這樣子說法的話，那麼在任何時候，從希臘、羅馬開始，唯物論都是正確的，唯心論都是錯誤的。我們都做了大量的工作，蘇聯也做了大量的工作，那些理論家都研究，連我的《文心雕龍》裡都看得出來，留了些尾巴在裡面，我也不把它刪掉。因為那個時候，是你不談那個就不能過關的問題。按照這個道理，應該這樣子說才對。但是，列寧又講，馬克思有三個來源。第一個，英國的古典經濟學；（第二個，）德國的古典哲學；（第三個，）法國的空想社會主義。我說，他講的德國古典哲學，哪個是唯物論的啦。他（馬克思）自己曾經在1873年《資本論》（第1卷）第二版的跋中講到：過去，當斯賓諾莎被批評為死狗的時候，黑格爾出來替他講話，宣佈「我是他的門人」。現在是，黑格爾被稱呼為死狗的時候，我出來承認我是他的門人。（「正當我寫《資本論》第1卷時，憤懑的、自負的、平庸的、今天在德國知識界發號施令的模仿者們，卻已高興地像萊辛時代大膽的莫澤斯·門德爾森對待斯賓諾莎那樣對待黑格爾，即把他當作一條「死狗」了。因此，我要公開承認我是這位大思想家的學生，並且在關於價值理論的一章中，有些地方我甚至賣弄起黑格爾特有的表達方式。」「當別人把黑格爾當成死狗的時候，我宣佈我是他的門人。」）所以，我說他（馬克思）自己承認（他繼承的是黑格爾）。（照列寧的說法，）為什麼那時候，馬克思他們不去跟德國的那些個維肖什麼的，已經毫無名聲，書名都不大有人知道的這些個人去讀哲學，而要去讀唯心主義的哲學呢？我覺得這個（列寧的說法）很荒謬的。他（列寧）後來又講到，聰明的唯心主義者比愚蠢的唯物主義更接近於聰明的唯物主義者，他自己都否定他（原先的）這個（說法）。我們現在黨校也還用這個教科書來談。我碰到科學界的一位朋友（這樣的人在大陸科學界是極少的），說起這本談科學的書，他就大罵列寧的唯物主義這些說法，說他（列寧）根本不懂科學。

林：列寧當然不懂科學。列寧是搞宣傳的，列寧是宣傳天才，政治宣傳天才。

王：他是把科學中很簡單的拿出來：物質第一性，還是精神第一性；哪個是唯物論，哪個是唯心論；哪個好，哪個壞。

林：他的興趣是搞革命，取得權力。

王：但是列寧現在基本上也沒有什麼人研究。最近有朋友，他懂俄文，他到蘇聯去，看了些解密的檔案。他說列寧品質非常差。他欺騙了高爾基。高爾基請他保護科學家的生命。他都答應了，後來卻都殺掉了。

林：實際上就是粗暴。列寧他是以政治為目的，就搞這一套，其他都不重要。權力嘛。實際上，從列寧到毛，那是發揚光大。

王：你看毛沒講過馬克思的話，他沒讀過，恩格斯的也沒讀過。他就是列寧、斯大林。

林：權力嘛，這樣子的人，有了權力，那還得了。

王：中共它這個先天的弱點就已經存在在那兒。一開始就受列寧的影響。

林：當時是要把對方打倒，獲得權力，其他都不重要。問題是有了權力之後，也不反思，繼續……。有了權力之後，全國都一致擁護，把有權力的人當作導師。知識份子也抱持這樣的態度，海內外的……

王：你看，蘇聯鐵腕政治，但是統治這麼嚴密，怎麼會在一個很短的時間就完全垮掉啦。也沒有人能講得清楚。

林：蘇聯是吧。蘇聯和中國不太一樣，蘇聯的民間文化……。即使在斯大林時代也沒有完全毀滅高等文化，包括歌劇院音樂院各方面。

王：他們對傳統的東西，比如普希金、果戈里、托爾斯泰、契呵夫這些代表俄羅斯的傳統精華的大師，都採取了保護態度。杜思妥也夫斯基命運不同些，因為高爾基說他是個有毒的天才，「他」在蘇聯歷史上有幾次極其起伏的經歷。但畢竟，他的書還是讓人讀的。

林：對，對。所以俄國這麼凶殘，這麼厲害，厲害得不得了，但是，它這個文化底蘊還是有。後來中國竟然都是災難，就是沙漠了，沒有了。

王：中國是到了1958年批判厚古薄今，連中國本身的東西都不要了，都否定掉了，全部都掃到大街上去了。

林：中國現在就是有一個氣還沒有斷。民間的這個氣，這是中國的一個
希望。就是還有一個勁，不是完全失望，還有一個勁，你鬥我跟你對。
民間還有一個力量。我們在海外覺得中國的希望在這裡。當然，將來
怎樣……

王：是的。馬寅初、梁漱溟、孫冶方、顧準，他們都鬥過。

林：民間現在還是有力量，傳下來了。中國的這個精神的動力，有還是
有，但是怎麼取得共識，形成共同的導向，不知道啊。現在學術界又打
成一團，又是新左派起來了瞎搞，又是……。破壞教育這麼厲害。教育
是根本的，給一塊單獨發展的空間也可以，××都沒問題。就不給嘛。

＊　＊　＊

林：（問許紀霖）這個建立（王元化）學術館的（事情），貴校一切（是否）
蠻同心協力地在進行？

許：那當然。我們現在的兩個領導，一個書記一個校長，都是重學術的。

林：很好。

許：（認為）學校最重要的財產就是傳統，就是大師。

林：哦哦。

王：其實我是希望，有些個，我現在也不是能夠完全把握的。但是有些
問題希望能夠繼續地研究下去。

林：這幾個反思，意義還是要把它理清。

王：我以為，我的思想都與中國近代史有關。但是我做得十分粗糙。

林：您的幾個反思，有些地方很細緻。比如魯迅與毛的複雜關係，精神
思想上的，我看還沒有人講得像您那麼清楚。包括我們海外幾個人都沒
有。因為我們海外是另一個環境。魯迅和毛澤東的複雜關係，這個需
要弄清楚。您這個反思，意義非常重大。

王：為什麼你知道嗎？他們都是法家。毛討厭儒家，贊成法家。魯迅也
是最討厭儒家的，贊成法家。這是他們的思想裡面有共同點的一個基礎。

林：但是法家在傳統裡基本是給帝王獻計的。

王：章太炎就更加啦，完全是贊成法家，《秦政記》、《秦獻記》都是吹
捧法家吹捧得不得了。魯迅的國學實際上他沒有太獨立的研究，他的見

解是從章太炎那兒來的，幾乎都是的，包括對魏晉南北朝的玄學的研究。顧頡剛的批評也是從章太炎那裡來的。什麼「大禹是條魚」，連這種話都是章太炎先講過的。

林：比起西方，中國傳統的源流是比較單薄的，沒有西方那麼多文化的匯流。西方的源流有古埃及的一支、兩河流域的一支，兩河流域的一支又發展出來希伯來文明。然後，希臘本身起來了，而羅馬本身與希臘又不一樣。後來，歐洲北方蠻族以及回教與阿拉伯文明都對西方文明的發展做出了貢獻。中國文明的源流沒有那麼複雜，沒有那麼豐富。另外，道家思想很有意思。但，它要出世，對於什麼是正當的人間秩序的大問題，它只能提出消極的、「無為」的辦法，迴避了「有為」的問題。換言之，也就默認了儒家所賦予「普遍王權」（universal kingship）——政治秩序需要「定於一」——的正當性觀念。正面的問題，等於交了白卷。正面的社會思想、政治思想問題，基本上就是儒家與法家。佛教後來影響不小，但頂多提出「沙門不敬王者」之類的言論，要求有獨立、自主的空間。然而，它基本上也是要出世的。至於人間佛教之類，主要是輔助已有的人間秩序，至於如何面對政治秩序正當性的大問題，也是交了白卷的。

王：還有墨。

林：墨是力行，沒有什麼太多東西。墨後來也沒落了，沒有什麼傳下來。我大學時代，有個同學很努力做墨家。力行，做苦行僧。

王：不必宣傳的。

林：那個老同學完全是墨家。年輕大學生所要的，他都不要，而且不說，也不罵你們。他就力行，做苦行僧。做苦行僧幹什麼呢？不問。他也反抗。你們不管是贊成國民黨反對國民黨的，什麼西化的，看洋書的不看洋書的，全都不對。他就是力行！力行什麼呢？呵呵，沒有必要討論！就是力行！包括絕對不照相。大學畢業臨走前，老同學在一起四年了，大家要離開了，照相留個紀念吧。我那老同學是絕對不照，力行！照相算什麼，不照。至於如何面對中國的許多大問題？不問。就是力行。

王：那個余秋雨啊，在鳳凰台作學術演講。講墨子的「兼愛」和孔子的「等差之愛」的差別。我覺得他簡直胡説八道。他連基本常識都不知道。

林：他怎麼説的？

王：我曾經跟一個人説過，不曉得他與(余秋雨)講了沒有。

林：余秋雨怎麼説？

王：他亂講的嘛。他説，墨子是「兼愛」；而儒家呢就是「等差之愛」，不大有(「兼愛」)。這其實是一個非常複雜的問題。到底「等差之愛」(如何)，我到現在都不做這個結論。一定就是墨家的「兼愛」。他説，「等差之愛」是與你親近的要愛。比如説，你在人家門前吐口痰無所謂，你在家門口就不吐痰了。這就是「兼愛」和「等差之愛」的區別。

許：這是余秋雨講的？呵呵。

王：我覺得這胡説八道的東西太多了。這種演講不得不賣噱頭，這也許是他作噱頭用的，但多麼庸俗。

許：于丹也好不了多少。

林：余秋雨本來還不是一個……，他的文筆還很不錯嘛。

許：他關鍵是不讀書。

林：不讀書，不讀書。余秋雨在台灣有很多聽眾，很多讀者。

王：你和我講過，連戰夫人……

林：方瑀，是余秋雨的忠實讀者。

王：她是粉絲。

林：粉絲。國民黨官太太，有很多是余秋雨的讀者。

王：錢文忠，現在在這方面很有影響。

林：聽説是講什麼……

王：講玄奘。他講得還可以。但是我沒料到(會這麼火)，我考慮到它這裡面和宗教有關係，大陸渴望宗教上的東西。他(的粉絲)不叫粉絲，叫潛艇。

林：叫什麼？

許：潛水艇。當然，它是用諧音。

王：現在他的潛艇已經有七千多萬人啦。

旁者：他是根據收視率一個百分點算出來的。那天他來說，說是14億觀眾，零點幾的收視率百分比，他就算出來，六千多萬嘛。

林：錢文忠還是有點學問的。

王：他沒有亂講。我聽了很多亂講的，他沒有亂講。

林：他要是沒有亂講的話，這個沒有什麼不好。一般人也不知道這個，他把它通俗化，接近一般人，這個沒有什麼，很好。

王：因為《大唐西域記》很值得讀，是很有意義的一本書，這本書也很難讀的。他是跟著季先生花過功夫的。他對印度文化、東方語言這些東西是下過功夫鑽研的。他沒有亂講，我知道的，這就很不錯了。

林：文忠我好幾年沒見了。

王：文忠他常常來。

林：文忠這樣做，是好事。但是，這麼樣子的受歡迎，是不是也進入他腦子裡去了？他也受影響了？本來是他影響著別人，是不是別人也影響了他？

王：我和他說過。我說，你不要以為你自己好像很有力量，你在這個環境裡邊，要進退自如。我說，你要當心，你在自以為進退自如的時候，實際上早已經被環境所控制。我說，你在媒體當中玩玩，過過癮，從來沒嘗過這種味道，嘗嘗也好。但是我說，適可而止吧，趕快急流勇退。

林：不過，玄奘總要講完呀，不要永遠講下去，講講差不多，就應該結束了。

許：接下來要講季羨林，是吧？

王：對，對。季羨林也還可以講一點。

旁者：接下來要講鑒真。

王：他其實不是根據《西遊記》講。他是根據《大唐西域記》、《大慈恩寺三藏法師傳》、《續高僧傳》、《新舊唐書》講的。這一系列，他花了很多功夫。我看現在，跟他這樣的還不多。

林：哦，那媒體找對人了，還不錯嘛。

王：他也沒有亂講，像易中天那樣。

林：易中天是怎麼一種人。講什麼？說講「三國」是吧？

許：「三國」，他什麼都講啦。

林：他是個學術界裡的人嗎？

王：二十年前，他給我寫信，稱我為「元化師」，請教我《文心雕龍》的東西。這麼一個讀書的人。大概在這個大學的學海當中，是不得意的。這個人口才極好，所以他講「三國」，開始的時候，放肆了一下，效果蠻好。之後就是忘乎所以啦，有點亂講，很糟糕。比方說，關於三國，陳寅恪談曹操有三令。魯迅的就不大同，魯迅就是很喜歡曹操的。那麼我說你應該看看陳寅恪的書，他是比較歷史的看法。他（易中天）完全是一個主觀性很強的，也不是主觀性，就是說說笑笑的。他說是市場經濟，一個買方一個賣方，哪有什麼三顧茅廬呀，諸葛亮是待價而沽，劉備嘛是要買得合算。這就是亂講啦。我講了一下，不曉得他有沒有看到。

林：文忠的您看過嗎？

王：我從頭看過，電視同書我都看了。我覺得還可以。還是不錯的。

林：不過，應該適可而止了。如果一頭鑽進媒體裡去，就沒有足夠的時間研究艱難的大問題了。

王：玄奘是個很特殊的人，他的那段歷史也很動人。我們也很希望知道，當時到西方求法的人，西藏、新疆這條路很難走，他那個時候更難。他有很大的毅力，有自己的信仰，有一個追求的信念，克服了各種難以想像的生命考驗。這個是……

林：當然，他是我們民族裡面很重要的一個人。好好講講，很好啊。

王：傅杰講《論語》，被我批評了。

林：哦。傅杰還好吧。

王：我自己的意見是，假設學術館動起來的話，我希望有點內容，對大家能有點研究意義的。

現在看起來，近代的（學者）——（我這個看法）李澤厚也很不贊成——從學問來講，真有學問的，那是陳寅恪。錢鍾書他們都不能比。這是一個沒有辦法的問題，他沒有思想。

林：錢鍾書是沒有。一個人的思想與人的人格有關係，這沒有辦法。西

方的思想也是這樣。西方的大思想家的思想與他們的人格都有密切的關係。現在，西方這方面的研究做的很深。好比説，自由主義的思想家，英國的洛克。過去都是研究他的思想，對他的人倒沒有那麼清楚，現在也很清楚了，有寫得很好的第一流的著作。洛克自己實際上是個清教徒。清教徒的行為與落實民主的政治生活關係很大。現在國內學界不少人知道，韋伯所分析的加爾文教派與資本主義興起的關係，對於兩者之間複雜、曲折的關係也許不是都掌握得那麼精確，但總會有一些印象；但對於加爾文教派與科學發展的實際關係，以及加爾文教派對於民主生活的實際貢獻，也許就沒有多大印象了。實際上，屬於加爾文教派那一支的清教徒在這方面的貢獻是很大的。美國開國前後，這一派的清教徒多住在新英格蘭那幾州。加爾文教派認為人在世間的生活主要是要光耀上帝——做光耀上帝的工具。怎麼光耀上帝呢？加爾文教派認為信徒不能禱告上帝、祈求指引。人是有限的、很渺小而且罪孽深重；神是無限的。有限的生命無法想像無限的上帝怎麼樣、怎麼樣。祈禱，太自作多情了吧？你怎麼知道神會聽你的呢？在無法跟神溝通的條件下，如何做光耀上帝的工具呢？只能運用理性的意志。自我節制與做事要前後連貫（「系統的導向」），自然變成他們的行為模式。以這種行為模式行使他們的公民權利，介入民主的政治生活，表達自己的意見與尊重、考慮別人的意見，服從多數、尊重少數，建立了有秩序的、民主的公共生活。

中國文明有很強的抒情傳統，它可以達到人間的優美境界。不過，這種偏重感情的傳統的末流以及它的異化很容易使人變得任性，甚至自戀！這與自由的民主所需要的自律與具有「系統的導向」的行為，距離很遠了。（我說的這些話，指涉的是美國建國前後，樹立民主政治生活的規模的情況。現在的美國政治生活，雖然偶爾仍可看到上述精神的表現；事實上，已離開這種模式很多了。這是一個複雜的問題，此處暫存不論。）

王：那是文藝復興的時候嗎？

林：不是，那是十七、十八世紀的時候。

王：是 Puritan？

林：Puritan有好幾支，我是講加爾文教派。十六世紀宗教改革出現了兩個大的派別：路德派與加爾文派。路德派的教義內容頗有神秘性，認為人可以與神溝通。加爾文派的教義則排除神秘性，認為人與神無法直接溝通，人的意義在於運用理性意志做光耀神的工具。

王：你講的哪個……

林：我講的是加爾文教派的清教徒。

王：那吃聖餐……

林：那是天主教。

王：不是。基督教，基督教有的。

林：就是彌撒以後，神父給你吃一小塊餅乾、喝一小口酒、劃個十字什麼的。

王：這不是天主教，是基督教。

林：基督教也有。那是比較接近Orthodox的基督教，聖公會什麼的可能有。英國的國教很接近天主教，可能有。這方面我知道的不是很多，沒有下過苦功。好比說，台灣的民主搞得很混亂，議會打架，不知節制，這當然不是加爾文派清教徒的作風。憲政民主即使建立了制度，尚需適合它的政治文化與政治道德來支持它的運作，否則也仍然是徒具形式，沒有什麼內容的。談到民主制度，台灣的公民確可用投票的方式選舉總統、副總統、國會議員、市長、縣長等，而且現在的選舉，賄選、作票的情況已減少了很多，相當程度之內已達到「程序的公正」。但，即使在民主制度建設方面，經過李登輝胡亂修憲後的現行憲法，許多重要方面是違反民主憲政基本原理的；換言之，那些有關的憲法條文是違憲的。例如，現行憲法對於總統的權力沒有適當的限制。從前張君勱先生起草的、經過制憲國民大會通過的憲法，規定總統頒佈的法令須要行政院長的附署，才能生效。這個實際頒佈的法令上看來比總統簽的字小一號的行政院長的簽字，具有關鍵性的落實權力分立、相互制衡的法治意義：因為總統的法令沒有行政院長的簽字(附署)，是無效的。而行政院長的任命需要立法院同意，國會同意以後還可以對行政院長投不信任票。(票數如果符合法定的多數，行政院長必須下台。)換言之，

行政院長雖由總統任命，實際上是對國會負責的。當時的歷史情況，很難推行內閣制。這是張君勱先生的苦心所在：把表面上看來是總統制的憲法，實際上製成類似內閣制的憲法。

宋：這部憲法在兩蔣時代遵行了嗎？李登輝修憲的結果又如何呢？

林：兩蔣不要遵行，當然也就沒有落實，但，他們表面上不想落得個毀憲的惡名，所以搞出臨時條款，把張先生起草的憲法凍結了，即所謂：暫時不實行。後來李登輝操縱國民大會，公然把有關條文毀掉了。台灣現行的憲法規定：總統任命行政院長無需立法院同意，總統的權力擴大到幾乎無法制衡的地步，雖然，形式上國會仍可罷免總統，但門檻極高，還需公投……

王：（問許紀霖）講過了嗎？林先生的演講。

許：還沒有。因為我們（學校）放假了，要下一次。

林：6月份。我還要和紀霖商量是不是要講這個題目。這是一個很艱深、很複雜的題目，我最近弄得比較清楚，但是在北大講的不成功。

許：我待會要和您講，6月份不行了。我待會還要和您商量，您的這個演講可能會延期到10月。

林：10月的話，我就要從美國回來了。（對王先生）紀霖安排一個會，本來剛巧我在東方，比較方便。這樣的話，需要再考慮了。我想盡量支持；不過，要看我返美以後的時間了。紀霖是有心人，他現在感到，研究思想史這個事情應該傳承下去，一代、一代。思想史確有一個傳承的問題。他想面對這個問題。

王：這個很重要。

許：每兩年做一個研討班。主要想請林先生這樣的人回來給年輕的學者講。

王：我剛才不是還在和你講，我覺得我們的近代史弄得很亂。都是給人灌輸一種歪理。

林：你說，這個傳承。我感覺國內至少還有相當多的人有興趣。

許：還有，還有。但是如果說他只有興趣，沒有得到好的滋潤的話，他就亂想亂搞，最後不成氣候。

林：當然需要嚴格的教育與鍛煉，不過，先決條件還是要有興趣。

許：有興趣的人還是有的。

林：而且你感覺到這是一個長遠的努力過程，不是簡單的。

許：但是說實話，比以前少多了。很多大學，思想史是不開課了，很多課都取消，以前都是有的，現在都去做社會史、文化史這些更時髦的。

林：西方也有這個問題。

許：王先生有點累了。

林：今天我們談到這兒。我在香港要待到 5 月底。這次比較忙，因為同時我還要回北美開兩次會。以前沒有這樣，都是來東方一段時間，就一直待在東方。由於一個極為偶然的機會，美國一個專門提倡海耶克這一派自由主義的基金會發現我是海耶克先生在美任教期間的最後一個學生。這個基金會在 2001 年曾邀我參加過在奧地利山區他撰寫《自由秩序原理》(或譯《自由憲章》) 的鄉村舉行紀念他的大著出版 40 週年的研討會。從那時起，我與西方主張在法治之下個人的自由、自由與責任不可分、需要自律才能完成責任的老派自由主義者們重新取得了聯繫。今年 5 月底、6 月初這個基金會要在洛杉磯舉行研討海耶克後期思想的一個會。參加的人都是研究海耶克思想很有成就的歐美學人。他們要找我去，我覺得應該去。開完那個會後，我會回到台北參加 7 月初、兩年一次的的中央研究院院士會議。在開會之前，我們還會來上海看您。不過，回中國，總是需要辦簽證。

王：(問許紀霖) 你那兒能幫忙嗎？

林：不需要幫忙，在香港辦起來，很方便。就是要花半天的時間，需要自己去。交上去以後，祖錦可以去取。

王：希望你們 6 月再來。

林：好。我們回美國之前一定會再來看望您。

王：你跟藍雲或者曼青聯繫。

林：我和藍雲打電話很方便。好的，王先生您好好保重。反正我們 6 月回美國之前還會來看您。

宋：王先生，您多保重。

林：再見，再見。

王：你們自己也保重。不要太累了。

林：好。不要太累，不要太累。

元化先生逝世後第十天，2008年5月19日重讀、修訂完整版，2011年7月21日確認最後定本。

六十餘載君子交：序董永良著
《回首學算路：一個旅美學算者的故事》

　　永良兄是我在1954年到1958年上大學時住宿的室友。當時台灣大學男生宿舍，一個房間四張床位，上下鋪，共住八人。室友們從大一開始到大四畢業，大家相處得一直十分融洽，基本成員六人沒有變動，他們是：農學院農藝系的戴喬治兄、袁宸宣兄和農經系的董永良兄，文學院歷史系的郝延平兄、莊震寬兄和我。我們最初住在山腳下第七宿舍，後來搬到工學院後面第五宿舍，最後搬到離新生南路不遠、新建的第十四宿舍306室。

　　室友們的個性、興趣與所學均相當不同，生活習慣也不大一樣。有的喜歡高談闊論，有的說話謹慎，不願多言；有的嗜好打球，有的不會打球；有的需要提早就寢，趕赴次日早課，有的夜讀歸來，已過子時，次日睡過九、十點鐘是常事。這樣來自不同家庭背景、血氣方剛的八個年青人，擠在一個房間內，居然不覺得擁擠。大家存異求同、相互尊重，愉快地朝夕相處，共同度過四年心身漸次成長的大學生活（永良兄在書中有不少親切的描述）。現在回想起來，殊覺是人生難得的快事與幸事。

　　人生的許多遭遇確與機遇有關，大家是有緣分，所以能夠聚在一起。永良兄在書中回憶他從台大農經系開始，如何——始料未及地——走上研究機率統計的道路時，時常驚異於他在適當地點、適當時間、幸運地獲得的師友的啟發與提攜對於他的學術生涯的幫助。然而，機遇的

出現也有其客觀的條件。客觀條件雖然不一定能夠帶來機遇，沒有客觀條件支撐的話，機遇也不會自動出現。我想藉為永良兄文筆明快、含義雋永的回憶錄撰寫序言的機會，回憶與反思一下我們大學生活的環境與我們心靈發展之間互動的關係。

五十年代中、後期的台灣，內外局勢已經逐漸和緩了下來。韓戰爆發以後，美國從放棄台灣轉為協防台灣，並給予軍事及經濟援助，同時阻止台灣對大陸採取軍事行動。因此，中共武力攻台的可能性也減至甚低。（後來雖有兩次「台海危機」，[1] 不過均能安然度過。）當時經濟尚未起飛（但已蓄勢待發），大家生活仍然相當清苦，國民經濟卻已在逐漸改善之中。蔣氏政權宣佈的軍事戒嚴仍在實施之中，「白色恐怖」的陰影也沒有消除，但社會經常性的運作在一定程度之內並未因之而不能進行。台大校園之內，大家不便直接談論敏感話題，自然也沒有任何學生運動的可能。大陸作者出版的著作，絕大部份（即使與政治無涉）都被列為禁書。在這樣的情況下，少數對於公共事務比較關心的同學，會覺得氣氛頗為沉悶，也有些荒涼。然而，對於許多主修科技課程的同學，大部份會以為只要自己避談政治，專心學業，外界對他們不會產生什麼干擾。種種政治宣傳主要是在校園之外進行的，它在台大校園之內並未過分猖獗。當時確有職業學生，也有軍事教官和「三民主義」的課程，不過校園之內的氛圍使人覺得那些都不是帶有很大正當性的活動，大家敷衍、敷衍也就行了。

同學們之間，在相當程度之內頗有自動自發的交往空間，師生之間也有教學相長，傳道授業的發展空間。永良兄以虔敬、感激的心情在書中回憶曾寫過〈新師說〉的農經系主任張德粹先生對於他的決定性影響，便是顯例。張先生「深切了解到以數理為基礎的分析方法在現代農業經濟研究中之重要性」，便以實際行動鼓勵永良向這方面發展。正是由於

1　指1954–1955年金門炮戰與一江山島陷落以及大陳島軍民（在美國第七艦隊護航下）撤至台灣，與1958年金門八二三炮戰。

受到了張先生的啟發與影響，永良才能找到自己學術上真正的興趣與潛能，「窮一生之心力研習機率論與統計學」，做出了十分出色的貢獻。華裔數學界前輩樊�先生，用「努力認真，成績輝煌」八個字總結永良的研究工作。

讀者從永良的回憶錄中，大概會得到這樣的印象：他們這幾個室友頗能和而不同、群而不黨、自得其樂、努力讀書。之所以能夠如此，我們實際上是受惠於當時的外在環境：沒有什麼政治運動來干擾我們（詳下），也沒有台灣經濟起飛與威權統治鬆動以後所釋放出來的消費主義與媒體炒作來分散我們的注意力。當時確有高壓的政治勢力在，但它在台大校園之內相當節制，你不碰它，它不碰你。這樣的外在環境賦予我們一個在知識上充實自己的空間。

前面提到那時候沒有什麼政治運動來干擾我們。相對於中國知識份子自五四以來直接或間接、主動或被動捲入各式各樣的政治運動而言，1954–1958年的台大，可說是一個「政治運動空檔期」。既無1949年以前的左傾運動與右傾運動，也無抗日救國運動。後來在台灣出現的保釣運動、黨外運動，以及相互重疊的台獨運動、去中國化運動、族群撕裂運動、民粹民主運動、反貪腐運動——這些都尚未發生。當時唯一可稱之為「運動」者，是黨國機器製造出來的「反攻大陸」的宣傳。然而，在美國第七艦隊協防台灣的限制下，事實上，那是不可能的。蔣氏政權所慣用的虛偽與矯飾的伎倆，自然在這方面變得有氣無力、走走形式而已。不像台灣後來發生的各種運動那樣牽動人心，即使你自覺地不要捲入，決心鍛鍊「隔離的智慧」，也非花許多心力抗拒它、排斥它，於無形之中仍然是被它干擾了！

有了外在自我充實知識的空間，假若沒有個人意志善加利用的話，當然也不會有什麼結果。室友們都是單純的青年，一旦對於知識發生了興趣，他們發現其中寬廣的天地充滿挑戰性。面對這樣的挑戰，他們自然集中精神，在這方面努力，其他外務也自然變得相對地疏遠了。

永良兄充分運用了他內在的理智與道德資源在理知和實際層面充實自己，鍛鍊自己。這些資源，很大的一部份來自他身上純正的中國文化

的成分。他是一個十分念舊的人。至今他仍然牢記小學及後來教過他的各位老師的姓名,以及數十年來一直保存著大學時代師友們給他的信件,可見一斑。深受中國文化薰陶的人自然對於生命本身的活動有著誠敬的執著,這是建立在生命及其歷程自有其意義的信念之上,而這樣的信念是源自人與宇宙並未分離為二——人的生命與宇宙永恆的生乃是「有機地」整合在一起的體認。宇宙既是意義之源,人的生命及其歷程本身也蘊涵著深厚的意義。所以,生命歷程的各個階段,都有其莊嚴的意義在,自當珍惜。

體現這樣純正中國文化成分的人,待人以誠,有情有義。永良兄在學術專業與私人活動上贏得同行與親朋的敬佩與信賴,毋寧是十分自然之事。他與愛娟嫂伉儷情深,子女有成,家庭和樂。永良兄榮退以後,對於他一生經過的歷程,縈繞於心,爰書其記憶,本為自娛。喜聞台灣商務印書館欲公之於世;我與永良兄定交於五十年前,深知其以饗讀者之深意,至感欣然,是為序。

2007年3月11日林毓生序於威斯康辛州麥迪遜市

黃春明的小説在思想上的意義

　　人生的許多事常常是由於機緣所促成。我對春明與他的小説的認識最初也是由於偶然的機緣所促成的。1974年底，我與家人重返闊別了十年的台灣。過了農曆年節以後，開始在台大講授「思想史方法論」時，遇到了一批極為奮發有為的青年朋友。從他們的身上我重新看到了台灣的希望，也重新燃起了對台灣的關懷；也可以説，在他們的導引之下，我重新發現了台灣。在我重新發現台灣的過程中，春明的小説可説發生了很大的功效。這批青年朋友不時拿一些近年來出版的文學作品給我看，記得最先看到的，是春明寫得最精彩的一篇：〈看海的日子〉。當時對這篇作品之傑出的藝術成就與深遠的道德涵義感到非常震驚，一改過去對台灣文壇的印象。台灣曾被人譏為「文化沙漠」，十幾年前我對台灣文壇的印象正與這句使人聽了不甚入耳的評斷相去不遠。實在沒想到十年後會有這樣了不起的文學奇葩在台灣的泥土上出現。我看完那篇小説以後，急迫地趕著看春明寫的其他作品，同時也開始看鍾理和、楊逵、陳映真等人的作品。我對台灣文壇的成就，在閱讀面擴大以後，觀感變得複雜起來，不能繼續保持當初那樣濃烈的驚異之情；不過，最初如果沒有這個新發現所帶來的驚異之情，我也許不會繼續去接觸台灣文化中這一令人興奮的層面。

　　第一次見到春明是他在1976年訪美的時候，那年秋天他來麥迪遜，[1]
在威斯康辛大學講演，談的是文學創造與語言的問題。我發現他是一個
充滿熱烈情感、很自信、對生活之觀察非常具體而細膩的人。他當時主
要是以文學工作者的觀點，談論台灣方言因受社會與經濟變遷的影響，
所遭受到的威脅與困擾。我覺得他這種從具體事實出發來談論他所關心
的事，極為對勁。會後，他光臨舍下小聚，大家也談得甚為相投。
1977年與今年（1980）暑假我返台小住時，也曾與春明相聚。作為一個
台灣傑出的小說家，我看得出他心裡的負擔不輕，但春明的感受與想像
力極強，今後如能更相信自己，他的成就將是無可限量的。最近欣聞春
明已榮獲第三屆「吳三連文藝獎」；我除了為他所獲得的實至名歸的榮譽
感到高興以外，同時要為吳三連文藝獎基金會這樣識人的決定而喝采。
我謹在此預祝他將來的創作得到更豐碩的成果。

一

　　春明是一個天生的小說家。在這種小說家的意識中，並不需要學
院裡的、表面上看去很複雜但有時是非常做作的理論，作他的創作基
礎。這種小說家成名以後，跟著而來的許多對他的小說的解釋，以及把
他的小說按上象徵這個、代表那個的名目，有時反而給他增添了不少困
擾。（不少文學批評的理論，雖然表面上看去很複雜，實際上卻往往是
因為要建立它們的「系統」而摒除了許多應該仔細考慮的相關因素，以
致犯了形式主義的謬誤。）因此，在這種情形下，他會很坦然地說，當

1　我居住的這個城市是為了紀念美國憲法之父麥迪遜（James Madison, 1751–
　　1836，曾任美國第四任總統）而命名的。有人把它譯做「陌地生」，這種譯法
　　即使沒有故意污辱美國歷史與文化的意思，也使人覺得常識不夠，不倫不
　　類。我對美國文化的許多方面，並無好感；但，覺得對於對自由主義之理
　　論與實踐具有重大貢獻的美國政治思想家麥迪遜，是應該給予尊重的。

初寫作的時候實在並沒有想到這些名堂。他之所以要寫，是因為他好像被一種龐大的魔力抓住一樣，身不由主，非寫不可。在他實際寫作的白熱階段，振筆疾書，哪裡有時間去推敲、去斟酌。這種自然流露、熱烈迸發出來的作品，往往力量特別大，像江河滾滾而來，感人至深。這主要是由於此種作品能夠直截了當地洞察（認知）一面（或數面）人性的「真實」──一面（或數面）常被舊式的、新式的、制度化的、與草野的陳腔濫調所遮蔽的「真實」。換句話說，也就是這一面（或數面）對「真實」的認知，驅使他無所顧慮，非寫出來不可。

　　春明在〈青番公的故事〉、〈看海的日子〉、〈兒子的大玩偶〉與〈小琪的那一頂帽子〉中所展示的世界是一個極不公平的世界。然而，在這個世界中被剝削、被踐踏的人卻不知從哪裡得到那樣充沛的力量，自靈魂深處播散著愛、憐憫、堅忍、寬容與犧牲的精神。這種精神給予這些從世俗觀點被認為是「小人物」的人們的生活以莊嚴之感，並肯定了人的生命是由勇毅、自尊、希望、憐憫與愛而得其偉大。在充滿了貪婪、卑鄙與不公的世界裡，這種精神居然「無動於衷」，頑固地存在著。這使春明十分驚異與嘆服。他所驚異與嘆服的，不是作為社群的人們，而是在社群中的個人，這個幾乎令人不可思議地不受外界干擾的人的靈魂的完整性。他因為深受其感動，所以不能不把它寫出來。許多論客，一再強調春明是一個同情「小人物」的作者；但用「同情」這兩個字來形容春明的心情實在是很皮相的。他聽了一定會啼笑皆非。那些春明筆下令人感動的小說，絕不是「同情」所能寫成的。那是源自熱烈的愛、冷靜而細膩的觀察與充沛的想像力三種不易揉合在一起的因素相互激盪而成的設身處地、形同身受的同一之感（empathy）。這種成就對春明而言並不是一蹴即得的；是他從〈男人與小刀〉那種沉湎於從自憐走向自我毀滅的小小的虛無意識中走出，在展視芬芳的泥土與擁抱廣闊的世界時，與他身邊最熟悉的、植根於東台灣鄉間具體生活環境中的人物神會的精神旅程。正如他自己所說，那是一個從幼稚走向成熟的過程。

　　二十世紀的許多文學作品所反映的，往往是浮躁、疏離、虛無、玩世不恭等精神失落的現象。如果作家們所看到的世界就是這個樣子，把

世界寫成這樣當然也無可厚非。春明卻從他所熟悉的鄉間人物的生活，看到了真實世界中人性的尊嚴。因此，他能夠走出那夢魘的世界。這一方面是由於這些人的生活給了他啟示的緣故；但，他如果沒有本領來接受這個啟示，當然仍是毫無結果。約瑟夫・康拉德（Joseph Conrad）曾說，文藝的中心關懷是從人生中發現什麼是基本的、持久的與本質的。文藝工作者的方法與科學家和哲學家不同；他不是採用系統研究和論辯的方式去探討他所關心的問題。他是根據內在的力量 —— 一項內心的「天賦」（gift），這種天賦使人能夠具有快樂與驚奇的本領，能夠產生別人的痛苦即是自己的痛苦的感受，同時也能夠產生與世上一切的生命相契合的情感。如果一個作家依據這種天賦所給予的資源從事創作的話，他自然知道什麼是文藝所優先關切的東西。在囂雜的世界中，這種文藝所優先關切的東西常被矇蔽，有時一些作家也以為反映囂雜與失落是他們優先的關切。但，正如索爾・貝婁（Saul Bellow）所指出的，如果我們能夠避開叫囂的環境，走向安靜的領域，文藝所優先關切的東西仍是清楚可聞。[2] 這個清楚可聞的「真實」是普魯斯特（Marcel Proust）所謂的超越現實目的之「真正的印象」（true impressions）。文藝工作者的天職就是把這些「真正的印象」用藝術的語言與形式表達出來。

自從第一次世界大戰以來，西方文化一直處於嚴重的危機之中，許多作家深感與文化和生命疏離。因此，文學思想史家奧爾巴哈（Erich Auerbach）曾說：「許多作家不是寫出光怪陸離、隱約地令人恐懼的作品，就是用弔詭與極端的意見使大家震驚。無論是由於對大眾的藐視、對自己靈感的崇拜，或是由於一個不能同時既單純而又真實的、可悲的弱點，他們之中的許多人對於他們所寫的東西根本不做能夠幫助使之得

2　Saul Bellow, "Nobel Lecture, December 12, 1976," in *Les Prix Nobel 1976* (Stockholm: Nobel Foundation, 1977), p. 244. 本文寫作時，曾參考多年來在芝加哥大學社會思想委員會任教的索爾・貝婁先生於接受1976年諾貝爾文學獎時發表的這篇演說。正如福克納（William Faulkner）在1950年接受1949年諾貝爾文學獎時發表的演講一樣，這是一篇精彩而令人振奮的「見證」之辭。

以了解的努力。」在這種情況之下，許多文藝作品遠離康拉德所說的「中心關懷」，無寧是可以理解的。

但，文藝工作者究竟如何從人生中發現什麼是基本的、持久的與本質的呢？文藝的中心關懷在於追尋人生之意義與指引人生之意義。（這種活動是經由展視與描述人生中具體的事情而進行的。此處所謂「展視」與「描述」與宗教和哲學的活動不同。宗教訴諸人的企求、恐懼、與對宇宙的神秘之感，而哲學則在於說理。文藝的「展視」活動與哲學的「說理」活動當然也可能包括對宇宙的神秘的感受；在這一方面，三者可以匯通，在其他方面，三者不同。[3]）既說是追尋人生意義，當然已經預設（assume）人生是有意義的；否則，如果假定人生並無意義，那麼「追尋人生意義」的任何活動便是不通而可笑的。另外，追尋人生意義的活動，同時也蘊涵著已經意識到對於賴以衡量人生意義之標準的掌握，亦即：對於何種人生取向才有意義與何種人生取向並無意義已經具有無法說明的了解與感受。否則，如果毫無根據，那麼在追尋人生意義的過程中，一個人即使找到了答案，他也無法知道那個答案就是答案；因為他必須根據已知的標準去衡量，才能知道那個答案是正確的。用博蘭尼（Michael Polanyi）的哲學術語來說，我們對人生一切事物不關懷則已，一旦產生關懷，在不能表面明說的「支援意識」（subsidiary awareness）中就已經與宇宙中的「真實」（reality）產生接觸，我們就在這種漸漸深入的接觸中，接受宇宙的「真實」的啟發與指引，進行各種追尋人生意義與發掘真理的創造活動 —— 亦即更深一層地認知宇宙的「真實」的活動。

但是，現代文明中各式各樣的實證主義與化約主義對這種認知宇宙的「真實」的創造活動產生了極大的干擾與威脅，實證主義以為凡是不能經由感官接觸的、不能證明的、不能明說的東西都不是真實的，所以都不可相信；因此，道德與精神便被界定為情緒。社會學中的功能主義

3　此處所說的哲學當然不是指實證主義的哲學。那種哲學認為任何人對人生的看法只是主觀的偏見，哲學所能做的只是澄清命辭而已。

（sociological functionalism）與絕對歷史主義（absolute historicism）則以為所謂道德與精神只是社會環境或傳統演變的產物，它們具有維持社會秩序與促使歷史變遷的功能，但它們除了扮演一種角色以外，本身並無意義。（這派學者即使承認道德與精神本身之存在，不可完全化約為它們產生的背景，同時它們的意義也不止於在社會與歷史中扮演一種角色；可是他們因受自己的化約主義的牽制，對道德與精神之本身意義終究說不出一個所以然來。）另外，心理分析學說則把道德與精神化約為慾望的藉口。

這些現代的教條，事實上，是現代虛無主義的思想基礎。承受著這些現代文化沖激的台灣，在學術界與文化界發生了三種現象：第一，文化保守派用陳腐的教條來應付這些新的教條。這一派往往與政治利益結合，除了造成一批火牛以外，因為只是在那裡從事一廂情願的要求，並未做開放心靈的分析，所以在思想上說服力不大。第二，一些在學院中主張行為科學的人，對於行為科學是由實證主義衍生而來的思想淵源不甚了了；因此，他們所肯定的道德價值與他們的學說之間產生了不能協調的現象。行為科學家們在現階段的台灣政治與社會發展中，有相當程度的正面貢獻，但他們的學說因受其基設（presuppositions）的影響，只能視價值為中性；他們所談的「價值」事實上只是一種功能，所以只能從相對於社會需要的角度來談，沒有更高的意義。從長遠的觀點來看，行為科學是無法建立價值系統的。第三，那些主動接受現代虛無主義的人，則以為作為一個現代人，應該自甘於虛無與玩世，甚至以為這是「前衛」式的進步。（當然，也有許多人對上述現象採取批評的態度，這也是為什麼我以為在台灣的中國文化不是沒有前途的主因。然而，無可諱言地，上述現象在台灣是佔有很大勢力的思潮。有些人即使不以它們為然，但因自身並無有力的論式去反駁它們，所以對思想的釐清並無積極的貢獻。）

在這些現代文化危機的籠罩之下，春明早期一系列展視與描述東台灣鄉間人物的小說，可說毫未受其影響，或早已超越其影響。他秉承天賦，以更高形式的認知能力，接受了他所嘆服的鄉間人物所給他的啟示，經由他筆下的人物各個具體生活中所呈現的愛、憐憫、希望、堅忍、寬容與犧牲，展示了人的精神的存在。這些作品之所以能夠寫成，

主要是因為作者的心靈是由於一種激情的強烈之感 (passionate intensity) 所推動的緣故。而我們讀者在回應這些文學創作所帶給我們的訊息時,心靈深處也會產生一種激情的強烈之感(其內容當然與作者創作時所感受的不可能完全一樣,作者的意圖 [intention] 也不是此處討論的題目),在這個時刻,世界一切荒謬均被否定,我們受作品中精神的見證所感動,知其並非虛幻,而是實有!例如,當我們閱讀〈看海的日子〉與〈兒子的大玩偶〉深受感動之時,我們不能說梅子、坤樹與阿珠的生命中呈現的精神只是社會環境與歷史背景的產物。換言之,我們認知了他們的精神的完整;雖然他們的環境與背景對他們的人格的形成有某種程度的影響,但我們不能把他們的精神化約為社會的環境與歷史的背景。(小說不是歷史,小說的創作當然不必在每一個細節上都要根據過去已經發生過的事情。小說家的想像儘可與他見到的具體的人生匯通。但,偉大的小說必須呈現特定的具體之感,使得讀者感受其獨特的存在,而不是抽象的或口號式的表現。正因為它是具體的,讀者才能對它產生獨特的感受,這種感受能刺激想像力,具有真實感的概念遂可能由豐富的想像轉化而成。)

二

當春明把他的視線轉移到城市以後,他的心靈深處受到城市罪惡的強烈震撼,難以保持鎮靜;他憤怒、譴責,但又同時感到無奈。在這種情況之下寫成的作品,品質便難免不一了。〈蘋果的滋味〉詛咒貧窮,仍見深刻,筆觸間仍有他與作品中的人物產生同一之感而得的細膩之處。〈莎喲娜啦·再見〉是一篇具有社會意義的作品,另外對作者與臉上有印記的阿珍之間的心理描述,也有動人之處。但,〈小寡婦〉與〈我愛瑪莉〉則顯得零亂與鬆懈。春明以一腔熱血去寫擁抱生命、肯定生命的題材,屢見精彩之處,但由他去寫諷刺小說,這件事本身可能就不太合適。每個人的本領都有長短,能把某一類事做好的人,並不見得會把另外一類事做得同樣地好。在這兩篇作品中,作者的智巧失於過露,諷

刺變成嘲弄，因之而來的滑稽之感減低了作品所應達到的嚴肅性與強度。換句話說，崇洋媚外與其他城市中的污點當然是應該加以諷刺或譴責的，但春明在〈小寡婦〉與〈我愛瑪莉〉中的作法卻不易產生深刻的效果。另外，在描述罪惡事實的時候探討罪惡的原因，也產生了相當混淆的結果。因為在探討罪惡的原因時，不能不用相當程度的化約方式，所以罪惡的事實便無形地被沖淡了。

其實，城市中的罪惡，何止於春明筆下的那樣？其幽暗面恐怕要比他寫的或能寫的更黑暗多少倍吧？如果環境許可，把城市中最幽深的罪惡記錄下來，自然是一大成就。然而文學工作者的責任不止於記錄。在他觀看城市的時侯，應該把城市文明的罪惡與城市文明中的許多個人分開。當然，許多城市中的人只是罪惡的化身——他們已經徹底非人化了；如果一個作家所看到的城市中的人都是這一類生物，他若仍要寫城市生活的話，當然也只能記錄事實與探討原因。但，如果作家在城市的生活中看到許多個人在生命裡呈現著為理想的奮鬥、愛的關懷、精神的煎熬與靈魂的掙扎（如許多為自由與民主奮鬥的故事），那麼他應該以適合展視與描述這些人的精神旅程的方式來探尋這些人的人生意義與其涵義。假若春明覺得我的批評與建議不是沒有道理，而他仍有興趣把城市中的形形色色當做小說題材的話，也許他會放棄諷刺的體裁，採用別的方式來展視與描述許多不同的個人在城市中的生活。（文學在展視與描述社群中的個人而不是作為社群的人們時，才能發揮它本身特有的力量。）即使仍用諷刺的手法，至少要免去嘲弄，如此城市中的罪惡將能更直接地呈現在讀者之前，使其警惕。

原載於台北《聯合報‧聯合副刊》（1980年12月5–6日）。後收入李瑞騰、梁竣瓘編選：《台灣現當代作家研究資料彙編42：黃春明》（台南：國立台灣文學館，2013），頁183–191。該書係根據林毓生於2013年5月提供的，並按照其《思想與人物》（台北：聯經，1983 [2001年7月第10刷]），頁385–396所收、重新校改的定本排印。亦刊於《中國傳統的創造性轉化》（北京：三聯書店，增訂版，2011），頁408–417。

高貴靈魂的一生
——悼念、懷念殷師母夏君璐女士

　　最初見到先師殷海光先生的夫人夏君璐女士，是我在台大讀書的第二年。1955年秋季開學以後，開始上殷先生講授的邏輯課。因為有許多問題要請教，課後請問他是否有時間詳談。殷先生約我在寒假期間（1956年1月底、2月初農曆年前後）每星期四下午兩點鐘到他家去。那時他與師母住在公家配給台北市松江路一個巷子裡的《自由中國》雜誌社宿舍內，與另外一大家人合住一幢房子。他與師母的房間大約只有七、八個榻榻米大，白天是書房兼客廳，晚上把被褥從壁櫥中拿出，鋪下來就睡在地板上。他們的家雖然很小，但收拾得窗明几淨，令人覺得甚為舒適。那時，師母正懷著尚未出世的文麗，每次我來，她把紅茶或咖啡沖好以後，就出去散步。散步歸來，通常看到我們師生的對談尚未結束，她就坐在廚房裡等待，從不進到房間來。當時，我對師母的印象是：嫻靜而自然，從不多話。

　　殷先生與學生相處，一向坦誠相見，和藹若朋友然。但，與殷先生過從無論如何親近，彼此之間總有一種「君子之交淡如水」的距離感。我們對談的內容，除了殷先生指導我如何讀書、答覆我提出的學習上的問題以外，則是關於國家的走向等政治問題，極少涉及私事。初次對談結束，我向殷先生行禮告辭後，是否到廚房向師母告辭，現在已記不清。我和殷先生及師母的交往，從那時起，就一直保持著這樣的方式，直到1960年我離台來美為止。

　　此後這許多年，我有不少與師母接觸的機會。她來美以後也曾請她來舍小住。但對於師母內心的生活，則知之其少。她不表白，我們（內子祖錦和我）自然也不便探問。從她的行為舉止上，我們所看到的是：她全心全意支持殷先生以不屈不撓的精神對抗蔣氏政權不公不義的迫害；在殷先生不幸罹患胃癌期間，她細心照顧，無怨無悔；在殷先生辭世後，她內心的悲苦，有識者可以想見；來美後最初又承受著許多艱難；但，她不卑不亢，予人絕無自憐之感。這一切，在在使我們感受到殷師母人格上自然中的尊嚴。所以，在我最初考慮本文的題目時，「平凡中的偉大」便浮現在我的腦際。可是，這幾天細讀《殷海光．夏君璐書信錄》以後，我知道那樣的題目，雖然在表面上可以引導出來不少（如上面所敘述的）觀察，由此會使我們對她產生敬意；然而，那樣的題目卻不能準確地突顯她人格上極為獨特之處，所以不太合適。

　　殷師母自己常說，她「只是一個非常普通的女子」。這樣的自謙以及她從不多言，使得我們只能從表面上看她一生所擔當的角色所顯示的風格，卻不易使我們體會她靈魂深處的高貴。如要了解這一點，我們得從殷先生與師母結識的緣起以及他們在《書信錄》中所展現的精神資源說起。

　　首先，必須說的，殷師母絕不是一個平凡的人。她與殷先生一樣，是一個非常不平凡的人。

　　1945年1月，殷先生投筆從戎，加入「十萬青年、十萬軍」的行列，被派赴印度受訓。因不善操作，被刷下，成為不合格的駕駛兵。8月，日本投降。殷先生退伍後，鑒於左翼氣焰日益高漲，憂心國家將陷入萬劫不復的境地，因此已無心返回校園，繼續作研究生，遂隨女扮男裝的同學夏君賢搬到位於重慶南岸黃桷埡小鎮的夏家暫時落腳，希望盡快找到一個輿論界的職位，秉筆救國。當殷先生拿著行李到達夏家的住處，開門的正是17歲的少女夏君璐。她被這位翩然來到、身穿土黃色卡基布軍裝的26歲青年動人心弦的氣質所深深地吸引——乃至一見鍾情。

　　殷先生在她家住了一星期，晚上教過她詩詞和鉛筆畫，並曾跟她和同住的堂哥等一起去爬山，眺望山川美景。殷先生走後，師母非常想念

他，每天都盼望著他來黃桷埡看望她和她的家人，等了許久不見人影，實在等不及，師母便寫了一封信給殷先生，開始了在國共內戰的動盪歲月中，彼此愛戀的魚雁往還。在那個年代，社會風氣未開，一個在高中一年級就讀的少女主動給大她九歲的男子寫信，表達情愫，是非常不尋常、大膽的事。從師母的信上，我們看到的她，事實上（正如殷先生給她信上所說）是一個血性的、感情奔放的女子。她對殷先生熾熱的愛戀，心潮澎湃、如癡如狂，正如他們初識三年多以後，她在1949年4月5日寫給殷先生的信所表達的那樣：

> 親愛的，您記得嗎？當我們相見的第一面，是我為您打開那大門，讓您——及您的行李——走進門裡。想得到嗎？我是打開我心扉，從此以後您便走入我的心中，佔據我整個的心靈，改變我的一身[生]。我要抓緊您，永不讓您飛去，離開如此這般愛您的人。
>
> 今夜熱情已把我燒成灰燼，我禁不住這般力量而對您傾吐，我要說出我的一切的幻想，都是為您的幻想。
>
> 真的，這才是一片情話愛語，在長久沉默中，火山終有一天會爆發，爆發的多猛烈多巨大。
>
> 我願變成你桌上的枱燈，
>
> 當太陽失去光輝時，
>
> 照耀著您伏案工作。
>
> 我願變為一條白色的手帕，
>
> 日日朝朝伴在您的身邊，
>
> 為揩您的臉。
>
> 我願變作你腳下穿的鞋子，
>
> 每年每歲，跟著您奔波，
>
> 為您擔受一些勞苦。
>
> But most of all, dear!
>
> I hope I will be your wife ——終身的伴友。

最後，

變為那綠藤繞在您的墓上，

不讓太陽曬了您，

不讓雨淋了您，

讓人們撒在您墓上的花圈

落在我的身上，為我也增添無數之光榮。

啊！這是我唯有的心願，願上帝幫助我！！

真的我又要說我多麼愛您，愛到死地，我無法抑住我這股情兒，願敘願吐。

我想哭又想笑，我快樂又悲哀，我快樂的是我愛您，我悲哀的是因為現在見不著您。

真想不到，今夜如我所想，啊！天只有星星了，多久沒有看見這可愛的光芒，它賜予我無窮的希望。

在當時的環境中，師母從她內心深處自然迸發出來對於殷先生的濃烈感情，之所以能夠如此自由地表達出來，顯然是由於五四精神（「人的覺醒」、「個性解放」）的流風餘韻，在她內心之中發生了作用。（她的書信偶爾也提到閱讀文學作品。）不過，這種「五四精神」在師母與殷先生心中發生的作用卻與許多其他人不同。當五四激進反傳統思潮產生重大影響之時，許多傳統的規範，對於當時的許多「進步青年」而言，早已蕩然無存。因此，他們所熱烈頌讚的「人的覺醒」、「個性解放」很容易使他們滑落到一個層次，在那個層次上以為：以自我為中心、自我陶醉甚至自我神化，就是「人的覺醒」、「個性解放」。這樣的思緒與行為，在五四時代與後五四時代的中國文壇是屢見不鮮的。

為什麼殷先生與師母的表現不一樣呢？我覺得可能有兩個主要的原因：（一）他們的戀情主要是「付出」與「給與」。他們想的是如何為對方謀求幸福，使對方得到美滿人生。（二）因為太愛對方了，常常想到自己的能力不足，性格上的缺點，以致無法達成自己的愛的使命。所以，

一方面,因為得到了對方的深愛而深感美好;而另一方面,卻又感到自己由於種種性格上的不足與局限而無法達成愛的使命,以致深感不配對方的傾心與美好。這種感受在《書信錄》上常常出現。在這樣的境界之內,他們當然不會墜入自我為中心、自我陶醉的「五四精神」的陷阱。

師母與殷先生之間的愛戀,有所為、有所不為;有其自由,有其激越與昂揚,也有其節制。正如殷先生在1950年2月18日給師母的信上所說,他們過著的是「自由、情愛、和自律的生活」。又說:「這樣的日子……充分地充滿著永恆的意味。這意味留在我倆底心靈深處;不,更要讓它發芽,萌長,以至於無窮!」殷先生在1953年1月23日給師母的信上說:「你信中提到家,口氣多麼甜美。你想到家嗎?我想,男女合在一起成家,在根本上是一種『創造』;他們創造他們自己的新的生活方式,他們合起來創造新的生命。這一切都是嘗試,都是學習,而鼓舞他們的力量,則是那『希望』,那無窮的希望。人,是活在infinity[無限]之中,活在infinity之中的人,才有意味。」師母在1950年1月17日給殷先生的信上則說:「我為什麼愛您?……只是一種不可知的力量在推動著我。」這「不可知的力量」,是什麼呢?正如文麗在〈殷夏君璐女士生平〉中所說:「父母之間經久不竭的吸引、扶持,實際導源於一更深廣的源頭,父親稱之為『愛的淵海』,以至於在那『殘酷的世代』,他們能享有彼此至深至誠的人間情。」

今日悼念與懷念殷師母夏君璐女士的一生,我們深切感念,她的一生與殷先生的一生,雖然遭受許多人間的苦難,但卻也獲得彼此至深之愛。如果宇宙是永恆的,導源於超越源頭的至深之愛也是永恆的。我衷心祝願師母與殷先生高貴的靈魂在天上重逢、相愛,在那裡不會再有不公不義,只有超越的永恆。

2013年12月22日於麥迪遜

原載於《聯合報副電子報》,第4612期(2014年4月11日),http://paper.udn.com/udnpaper/PIC0004/256531/web/index.html。

我研究魯迅的緣起

林毓生口述，嚴搏非紀錄、整理

今年是魯迅逝世80週年，吳琦幸兄徵得林毓生先生的同意，欲將林先生著述中關於魯迅的章節和另兩篇有關魯迅的專論合成一冊，以《林毓生論魯迅》單獨出版。

林先生在討論中國現代思想的危機時，魯迅是一個非常重要的、代表了中國思想在現代環境中最深刻矛盾的人物，但由於在林先生的研究中魯迅的思想是被納入到中國思想的整體危機之中去的，因而其中的魯迅研究本身，反倒沒有得到充分的注意，而這一部份本來是完全可以獨立出來、成為與一般文學研究領域迥然不同的當代最重要也最深刻的魯迅研究的，故而琦幸兄的提議我自然十分贊成。

然而，還缺一個序。我希望林先生能講講他是如何遭遇魯迅的，並以口述的方式完成這個序。這樣，我們或許僅需幾天的時間。否則，以林先生一向的「比慢」精神，這冊書能否在今年出版就完全不知道了。我沒有料到，林先生會講了這麼一個單純卻又不失曲折的故事，而這個故事的結局所指向的不僅是後面的三篇魯迅研究，還包含著林先生對魯迅最重要的認識。林先生說：魯迅精神上的極度矛盾，反映的正是現代中國精神中最深刻的危機。

下面，就是林先生的兩次、每次兩個小時的口述，由我本人整理。

嚴搏非

2016年6月12日

　　我和中國文化的最初接觸，是我的母親。

　　我出身在一個相當富裕的家庭，但我母親卻經歷過非常艱困貧寒的生活。我的外祖父闖關東，得了癆病（肺病），不到五十歲就去世了。外祖母一個人帶著五個女兒和一個弱智的男孩在山東黃縣農村生活，非常艱苦，每年一家人只有兩斤油，幾個女孩很小就要勞作，織髮網換錢。所以雖然我在富裕家庭中長大，但我從小的教育卻更多地來自母親那些貧苦生活的經驗，以及對貧窮的深切的同情。

　　我家有一個帶我的保姆張媽，張媽原來是滿洲貴族，乾淨、守禮，有人格上自然的尊嚴，我和張媽之間，有一種承認差異下的相互尊重，雖然我還只是個小孩子，但這種尊重卻都發自內心，成為心靈秩序的一部份。張媽稱呼我「二少爺」，身份差別的禮節很分明，而我上學出門時，除了給我母親行禮，還會給張媽行禮。我對張媽，有出自內心的尊敬。

　　所以對我來說，人和人之間的平等，對窮苦人的同情，從小就是很自然的事情。我母親常說，我們是草木人家，不是書香門第，但我們家裡處處表現出的中國文化中的人情和善意卻是根本的、在本體意義上的。記得我小學五年級的時候，有一次張媽非常著急，她的兒子來了。張媽不讓他進來，叫他在大門外的樹下等著。原來張媽家裡需要一大筆錢，不然仇家就要尋仇。張媽去告訴了我母親，我母親很急，立刻就打電話通過我父親在天津的工廠駐北京辦事處籌錢。但那天已經晚了，要第二天才能籌出那麼多錢。結果，我母親急得腮頰腫了起來。第二天辦事處送錢來了，我母親和張媽一起送錢去了在雍和宮附近貧民區張媽家，事情就解決了。這件事給了我很大影響。中國人的道德情操中的最高境界裡，有一種設身處地的同情心，它會產生不同身份下的同一之感，這種平等比由上而下同情式的平等要高得多。

　　我在北師附小（北京[當時稱作北平]市立師範學校附屬小學）讀了六年書，又考上了師大附中（國立北京師範大學附屬中學）讀了一年半，到了1948年底，跟家裡人一起去了台灣。我上小學的時候，時時感受到那些老師們對小孩子的愛護（那些老師可能多半是左傾的），非常純

正，是赤誠地關懷下一代，這讓我很喜歡學校生活。當時我有一個怪想法（現在已經忘了怎麼會有這樣的想法的），就是要成為每天第一個上學的人，在校門還沒開的時候去敲門，等工友來開門。於是，我就每天很早出門了。有一天，天濛濛亮，我像往常一樣走過家門前大拐棒胡同尚未轉入小拐棒胡同之前，看到一具屍體；一個人凍死在那裡！這給我的震撼太大了！這是一個太強烈的對比。我剛從溫暖的家中出來，跟張媽說完再見，就看到了路邊被凍死的人。我覺得太不合理了，這是一個什麼國家啊？怎麼會有這樣淒慘的事情發生？從那個時候開始，我心中逐漸浮現出來一個自我要求：就是要弄清楚為什麼這個國家會有這麼不公平的事情發生。那是我在小學六年級的事情。國家中種種不合理的現象第一次以這樣強烈的方式進入我的內心。（當時心中對於「國家」與「社會」並未加以區分。）

上了師大附中以後，我的思想開始很快開竅。當時的國文老師非常優秀，他是師大的一個副教授，擔任見習班國文課的指導老師。他告訴我們：同學們在中午兩個小時的休息時間不要光打球，可以到琉璃廠去看看書，那裡有商務印書館、開明書店、中華書局。琉璃廠離師大附中很近，只有幾分鐘的路，我就去了。看到有朱光潛的《給青年的十二封信》，有魯迅的作品，也有胡適文存。我就買了一些。胡適的作品我一下子就看懂了，不困難，但是魯迅就不同了，有些我看不懂，像〈狂人日記〉和《阿Q正傳》，還有一些，我看了覺得心裡非常不安，尤其是〈祥林嫂〉那篇，給我很大的刺激，覺得太慘了。我不知道該怎麼面對我的不安。這個時候，胡適之先生給了我一條路：他在〈易卜生主義〉中說，如你想要為國家做些事情，就需先將自己「鑄造成器」。這讓我明白如要讓中國變得較為合理，首先需要充實自己，不要隨著口號起舞。（後來隨著我的學識的增長，我發現胡先生的思想有許多不足與失誤之處，例如，他提倡科學卻把科學講成科學主義——這是後話，參見拙作〈心平氣和論胡適〉。）

我少年時代讀魯迅，一是非常不安，裡面那些淒慘的故事像祥林嫂、人血饅頭，就像我見到路邊凍死的人，使我心裡感到非常不安。但

也有非常光明的，比如《故鄉》中寫的〈少年閏土〉和他的玩伴作者自己，就有非常美的人與人之間的關係，那是一種充滿了「節制與溫情」(restraint and tenderness)的關係，有特別的力量。在《故鄉》的末尾，魯迅寫道：「我在朦朧中，眼前展開一片海邊碧綠的沙地來，上面深藍的天空中掛著一輪金黃的圓月。我想：希望是本無所謂有，無所謂無的。這正如地上的路；其實地上本沒有路，走的人多了，也便成了路。」許多人常常注意的是最後一句，但我常常記起的是「深藍的天空中掛著一輪金黃的圓月」，非常的美，象徵著少年的作者與閏土之間圓滿無礙的純正友情。

魯迅的〈在酒樓上〉寫船家女兒阿順，「瓜子臉」、「像晴天一樣的眼睛」(林先生此時找出《彷徨》中的這一篇，開始唸，一度似乎哽咽起來)：「我生平沒有吃過蕎麥粉，這回一嘗，實在不可口，卻是非常甜。我漫然的吃了幾口，就想不吃了，然而無意中，忽然間看見阿順遠遠的站在屋角裡，就使我立刻消失了放下碗筷的勇氣。我看她的神情，是害怕而且希望，大約怕自己調的不好，願我們吃得有味。我知道如果剩下大半碗來，一定要使她很失望，而且很抱歉。我於是同時決心，放開喉嚨灌下去了，幾乎吃得和長富一樣快。」這裡描寫的中國文化中的人情關係，作者和阿順並不為階級的差異所隔閡，有一種真正的設身處地的同情和平等，而這種同一之感，正是中國文化道德情操的最高境界之一。

我早年讀魯迅，這是一個最大的問題：魯迅一方面決絕地要掃除所有的傳統文化，他說，《阿Q正傳》「不是嘲弄與憐憫」，[1]而是描繪「中國國民的靈魂」和「中國的人生」[2]——那樣的「靈魂」、那樣的「人生」根本不值得活下去！但，另一方面，他筆下又有閏土、阿順與作者本人這樣美好的人間關係——這些關係跨越了階級的隔閡，有差序格局下的相互尊重，有設身處地的同情和平等。這種不同身份下的同一之感，在魯迅

1　許廣平編：《魯迅書簡》(上海，1946)，頁246。

2　《集外集》俄譯本，〈阿Q正傳序及著者自序傳略〉。

那裡表現得很自然，這是因為它本來就是內在於這個文化由這個文化孕育出來的。這又是怎麼回事？一個中國文化的兒子，能寫出這麼深刻的人間感情，另一方面，又那麼凶悍、毫無傷感地寫這個文化吃人，要拋棄所有的中國文化，他還沒有發瘋？

　　所有這些困惑，是我研究魯迅最初的原因。及至後來，我終於慢慢發現，在這些困惑的後面，蘊含著的是一個「巨大的歷史性困惑」。而這個「巨大的歷史性困惑」，正表現為中國現代思想中最深刻的危機。就如魯迅寫阿Q那樣中國國民的靈魂，得到的是完全絕望的結果。阿Q不能面對現實，有一套精神勝利法。阿Q還有一套完整的世界觀，有完整的對待世界的辦法。不光如此，他還很快樂！他到臨死那一瞬間才知道要死了，但他還是不明白為什麼要死。如果中國是這樣的，那就只能等待毀滅，然而問題卻在於，阿Q是並不知道這個結果的。這是一個死結。這樣的一個邏輯結果，魯迅根本承擔不了。他必須為這個死結找到一條出路。但魯迅是失敗的，他陷入了新的死結之中。終其一生，他也沒能回答這個「巨大的歷史性困惑」。這本書中的幾篇論文，就是為了回答我從少年時起心中所產生的對於魯迅先生的困惑和他身上所反映的現代中國深刻的精神危機，以及，來嘗試回答這個「巨大的歷史性困惑」。

2016年6月5日下午第一次口述
2016年6月7日下午第二次口述

人文與社會研究發展芻議

　　最近一兩年，筆者有機會對於台灣人文與社會研究在制度上的安排與在行政上的支援有些接觸、有些了解。對於國家主管機構（國科會與教育部），從主管到基層，大家兢兢業業，努力工作，並制定龐大預算，謀求「突破國內學術發展的瓶頸」，以臻卓越的雄圖，非常讚賞，十分欽服。下面我擬根據個人觀察與思考所及，在讚賞與欽服之餘，略抒己見。姑且拋磚，或可引玉，若能引發討論，取得共識，奠立改革的基礎，則幸甚矣！

一、外在的條件

　　北美與西歐各國的政府機構與民間的基金會促進與獎勵學術發展的辦法，主要是：提供在大學任教的學術界人士「專職研究」（research leave）的薪金。使他（她）在榮獲這項經由申請，評比而得來不易的資助以後，不必授課，也不必擔任任何行政工作。這種「專職研究」與大學教授任職五、六年後例行的「研究休假」（sabbatical leave）不同。「專職研究」是研究休假以外的，不是每個人都能獲得的，專心從事研究的機會。（任職中央研究院的學者們，到職以後通常即可持續從事專職的研究，不是我在這裡討論的對象。本文下一節談到發展人文與社會研究的

內在條件時，才也與他們有關。）獲得「專職研究」的大學教師，可在不必分心的條件下，把全部精力投入思考、研究、與撰寫他（她）要研究的專題一年或兩年。（對於研究能力特強的大學教師，有的基金會有時甚至授與他[她]五年薪金的一半，獲得這項獎助的人，在五年內每年只授課一學期[四個月]，其他八個月則專做研究。）教師任職的大學，因為他（她）已獲校外授與「專職研究」的薪金，通常給予留職停薪的身份，並用省下來的預算，聘請客座教授代課，或請他（她）指導的博士生以講師的身份代課。這樣也可提供校外學者來校授課、交流的機會，或讓博士生在沒有正式教書之前，獲得一些教書的經驗。（各校的情況大同小異：有的學校規定在三年之內，只能申請一年留職停薪的「專職研究」，有的則沒有硬性的限制。）

當然，圖書、設備、助理、與到外地參加研討會或蒐集資料的資助也是重要的。北美與西歐獎助學術發展的政府機構與民間基金會，通常在授與「專職研究」的薪金的同時，也根據申請人的能力與需要，酌情資助。但，在人文與社會研究方面，大部份的預算則是用在支持「專職研究」上。為什麼呢？最根本的理由是：在人文與社會研究的領域，如要追求卓越的成績，便需要探討有意義的、原創與深刻的理論問題並謀求其解答，而不止於材料的蒐集、整理、分類與詮釋。（這裡所謂「原創與深刻的」，當然有其程度的不同。舉例而言，我不是說，研究哲學的人，如果他[她]的工作無法達到柏拉圖或康德的高度，便不必做了。）研究者如要在理論上有所創獲，除了本身需要相當的才智之外，最主要的外在條件是：給他（她）足夠的，可以自由運用、不受干擾的時間，以便他在專注的問題上能夠沉潛下來。複雜、艱深的理論問題的答案是**不明顯**的。對於研究這個問題的人而言，在謀求解答的過程中，他的資源與他專注的問題之間的關係是極為曲折的。法國數學家龐加萊（H. Poincaré）曾列舉過學術發現的四個階段：（一）準備階段、（二）潛伏階段、（三）豁然開朗階段、（四）證明階段。任何有創作經驗或在某一學科獲致重要發現的人，都能證實龐加萊所說的四個階段的正確性：我們在極為專心準備解答一個問題，卻百思不得其解的時候，往往需要一

段時間把它擱置不談，然後常在無意中發現答案會突然出現在腦際中，在這個時候我們得趕緊把它記下來，然後再一步一步地證明它的正確性。王國維在《人間詞話》裡曾說：「古今之成大事業、大學問者，必經過三種境界：『昨夜西風凋碧樹，獨上高樓，望盡天涯路』，此第一境也；『衣帶漸寬終不悔，為伊消得人憔悴』，此第二境也；『眾裡尋他千百度，回頭驀見(當作『驀然回首』)那人正(當作『卻』)在燈火闌珊處』，此第三境也。」這是對人類的創造活動心領神會的成熟識見，與龐加萊所說的「四個階段」頗有匯通之處。從這裡我們也可以知道，在學術的創造或發現的層面——即從「無」生「有」的層面，科學與藝術是相通的。在這個層面，我們可以說：創造或發現是得自博蘭尼 (Michael Polanyi) 所指謂的「促進發現的期待」(heuristic anticipation)，即集中精神於一項將要知道的「未知」之上而獲致的。

以上的說明告訴我們一件事：學術中的重大發明或發現，不是機械的製造過程。對於這種甚為艱苦，但卻趣味盎然的工作，研究者所需要的最主要的外在條件是：從容不迫的時間與環境。只有這樣，他(她)才能在既強烈又緊張，但卻又閑適自得的心靈中，從事穿透多層次、整合多方面的學術探索。

根據以上的說明，北美與西歐各國資助人文與社會研究的政府機構與民間基金會的預算——主要花在支持「專職研究」上——可說是用對地方了。證諸北美與西歐人文與社會研究方面的曠世鉅著，如海耶克先生的《自由秩序原理》(*The Constitution of Liberty*，另譯《自由的憲章》或《自由的構成》)、羅爾斯的《一個公正的理論》(*A Theory of Justice*，另譯《正義論》)、漢娜‧鄂蘭 (阿倫特) 的《人的條件》(*The Human Condition*) 等都是在獲得「專職研究」的資助下完成的。此一事實，足可具體說明「專職研究」所發揮的效益。

然而，國科會與教育部(包括該部承辦，擁有龐大預算的「大學學術追求卓越發展計劃」)，均無支持「專職研究」的項目。台灣民間支持學術研究的基金會並不多，似乎也沒有這樣的項目。回溯國科會的歷史，當初胡適之先生等鑒於國內學術界待遇過分菲薄，所以敦促政府撥

出預算，成立「國家長期發展科學委員會」，其主要的目的是：貼補薪金的不足。他們並未提出取代薪金的辦法，以便大學教師們經由申請、篩選以後，進行「專職研究」。在當時的情況下，適之先生等能為國內高等教育界做到那一點，已經很不容易。不過，那是幾十年前的事了！國內人文與社會研究如要突破瓶頸，做到「質」的提升，而不是「量」的增加，在結構上必須建立「專職研究」的制度。

聽說現行法規，並不允許開展這樣的項目。假若是那樣的話，現行的制度顯然有一嚴重的缺口。那麼，行政院主管這類事務的政務官與立法院負責教育的委員們，就應基於「責任倫理」，為國家學術長遠的發展進行基礎建設：修訂有關法規，或重新立法，使「專職研究」的制度盡速建立。

二、內在的條件

研究人員如果沒有足夠的內在資源的支持來進行原創的研究，即使已有健全的外在制度的支持與行政的支援，他（她）仍然只能提交帶有形式主義格調的成果。顯然得很，內在的條件與外在的條件都是必要的。那麼，什麼才是原創研究的內在條件呢？

我們進行學術研究的時候，如果硬是要求自己對於自己研究的題材沉潛涵泳、深思熟慮，但卻沒有豐富的內在資源來支持這一自我要求的話，其結果仍然將是很有限的。這裡所謂「內在資源」乃是思考的根據。我們進行思考的時候——無論是形成問題的過程或是解答問題的過程——總是要根據一些東西來進行的。憑空亂想無所謂思考可言。這些東西（資源）也不可雜亂無章，否則思考便也無從進行。所以，它們必需是在一秩序之中，有其中心，有其標準，而同時這一秩序是需要相當開放的。心靈秩序的建立來自其中心的形成；內在的標準則是建立在衡量學術卓越的價值觀之上。心靈秩序是頭腦在思考中的「背景知識」，即博蘭尼所謂的「支援意識」（subsidiary awareness），而且面對未來，不

能僵化，它是需要相當開放的（隨時穩定而機動地接受新的成分，自我調適）。作為「背景知識」的心靈秩序，在邏輯上與知識本體論上，都必然是一個「隱涵、不講明」的秩序（implicit order）。如要說明或闡釋「背景知識」，那麼「背景知識」已變成了說明或闡釋的對象，即博蘭尼所謂的「集中意識」（focal awareness）。這樣的說明也仍然需要依靠這種「背景知識」之後的「背景知識」。所以「背景知識」必然是一個「隱涵、不講明」的秩序。[1]

「隱涵的心靈秩序」一方面是有秩序的（有其中心、有其標準），故能把頭腦中已有的資訊、觀念、價值整合起來，支持思考並為其提供導向；另一方面，「隱涵的心靈秩序」中的中心與標準，因為不是僵化的，而是對未來相當開放的，所以在學術發展的過程中，不是一成不變的，而是隨著學術的發展而發展。換言之，學術的發展是一演化的傳統；只有在一個有生機的學術傳統中學術才能蓬勃發展。學術生命有要求原創的衝動，但支持學術發展的**秩序**必須**穩定**到能夠使追求原創的冒險得到滋養；如此，這種冒險才能開花結果而不至於變成沒有導向的混亂。（這句話是我套用懷海德[A. N. Whitehead]對於人生的觀察所說的名言而寫出的。我覺得懷海德對人生的觀察也適用於學術的生命。）

這樣有其中心、有其標準，同時又是相當開放的「隱涵的心靈秩序」是如何形成的呢？首先，我們必須認清：正因為它是「隱涵的」，所以它不是能夠製造出來的；它不可能像一件機械或電機工程那樣，根據設計藍圖便可生產出來。其次，它也不是經由國內學術界近年來盛行的各種評鑑所能產生出來的。[2]

1　請參閱 Michael Polanyi, "The Logic of Tacit Inference," *Philosophy* 41 (1966): 1–18; *Knowing and Being*, ed. Marjorie Grene (Chicago: University of Chicago Press, 1969), pp. 138–158.

2　評鑑在學術發展上所能產生的作用，基本上是消極意義上的：如果評鑑做得公允、有效的話，可以清除一些「朽木」，以便維持學術水平的最低標準。但，評鑑本身在促進學術發展上作用不大，尤其不能帶來卓越，至少

「隱涵的心靈秩序」只能培養，無法製造。它只能在適當的條件下，與具體的實例接觸時於潛移默化中自我養成。下面我僅略舉提供這樣實例的兩種條件：

(1) 熟悉重要的典範

在發展出來自己課題的闡釋架構之前，一項促成這樣發展的內在資源是：熟悉與自己的課題沒有直接關係的學術典範——當然，愈多愈好；但由於時間與精力的限制，事實上不可能熟悉得很多——例如，韋伯在《新教倫理與資本主義精神》所發展出來的體大思精、辯證曲折的對於做為工具理性化的現代性及源此而起的人的異化之宗教根源的闡釋。

對於韋伯的分析有相當深入理解的人，消極方面，至少不會堅守「史學即是史料學」的壁壘。(其實傅孟真先生那幾篇具有重要貢獻的論

在人文與社會研究方面是如此。真正有能力並要求自己追求卓越的人，他(她)的工作不會因有評鑒制度或沒有評鑒制度而增減。在人文與社會研究領域，從來沒有什麼傑出的學人，如韋伯、涂爾幹 (Émile Durkheim)、海耶克、博蘭尼、羅爾斯、漢娜·鄂蘭等是因為受到評鑒的指導、肯定，或鼓勵而寫出他(她)們那些鉅著來的。

一般學人受到評鑒的壓力，努力多做出一些在他(她)的水平之內的研究，有此可能；然而，更有可能使得另外一些人，為了應付甚至討好評鑒而做研究，以致浪費不少時間，但做出來的東西，在品質上反而不如他(她)不在評鑒壓力下，花多一些時間所能做出來的成果。

我不是說一切評鑒皆應取消。如果計劃、進行得宜，評鑒是一項有一定功能的學術行政工作。我希望釐清的是它的功能的限度，並提醒那些熱中評鑒的人：如果他們預期評鑒所能產生的成果超過評鑒本身的限度，他們的預期便犯了懷海德所謂「錯置具體感的謬誤」(fallacy of misplaced concreteness)。關於錯置具體感的謬誤，詳見拙文〈中國人文的重建〉，收在《思想與人物》(台北：聯經，1983、2001)，頁 3–55，特別是頁 24–25，或《中國傳統的創造性轉化》(北京：三聯書店，1988)，頁 3–42，特別是頁 18–19。

文，倒是來自不遵守自己的話的探索衝動，而考據與史料的整理，如能做得精審，自有其一定的貢獻。不過，傅先生那種帶有十九、二十世紀實證主義色調的話，變成職業的風氣，甚至用來衡量史學研究正當性的時候，就難免產生自我設限的後果了。）

積極方面，韋伯底複雜、原創而深刻的分析與論旨，蘊涵著有其中心、有其價值，而同時是相當開放的分析架構。這樣的分析架構，在知識的領域內是動人的、有力量的。換句話說，它是一種知性的「奇里斯瑪」(charisma)。曾經沉潛涵泳於韋伯的分析架構之中而對之有深入理解的人，自然受到它的吸引而於不知不覺中發展著自己的「隱涵的心靈秩序」。這樣的韋伯讀者，由於關懷可能與韋伯不同，而且他還受到其他因素的影響，所以他的「隱涵的心靈秩序」底中心與價值，不可能與韋伯的分析典範所蘊涵的中心與價值相同。這是學術發展的正常現象。

(2) 培養有生機的「問題意識」

另一類形成「隱涵的心靈秩序」的條件，乃是藉理解學術界重大的爭論來培養自己的「問題意識」(包括理解什麼是「真問題」，什麼是「假問題」)。例如，西方哲學界近年來有所謂社群主義與自由主義關於人權的爭論。鑑於當前西方社會，尤其是美國社會，到處都是根據權利的觀念來爭奪自己的利益，聲稱這些利益是屬於自己的權利的範疇，以致家庭制度漸趨分解，社群道德連繫幾近蕩然；社群主義者意欲溯本清源，遂大張旗鼓地攻擊起人權觀念來了。他們認為，人權觀念導致了人與人之間沒有連繫的「原子人」現象。

然而，社群主義者是否準備接受沒有人權(包括沒有攻擊人權觀念的言論自由的權利)的社會呢？如果社群主義者自己既不能發展出來有力的、不同於自由主義的、社群主義的人權觀，而又不願生活在一個沒有人權保障的社會，那麼，他們對自由主義所堅持的人權觀念的攻擊，實是一個假問題。他們真正的問題則是：人權觀念的誤用與泛濫，亦即人權觀念的限度問題，而不是人權觀念本身。

切實掌握這一爭論的性質，使我們增加了一份內在資源來理解如何界定問題。在人文與社會研究領域，愈能把問題界定清楚，便愈易探索問題的解答。另外，前述傑出學人的貢獻，如海耶克先生的《到奴役之路》、漢娜・鄂蘭女士的《極權主義的根源》，之所以得以完成，主要是由於他們受到了所處時代重大變動的震撼，於生命中產生了激動，心中因此興起了重大、具體而特殊的問題並強烈要求自己探尋解答的緣故。他們底問題之所以如此興起於心中，除了外在的刺激以外，顯示著他們確有豐富而清楚的問題意識；而這種問題意識的興起，蘊涵著有其中心、有其標準，而且是相當開放的「隱涵的心靈秩序」。

當我們與這些二十世紀經典著作相接觸並進入其內部因而對其特殊問題確有掌握的時候，我們無形中增加了我們的「問題意識」的資源。關鍵在於與具體實例相接觸，並進入其內部以求理解。

談到這裡，使我想到近年成立的國科會人文學研究中心與社會科學研究中心的功能也許可以包括建立「思想沙龍」(名稱可再斟酌)，邀請人文學科與社會科學對於二十世紀一些經典著作確實在行的資深學人與年青學人一起討論這些經典的問題意識與分析架構。在大家對它們的具體而特殊的問題意識及其分析架構產生了內部的理解的時候，大家無形中增加了理解什麼是真問題、什麼是假問題的資源，從而形成自己的真問題的「問題意識」。

發展人文學科與社會科學，除了需要培養有其中心、有其標準的「隱涵的心靈秩序」以外，在社會層面也有建立有其中心、有其標準的討論中心的需要。例如，十九世紀俄國文學之所以有那樣突破性的進展，與以別林斯基 (V. G. Belinsky) 為中心的文藝圈有重要的關係。二十世紀二十年代，維也納之所以造就了那麼多傑出的社會科學家，與以米塞斯 (Ludwig von Mises) 的「私人討論班」為中心的討論有密切的關係。(米塞斯「私人討論班」成員除了包括海耶克先生等經濟學家以外，也包括 Eric Voegelin 等政治思想家。)

我們台灣人文學科與社會科學研究，如果能出現類似的「討論中心」，自然有可能逐漸出現真正獨立、自主、原創的貢獻。在那樣的情

況下，趕時髦式、「政治正確」式與淺碟子式的研究 (我不是說目前所有的研究都是如此，其實有少數研究是甚有成就的) 便相對地邊緣化了。

2001年6月4日初稿完成

2006年10月23日重校及修訂

原載《人文與社會科學簡訊》，第3卷，第4期 (台北：國家科學委員會人文及社會科學處，2001)。後收入《中國傳統的創造性轉化》(北京：三聯書店，增訂版，2011)，頁475–484。

合力建立新的世界圖景

今天很高興與大家共聚一堂。我回到台灣已經有一年半了,心情時常起伏不定。雖然多年來關懷台灣,但短期回國訪問與較長時間住在這裡的感受,很不一樣。台灣各方面的變化很大,出現了很多、很多問題,而且都是很嚴重、很基本的問題。不過,這兩天傾聽研討會上的論文報告與大家的討論,使我的心情變得比較好。

這次會議給我的總印象是:台灣不是沒有人才,不是沒有善意,也不是沒有共識,至少這兩天的會議所展現的是如此。這次會議中,無論論述人的論文或與談人的評論,多能集中談到要點上去。大家對於法治、憲政、教育、經濟、金融、媒體、政黨政治、社會資源分配、公民社會與公民文化等方面的不足之處都有具體的、鞭辟入裡的分析、理解與討論。對於這些方面的改進之道,也凝聚了相當強的共識。

然而,面對這次會議之外的台灣種種亂象,面對已經成形的種種惡性循環,大家不禁要問:建設性改革的動力從哪裡來?哪裡才是進步的突破點?(大家當然不會天真地以為我們開了兩天很有內容的研討會,就能帶動台灣突破種種困局。)這兩天我一邊傾聽各位的報告和討論,一邊不由得不思索這兩個問題。然而,這是難以回答的問題。因為台灣的許多現象呈現著結構性的困局。

不過,我們不應過分悲觀。歷史的演變常非人的心智所能預料。大家必須一方面苦撐待變,另一方面積極思考、積極籌劃。我十分敬佩

余小姐能夠籌劃這兩天的會議。這是一種不放棄的精神。由於這種不放棄的精神的砥礪，才有這兩天會議的成果。這樣的積極思考、積極籌劃，使我們在歷史的演變過程中才能——當機會來到的時候——拿出確可帶來實質效益的改革方案，付諸實施。否則，即使改革的機會來了，也仍然無法改革，徒呼負負而已。

所以，探討為什麼要改革、如何改革，即使一時看不出改革的突破點在哪裡，仍有重大意義。德國社會思想家韋伯 (1864–1920) 說得好：「並非理念，而是實際的與想像的利益直接支配著人類的行為。然而，理念所創造出來的『世界圖景』卻經常像轉轍夫 (扳道夫) 那樣，決定各種利益的互動所推動的人類行動在哪條軌道上前進。」[1] 權力競爭不可能在政治領域中消失；追逐物質利益也不能在經濟領域內消失。中文社會裡的許多人，看到了政治與經濟領域之內所出現的問題，常用道德勸說的方式來試圖解決問題，結果往往是沒有什麼效果，而且反而增加了人格分裂的資源。我們現在需要做的，應是類似韋伯所說的，用理念建立一個新的「世界圖景」，以便當機會來到的時候，發揮轉轍夫的功能——把「各種利益的互動所推動的人類行動」轉到新的「世界圖景」所指引的軌道上去。換句話說，當各項政治、經濟、社會、文化條件的互動所形成的歷史演化到了需要採用新的發展選項 (option) 的時候，新的「世界圖景」所顯示的合理性、福利性與公共性促使歷史選擇在新的「世界圖景」所指引的軌道上前進，大有可能。在這個新的軌道上，權力競爭與追逐物質利益並不會消失；不過，它們會在新的軌道上進行。因為，一旦上了這個軌道，它們的利益只能在這個軌道上才能獲得。

那麼，我們所要建立的新的「世界圖景」的內容如何？我想在今天的有限時間之內先簡略說明一下其中所應包括的兩點：(一) 韋伯的「責任倫理」觀念；(二) 蘇格蘭啟蒙運動的理性觀。

1　Max Weber, *From Max Weber: Essays in Sociology*, trans. H. H. Gerth and C. Wright Mills (New York: Oxford University Press, 1958), p. 280.

關於第一點，新的「世界圖景」需要掌握韋伯對於「意圖（或心志）倫理」（the ethics of intention [or conviction]）與「責任倫理」（the ethics of responsibility）所作的分際，以及他所說明的在政治領域之內政治家需要力行「責任倫理」，並避用「意圖（或心志）倫理」的基本理由。韋伯的分析與闡釋並不否認政治家參與政治的動機之一是享受權力的滋味。他只是說，力行「責任倫理」的政治家更有可能完成公共領域之內的政治任務。這樣使用權力，帶動歷史巨輪，完成歷史任務所享受到的權力的滋味，是大格局的享受。這樣使用權力所帶來的滿足感，與政客們利用權力獲得的私慾滿足感，不可同日而語。台灣的政治人物，除了極少數例外，給人的印象是：格局何其小！對於他們而言，人生不過是在權力競逐中勾心鬥角、升官發財的老套。太沒有境界！太沒有品味！他們的內心被權力慾與虛榮心所充斥，表面上看來相當得意的行為背後，卻是一個虛脫的心靈：內在精神的軟弱與無能，使他們只能用下流、疲乏與淒涼的態度來面對「什麼是人生的意義？」這個問題。

那麼，大格局的政治家所應力行的「責任倫理」的主要內容，究竟是什麼？首先，政治家在行使權力的時候，必須具備三個基本條件：(一) 熱情，(二) 責任感，(三) 冷靜的判斷力。這裡所說的「熱情」是指「切實的熱情」而言，而非「不能產生結果的興奮」。如何才能使熱情成為「切實的熱情」？那就需要把熱情建基於「責任感」之上。韋伯在這裡所說的責任感是指：政治人物在權位之上，必須熟慮政治決定與政治行為可以預見的後果，並「真切而全心地感受到對於可以預見的後果的責任」(李明輝譯)。換句話說，韋伯所說的「責任倫理」，其重點是指：政治人物在行使權力從事政治決定與政治行為之前，必須找尋可以預見的、能夠帶給人民最大福祉的選項，並以這樣的選項作為他的政治決定與政治行為的根據。

在這裡必須強調的是，韋伯的「責任倫理」與台灣官場上與媒體上所謂政治責任的根本不同之處。台灣官場與媒體上所謂「負起政治責任」是指政治人物須對他的決策與執行所產生的惡果負責，亦即：對於事情發生以後所產生的惡果負責（包括辭職之類的動作）。但，從韋伯的觀

點來看，那是不負責任或已經來不及負起責任的行為。「責任倫理」的精義在於，在事情（政策及其執行）尚未發生之前，衡量不同政策與不同途徑可能產生的不同後果，然後選擇最能產生良好後果的政策與途徑，並盡量使這樣的選擇落實。

要達成「責任倫理」的要求，政治人物必須懂得組織與運用現代知識以及懂得如何用人。這一切均需運用理性的判斷才能有效。所以，「責任倫理」的實踐是建立在韋伯所說的政治家的第三個基本條件——「冷靜的判斷力」——之上。

另外，政治家與政客雖然均使用、享用權力，但他們的出發點不同。政客是把公共領域當作「私領域」看待，在這個假公濟私的領域之內追逐自己私慾的滿足而已。政治家所根據的「責任倫理」，則預設著關懷人民福祉的「意圖（心志）倫理」，以其作為「責任倫理」的前提與最終目的——亦即：以其作為力行「責任倫理」的背景。不過，政治家在進入政治領域以後，只能把「意圖（心志）倫理」當作政治決定與行為的背景，其政治決定與行為則必須根據「責任倫理」，不可與「意圖（心志）倫理」相互混淆。之所以必須如此，最根本的理由是：「責任倫理」源自非理性的宇宙觀。由於宇宙本身是非理性的，並不一定能夠配合美好的意圖，使它必然實現。在這個非理性的宇宙之內，政治家必需使用權力（有時使用權力的最佳方式是把權力放在能動卻不動的態勢之下）做必要的妥協與協議。這種妥協與協議並不一定要合乎「意圖（心志）倫理」的道德標準。不過，妥協與協議要到什麼程度？妥協與協議是不是過了頭以致無法完成他的「真切而全心地感受到對於可以預見的後果的責任」？在以「責任倫理」為根據的政治領域之內，目的與手段之間經常處於「緊張」的狀態之中；而這樣的「緊張」狀態乃是政治家可能找到有效而適當的手段的境況。說到最後，政治家的「責任倫理」，乃是運用政治理性與政治藝術來解決他底目的與手段之間的「緊張」的機動表現。這樣的人生，精彩而有英雄氣概！

我們應該努力建立新的「世界圖景」，除了在其內的政治領域需要新的內容以外，在其內的思想與文化領域，也需要新的內容。我之所

以這麼說，來自對於「教改」的種種失誤的具體感受。(因為我認識的朋友當中，家中的子女正在深受其苦。)「教改」是台灣民間多年來「蓄勢」、「聚氣」而成的一股沛然要求。現在終於「改」了，「改」得卻這麼糟(種種失誤，大家比我還清楚，包括現行的「推甄制度」明顯地對於低收入家庭的子女造成的不平等待遇，使他們無法與較高收入家庭的子女競爭)。「教改」的失誤倒不能完全怪罪政府。因為民間確曾積極參與，而參與籌劃教改的知識份子，也不是故意要毀滅下一代。那麼，為什麼「教改」，「改」得這麼令人失望？

「教改」的失誤反映了台灣社會主流意見，對於「改革」之思想準備的不足。多年來台灣社會科學的主流是行為科學，行為科學的思想背景則是實證主義。以實證主義的思想背景來參與「教改」，自然會認為理性有整體設計改革方案的能力。這種對於理性的信仰，來自法國啟蒙運動對於理性的「理解」。中文社會的學術界，多年來學習西方學術。但，很不幸的是，其中絕大部份人士只知法國啟蒙運動，連蘇格蘭啟蒙運動這個名稱都不知道，遑論其內容。盧梭 (J. J. Rousseau, 1712–1778) 廣泛地受到人們的歡迎，而休謨 (David Hume, 1711–1776) 則幾乎完全被忽視了。根據法國啟蒙運動的視野來理解理性，要比根據蘇格蘭啟蒙運動的視野來理解理性，更容易滿足中國人要求建設的急躁心理。因為法國啟蒙運動假定理性具有更多的建構力量。不過，從蘇格蘭啟蒙運動的觀點來看，這種建構主義的理性觀，乃是對於理性的誤解與濫用。

休謨運用理性的分析來說明文明演化過程中理性能力的限制，是極為深刻的睿識。從休謨的觀點來看，理性本身並沒有整體建構的能力。它不能站在文化與社會的結構之外，以超越的身份指導或建構制度。休謨強調我們必須先理解理性的能力範圍，才能有效運用理性的能力。運用理性進行漸進的制度與文化改革，是唯一能夠獲得較佳效果的改革。這樣的改革乃是：在社會與文化的結構之內，進行一件、一件的改革。整體主義的建構式改革，往往會產生未所預期的問題，這些問題所帶來的負面效果的總和，甚至超過改革之前的種種問題之負面效果的總和。換言之，這樣的改革可能越改越糟。這種海耶克 (Friedrich A. Hayek,

1899–1992）稱之為「理性主義的建構主義的謬誤」（fallacy of rationalistic constructivism）實是對於理性的崇拜所造成的形式主義謬誤，那是不理性的。

我在這裡不是說「教改」的設計者直接研讀了法國啟蒙運動的典籍，受其影響，以致犯了「理性主義的建構主義的謬誤」。不過，中文社會的知識界——尤其是台灣的行為科學家們——對於理性的限制沒有什麼了解，以致過於自信人（包括他們自己）的理性能力，則是不爭的事實。而這樣的自信，則成長於自「五四」以來深受法國啟蒙運動影響的、瀰漫在中文社會以實證主義與科學主義為前提的學術文化氣氛之中。「教改」的失誤，當然還有其他的原因。然而，從根本上講，如果參與教改的台灣知識份子，能有蘇格蘭啟蒙運動式對於理性的理解；那麼，他們對於改革的理解，自然會更為 subtle，在籌劃「教改」的時候，至少能夠穩定地使用常識。

展望世界的情勢及美國與兩岸的關係，只要台灣不宣佈「台獨」，兩岸發生戰爭的機率並不高。台灣的未來，主要繫於內部的發展。換言之，台灣究竟是「向下沉淪」或「向上提昇」，主要取決於台灣內部政治、經濟、社會、教育、文化與思想的發展。以上我所作的說明與分析，涉及台灣實際政治背後的「倫理」，以及「改革」背後所需要的思想準備。在這兩方面能否進展，關鍵在於政治、社會與文化之中是否能夠產生集中的共識？如何產生這樣的共識？教育與媒體的功能與責任，不言而喻。

原載時報文教基金會策劃：《再造公與義的社會與理性空間》（台北：時報文化，2003），頁 24–32。後收入《中國傳統的創造性轉化》（北京：三聯書店，增訂版，2011），頁 546–552。

附　錄

Remarks at Harvard University Memorial Service for Benjamin I. Schwartz

Among the eminent intellectual historians in the world after World War II, Ben Schwartz was one of the most subtle and profound. He was deeply rooted in—but not confined by—the humanist tradition of Montaigne and Pascal, and this provided him with insights into the wretchedness as well as the grandeur of the human condition and with a conscious Socratic moral and intellectual drive toward self-examination as a prerequisite for any inquiry into human affairs. Indeed, the distinctive character of Ben's scholarship lay in his integration of morality and intellect. These humanistic resources in combination with his outstanding intellectual endowment enabled Ben to reach great heights of scholarly endeavor.

To mention just a few of his many enduring achievements: Ben's thesis, advanced as early as 1951 and based on a study of the inner history of the rise of the Chinese Communist movement from a comparative perspective, developed the idea that the trajectory of Marxism eastward to Russia and China was, in fact, "a steady process of decomposition." This powerful argument has stood the test of time, whereas both the notion, on the Right, of a monolithic world communism and the idea, on the Left, of the Chinese Communist movement as the embodiment of the intellectual and moral legitimacy of Marxism fell by the wayside.

His *In Search of Wealth and Power: Yen Fu and the West*, which offers a double mirror, with modern China illuminated by the modern West and vice versa, is a trailblazing work in intercultural intellectual history. Furthermore, *The*

World of Thought in Ancient China, Ben's prize-winning magnum opus, which treats the whole range of ancient Chinese thought from a world-historical perspective, has achieved a methodological, no less than a historiographical, breakthrough. Ben's discussion of the need to "descend from the level of total cultural orientations to the level of shared problematiques" advances boldly beyond Max Weber's ideal-typical analysis in comparative world history. Historiographically, Ben's study of the general cultural orientations in ancient China and their dialectical relations with the problematiques manifested in different schools of thought is the most incisive and comprehensive treatment of ancient Chinese thought to date.

These great achievements derived from his ability to combine deep insights into historical realities with a humane simplicity in holding onto what is central in life. Such a simplicity was manifest in his spontaneous humility, a quality that furnished him with the moral and intellectual resources by which to develop empathetic understanding of the various strands of thought in China as well as in the West. Ben's analyses of human problems from a world-historical perspective, while characteristically erudite, subtle, complex, and at times extraordinarily brilliant, were singularly free from any trace of the influence of intellectual fashions and from any sort of posturing or self-exhibition. He always struggled at the center of life and history, making the best effort to enter into the depth of human reality, drawing out its significance as fully as he could. These great attainments were, I submit, a natural outgrowth of the strength of his moral and intellectual character, which led him to be truly open-minded and thus acutely perceptive. It was because he was so seriously interested in the study of humanity that he so seriously studied the Chinese. His universalist concerns fused with his humanist humility and thus empowered him to lift the field of Chinese studies out of its various forms of parochialism.

The Confucian philosopher Xun Zi once said that the genuine scholar "explains with a humane compassion, listens with a studious attitude, and engages in disputation with an impartial mind." I know no one other than Ben Schwartz to have attained this ideal. His absolute joy in intellectual give-and-take and his delight, with his eyes gently sparkling, in reaching an understanding of a complex issue were infectious. It was indeed my good fortune and great privilege to be able to sit at the feet of Professor Schwartz. He embodied most eloquently the very essence of humanistic scholarship; his spirit is and shall always be a living presence to anyone who cares to understand him.

原載於 *Philosophy East and West* 51.2 (April 2001): 187–188, University of Hawai'i Press, doi:10.1353/pew.2001.002。

The Tragic Balance and Theme of *Othello*

In this article, I should like to discuss two points which are presented in Shakespeare's *Othello*: the balance in this tragedy, and the essential theme of it. The tragic balance is a consideration of one technical aspect of an art form; the tragic is a reflection about how some implicit ideas and visions may be revealed through the medium of drama to the audience or readers as a body of comprehensions of human life in the metaphysical world.

In every form of art, there is an inherent and ineradicable individuality that gives vitality to its existence and focuses its attention on certain aspects of human situations. The balance of tragedy, among things is one essential characteristic of this artistic individuality. Tragic quality can only be presented in such a way that ecstasy and agony; sublimity and baseness; pity and terror; love and hate, though conflicting with one another, all should nonetheless find their appropriate levels of expression and thereby constitute a complex and contradictory picture which confronts the audience or readers with their own experience. The achievement of tragedy can not be obtained by presenting either a satanic world in which all men are devils; or a shallow world in which people lack strength of emotion and intensity in passion and in thought. Nor can it be reached without depth of imagination in contrast to the directness of events. The essence of tragedy lies in the preservation of a strict balance between diverse human feelings and characters. Furthermore, in addition to the contrast between the different characters in the outer actions on the stage, the best tragedies are usually able to render to the audience an inner-world, the thought and fantasy of the characters. Tragic balance is therefore maintained not only by the external contrast of the good and beautiful with the evil and ugly, but also by the outer actions in contrast to the inner thought and imagination of each individual character.

But, why is this balance essential to the form of tragedy? In order to search for the answer, one should dig more deeply into the meaning of tragedy in relation to human life.

Although tragedy, by definition, is involved with a catastrophe, its task is neither to describe how different characters brought a disaster upon themselves, nor to preach a sermon about why this catastrophe happened and how people can avoid it. Rather, the function of tragedy is to give a poetic reading of man's external condition and inner existence; that is to say, a reflection and perception of some part of man's experience with such a creative and aesthetic power that enlarges and expands the human imagination. This enlargement and expansion of human imagination transcends the evil and suffering involved in the catastrophe and leads to a catharsis of the tensions of human life as well as a revelation of the universe of human reality. Then, how can this poetic reading of man's condition and existence be achieved? It requires, first of all, a balanced dramatic presentation of the world of actuality. In other words, it cannot be gained by exhibiting a world containing nothing but grief and pain and diabolism, nor will it reach its goal by revealing a world full of light-hearted gaiety. For these are so far from man's actual situation that they can only result in a feeling of absurdity and thus destroy poetical imagination. The poetic reading of man's condition and existence consists in revealing a world of conflicting moods and pattern of life: the sense of evil, pain, grief, terror and pity on the one hand, and the nobility of spirit and the genuine feeling of love on the other. It is only by creating a world with dramatic concentration on the contrast between the good, the beautiful, the outer action, and the evil, the ugly, the inner fantasy that the audience is capable of being led to identify and transmute their own conflicting feelings of life with what happens on the stage, and thereby enlarge and expand (with the help of other dramatic channels such as imagery) their imagination, and, then, elevate them to a state of transcendence.

Now, let me take *Othello* to exemplify what I have said in concrete terms.

Early in Act I, scene ii, when Othello sees some lights coming, Iago advises him to go in because they must herald the arrival of the aroused Brabantio and his friends with bad intent, Othello says:

> Not I; I must be found:
> my parts, my title and my perfect soul
> shall manifest me rightly.

Shakespeare at once distinctively discloses the pre-eminence and grandeur of Othello. When Brabantio and others are going to attack him, he commands:

> Keep up your bright swords, for the dew will rust them.
> Good signior, you shall more command with years
> than with your weapons.

These lines show us that a noble general controls a potentially riotous situation with an effortless natural ease and re-emphasize the character of pre-eminence and grandeur in Othello. In spite of the transformation of his character from disciplined calm and restraint to disturbed jealousy, the atmosphere of dignity and grandeur around him is continuously present throughout the play. Such as in Act II, scene iii, when he comes out to put down a night-brawl:

> Why, how now, ho! From whence ariseth this?
> Are we turn'd Turks, and to ourselves do that
> which heaven hath forbid the Ottomites?
> For Christian shame, put by this barbarous brawl:
> he that stirs next to carve for his own rage
> holds his soul light; he dies upon his motion.
> Silence that dreadful bell: it frights the isle
> from her propriety.

And in Act III, scene iii, when he is tortured by the suspicion of Desdemona's honesty:

O, now, for ever
Farewell the tranquil mind! farewell content!
Farewell the plumed troop, and the big wars,
that make ambition virtue! O, farewell!
Farewell the neighing steed, and the shrill trump,
the spirit-stirring drum, the ear-piercing fife,
the royal banner, and all quality,
pide, pomp and circumstance of glorious war!
And, O you mortal engines, whose rude throats
the immortal Jove's dread clamors counterfeit,
farewell! Othello's occupation's gone!

The overwhelming force of these lines is due to their poetical quality which, I think, springs from Othello's grandeur. In the last lines of the play, as he is about to kill himself, he is so serene and dignified:

Soft you; a word or two before you go.
I have done the state some service, and they know't—
No more of that. I pray you, in your letters,
when you shall these unlucky deeds relate,
speak of me as I am;

However, in contrast to his dignity and grandeur, Othello is a very simple man. His complete trust in Iago most evidently discloses this nature. In Act III, scene iii, he refers Iago as

A man he is of honest and trust.
When he is tempted by Iago, ironically. He thinks of him thus:
this honest creature
doubtless
sees and knows more, much more, than he unfolds
This fellow's of exceeding honesty,
and knows all qualities, with a learned spirit,
of human dealings.

Moreover, his simple nature is dressed with coarseness and impulsiveness perhaps originating from his indigenous culture. When he is totally poisoned by the thought of Desdemona's dishonesty, this side of his nature reveals itself in Act III, scene iii:

> Damn her, lewd minx! O, damn her!
> Come, go with me apart; I will withdraw,
> to furnish me with some swift means of death
> for the fair devil. Now art thou my lieutenant.

We now can understand why Othello, a man of grandeur, is nevertheless vulnerable and subject to diabolic manipulation. Contrary to Hamlet's polished sophistication, he is simple, impulsive, and coarse; once his restrained calm is broken by the poisoned thought of her dishonesty, he acts without hesitation.

Furthermore, in contrast to his outward character as I have described, there is a complex world of anxiety within him. His restrained calm is the outer characteristic of his inner anxiety. On the one hand, he, a nobleman of another race, has been converted to Christianity and is the single servant to the whole state of Venice, on the other hand, he still bears a good deal of his indigenous culture; moreover, he is over middle age but has married a very young girl of heavenly beauty. All these are the sources that produce different desires, passions and thoughts conflicting with one another within himself. These conflicts result in anxiety. When he meets Desdemona at the sea-port in Cyprus in Act II, scene i, he is so happy that he slackens his guard against himself and discloses his inner self:

> If it were now to die,
> 'twere now to be most happy; for I fear,
> my soul hath her content so absolute
> that not another comfort like to this
> succeeds in unknown fate.

In every aspect, the character of Iago is almost in direct contrast to that of Othello. As opposed to Othello's dignity and grandeur, he is essentially a small person. His smallness makes him feel ashamed by facing good Cassio:

He hath a daily beauty in his life
that makes me ugly.

In contrast to Othello's simple, trustful and open nature, he is extremely complex and suspicious in Act II, scene i:

That Cassio loves her, I do well believe it;
that she loves him, 'tis apt and of great credit . . .
Now, I do love her too;
not out of absolute lust, though peradventure
I stand accomptant for as great a sin,
but partly led to diet my revenge,
for that I do suspect the lusty Moor
hath leap'd into my seat; the thought whereof
doth, like a poisonous mineral gnaw my inwards . . .
For I fear Cassio with my night-cap too—

In contrast to Othello's passionate blindness, a manipulative product of Iago, Iago is always clear about what he is and what the involved situation is (Act I, scene i):

For when my outward action doth demonstrate
The native act and figure of my heart
in complement extern, 'tis not long after
but I will wear my heart upon my sleeve
for daws to peck at; I am not what I am.

In contrast to Othello's restrained calm which is but the surface of strong passion, he is cold, ruthless, even delighted in destruction (Act II, scene iii):

Divinity of hell!
When devils will the blackest sins put on,
they do suggest at first with heavenly shows,
ss I do now: for whiles this honest fool
plies Desdemona to repair his fortunes

and she for him pleads strongly to the Moor,
I'll pour this pestilence into his ear,
that she repeals him for her body's lust;
and by how much she strives to do him good,
she shall undo her credit with the Moor.
So will I turn her virtue into pitch,
and out of her own goodness make the net
that shall enmesh them all.

In contrast to his satisfaction with the scene of destructive power, the inner-world for Iago is a world of insecurity and misery. At every turn of the plot, if he would not act just exactly in the manner that he should act, his plan will collapse at once. He must catch every contingency and manipulate it into his scheme. At the end of his second soliloquy, after he once again thinks over the plan of destruction, he cannot help disclosing the sense of insecurity:

'Tis here, but yet confused.

Also at the end of Act V, scene i, he realizes that the most critical moment is coming, he says,

This is the night
that either makes me or foredoes me quite.

Although he is a man of strong will can only bid him stick to his original plan; it cannot release him from his feeling of insecurity and misery.

Desdemona is innocent. The very quality of her innocence identifies her inner world with her outer world; she acts just like she thinks. There is no duplicity in her personality. She is a symbol of purity and yet she suffers without cause (Act IV, scene ii):

Alas, what ignorant sin have I committed?
I cannot weep; nor answer have I none,
but what should go by water.

Her role is one of passiveness which is in direct contrast to the active role of Othello and Iago. This contrast brings forth the most powerful effect in arousing our sense of pity.

In short, the presentation of this play has achieved, from the technical point of view, a great tragic balance. It reveals a very complex and contradictory but balanced picture which confronts the audience with their own experience and thereby expands and enlarges, with the help of poetic imagery, their imagination.

Now, let me discuss the second point of this article, namely: the tragic theme of *Othello*.

By tragic theme I do not mean that we can get a set of ideas and visions concerning the dramatist's comprehension of reality through reading the play or seeing its performance. In other words, we cannot obtain a set of ideas and visions by our direct confrontation with the play. The direct confrontation can arouse our feelings (terror and pity, love and hate) and release us from the tensions of daily life: these function both belong to the sphere of emotion. It may also kindle a sense of illumination belonging to the category of transcendence. But, tragedy is not a philosophical treatise; it does not bear the task of conveying explicit ideas. However, is tragedy not concerned with the metaphysical world? Is tragedy merely founded upon the sensuous and imaginative demands of the emotional? I think tragedy is concerned with the metaphysical world. It is founded not only on sensuous and imaginative demands but also on the understanding of reality of the world. Why? Because by exercising the faculty of reason in the appreciation of tragedy, I mean when we think about the play as a whole, there emerges a body of implicit ideas and visions which is, in effect, the dramatist's metaphysical comprehension of the world.

The following pages are the result of my thinking about Shakespeare's *Othello*.

The metaphysical world presented in *Othello* is a pessimistic world, a world inadequate for the fulfillment of the good and the beautiful. We can comprehend this from the aspect of the transformation of Othello's love to jealousy. It begins with great beauty and nobility in Act II, scene i:

It gives me wonder great as my content
to see you here before me. O my soul's joy!

But collapses in such a horrible way in Act III, scene iii:

O, that the slave had forty thousand lives!
One is too poor, too weak for my revenge.
Now do I see 'tis true. Look here, Iago;
All my fond love thus do I blow to heaven.
'Tis gone
arise, black vengeance, from thy hollow cell!
Yield up, O love, thy crown and hearted throne
to tyrannous hate! Swell, boson, with thy fraught,
for 'tis of aspics' tongues!

Is Othello's love profound? If his love is profound, why is it so easily transformed? Iago's temptation is an important factor. But, if the handkerchief had not been lost in that critical moment; if that handkerchief had not born the peculiar significance to Othello; if Othello had not been of such trustful and simple nature; if Iago had not been shrewd enough to have totally grasped Othello's character and bold enough to attempt the risk to the last step; if Desdemona had not been so passive, had not denied the loss of her handkerchief, and had not acted as if she had been guilty; if Emilia had not been of such an obscure character and had been quickly aware of the serious nature of the loss of her mistress's handkerchief—then, the catastrophe would hardly have happened. But, why did all the above-mentioned events happen as they did without even one exception? This can only be answered by saying that it is because the world is constituted in such a way as to provide room for diabolic manipulation, and that the world is not adequate for the fulfillment of the good and the beautiful.

However, if the world has room for diabolic manipulation, does evil always prevail? In the case of Iago, it is not. By forging the catastrophe of Othello and Desdemona, he creates his own disaster.

As Iago describes himself, "I am nothing if not critical," his power of intellect is very great. It is so quick that it enables him to utilize all contingencies for his own purpose. It is so penetrating and comprehensive that it enables him to grasp the characters of all relevant persons to a great extent, and to manipulate them into his scheme of destruction. In his first soliloquy at the end of Act I, his scheme is already outlined:

> He (Othello) holds me well,
> the better shall my purpose work in him.
> Cassio's a proper man: let me see now:
> to get his place and to plume up my will
> in double knavery—How, How?—Let's see—
> After some time, abuse Othello's ear
> that he is too familiar with his wife.
> He hath a person and a smooth dispose
> to be suspected—framed to make women false.
> The Moor is of a free and open nature,
> that thinks men honest that but seem to be so,
> and will as tenderly be led by th' nose
> as asses are.

When he advises Cassio to regain the general's favor, his understanding of Desdemona's nature is with such depth (Act II, scene iii):

> She is of so free, so kind, so apt, so bless'd a disposition, she holds it a vice in her goodness not to do more than she is requested. This broken joint between you and her husband entreat her to splinter;

All the events happen exactly as he designs. Granting there is a factor of fate or chance. His success is largely due to the combination of the power of intellect with the power of will. However, why is he not able to grasp the potential nature of his wife, a failure which causes his own disaster. According to common sense, he should understand his wife more than any one else, because he must be more familiar with her than any one else.

Although the intellect so greatly helped evil to prevail, it is after all, a two-edge razor. This play demonstrates the danger of this powerful tool. However, it also shows us that the sheer exercise of intellect is not sufficient to comprehend realities. True understanding does require the exercise of intellect, but it further demands something more than the intellect; it needs the communion of human hearts, which must be reached through love.

The ultimate source of Iago's cruelty is not to be found in the nature of his intellect, but in his sexually distorted personality. This is very obvious in his soliloquies. Because he is sexually distorted, he does not have the ability to love his wife—not to mention others. This is why he falls to grasp the potential nature of Emilia.

Nevertheless, is there not a single hope at all in this inadequate and pessimistic world? There is still a hope. There is an eternal reality in which the hope of human life consists. Where is the eternity? Where is the hope?

The hope of this play is in the death scene of Othello and also in the two female characters.

The death scene restores the honor and dignity of Othello. The original source of restoration which prevails over all the contingencies of diabolic manipulation is within Othello himself. He is fully aware of the nature of his deed and of his death in Act V, scene ii:

> Here is my journey's end, here is my butt,
> and very seamark of my utmost sail.
> I pray you, in your letters,
> when you shall these unlucky deeds relate,
> speak Of me as I am; nothing extenuate,
> nor set down aught in malice. Then must you speak
> of one that lov'd not wisely but too well;
> of one not easily jealous but being wrought,
> perplexed in the extreme; of one whose hand,
> (like the base Indian) threw a pearl away
> richer than all his tribe; of one whose subdu'd eyes,
> albeit unused to the melting mood,

drop tears as fast as the Arabian trees
their medicinable gum.

It is this awareness of himself re-affirms the sense of dignity, honor, and love, an eternal reality that transcends death.

Emilia symbolizes the obscure nature of common, petty people. But as soon as, in Act V, scene ii, she realizes her mistress is falsely murdered, her devotion to her mistress, her potential goodness and sense of justice transform her into a glorious woman who does not shrink in the slightest before the mighty general and her villainous husband.

Thou hast not half that pow'r to do me harm
as I have to be hurt. O gull! O dolt!
As ignorant as dirt! thou hast done a deed—
I care not for thy sword, I'll make thee known.
Though I lost twenty lives. Help! help! ho! help!
The Moor hath kill'd my mistress! Murder! murder! . . .
Villainy, villainy, villainy!
I think upon't, I think—I smell't—O villainy!
I thought so then—I'll kill myself for grief—
O villainy, villainy!

This transformation from her indifferent and obscure character to devotion and justice kindles our hope in human life.

Desdemona's love for Othello, though enchanted by Othello's grandeur and exotic culture, is nevertheless real and true from the very beginning to the very end. If we ask Shakespeare where the reality is and where the truth is, I think he will reply that the ultimate reality and truth reside in Desdemona's love to Othello. Her love is so real that she totally trusts him, and in turn, has complete faith in his love for her (Act III, scene iv):

Emilia: Is he not jealous?
Desdemona: Who? he? I think the sun where he was born
drew all such humors from him.

When Othello torments her, in Act V, scene ii, complete love and trust in him can only make her say

Heaven bless us!
I have not deserved this.
I will not stay to offend you.
O, heaven forgive us!
Then heaven have mercy on me!
But, this love is unable to ask a single "why?"
The tear-compelling words of her last labored breath:
Nobody; I myself. Farewell:
Commend me to my kind lord: O, farewell!

It is the dramatist's ultimate metaphysical assertion of the eternity of love.

原載台北《思與言》雜誌：*Thought and Word* 2.5 (1965): 47–54。

The Evolution of the Pre-Confucian Meaning of *Jen* 仁 and the Confucian Concept of Moral Autonomy

Confucius says that his doctrine has an "all pervading unity" (*Analects* IV.15).[1] If the ideas of Confucius lay claim to unity, they by definition possess a philosophic system, despite the fact that his text was not written (or recorded) in the fashion of the modern philosophic treatise. The purpose of this essay to elucidate the Confucian concept of moral autonomy on the basis of an inquiry into the meaning of and relationship between *jen* 仁 and *li* 禮 in the *Analects of Confucius* and the *Mencius*. In so doing we can explore the inner connections as well as the discrepancies of classical Confucianism and thereby reach an understanding of its structure.[2]

* I am grateful to Professor Benjamin I. Schwartz for his comments on an earlier version of this paper and to Professor Friedrich A. von Hayek and Professor John U. Nef for their encouragement and support. Research for this paper was undertaken mainly at the East Asian Research Center of Harvard University under an H. B. Earhart Fellowship from the Relm Foundation and a grant from the Joint Committee on Contemporary China of the Social Science Research Council and the American Council of Learned Societies. The final completion of this paper was supported by a summer grant from the Research Committee of the University of Wisconsin.

1 In quoting from the Confucian texts I have freely adopted available translations, such as those of James Legge, Arthur Waley, Wing-tsit Chan, etc., if they are accurate. Otherwise, I translate them myself as I need them.

2 Although Hsün Tzu adopted many values and goals of Confucius, took a number of Confucius' ideas as points of departure, and has generally been regarded as a

I

According to the present state of our knowledge of ancient Chinese civilization, the word *jen* seems to have appeared quite late in the Chinese language. We have not found this word in any available oracle-bone or early bronze inscription that dates from the Western Chou period (1122?–771 BC) or before.[3]

Confucian philosopher, his philosophical system is, if considered as a whole from the point of view expounded in this essay, structurally incompatible with that of Confucius. While the nature of Hsün Tzu's philosophy is worth studying, it is not my main concern here.

3   Both Tung Tso-pin 董作賓 and Ch'ü Wan-li 屈萬里 acknowledged in the 1950s that *jen* was absent in all then available Yin oracle-bone inscriptions (approximately 40,000 pieces) and all then available Yin and Western Chou bronze inscriptions (which comprised more than 10,000 characters). See Tung Tso-pin, "Ku-wen-tzu chung chih jen" 古文字中之仁, *Hsüeh-shu chi-k'an* 學術季刊 2.1 (September 1953): 18–19; Ch'ü Wan-li, "Jen-tzu han-i chih shih-ti kuan-ch'a" 仁字涵義之史的觀察, *Min-chu p'ing-lun* 民主評論 5.23 (December 1954), 700–703. Recent researches have confirmed this earlier view concerning the absence of *jen* in available oracle-bone inscriptions. See Li Hsiao-ting 李孝定, ed., *Chia-ku wen-tzu chi-shih* 甲骨文字集釋 (Taipei, 1965), pp. 2607–2610, esp. p. 2610; pp. 3201–3205, esp. p. 3204; p. 4529. Shima Kunio 島邦男, ed., *Inkyo bokuji sōrui* 殷墟卜辭綜類 (Tokyo, 1967) does not list *jen* 仁 in the available sources upon which Professor Shima compiled his comprehensive index to oracle-bone inscriptions. Professor Ch'ü Wan-li republished his article in 1969 without changing or revising his view. See his *Shu-yung lun-hsüeh chi* 書傭論學集 (Taipei, 1969), pp. 255–257.

    Bernhard Karlgren, *Grammata Serica Recensa* (Stockholm, 1964; originally published in the *Bulletin of the Museum of Far Eastern Antiquities* 29, 1957), sec. 388, p. 110 asserts that the character 𠄐 inscribed on the bronze vessel Lu Po Yü-fu i 魯白愈父匜 (Lo Chen-yü 羅振玉, *Chen-sung-t'ang chi-ku i-wen* 貞松堂集古遺文 10 [1931]: 35a) is another form for *jen* 仁, which is a name in this inscription. This assertion is Karlgren without any explanation. However, both Lo Chen-yü, who transcribes this inscription, and Kuo Mo-jo 郭沫若, who studies another bronze vessel (Lu Po Yü-fu li 魯伯愈父鬲) which was also made by Po Yü-fu of the state Lu for the same person on the same occasion, do not feel the character 𠄐 is decipherable and hence simply transcribe it. Kuo Mo-jo, *Liang Chou chin-wen-tz'u ta-hsi k'ao-shih* 兩周金文辭大系考釋 (Peking, 1957), p. 197a. A possible source upon

Nor does it occur in any reliable historical documents—including parts of the *Book of Change*, the *Book of Documents*, and the *Book of Songs*—that date the Western Chou period or before.[4] It may be too rash to assert on the evidence

---

which Karlgren's assertion might be based is Lin I-kuang 林義光, *Wen-yüan* 文源, in which Lin expresses suspicion that 𡰥 in these inscriptions might be an ancient form for 仁. But, according to the present state of our knowledge of Chinese paleography, while we know 𡰥 is a name in these inscriptions, we do not have any resources to decipher the meaning of this character. There is, therefore, no legitimate reason for suspecting it as a variation of 仁. Lin I-kuang's notion is cited in Ting Fu-pao 丁福保, ed., *Shuo-wen chieh-tzu ku-lin* 說文解字詁林 (Shanghai, 1928), p. 3475a. The character 𡰥 occurs in the oracle-bone inscriptions. In his index (p. 6), Shima Kunio groups it together with 𠂤 𠂤 𠂤 and hence implies its being a numeral.

I have scanned the last few years of *K'ao-ku* 考古 and *Wen-wu* 文物 and have not noticed any new finds that overturn the above documentation of the non-occurrence of *jen* in the Yin oracle-bone inscriptions and the Yin and Western Chou bronze inscriptions. *Jen* did occur in certain bronze inscriptions, but none of them can be dated from the Western period or before. Kuo Mo-jo, *Nu-li-chih shih-tai* 奴隸制時代 (Peking, 1956), pp. 37–38, and Hou Wai-lu 侯外廬 et al., *Chung-kuo ssu-hsiang t'ung-shih* 中國思想通史, vol. I (Peking, 1957), p. 93 suggest that *jen* could not occur earlier than the Spring and Autumn period. I am grateful to Professor Cheng Tsai-fa 鄭再發 for his expert advice on matters concerning Chinese paleography.

4   *Jen* never appears in the main text of the *Book of Change*; it occurs several times in the Appendices, which were added to the *Book of Change* much later.

Jen appears once in the authentic "modern text" (*chin-wen* 今文) of the *Book of Documents*. But, as more than one critic has noted, the plain expression of the "Chin-t'eng" 金滕 in which *jen* occurs is clearly not congruent with the style of the other pieces in the "modern text" of the *Book of Documents* that date from the Western Chou period. According to the study of Fu Ssu-nien 傅斯年, the "Chin-t'eng" is a record of a legendary tale of the Duke of Chou added to the *Book of Documents* by some people in Lu 魯 during the Eastern Chou period; see Fu Ssu-nien, *Chung-kuo ku-tai wen-hsüeh-shih chiang-i* 中國古代文學史講義 in *Fu Meng-chen hsien-sheng chi* 傅孟真先生集 (Taipei, 1952), *ts'e* 2:70–71. For a recent discussion of the textual problems of the "Chin-t'eng" and why it cannot possibly have been written earlier than the Eastern Chou period, see Herrlee G. Creel, *The Origins of Statecraft in China*, Vol. I (Chicago, 1970), pp. 457–458. In 1956, Ch'ü Wan-li in his *Shang-shu shih-i* 尚書釋義 (Taipei, 1956), p. 67, suggested that it dates from the late Western Chou or the Spring and Autumn period. But he has since changed his opinion. In a recent publication he maintains that it was written after the Western Chou period, probably in the Spring and Autumn or even as late as the Warring States period; see Ch'ü Wan-li, *Shang-shu chin-chu chin-i* 尚書今註今譯 (Taipei, 1969), p. 84.

It should be noted in this connection that Wing-tsit Chan in his "Evolution of the Confucian Concept *Jen*," *Philosophy East and West* 4.4 (January 1955): 295–296, regards the elucidation of the late appearance of the word *jen* by Juan Yüan 阮元 (in Juan's "Lun-yü lun-jen lun" 論語論仁論, *Yen-ching-shih chi* 揅經室集 [Ts'ung-shu chi-ch'eng, ch'u-pien 叢書集成初編 ed.] 8:159–160) as "safe," while simultaneously saying in footnotes 4 and 5 that "actually the word [*jen*] appears twice in the present 'Book of Shang' of the *Book of History*" and once "in 'Book of Chu [*sic*]' in the *Book of History*." However, it is not completely safe to follow Juan Yüan. Juan notes in his essay (p. 159) that the word "man" 人 in "Ssu-yüeh" 四月 of the "Hsiao-ya" 小雅 section of the *Book of Songs* should be regarded as *jen* 仁 meaning "mutual love." Such a reading is farfetched. (For a pertinent discussion of the meaning of the word "man" in this poem, see Ch'ü Wan-li, *Shih-ching shih-I* 詩經釋義 [Taipei, 1953] II, p. 175, and "Shih san-pai-p'ien ch'eng yü ling-shih" 詩三百篇成語零釋 in his *Shu-yung lun-hsüeh chi*, p. 178.) All the passages of the *Book of Documents* cited by Chan in his footnotes to show that *jen* "actually" appears several times in the *Book of Documents* are from the "ancient text" (*ku-wen* 古文) of the *Book of Documents*, which, as is well-known, has been established by Yen Jo-ch'ü 閻若璩, Hui Tung 惠棟, et al. to be a late forgery. As a matter of fact, *jen* occurs five times in the *Book of Documents*: four times in the forged "ancient text" and only once in the "modern text," i.e., as noted earlier, in the "Chin-t'eng" to which Chan fails to refer.

In the "T'ai-shih" 泰誓 of the "ancient text" of the *Book of Documents*, *jen* occurs in the following passage: *Sui-yu chou-ch'in pu-ju jen-jen* 雖有周親不如仁人 This passage also appears verbatim in a statement quoted in Book XX, chapter 1 of the *Analects*. In chapter 15 of the *Mo Tzu* (*SPPY* ed.) 4:5b, it occurs again as a quoted statement in a slightly different form: *Sui-yu chou-ch'in pu-jo jen-jen* 雖有周親不若仁人. While the "Tai-shih" is known as a forgery and Book XX, chapter 1 of the *Analects* is generally considered as a later addition to the *Analects* (Ch'ien Mu 錢穆, *Lun-yü hsin-chieh* 論語新解 [Hong Kong, 1964], pp. 677–680; H. G. Creel, *Confucius and the Chinese Way* [New York, 1960], p. 293), the fact that this passage occurs in the *Mo Tzu* indicates that the document from which it was quoted was available directly or indirectly either to Mo Tzu (ca. 479–390 BC) himself or to the writer of this chapter of the *Mo Tzu*, who was probably a disciple of Mo Tzu and compiled this chapter from his notes after the death of his Master. In any case, according to Ch'ü Wan-li ("Jen-tzu han-i chih shih-ti kuan-ch'a," p. 256), while it is difficult to ascertain whether or not this is a lost passage from the *Book of Documents*, the style of this passage shows that it could not have been written in that there was no such word *jen* in the Chinese language in the Western Chou period or before, yet it may not be accidental that the extant documents of the Western Chou or before[5] correspond with archaeological finds of the same period as regards the absence of this word.

In any case, we find that *jen* occurs in the following two poems of the *Book of Songs*:

〈叔于田〉 **"Shu-yü-t'ien"**

叔于田，	Shu is away in the hunting-field,
巷無居人。	There is no one living in the streets.
豈無居人？	Is there indeed no one living [in the streets]?
不如叔也，	[But] no one [in the streets] is [living] like Shu,
洵美且仁。	So handsome, so *jen*.
叔于狩，	Shu has gone hunting,
巷無飲酒。	No one drinks wine in the streets.
豈無飲酒？	Is there indeed no one drinking wine [in the streets]?
不如叔也，	[But] no one [in the streets] is [drinking wine] like Shu,
洵美且好。	So handsome, so good.

---

the Western Chou period or before. It was probably, Ch'ü suggests, written in pre-Confucian times of the Eastern Chou period.

In the *Book of Songs*, *jen* occurs in two poems. I shall discuss the dating and meaning of them below.

5 Although both the *Kuo-yü* 國語 and the *Tso-chuan* 左傳 contain references to events and persons of the Western Chou period, none of the passages of the *Kuo-yü* and the *Tso-chuan* in which *jen* occurs deals with the Western Chou period. Therefore, quite apart from the problem of the authenticity and dating of these two works, we need not concern ourselves with them at this point. With regard to the *I Chou-shu* 逸周書, *jen* occurs only in the pieces that are generally believed to be written not earlier than the Warring States period. Those possibly early pieces which might have drawn on some Western Chou sources, such as "K'e Yin chieh" 克殷解, "Shih fu chieh" 世俘解, "Shang shih chieh" 商誓解, "Tso lo chieh" 作雒解 —while their authenticity is highly questionable—do not contain the word *jen*. Hence, we need also not concern ourselves with this work here.

叔適野，	Shu has gone to the wild field,
巷無服馬。	No one drives horses in the streets.
豈無服馬？	Is there indeed no one driving horses [in the streets]?
不如叔也，	[But] no one [in the streets] is [driving horses] like Shu,
洵美且武。	So handsome, so brave.

〈盧令〉　　　"Lu-ling"

盧令令；	Here come the hounds, ting-a-ling;
其人美且仁。	And their master so handsome and *jen.*

盧重環；	The hounds, with double ring;
其人美且鬈。	Their master so handsome and brave.

盧重鋂；	The hounds, with triple hoop;
其人美且偲。	Their master so handsome and strong.

Traditional commentators usually construed *jen* in these two poems to kind or loving.[6] But, as Professor Ch'ü Wan-li 屈萬里 has persuasively argued such an interpretation is farfetched. First, "Shu-yü-t'ien" and "Lu-ling" are singing praises of noble hunters. Generally speaking, words like "brave," "daring," or "strong" are used to characterize a noble hunter. Indeed, apart from the word *jen* whose meaning I shall explore below, all words referring to the character the hunter in

---

6　This interpretation was initiated by the commentator Mao (毛公). Mao did not comment on *jen* in "Shu-yü-t'ien" but did interpret *jen* in "Lu-ling" in terms of kindness; cf. *Mao-shih* 毛詩 (*SPPY* ed.) 5:5b. He was followed by Chu Hsi, *Shih-ching chi-chuan* 詩經集傳 (Chin-ling shu-chü 金陵書局 ed., 1896) 3:2b, and many others. Both James Legge and Bernhard Karlgren followed traditional Chinese commentators in their translations of this word—rendering it as "kind"; cf. James Legge, *The Chinese Classics* (3rd ed., Hong Kong, 1960) IV, pp. 127 and 158; Bernhard Karlgren, *The Book of Odes* (Stockholm, 1950), pp. 52 and 67. Arthur Waley translated it as "good" and Ezra Pound rendered it as "he-man"; cf. Arthur Waley, *The Book of Songs* (London, 1937), pp. 39 and 285; Ezra Pound, *The Confucian Odes* (Cambridge, MA, 1954), p. 38. They are closer to my explanation of this word, which will be given presently.

these two poems belong to such a category.[7] It seems unnatural to refer to a noble hunter as having a virtue of kindness in this kind of song. Second, and more specifically, even if we assume that these two particular noble hunters showed unusual kindness and stood out against other hunters—thus earning this unusual praise from the poets—it is still not convincing. That two different noble hunters in different states and at different times happened to show a similar unusual virtue of kindness in hunting would have been an extremely rare phenomenon. It would have been all the more unlikely that such an unusual virtue impressed two different poets in different states and at different times in the same way and led them to accord the same unusual praise to the two different hunters.[8]

A more reliable way of approaching the meaning of *jen* in these poems is, first, to investigate the origins of the word *jen*; second, to free ourselves from the influence of moralistic interpretations of traditional commentaries; and, third, to weigh possible meanings of *jen* in the context of the poems and against the background of the evolutionary process of Chinese civilization.

The written form of *jen* is a combination of a pictograph of man on the left with two horizontal lines on the right (the variations of its archaic form being ⺅ 忄 仟). It is generally agreed that *jen* is Chinese pictograph for man, although it is impossible at present to reach a definitive conclusion as to the precise relationship between the two horizontal lines on the right and the pictograph of man on the left. Here is not the place to enter into a detailed discussion of the literature on the linguistic origin of *jen*; it should be noted, however, that a very interesting suggestion concerning the meaning of these two horizontal lines was made by Yu Shu-hui 尤叔晦. Yu thought that the two horizontal lines beside the

---

7   The word "good" (*hao* 好) in the tenth line of the first poem does not seem to connote any moral implication. Considering this word in its context, it probably means that the hunter is good at drinking (or hunting). Arthur Waley (p. 39) translated it as "loved." While he has not fallen into a moralistic straitjacket, he seems to have either overlooked the context of this word or been misled by his knowledge of the different tones of the word *hao* and thereby rendered it as a passive past participle.

8   Ch'ü Wan-li, "Jen-tzu han-i chih shih-ti kuan-ch'a," p. 258.

pictograph of man were originally meant to be a sign for repeating the pictograph of man.[9] Tung Tso-pin 董作賓 strengthened this suggestion by pointing out that it is not uncommon in the oracle-bone and bronze inscriptions to indicate repetition by having two horizontal lines follow a character.[10] In the light of this suggestion, it is reasonable to think that the two horizontal lines in *jen* originally did not have any particular meaning but simply constituted an indicator of repetition. Furthermore, according to Hsü K'ai's 徐鍇 text of the *Shuo-wen* 説文, the two horizontal lines formed a phonetic symbol—i.e., *jen* was pronounced as the word "two" was pronounced when Hsü Shen 許慎 wrote the *Shuo-wen*.[11] Hence, there is no linguistic basis for Hsü K'ai's text of the *Shuo-wen* to assert that *jen* originally meant *ch'in* 親.[12] Accordingly, the explanation of the two horizontal lines of *jen* in terms of ideographic principle as suggested by Hsü Hsüan's 徐鉉 text of the *Shuo-wen*[13] becomes also unfounded. In sum, from an etymological point of view, *jen* quite likely meant man in the conceptual sense as opposed to the material sense of the word.

Whatever the two horizontal lines in the character of *jen* originally designate, a careful reading of *jen* in the context of "Shu-yü-t'ien" reveals, I venture to suggest, that *jen* could hardly mean anything but "manly." In "Shu-yü-t'ien," there are three stanzas. In the second stanza, the second, third and fourth lines are about the fact that no one in the streets can be compared with Shu's style of drinking. The last word of the fifth line is used to praise Shu's style

---

9   Quoted in Hsü Hao 徐灝, *Shuo-wen chieh-tzu chu chien* 説文解字注箋 (2nd ed., Peking, 1914) 8A:3a–b.

10   Tung Tso-pin, p. 20.

11   Hsü K'ai, *Shuo-wen hsi-chuan* 説文繫傳 (*SPPY* ed.) 15:1a.

12   Ibid.

13   Hsü Hsuan's text of the *Shuo-wen* notes that *jen* means *ch'in* 親 and that the two horizontal lines on the right side of the word mean "two." Tuan Yü-ts'ai, 段玉裁 comments that since the word *jen* originally means "two men" it indicates the lovingness or kindness between two men. Presumably, such a commentary can be extended to imply that the principle of love is the foundation for men's living together. See Tuan Yü-ts'ai, *Shuo-wen chieh-tzu chu* 説文解字注 (Shanghai: 世界書局, 1936), p. 387.

of drinking—"so good [at drinking]." In the third stanza, the second, third and fourth lines are about the fact that no one in the streets can be compared with Shu's style of driving horses in hunting. The last word of the fifth line is used to praise Shu's daring style of driving horses—"so brave [in driving horses]." Thus the last words of these two stanzas are used to praise Shu's matchless acts to which the earlier lines referred. In the first stanza, however, the second, third and fourth lines are not about any particular act of Shu but about the fact that no man in the streets can be compared with Shu. Apart from any specific instance, this stanza conveys that Shu is matchless among his fellow men in terms of no particular quality but his manliness or manhood. Accordingly, the last word of the fifth line, *jen*, should be understood as "manly."

It seems that after many words had been created to stand for concrete objects (including man) there occurred at a later time a need among the Chinese people for finding a new word to stand for "manliness" or "manhood," which referred to a conception of man's distinctive quality. On the basis of the suggestions of Yu Shu-hui and Hsü K'ai's text of the *Shuo-wen*, *jen* may be interpreted, as noted above, to have originally meant a conceptual notion of man. In any case, by the time when "Shu-yü-t'ien" and "Lu-ling" were composed— probably a few decades after 770 BC (concerning the dating of these two poems, see Appendix I)—*jen* did mean "manly" (when it was used as an adjective) and "manliness" or "manhood" (when it was used as a noun) in referring to qualities conceptually regarded as those distinctively possessed by man. In a derivative sense, *jen* could presumably be used to describe a man having qualities which made him deserve the name of man—qualities a man should have. Since *jen* was a conceptual term, its meaning could be differentiated into the formal and the substantive sense. In its formal sense, *jen* had a built-in ambiguity and fluidity. Any person could, theoretically, use it to stand for his own conception of the distinctive quality of man. But man's conception of things is conditioned by the climate of opinion as well as by many other factors. As analyzed above, *jen* in "Shu-yü-t'ien" primarily connoted the daring quality of man without any moral implication. The daring quality of man must therefore be regarded as the substantive sense of the word *jen* during the time when the poem was composed.

The need for such a word as "manliness" or "manhood" could hardly be felt acutely enough by the Chinese people as to lead them to create it until their civilization reached a certain level of richness and sophistication. The lack of the word *jen* in those archaeological finds dating from the Western Chou and before as well as in the earliest documents of the Chinese civilization corroborates this notion of the late appearance of *jen* in the Chinese language.

The foregoing discussion indicates that the word *jen* meant "manliness" or "manhood," referring to a conception of man's distinctive quality in the early years of the Eastern Chou. (Concerning the meaning of *jen* in those passages of the *Tso-chuan* 左傳, the *Kuo-yü* 國語, and the *I Chou-shu* 逸周書 narrate historical events of the pre-Confucian times of the Eastern Chou period or before, as well as the meaning of *jen* in the Lao Tzu, see Appendix II.) Owing to the scarcity of primary sources we do not exactly know whether or not this meaning of *jen* changed shortly after the early years of the Eastern Chou. I suspect that the formal sense of *jen* did not change until Confucius made *jen* the central concern of his moral discourse but that the substantive sense of the word gradually widened to include moral connotations in the course of approximately 200 years from the time of the "Shu-yü-t'ien" to the time immediately before Confucius. This hypothesis has a considerable strength for two reasons. First, on the basis of it a very obscure statement in the *Analects* which has hitherto been explained in a farfetched way by most commentators and translators becomes quite clear. The statement in question is Book IV, chapter 7: 人之過也，各其於黨。觀過，斯知仁矣. Chu Hsi in his annotation on this statement follows Master Ch'eng's [presumably Ch'eng I] explanation that a man's faults are the excesses of his general tendencies and quotes a certain Yin 尹氏 to the effect that by observing a man's faults we shall have known whether or not he is *jen* (good or kind).[14] But this annotation clearly violates the meaning of 觀過，斯知仁矣 which should be understood as: "By observing [a man's] faults [we shall] then (or therefore) have known [his] *jen*." That statement does not warrant an alternative

---

14   Chu Hsi 朱熹, *Lun-yü chi-chu* 論語集注 (*SPPY* ed.) 2:9b.

sense of knowing *whether or not* he is *jen*. Following Chu Hsi's annotation, James Legge translates this chapter: "The faults of men are characteristic of the class to which they belong. By observing a man's faults, it may be known that he is virtuous."[15] But, 斯 in this chapter means "then" or "therefore." If the meaning of 斯 had been so followed by Legge, he would have translated 觀過， 斯知仁矣: "By observing [a man's] faults, [we shall] therefore have known his virtue or goodness." Such a rendition is incomprehensible. Hence Legge translates it as "By observing a man's faults it may be known that he is virtuous." But the subjunctive mood—"it may be known"—is not authorized by the original text. Relying on early commentaries, Arthur Waley translates: "Every man's faults belong to a set. If one looks out for faults it is only as a means of recognizing Goodness."[16] Waley's translation is more ingenious but equally farfetched. 觀過 cannot be rendered in the context of this statement as "to look out for faults." Here, Legge's translation is correct.

The above account shows that the commentators and translators had to twist the plain language of the statement in order to make their interpretation fit in with their notion of *jen* as "virtue" or "goodness."[17] However, if we hold that

---

15   James Legge, *The Chinese Classics* I, p. 167.

16   Arthur Waley, *The Analects of Confucius* (London, 1938), p. 103.

17   It should be noted that a fragment of this statement from the Han stone-engraved version of the *Analects* is extant but does not contain the first two words; cf. Ma Heng 馬衡, transcriber, *Han shih-ching lun-yü* 漢石經論語 (Taipei: 無求備齋論語集成 reprint, 1966), p. 6b. But, in the two earliest extant complete versions of the *Analects*—Ho Yen 何晏 (190–249) et al., *Lun-yü chi-chieh* 論語集解 (Japan, 1364 ed.; Taipei: 無求備齋論語集成 reprint, 1966) 2:12b–13a, and Huang K'an 皇侃, ed., *Lun-y'ü chi-chieh i-shu* 論語集解義疏 (Japan, 1864 ed.; Taipei: 無求備齋論語集成 reprint, 1966) 2:28a–b—the first word of the statement reads *min* 民 ("subjects" or "the common people") not *jen* 人 ("man" or "men"). The commentary on this statement falsely attributed to K'ung An-kuo 孔安國 by Ho Yen et al. may be translated as follows: "The word *tang* 黨 means 'class' or 'kind.' That the inferior men cannot behave like the superior men is not their fault. The superior men should excuse rather than blame them. Observing the faults of the common people in such a way as to make the worthies and the common people fall into their proper places

is to practice *jen* (則為仁也)." The alleged K'ung An-kuo is so anxious to render his interpretation that he ignores the linguistic structure of the text and arbitrarily forces 斯知仁矣 to mean 則為仁也 in order to fit into his reading of 觀過. Huang K'an's sub-commentary on 觀過，斯知仁矣 may be translated as follows: "If one person observes another person's faults in terms of the class to which he belongs and does not blame him more than should be expected, we know that this observing person possesses the mind of *jen*; otherwise, we know that this observing person is not a man of *jen*." However, as in the case of the alleged K'ung An-kuo, this reading also violates the linguistic structure. 觀過 does not refer to the way in which the observer observes the faults of *min*, and *jen* refers to the observed not the observer. Furthermore, the sentence in question is declarative and is in future perfect tense. It does not warrant an interpretation in terms of either-or alternatives. It was probably because Huang himself felt uncomfortable with the arbitrary reading of the alleged K'ung An-kuo and with his own that he included the less forced but still untenable reading of Yin Chung-k'an 殷仲堪, which was a precursor of the reading of Master Ch'eng and Chu Hsi. Given their notions of *jen* as "virtue" and the obscurity of this statement, both the alleged K'ung An-kuo and Huang K'an seem to have taken the significance of *min* as the point of departure for their commentaries. That might be the reason for their referring *jen* to the observer rather than the observed. Actually, if we regard *min* not *jen* 人 as the authentic first word of the expression of Confucius, my translation of the statement in the text below should be slightly changed but my interpretation of it will not be affected. *Jen* 仁 in its conventional sense as it had evolved by the times of Confucius would be referable to *min* by Confucius, as *jen* in its Confucian sense was also referable to *min*, e. g., 民興於仁 (*Analects* VIII.2). For some other traditional commentaries on this statement, see Ch'eng Shu-te 程樹德 ed., *Lun-yü chi-shih* 論語集釋 (Peking: 國立華北編譯館, 1943) VII, pp. 209–212.

It should also be noted that 觀過，斯知仁矣 is quoted in the Biography of Wu Yu 吳祐 in the *Hou Han-shu* of Fan Yeh 范曄 (398–445) (Peking: Chung-hua shu-chü, 1965, p. 2101) as 觀過，斯知人矣. But both the above-mentioned Han stone-engraved version of the *Analects* and *the Lun-yü chi-chieh* of Ho Yen et al. read 仁, not 人. It seems plain that the variation of the text in the *Hou Han-shu* was due to a transcriptive error.

Certain commentators, among them Chu Hsi (*Lun-yü chi-chu*, 3:14a), hold that in Book VI, chapter 24 of the *Analects* (宰我問曰：「仁者雖告之曰井有仁焉，其從之也？……」) the word 仁 in 井有仁焉 stands for 人. Hence one can argue that 仁 and 人 in the *Analects* are sometimes interchangeable. However, while we do not find this chapter in the extant fragments of the Han stone-engraved version of the *Analects*, the phrase in question occurs as 井有仁者焉 in Ho Yen et al., *Lun-yü chi-chieh* 3:18a and in Huang K'an, *Lun-yü chi-chieh i-shu* 3:36a. On the basis of this evidence, it seems very unlikely that Tsai Wo originally used 仁 to refer to 人.

the conventional meaning of *jen* which had evolved by the times of Confucius, and the new meaning of *jen* which originated from Confucius' intensive discussions of *jen*, are both present in the *Analects*, the statement in question becomes plainly understandable. The word *jen* in this statement should be understood in its conventional sense—"manliness" or "manhood"—referring to the distinctive quality of man, which by the times of Confucius already involved moral connotations. Book IV, chapter 7 of the *Analects* should therefore be translated as follows:

> The Master said, "The faults of men are characteristic of the [different] classes to which they belong. By observing [a man's] faults [we shall] then have known his distinctive quality."

A similar case in which the conventional sense of the word and the newly transformed sense of this word are both present occurs in the *Mencius*. While the word *hsing* 性 in the *Mencius* often means the innate goodness of man as defined by Mencius, it is sometimes used in the sense of *sheng* 生 (to produce; to be born with), which is the original meaning of *hsing*[18] For instance:

> 孟子曰：「形，色，天性也；惟聖人，然後可以踐形。」
>
> Mencius said, "The bodily organs and their appearance t'ien *hsing* yeh 天性也 (are naturally produced); but a man must be a sage before he can properly fulfill the [functions of the natural] organs." (*Mencius* VIIA.38)

My second reason for holding the hypothesis stated above is this. If we assume that the substantive sense of *jen* had not widened to include moral

---

Rather, the word 者 was probably lost in later transcriptions of the text. Here, my reading of this phrase coincides with that of Arthur Waley. Waley notes that "the variant 人 is certainly wrong." See Arthur Waley, trans., *The Analects of Confucius*, p. 121n1 and p. 255.

18 Fu Ssu-nien 傅斯年, *Hsing ming ku-hsün pien-cheng* 性命古訓辨證 in *Fu Meng-chen hsien-sheng chi* 傅孟真先生集 (Taipei, 1952), *ts'e* 3:1–62.

connotations by the times of Confucius, we must assert that Confucius himself changed both the formal sense of *jen* from "manliness" or "manhood" to "goodness" and the substantive sense of *jen* from an amoral sense of the quality of daringness to moral qualities of *ai* 愛, *ching* 敬, etc. Such an assertion is contrary to Confucius' profound concern for cultural continuity. It also cannot explain the rather rapid acceptance of Confucius' usage of *jen*—in its formal as well as substantive sense—by the articulate members of Chinese society in Eastern Chou times after Confucius. However, if we assume that the substantive sense if *jen* had gradually widened to include moral connotations by the times of Confucius, and that it, was precisely because Confucius carried on this tradition of pondering moral qualities in the search for man's identity that he engaged himself in an intensive discussion of the substantive meaning of *jen* and in doing so subtly transformed the formal meaning of *jen* from "manliness" or "manhood" to "goodness," we take cognizance of Confucius' genius in innovating change within tradition, which is a characteristic mark of his thought. This hypothesis also makes the question why Confucius' usage of *jen* was then rapidly accepted by the articulate members of the Chinese society answerable. It was because the moral consciousness of the Chinese people had so evolved as to prepare them for such an acceptance.[19]

---

19 Before discussing the relationship between the conventional meaning of *jen* and the Confucian concept of *jen* in the *Analects*, we must clarify the meaning of *jen* in two passages from ancient Chinese sources, namely: (1) 雖有周親，不若仁人, from chapter 15 of the *Mo Tzu*; and (2) 予仁若考能多材多藝, from the "Chin-t'eng" of the "modern text" of the *Book of Documents*. As noted earlier, Passage 1 is slightly different in wording but not different in meaning from 雖有周親，不如仁人, which occurs both in Book XX, chapter 1 of the *Analects* and the "T'ai-shih" 泰誓 of the "ancient text" of the *Book of Documents*. Concerning the textual problems of these passages, see Note 4 above. Judging from the style of Passage 1, it could not have been written during or before the Western Chou period. Because it is a part of a historic document quoted in the *Mo Tzu*, we should assume that the passage could not have been written as late as in or immediately before Mo Tzu's time but was directly or indirectly available to Mo Tzu, who lived approximately from 479 to 390 BC. Since Confucius lived from 551 to 479 BC—immediately before the time

II

The foregoing analysis has suggested that there are two kinds of usages of *jen* in the *Analects*: the pre-Confucian conventional usage and the new usage originated by Confucius.

In the new usage of *jen*, it denotes an all-inclusive moral virtue as well as the highest moral attainment that a man can achieve in life by human effort.[20] Since *jen* encompasses all other virtues, love, honesty, courage and so forth are originally related to *jen* and different manifestations of *jen*. The following statements clearly show Confucius' conception of the inclusiveness of *jen*:

---

of Mo Tzu-we should date Passage 1 to the time after the "Shu-yü-t'ien" but before Confucius. According to our theory of the evolution of the meaning of *jen*, *jen-jen* 仁人 here means "manly man (or men)." If 仁人 is so understood, Passage 1 makes perfect sense no matter to whom 周親 or 仁人 refers.

The punctuation and reading of Passage 2 have not been settled despite the exegetical efforts by many scholars throughout the centuries including Bernhard Karlgren's important work, "Glosses on the *Book of Documents*," *Bulletin of the Museum of Far Eastern Antiquities* 20 (1948): 252–253. Here is not the place to get involved with the debate in exegesis. I should merely point out that according to our theory *jen* should be understood as "manly" if Passage 2 dates from the time after the "Shu-yü-t'ien" but before Confucius, and the passage makes good sense if *jen* is so understood. (The earliest possible date of Passage 2 is around the times of the "Shu-yü-t'ien." It could not go back to the Western Chou period. See Note 4 above.) If Passage 2 dates from the time after Confucius then *jen* should be understood as "good" if it is used in its formal sense, and as "kind" (or "loving") if it is used in its most prominent substantive sense. Judging from the context of in this passage, *jen* is probably used in this substantive sense.

20 Some literalist might doubt this statement and point out that on two occasions (*Analects* VI.28 and VII.33). Confucius seems to regard *sheng* 聖 as higher than *jen*. This was in fact argued by Juan Yüan (see his "Lun-yü lun-jen lun," p. 158). While one can speculate on the difference between a sage and a man of *jen* because Confucius refers to the legendary Yao and Shun as sages and thereby seems to imply that a sage partakes of the sacredness of the universe and is greater than the potential greatness of any man, the hair-splitting argument concerning whether or not a man of *jen* has reached the level of moral excellence of the sage is irrelevant to the theme of this essay.

Without *jen* a man cannot for long endure adversity and cannot for long enjoy prosperity. The man of *jen* rests content with *jen*; he that is merely intelligent pursues *jen* in the belief that it pays to do so. (*Analects* IV.2)

Only the man of *jen* knows how to love people and hate people. (*Analects* IV.3)

If you set your mind on *jen*, you will be free from evil. (*Analects* IV.4)

Yet, because *jen* is regarded as the highest attainment of moral cultivation, it is by definition most difficult to achieve. A certain disciple once asked Confucius, "If neither love of master, vanity, resentment nor covetousness have any hold upon a man, may he be called *jen*?" Confucius said, "Such a man has done what is difficult, but whether he should be called *jen* I do not know." (*Analects* XIV.2) A man may be prominent in a certain virtue, but to possess a certain virtue does not mean that he has reached the highest level of moral excellence:

A man of *jen* will certainly possess courage; but a courageous man does not necessarily have *jen*. (*Analects* XIV.5)[21]

---

21 See also Book V, chapter 18 of the *Analects*:

Tzu-chang asked saying, "The Grand Minister Tzu-wen was appointed to his office on three separate occasions, but did not on any of these occasions display the least sign of complacency. Three times he was deposed, but never showed the least sign of disappointment. Each time he duly informed his successor concerning the administration of state affairs during his tenure of office. What would you say of him?" The Master said, "He was loyal." Tzu-chang asked, "Would you not call him *jen*?" The Master said, "I am not sure. I see nothing in that to merit the name *jen*." [Tzu-chang asked again saying,] "When Ts'ui Tzu assassinated the sovereign of Ch'i, Ch'en Wen Tzu, though he was the owner of forty horses, abandoned and left the country. On arriving in another state, he said, 'I can see that no better here than our minister Ts'ui Tzu,' and went away. On arriving next country, he said, 'I can see that they are no better here than our Ts'ui,' and went away. What would you say of him?" The Master said, "He was scrupulous." Tzu-chang asked, "Would you not call him *jen*?" The Master said, "I am not sure. I see nothing in that to merit the name *jen*."

When asked whether any of his pupils had achieved *jen*, Confucius denied that honor to any of them, although he was quite generous in the appraisal of his best student, Yen Hui (*Analects* V.4, V.7, and VI.5). Confucius described himself as a man striving to reach *jen* without weariness but not daring to rank himself with the man of *jen* (*Analects* VII.33).[22]

However, if *jen* is the loftiest ideal of moral excellence most difficult of attainment, it is puzzling to note that Confucius also said, "Is *jen* indeed so far away? As soon as we want it, we should find that it is at our very side." (*Analects* VII.29) This puzzlement leads us back to wonder why Confucius used *jen* to designate his highest moral ideal and to give this word such a protean meaning That *jen*, a word with a conventional meaning sometimes employed by Confucius himself to refer to the distinctive quality of man, was used by him to denote man's highest moral attainment implies, it seems to me, that the highest attainment is for Confucius the furthest and perfect development of man's distinctive quality. Man's highest moral attainment is still called *jen* precisely because it is still *jen* (man's distinctive quality) even after it has fully and perfectly developed; just as the highest and perfect tree is still called a tree even after it has grown fully and perfectly into the highest and perfect tree. Confucius' conception of the highest moral attainment consists in the natural and furthest growth of man's distinctive nature—the perfect cultivation and development, rather than a generic change, of his nature. Thus, Confucius' concept of *jen* entails a notion of uninterrupted dynamic process of moral life. In the light of this understanding, the above "puzzlement" will disappear. Since *jen*—moral excellence—is the highest or furthest growth of man's distinctive nature, *jen* can

---

22 Although Confucius disapproves some of Kuan Chung's 管仲 acts because they stepped out of the bounds of social norms (*Analects* III.22), Confucius uses the word *jen* to praise Kuan Chung's great achievement in setting the world in order without resorting to war, and in defending the Chinese civilization against the invasion of barbarians (*Analects* XIV.17 and 18). Here, it seems that the category of *jen* transcends the moral realm and is applied to a man who made the continuity of the Chinese civilization possible.

be cultivated and developed from a natural resource of man's nature. If a man desires *jen*, he can cultivate and develop it at every moment of his life. Of course, this developing *jen* has not reached the highest level of moral excellence. But, moral excellence is developed rather than generically changed from the distinctive nature of man; every stage of moral cultivation and development can be conceived as a stage of potential moral excellence, hence the statement that "as soon as we want *jen*, we should find that it is at our very side." This understanding of Confucius' concept of *jen* does not mean that Confucius has advocated in a clear and explicit fashion of the idea of innate goodness of human nature. But it does mean that Mencius' concept of innate goodness of man is a further development of Confucius' thought.[23]

In the history of thought not infrequently an original departure from conventional ideas remains implicit, its significance not fully explored by its originator. In the development of any given system of thought it is not unusual that only among the second or third generation of disciples does a feeling arise— sometimes under the pressure of outside challenge—of the need to systematize.

---

23 Given the evolution of the pre-Confucian meaning of *jen*, what I have argued is that Confucius' insistence in using the word *jen* to express the central concept of his philosophy entails an implicit notion of the innate goodness of man. As for the intellectual origins of Confucius' implicit notion of the innate goodness of man, apart from what has been suggested on p. 537, namely that Confucius had carried on a tradition of discussing moral qualities in a search for the identity of man, they await further study. If we follow the famous passage of Book VIA, chapter 6 of the *Mencius*, an embryonic idea of the innate goodness of man might have already emerged in the poem "Cheng-min" 烝民 from the "Ta-ya" section of the *Book of Songs*: "Heaven gave birth to the multitude of people, and where there are things there are their specific principles; as the people hold on to their constant [way or nature] they therefore love the beautiful virtue" 天生烝民，有物有則；民之秉彝，好是懿德. Confucius was quoted by Mencius as having said that "the author of this poem must have had knowledge of the Way." This poem might be one of the inspirations for the formation of Confucius' concept of *jen*. However, we have no way to verify, on the basis of available sources, the above statement of Confucius as reported in the *Mencius*.

They then begin to articulate the foundations of their school of thought and give a clearer formulation to the implicit ideas of the founder of the school. If one adopts a strictly literal point of view, one must see Mencius as the originator of the concept of innate goodness of man (*Mencius* IIA.6 and VIA.1–8). However, if my elucidation of Confucius' concept of *jen* is valid, then Mencius' concept of the innate goodness of man was not so much an original idea as an explication of an implicit notion of Confucius.[24]

24　As a matter of fact, many Confucians in the past considered Confucius' concept of *jen* to imply the notion of the innate goodness of man. Such a view was shared by Mencius ("*jen* is [the distinguishing characteristic of] man"; *Mencius* VIIB.16); the author of chapter 20 of the *Doctrine of the Mean,* who repeated Mencius' statement verbatim, or vice versa; Chu Hsi ("*Jen* is [human] nature." "*Jen* is that which man naturally possesses": *Lun-yü chi-chu,* I.2 and XV.35; *SPPY* ed., 1:2a and 8:7a); Wang Yang-ming (*Ta-hsüeh-wen* 大學問, *Wang Wen-ch'eng kung ch'üan-shu* 王文成公全書 [*SPTK* ed.] 26:2–10b); and a host of lesser figures including the late Hsiung Shih-li 熊十力 (*Hsin wei-shih lun* 新唯識論 [Taipei, 1962], 3A:79b–82b). However, whether or not a certain point of view is true cannot be determined by the number of people who share it. Many traditional Confucians were so influenced by Mencius as to simply assert that their view concerning Confucius' concept of *jen* was true without elucidation.

　　The "shortest" way of "showing" that Confucius has a conception of the innate goodness of human nature is to read Mencius' idea of human nature into the statement Book VI, chapter 17 of the *Analects,* as did Cheng Hsüan, Ch'eng Hao and Chu Hsi, and take it to mean "Man is born with uprightness. If a man's life is without uprightness, he will be lucky if he escapes with his life." If this reading is correct, it must mean that Confucius has already advocated the doctrine of the innate goodness of human nature in an explicit fashion. But, the two propositions in this reading are hardly consistent with each other. A close examination of this chapter cannot support this reading. In line, but not completely identical, with the readings of Ma Jung, James Legge, Arthur Waley, and Fung Yu-lan as translated by Derk Bodde, my reading of it is as follows: "A man's life should be upright. If a man's life is without uprightness, he will be lucky if he escapes with his life." With reference to the readings of Ma Jung, Cheng Hsüan, Ch'eng Hao, and Chu Hsi, see Ch'eng Shu-te, *Lun-yü chi-shih* 12:350–352.

　　Another frequently advanced traditional theory that argues for the notion of the innate goodness of man in terms of Confucius' concept of *jen* is based on Book

But before proceeding further, I must clear a possible doubt. In the *Analects*, the word *hsing* (nature) occurs twice. In none of these occurrences does it convey any definite notion of the innate goodness of man. The statements in which *hsing* occurs are these:

> Tzu-kung said, "Our Master's view concerning culture may be heard. His discourses about *hsing* and the way of Heaven cannot be heard." (*Analects* VI.2)
>
> The Master said, "By nature (*hsing*) men are alike. Through practice they have become apart." (*Analects* XVII.2)

It may be that the word *hsing* used by Tzu-kung in the first statement refers to the essential or distinctive quality of man as conceived by Confucius. Since Confucius' view of the essential or distinctive quality of man is always implicit, as elucidation of his concept of *jen* has shown, Tzu-kung's statement is quite natural. The word *hsing* in the second statement may simply refer to the fact that the mental and physical attributes of man are alike, without probing further the reasons for their being alike. Or, if we regard *hsing* in these two statements as meaning the same thing, it can be argued that Confucius' statement "By nature men are alike" is

---

XVII, chapter 21 of the *Analects*, which will be quoted in full in another context on p. 197. See also Note 32. In this chapter Tsai Wo complained about the three years' mourning being too long. Confucius asked Tsai Wo whether he would feel at ease in eating good rice and wearing silk brocades after one year of mourning. Tsai Wo replied that he should. The Master said that a *chün-tzu* 君子 would not feel at ease should he not observe the three years' mourning, and then blamed Tsai Wo for not being *jen*. According to the traditional theory, Confucius' asking Tsai Wo whether he would feel at ease in not observing the three years' mourning implies that man has an innate feeling of uneasiness in not observing the three years' mourning. But, the text of this chapter does not warrant such an interpretation. Confucius clearly stated that a superior man—not men in general—would not feel at ease if he should not observe the three years' mourning. Moreover, even if we assume, as did some traditional scholars, that here Confucius spoke loosely about men in general, the traditional theory still does not necessarily hold. This "natural" feeling of uneasiness in not observing the three years' mourning *may* result from the socialization and internalization of social and ritual rules rather than springs from the original nature of man.

referring to the generic nature of men. All men are alike because they have many characteristics in common: intelligence, sex and food-gathering instincts, an inherent moral nature of love, etc. But Confucius did not discuss explicitly the generic nature of man and his statement concerning *hsing* is so laconic as to be very vague. In any case, although no definite reading can be given to these statements, they do not constitute a valid refutation of my elucidation of Confucius' concept of *jen*.

III

If Confucius' concept of *jen* entails an implicit notion of innate goodness of man, does he deny that man also has amoral qualities? It should be pointed out at the outset that the notion of innate goodness of man does not imply that man is filled with nothing but goodness. Confucius was fully aware of the animal elements in man and was at times deeply pessimistic (*Analects* IV.6 and IX.17). But, the dimensions of the Christian concept of sin and the modern psychoanalytic conception of human nature are lacking in the understanding of human nature by Confucius and Mencius. The selfishness and sexuality of man are not generically different from those of other kinds of animals. Man shares them with other kinds of animals and cannot regard them as his distinctive quality. That which makes man generically different from other animals is the "seed" of moral growth in him.

Since Confucius believes that moral excellence should be a natural growth of what is distinctive in man, this distinctive human quality is his natural identity. Man should cultivate and develop it insofar as he wants to keep and sharpen this identity. A man can be called morally superior because he can distinguish himself among his fellow men by his cultivation and development of the distinctive human quality. Confucius said:

> If a morally superior man abandons *jen* (the dynamic process of cultivation and development of what is distinctively in him), how can he fulfill that name? A morally superior man never departs from *jen* even for the lapse of a single meal. In moments of haste, he cleaves to it. In times of difficulty, he cleaves to it. (*Analects* IV.5)

Later, Mencius elaborated and brought to the surface Confucius' identification of what is distinctively human in clearer terms. That the nature of man differs in kind from the nature of other animals is clearly implied by Mencius during his conversation with Kao Tzu:

> Kao Tzu said, "What is inborn is called nature." Mencius said, "When you say that what is inborn is called nature, is that like saying that white is white?" "Yes." "Then is the whiteness of the white feather the same as the whiteness of snow? Or, again, is the whiteness of snow the same as the whiteness of white jade?" "Yes." "Then is the nature of a dog the same as the nature of an ox, and is the nature of an ox the same as the nature of a man?" (*Mencius* VIA.3)

Human nature is generically different from the nature of other kinds of animals. But, how is human nature different from the nature of other kinds of animals? On another occasion, Mencius said, "How little is man different from birds and beasts." (*Mencius* IVB.19) This indicates that man differs rather little from other kinds of animals. Not all components of man differ from those of other kinds of animals. The little amount of difference that sets man apart from other kinds of animals refers, according to Mencius, not so much to the intellectual faculty as to the moral faculty of man revealing itself in human love. Hence Mencius defines the generic nature of man primarily—but not exclusively—in terms of the innate goodness of the mind:

> All men have a mind which cannot bear [to see the suffering of] others. . . . When I say that all men have the mind which cannot bear [to see the suffering of] others, my meaning may be illustrated thus: Now, when men *suddenly* see a child about to fall into a well, they will without exception experience a feeling of alarm and distress, not because they want to gain the favor of the child's parents, nor because they want to seek the praise of their neighbors and friends, nor from a dislike for the reputation of having been unmoved by such a thing. From this case, we see that a man without the feeling of commiseration is not a man. . . . The feeling of commiseration is the beginning of *jen* . . . (*Mencius* IIA.6, italics mine)

In this often-quoted passage, there are a few points that need to be stressed. First, one should notice the word "suddenly" when Mencius says that all men when they see a child about to fall into a well will inevitably experience a feeling of alarm and distress. This means that the feeling of alarm and distress is directly aroused from the natural state of the human mind.[25] Here, the natural state of the human mind refers to the inherent moral faculty of commiseration rather than the moral will to do good. The moral will to do good, analytically, arises after the mind has a sense of commiseration. Second, Mencius does not argue that human nature is totally filled with goodness; he merely states that the feeling of commiseration is the "beginning" of *jen*, indicating that the primal part of *jen* is inherent in man's mind. (On another occasion, Mencius simply says that "*Jen* is the human mind." [*Mencius* VIA.11]) In other words, man has a natural moral faculty that is the seed of moral growth. Moral excellence can be sought by cultivating and developing man's natural moral faculty. Third, Mencius' assertion of the inherent goodness of man as illustrated by the above statement is of course not based on any inductive research but derived from his own introspection. It does not claim any scientific corroboration but appeals directly to each individual's capacity of introspection. The sense of innate commiseration known through introspection is confidently projected onto mankind at large because Mencius believes this is not his unique quality but is a common nature shared by his fellow men. Fourth, if someone should point out an empirical case of a person who does not feel a sense of alarm and distress when he is suddenly confronted with a scene in which a child is about to fall into a well, Mencius would certainly admit the case and have no quarrel with him, although he would remind this person that the man without the sense of commiseration is a distorted man whose true nature is still potentially recoverable. In other words, the notion of the moral faculty of man implied by Confucius' concept of *jen* and explicitly formulated by Mencius is the point of departure of the Confucian-Mencian philosophy.

---

25 Cf. D. C. Lau, "Theories of Human Nature in *Mencius* and *Shyuntzyy* [*Hsün Tzu*]," *Bulletin of the School of Oriental and African Studies* 15 (1953): 549.

A man's consciousness of his moral faculty itself does not necessarily lead him to the decision of becoming involved in moral endeavor. Logically, "is" does not entail "ought." However, Mencius' theory of human nature makes moral life meaningful by linking it with the distinctive nature of man. This theory provides a factual basis—discovered not by induction but by introspection—for moral life. Moreover, Mencius hopes that by making men conscious of their inherent moral faculty so as to lead them to identify themselves with it, men will draw one step nearer to choose to engage in moral cultivation and development. Mencius' theory of human nature in this connection is not merely philosophical but religious as well in that the conscious commitment to moral cultivation, a prerequisite for moral excellence, is urged not on the basis of logical reasoning but of the belief that moral discourse possesses a charismatic appeal to the inner calling of human life. The source of vitality of the Mencian theory of human nature lies in the fidelity with which it expresses the distinctive quality of man. It fulfills the need to find a factual basis for man's moral commitment. The discourse of such a theory of human nature is a synthesis (or congruence) between a normative demand and a factual description. The dynamic process of moral growth is made intellectually admissible by being shown to represent a way of life ideally adapted to the distinctive nature of man, while the Mencian theory of human nature is rendered emotionally acceptable by being presented as an understanding reached by the unique and inherent human ability of introspection to accommodate such a dynamic process of moral growth.[26] This paradigm is, however, a necessary but not sufficient delineation of the religious character of the Mencian theory of human nature. Its religiosity is further enhanced by the notion that man's nature partakes of the nature of Heaven (*Mencius* VIIA.1).

---

26 The above is adapted from the statement of the nature of religion by Clifford Geertz in his "Religion as a Cultural System" in Michael Banton, ed., *Anthropological Approaches to the Study of Religion* (New York, 1966), pp. 1–46.

IV

Since, what is distinctive in man is good—according to Confucius' concept of *jen* and Mencius' theory of human nature—it is good to strengthen and is distinctive in man; for it is good to make the good become better. Moral cultivation and development have a built-in justification within the framework of Confucius and Mencius and therefore need no further justification. Confucius and Mencius are deeply concerned with the social and political effects of morality. In fact, they advocate that a good society can be created sustained by the social and political leadership of morally superior men, and hence they demand social and political action on the part of moral men. In their discourses with political rulers Confucius and Mencius usually said that moral action in government would produce desirable social and political effects (*Analects* XII.17 and XII.19; *Mencius* IA.1–5). The rhetoric of Mencius sometimes seemed even to carry the implication that he argued for moral action in government in terms of its social and political effects. One can hardly imagine that moral action within the Confucian-Mencian framework would have no effect whatsoever on society. But the point to be stressed here is that the achievement of social and political effects is not the sole purpose of moral action and the meaning of moral action is not necessarily dependent upon its social and political effects.

In the final analysis, we must acknowledge that, for Confucius and Mencius, moral action not only can produce good effects on society but also is an end in and by itself. Furthermore, the achievement of *jen* is the highest end of life, overriding other, possibly contradictory, considerations. Hence Confucius said, "A resolute *shih* 士 (a member of the sword-carrying class of gentlemen) and a man of *jen* will never seek life at the expense of *jen*. He would rather sacrifice his life in order to realize *jen*." (*Analects* XV.8; *Mencius* VIA.10 contains the same proposition.)

This Confucian-Mencian concept of moral autonomy has been vital to the Chinese tradition. It has provided a foundation for a creative moral life for Chinese people under the imperial regimes. For instance, although both Confucius and Mencius stress the importance of political and social involvement and the leadership of moral men, they agree that if the public sphere is too detrimental to proper moral cultivation and development, one may find the moral meaning of one's life by withdrawing from the public sphere and involving oneself in the dynamic process of moral growth within the domestic and private sphere. Whether or not to involve oneself in the world should be decided according to one's moral judgment, which is based on man's inner sense of what is right:

> Confucius said, "Have sincere faith and love learning. Be not afraid to die for pursuing the good Way. Do not enter a tottering state nor stay in a chaotic one. When the Way prevails in the world, then show yourself; when it does not prevail, then hide. When the Way prevails in your own state and you are poor and in a humble position, be ashamed of yourself. When the Way does not prevail in your state and you are wealthy and in an 'honorable' position, be ashamed of yourself." (*Analects* VIII.13)

> Mencius said, "Honor virtue and delight in righteousness, and so you may always be satisfied. . . . When the men of antiquity realized their wishes, benefits were conferred by them on the people. If they could not realize their wishes, they would let themselves by known by their moral self-cultivation. If poor [and not in position], they attended to their own virtue in solitude; if advanced to high position, they would try to make the whole world become virtuous." (*Mencius* VIIA.9)

Now, if Confucius and Mencius hold a concept of moral autonomy, is this concept a universal one applicable to every man regardless of his social status? Or is it only applicable to the elite of the society? Is it true that Confucius and Mencius uphold a notion of moral leadership by the political elite. The good society is a hierarchical society in which a man's political and social status should correspond to his degree of moral achievement. But, on the theoretical level of morality with which we are concerned, the function of the moral leadership of the political elite lies in promoting moral cultivation and development in the common man and not in dictating moral judgments to him. Precisely because the common man is equally endowed with the moral faculty and has the ability to make independent moral judgments, he will spontaneously follow the model of the morally superior man insofar as it is a morally superior model. Indeed, the Confucian belief in the effectiveness of moral example and persuasion rather than coercion rests on the Confucian concept of moral autonomy and the Confucian belief in the unity (oneness) of moral truth. The common man and the morally superior man are on the same path to moral excellence; the morally superior man has only achieved more in the way of moral cultivation and development and hence has the responsibility to lead the common man. Yen Hui said, "What kind of man was Shun [a sage-king of the past]? What kind of man am I? He who exerts himself will also become as Shun was" (quoted by Mencius in *Mencius* IIIA.1). Here I believe that the pronoun "he" used by Yen Hui refers to man as such, not to any particular member of the ruling class. On another occasion, Mencius expressed his agreement with the saying that "Everyone can become a Yao and a Shun" (*Mencius* VIB.2). It is beyond doubt that within the moral realm, the Confucian-Mencian concept of moral autonomy is universal, and therefore equally applicable to members of the ruling class and to peasants in the field.[27]

---

27 In attempting to reconstruct the structure of the moral ideas of Confucius and Mencius I am of course aware of Confucius' statement: "The common people may be made to follow it but may not be made to understand it" 民可使由之，不可使知之 (*Analects* VIII.9). Since we do not know in what context Confucius made this statement, it can hardly be used to refute the above analysis. If we do not grant a possibility of self-contradiction on the part of Confucius, the statement can be understood to refer to concrete political decisions which the common people might be, under the political and social circumstances of Confucius' times, made to follow but not to understand. But, if we grant a possibility of self-contradiction on the part of Confucius, we may assume that this statement was meant to apply generally to the common people with reference to their moral as well as political situations and thereby might reflect a sentiment of the ruling class. Then, it is in contradiction to Confucius' conception of the effectiveness of moral example—a dominant theme of his thought—which is dependent upon the Confucian concept of moral autonomy.

V

When it is recognized that the meaning of life is to be found in cultivating and developing *jen* into an ever larger realm and onto an ever higher level and that moral excellence should be dynamically pursued for the fulfillment of the calling of life, the question arises as to how one can engage in this moral endeavor.

Jen is a quality different from the intellect. The intellect can be cultivated and developed by involvement in understanding natural phenomena. *Jen* cannot be developed in this way. *Jen* is a protean quality of virtue; it can only be cultivated and developed in inter-human relationships, i.e., in a social context. If a human environment is a precondition for the development of *jen*, then *li* 禮 (the norms of social and ritual conduct[28]) must also be presupposed. A chaotic situation, in which social and ritual norms have broken down, is not a proper place for mankind to cultivate and develop *jen*. The norms of social and ritual conduct in a given society are channels through which *jen* can be cultivated in an orderly manner.

So Confucius says, "He who does not learn *li* cannot fulfill himself." (*Analects* XVI.13) When Yen Hui asked about *jen*, Confucius said, "To master oneself and return to *li* is *jen*."(*Analects* XII.1) This statement concerning *jen* should be understood as signifying: "To master the cultivation of a naturally endowed moral quality within the structure of the proper social and ritual norms

---

28 According to *Shuo-wen*, *li* means "*lü* 履 (lit., 'shoes'), whereby [one] serves spiritual beings and obtains happiness." Tuan Yü-ts'ai annotates *lü*: "That which the feet depend upon; hence, in a derivative sense, what one depends upon in one's behavior." Tuan Yü-ts'ai, *Shuo-wen chieh-tzu chu*, 2. *Li* denotes, in its narrowest sense, the proper performance of all kinds of religious sacrifices and, in its broadest sense, proper social and political institutions according to which human behavior can be regulated. Cf. Derk Bodde and Clarence Morris, *Law in Imperial China* (Cambridge, MA, 1967), p. 19; T'ung-tsu Ch'ü, *Law and Society in Traditional China* (The Hague, 1961), pp. 230–231.

is the way to achieve moral excellence." Many translators of the *Analects* misunderstood this key passage. James Legge translated it as "To subdue one's self and return to propriety, is perfect virtue."[29] And Arthur Waley rendered it as "He who can himself submit to ritual is Good."[30] As a matter of fact, Confucius' answer to Yen Hui stands for the natural and creative tension between *jen* and *li*.[31] If a man follows social and ritual norms blindly or mechanically, he either is oppressed by them or actually pretends to be one of those "good" fellows whom Confucius calls "the thieves of virtue" (*Analects* XVII.13); while if one only follows one's own moral impulse without taking social and ritual norms into account, one is easily led astray by moral solipsism and can deceive oneself without having a chance of self-correction. The ideal situation is a perfect equilibrium or harmony between *jen* and *li* whereby *jen* can develop itself within *li* and *li* is creatively maintained for the purpose of the cultivation of *jen*. Of course, this equilibrium is hard to reach, but it seems to be the highest ideal for mankind to strive for.

It should be stressed here that in the creative tension between *jen* and *li*, *jen* has a priority over *li* in spite of the necessity of *li*. For *jen* is an end; while *li* is a means. The significance of *li* resides in its function of assisting the cultivation and development of *jen*; *li* itself has no meaning, whereas *jen's* value and meaning is independent of *li*. Thus, Confucius said, "A man without [cultivating and developing] *jen*, what has he to do with *li*?" (*Analects* III.3) On another occasion, Confucius clearly expresses that *li* should be placed after what is essential:

> Tzu-hsia asked, saying, "What is the meaning of [the passage in the *Book of Songs*]: 'The pretty dimples of her artful smiles! The lovely eyes so black and white! The plain ground for the colors.'" Confucius said, "The painting comes

---

29 Legge, *The Chinese Classics* 1, p. 250.

30 Waley, *The Analects of Confucius*, p. 162.

31 This was first suggested to me by Wei-ming Tu to whom I am grateful. Cf. his "Creative Tension Between *Jen* and *Li*," *Philosophy East and West* 18.1–2 (January–April 1968): 29–39.

after the plain groundwork [i.e., it is on plain silk that one makes colored designs]."

Tzu-hsia said, "Then, *li* comes afterwards?"

The Master said, "It is Shang [familiar name of Tzu-hsia] who can bring out my meaning. Now I can begin to discuss the *Songs* with him." (*Analects* III.8)

Since *li* is only a means, if a certain rule of *li* becomes unsuitable in channeling the development of *jen* it should of course be reformed or changed—according to the judgment and direction based on *jen*. In other words, whether or not to maintain or change a certain rule of *li* should be solely determined by the inner moral judgment of what is right. The following saying of Confucius illustrates this point:

> The linen cap is prescribed by the rules of *li* but nowadays a silk one is worn. It is economical and I follow the common practice. Bowing below the hall is prescribed by the rules of *li*, but nowadays people bow after ascending the hall. This is arrogant, and I follow the practice of bowing below the hall though that is opposed to the common practice. (*Analects* IX.3)

Following Confucius, Mencius has made this point even clearer:

> The King [King Hsüan of Ch'i] said, "According to the rules of *li*, there is provision for wearing mourning for a prince whom a minister has once served. How must a prince behave that his old ministers may thus go into mourning?" Mencius replied, "When a minister whose advice has been adopted to the benefit of the people has occasion to leave the country, the prince sends someone to conduct him beyond the border, and a messenger is sent ahead to prepare the way. Only if, after three years, he decides not to return does the prince take over his land. This is known as the three courtesies. If the prince behaves in this way then it is the minister's duty to wear mourning for him. Today when a minister whose advice has been rejected to the detriment of the people has occasion to leave, the prince tries to seize him, makes things difficult for him in the state he is going to and takes his land the day he leaves. This is what is meant by 'enemy'. What mourning can be worn for an enemy?" (*Mencius* IVB.3)

In this statement, Mencius refuses to recognize the validity of an old rule of *li* if the king does not deserve to be treated according to the rules of *li*. He also says: "Acts of *li* which are not *really li* and acts of righteousness which are not *really* righteous the great man does not do." (*Mencius* IVB.6) It is evident from the above statements that an individual decision on the basis of *jen* is the legitimate ground for human behavior; the customarily accepted rules of *li*, theoretically, can be either followed, rejected, or reformed in accordance with this individual decision.

However, Confucius thinks that it is his task to transmit the ancient culture. Confucius said, "I transmit but do not innovate. I believe in and love the ancient [civilization]. I venture to compare myself with our old P'eng [a good minister of the Shang dynasty who was famous for his reverence to the past]." (*Analects* VII.1) Such an attitude of reverence toward the ancient civilization implies that the ancient *li*—at least the basic framework of the ancient *li* and the majority of its specific rules—should be transmitted and is applicable to the present society. What, then, are the reasons for and consequences of this Confucian notion of the givenness of *li*? First, the emphasis on the continuity and givenness of *li* is actually a theoretical corollary of the notion of the creative tension between *jen* and *li*. As is shown above, no one is entitled to design a total framework of *li*; he would fall into moral solipsism if he did so. It follows that *li* must be given through historical evolution. Second, and this is more important, the notion of the givenness of *li* is supported by a peculiar optimism of Confucius, and for that matter, Mencius. Despite the fact that *jen* is theoretically prior to *li*, if the existing rules of *li* are totally detrimental to the cultivation and development of *jen*, it becomes *practically* impossible to reach the equilibrium between *jen* and *li*. In the actual working situation, the majority of the rules of *li* must be suitable to the cultivation of *jen* and only a minority of the rules may be unsuitable and therefore need to be reformed or changed; otherwise, the equilibrium between *jen* and *li* will never be achieved. Confucius and Mencius maintain that the equilibrium between *jen* and *li* is not a remote utopia that may never be reached. They believe that the basic framework of the *li* handed down from the past and the majority of its specific rules are practically adequate in providing the channels for the fulfillment of man's moral evocation. Hence, the "tension" between *jen* and *li* becomes a harmony if one adheres to the basic framework of the *li* of the past and follows the majority of its specific rules. This combination of the theoretical necessity of the givenness of *li* and the peculiar optimistic faith in the adequacy of the *li* of the past provides the grounds for Confucius' and Mencius' conservative defense of the basic framework of the *li* of the past and some of its specific rules. For instance,

> Confucius said of the head of the Chi family (one of the three families that had usurped most of the powers of the Duke of Lu) who had eight rows of dancers performing in the yard of his ancestral temple (a rite granted only to the king according to the *li* of the past), "If this man can be endured, who cannot be endured!" (*Analects* III.1)

This indicates among other things that Confucius was defending the principle of hereditary rule and opposing the usurpation of hereditary rights. Furthermore, the *Analects* records the following conversation between Confucius and his disciple, Tsai Wo:

> Tsai Wo asked about the three years' mourning [for parents, and said] that a year would be quite long enough: "If gentlemen suspend their practice of the rites for three years, the rites will certainly decay; if for three years they make no music, music will certainly be ruined. [In a year] the old crops have already vanished, the new crops have come up and the whirling drills have made new fire. Surely a year would be enough?" The Master said, "Would you then [after a year] feel at ease in eating good rice and wearing silk brocades?" "I should," replied Tsai Wo. The Master said, "If you feel at ease, do it. But a true gentleman, during the whole period of mourning, does not enjoy pleasant food which he may eat, nor derive pleasure from music which he may hear. He also does not feel at ease, if he is comfortably lodged. Therefore he does not do [what you propose]. But now you feel at ease and may do it." Tsai Wo then went out, and the Master said, "How not *jen* Yü [Tsai Wo] is! Only when a child is three years old does he leave his parents' arms. The three years' mourning should

be the universal mourning everywhere under Heaven. And Yü—does he have three years of love for his parents?" (*Analects* XVII.21)[32]

A number of points should be noted in the above chapter of the *Analects*. First, on the basis of the theoretical conception of the priority of *jen* over *li*, Confucius allows Tsai Wo to disobey the *li* of the three years' mourning insofar as Tsai Wo's inner moral judgment tells him to do so. Confucius' instruction to Tsai Wo corresponds to the theoretical framework of the creative tension between *jen* and *li*. Second, in the latter part of the above passage, Confucius implies that the three years' mourning corresponds to everyone's inner moral judgement. But on what basis can he say that the three years' mourning corresponds to everyone's inner moral judgment? To this question Confucius cannot give an adequate answer. On the surface Confucius seems to argue for the three years' mourning on the basis of a principle of reciprocity between the length of intense care given

---

32 Some scholars have noted that this chapter shows signs of late date, e.g., Arthur Waley, trans., *The Analects of Confucius*, p. 215. Their case mainly rests on their rendering Confucius' statement: "The three years' mourning is the universal mourning everywhere under Heaven" 夫三年之喪，天下之通喪也. They then point out that the three years' mourning was not universally practiced everywhere under Heaven. For instance, some people in T'eng 滕 said, as recorded in the *Mencius* IIIA.2, that neither the former princes of Lu nor their own former princes observed the three years' mourning. Hence, this chapter of the *Analects* may be conjectured by those who doubt its authenticity to be a later addition by a certain Confucian who used the authority of Confucius to legitimize a Confucian invention. However, that the *li* of three years' mourning was not universally practiced does not imply that it was not taken by some people as a social and ritual norm which should be universally practiced. According to Fu Ssu-nien, the three years' mourning was an old *li* of the Yin people and regarded by the remnants of the Yin (of which Confucius was a member) as a proper social and ritual norm ("Chou tung-feng yü Yin i-min" 周東封與殷遺民, *Fu Meng-chen hsien-sheng chi, ts'e* 4:27–29). Fu's view was followed by Hu Shih 胡適 in his "Shuo ju" 說儒 (*Hu Shih lun-hsüeh chin-chu* 胡適論學近著 [Shanghai, 1935], pp. 19–23). For an interesting criticism of Hu's view of the three years' mourning, see Kuo Mo-jo 郭沫若, "Po 'Shuo ju'" 駁說儒 in his *Ch'ing-t'ung shih-tai* 青銅時代 (Peking, 1957), pp. 129–134. However, Kuo's arguments and the way in which he handles relevant sources are themselves open to question.

to a child by his parents and the period of mourning to be observed by the child for his parents. But, if reciprocity understood in this sense were the criterion, the period of mourning should vary according to the length of intense care a child received from his parents, which is contingent upon the physical conditions of the child and his parents as well as the time, place, custom, and economy of the family, etc. Since the length of intense care of a child may be more or less than three years, the three years' mourning may be either too short or too long and should hardly be the "universal mourning everywhere under Heaven." The equilibrium or harmony between *jen* and *li* in this case of observing is, in fact, an arbitrary claim. Because he wants to conserve the *li* of the three years' mourning, he defines the inner moral judgment *in terms of* a given *li*, and he therefore claims that the inner moral judgment corresponds to the *li*. Owing to Confucius' conservatism, the theoretical framework of the creative tension between *jen* and *li* disintegrates on the practical level. Thus it is naturally right to uphold the *li* of the three years' mourning to which the inner moral judgment must submit. The discrepancy between the Confucian theoretical framework of the creative tension between *jen* and *li* and the Confucian practical conservatism remains, in the final analysis, unresolved. An important consequence of this unresolved discrepancy is that no viable norm *for* change is provided by classical Confucianism, despite the fact that change is allowed by its theoretical framework.

Appendix I: The Dating of "Shu-yü-t'ien" and "Lu-ling" of the *Book of Songs*

"*Mao-shih* hsü" 毛詩序, *Mao-shih* 毛詩 (*SPPY* ed.) 4:8b–9a, indicates that "Shu" 叔 in "Shu-yü-t'ien" and in "Ta Shu-yü-t'ien" 大叔于田, the poem immediately following "Shu-yü-t'ien" in the "Cheng-feng" 鄭風, refers to Kung Shu Tuan 共叔段, the younger brother of Duke Chuang of Cheng 鄭莊公 (743–701 BC) and that these two poems imply a reproach to Duke Chuang, presumably for his lax attitude toward Tuan, who was later to prepare a revolt against Duke Chuang as narrated in the *Tso-chuan*, Duke Yin, 1ˢᵗ year (722 BC) (*SPPY* ed., 1:2b–4b). (The word "ta" in "Ta Shu-yü-t'ien" was later added by an editor of the *Book of Songs*. It is meant to show that this poem is the larger [or longer] one among the two poems about Shu. Here, the word has no other meaning.) Many later commentaries are concerned with whether or not the poems imply such a reproach to Duke Chuang. They then confirm or refute the idea of regarding "Shu" as Kung Shu Tuan according to whether or not they hold that the poems imply such a reproach to Duke Chuang. For instance, Fang Yü-jun 方玉潤, *Shih-ching yüan-shih* 詩經原始 (*Yün-nan ts'ung-shu* 雲南叢書 ed.) 5:17a–18a, maintains that the poems do imply such a reproach and that therefore "Shu" refers to Kung Shu Tuan, while Yao Chi-heng 姚際恆, *Shih-ching t'ung-lun* 詩經通論 (reprint, Hong Kong: Chung-hua shu-chü 中華書局, 1963), p. 102, argues that they do not. However, whether the poems imply a reproach to Duke Chuang and whether "Shu" refers to Kung Shu Tuan are clearly separate issues. "Shu-yü-t'ien" and "Ta Shu-yü-t'ien" are poems singing praises of the daring style of a noble hunter. On a close reading of them, nowhere can we draw an implication of reproach to Duke Chuang. But to say that these poems do not imply a reproach to Duke Chuang does not entail that "Shu" does not refer to Kung Shu Tuan. A more interesting refutation of "*Mao-shih* hsü" occurs in Ts'ui Shu 崔述, *Tu-feng ou-chih* 讀風遇識 (in *Ts'ui Tung-pi i-shu* 崔東壁遺書, *Chi-fu ts'ung-shu* 畿輔叢書 ed.) 3:9a–11b. Ts'ui argues that, first, *shu* was a rather frequently used style (*tzu* 字) by men in Cheng—hence it may not refer to the Shu we know of from the *Tso-chuan*; second, the lines "There is no one living in the streets" 巷無居人 and "No one drives horses in the streets" 巷無服馬 in "Shu-yü-t'ien" imply a comparison of Shu with commoners in the streets—such a comparison does not befit Kung Shu Tuan; third, the lines "Baring the upper body [Shu] overpowers a tiger; [he] presents it [to the Duke] in the Duke's place" 襢裼暴虎；獻于公所 indicate that the Shu of this poem was on good terms with Duke Chuang while the *Tso-chuan* tells us that Kung Shu Tuan was enfeoffed in Ching 京 and actively preparing his revolt against Duke Chuang. But, all of Ts'ui Shu's arguments are not strong enough to be taken seriously. First, while many men in Cheng might have styled themselves

"Shu" not every Shu could have been the subject of a poem praising his audacious style of hunting, let alone the subject of two poems. Second, the lines "There is no one living in the streets" and "No one drives horses in the streets" are plainly meant to show that no on in the streets—including commoners and noblemen alike—can be compared with Shu in terms of his manliness as such and his bravery in driving horses. These lines constitute a contrast of Shu with men in the streets in general; they do not particularly refer to commoners. Third, "Ta Shu-yü-t'ien" indicates that Shu was on good terms outwardly with Duke Chuang. This contradicts in no way to the historical events as narrated in the *Tso-chuan*. Duke Chuang succeeded his father, Duke Wu, in 743 BC. Kung Shu Tuan was defeated in 722 BC and then fled to Kung 共. Before he broke away from Duke Chuang, he might well have kept on good terms at least outwardly with the Duke. The hunting trip in which Tuan caught a tiger could have happened at this time. "Ta Shu-yü-t'ien" was probably composed by his admirers during this trip or shortly afterwards.

In short, it is plain that the Shu of these poems was a most prominent and extraordinary nobleman. Indeed, he is so prominent and extraordinary that out of the entire 21 poems of the "Cheng-feng" he is the subject of two—occupying about one tenth of the sum total of the poems of the "Cheng-feng." Besides, the image of a strong and haughty nobleman that we gain from these poems fits well with the narration of Shu in the *Tso-chuan*. Unless a piece of strong evidence is found to show otherwise, we are on reasonable grounds to believe that the Shu of these poems refers to Kung Shu Tuan. Hence, these poems were probably composed in or shortly after 743 BC.

The usage and meaning of *jen* in "Lu-ling" is identical with that of "Shu-yü-t'ien." We may therefore reasonably assume that "Lu-ling" belongs to the period when *jen* was used in its original sense.

Finally, it is worth noting that my dating of "Shu-yü-t'ien" and "Lu-ling" is not a variance with the time-scale of the "Sung," the "Ta-ya," the "Hsiao-ya," and the "Kuo-feng" sections of the *Book of Songs* that W. A. C. H. Dobson has suggested on the basis of linguistic evidence he discovered in his analysis of the language of the *Book of Songs*. According to Dobson's scale, poems in the "Kuo-feng" section were composed in the period of the 8th–7th centuries BC. See Dobson, "Linguistic Evidence and the Dating of the *Book of Songs*," *T'oung Pao* 51 (1964): 322–334; "Studies in the Grammar of Early Archaic Chinese: No. 3. The Word *yan*," *T'oung Pao* 51 (1964): 295–321; *The Language of the Book of Songs* (Toronto, 1968), pp. xv–xxviii.

Appendix II: The Meaning of *Jen* in the *Tso-chuan*, the *Kuo-yü*, the *I Chou-shu*, and the *Lao Tzu*

Although the *Tso-chuan*, the *Kuo-yü*, and the *I Chou-shu* are valuable sources of information for historical events of the Spring and Autumn period and earlier times because the *Tso-chuan*, the *Kuo-yü*, and some pieces of the *I Chou-shu*, as is generally believed, are based on old and authentic materials, when a passage in them touches on moral matters no critical scholar today would rely on it without some serious doubt as to its historicity. Accounts of historical events cannot easily be fabricated because they must be consistent with other events. But discussions of moral matters are likely interpolations of the authors and hence reflections of the climate of opinion of the times of composition of these works as well as of the particular views of the authors.

The dates of composition of these three works are variously given by different scholars but it is generally agreed that they could not have been written or compiled before the Warring States period. The influence of Confucius' thought was already widespread in various forms then; hence, *jen* in most cases of these works is likely meant to designate either the formal Confucian sense of *jen*, i.e., "goodness," or one of the substantive Confucian senses of *jen* in terms of love or other virtues, even though it occurs in passages that narrate historical events of pre-Confucian times.

In regard to the *Tso-chuan*, its general tendency is to use Confucius as an authority in matters of moral judgment. This is testified by the fact that so many moral judgments expressed on so many occasions in connection with various events are attributed to Confucius under the heading of "Confucius said." Few scholars would believe that these expressions were authentic statements of Confucius. While we can hardly agree with Tsuda Sōkichi's 津田左右吉 arguments for the influence of Confucian thought on the *Tso-chuan* in terms of dating its composition (on the base of an earlier manuscript) to the last stage of the Former Han dynasty (see Tsuda's *Saden no shisōshiteki kenkyū* 左傳の思想史研究 [Tokyo, 1958], *passim*), in reading the *Tso-chuan*, we cannot fail to be impressed by the fact that the expressed opinions in moral matters are generally in line with the thought of Confucius. It seems clear that the author (or authors) of the *Tso-chuan* was (or were) heavily influenced by the thought of Confucius, despite the fact that he (or they) was (or were) not from the state of Lu because the work was, as Bernhard Karlgren has shown, written in a dialect entirely different from that of Lu (cf. Bernhard Karlgren, "On the Authenticity and Nature of the *Tso chuan*," *Göteborgs Högskolas Årsskrift* 32 [1926]: 30–49). Karlgren has also shown that the grammar of the *Tso-chuan* is consistent and homogeneous throughout the work. Thus if the author (or authors) "had accession to materals in the form of *ch'un ts'ius* [*sic*] from various states, he (or they) did not simply put them together, but rewrote them in the own language" (*op. cit.*, p. 49). This conclusion leads to the suggestion that most moralizing passages in the work were the interpolations by the author or authors. On the whole, it is more likely that the moralizing passages of the *Tso-chuan* in which *jen* occurs are reflections of the Confucian influence than that the authors were using Confucius as a convenient mouthpiece to convey their own ideas. Hence, the passage in Duke Hsi 33rd year (627 BC), 臣聞之，出門如賓，承事如祭，仁之則也 (*Tso-chuan* [*SPPY* ed.] 7:21a) which is almost identical with the first sentence of the reply by Confucius to his disciple Chung Kung concerning the latter's question about *jen* (*Analects* XII.2), is more likely a quotation from the *Analects* than vice versa.

In any case, in view of the scarcity of relevant sources it is difficult to settle all these points at present and we cannot maintain with complete certainty that all passages concerning moral matters in this enormous work are simply reflections of the Confucian influence, even though they are compatible with the thought of Confucius. While some passages might directly be influenced by

Confucius' thought, other passages might coincide with the thought of Confucius by virtue of a common origin in the pre-Confucian moral tradition. Nevertheless, my hypothesis of the pre-Confucian meaning of *jen* as equivalent "manliness" stands the test of our present knowledge of ancient Chinese sources very well; not only is there no evidence that falsifies this hypothesis but some obscure passage in the *Analects* becomes, as is shown in the text, clarified and intelligible in its light. The suggestion of the dual presence in the *Analects* of the conventional and the newly transformed meaning of *jen* is further supported by a similar case in the *Mencius*. In other words, under the present hypothesis we must give the following room of flexibility: if a passage in the *Tso-chuan* in which *jen* occurs was strictly adopted from pre-Confucian materials, *jen* in this passage should be understood in terms of "manliness." But we have no means at present to ascertain which passage is a strict adoption of pre-Confucian materials.

In regard to the *Kuo-yü's* reliability as a historical source for the period that it allegedly covers, we should be even more cautious. The treatment of incidents in the *Kuo-yü* often discloses an elaborate embroidery of a historic event and thus leads us to suspect heavy interpolations of the views of the author or editor (or authors or editors). Specifically, *jen* and *i* 義 are never grouped together as coordinate virtues in the *Analects*, where *jen* formally means "goodness" and its substantive senses are variously given. *Jen* is indeed referred to—but not coordinated with—different substantive virtues on different occasions. Only once *jen* occurs in the same statement in which *i* also appears: *Analects* XII.20. Here *jen* means "good," while *i* means the particular virtue of righteousness. But, *jen* is often coordinated with *i*, *chung* 忠, *hsin* 信, *hsiao* 孝, *yung* 勇, etc., in the *Tso-chuan* as well as the *Kuo-yü*. See Duke Hsi, 14th year; Duke Hsiang, 9th year, 11th year; Duke Chao, 6th year; Duke Ai, 16th year of the *Tso-chuan* (*SPPY* ed., 5:22b, 14:22b–23a, 15:11b, 21:18a, 30:11a) and "Chou-yü" I, II, and III, "Chin-yü" II and VII, "Ch'u-yü" I and II of the *Kuo-yü* (*SPPY* ed., 1:15b, 2:1b–2a, 3:3a–b, 3:8b, 8:3a–b, 13:5b, 17:2a, 18:9a–b).

In the *Mencius* and the *Lao Tzu* (whose doctrines might have emerged on scene earlier than their expression in the present form of the book, which is regarded by most scholars as a product of the Warring States period), *jen* and *i* are not only coordinate virtues but sometimes linked together as a compound expression; see *Mencius* IA.1, IIB.2, IIIB.4, IIIB.9, IVB.19, VIA.16, VIB.4, VIIA.21, VIIA.33 and *Lao Tzu* XVIII, XIX, XXXVIII. These findings suggest a process of concretization of the meaning of *jen* in the post-Confucian times of classical China. We also notice that in quite a few passages of the *Kuo-yü* the substantive senses of *jen* are stabilized—referring to love and its derivatives. In the *Mencius* the substantive senses of *jen* become still more stabilized; *jen* most often refers to love. Since the meaning *jen* is more stabilized, *jen* can therefore often be linked with *i* in the *Mencius*. And the linking of *jen* with *i* in the *Lao Tzu* seems to reflect a practice in the Warring States period.

It is difficult to ascertain the dates of composition of various pieces of the *I Chou-shu*. But *jen* is linked with *i* as a compound expression in "Ta-chieh chieh" 大戒解 and "Shih-fa chieh" 諡法解 (*SPPY* ed., 5:13a, 6:18a). These two pieces were probably written or edited after the *Mencius*. In the *I Chou-shu*, *jen* mostly means "love" or its derivatives and only in the following passage of the "Kuan-jen chieh" 官人解 we find a usage of *jen* that seems to be akin to that of the *Analects*: 言忠行夷，爭靡及私，口弗求及，情忠而寬，貌莊而安，曰有仁者也 (*SPPY* ed., 7:4b). As Ch'ü Wan-li has suggested, this piece was probably written or edited in the early or middle period of the Warring States.[33] It seems to be more influenced by Confucius' usage of *jen* than by any sources of the middle or later part of the Warring States period.

In sum, although the *Tso-chuan*, the *Kuo-yü*, and the *I Chou-shu* might be based upon some authentic materials of the periods with which they deal, and the Taoist speculation might have begun earlier than the writing and editing of the *Lao Tzu*, it seems plain that, for reasons I have explained above, the meaning of *jen* in the passages of these works that deal with pre-Confucian events or report pre-Confucian statements of various historic personages should generally be understood in terms of one of the Confucian meanings of the word.[34]

---

33 Ch'ü Wan-li, "Jen tzu han-i chih shih-ti kuan-ch'a," p. 261.

34 As mentioned earlier, we cannot rule out some possible exceptions, which cannot, however, be ascertained on the basis of the available ancient Chinese sources.

參考書目

一、英文資料（部份包括中譯本）

Albertus, Michael, and Victor Menaldo. "Why Are So Many Democracies Breaking Down?" Opinion Section, *New York Times* (May 10, 2018), pp. 9, 11.

Arendt, Hannah. *The Human Condition*, 2nd ed. Chicago: University of Chicago Press, 1998.

Bellow, Saul. "Nobel Lecture, December 12, 1976." In *Les Prix Nobel 1976*. Stockholm: Nobel Foundation, 1977.

Berlin, Isaiah. "Two Concepts of Liberty." In Isaiah Berlin, *The Proper Study of Mankind*, ed. Henry Hardy and Roger Hausheer. New York: Farrar, Straus and Giroux, 1998, pp. 191–242.

——— . *Four Essays on Liberty*. Oxford: Oxford University Press, 1969.

Chang, Hao. "Intellectual Change and the Reform Movement, 1890–98." In J. K. Fairbank and Kwang-ching Liu (eds.), *The Cambridge History of China*, vol. 11, pt. 2, pp. 274–338.

——— . *Liang Ch'i-ch'ao and Intellectual Transition in China, 1890–1907*. Cambridge, MA: Harvard University Press, 1971.

——— . *Chinese Intellectuals in Crisis: Search for Order and Meaning, 1890–1911*. Berkeley: University of California Press, 1987.

——— . "Some Reflections on the Problems of the Axial-Age Breakthrough in Relation to Classical Confucianism." In Paul A. Cohen and Merle Goldman (eds.), *Ideas Across Cultures: Essays on Chinese Thought in Honor of Benjamin I. Schwartz*. Cambridge: Harvard University Press, 1990, pp. 17–31.

Chinnery, J. D. "The Influence of Western Literature on Lu Xun's 'Diary of a Madman.'" *Bulletin of the School of Oriental and African Studies* 23 (1960): 309–322.

de Bary, William Theodore. "Individualism and Humanitarianism in Late Ming Thought." In *Self and Society in Ming Thought*. New York: Columbia University Press, 1970.

Elvin, Mark. *Pattern of the Chinese Past*. London: Eyre Methuen, 1973.

Fish, Stanley. "Transparency is the Mother of Fake News." Opinion Section, *New York Times* (May 7, 2018).

Gay, Peter. *Enlightenment: An Interpretation*. New York: Norton, 1977.

Geertz, Clifford. *The Interpretation of Cultures*. New York: Basic Books, 1973.

Hayek, F. A. *The Road to Serfdom*. Chicago: Chicago University Press, 1944. (海耶克著，殷海光譯：《到奴役之路》，《殷海光全集》，第 6，林正弘主編，台北：桂冠，1990。)

———. *The Constitution of Liberty*. Chicago: University of Chicago Press, 1960. (海耶克著，鄧正來譯：《自由秩序原理》，北京：三聯書店，1997。)

———. *Studies in Philosophy, Politics, and Economics*. Chicago: University of Chicago Press, 1967.

———. *Law, Legislation and Liberty*, 3 vols. Chicago: University of Chicago Press, 1973–1979.

———. *New Studies in Philosophy, Politics, Economics and the History of Ideas*. Chicago: University of Chicago Press, 1978.

He, Bochuan. *China on the Edge*, trans. China Books and Periodicals, Inc. Staff. San Francisco: China Books and Periodicals, Inc., 1991.

Hofstadter, Richard. *Social Darwinism in American Thought*, 2nd rev. ed. Boston: Beacon Press, 1955.

Hsia, Tsi-an. *The Gate of Darkness*. Seattle: University of Washington Press, 1968.

Hu, Shih. "The Civilizations of the East and the West." In C. A. Beard (ed.), *Whither Mankind*. New York, 1928.

Jouvenel, Bertrand de. *Sovereignty: An Inquiry into the Political Good*. Cambridge: Cambridge University Press, 1957.

———. *The Pure Theory of Politics*. New Haven: Yale University Press, 1963.

Kolakowski, Leszek. *Modernity on Endless Trial*. Chicago: University of Chicago Press, 1990.

Kuhn, Thomas S. *The Structure of Scientific Revolutions*, 2nd ed. Chicago: University of Chicago Press, 1970.

Kwok, D. W. Y. *Scientism in Chinese Thought, 1900–1950*. New Haven and London: Yale University Press, 1965.

Larmore, Charles. "Modernity and the Disunity of Reason." In *The Morals of Modernity*. Cambridge, UK: Cambridge University Press, 1996.

Levenson, Joseph R. *Confucian China and Its Modern Fate*, 3 vols. Berkeley: University of California Press, 1958–1965.

——— . *Liang Ch'i-ch'ao and the Mind of Modern China*. Cambridge, MA, 1959.

Levitsky, Steven, and Daniel Ziblatt. *How Democracies Die*. New York: Crown, 2018.

Lin, Yü-sheng. "The Evolution of the Pre-Confucian Meaning of *Jen* 仁 and the Confucian Concept of Moral Autonomy." *Monumenta Serica* 31 (1974–1975): 172–204.

——— . "The Origins and Implications of Modern Chinese Scientism in Early Republican China: A Case Study—The Debate on 'Science vs. Metaphysics' in 1923."《中華民國初期歷史討論會論文集》，台北：中研院近代史研究所，1984。

——— . *The Crisis of Chinese Consciousness: Radical Antitraditionalism in the May Fourth Era*. Madison: University of Wisconsin Press, 1979. (《中國意識的危機：「五四」時期激烈的反傳統主義》，貴陽：貴州人民出版社，1986、1988；日譯本：丸山松幸與陳正醍譯，東京：研文出版，1989；韓譯本：李炳柱譯，大光文化出版社，1990。)

Mandelbaum, Maurice. *The Anatomy of Historical Knowledge*. Baltimore: Johns Hopkins University Press, 1977.

McClelland, J. S. *A History of Western Political Thought*. London: Routledge, 1996.

Nagel, Ernest. "Introduction." *The Principles of Science: A Treatise on Logic and Scientific Method*, by W. Stanley Jevons. New York: Dover Publications Inc., 1958.

Otto, Rudolf. *The Idea of the Holy: An Inquiry into the Non-rational Factor in the Idea of the Divine and Its Relation to the Rational*, trans. John W. Harvey, 2nd ed. London: Oxford University Press, 1950.

Platter, Marc F. "Populism, Pluralism, Democracy." *Journal of Democracy* 21.1 (2010): 81–92.

Polanyi, Michael. *The Logic of Liberty*. London: Routledge and Kegan Paul, 1951. (鄧正來譯：《自由秩序原理》，北京：1997；楊玉生、馮興元等譯：《自由憲章》，北京：1999。)

——— . *Personal Knowledge*. Chicago: University of Chicago Press, 1958, 1962.

——— . *The Tacit Dimensio*. Chicago: University of Chicago Press, 2009.

Polanyi, Michael, and Harry Prosch. *Meaning*. Chicago: University of Chicago Press, 1975.

Průšek, Jaroslav. "A Confrontation of Traditional Oriental Literature with Modern European Literature in the Context of the Chinese Literary Revolution." In Leon Edel (ed.), *Literary History and Literary Criticism* (New York: 1965), pp. 168–170.

——— . "Some Marginal Notes on the Poems of Po Chü-i." In *Chinese History and Literature*. Prague, 1970, pp. 80–81.

Pusey, James Reeve. *China and Charles Darwin*. Cambridge: Harvard University Press, 1983.

Ryle, Gilbert. *The Concept of Mind*. London: Hutchinson, 1949.

Sartori, Giovanni. *The Theory of Democracy Revisited*. Chatham, NJ: Chatham House Publishers, 1957.

Schwartz, Benjamin I. *Chinese Communism and the Rise of Mao*. Cambridge: Harvard University Press, 1951.

——— . "The Intellectual History of China: Preliminary Reflections." In John K. Fairbank (ed.), *Chinese Thought and Institution*. Chicago: University of Chicago Press, 1957, p. 17.

——— . *In Search of Wealth and Power: Yen Fu and the West*. Cambridge: Harvard University Press, 1964.

——— . *Communism and China: Ideology in Flux*. Cambridge: Harvard University Press, 1968.

——— . "Introduction." In Benjamin I. Schwartz (ed.), *Reflections on the May Fourth Movement: A Symposium*. Cambridge, MA: Harvard University Press, 1972.

——— . "Thoughts on the Late Mao—Between Total Redemption and Utter Frustration." In Roderick Macfarquhar, Timothy Cheek, and Eugene Wu (eds.), *The Secret Speeches of Chairman Mao: From the Hundred Flowers to the Great Leap Forward*. Cambridge: Harvard University Press, 1989, pp. 19–38.

Sen, Amartya. "Foreword." In Michael Polanyi, *The Tacit Dimension*. Chicago: University of Chicago Press, 2009, pp. vii–xvi.

Shils, Edward. *Center and Periphery: Essays in Macrosociology*. Chicago: University of Chicago Press, 1975.

——— . *Tradition*. Chicago: University of Chicago Press, 1981.

——— . *The Constitution of Society*. Chicago: University of Chicago Press, 1982.

Taylor, Charles. "What's Wrong with Negative Liberty?" In Alan Ryan (ed.), *The Idea of Liberty*. Oxford: Oxford University Press, 1979, pp. 175–193.

Tuck, Richard. *Natural Rights Theories: Their Origin and Development*. Cambridge: Cambridge University Press, 1979.

Voegelin, Eric. *Order and History*, Vol. I, *Israel and Revelation*. Baton Rouge: Louisiana State University Press, 1956.

Waldron, Jeremy. "Locke, John." In *The Blackwell Encyclopaedia of Political Thought*, ed. David Miller. Oxford: Wiley, 1991, pp. 292–296.

Weber, Marianne. *Max Weber: A Biography*, trans. Harry Zohn. New York: John Wiley and Sons, 1975. (《韋伯傳》，台北：大人物出版，1986。)

Weber, Max. *The Methodology of the Social Sciences*, trans. Edward A. Shils and Henry A. Finch. New York: The Free Press of Glencoe, 1949.

——. *From Max Weber: Essays in Sociology*, trans. H. H. Gerth and C. Wright Mills. New York: Oxford University Press, 1958.

——. *The Protestant Ethic and the Spirit of Capitalism*, trans. Talcott Parsons. New York: Charles Scribner's Sons, 1958.

——. *On Charisma and Institution Building*, ed. S. N. Eisenstadt. Chicago: University of Chicago Press, 1968.

——. *Roscher and Knies: The Logical Problems of Historical Economics*, trans. Guy Oakes. New York: Free Press, 1975.

——. *Max Weber: Selections in Translation*, ed. W. G. Runciman, trans. Eric Matthews. Cambridge: Cambridge University Press, 1978.

——. *Weber: Political Writings*, trans. and ed. Peter Lassman and Ronald Speirs. Cambridge, UK: Cambridge University Press, 1994.

——. *The Vocation Lectures*, ed. David Owen and Tracy B. Strong, trans. Rodney Livingstone. Indianapolis: Hackett Publishing Co., 2004.

Yü, Ying-shih. "The Radicalization of China in the Twentieth Century." *Daedalus* (Spring 1993): 125–150.

二、中文資料

丁文江：〈玄學與科學〉，載張君勱、丁文江編：《科學與人生觀》。台北：問學出版社，1977。

——編：《梁任公先生年譜長編初稿》。台北：世界書局，1958。

毛澤東：《毛澤東選集》。北京：人民出版社，1991。

王元化：《沉思與反思》。上海：上海辭書出版社，2007。

王汎森：《古史辨運動的興起》。台北：允晨文化，1987。

——：《章太炎的思想——兼論其對儒學傳統的衝擊》。台北：時報出版，1992。

王前：〈當我們談論進步時，我們在談論什麼？〉。《思想》，第35期（2018年5月），頁141–153。

王栻編：《嚴復集》。北京：中華書局，1986。

王國維：《人間詞話》。台北：台灣開明書店，1975；北京：中華書局，2001。

王瑤：《魯迅與中國文學》。上海，1952。

王遠義：〈惑在哪裡——新解胡適與李大釗「問題與主義」的論辯及其歷史意義〉。《台大歷史學報》，第50期（2012年12月），頁155–250。

王蘧常：《嚴幾道年譜》。上海：商務印書館，1936。

王觀泉：《魯迅語錄》。哈爾濱：黑龍江人民出版社，1979。

丘慧芬編：《自由主義與人文傳統：林毓生先生七秩壽慶論文集》。台北：允晨文化，2005。

休斯 (H. Hughes) 著，李豐斌譯：《意識與社會》。台北：聯經，1981。

朱熹：《答陳同甫》，載《朱文公文集》，《四部叢刊初編縮印本》，卷36。台北：商務印書館，1975。

任繼愈主編：《宗教大辭典》。上海：上海辭書出版社，1981。

狄百瑞 (William T. de Bary) 著，李弘祺譯：《中國的自由傳統》。台北：聯經，2017。

余英時：《史學與傳統》。台北：時報出版，1982。

———：《中國思想傳統的現代詮釋》。台北：聯經，1987。

———：〈錢穆與新儒家〉，載余英時著：《猶記風吹水上鱗》。台北：三民書局，1991。

———：《現代儒學論》。River Edge，NJ：八方文化企業，1996。

———：〈士商互動與儒學轉向 —— 明清社會史與思想史之一面相〉，陳弱水、王汎森主編：《思想與學術》，載邢義田、黃寬重、鄧小南主編：《台灣學者中國史研究論叢》，第4冊。北京：中國大百科全書出版社，2005，頁164–211。

余英時等：《中國歷史轉型時期的知識分子》。台北：聯經，1992。

李大釗：〈再論問題與主義〉，載中國李大釗研究會編注：《李大釗文集》，第3冊。北京：人民出版社，1999。

李銳：《三十歲以前的毛澤東》。台北：時報出版，1993。

宋育仁：《採風記》。袖海山房石印，1895。

宋曉霞編：《「自覺」與中國的現代性》。香港：牛津大學出版社，2006。

何博傳：《山坳上的中國》。貴陽：貴州人民出版社，第2版，1989。

周作人：〈關於魯迅〉，載周作人：《瓜豆集》。上海，1937。

———：〈關於魯迅之二〉，載周作人：《瓜豆集》。上海，1937。

———：《魯迅小說裡的人物》。上海，1954。

———：《魯迅的故家》。香港，1962。

———：《知堂回想錄》。香港：三育書局，1970。

周健人：《略講關於魯迅的事情》。北京，1954。

林同奇：《人文尋求錄》。北京：新星出版社，2006。

林毓生：《思想與人物》。台北：聯經，1983、2001。

———：《政治秩序與多元社會》。台北：聯經，1989、2011。

———：〈魯迅思想的特質及其政治觀的困境〉，《文星論壇》，第112期（1987年10月1日），載林毓生：《政治秩序與多元社會》。台北：聯經，1989、2011，頁235–252。

———著，朱學勤編：《熱烈與冷靜》。上海：上海文藝出版社，1998。

———：〈論台灣民主發展的形式、實質、與前景〉，《二十一世紀》，總第74期（2002年12月），頁4–15。

———：《中國傳統的創造性轉化》。北京：三聯書店，增訂版，2011。

———編：《公民社會基本觀念》，下卷。台北：中央研究院人文社會科學研究中心政治思想研究專題中心，2014。

———：《政治秩序的觀念》。香港：商務印書館，2015。

林蘊暉：《烏托邦運動——從大躍進到大饑荒》。香港：中文大學出版社，2008。

吳惠林編：《蔣碩傑先生悼念錄》，《蔣碩傑先生著作集5》。台北：遠流，1995。

汪榮祖：《晚清變法思想論叢》。台北：聯經，1983。

侯外廬：《中國近世思想學說史》，上、下卷。重慶：三友書店，1945、1946。

俞芳：《我記憶中的魯迅先生》。杭州：浙江人民出版社，1981。

胡明復：〈科學方法論一〉，《科學》，2.7（1916），頁719–727。

胡適：《胡適文存》，卷2。上海：亞東圖書館，1921。

———：〈《科學與人生觀》序〉，載《科學與人生觀》。上海：亞東圖書館，1923、1924，頁1–33。

———：〈追想胡明復〉，載《胡適文存三集》。上海：亞東圖書館，1930，頁1211–1222。

———：〈我們什麼時候才可有憲法？〉，載胡適、梁實秋、羅隆基著，《人權論集》。上海：新月書店，1930，頁21–32。

———：《中國哲學史大綱》。上海：商務印書館，1932、1938、1947。

———：〈再論建國與專制〉，《獨立評論》，第82號（1933年12月24日），頁2–5。

———：〈從一黨到無黨的政治〉，《獨立評論》，第171號（1935年10月6日），頁10–12。

———：〈充分世界化與全盤西化〉，載《胡適論學近著》。上海：商務印書館，1935，頁558–561。

———：〈試評所謂「中國本位的文化建設」〉，載《胡適論學近著》。上海：商務印書館，1935，頁552–557。

———：《紅樓夢考證》。台北：遠東圖書，1961、1985。

———：《四十自述》。台北：遠東圖書，1964。

———：〈我們必需選擇我們的方向〉，載《胡適選集：政論》。台北：文星書店，1966，頁179–184。

———：《胡適來往書信選》，下冊。北京：中華書局，1979。

———：《胡適來往書信選》，下冊。香港：中華書局，1983。

———：〈介紹我自己的思想〉，載《胡適作品集》，第二冊。台北：遠流，1986，頁1–18。

———：〈問題與主義〉，載《胡適作品集》，第四冊。台北：遠流，1986，頁116–118。

胡禮垣：《〈勸學篇〉書後》。武漢：湖北人民出版社，2002。

殷海光：《殷海光選集·第1卷，社會政治言論》。香港：友聯，1971。

———：《書評與書序》，下冊，載林正弘主編：《殷海光全集》，第17卷。台北：桂冠，1990。

殷海光、林毓生：《殷海光·林毓生書信錄》。上海：遠東出版社，1994；台北：台大出版中心出版，2010。

殷海光、夏君璐：《殷海光·夏君璐書信錄》。台北：國立台灣大學出版中心，2011。

孫伏園：《魯迅先生二三事》。上海，1945。

韋伯著，于曉、陳維剛等譯：《新教倫理與資本主義精神》，修訂版。西安：陝西師範大學出版社，2006。

———，錢永祥等譯：《學術與政治：韋伯選集(I)》。台北：遠流，增訂版，1991。

———，黃振華、張與健譯，何啟良校訂：《社會科學方法論》。台北：時報出版，1991。

康有為：《孔子改制考》。台北：商務印書館，1968 (據1920年北京版影印)。

———：《新學偽經考》。上海：上海古籍出版社，1995、2002 (望雲樓，1891)。

———：《大同書》。上海：上海古籍出版社，2009。

海耶克著，鄧正來譯：《自由秩序原理》，上冊。北京：三聯書店，1997。

———，李華夏、黃美齡譯：《海耶克論海耶克》。台北：遠流，1997。

章太炎 (章炳麟)：《章氏叢書》。台北：世界書局，1958。

———：《諸子學略說》。桂林：廣西師範大學出版社，2010。

梁啟超：《清代學術概論》。上海：商務印書館，1921。

———：《飲冰室文集》。台北：中華書局，1960。

許羨蘇：〈回憶魯迅先生〉，載北京魯迅博物館魯迅研究室編：《魯迅研究資料3》。北京：文物出版社，1979。

許廣平編：〈魯迅譯著書目〉，載《魯迅先生紀念集》。上海，1937。

———：《魯迅書簡》。上海，1946。

許壽裳：《亡友魯迅印象記》。北京，1953。

陳忠信：〈新儒家「民主開出論」的檢討——認識論層次的批判〉，《台灣社會研究季刊》，1.4（1988），頁101–138。

陳慈玉、莫寄屏：《蔣碩傑先生訪問紀錄》。台北：中央研究院近代史研究所，1992。

陳獨秀：《獨秀文存》。上海：亞東圖書館，1922。

張君勱：〈人生觀〉，載亞東圖書館編：《科學與人生觀》。上海：亞東圖書館，1923。

張枏、王忍之編：《辛亥革命前十年間時論選集》。北京：三聯書店，1963。

張灝：《烈士精神與批判意識——譚嗣同思想的分析》。台北：聯經，1988。

———：《幽暗意識與民主傳統》。台北：聯經，1989。

———：《張灝自選集》。上海：上海教育出版社，2002。

楊儒賓：〈人性、歷史契機與社會實踐——從有限的人性論看牟宗三的社會哲學〉，《台灣社會研究季刊》，1.4（1988），頁139–179。

黃宗羲：《明夷待訪錄》，載《黃宗羲全集》。杭州：浙江古籍出版社，1984。

傅斯年：《傅斯年全集》。台北：聯經，1980。

湯志鈞編：《章太炎政論選集》，上、下冊。北京：中華書局，1977。

熊月之：《中國近代民主思想史》。上海：人民出版社，1986。

葛洪：《抱朴子‧外篇》。台北：世界書局，1979。

董永良：《回首學算路——一個旅美學算者的故事》。台北：商務印書館，2007。

董仲舒：《春秋繁露》。台北：世界書局，1970；上海：上海古籍出版社，1995、2001。

魯迅：《魯迅全集》。北京：人民文學出版社，1956、1981。

蔡元培著，中國蔡元培研究會編：《蔡元培全集》。杭州：浙江教育出版社，1997。

蔡尚思、方行編：《譚嗣同全集》。北京：中華書局，增訂版，1981。

錢穆：《中國近三百年學術史》。台北：商務印書館，二版，1964。

盧文弨：《潛研堂文集》。台北：台灣商務印書館，1967。

戴維・比瑟姆著，徐鴻賓、徐京輝、康立偉等譯：《馬克斯・韋伯與現代政治理論》。長春：吉林出版集團，2015。

羅志田：〈胡適與社會主義的合離〉，載羅志田：《民族主義與近代中國思想》。台北：東大圖書，1998。

譚嗣同：《仁學》，載《譚嗣同全集》。北京：中華書局，1981。

鄭觀應：《易言》。上海：中華印務總局，1880。

嚴復：《侯官嚴氏叢刻》。台北：文海出版社，1975。

———：《天演論》。北京：商務印書館，1981；台北：商務印書館，2007。

———：《嚴復集》。北京：中華書局，1986。

———：《論世變之亟》。瀋陽：遼寧人民出版社，1994。

嚴搏非：〈幻想的湮滅〉。《思想》，第33期（2017年6月），頁171–209。

蘇輿編：《翼教叢編》。武昌重刻本，1898。